Building Microservices

마이크로서비스
아키텍처 구축

전면 개정판

| 표지 설명 |

표지 동물은 꿀벌(학명 아피스*Apis*)이며, 2만여 종의 벌 중에서 꿀벌은 단 8종에 불과하다. 둥지를 짓는 꿀벌은 밀랍으로 벌집을 만들 뿐만 아니라 집단으로 꿀을 생산하고 저장하는 방식에서 독특하다. 꿀을 모으기 위한 양봉은 수천 년 동안 전 세계에서 인류가 추구해온 활동이다.

벌통에는 수천 마리의 벌이 있으며 여왕벌, 수벌, 일벌로 구성된 매우 조직적인 사회 구조를 이룬다. 각 벌통에는 한 마리의 여왕벌이 있으며, 여왕벌은 짝짓기 비행 후 3~5년 동안 가임기를 유지하면서 하루에 최대 2,000개의 알을 낳는다. 수벌은 여왕벌과 짝짓기를 하는 수컷 꿀벌로, 생식기에 가시가 돋쳐 있어 짝짓기 도중에 죽음을 맞이한다. 일벌은 생식 능력이 없는 암컷으로서 일생 동안 보모, 건설인부, 식료품상, 경비원, 장의사, 수렵꾼 등과 같은 다양한 역할을 수행한다. 꽃가루를 품은 일벌은 벌집으로 돌아와 정해진 패턴으로 '춤'을 추며 주변 먹이에 대한 정보를 전달한다.

여왕벌의 크기가 좀 더 크긴 하지만, 모든 꿀벌은 투명한 날개와 여섯 개의 다리, 머리, 흉부, 복부로 나뉜 몸통으로 구성돼 생김새가 거의 비슷하며 노란색과 검은색 줄무늬의 짧은 솜털을 갖고 있다. 성충은 당분이 풍부한 꽃꿀을 부분적으로 소화한 후 역류하는 과정을 통해 생성되는 꿀만을 먹는다.

꿀벌은 농업에 매우 중요한 존재로, 먹이를 수집하면서 농작물의 수분(受粉)이 이뤄지게 한다. 따라서 양봉가는 상업용 벌통을 작물의 수분이 필요한 곳으로 운반한다. 평균적으로 벌집 하나가 1년 동안 66파운드의 꽃가루를 수집하지만, 최근 몇 년 동안 다양한 질병과 스트레스로 인한 군집붕괴현상으로 꿀벌의 개체 수는 급감하고 있다.

살충제에 취약하고 기생충과 질병이 유입된 탓에 야생 꿀벌과 다른 수분 매개자의 수가 감소하고 있지만, 꿀벌은 농업에서 중요한 역할을 하므로 인간의 지원과 보호를 받고 있다. 오라일리 표지에 등장하는 많은 동물은 멸종 위기에 처해 있으며, 모두 전 세계에 중요한 존재다.

표지 그림은 애니메이션 자연 그림 박물관The Pictorial Museum of Animated Nature의 흑백 판화를 기반으로 캐런 몽고메리Karen Montgomery가 그렸다.

마이크로서비스 아키텍처 구축 [전면 개정판]

대용량 시스템의 효율적인 분산 설계 기법

초판 1쇄 발행 2017년 3월 1일
개정판 1쇄 발행 2023년 6월 9일

지은이 샘 뉴먼 / **옮긴이** 정성권 / **펴낸이** 김태헌
펴낸곳 한빛미디어(주) / **주소** 서울시 서대문구 연희로2길 62 한빛미디어(주) IT출판2부
전화 02-325-5544 / **팩스** 02-336-7124
등록 1999년 6월 24일 제25100-2017-000058호 / **ISBN** 979-11-6921-119-2 93000

총괄 송경석 / **책임편집** 박민아 / **기획** 김지은 / **편집** 김민경 / **교정** 전도영 / **진행** 김민경
디자인 표지 이아란 내지 박정화 / **전산편집** 황지영
영업 김형진, 장경환, 조유미 / **마케팅** 박상용, 한종진, 이행은, 김선아, 고광일, 성화정, 김한솔 / **제작** 박성우, 김정우

이 책에 대한 의견이나 오탈자 및 잘못된 내용에 대한 수정 정보는 한빛미디어(주)의 홈페이지나 아래 이메일로
알려주십시오. 잘못된 책은 구입하신 서점에서 교환해드립니다. 책값은 뒤표지에 표시되어 있습니다.

한빛미디어 홈페이지 www.hanbit.co.kr / 이메일 ask@hanbit.co.kr

지금 하지 않으면 할 수 없는 일이 있습니다.
책으로 펴내고 싶은 아이디어나 원고를 메일(writer@hanbit.co.kr)로 보내주세요.
한빛미디어(주)는 여러분의 소중한 경험과 지식을 기다리고 있습니다.

Building Microservices

마이크로서비스
아키텍처 구축

전면 개정판

O'REILLY® 한빛미디어 Hanbit Media, Inc.

마이크로서비스 아키텍처(MSA)의 도입을 고민하고 있다면 당장 이 책을 읽어볼 것을 권한다. 마이크로서비스를 도입하려는 목적과 해결 방법에 가까운 아키텍처와 조직 구조를 만들고자 한다면, 체계적으로 생각을 정리하는 데 이 책이 큰 도움이 될 것이다. 마이크로서비스 구조는 한 번 만들고 나면 끝이 아니라, 계속 변화하는 것에 대응하는 과정이 가장 중요하다. 기존 서비스를 분해해 마이크로서비스 구조로 이관하고 계속 변화시키기 위해 어떤 부분을 고려해야 할지 궁금하다면, 이 책을 끝까지 읽어보길 바란다.

신영필, 쿠팡페이 엔지니어링 디렉터

이 책을 읽는 내내 마이크로서비스 아키텍처에 대한 파편화된 지식이 하나씩 정리되면서 퍼즐 조각이 맞춰지는 듯한 느낌을 받았다. 전면 개정판은 초판보다 현실적인 문제를 더 구체적으로 다루면서 더 깊숙이 파고들었고, 역자의 경험이 함께 어우러져 더 깊이 있고 풍부한 지식을 전달한다. 이 책은 현업에서 마이크로서비스로 인한 여러 가지 고민을 하는 분들에게 많은 인사이트를 제공하고, 개발자의 성장에 필요한 기반 지식을 폭넓게 쌓아줄 것이다.

신정호, LGU+ 아이들나라 CTO

격변하는 IT 개발 환경에서 마이크로서비스 아키텍처의 등장은 신선한 충격이자 반드시 필요한 변화였다. 아직도 많은 애플리케이션이 모놀리식 형태로 구현돼 있고, 소규모 프로젝트에서는 모놀리식 아키텍처가 합리적인 선택이 될 수 있다. 하지만 규모가 있고 수많은 개발자가 투입되는 프로젝트에서 모놀리식 아키텍처는 분명한 한계를 보이는 것이 사실이다. 각 컴포넌트의 서비스 영향, 전체 서비스의 구조 파악, 빌드/테스트/배포 시간, 부분별 스케일 조정과 장애 대응 등 많은 부분에서 마이크로서비스 아키텍처의 장점은 빛을 발한다. 이 책의 역자는 수많은 대규모 프로젝트에서 마이크로서비스 아키텍처를 성공적으로 구현하고 안착시킨 경험을 바탕으로 정확한 용어와 설명을 담아 번역했으므로 독자들이 마이크로서비스 아키텍처를 이해하는 데 풍부한 인사이트를 줄 것으로 기대한다.

김한석, 몽고DB 전무

단지 마이크로서비스의 단편적인 기술만 다루는 책들과는 다르다. 함께 변화하고 고려해야 할 개발 방법론 외에 사람과 조직까지 광범위한 내용을 다루고 있어 실전 적용 시 고려해야 할 요소를 모두 살펴본다. 이 책은 주니어 아키텍트에게는 마이크로서비스 콘셉트를 명확하게 이해할 기회를, 시니어 아키텍트에게는 실전 중심의 최신 모범 사례를 적용해볼 수 있는 기회를 제공한다. 특히 역자의 오랜 실무 경험을 바탕으로 여러 사례와 주요 콘셉트를 간결하고 명확하게 표현해 국내 독자들이 더욱 몰입할 수 있도록 도와준다.

이정인, VM웨어 상무

이 책은 마이크로서비스를 구현하고 운영하기 위한 핵심 기술인 아키텍처, 코드 작성 및 테스트 운용 방식, 필수적인 관찰가능성 확보 등을 설명한다. 이와 더불어 조직 구조까지 소개하고 있어 마이크로서비스의 전반적인 이해와 실무 적용에 필요한 내용을 모두 담아냈다. 마이크로서비스는 단순히 서비스 자체를 넘어 클라우드 환경에서 애플리케이션을 운용하는 방식으로 진화하고 있다. 이 책은 훌륭한 마이크로서비스를 구현하기 위한 지식과 이해를 제시하며, 클라우드 시대에 개발자들이 고려해야 할 핵심 가치를 설명한다. 클라우드 시대를 살고 있는 모든 개발자에게 이 책을 권한다.

정윤진, 포커스미디어 CTO

이 책의 저자는 오랜 경험을 바탕으로 마이크로서비스 아키텍처에 대한 통찰력을 잘 풀어냈다. 개념 이해뿐만 아니라 실제로 잘 설계된 마이크로서비스 아키텍처 예제도 함께 다루면서 데브옵스나 자동화와 같은 다양한 주제를 살펴보고, 적절한 접근 방식으로 바람직한 시각을 제시한다. 이러한 경험자의 조언, 기업과 조직 관점의 접근을 통해 마이크로서비스 아키텍처를 구축할 때 고려해야 하는 접근 방법과 놓치기 쉬운 관점을 다시 한번 생각하게 해준다. 마이크로서비스 아키텍처뿐만 아니라 더 나은 소프트웨어 아키텍처를 고민하는 모든 이에게 추천한다.

정영준, AWS 컨테이너 스페셜리스트

이 책은 마이크로서비스 아키텍처 적용에 필요한 시스템의 설계, 개발, 배포, 검증, 유지의 실제를 담고 있다. 솔직하고 담백하게 전달하는 현장 경험에 기반한 마이크로서비스 아키텍처의 장단점은 이 책의 가치를 한층 더 높여준다. 마이크로서비스 아키텍처 적용에 관한 고민이 있거나 도입 여정을 위한 책이 필요하다면 이 책이 간결하고 풍성한 안내서가 될 것이다.

이원석, 한국교육정보화재단 사무총장

마이크로서비스 아키텍처는 매력적인 특징이 많이 있지만, 마이크로서비스 아키텍처를 향하는 길에서 주의하지 않는다면 고통스러운 함정에 맞닥뜨리게 된다. 이 책은 여러분에게 적합한 길을 찾고 그 여정에서 함정을 피하는 방법을 파악하는 데 도움이 될 것이다.

마틴 파울러, 「리팩터링 2판」 저자/소트웍스 수석 과학자

마이크로서비스의 모든 것을 망라한 완벽 가이드로 광범위한 주제를 훌륭하게 다루고 있다.

다니엘 브라이언트, 앰버서더 랩스 DevRel 디렉터

마이크로서비스 아키텍처를 성공적으로 도입하는 데 필요한 포괄적이고 실용적인 가이드다. 이 책은 올바른 결정을 내리기 위해 알아야 할 사항을 정확하게 설명한다.

사라 웰스, 파이낸셜 타임즈 엔지니어링 지원 기술 디렉터

마이크로서비스 입문자보다는 이미 마이크로서비스를 경험해본 분들에게 방향성을 제시해줄 수 있는 좋은 책이다. 특히 대용량 서비스를 개발하거나 운영하는 개발자라면 이 책을 반드시 읽어보는 것이 좋다.

김준성

이 책은 마이크로서비스의 도입(혹은 마이크로서비스로의 전환)을 고민하는 IT 담당자, 아키텍트, 설계자, 인프라 담당자들에게 해당 분야에서 어떠한 전략을 취해야 할지에 대한 정보를 제공한다. 무엇보다, 마이크로서비스를 적용하는 데 어려운 부분인 마이크로서비스 범위, 트랜잭션 관리, 사용자 인터페이스, 통신 기술 적용 등의 문제를 해결하는 방안과 마이크로서비스 설계에 대한 가이드라인을 제공하는 점이 인상적이었다. 마이크로서비스에 관심 있는 IT 종사자들에게 적극 추천한다.

홍효상

마이크로서비스 아키텍처의 개념을 구체적인 예시와 함께 쉽게 설명해주는 책이다. 또한 마이크로서비스 아키텍처를 도입하려는 담당자들이 직면할 수 있는 문제와 이를 해결하는 방법도 담고 있다. 실무자들의 어려움을 예측하고 대비하는 데 도움이 돼 마이크로서비스 아키텍처를 도입하려는 담당자들에게 유용한 책이라고 할 수 있다.

이대상

이 책은 마치 전공 서적처럼 마이크로서비스 아키텍처에 대한 포괄적인 이해를 제공한다. 초판보다 내용이 풍부해진 덕분에 마이크로서비스와 관련된 개념을 한 권으로 배울 수 있다. 인프라 관련 직군과 백엔드 개발자 등 마이크로서비스에 관심이 있다면 어느 직종이든 일독할 만한 가치가 있으며, 여러분의 마이크로서비스 아키텍처 여정을 위한 좋은 길잡이가 될 것이다.

백재연

다양한 관점에서 마이크로서비스 아키텍처를 바라보면서 개념부터 구현, 조직적인 관점까지 망라해 다룬다. 따라서 마이크로서비스를 적용하려는 모든 이에게 이 책을 추천한다. 또한 단순히 이론만을 제시하는 것이 아니라 실무에서의 경험과 구현도 자세히 다루고 있어 실제 마이크로서비스 아키텍처를 적용하려는 개발자나 엔지니어에게 도움이 될 것이다.

이장훈

마이크로서비스 아키텍처를 구축하면 많은 이점이 있지만, 그만큼 복잡할 뿐 아니라 도전 과제도 많다. 이 책은 이론과 실무 측면에서 폭넓은 정보를 제공해 마이크로서비스 아키텍처를 구축하려는 개발자와 아키텍트들이 실제 문제를 해결할 수 있도록 도움을 준다. 또한 최신 기술과 트렌드에 대한 이해를 바탕으로 미래를 준비하는 마이크로서비스 아키텍처를 구축하도록 돕는 가이드 역할도 한다. 마이크로서비스 아키텍처를 구축하려는 모든 개발자와 아키텍트에게 반드시 권하고 싶은 책이다.

이학인

마이크로서비스 아키텍처를 도입하려는 조직에서는 다양한 결정 사항을 고려해야 한다. 예를 들어 마이크로서비스를 구현하는 데 어떤 기술 스택을 사용하고, 어떤 디자인 패턴을 적용할지 등을 결정하기 위해 다양한 모범 사례와 가야 할 길을 알아볼 필요가 있다. 이 책은 여러 경험을 바탕으로 다양한 모범 사례와 실용적인 가이드를 제공한다. 따라서 현재 마이크로서비스 아키텍처를 도입하고 있거나 이미 도입한 조직에서도 이 책을 활용해 현재 시스템을 개선하고 발전시킬 수 있다.

조현석

이 책은 마이크로서비스 아키텍처에 대한 폭넓은 이해를 제공하며, 구체적인 실제 사례와 함께 개념을 설명해 마이크로서비스를 적용할 수 있는 방법을 안내한다. 이 책을 처음 읽는 독자들에게는 조금 어려울 수 있지만, 흥미로운 주제부터 차근차근 읽어나간다면 마이크로서비스 아키텍처를 다각도로 이해할 수 있다. 마이크로서비스 아키텍처의 개념과 도입 과정에서 마주할 수 있는 문제를 다뤄 마이크로서비스 아키텍처에 관심이 있는 개발자나 엔지니어뿐만 아니라 아키텍처를 도입하려는 분들에게도 좋은 안내서가 될 것이다.

김진주

지은이·옮긴이 소개

지은이 **샘 뉴먼** Sam Newman

독립 컨설턴트, 작가, 연사로 활동하고 있다. 20년 넘게 업계에 종사하면서 다양한 기술 스택과 영역에서 전 세계의 기업들과 함께 일해왔다. 조직이 소프트웨어를 더욱 빠르고 안전하게 운영하고 환경에 적용하도록 마이크로서비스의 복잡성을 다루는 데 관심이 많다. 『마이크로서비스 도입, 이렇게 한다』(책만, 2021)의 저자이기도 하다.

옮긴이 **정성권** klimtever@gmail.com

마이크로서비스 아키텍처를 기반으로 대규모 IoT 플랫폼을 구축하고 13억 계정 플랫폼과 통신사 미디어 플랫폼의 클라우드 네이티브 전환을 리드하며, 반려견 훈련 서비스(*fordong.co.kr*)와 같은 새로운 고객 주도형 서비스를 작게 시도하고 있다. 최근에는 엔터프라이즈와 IT를 변환시키는 아키텍처의 역할과 함께 스프링을 활용한 분산 시스템 설계와 클라우드 네이티브 개발, 데브옵스 DevOps 활동, SRE, 개발 조직 문화를 구축하는 데 주목해왔다. 세상의 작은 문제 하나만큼은 제대로 풀고 가보자는 개똥철학을 갖고 있다. 100세 인생을 재미있게 보낼 프로그래밍과 기술에 관심이 많으며, 개인 시간에는 아이들과 산책, 게임, 검도, 스쿠버 다이빙을 하면서 시간을 보낸다. 『마이크로서비스 아키텍처 구축』(한빛미디어, 2018)과 『스프링 마이크로서비스 공작소』(길벗, 2022)를 번역했고, 『ABOUT .NET XML 웹 서비스』(영진닷컴, 2002)를 집필했다.

2010년대에 등장한 마이크로서비스 아키텍처Microservices Architecture, 즉 MSA는 이제 소프트웨어 개발 분야에서 원숙하고 대중화된 아키텍처 방법론으로 자리 잡았고, 기업 및 조직 관계자에게도 친근하고 익숙한 기술이 됐다. 저자의 말처럼 이 책의 초판은 마이크로서비스가 전 세계적으로 대중화되는 데 (크게) 일조한 부분이 있다고 생각한다. 현재 마이크로서비스 아키텍처는 유행이 지났고 누구나 할 수 있는 것처럼 이야기하는 사람들도 있다.

이러한 시점에 『마이크로서비스 아키텍처 구축』 전면 개정판이 출간됐다. 전면 개정판에서는 초판 이후 마이크로서비스가 초창기를 지나면서 주류로 자리매김하는 동안 저자가 업계에서 더욱 필요하고 강조해야 할 기본 개념들, 예를 들면 정보 은닉, 회복 탄력성과 초판 이후 주류 기술 및 도구가 된 쿠버네티스, 컨테이너, 서버리스와 같은 기술이 지닌 의미를 살펴보고, 데 브옵스의 핵심 활동 중 하나인 빌드와 배포를 별도 장으로 나눠 자세히 설명하며, 조직과 UI에 대해서도 별도 파트로 구성해 더욱 유용한 내용을 담았다.

하지만 이 책에서 소개한 마이크로서비스 아키텍처의 원칙을 따르기보다는 다른 마케팅 수단으로만 활용하는 경우도 목격했다. 그와 같은 행태는 결국 마이크로서비스 아키텍처의 진정한 가치를 훼손시켜 마이크로서비스 아키텍처를 너무 쉽게 생각하거나 나쁜 인식을 갖게 만든다. 예를 들어, 검증 환경의 산출물로 운영 환경에 그대로 배포하지 않고 다시 산출물을 빌드하거나, 도메인 주도 설계와 정보 은닉보다는 조직의 친밀도에 따라 시스템이 결합돼 버리거나(그래서 연말 조직 개편이 일어나면 시스템을 다시 뜯어내야 할 경우도 있다), 점진적 전환보다는 빅뱅 전환을 하면서 위험을 초래한다. 또한 자동화된 단위 및 API 테스트의 중요성을 간과하고 엔드투엔드 테스트에만 집중하거나, 올바른 기술을 적용하지 못해 성능과 안정성이 더 나빠지는 경우도 많다. 다행히 문제를 인식한 모 금융사의 경우 이와 같은 방식으로 구축된 가짜 마이크로서비스 아키텍처의 한계를 깨닫고 애자일 프로그램을 도입해 내부 개발 팀을 구축한 후 마이크로서비스의 길을 제대로 밟아가고 있다.

역자가 이 책의 초판을 접한 건 2015년 IoT 프로젝트의 미국 개발 팀이 이 책으로 마이크로서비스를 공부한 자료를 컨플루언스Confluence에서 발견하면서부터다. 당시 개발 팀은 모놀리스로

돼 있던 기존의 IoT 플랫폼을 마이크로서비스 기반으로 확장해야 했다. 초판에 기술된 마이크로서비스의 개념과 원칙, 최신 도구를 놓치지 않고 적용하며 테라폼(IaC), 데이터독Datadog, 수모로직Sumologic과 같은 SaaS 도구와 자동화된 CI/CD 파이프라인, 자동화 테스트, 불변 인프라스트럭처 개념 등을 이해하고 실제로 모두 구축하는 것이 놀라웠다.

마이크로서비스는 복잡성을 수반하므로 처음부터 제대로 하기 어렵고 많은 문제점이 운영 단계에 돌입한 후에야 드러난다는 사실을 여러 마이크로서비스 아키텍처 전환 과제를 통해 깨달았다. '빅뱅으로 작성하면 빅뱅만 남는다'는 말처럼 예상치 못한 위험과 검증 비용이 드는데, 한 번에 대규모로 쪼개고 '짜잔'하고 전환하는 것은 너무나도 힘든 일이다. 설사 한 번은 성공하더라도, 장기적으로 유지 보수할 수 없거나 전환 후 더 느려지거나 장애가 많아져 결국에는 실패하는 경우가 많다. 특히 장기간 과제나 대규모 과제인 경우는 더욱 그러하므로 조금씩 운영 환경에 내보내면서 테스트를 보강하고, 운영 경험과 문제 해결력을 쌓고, 모니터링해나가야 한다. 이 책을 통해 마이크로서비스 아키텍처의 이론, 한계, 실천을 함께 배울 훌륭한 경험을 하게 된 것에 감사한다.

이제 주류가 된 마이크로서비스를 업계에서 필요한 최신 정보로 재구성하고 보강한 저자의 노력에 감사한다. 마이크로서비스의 다양한 기술 주제와 UI, 조직 구조, 아키텍트 등을 총망라하면서 최고의 마이크로서비스 완벽 가이드를 우리에게 선사했다. 모든 일에는 반드시 지켜야 할 원칙이 있고, 마이크로서비스도 예외는 아니다. 비록 예외를 두더라도 원칙을 이해하고 해야 하는데, 그런 점에서 이 책의 역할은 지대하다. 저자가 마이크로서비스 아키텍처로 인한 소프트웨어 개발의 변화를 관심 있게 보듯이, 우리도 이 변화의 여정을 함께 따라갔으면 한다.

끝으로 주말 시간을 함께하지 못한 아이들과 빈자리를 메꿔준 아내에게 미안함과 고마움을 전한다. 또한 이 책의 추천사와 베타리딩에 참여해 소중한 시간을 내주신 분들에게 감사드린다.

정성권

마이크로서비스는 독립적 변경, 배포, 릴리스를 하기 위한 분산 시스템에 대한 접근 방식 중 하나다. 마이크로서비스는 사용자 대면 기능을 제공하는 자율적인 팀을 보유하고 '느슨하게 결합된 시스템'으로 전환하는 조직에게 매우 적합하다. 이 외에도 마이크로서비스를 사용하면 시스템을 구축하는 데 다양한 선택지를 갖고 사용자 요구에 맞게 시스템을 변경하는 유연성을 확보할 수 있다.

하지만 마이크로서비스에도 단점은 있다. 분산 시스템인 마이크로서비스는 많은 복잡성을 수반하며, 그중 많은 부분은 숙련된 개발자에게도 생소할 수 있다.

새로운 기술의 등장과 함께 전 세계 사람들의 경험은 마이크로서비스의 사용 방식에 영향을 주고 있다. 이 책은 해당 아이디어를 구체적인 실제 사례와 함께 제공하며, 마이크로서비스가 자신에게 적합한지 이해하는 데 도움을 준다.

대상 독자

마이크로서비스 아키텍처의 영향도가 광범위하므로 마이크로서비스의 구축 범위도 넓다. 따라서 이 책은 시스템의 설계, 개발, 배포, 테스트, 유지 관리 측면에 관심이 있는 사람들에게 적합하며 처음부터 개발하는 그린필드 애플리케이션greenfield application이나 기존의 모놀리식 시스템을 분해하는 과정에서 이미 세분화된 아키텍처를 향한 여정을 시작한 이들에게도 도움이 될 만한 실용적인 조언을 아끼지 않는다. 이 책은 마이크로서비스가 자신에게 적합한지 판단할 수 있도록 마이크로서비스를 둘러싼 모든 소란fuss을 이해하려는 경우에도 도움이 될 것이다.

집필 배경

무엇보다 필자는 초판의 내용을 정확하고 유용한 최신 상태로 유지하고 싶어서 이 책을 집필했다. 초판을 썼던 이유는 당시 공유하고 싶은 흥미로운 아이디어가 있었기 때문이다. 운좋게도 집필할 시간과 지원을 받을 수 있었고, 대형 기술 공급업체에서 근무하지 않았기 때문에 편향되지 않은 시각에서 집필할 수 있었다. 필자는 솔루션이나 마이크로서비스를 **판매하는** 것이 아니었다. 그저 아이디어가 흥미로웠을 뿐이며, 마이크로서비스라는 개념을 풀어내 더 광범위하게 공유할 방법을 찾는 것을 좋아했다.

실제로 마이크로서비스를 연구하면서 전면 개정판을 집필한 이유는 크게 두 가지다. 무엇보다, 이번에는 더 잘할 수 있을 것 같았다. 더 많은 것을 배웠을 뿐 아니라 저자로서도 좀 더 나아졌을 거란 희망 섞인 기대가 있었다. 또한 마이크로서비스의 개념이 주류로 자리 잡는 데 작은 역할을 했으므로 합리적이고 균형 잡힌 방식으로 제시해야 할 의무가 있다고 생각했다. 마이크로서비스는 많은 사람이 선택하는 기본 아키텍처가 됐다. 필자는 이를 정당화하기 어렵다고 생각하며, 그 이유를 공유할 기회를 갖고 싶었다.

이 책은 마이크로서비스에 **찬성**하는 것도 아니고 마이크로서비스에 **반대**하는 것도 아니다. 다만 이러한 아이디어가 잘 작동하는 맥락을 제대로 살펴보고, 그로 인해 발생할 수 있는 문제를 공유하고 싶었을 뿐이다.

초판 이후 달라진 점

필자는 2014년 초부터 약 1년에 걸쳐 『마이크로서비스 아키텍처 구축』(한빛미디어, 2017)의 초판을 집필해 2015년 2월에 출간했다. 이 시기는 마이크로서비스라는 용어에 대한 업계 전반의 인지도 측면을 고려할 때 마이크로서비스의 초창기였다. 그 이후로 마이크로서비스는 필자가 예측할 수 없었던 방식으로 주류가 됐으며, 그 성장과 함께 활용할 수 있는 경험의 폭이 훨씬 넓어졌고 탐구할 수 있는 기술도 많아졌다.

초판 이후 더 많은 팀과 함께 일하면서 마이크로서비스와 관련된 몇 가지 아이디어를 중심으로 생각을 다듬기 시작했다. 어떤 경우에는 정보 은닉과 같이 필자가 생각하기에 조연에 불과했던 개념이 강조해야 할 주연 개념으로 더욱 명확해지기 시작했다. 다른 경우에는 새로운 기술이 우리 시스템에 새로운 솔루션과 새로운 문제를 동시에 제시했다. 많은 사람이 마이크로서비스 아키텍처에 대한 모든 문제를 해결할 수 있을 것이라는 희망을 갖고 쿠버네티스^{Kubernetes}에 몰리는 것을 보면서 필자는 잠시 생각할 시간을 가졌다.

좀 더 덧붙이자면, 필자는 마이크로서비스에 대한 설명뿐만 아니라 이 아키텍처 접근 방식이 소프트웨어 개발의 측면을 어떻게 변화시키는지를 폭넓게 살펴보려고 이 책의 초판을 집필했다. 그래서 보안과 회복 탄력성^{resiliency}에 대한 측면을 더 깊이 살펴보면서 현대 소프트웨어 개발에서 점점 중요해지고 있는 주제를 다시 다루며 확장하고 싶다는 생각이 들었다.

따라서 전면 개정판에서는 개념을 더 잘 설명하고자 명확한 예제를 공유하는 데 더 많은 시간을 할애했으며, 모든 장을 재검토하고 모든 문장을 다듬었다. 초판의 딱딱한 산문체는 많이 남아 있지 않더라도 그 사상은 모두 여기에 그대로 담겨 있다. 또한 문제를 해결하는 데는 여러 가지 방법이 있다는 것을 인정하면서도 필자의 의견을 더 명확히 하려고 노력했다. 이를 위해 프로세스 간 커뮤니케이션에 대한 논의를 확장해 현재 이 책에는 3개의 장으로 분리돼 있다. 또한 컨테이너, 쿠버네티스, 서버리스^{serverless}와 같은 기술의 의미를 살펴보는 데 시간을 많이 할애했고, 그 결과 빌드와 배포는 두 장으로 분리됐다.

더 많은 아이디어를 담아낼 방법을 찾아 초판과 비슷한 분량의 책을 만들고 싶었다. 보다시피 이번 개정판은 전체 분량이 더 늘어서 그 목표를 달성하는 데는 실패했지만, 아이디어들을 더 명확하게 표현하는 데는 성공했다고 생각한다.

이 책의 구성

이 책은 주제별 형식으로 구성돼 있다. 처음부터 끝까지 읽어나가는 방식을 염두에 두면서 책을 구성하고 집필했지만, 가장 관심 있는 특정 주제로 건너뛰고 싶을 수도 있다. 해당 장으로 바로 넘어가기로 했다면, 이 책의 끝부분에 수록된 용어집이 낯선 용어를 이해하는 데 도움을 준다. 용어와 관련해 이 책 전반에서는 '마이크로서비스^{microservice}'와 '서비스^{service}'를 같은 의미로 사용하므로, 달리 명시하지 않는 한 두 용어는 같은 것을 의미한다고 생각하면 된다.

이 책은 '기초', '구현', '사람'이라는 3개의 부로 나뉘어져 있다. 각 부에서 다루는 내용을 살펴보면 다음과 같다.

1부 기초

1부에서는 마이크로서비스의 몇 가지 핵심 아이디어를 설명한다.

1장 마이크로서비스란?

마이크로서비스를 일반적인 관점에서 소개하고, 이 책에서 이후 자세히 다룰 여러 주제를 간략히 설명한다.

2장 마이크로서비스 모델링 방법

마이크로서비스에 적합한 경계를 찾는 데 도움이 되는 정보 은닉information hiding, 결합coupling, 응집력cohesion, 도메인 주도 설계domain-driven design(DDD)와 같은 개념의 중요성을 살펴본다.

3장 모놀리스 분해

기존 모놀리식 애플리케이션을 마이크로서비스로 분해하는 방법에 대한 몇 가지 지침을 제공한다.

4장 마이크로서비스 통신 방식

비동기 호출과 동기 호출, 요청 및 응답, 이벤트 기반의 협업 방식을 비롯한 다양한 종류의 마이크로서비스 통신 방식을 설명한다.

2부에서는 상위 개념에서 구현 상세로 이동해 마이크로서비스를 최대한 활용하는 데 도움이 되는 기법과 기술을 살펴본다.

5장 마이크로서비스의 통신 구현

마이크로서비스 간 통신을 구현하는 데 사용되는 특정 기술을 자세히 살펴본다.

6장 워크플로

사가saga와 분산 트랜잭션distributed transaction을 비교하고, 여러 마이크로서비스가 관련된 비즈니스 프로세스를 모델링하는 데 사가가 어느 정도 유용한지 살펴본다.

7장 빌드

마이크로서비스를 리포지터리와 빌드로 매핑하는 것에 대해 설명한다.

8장 배포

컨테이너, 쿠버네티스, FaaS를 살펴보는 등 마이크로서비스의 배포와 관련된 수많은 방법을 설명한다.

9장 테스트

엔드투엔드end-to-end 테스트로 인해 발생하는 문제를 포함해 마이크로서비스 테스트에 따르는 어려움을 살펴보고, 소비자 중심 계약consumer-driven contract과 운영 중in-production 테스트가 어떻게 도움이 되는지를 논의한다.

10장 모니터링에서 관찰가능성으로

이 장에서는 도구와 관련된 구체적인 권장 사항과 함께 정적 모니터링 활동에 집중하는 것에서 마이크로서비스 아키텍처의 관찰가능성^{observability}을 향상시키는 방법을 폭넓게 생각하도록 전환하는 것을 다룬다.

11장 보안

마이크로서비스 아키텍처는 공격의 표면 영역을 넓힐 수 있지만 심층적으로 방어할 수 있는 기회도 더 많이 제공한다. 이 장에서는 이러한 균형을 살펴본다.

12장 회복 탄력성

회복 탄력성이란 무엇이고 마이크로서비스가 애플리케이션의 회복 탄력성을 향상시키는 데 어떤 역할을 할 수 있는지를 자세히 살펴본다.

13장 확장

확장의 네 가지 축을 간략히 소개하고, 이를 조합해 마이크로서비스 아키텍처를 확장하는 방법을 설명한다.

3부 사람

아이디어와 기술은 뒷받침해줄 사람과 조직이 없으면 아무 의미가 없다.

14장 사용자 인터페이스

전담 프론트엔드 팀 구축부터 BFF^{backend for frontend}와 그래프QL을 사용하는 데까지 마이크로서비스와 사용자 인터페이스가 어떻게 함께 작동할 수 있는지 살펴본다.

15장 조직 구조

마이크로서비스 아키텍처의 맥락에서 스트림 정렬 팀과 활성화 팀이 어떤 역할을 하는지 설명하는 데 중점을 둔다.

16장 진화하는 아키텍트

마이크로서비스 아키텍처는 고정적이지 않으므로 시스템 아키텍처를 바라보는 관점을 바꿔야
할 수 있다. 이 장에서는 이와 관련된 주제를 심도 있게 다룬다.

CONTENTS

PART **1** 기초

CHAPTER **1** 마이크로서비스란?

CONTENTS

CHAPTER 3 모놀리스 분해

CHAPTER 4 마이크로서비스 통신 방식

CONTENTS

CHAPTER **5** 마이크로서비스의 통신 구현

CONTENTS

CONTENTS

CHAPTER **8** 배포

CHAPTER **9** **테스트**

CONTENTS

CHAPTER 10 모니터링에서 관찰가능성으로

CHAPTER 11 보안

CONTENTS

CHAPTER **12** **회복 탄력성**

CONTENTS

CHAPTER **13 확장**

CHAPTER **14** 사용자 인터페이스

CONTENTS

CHAPTER 15 조직 구조

CONTENTS

CHAPTER 16 **진화하는 아키텍트**

Part I

기초

Part I

기초

## CHAPTER 1

마이크로서비스란?

마이크로서비스는 필자가 이 책의 초판을 집필하고 나서 5년 넘는 시간 동안 더욱 인기 있는 아키텍처 선택지가 됐다. 하지만 필자는 이 폭발적인 인기의 공을 독차지할 수 없다. 왜냐하면 마이크로서비스가 급속히 적용되면서 과거의 아이디어들이 현재 테스트되고 있으며, 이전에 각광받지 못했던 새로운 아이디어들이 동시에 혼재되기 때문이다. 따라서 마이크로서비스의 핵심 개념을 재조명해 마이크로서비스의 본질을 다시 한번 정제할 필요가 있다.

이 책은 마이크로서비스가 소프트웨어 전달의 다양한 측면에 미치는 영향을 광범위하게 살펴보고자 기획됐다. 이 장에서는 마이크로서비스 이면의 핵심 아이디어, 지금까지 사용된 선행 기술, 이러한 아키텍처가 널리 사용되는 몇 가지 이유 등을 살펴본다.

1.1 마이크로서비스 살펴보기

마이크로서비스microservices는 비즈니스 도메인에 따라 모델링된 독립적으로 릴리스 가능한 서비스로, 기능을 캡슐화하고 네트워크를 통해 다른 서비스들에 액세스하게 해준다. 여러분은 마이크로서비스라는 작은 빌딩 블록을 사용해 더욱 복잡한 시스템을 구축할 수 있다. 하나의 마이크로서비스로 재고inventory, 주문 관리order management, 배송shipping을 각각 대표할 수 있지만, 한데 모으면 전체 상거래 시스템을 구성할 수 있다. 마이크로서비스는 직면한 문제를 해결하기 위해 다양한 옵션을 제공하는 데 중점을 둔 아키텍처다.

마이크로서비스는 서비스 지향 아키텍처의 한 종류지만, 서비스 경계를 정하는 방법과 독립적인 배포 가능성이 핵심이라는 점 때문에 의견이 다소 분분하다. 마이크로서비스는 기술 중립적이며, 이런 특징은 마이크로서비스의 장점 중 하나로 꼽힌다.

외부에서 보면, 하나의 마이크로서비스는 블랙박스로 취급된다. 가장 적절한 프로토콜을 사용해 1개 이상의 네트워크 엔드포인트(예: [그림 1-1]에서 보듯이 큐^{queue}나 REST API)를 통해 비즈니스 기능을 호스팅한다. 소비자는 다른 마이크로서비스든 또는 다른 종류의 프로그램이든 이러한 네트워크로 연결된 엔드포인트를 통해 이 기능에 접근한다. 서비스 프로그래밍에 대한 기술이나 데이터 저장 방식과 같은 상세한 내부 구현 정보는 외부 세계에서 완전히 은폐된다. 이 점은 마이크로서비스 아키텍처가 대부분의 상황에서 공유 데이터베이스의 사용을 지양하는 것을 의미한다. 대신 각 마이크로서비스는 필요한 경우 자체 데이터베이스를 캡슐화한다.

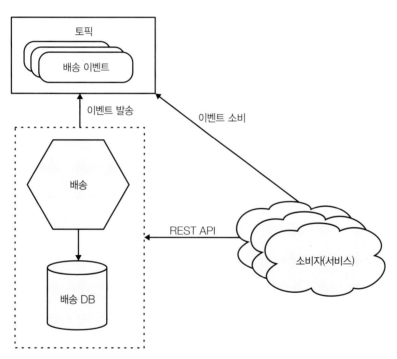

그림 1-1 마이크로서비스는 자신의 기능을 REST API와 토픽을 통해 노출한다.

마이크로서비스는 정보 은닉이라는 개념을 수용한다. **정보 은닉**[1]은 가능한 한 많은 정보를 구성 요소에 감추고 외부 인터페이스를 통해 최소한의 정보만 노출하는 것을 의미한다. 이 개념은 변경하기 쉬운 것과 변경하기 어려운 것을 명확히 구분하게 해준다. 외부 대상에게 감춰진 구현은 마이크로서비스가 노출하는 네트워크 인터페이스가 하위 호환성을 깨뜨리는 방식으로 바뀌지 않는 한 자유롭게 변경될 수 있다. [그림 1-1]에서 보듯이 마이크로서비스 경계 내부의 변경은 업스트림[2] 소비자에게 영향을 미치지 않으므로 독립적인 기능 릴리스가 가능하다. 이는 마이크로서비스가 독립적으로 동작하고 필요에 따라 릴리스되는 데 필수적이다. 내부 구현이 변경되더라도 명확하고 안정적인 서비스 경계가 변경되지 않는다면, 시스템의 결합은 느슨해지고 응집력이 강해진다.

내부 구현 상세 정보를 숨기는 것에 대해 이야기할 때 알리스테어 콕번^{Alistair Cockburn}[3]이 처음으로 자세히 설명한 헥사고날 아키텍처^{Hexagonal Architecture} 패턴은 언급하지 않는 편이 좋을 것이다. 이 패턴은 다른 유형의 인터페이스를 통해 동일한 기능과 상호작용할 수 있다는 생각을 바탕으로 내부 구현과 외부 인터페이스를 분리하는 것이 왜 중요한지를 설명한다. 필자는 마이크로서비스를 다른 '보통' 서비스와 구분하려고 부분적으로 육각형^{hexagon}으로 그리는데, 이 선행 기술에 대한 오마주 때문이기도 하다.

서비스 지향 아키텍처와 마이크로서비스는 다른가?

서비스 지향 아키텍처(service-oriented architecture, SOA)는 특정 기능들을 제공하기 위해 다수 서비스가 협업하는 설계 방식이다. 여기서 서비스(service)는 일반적으로 완전히 분리된 운영 시스템의 프로세스를 의미하며, 이러한 서비스 간 통신은 프로세스 경계 내부의 메서드 호출이 아니라 네트워크 간 호출로 이뤄진다.

SOA는 대규모 모놀리식 애플리케이션에 대항하기 위한 방안으로 생겨났다. 이 방식은 소프트웨어의 재사용성을 향상시키는 게 목표인데, 예를 들면 2개 이상의 사용자 애플리케이션이 동일한 서비스를 사용할 수 있도록 해준다. SOA는 소프트웨어 유지 보수와 재작성을 더 쉽게 하기 위한 것으로, 이론적으로는 서비스의 의미 체계가 너무 크게 바뀌지 않는 한 서로 모르게 다른 서비스로 교체할 수 있다.

---

1   이 개념은 데이비드 파나스(David Parnas)가 1971년 국제정보처리연합회(IFIP) 정보 처리 분야 회보에서 발표한 『설계 방법에 대한 정보 분포 양상(Information Distribution Aspects of Design Methodology)』(암스텔담 북홀랜드 출판, 1972, 1:339-44)에서 소개됐다.

2   옮긴이_인접 시스템에 데이터를 전송하는 시스템을 업스트림(upstream) 시스템이라 하고, 수신하는 시스템을 다운스트림(downstream) 시스템이라 한다.

3   2005년 1월 4일, 알리스테어 콕번이 '헥사고날 아키텍처'를 발표했다.

SOA의 핵심은 합리적 사고다. 하지만 많은 노력에도 불구하고 SOA를 잘 수행하는 방법에 대한 합의는 부족하다. 산업계 대부분이 문제를 충분히 총체적으로 바라보지 못했으며, 이 분야에 속한 다양한 공급업체의 고충을 해결하는 설득력 있는 대안을 제시하는 데 실패했다.

실제로 SOA 앞에는 대부분 통신 프로토콜(예: SOAP), 공급업체의 미들웨어, 서비스 세분화에 대한 지침 부족, 시스템을 분리할 위치 선정에 대한 잘못된 지침과 같은 문제가 놓여 있다. 냉소주의자들은 공급업체가 더 많은 제품을 판매할 수단으로 'SOA 운동'을 선택했고(어떤 면에서는 주도했고) 해당 제품이 결국 SOA의 목적을 훼손했다고 주장할 수 있다.

필자는 팀이 서비스를 더 작게 만들도록 애써도 여전히 모든 것이 데이터베이스에 결합돼 있고 전부 함께 배포해야 하는 SOA의 사례를 많이 봤다. 서비스 지향인가? 그렇더라도 마이크로서비스는 아니다.

마이크로서비스 방식은 SOA를 더 잘하고자 시스템과 아키텍처를 충분히 이해하려는 노력에 실제로 사용되면서 등장했다. XP(Extreme Programming)나 스크럼(Scrum)이 애자일 소프트웨어 개발을 위한 특정한 접근 방식인 것과 같이 마이크로서비스도 SOA에 대한 특정한 접근 방식으로 생각해야 한다.

1.2 마이크로서비스의 핵심 개념

마이크로서비스를 탐구할 때는 몇 가지 핵심 개념을 이해해야 한다. 일부 측면이 간과되는 경우가 많아서 마이크로서비스를 작동하게 만드는 것이 무엇인지 확실히 이해하려면 핵심 개념들을 더 자세히 살펴보는 것이 중요하다.

1.2.1 독립적 배포성

독립적 배포성^{independent deployability}은 다른 마이크로서비스를 배포하지 않고도 마이크로서비스를 변경하고, 배포하고, 사용자에게 릴리스할 수 있다는 개념이다. 이러한 작업을 수행할 수 있다는 사실뿐 아니라 실제로 시스템에서 배포를 관리하는 방법이 더욱 중요하며, 기본 릴리스 방식으로 채택하는 원칙이다. 이 개념은 단순하지만 실행하기에는 간단치 않다.

> **TIP**
>
> 이 책에서 일반적인 마이크로서비스 개념 중 하나를 선택해야 한다면 바로 이 개념이어야 한다. 즉, 마이크로서비스의 독립적 배포 개념을 반드시 수용해야 한다. 다른 어떤 것을 추가로 배포하지 않고도 한 마이크로서비스의 변경 사항을 운영 환경에 배포하고 릴리스하는 습관을 들여라. 그럼 많은 이점이 따를 것이다.

독립적 배포를 위해서는 마이크로서비스를 느슨하게 결합loosely coupled시켜야 한다. 즉, 다른 서비스를 변경하지 않고도 한 서비스를 변경할 수 있어야 한다. 이는 서비스 간에 분명하고, 잘 정의되며, 안정적인 계약이 필요하다는 것을 의미한다. 몇몇 구현 방법은 이런 노력을 어렵게 만들기도 한다. 예를 들면 데이터베이스 공유는 특히 문제가 된다.

독립적 배포성, 그 자체로 매우 가치가 높지만 독립적 배포에 도달하려면 그 자체로 이점이 있는 다른 요소들도 제대로 갖춰야 한다. 따라서 독립적 배포성에 중점을 둔다면 그 결과로 많은 부수적 혜택을 얻을 것이다.

안정적인 인터페이스를 갖고 느슨하게 결합된 서비스를 요구하는 목소리가 커지면서 마이크로서비스 경계를 찾는 방법을 가장 먼저 생각하게 됐다.

1.2.2 비즈니스 도메인 중심의 모델링

도메인 주도 설계와 같은 기술을 사용하면 소프트웨어가 동작하는 실제 도메인을 더 잘 표현하도록 코드를 구성할 수 있다.[4] 마이크로서비스 아키텍처에서는 동일한 개념을 사용해 서비스 경계를 정의한다. 비즈니스 도메인을 중심으로 서비스를 모델링함으로써 새로운 기능feature을 좀 더 쉽게 출시하고 마이크로서비스를 다양한 방식으로 재결합해 사용자에게 새로운 기능을 제공할 수 있다.

둘 이상의 마이크로서비스를 변경해야 하는 제품 기능을 출시하려면 비용이 많이 든다. 각 서비스와(어쩌면 분리된 팀과도) 작업을 조율해야 하고 해당 서비스들의 새 버전이 배포되는 순서를 주의 깊게 관리해야 한다. 이는 단일 서비스(또는 모놀리스) 내부에서 동일한 변경을 수행하는 것보다 훨씬 더 많은 작업이 필요하다. 따라서 가능한 한 서비스 간 변경을 적게 수행할 수 있는 방법을 선호한다.

[그림 1-2]의 3계층 아키텍처three-tiered architecture로 대표되는 계층형 아키텍처를 자주 볼 수 있다. 아키텍처의 각 계층은 관련된 기술적 기능을 기반으로 하는 각 서비스 경계를 포함해 서로 다른 서비스 경계를 나타낸다. 이 예에서 프레젠테이션 계층만 변경해야 한다면 상당히 효율적일 것이다. 하지만 경험적으로 이 유형의 아키텍처에서 기능 변경은 대개 여러 계층에 걸쳐 나

4 　도메인 주도 설계에 대한 심층적인 소개는 에릭 에반스(Eric Evans)의 『도메인 주도 설계』(위키북스, 2011)를 참고하길 바란다. 또한 더 요약된 자료를 원한다면 반 버논(Vaughn Vernon)의 『도메인 주도 설계 핵심』(에이콘, 2017)을 추천한다.

타나 프레젠테이션, 애플리케이션, 데이터 계층의 변경이 필요하다. 이러한 문제는 아키텍처가 [그림 1-2]의 간단한 예보다 훨씬 더 계층화되면 심각해진다. 각 계층은 더 많은 계층으로 분할될 때가 많다.

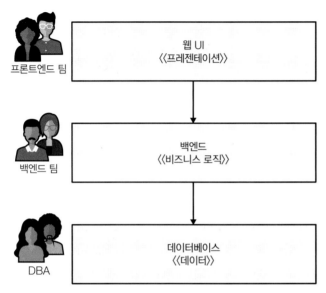

그림 1-2 전통적 3계층 아키텍처

서비스를 비즈니스 기능 단위로 (수직으로) 처음부터 끝까지 한 조각으로 만들면, 비즈니스 기능을 최대한 효율적으로 변경하도록 아키텍처를 배치할 수 있다. 우리는 마이크로서비스에서 기술적 기능의 높은 응집력보다 비즈니스 기능의 높은 응집력을 더 우선시하기로 결정했다.

도메인 주도 설계의 상호작용과 조직 설계가 서로 어떤 관계를 이루는지는 이후 다시 살펴보도록 한다.

1.2.3 자기 상태 소유

마이크로서비스가 공유 데이터베이스 사용을 피해야 한다는 생각은 많은 사람을 힘들게 한다. 한 마이크로서비스가 다른 마이크로서비스가 소유한 데이터에 액세스하려면 두 번째 마이크로서비스에 데이터를 요청해야 한다. 이는 마이크로서비스에 어떤 데이터를 공유하고 감출지 결정하는 능력을 제공하므로 자유롭게 변경할 수 있는 기능(내부 구현)과 거의 변경하지 않는 기능(소비자가 사용하는 외부 계약)을 명확히 분리할 수 있게 해준다.

독립적 배포성을 실현하려면 마이크로서비스에 대한 하위 호환성이 없는 변경을 제한해야 한다. 만약 업스트림 소비자와의 호환성을 깨뜨리면 소비자들에게도 변경을 강요할 것이다. 마이크로서비스에 대한 내부 구현 상세와 외부 계약을 명확하게 구분하면 하위 호환성이 없는 변경을 줄이는 데 도움이 된다.

마이크로서비스에서 내부 상태를 감추는 것은 객체 지향 프로그래밍^{object-oriented programming}의 캡슐화^{encapsulation}와 유사하다. 객체 지향^{object-oriented}(OO) 시스템에서 데이터 캡슐화는 정보 은닉의 실제 예다.

> **TIP**
>
> 정말 필요한 경우가 아니라면 데이터베이스를 공유하지 말라. 그리고 공유를 회피하기 위해 할 수 있는 모든 것을 수행하라. 데이터베이스 공유는 독립적 배포성을 달성하는 데 가장 나쁜 것 중 하나다.

이전 절에서 논의한 것처럼, 필자는 서비스를 적절한 경우에 사용자 인터페이스^{user interface}(UI), 비즈니스 로직, 데이터를 캡슐화하는 비즈니스 기능 단위 조각으로 간주하려 한다. 비즈니스와 관련된 기능을 변경하는 노력을 줄이고 싶기 때문이다. 이러한 방식으로 데이터와 동작을 캡슐화하면 비즈니스 기능에 대한 높은 응집력을 얻을 수 있다. 또한 서비스의 데이터베이스를 숨김으로써 결합도를 낮출 수 있다. 결합과 응집력은 2장에서 다시 살펴본다.

1.2.4 크기

"마이크로서비스는 얼마나 커야 할까요?"

가장 많이 듣는 질문 중 하나다. 이름에 '마이크로^{micro}'라는 단어가 있다는 점을 고려하면 놀라운 일은 아니다. 하지만 마이크로서비스가 아키텍처의 한 종류로 동작하게 만드는 요소를 알아보면, 실제로 크기 개념은 가장 흥미롭지 않은 측면 중 하나다.

크기를 어떻게 측정할까? 코드 줄 수를 세야 할까? 결코 합리적이지 않은 생각이다. 자바^{Java}에서 25줄이 필요한 코드를 클로저^{Clojure}에서는 단 10줄로 작성할 수 있다. 그렇다고 클로저가 자

바보다 좋거나 나쁘다는 말은 아니다. 어떤 면에서 몇몇 언어는 다른 언어보다 단순히 표현력
이 뛰어날 뿐이다.

소트웍스Thoughtworks의 기술 책임자인 제임스 루이스James Lewis는 '마이크로서비스는 내 머리만큼
커야 한다'라고 말한 것으로 알려져 있다. 언뜻 듣기에 이 말은 크기를 이해하는 데 별 도움이
되지 않는다. 결국 "제임스의 머리는 정확히 얼마나 크죠?"라고 묻게 된다. 제임스의 말에 숨겨
진 진의는 마이크로서비스는 쉽게 이해할 수 있는 크기로 유지돼야 한다는 것이다. 물론 사람
마다 이해하는 능력이 같지 않다는 문제가 있다. 따라서 어떤 크기가 적절한지는 스스로 판단
해야 한다. 숙련된 팀은 다른 팀보다 더 큰 코드베이스를 더 잘 관리할 수 있다. 따라서 여기서
제임스의 말을 다시 인용한다면 '마이크로서비스는 당신의 머리만큼 커야 한다'라고 읽는 편이
더 나을 것이다.

마이크로서비스 관점에서 '크기'에 가장 가까운 의미는 『마이크로서비스 패턴』(길벗, 2020)의
저자인 크리스 리차드슨Chris Richardson이 언급한 것처럼 '마이크로서비스의 목적은 가능한 한 작
은 인터페이스를 갖는 것'이라는 표현에서 짐작해볼 수 있다. 이는 다시 정보 은닉의 개념과 연
결되지만, 초기에는 없었던 '마이크로서비스'라는 용어의 의미를 찾으려는 시도를 나타낸다. 이
용어가 이러한 아키텍처를 정의하는 데 처음 사용됐을 무렵에는 그다지 인터페이스 크기에 초
점을 맞추지 않았다.

결과적으로 크기의 개념은 상황에 크게 좌우된다. 15년 동안 한 시스템에서 일한 사람과 이야
기해보면, 10만 줄의 코드로 된 시스템이라도 정말 이해하기 쉽다고 느끼기도 한다. 마찬가지
로 마이크로서비스 전환에 막 착수해서 대략 10개 이하의 마이크로서비스를 가진 회사에 물어
보길 바란다. 또한 규모가 비슷하더라도 수년 동안 마이크로서비스를 늘 수행하고 현재는 수백
개의 마이크로서비스를 보유한 회사에 크기에 대한 생각을 물으면 답변이 서로 다를 것이다.

필자는 크기에 대한 걱정은 접어두라고 강조한다. 처음 시작할 때는 두 가지 핵심 사항에 집중
하는 것이 훨씬 더 중요하다.

첫째, 얼마나 많은 마이크로서비스를 처리할 수 있는가? 서비스가 많을수록 시스템의 복잡성
이 증가하고, 이에 대처하려면 새로운 기술을 배워야 한다(그리고 아마도 그 기술을 채택해야
할 것이다). 마이크로서비스로의 전환은 복잡성을 유발하는 근원이 되며 이로 인해 발생할 수
있는 모든 문제를 야기한다. 이러한 이유로 필자는 마이크로서비스 아키텍처로 점진적으로 전
환해야 한다고 강력히 주장한다.

둘째, 모든 것이 끔찍하게 결합돼 엉망인 상황을 피하면서 마이크로서비스 경계를 최대한 활용하려면 어떻게 경계를 정의해야 하는가? 이러한 주제는 마이크로서비스로 향하는 여정을 시작할 때 집중해야 하는 훨씬 더 중요한 것들이다.

1.2.5 유연성

제임스 루이스의 또 다른 인용구인 '마이크로서비스는 선택권을 제공한다'라는 말을 생각해보자. 루이스는 이 말에 신중했다. 마이크로서비스는 비용이 들기 때문에 그 비용이 선택하려는 옵션의 가치에 견줘 적당한지 따져봐야 한다. 그 결과로 얻는 유연성은 조직성, 기술성, 규모, 견고함 등 여러 측면에서 놀라울 정도로 매력적일 수 있다.

미래가 어떻게 될지 모르므로 필자는 앞으로 직면할 모든 문제를 해결하는 데 유용할 아키텍처를 원한다. 선택의 폭을 넓히는 것과 이와 같은 아키텍처에 대한 비용 부담 사이에서 균형을 찾는 것은 매우 절묘한 일이다.

마이크로서비스 채택은 '스위치를 켜는 것'이 아니라 '다이얼을 돌리는 것'과 같다고 생각해야 한다. 다이얼을 높은 쪽으로 돌리고 더 많은 마이크로서비스를 사용할수록 유연성은 높아진다. 하지만 그만큼 고충도 늘어난다. 이러한 이유로 필자는 점진적인 마이크로서비스 채택을 강력히 지지한다. 다이얼을 조금씩 돌려 소리를 키우듯, 점진적으로 적용하면 수행 영향도를 더 잘 판단하고 필요한 경우 중지할 수 있다.

1.2.6 아키텍처와 조직의 정렬

온라인으로 CD를 판매하는 전자상거래 회사인 뮤직코프MusicCorp는 [그림 1-2]와 같이 간단한 3계층 아키텍처를 사용한다. 우리는 뮤직코프를 21세기 방식에 맞추기로 결정했으며, 그 일환으로 기존 시스템 아키텍처를 평가했다. 기존 아키텍처는 웹 기반 UI, 모놀리식 백엔드 형태의 비즈니스 로직, 전통적 데이터베이스의 데이터 저장소로 구성돼 있으며, 일반적으로 이러한 계층은 각각 다른 팀에서 소유권을 갖는다. 이 책에서는 뮤직코프가 겪어온 갖가지 고난을 다룰 것이다.

고객이 좋아하는 음악 장르를 지정할 수 있는 기능에 대해 간단한 업데이트를 원한다. 예를 들면 고객이 좋아하는 음악 장르를 지정할 수 있도록 하고 싶다. 이 업데이트에서는 장르 선택 UI 를 표시하도록 UI를 변경하고, 장르를 UI에 표시하고 값을 변경할 수 있도록 백엔드 서비스 를 변경하며, 데이터베이스가 이 변경을 수용하는 작업이 필요하다. 이러한 변경 사항은 [그림 1-3]에 설명된 것처럼 각 팀에서 관리되고 올바른 순서로 배포돼야 한다.

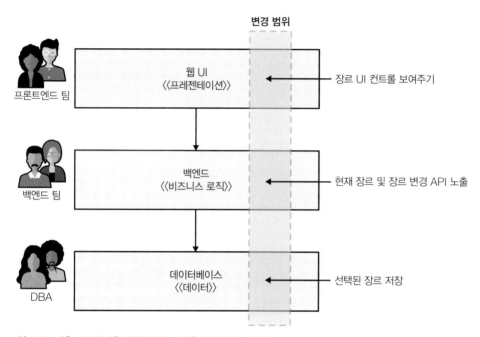

그림 1-3 3계층 모두 변경을 수행하려면 더 많은 작업이 필요하다.

지금 이 아키텍처는 나쁘지 않다. 모든 아키텍처는 결국 일련의 목표를 중심으로 최적화된다. 3계층 아키텍처는 알다시피 어느 정도 보편화돼 있으므로 흔히 볼 수 있다. 그래서 다른 곳에 서 봤을지도 모를 일반적인 아키텍처를 선택하는 경향은 이 패턴을 계속 보게 되는 이유다. 하 지만 이 아키텍처를 계속해서 보게 되는 가장 큰 이유는 우리가 팀을 구성하는 방식에 기반을 두기 때문이다.

유명한 **콘웨이의 법칙**Conway's law은 다음과 같이 명시한다.

> 시스템을 설계하는 조직은… 이러한 조직의 커뮤니케이션 구조를 본떠 설계하도록 제한된다.
>
> 멜빈 콘웨이Melvin Conway, '위원회는 어떻게 발명하는가?'

이 아키텍처는 콘웨이의 법칙이 실제로 적용되는 좋은 예가 될 수 있다. 과거에 IT 조직이 사람들을 그룹화하는 기본 방법은 핵심 역량 측면에 기반했다. 예를 들면, 데이터베이스 관리자끼리 한 팀에 있었고, 자바 개발자끼리 한 팀이 됐다. 또한 프론트엔드 개발자(최근 자바스크립트와 네이티브 모바일 애플리케이션 개발 같은 색다른 기술을 알고 있는)로 구성된 별도의 팀도 있었다. 우리는 핵심 역량을 기반으로 사람들을 그룹화하므로 이러한 팀들에 맞춰진 IT 자산을 만들어냈다.

이 현상은 이 아키텍처가 널리 일반화된 이유를 설명한다. 이 아키텍처가 나쁜 것이 아니라 일련의 힘, 즉 친숙함을 중심으로 사람들을 그룹화하는 전통적인 방식과 같은 힘에 최적화된 것뿐이다. 하지만 이제 그 힘이 달라졌다. 소프트웨어에 대한 우리의 바람이 바뀌었다. 이제 핸드오프와 사일로^{silo}를 줄이기 위해 사람들을 다양한 기술을 갖춘 팀^{poly-skilled team}으로 묶는다. 또한 그 어느 때보다 훨씬 더 빨리 소프트웨어를 출시하길 원한다. 이런 변화는 팀을 구성하는 방식을 다양하게 선택할 수 있도록 했으며, 결국 시스템을 분해하는 방식으로 팀을 구성할 수 있게 됐다.

시스템에 대해 요청받는 변경 사항 대부분은 비즈니스 기능의 변경과 관련이 있다. 그러나 [그림 1-3]에서 보듯이 비즈니스 기능은 실제로 3계층에 모두 분산돼 있어 기능 변경이 계층을 넘어갈 가능성이 높다. 관련 기술의 응집력은 높지만 비즈니스 기능의 응집력이 낮은 아키텍처다. 변경을 더 쉽게 만들고 싶다면, 기술보다는 비즈니스 기능의 응집력을 선택해 코드를 그룹화하는 방법을 바꿔야 한다. 각 서비스는 3계층의 조합을 포함하거나 포함하지 않을 수 있지만, 특정 서비스의 구현과 관련된 문제다.

이 아키텍처를 [그림 1-4]와 같은 잠재적으로 대안이 될 아키텍처와 비교해보자. 수평적으로 계층화된 아키텍처와 조직이 아니라 수직적 비즈니스 라인을 따라 조직과 아키텍처를 세분화한다. 여기에서 고객 프로파일 측면의 변경을 모두 책임지는 전담 팀을 볼 수 있다. 따라서 이 예(고객 프로파일)에서 변경 범위는 한 팀으로 제한된다.

구현 측면에서는 고객이 자기 정보를 업데이트하는 UI를 노출하는, 하나의 마이크로서비스(프로파일 팀이 소유한)가 될 수 있으며, 고객의 상태도 이 서비스에 저장된다. 선호 장르의 선택은 지정된 고객과 연관되므로 이 변경 사항은 훨씬 더 국부적이다. [그림 1-5]는 카탈로그 마이크로서비스(이미 존재한다고 가정)에서 가져올 수 있는 가용한 장르 목록도 보여준다. 또한 다음 릴리스에서 쉽게 나타날 수 있는 새로운 추천 마이크로서비스도 볼 수 있다.

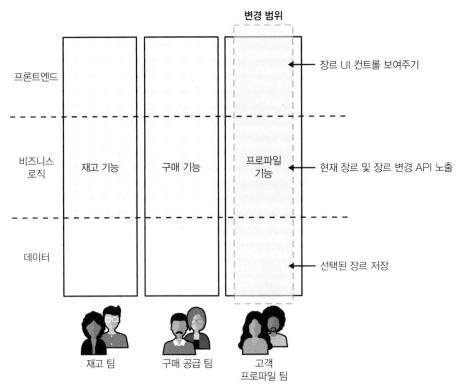

그림 1-4 UI는 분리되고, UI를 지원하는 서버 측 기능까지 관리하는 팀이 소유한다.

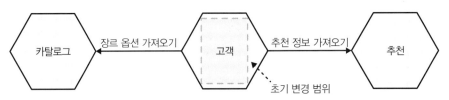

그림 1-5 고객 전담 마이크로서비스는 고객의 선호 음악 장르를 훨씬 더 쉽게 기록할 수 있다.

이러한 상황에서 **고객**(Customer) 마이크로서비스는 (약간의 UI와 애플리케이션 로직, 데이터 저장소를 포함하는) 3계층으로 된 얇은 슬라이스 부분을 캡슐화한다. 비즈니스 도메인은 시스템 아키텍처를 주도하는 핵심 원동력이 돼 변경하기 쉽게 하고 팀을 조직 내 비즈니스 분야에 더 수월하게 맞추도록 해줄 것이다.

UI는 마이크로서비스에서 직접 제공되지 않는 경우가 많지만, 이 경우에도 [그림 1-4]와 같이 이 기능과 관련된 UI는 여전히 고객 프로파일 팀이 소유할 것으로 예상된다. 『팀 토폴로지』(에

이콘, 2020)[5]에서 스트림 정렬 팀stream-aligned team이라는 개념을 소개했는데, 이 팀은 다음 개념을 구체화한다.

> 스트림 정렬 팀은 가치 있는 단일 업무 스트림에 정렬된다⋯ 팀은 고객이나 사용자 가치를 가능한 한 빠르고 안전하고 독립적으로 구현하고 전달할 수 있는 권한을 부여받는다. 또한 업무의 일부를 수행하기 위해 다른 팀에 핸드오프를 할 필요가 없다.

[그림 1-4]의 팀은 스트림 정렬 팀이며, 14장과 15장에서는 이 유형의 조직 구조가 실제로 작동하는 방식과 마이크로서비스와 정렬되는 방식 등 관련 내용을 더 깊이 살펴본다.

'가짜' 회사에 대한 노트

책 전반에 걸쳐 여러 단계에서 뮤직코프(MusicCorp), 파이낸스코(FinanceCo), 푸드코(FoodCo), 애드버트코프(AdvertCorp), 페이먼트코(PaymentCo)라는 회사를 만나게 된다.

푸드코, 애드버트코프, 페이먼트코는 기밀 유지를 위해 사명을 변경했지만 실제로 존재하는 회사다. 또한 이 회사들과 관련된 내용을 다룰 때는 좀 더 명확하게 전달하고자 특정 세부 사항을 종종 생략했다. 현실 세계는 이보다 훨씬 더 복잡하게 뒤엉켜 있다. 따라서 해당 상황의 근간을 이루는 현실은 최대한 유지하면서 내용을 이해하는 데 불필요한 세부 정보는 최소화하려고 노력했다.

반면에 뮤직코프는 필자가 근무했던 여러 조직을 조합해 만들어낸 가짜 회사다. 따라서 뮤직코프에 대한 이야기는 필자가 실제 목격했던 상황을 반영하지만 한 회사에서만 일어났던 일은 아니라는 점을 분명히 밝혀 둔다.

1.3 모놀리스

지금까지 마이크로서비스에 대해 이야기했지만, 마이크로서비스는 모놀리식 아키텍처monolithic architecture의 대안인 아키텍처 접근 방식으로 가장 자주 거론된다. 따라서 마이크로서비스 아키텍처를 더 명확히 식별하고 마이크로서비스가 고려할 만한 가치가 있는지 더 잘 이해할 수 있도록 모놀리스monoliths의 정확한 의미도 함께 논의해야 한다.

---

5 매튜 스켈톤(Mattew Skelton)과 마누엘 페이스(Manuel Pais)의 저서 『팀 토폴로지: 빠른 업무 플로우를 만드는 조직 설계』(에이콘, 2020)

이 책 전반에서 모놀리스를 이야기할 때는 주로 배포 단위를 언급한다. 시스템의 모든 기능이 함께 배포돼야 한다면 필자는 이를 모놀리스로 간주한다. 아마도 여러 아키텍처가 이 정의에 어울리겠지만, 가장 자주 목격하는 형태인 단일 프로세스형 모놀리스, 모듈식 모놀리스, 분산형 모놀리스에 대해 논의할 것이다.

1.3.1 단일 프로세스형 모놀리스

모놀리스를 이야기할 때 떠오르는 가장 일반적인 예는 [그림 1-6]과 같이 모든 코드가 단일 프로세스single process로 배포되는 시스템이다. 견고성과 확장성을 위해 이 프로세스의 인스턴스를 여러 개 만들 수 있지만, 근본적으로 모든 코드는 하나의 프로세스로 패키징된다. 실제로 이러한 단일 프로세스 시스템은 십중팔구 데이터베이스에서 데이터를 읽고 저장하거나 웹 및 모바일 애플리케이션에 정보를 제공하므로 그 자체로 단순한 분산 시스템일 수 있다.

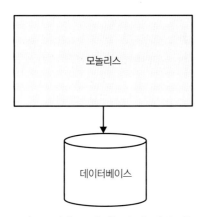

그림 1-6 단일 프로세스형 모놀리스에서 모든 코드는 한 프로세스에 패키징된다.

이 형태는 대부분의 사람들이 알고 있는 고전적인 모놀리스와 맞아떨어지지만, 필자가 접하는 시스템 대부분은 이보다 더 복잡하다. 서로 강하게 결합된 둘 이상의 모놀리스가 존재하고, 잠재적으로 일부 업체의 소프트웨어가 혼합돼 있을 수 있다.

고전적인 단일 프로세스 모놀리식 배포는 많은 조직에 적합할 수 있다. 루비 온 레일즈Ruby on Rails의 창시자인 데이비드 하인메이어 한슨David Heinemeier Hansson은 이러한 아키텍처가 소규모 조직에 적합한 사례를 효과적으로 제시했다.[6] 그러나 조직이 성장하면서 모놀리스 역시 잠재적으로 함께 성장하게 되고, 그에 따라 모듈식 모놀리스로 시선이 옮겨진다.

1.3.2 모듈식 모놀리스

단일 프로세스형 모놀리스의 서브셋인 **모듈식 모놀리스**modular monolith는 단일 프로세스가 별도의 모듈로 구성된 변형이다. 각 모듈은 독립적으로 작업할 수 있지만 [그림 1-7]에서 보듯이 배포하려면 모두 다 합쳐져야 한다. 소프트웨어를 모듈로 분해하는 개념은 새로운 것이 아니다. 모듈식 소프트웨어는 1970년대에 구조화된 프로그래밍을 중심으로 수행된 작업에 뿌리를 두고 있으며, 시작은 그보다 훨씬 더 거슬러 올라간다. 그럼에도 이 방식을 제대로 활용하는 조직은 지금껏 많지 않았다.

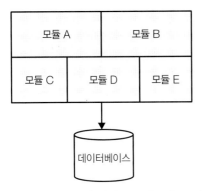

그림 1-7 모듈식 모놀리스는 프로세스 내 코드가 모듈로 분리된다.

많은 조직에서 모듈식 모놀리스는 훌륭한 선택이 된다. 모듈 경계가 잘 정의된다면, 훨씬 더 간단한 배포 토폴로지를 활용함으로써 분산된 마이크로서비스 아키텍처의 문제를 피하면서도 높은 수준으로 병행 작업을 할 수 있다. 쇼피파이Shopify는 마이크로서비스 분해의 대안으로 이 기술을 사용한 회사의 훌륭한 예다.[7]

모듈식 모놀리스의 한 가지 문제점은 데이터베이스가 코드 수준으로 분해되지 않아서 미래에

---

6 데이비드 하인메이어 한슨은 2016년 2월 29일 SIGNAL V. NOISE 사이트에 'The Majestic Monolith'라는 주제로 기고했다.

7 마이크로서비스 대신 모듈식 모놀리스를 사용한 쇼피파이의 사례에서 유용한 통찰을 얻으려면 커스틴 웨스타인드(Kirsten Westeinde)의 '모놀리스 분해'(https://oreil.ly/Rpi1e) 영상을 보길 바란다.

모놀리스를 분해하려면 상당한 어려움에 직면한다는 것이다. 필자는 [그림 1-8]과 같이 모듈과 동일한 라인을 따라 데이터베이스를 분해해 모듈식 모놀리스의 개념을 더욱 강조하는 몇몇 팀을 봤다.

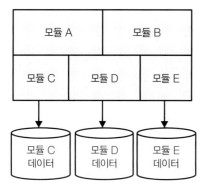

그림 1-8 데이터베이스가 분해된 모듈식 모놀리스

1.3.3 분산형 모놀리스

> 분산 시스템은 존재하는지조차 몰랐던 컴퓨터에서 장애가 발생해 자신의 컴퓨터를 사용하지 못하게 될 수 있는 시스템이다.[8]
>
> 레슬리 램포트Leslie Lamport

분산형 모놀리스distributed monolith는 여러 서비스로 구성된 시스템이지만, 어떤 이유로든 전체 시스템을 함께 배포해야 한다. 분산형 모놀리스는 SOA의 정의를 잘 충족하지만 SOA의 약속을 이해하지 못하는 경우가 너무 많다. 경험에 비춰볼 때, 분산형 모놀리스는 분산 시스템과 단일 프로세스형 모놀리스의 단점을 모두 갖고 있지만 두 시스템의 장점은 충분히 갖추지 못했다. 업무 과정에서 다수의 분산형 모놀리스를 접했던 것은 마이크로서비스 아키텍처에 대한 필자의 관심에 상당 부분 영향을 미쳤다.

분산형 모놀리스는 일반적으로 정보 은닉과 비즈니스 기능의 응집력 같은 개념을 그다지 중시

------

8 1987년 5월 28일 12:23:29 PDT에 레슬리 램포트가 DEC SRC 게시판에 작성했던 이메일 메시지를 참고했다.

하지 않는 환경에서 나타난다. 대신 강하게 결합된 아키텍처로 인해 변경 사항은 서비스 경계를 넘어 전파되며, 변경 범위가 국부적으로 제한된 것처럼 보이더라도 시스템의 다른 부분을 손상시킬 수 있다.

1.3.4 모놀리스와 전달 경합

점점 더 많은 사람이 같은 장소에서 작업함에 따라 서로를 방해하게 된다. 예를 들어 서로 다른 개발자가 동일한 코드를 변경하려 하고, 서로 다른 팀이 다른 시간에 라이브하길(또는 배포를 지연하길) 원하며, 누가 무엇을 소유하고 누가 결정을 내리는지에 대해 혼란을 겪는다. 많은 연구에서 이와 같이 소유권에 혼선이 생기는 문제를 제기해왔다.[9] 필자는 이 문제를 **전달 경합**delivery contention이라고 부른다.

모놀리식 아키텍처라고 해서 항상 전달 경합과 같은 문제를 겪는다는 뜻은 아니다. 마이크로서비스 아키텍처라고 해서 이러한 문제를 절대로 겪지 않을 것이라는 보장도 없다. 하지만 마이크로서비스 아키텍처는 시스템에서 소유권 라인을 중심으로 표시될 수 있는 더 구체적인 경계를 제공하므로 이 문제를 줄이는 데 훨씬 더 유연하다.

1.3.5 모놀리스의 장점

단일 프로세스형 또는 모듈식 모놀리스와 같은 일부 모놀리스도 많은 장점을 제공한다. 훨씬 단순한 배포 토폴로지는 분산 시스템과 관련된 많은 함정을 피할 수 있다. 이를 통해 개발자 워크플로가 훨씬 더 단순해지며 모니터링, 문제 해결troubleshooting, 엔드투엔드 테스트 같은 활동도 크게 간소화될 수 있다.

모놀리스는 자기 내부에서 코드를 더 쉽게 재사용할 수 있다. 분산 시스템 내에서 코드를 재사용하려면 코드를 복사할지, 라이브러리를 분리할지, 공유 기능을 서비스로 내보낼지 결정해야 한다. 모놀리스를 사용하면 선택지가 훨씬 더 단순해지고, 많은 사람이 그 단순함을 좋아한다. 모든 코드가 거기 있으니 그냥 사용하면 된다!

---

9 마이크로소프트 리서치(Microsoft Research)에서 해당 연구를 수행했다. 모든 연구를 추천하지만, 크리스탄 버드(Christian Bird) 등이 수행한 '내 코드를 건들지 마세요! 소프트웨어 품질에 대한 소유권의 영향도 조사(Don't Touch My Code! Examining the Effects of Ownership on Software Quality)'(*https://oreil.ly/0ahXX*)를 먼저 살펴볼 것을 권한다.

불행하게도 사람들은 모놀리스 그 자체만으로 문제가 있는 것으로 여기게 돼, 피해야 하는 것이라고 생각한다. 필자는 **모놀리스**^{monolith}라는 용어가 **레거시**^{legacy}와 동의어라고 생각하는 여러 사람을 만났다. 이러한 견해에는 문제가 있다. 모놀리식 아키텍처는 선택이며, 무엇보다 당시에는 타당한 선택이었다. 개인적으로는 이보다 더 나아가 모놀리식 아키텍처가 합리적인 기본 선택이라고 평가한다. 즉, 필자는 마이크로서비스를 사용하지 못할 이유를 찾는 대신에 마이크로서비스를 사용할 확실한 이유를 찾는 것이 중요하다고 생각한다.

우리가 모놀리스 아키텍처를 소프트웨어 전달에 대한 타당한 선택지에서 고의로 제외하는 함정에 빠진다면, 우리 자신과 소프트웨어 사용자에게 올바른 일을 수행하지 못할 위험이 따른다.

1.4 활성화 기술

앞서 언급했듯이 마이크로서비스를 처음 사용할 때는 새로운 기술을 많이 채택할 필요가 없다. 오히려 역효과를 낳을 수 있기 때문이다. 그 대신에 마이크로서비스 아키텍처를 확장하면서 점차 분산되는 시스템으로 인해 발생하는 문제를 지속적으로 찾고 도움이 될 만한 기술^{technology}을 찾아야 한다.

게다가 기술은 마이크로서비스를 개념적으로 받아들이는 데 큰 역할을 했다. 이 아키텍처를 최대한 활용하도록 해주는 도구를 이해하는 것은 마이크로서비스를 성공적으로 구현하기 위한 핵심 부분이다. 사실 마이크로서비스는 논리적 아키텍처와 물리적 아키텍처를 구분하는 이전의 방식이 문제가 될 만큼 지원 기술을 제대로 이해하려는 노력이 절실하다. 따라서 마이크로서비스 아키텍처를 형성하는 데 관여하고 있다면 이 두 세계를 폭넓게 이해해야 한다.

다음 장에서 많은 기술을 자세히 살펴보겠지만, 그에 앞서 마이크로서비스를 사용하기로 결정한 경우 도움이 될 몇 가지 활성화 기술을 간략히 소개한다.

1.4.1 로그 집계와 분산 추적

관리하는 프로세스의 수가 증가함에 따라 운영 환경에서 시스템이 어떻게 동작하는지 이해하기가 어려워지며, 이로 인해 문제 해결도 훨씬 난해해질 수 있다. 10장에서 이러한 개념을 더 깊이 다루겠지만, 최소한 필자는 마이크로서비스 아키텍처를 채택하기 위한 전제 조건으로 로그 집계 시스템을 구현할 것을 강력히 주장한다.

로그 집계 시스템을 사용하면 모든 서비스에서 로그를 수집하거나 집계하고 한 곳에서 분석할 수 있으며, 능동적인 경보 메커니즘 일부도 만들 수 있다. 이 분야의 많은 방법은 다양한 상황에 활용될 수 있다. 필자는 여러 가지 이유로 휴미오(*https://www.humio.com*)의 열성 팬이지만, 주요 공용 클라우드 제공업체에서 제공하는 간단한 로깅 서비스도 시작하기에 충분할 것이다.

연관된 서비스 호출에 사용되는 단일 ID인 상관관계 ID를 구현해 이러한 로그 집계 도구를 훨씬 유용하게 만들 수 있다. 예를 들면 호출 체인의 경우 사용자 상호작용으로 트리거될 경우가 많다. 이 ID를 각 로그 항목에 기록하면 지정된 호출 플로와 관련된 로그를 훨씬 쉽게 분리할 수 있고, 문제 해결도 더 수월해진다.

시스템이 복잡해짐에 따라 시스템이 수행하는 작업을 더 잘 알아낼 도구들을 고려하는 것이 중요해진다. 이 도구들은 여러 서비스를 경유하는 추적을 분석하고, 병목점을 감지하며, 처음에는 묻고 싶지 않았던 시스템에 대한 질문을 할 수 있게 해준다. 오픈 소스 도구는 이러한 몇몇 기능을 제공한다. 예를 들면 방정식의 분산 추적 측면에 중점을 둔 예거(*https://www.jaegertracing.io*)가 있다.

하지만 [그림 1-9]에서 보듯이 라이트스텝Lightstep(*https://lightstep.com*)이나 허니코움Honeycomb(*https://honeycomb.io*)과 같은 제품은 그 개념을 더욱 발전시켰다. 이들은 기존의 모니터링 방식을 넘어 실행 중인 시스템의 상태를 훨씬 더 쉽게 파악하는 새로운 세대의 도구를 대표한다. 이미 더 많은 기존 도구를 갖고 있겠지만 실제로 이러한 제품이 제공하는 기능을 살펴봐야 한다. 이 도구들은 마이크로서비스 아키텍처 운영자가 처리해야 하는 종류의 문제를 해결하기 위해 밑바닥부터 새로 만들어졌다.

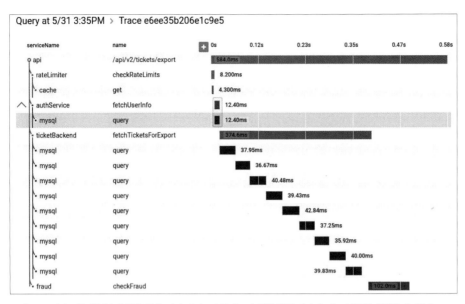

그림 1-9 허니코움의 분산 추적을 통해 여러 마이크로서비스에 걸친 작업이 소요되는 시간을 식별할 수 있다.

1.4.2 컨테이너와 쿠버네티스

각 마이크로서비스 인스턴스를 격리해 실행하는 것은 이상적이다. 이렇게 하면 한 마이크로서비스의 문제가 다른 마이크로서비스에 영향을 미치지 않게 할 수 있다(예: 모든 CPU를 독차지함). 가상화virtualization는 기존 하드웨어에 격리된 실행 환경을 만드는 한 가지 방법이지만, 일반적인 가상화 기술은 마이크로서비스 크기를 고려할 때 상당히 무거울 수 있다. 반면에 컨테이너는 서비스 인스턴스를 위한 격리된 실행 환경을 프로비저닝하는 훨씬 더 가벼운 방법을 제공하므로, 많은 아키텍처에서 비용 효율도 훨씬 더 높을 뿐 아니라 새로운 컨테이너 인스턴스의 시작 시간도 더 빨라진다.

컨테이너를 갖고 놀기 시작하고 나면, 많은 하부 머신에서 컨테이너를 관리할 수 있는 무언가가 필요하다는 점을 깨닫게 된다. 쿠버네티스Kubernetes와 같은 컨테이너 오케스트레이션 플랫폼은 이에 꼭 맞는 일을 수행하는데, 하위 머신을 효율적으로 사용하면서 서비스에 요구되는 견고함과 처리량을 제공하는 방식으로 컨테이너를 분산시킨다. 8장에서는 운영 격리, 컨테이너, 쿠버네티스의 개념을 살펴볼 것이다.

해당 상황에서는 쿠버네티스나 컨테이너를 채택하려고 서두르지 않아도 된다. 이 도구들은 기존의 기술보다 절대적으로 상당한 이점을 제공하지만, 마이크로서비스가 몇 개만 있는 경우라면 채택하지 않는 것이 합당하다. 배포 관리의 오버헤드가 심각한 골칫거리가 되기 시작하면 서비스의 컨테이너화와 쿠버네티스 사용을 고려하라. 결국 사용하기로 했다면, 공용 클라우드 제공업체의 관리형 서비스를 이용하는 것처럼 다른 사람이 쿠버네티스 클러스터를 여러분을 대신해 운영하도록 하는 것이 최선이다. 자체 쿠버네티스 클러스터를 실행하는 것은 상당한 양의 작업이 될 수 있기 때문이다!

1.4.3 스트리밍

마이크로서비스로 인해 모놀리식 데이터베이스에서 멀어지고 있지만, 여전히 마이크로서비스 간에 데이터를 공유하는 방법을 찾아야 한다. 이것은 조직이 리포팅 배치 작업 방식에서 벗어나 더 신속하게 반응할 수 있도록 실시간 피드백을 원하는 현상과 함께 발생하고 있다. 따라서 대용량 데이터를 쉽게 스트리밍하고 처리하는 제품은 마이크로서비스 아키텍처를 사용하는 사람들에게 인기를 얻고 있다.

많은 사람에게 아파치 카프카Apache Kafka는 다양한 이유로 마이크로서비스 환경에서 데이터를 스트리밍하기 위한 실질적인 선택지가 됐다. 예를 들면 메시지 영구성message permanence, 압축compaction, 대용량 메시지를 처리할 수 있는 확장 기능 등은 매우 유용하다. 카프카는 KSQLDB 형태로 스트림 프로세싱 기능을 추가하기 시작했지만, 아파치 플링크Apache Flink와 같은 전용 스트림 프로세싱 솔루션도 함께 사용할 수 있다. 데베지움Debezium은 카프카를 통해 기존 데이터 소스의 데이터를 스트리밍할 수 있도록 개발된 오픈 소스 도구로, 기존 데이터 소스를 스트림 기반 아키텍처의 일부로 만들어준다. 4장에서는 스트리밍 기술이 마이크로서비스를 통합하는 데 어떤 역할을 하는지 살펴본다.

1.4.4 공용 클라우드 및 서버리스

공용 클라우드 제공업체, 더 구체적으로 말해 3개의 주요 제공업체인 구글 클라우드Google Cloud, 마이크로소프트 애저Microsoft Azure, 아마존 웹 서비스Amazon Web Services(AWS)는 다양한 관리형 서비스와 배포 옵션을 제공한다. 마이크로서비스가 늘어나면 더 많은 작업(운영 작업과 책임)이 점차 운영 영역으로 이동될 것이다. 공용 클라우드 제공업체는 관리형 데이터베이스 인스턴스나 쿠버네티스에서 메시지 브로커나 분산 파일 시스템에 이르기까지 많은 관리형 서비스를 제공한다. 관리형 서비스를 사용하면 이러한 작업을 더 잘 처리할 수 있는 제삼자third-party에게 많은 양의 작업을 넘길 수 있다.

공용 클라우드 제품 중 특히 흥미로운 것은 '서버리스serverless'라는 구호 아래에 있는 제품들이다. 이 제품들은 하부 머신을 숨겨 더 높은 추상화 수준에서 작업할 수 있게 해준다. 서버리스 제품의 예로는 메시지 브로커, 스토리지 솔루션, 데이터베이스 등이 있다. FaaSFunction as a Service 플랫폼은 코드 배포에 대한 멋진 추상화를 제공한 덕분에 특별한 관심을 받는다. 서비스를 실행하는 데 필요한 서버 수를 신경 쓰지 않으면서 단지 코드를 배포하고 하부 플랫폼이 요청에 따라 코드의 인스턴스를 시작하는 처리만 하면 된다. 8장에서는 서버리스를 더 자세히 살펴볼 것이다.

1.5 마이크로서비스의 장점

마이크로서비스의 장점은 풍부하고 다양하다. 그 장점 대부분은 분산 시스템이라면 모두 갖고 있지만, 마이크로서비스는 서비스 경계를 정하는 방식에 대해 더 완고한 입장을 보이기 때문에 기본적으로 이러한 장점을 더 많이 취하기도 한다. 정보 은닉과 도메인 지향 설계의 개념을 분산 시스템의 역량과 결합함으로써 마이크로서비스는 다른 형태의 분산 아키텍처에 비해 상당한 이점을 제공할 수 있다.

1.5.1 기술 이질성

다수의 협력하는 마이크로서비스들로 구성된 시스템이라면 각 마이크로서비스에 서로 다른 기술을 사용하기로 결정할 수 있다. 이렇게 함으로써 각 작업에 적합한 도구를 선택할 수 있어 표준화되고 최소 공통 분모로 끝나버리는 획일적인 접근 방식을 선택하지 않아도 된다.

시스템 한 부분의 성능을 개선하기 위해서는 더 나은 기술 스택을 사용하도록 결정하기도 한다. 또한 데이터를 저장하는 방식으로 인해 시스템의 다른 부분을 변경할 수도 있다. 예를 들면 소셜 네트워크의 경우, 소셜 그래프의 고도 상호 연결성을 반영하기 위해 그래프 지향 데이터베이스에 사용자의 상호작용을 저장할 수 있지만, 사용자가 작성한 게시물은 문서 지향 데이터 저장소에 저장하기도 한다. 이와 같이 이기종 아키텍처가 생겨났으며, [그림 1-10]과 같다.

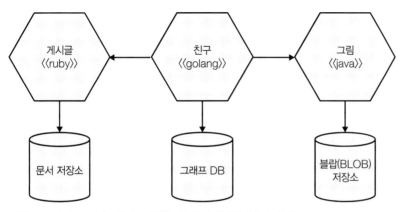

그림 1-10 마이크로서비스에서는 다양한 기술을 더 쉽게 수용할 수 있다.

마이크로서비스를 사용하면 기술을 더 빨리 채택할 수 있고 새로운 기술 발전이 어떻게 도움이 되는지 이해할 수 있다. 새로운 기술을 시도하고 채택하는 과정에서 큰 걸림돌 중 하나는 그 기술과 관련된 위험risk이다. 모놀리식 애플리케이션에서 새로운 프로그래밍 언어, 데이터베이스 또는 프레임워크를 시험한다면 변경 사항이 시스템의 많은 부분에 영향을 미치게 된다. 여러 서비스로 구성된 시스템은 새로운 기술을 시험해볼 새로운 장소가 여러 개 생기며, 혹시 모를 부정적인 영향을 제한하고자 위험이 가장 낮을 것 같은 마이크로서비스를 골라 기술을 적용할 수 있다. 실제로 많은 조직에서는 긍정적인 효과를 가져올 새로운 기술을 더 빠르게 흡수하는 능력을 찾고 있다.

물론 여러 기술을 수용하기에는 오버헤드가 있을 것이다. 일부 조직은 언어 선택에 몇 가지 제약을 둔다. 예를 들어 넷플릭스Netflix와 트위터Twitter는 대부분 JVMJava Virtual Machine을 플랫폼으로 사용하는데, 이들은 그 시스템의 안정성과 성능을 매우 잘 이해하고 있기 때문이다. 또한 이 두 회사는 대규모 운영을 훨씬 쉽게 만들어주는 JVM용 라이브러리와 도구를 개발하지만, JVM용 라이브러리에 대한 의존성이 커지면 자바가 아닌 서비스나 클라이언트에 대한 작업이 더 어려워진다. 그러나 트위터나 넷플릭스도 모든 일에 하나의 기술 스택만 사용하는 것은 아니다.

내부 기술 구현이 숨겨져 있다는 사실은 기술 업그레이드를 더욱 쉽게 만든다. 예를 들어 전체 마이크로서비스 아키텍처는 스프링 부트Spring Boot를 기반으로 할 수 있지만, 하나의 마이크로서비스에 대해서만 JVM 버전이나 프레임워크 버전을 변경해 업그레이드 위험을 더 쉽게 관리할 수 있다.

1.5.2 견고성

애플리케이션의 견고성을 향상시키는 핵심 개념은 **벌크헤드**bulkhead[10]다. 시스템의 구성 요소 중 하나가 고장 날 수 있지만, 그 고장이 연속적으로 발생하지 않는 한 문제를 격리하고 나머지 시스템은 계속 작동할 수 있다. 서비스 경계는 명백한 벌크헤드(격벽)가 된다. 모놀리식 서비스에서는 서비스가 실패하면 모든 것이 작동을 멈춘다. 모놀리식 시스템의 경우 여러 머신에서 실행시켜 고장 가능성을 줄일 수 있지만, 마이크로서비스를 사용하면 일부 구성 서비스의 전체 장애를 처리하고, 그에 따라 기능을 저하시키는 시스템을 구축할 수 있다.

반드시 주의해야 한다. 마이크로서비스 시스템이 향상된 견고함을 수용할 수 있도록 하려면 분산 시스템이 처리해야 할 새로운 고장 원인을 이해해야 한다. 네트워크는 기계와 마찬가지로 고장 날 수 있고 결국은 고장 날 것이다. 따라서 그러한 고장을 처리하는 방법과 그러한 실패가 소프트웨어의 최종 사용자에게 미칠 영향(있다면)을 알아야 한다. 필자는 마이크로서비스로 이전(마이그레이션migration)한 후에 이러한 문제를 심각하게 받아들이지 않아 결국 그다지 견고하지 못한 시스템을 만든 팀과 함께 일해본 경험이 있다.

1.5.3 확장성

대규모 모놀리식 서비스에서는 모든 것을 함께 확장해야 한다. 전체 시스템의 작은 한 부분에 성능 제약이 있어서 해당 동작이 거대한 모놀리식 애플리케이션에서 확장이 제한된다면 모든 것을 한 덩이로 확장해야 한다. 더 작은 서비스를 사용하면 확장이 필요한 서비스만 확장할 수 있으므로 [그림 1-11]과 같이 시스템의 다른 부분을 더 작고 성능이 낮은 하드웨어에서 실행하게 된다.

온라인 패션 소매업체인 길트Gilt는 바로 이러한 이유 때문에 마이크로서비스를 채택했다. 2007년에 모놀리식 구조의 레일즈Rails 애플리케이션으로 시작한 길트의 시스템은 2009년에 이르러

---

10 옮긴이_선박에 있는 각 방을 막는 칸막이벽을 말하며 '격벽'이라고도 한다. 침수(장애)의 전파를 막는 용도로 사용된다.

더 이상 부하를 감당할 수 없었다.[11] 길트는 시스템의 핵심 부분을 분리해 트래픽 급증에 더 잘 대처할 수 있었고, 오늘날 여러 개별 머신에서 실행되는 450개 이상의 마이크로서비스를 운영하고 있다.

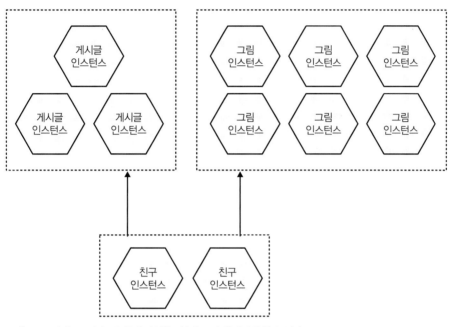

그림 1-11 마이크로서비스를 통해 다양한 기술을 보다 쉽게 수용할 수 있다.

AWS에서 제공하는 주문형 프로비저닝 시스템을 도입하면 필요한 부분에만 주문형으로 확장을 적용할 수 있다. 이를 통해 비용을 보다 효과적으로 통제할 수 있지만, 아키텍처적 접근 방식으로 즉각적인 비용 절감이 바로 나타나는 경우는 드물다.

궁극적으로는 다양한 방식으로 애플리케이션을 확장할 수 있고, 마이크로서비스는 이 부분에서 효과를 발휘할 수 있다. 마이크로서비스의 확장은 13장에서 더 자세히 알아본다.

---

11 옮긴이_길트는 2007년 루비 온 레일즈로 작성된 모놀리식 애플리케이션을 2009년 자바로 작성된 10개의 마이크로서비스로 변환했고, 2011년에 스칼라를 적용했다. 2014년 Node.js를 도입한 후 현재는 수백 개 이상의 마이크로서비스를 운영하고 있다.

1.5.4 배포 용이성

무려 100만 줄에 달하는 모놀리식 애플리케이션은 한 줄만 수정하더라도 변경 사항을 릴리스하기 위해 전체 애플리케이션을 배포해야 한다. 이는 미치는 영향이 크고 매우 위험한 배포가 될 수 있다. 직감할 수 있는 두려움으로 인해 실제로 이러한 배포는 드물게 일어난다. 불행히도, 이와 같은 이유로 릴리스 간의 변경 사항이 계속 누적돼 출시될 애플리케이션의 새 버전은 엄청난 변경을 포함하게 된다. 결국 릴리스 간의 변화 폭이 클수록 무언가 잘못될 가능성도 함께 높아진다!

마이크로서비스를 이용하면 하나의 서비스만 변경하고 시스템의 다른 부분과는 독립적으로 배포할 수 있다. 이렇게 하면 코드를 더 빠르게 배포할 수 있으며, 문제가 발생하더라도 빠른 롤백을 수행해 신속하게 해당 문제를 개별 서비스로만 제한할 수 있다. 결과적으로 고객에게는 새로운 기능을 더 신속하게 전달하게 된다. 이는 아마존^{Amazon}이나 넷플릭스 같은 회사가 소프트웨어를 출시하는 데 방해가 되는 요소를 최대한 제거하려고 이러한 아키텍처를 사용하는 이유 중 하나다.

1.5.5 조직적 정렬

대규모 팀 및 코드베이스와 관련된 문제를 한 번쯤은 경험해봤을 것이다. 이러한 문제는 팀이 분산되면 더 악화되며, 더 작은 코드베이스로 일하는 더 작은 팀이 더 생산적인 경향이 있다는 사실도 알고 있다.

마이크로서비스를 이용하면 아키텍처를 조직 구조에 맞게 더 적절히 정렬할 수 있고, 팀 크기와 생산성의 최적점에 도달하기 위해 하나의 코드베이스에서 일하는 인원을 최소화할 수 있다. 또한 조직 변경에 따라 서비스의 소유권도 바꿀 수 있어 향후 아키텍처와 조직 간의 정렬 상태를 유지할 수 있다.

1.5.6 조합성[12]

분산 시스템과 서비스 지향 아키텍처가 보장하는 핵심 효용 중 하나는 재사용할 기회가 많다는 것이다. 마이크로서비스를 통해 기능을 다양한 목적과 방식으로 사용할 수 있으며, 이는 소비자가 소프트웨어를 어떻게 소비하는지 생각할 때 매우 중요하다.

데스크톱용 웹 사이트나 모바일 애플리케이션에 국한해 좁게 생각하는 시대는 지났다. 따라서 이제는 웹, 네이티브 앱, 모바일 웹, 태블릿 앱이나 웨어러블 장치를 위한 기능을 함께 엮을 수 있는 무수한 방법을 고민해야 한다. 조직이 고객과의 좁은 채널에서 벗어나 고객이 참여하는 전체적인 개념을 수용함에 따라 이를 지원할 아키텍처도 필요하다.

마이크로서비스를 써서 외부 당사자가 사용할 시스템의 접합부seams를 개방한다고 생각해보자. 주위 상황이 바뀌면 다양한 방식으로 애플리케이션을 구축할 수 있다. 모놀리식 애플리케이션의 경우 외부에서 사용할 수 있는 하나의 큰 접합부가 있는 경우가 많다. 더 유용하게 만들고자 이 접합부를 부수길 원하면 '망치'가 필요하다!

1.6 마이크로서비스의 고충

이미 살펴본 것처럼 마이크로서비스 아키텍처는 많은 장점을 제공하지만, 그만큼 복잡성도 높다. 마이크로서비스 아키텍처를 채택하는 방안을 고려한다면 좋은 점과 나쁜 점을 비교하는 것이 중요하다. 실제로 마이크로서비스의 장단점은 분산 시스템이라면 모두 갖고 있으므로 마이크로서비스 아키텍처에서와 마찬가지로 분산형 모놀리스에서도 명확히 나타난다.

이 책에서는 이러한 문제를 자세히 살펴볼 것이다. 사실 이 책의 대부분은 마이크로서비스 아키텍처를 소유하는 데 따른 고충과 어려움, 두려움을 주로 다룬다.

1.6.1 개발자 경험

점점 더 많은 서비스가 생기면 개발자의 고된 경험이 시작된다. JVM과 같은 리소스 집약적인

---

12 옮긴이_조합성(composability)은 컴포넌트 간의 상호 연관성을 다루는 시스템 설계 원칙이다. 조합성이 높은 시스템은 고객의 요구 사항에 맞춰 다양한 방식으로 선택하고 조립해 조합할 수 있는 구성 요소를 제공한다.

런타임은 하나의 개발자 머신에서 실행 가능한 마이크로서비스의 수를 제한한다. 필자의 노트북에서 4~5개의 JVM 기반 마이크로서비스를 실행할 수 있지만, 과연 10개나 20개를 실행할 수 있을까? 아마도 어려울 것이다. 부하가 적은 런타임이 있더라도 로컬에서 실행 가능한 수는 제한되며, 이로 인해 한 머신에서 전체 시스템을 실행할 수 없을 때는 어떻게 해야 하는지 당연히 논의하게 될 것이다. 로컬에서 클라우드 서비스를 실행하지 못한다면 이 문제는 더 복잡해질 수 있다.

극단적인 해결책은 더 이상 로컬에서 개발할 수 없는 상황을 벗어난 '클라우드에서의 개발'일 것이다. 피드백 주기가 매우 길어지므로 필자는 이 방식을 그다지 선호하지 않는다. 그 대신에 개발자가 작업해야 하는 시스템 영역의 범위를 제한하는 것이 훨씬 더 단순한 접근 방법이라고 생각한다. 하지만 모든 개발자가 어떤 시스템 영역에서나 작업해야 하는 '공동 소유권' 모델을 더 수용하려 한다면 문제가 될 수도 있다.

1.6.2 기술 과다

마이크로서비스 아키텍처를 도입하기 위해 쏟아진 새로운 기술들은 과도한 무게를 가질 수 있다. 그 기술 중 대부분은 '마이크로서비스 친화적'으로 리브랜딩됐지만, 일부 기술의 발전은 이런 유형의 아키텍처에 수반되는 복잡성을 처리하는 데 정말로 도움이 됐다. 하지만 이 새로운 기술 장난감의 범람은 일종의 맹목적 기술 숭배로 이어질 수 있다. 필자는 마이크로서비스 아키텍처를 채택하는 많은 회사가 그 시점이야말로 새롭고 종종 낯선 기술을 광범위하게 도입하기에 최적의 시기라고 판단하는 것을 봐왔다.

마이크로서비스는 각 마이크로서비스를 다른 프로그래밍 언어로 작성하거나, 다른 런타임을 실행하거나, 다른 데이터베이스를 사용할 수 있는 선택지를 제공할 수 있다. 이것은 필수가 아니라 선택이며, 다양한 기술이 가져올 비용과 사용하는 기술의 범위 및 복잡성을 신중하게 저울질해야 한다.

마이크로서비스를 도입하기 시작하면 피할 수 없는 몇 가지 근본적인 문제가 따른다. 따라서 데이터 일관성, 지연 시간, 서비스 모델링 등과 관련된 문제를 이해하는 데 많은 시간을 할애해야 한다. 엄청난 양의 새로운 기술을 수용하는 동시에 그 개념이 소프트웨어 개발에 대한 생각을 어떻게 바꾸는지 이해하려고 하면 어려움을 겪게 될 것이다. 하지만 이 모든 새로운 기술을 이해하려고 할 때 차지하는 대역폭이 실제로 사용자에게 제품 기능을 제공하는 데 드는 시간을 줄여준다는 점도 주목해야 한다.

마이크로서비스 아키텍처의 복잡성을 (점진적으로) 증가시키면서 필요에 따라 새로운 기술을 도입할 수 있다. 3개의 서비스만 있다면 쿠버네티스 클러스터는 필요 없다! 이러한 점진적 증가는 새로운 도구의 복잡성으로 인해 과부하가 걸리지 않도록 하는 것 외에도 시간이 지남에 따라 반드시 나타날 새롭고 더 나은 작업 방식을 확보할 수 있다는 추가적인 이점이 있다.

1.6.3 비용

단기적으로는 여러 요인으로 인해 비용이 증가할 가능성이 높다. 더 많은 프로세스, 더 많은 컴퓨터, 더 많은 네트워크, 더 많은 스토리지, 더 많은 지원 소프트웨어(추가 라이선스 비용을 발생시키는)를 실행해야 한다는 점을 우선 고려해야 한다.

또한 팀이나 조직에 변경이 발생하면 단기적으로 속도가 느려진다는 점도 중요하다. 새로운 개념을 배우고 효과적으로 사용하는 방법을 익히는 데는 시간이 걸린다. 이 작업이 진행되는 동안 다른 활동이 영향을 받는다. 이로 인해 새로운 기능 전달이 바로 느려지거나 이 비용을 상쇄하기 위해 더 많은 인력을 추가해야 하는 상황이 발생한다.

경험에 따르면, 마이크로서비스는 주로 비용 절감에 관심을 둔 조직에는 적합하지 않다. IT를 프로핏 센터profit center가 아닌 코스트 센터cost center로 보는 비용 절감 마인드는 마이크로서비스 아키텍처를 최대한 활용하는 데 늘 방해가 되기 때문이다. 반면 이 아키텍처를 사용해 더 많은 고객에게 다가가거나 더 많은 기능을 병행 개발할 수 있다면 마이크로서비스는 훨씬 더 큰 수익을 얻는 데 도움이 된다. 그렇다면 마이크로서비스는 더 많은 수익을 창출하는 방법일까? 아마도 그럴 것이다. 마이크로서비스는 비용을 줄이는 방법일까? 별로 그렇지 않다.

1.6.4 리포팅

모놀리식 시스템에는 일반적으로 모놀리식 데이터베이스가 있다. 흔히 데이터 간 대규모 조인join 작업으로 얻은 모든 데이터를 분석하길 원하는 이해관계자는 보고서를 실행하기 위해 미리 만들어둔 스키마를 갖고 있다는 의미다. [그림 1-12]와 같이 모놀리식 데이터베이스 또는 읽기 전용 복제본에서 직접 실행할 수 있다.

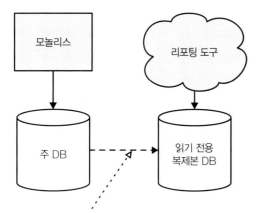

데이터는 동일한 스키마를 가진 복제본 DB에
비동기식으로 복제된다

그림 1-12 리포팅이 모놀리스 데이터베이스에서 직접 수행된다.

마이크로서비스 아키텍처에서는 이 모놀리식 스키마를 분해했다. 그렇다고 해서 모든 데이터를 활용한 리포팅이 불필요해진 것은 아니다. 이제 데이터가 논리적으로 분리된 여러 스키마에 분산돼 있기 때문에 리포팅을 실행하기 더 어려워졌다.

대규모 데이터의 실시간 리포팅을 위해 스트리밍과 같은 보다 현대적인 리포팅 방식은 마이크로서비스 아키텍처와 잘 맞지만, 대개 새로운 개념과 관련 기술의 도입이 필요하다. 아니면 마이크로서비스의 데이터를 중앙의 리포팅 데이터베이스(또는 구조화가 덜 된 데이터 레이크)에 발행해야 할 수도 있다.

1.6.5 모니터링과 문제 해결

표준 모놀리식 애플리케이션의 모니터링은 꽤 단순한 접근 방법을 취할 수 있다. 걱정해야 할 머신의 수도 적고 애플리케이션의 실패 유형도 대개 업 또는 다운과 같이 다소 이분법적이다. 마이크로서비스 아키텍처를 사용하는 경우, 단일 인스턴스가 다운될 때 미치는 영향을 알고 있는가?

모놀리식 시스템에서 CPU 사용량이 오랜 시간 100%에 머물러 있다면, 알다시피 큰 문제다.

수십 또는 수백 개의 프로세스를 가진 마이크로서비스 아키텍처에서도 마찬가지라고 말할 수 있을까? 새벽 3시에 하나의 프로세스만 CPU 사용량이 100%를 계속 유지한다면 누군가를 깨워야 할까?

다행히 이 분야에는 도움이 될 만한 아이디어가 많다. 이 모니터링 개념을 더 자세히 살펴보고 싶다면, 입문용으로 훌륭한 신디 스리드하란Cindy Sridharan의 『Distributed Systems Observability』(오라일리, 2018)를 추천한다. 이 책의 10장에서도 모니터링과 관찰가능성을 살펴볼 것이다.

1.6.6 보안

단일 프로세스의 모놀리식 시스템을 사용하면 많은 정보가 프로세스 안에서 흐른다. 하지만 지금은 더 많은 정보가 서비스 사이의 네트워크를 통해 교류된다. 이로 인해 데이터는 전송 중에 외부에 그대로 노출되기 쉽고 중간자 공격man-in-the-middle attack으로 조작될 가능성도 더 높아진다. 즉, 전송 중인 데이터와 마이크로서비스 엔드포인트를 보호해 권한 있는 당사자만 사용할 수 있도록 보장하는 데 더 많은 주의를 기울여야 한다. 11장에서는 보안 관련 문제를 집중적으로 살펴본다.

1.6.7 테스팅

모든 유형의 자동화된 기능 테스트에는 섬세한 균형 잡기가 필요하다. 테스트를 수행할 기능이 많을수록(즉, 테스트 범위가 커질수록) 애플리케이션에 더 큰 확신을 갖게 된다. 반면에 테스트 범위가 커질수록 테스트 데이터 및 테스트 지원용 픽스처fixture[13] 설정은 더 어려워지고, 실행하는 데 더 오랜 시간이 걸리며, 테스트가 실패했을 때 깨진 부분을 파악하기도 더 어려워질 수 있다. 9장에서는 더욱 도전적인 이 환경에서 테스트를 수행하는 여러 기술을 공유할 것이다.

모든 유형의 시스템에 대한 엔드투엔드 테스트end-to-end test(E2E 테스트)는 커버하려는 기능 면에서 가장 끝 단에 있으며, 더 작은 범위의 단위 테스트보다 작성하고 유지하는 데 문제가 많다

---

[13] 옮긴이_테스트 대상 시스템(SUT)을 실행하기 위해 필요한 모든 작업으로, 초기화나 사전 조건 설정 등을 포함하며 반복 가능해야 한다. 예를 들면, 테스트 수행에 필요한 데이터베이스 초기화를 위한 매개변수 설정이 있다.

는 점도 익히 알려져 있다. 엔드투엔드 테스트는 사용자와 동일한 방식으로 시스템을 사용함으로써 얻게 되는 확신 때문에 수행할 만한 가치가 있다.

하지만 마이크로서비스 아키텍처에서 엔드투엔드 테스트의 범위는 상당히 늘어난다. 이제 테스트 시나리오에 맞게 배포하고 적절히 구성해야 하는 여러 프로세스에서 테스트를 실행해야 한다. 또한 서비스 인스턴스가 죽거나 실패한 배포에 대한 네트워크 타임아웃이 발생하는 등의 환경적 이슈로 인해 테스트가 실패하는 거짓 음성false negative 결과에도 대비해야 한다.

이러한 부담은 마이크로서비스 아키텍처가 성장함에 따라 엔드투엔드 테스트와 관련한 투자 수익이 감소한다는 것을 의미한다. 테스트 비용이 더 들지만 과거와 같은 수준의 확신을 얻지는 못한다. 따라서 계약 주도 테스팅contract-driven testing이나 운영 환경 내 테스팅 같은 새로운 형태의 테스팅은 물론 병렬 실행이나 카나리아 릴리스canary release 같은 점진적 배포 기술 탐구로 나아가야 한다. 이러한 기술은 8장에서 다룬다.

1.6.8 지연 시간

마이크로서비스 아키텍처를 사용하면, 로컬에서 한 프로세서로 수행하던 처리processing를 여러 개별 마이크로서비스로 분할해 처리할 수 있다. 이전에는 단일 프로세스 내에서만 이동하던 정보를 그 어느 때보다 사용 기회가 많은 네트워크를 통해 직렬화하고 전송하며 역직렬화해야 한다. 이 모든 것은 시스템의 지연 시간latency을 악화시킨다.

설계 또는 코딩 단계에서 작업 시간에 미치는 정확한 영향을 측정하기는 어렵지만, 지연 시간은 마이크로서비스 이전을 점진적 방식으로 수행해야 하는 또 다른 중요한 이유가 된다. 약간의 변경을 적용한 다음 그 영향도를 측정하라. 여기서는 염려되는 작업의 양 끝단 대기 시간을 측정하는 방법, 예를 들면 예거Jaeger와 같이 유용한 분산 추적 도구가 있다고 가정한다. 하지만 이러한 연산에 대해 허용 가능한 지연 시간도 이해해야 한다. 연산이 충분히 빠르다면 가끔 작업이 느려지는 것은 큰 문제가 되지 않는다.

1.6.9 데이터 일관성

데이터가 하나의 데이터베이스에 저장되고 관리되는 모놀리식 시스템에서 여러 프로세스가 다양한 데이터베이스에서 상태가 관리되는 훨씬 더 분산된 시스템으로 전환되면, 데이터 일관성과 관련된 잠재적인 문제가 발생한다. 과거에는 상태 변경을 관리하기 위해 데이터베이스 트랜잭션에 의존할 수 있었지만, 분산 시스템에서는 유사한 안전성을 쉽게 제공할 수 없다는 점을 이해해야 한다. 대부분의 경우 분산 트랜잭션을 사용하면 상태 변경을 조정하는 데 매우 큰 문제가 있는 것으로 나타났다.

대신 6장에서 자세히 설명할 사가saga와 궁극적 일관성eventual consistency 같은 개념을 사용해야 할수도 있다. 이러한 개념은 시스템의 데이터에 대한 사고방식을 근본적으로 바꾸도록 요구하기도 하며, 기존 시스템을 마이그레이션할 때는 매우 힘거운 일이 되기도 한다. 하지만 애플리케이션을 얼마나 빠르게 분해할 것인지에 유의해야 하는 또 다른 좋은 이유이기도 하다. 운영환경의 아키텍처 변경에 따른 영향도를 평가할 점진적 접근 방식을 채택하는 것은 매우 중요하다.

1.7 마이크로서비스를 사용해야 하는가?

마이크로서비스 아키텍처를 소프트웨어에 대한 기본 접근 방식으로 만들려는 일부 움직임도 있지만, 앞서 설명한 많은 문제를 고려해 도입 여부를 신중히 결정해야 한다. 마이크로서비스가 자신에게 적합한지 판단하기 전에 문제 영역, 기량, 기술 상황을 평가하고 달성하려는 목표가 무엇인지 이해해야 한다. 마이크로서비스 아키텍처는 일반적인 아키텍처 접근 방식이 아니라 특정 상황을 위한 아키텍처 접근 방식이다. 즉, 여러분이 처한 상황이 도입 여부를 결정하는 데 큰 역할을 한다.

그러므로 일반적으로 마이크로서비스를 선택할지 말지 판단하는 데 도움이 될 몇 가지 상황을 간략히 설명한다.

1.7.1 마이크로서비스가 적합하지 않은 곳

안정적인 서비스 경계를 정의하는 것이 중요하다는 점을 감안하면 마이크로서비스 아키텍처는 새로운 제품이나 스타트업 기업에는 적합하지 않은 선택이다. 어느 경우든, 작업 중인 도메인은 구축하려는 기본 사항을 반복하면서 통상 엄청난 변화를 겪고 있다. 도메인 모델이 변화하면 결과적으로 서비스 경계가 더 많이 변경되며, 이 경계를 넘어 변경을 조정하는 작업은 많은 비용이 든다. 일반적으로는 서비스 경계를 정의하기에 앞서 도메인 모델이 충분히 안정화될 때까지 기다리는 것이 더 적절하다.

실제로 마이크로서비스로 먼저 시작하려는 유혹을 받는 스타트업들이 있었으며, '우리가 정말로 성공하게 된다면 규모를 확장해야 할 거야!'라고 판단한 결과였다. 문제는 누군가가 여러분의 새 제품을 사용하길 원하는지를 알 수 없다는 것이다. 또한 확장성이 뛰어난 아키텍처가 필요할 만큼 충분히 성공하더라도 사용자에게 최종적으로 제공되는 아키텍처는 초반에 구축한 것과 매우 다를 수 있다. 우버Uber는 처음에 리무진에 집중했고, 플리커Flickr는 멀티플레이어 온라인 게임을 만들려다 실패했다. 시장에 적합한 제품을 찾는 과정에서는 처음 시작할 때 생각했던 것과 전혀 다른 제품이 탄생할 수도 있다.

스타트업은 일반적으로 시스템을 구축할 사람이 적으므로 마이크로서비스와 관련해 더 많은 도전이 발생한다. 마이크로서비스는 새로운 작업과 복잡성을 유발하는 원인이 되며 소중한 대역폭(사람)을 묶어둘 수 있다. 팀이 작을수록 이 비용은 더 많이 발생한다. 따라서 소수의 개발자로 구성된 소규모 팀과 작업할 때는 이러한 이유로 마이크로서비스를 제안하는 것을 매우 주저하게 된다.

스타트업이 마이크로서비스에 도전하는 과정은 일반적으로 사람이 가장 큰 제약 요소라는 사실 때문에 더 복잡해진다. 마이크로서비스 자체의 배포와 관리만으로도 작업이 필요하므로 소규모 팀에서는 마이크로서비스 아키텍처 도입을 정당화하기 쉽지 않다. 그래서인지 어떤 사람들은 이를 '마이크로서비스 세금microservice tax'이라고도 한다. 그 투자가 많은 사람에게 이익이 되면 정당화하기 더 쉽다. 하지만 다섯 명으로 구성된 팀에서 한 사람이 이러한 문제에 시간을 소비하는 상황이라면, 결국 팀이 제품을 구축하는 데 많은 시간을 투입하지 못한다는 의미로 연결된다. 아키텍처의 제약 조건과 문제점을 충분히 이해하고 나면, 향후 마이크로서비스로 이전하는 과정이 훨씬 수월해진다. 그러면 합리적으로 적재적소에 마이크로서비스를 사용하는 데만 공력을 집중할 수 있다.

마지막으로, 고객이 배포하고 관리할 소프트웨어를 만드는 조직은 마이크로서비스로 인해 어려움을 겪을 수 있다. 이미 살펴봤듯이 마이크로서비스 아키텍처는 배포 및 운영 영역의 복잡성을 크게 늘릴 수 있다. 소프트웨어를 직접 실행하는 경우라면, 새로운 기술을 채택하고 새로운 스킬을 발전시키고 작업 방식을 변경해 추가로 늘어난 복잡성을 상쇄할 수 있다. 하지만 고객에게 기대할 수 있는 일은 아니다. 고객이 지금껏 윈도 인스톨러로 된 소프트웨어를 받는 데 익숙했다면, 다음 버전의 소프트웨어를 받을 때 '이 20개의 파드pod를 쿠버네티스 클러스터에 설치하세요!'라는 설명을 볼 경우 매우 당황하게 될 것이다. 아마도 고객 대부분은 파드나 쿠버네티스, 클러스터가 뭔지조차 모를 테니 말이다.

1.7.2 마이크로서비스가 적합한 곳

경험에 따르면, 조직에서 마이크로서비스를 도입하는 가장 큰 이유는 더 많은 개발자가 서로 방해하지 않고 동일 시스템에서 작업하기 위해서다. 아키텍처와 조직의 경계를 올바르게 설정하면 더 많은 사람이 서로 독립적으로 작업하도록 전달 경합 문제를 줄일 수 있다. 다섯 명으로 구성된 스타트업에서는 마이크로서비스 아키텍처가 걸림돌이 될 우려가 크다. 반면에 100명 규모로 빠르게 성장하는 회사라면, 제품 개발 노력을 중심으로 마이크로서비스 아키텍처를 적절히 배치함으로써 성장을 수용하기가 훨씬 더 쉽다는 사실을 깨달을 것이다.

SaaS^{Software as a Service} 애플리케이션은 일반적으로 마이크로서비스 아키텍처에도 잘 맞는다. 이러한 제품은 보통 24시간 연중무휴로 작동해야 하므로 변경 사항을 배포할 때 어려움이 있다. 따라서 마이크로서비스 아키텍처의 독립적 릴리스라는 특징이 이 분야에서 힘을 발휘한다. 게다가 필요에 따라 마이크로서비스를 확장하거나 축소할 수 있다. 즉, 시스템의 부하 특성에 대한 합리적인 기준선을 설정하면 선택 가능한 가장 비용 효율적인 방식으로 시스템의 확장을 더 잘 통제할 수 있다.

또한 마이크로서비스의 기술 중립적 특성 덕분에 클라우드 플랫폼을 최대한 활용할 수 있다. 공용 클라우드 제공업체는 고객 코드를 위해 다양한 서비스와 배포 메커니즘을 제공하므로, 특정 서비스의 요구 사항을 클라우드 서비스(요구 사항을 구현하는 데 가장 도움이 되는)와 훨씬 더 쉽게 매치할 수 있다. 예를 들면 한 서비스를 기능 집합으로 배포하고 다른 서비스를 관리형 VM(가상 머신)으로 배포하며, 또 다른 서비스를 관리형 PaaS^{Platform as a Service} 플랫폼에 배포하도록 정할 수 있다.

다양한 기술을 채택하는 것이 종종 문제가 된다는 점에는 유의해야 하지만, 새로운 기술을 쉽게 시도할 수 있다는 사실은 이점을 가져다줄 새로운 접근 방식을 빠르게 식별하기에 좋은 방법이다. FaaS 플랫폼이 인기를 얻는 것도 그러한 사례다. FaaS 플랫폼은 적절한 워크로드에 대해 운영 오버헤드를 획기적으로 줄일 수 있지만, 현재로서는 모든 경우에 적합한 배포 메커니즘이라 할 수 없다.

또한 마이크로서비스는 다양한 새로운 채널을 통해 고객 서비스를 제공하려는 조직에 분명한 이점을 제공한다. 디지털 트랜스포메이션digital transformation을 둘러싼 많은 노력은 기존 시스템에 숨겨진 기능을 활용하려는 시도와 관련이 있는 것 같다. 바라는 점은 가장 적합한 상호작용 메커니즘을 통해 사용자의 요구를 만족할 수 있는 새로운 고객 경험을 만드는 것이다.

무엇보다도 마이크로서비스 아키텍처는 시스템을 계속 발전시키면서 많은 유연성을 제공하는 아키텍처다. 물론 이러한 유연함에는 비용이 따르지만, 미래에 수행할 변경 사항과 관련해 선택 가능성을 열어두고 싶다면 비용을 지불할 만하다.

요약

마이크로서비스 아키텍처는 기술 선정, 견고성 및 확장성 처리, 팀 구성 등에 엄청난 유연성을 부여할 수 있다. 많은 사람이 마이크로서비스 아키텍처를 수용하고 있는 것도 부분적으로는 이러한 유연성 덕분이다. 하지만 마이크로서비스는 상당한 복잡성을 수반하므로 먼저 이 복잡성을 허용할지를 결정해야 한다. 많은 사람에게 마이크로서비스 아키텍처는 거의 모든 상황에서 사용되는 기본 시스템 아키텍처가 됐다. 그러나 여전히 마이크로서비스 아키텍처는 여러분이 해결하려는 문제에 합당한지 먼저 따져봐야 하는 한 가지 선택지다. 더 간단한 접근 방식이 오히려 문제를 훨씬 쉽게 해결하는 경우가 많기 때문이다.

그럼에도 많은 조직, 특히 대규모 조직에서는 마이크로서비스가 얼마나 효과적인지를 보여주었다. 마이크로서비스의 핵심 개념을 제대로 이해하고 구현하면, 시스템이 부분의 합보다 더 커지게 하는 강력하고 생산적인 아키텍처를 만드는 데 도움이 된다.

이 장이 이러한 주제를 소개하는 개요로서 충분하길 바란다. 다음으로는 마이크로서비스 경계를 정의하는 방법을 살펴보고, 구조화된 프로그래밍과 도메인 주도 설계에 관한 내용을 다룬다.

## CHAPTER 2

마이크로서비스 모델링 방법

> 상대의 논리를 보면 "세상을 무엇이 떠받치고 있을까?"라는 질문에 "거북이가 떠받치고 있지."라고
> 대답한 이교도가 떠오른다. 그럼 그 거북이를 떠받치는 것은 대체 뭘까? "그건 또 다른 거북이지."
>
> 목사 조셉 프레드릭 버그Joseph Frederick Berg (1854)

바라건대 여러분이 마이크로서비스의 개념과 주요 장점을 잘 이해하면 좋겠다. 그렇다면 아마도 당장 가서 마이크로서비스를 만들고 싶을 것이다. 그런데 어디서부터 시작해야 할까? 이 장에서는 정보 은닉, 결합, 응집력과 같은 몇 가지 기본 개념을 살펴보고, 이러한 개념을 통해 마이크로서비스 주변의 경계를 그리는 것에 대한 생각이 어떻게 변화되는지 알아본다. 또한 사용할 수 있는 다양한 분해decomposition 형태를 살펴보고 이 분야에서 매우 유용한 기술인 도메인 주도 설계도 더 깊이 탐구할 것이다.

장점을 극대화하고 잠재적인 단점을 피하기 위해 마이크로서비스의 경계에 대해 생각하는 방법을 살펴보자. 하지만 우선 작업할 대상이 필요하다.

2.1 뮤직코프 소개

개념을 다루는 책에서 사례를 함께 소개하면 이해하는 데 큰 도움이 된다. 이 책에서는 가급적 실제 사례를 공유하겠지만, 가상 시나리오가 있으면 훨씬 효과적으로 설명할 수 있다는 사실을

알게 됐다. 따라서 이 책 전반에서는 가상 시나리오를 소개하면서 마이크로서비스 개념이 어떻게 작동하는지 살펴본다.

그럼 최첨단 온라인 소매업체인 뮤직코프에 주목해보자. 뮤직코프는 최근까지 오프라인 위주로 판매를 해왔지만 레코드판 사업이 바닥을 친 이후부터 온라인 판매에 더욱 집중하기로 결정했다. 이 회사는 이미 웹 사이트를 갖고 있지만, 지금이야말로 온라인 세상에 전념할 때라고 생각했다. 결국 음악용 스마트폰은 일시적 유행일 뿐이며(준Zune이 훨씬 낫다), 음악 팬들은 CD가 집 앞에 도착하길 기쁜 마음으로 고대할 것이라 판단했다. 편리함보다는 품질을 추구한다고 생각한 것이다. 과연 그럴까? 스포티파이Spotify가 십 대 청소년을 위한 일종의 피부 치료 서비스가 아니라 디지털 음악 서비스라는 사실을 이제 막 알게 됐지만, 뮤직코프는 앞으로 집중해야할 분야에 매우 만족하며 이 스트리밍 비즈니스가 모두 곧 붕괴될 것이라 확신한다.

조금 뒤처져 있음에도 뮤직코프는 원대한 야망을 품고 있었다. 다행히도 뮤직코프는 세계를 석권할 가장 좋은 기회는 쉽게 변화하는 것이라고 판단했다. 바로 마이크로서비스를 통해서다!

2.2 올바른 마이크로서비스 경계를 만드는 것은 무엇인가?

뮤직코프의 팀이 8트랙 테이프[1]를 모든 사람에게 제공하기 위해 서비스를 연이어 만들고 먼 곳으로 떠나기 전에 잠시 멈춰 우리가 염두에 둬야 할 가장 중요한 개념을 잠시 이야기해보자. 우리는 마이크로서비스가 독립적인 방식으로 변경되거나 배포돼 이 서비스의 기능이 사용자에게 릴리스되길 바란다. 한 마이크로서비스를 다른 마이크로서비스와 별개로 변경할 수 있는 능력은 매우 중요하다. 그렇다면 마이크로서비스 주변의 경계를 정하는 방법을 생각할 때는 어떤 점을 염두에 둬야 할까?

본질적으로 마이크로서비스는 모델과 모든 연관된 문제 사이에서 네트워크 기반의 상호작용이 이뤄지더라도 결국 모듈식 분해의 또 다른 형태일 뿐이다. 다행히도 이러한 사실은 경계를 정의하는 방법을 찾는 데 모듈식 소프트웨어와 구조적 프로그래밍 영역에 존재하는 많은 선행 기술에 의지할 수 있다는 것을 의미한다. 이 점을 기억하면서, (1장에서도 간략히 다룬 개념이지

---

1 옮긴이_소니 워크맨에서 사용된 콤팩트 카세트 테이프보다 앞서 사용된 마그네틱 테이프다(https://yoda.wiki/wiki/8-track_tape 참고).

만) 올바른 마이크로서비스 경계를 구성하는 데 필요한 세 가지 핵심 개념인 정보 은닉, 응집력, 결합을 더 자세히 살펴보자.

2.2.1 정보 은닉

정보 은닉information hiding은 모듈 경계를 정의하는 가장 효과적인 방법을 찾으려고 데이비드 파나스David Parnas가 만든 개념이다.[2] 정보 은닉은 모듈(또는 마이크로서비스) 경계 뒤에 가능한 한 많은 세부 정보를 숨기려는 욕구를 나타낸다. 파나스는 이론적으로 접근해 모듈이 제공하는 이점을 살펴봤다.

향상된 개발 시간

모듈을 독립적으로 개발함에 따라 더 많은 작업을 병렬로 수행할 수 있고, 프로젝트에 더 많은 개발자를 추가하는 데 따른 영향을 줄일 수 있다.

이해도

각 모듈을 따로따로 살펴보고 이해할 수 있다. 이는 시스템 전체가 수행하는 작업을 더 쉽게 이해하도록 해준다.

유연성

모듈은 서로 독립적으로 변경 가능하므로 다른 모듈을 변경하지 않고도 시스템 기능을 변경할 수 있다. 게다가 모듈을 다양한 방식으로 결합해 새로운 기능을 제공할 수 있다.

이러한 매력적인 특징은 마이크로서비스 아키텍처를 통해 성취하려는 것을 훌륭하게 완성한다. 사실 필자는 이제 마이크로서비스를 모듈식 아키텍처의 한 형태로 간주한다. 아드리안 콜리어Adrian Colyer는 실제로 이 시기에 데이비드 파나스의 여러 논문을 다시 살펴본 후 마이크로서비스의 관점에서 논문을 검토하고 요약했는데, 그 내용은 읽을 만한 가치가 충분하다.[3]

---

[2] 데이비드 파나스, 「시스템을 모듈로 분해하는 데 사용되는 기준(On the Criteria to Be Used in Decomposing Systems into Modules)」(저널 기고, 카네기 멜론 대학교, 1971), *https://oreil.ly/BnVVg*

[3] 아드리안의 요약본인 「시스템을 모듈로 분해하는 데 사용되는 기준(On the Criteria to Be Used in Decomposing Systems into Modules)」은 확실한 출발점이지만, 아드리안은 파나스의 이전 연구를 기반으로 「설계 방법에 대한 정보 분산 관점(Information Distribution Aspects of Design Methodology)」(*https://oreil.ly/6JyKv*)에서 파나스의 논평과 함께 훌륭한 통찰력을 보여준다.

파나스의 연구에서 밝혀졌듯이, 현실에 모듈이 있다고 해서 이러한 결과로 이어지지는 않는다. 많은 것은 모듈 경계가 어떻게 형성되는지에 달려 있다. 파나스의 연구에서 정보 은닉은 모듈식 아키텍처를 최대한 활용하는 데 도움이 되는 핵심 기법이었고, 현대적인 관점에서 보면 마이크로서비스에도 동일하게 적용된다.

파나스의 다른 논문[4]에는 주옥같은 문구가 있다.

> 모듈 간 연결은 모듈이 서로에게 만드는 가정assumption이다.

하나의 모듈(또는 마이크로서비스)이 다른 모듈(또는 마이크로서비스)에 대해 만드는 가정의 수를 줄임으로써 모듈 간의 연결에 직접적으로 영향을 미친다. 가정의 수를 작게 유지하면, 다른 모듈에 영향을 미치지 않고 하나의 모듈을 변경하기가 더 쉽다. 모듈을 변경하는 개발자가 다른 사람들이 해당 모듈을 어떻게 사용하는지 명확히 이해하고 있다면, 업스트림 호출자도 변경할 필요가 없는 방식으로 안전하게 변경하도록 만들 가능성이 더 높을 것이다.

이는 마이크로서비스에도 적용된다. 다른 것을 배포할 필요 없이 변경된 마이크로서비스를 배포할 수 있다는 점에서 파나스가 설명한 향상된 개발 시간, 이해도, 유연성이라는 세 가지 바람직한 특징을 더욱 증폭시킬 수 있다.

정보 은닉의 의미는 매우 다양한 방식으로 전개되며, 이 책 전반에서 해당 주제를 다룬다.

2.2.2 응집력

응집력cohesion을 나타내는 가장 간결한 정의 중 하나는 '함께 바뀌고 함께 머무는 코드'다.[5] 이는 우리의 목적을 고려할 때 상당히 좋은 정의다. 이미 설명했듯이 우리는 비즈니스 기능을 쉽게 변경할 수 있도록 마이크로서비스 아키텍처를 최적화하려 한다. 따라서 가능한 한 적은 장소에서 변경할 수 있는 방식으로 기능을 그룹으로 묶으려 한다.

관련성 있는 행동은 함께 두길 원하고, 그렇지 않은 행동은 다른 곳에 두길 원한다. 왜 그럴까? 아마도 행동을 바꾸려 할 때 한 곳에서 바꾸길 원하고 가능한 한 빠르게 그 변경을 릴리스하길

---

4 파나스, 「정보 분산 관점(Information Distribution Aspects)」(https://bit.ly/3bV5uv4)
5 안타깝게도 이 정의의 원본 출처는 찾을 수 없었다.

원해서다. 여러 곳에서 그 행동을 변경해야 한다면 이 변경 사항을 제공하기 위해 많은 다른 서비스를 (아마도 동시에) 릴리스해야 할 것이다. 여러 곳에서 변경하는 것은 느리고 한 번에 많은 서비스를 배포하는 것은 위험하므로 두 가지 다 피하고 싶다.

따라서 문제 영역 내에서 관련 동작을 한 곳으로 모으며, 다른 경계와 가능한 한 느슨하게 통신할 수 있는 경계를 찾길 원한다. 관련된 기능이 시스템 전체에 분산돼 있으면 응집력이 약하다고 말할 수 있지만, 마이크로서비스 아키텍처는 강한 응집력을 목표로 한다.

2.2.3 결합

서비스가 느슨하게 결합됐다면 한 서비스를 변경할 때 다른 서비스를 변경할 필요가 없다. 마이크로서비스의 핵심은 시스템의 다른 부분을 변경하지 않고도 한 서비스를 변경하고 배포할 수 있다는 것이며, 이 점은 매우 중요하다.

그렇다면 어떤 종류가 강한 결합을 유발할까? 이와 관련된 전형적인 실수는 한 서비스를 다른 서비스에 단단히 결합하는 통합 방식을 선택해 서비스 내부가 변경되면 소비자도 변경하도록 요구하는 것이다.

느슨하게 결합된 서비스는 함께 협업하는 서비스들에 대해 꼭 필요한 만큼만 알고 있다. 또한 우리는 한 서비스에서 다른 서비스로 다양한 유형의 호출 수를 제한하려 하는데, 이는 잠재적인 성능 문제 외에도 과도한 커뮤니케이션이 강한 결합을 초래할 수 있기 때문이다.

하지만 결합은 다양한 형태로 발생되므로 서비스 기반 아키텍처와 관련된 특성을 잘못 이해하는 경우를 흔히 목격했다. 따라서 이 점을 염두에 두고 이 주제를 자세히 살펴보자.

2.2.4 결합과 응집력의 연관성

이전에 다뤘듯이 결합과 응집력은 개념적으로 분명 관련이 있다. 논리적으로 연관된 기능이 시스템 전체에 분산돼 있다면, 이 기능에 대한 변경은 이러한 경계를 넘어 전파돼 더 긴밀한 결합을 나타낸다. 구조적 설계의 선구자인 래리 콘스탄틴Larry Constantine의 이름을 따서 명명된 콘스탄틴의 법칙Constantine's law은 이 연관성을 다음과 같이 깔끔하게 요약한다.

> 응집력이 강하고 결합도가 낮으면 구조가 안정된다.[6]

여기서 **안정성**stability 개념은 중요하다. 독립적인 배포 가능성을 기반으로 제공하는 마이크로서비스 경계에서 마이크로서비스를 병렬로 작업하고 협업하는 팀 간의 조정 작업량을 줄이려면, 경계 자체에 어느 정도의 안정성은 필요하다. 마이크로서비스가 제공하는 계약이 하위 호환성을 깨뜨리는 방식으로 계속 변경된다면 상위 소비자도 지속적으로 변경해야 할 것이다.

결합도와 응집력은 깊이 관련돼 있으며, 적어도 어느 정도 수준에서는 두 개념이 사물 간의 관계를 설명한다는 점에서 분명히 동일하다. 응집력은 경계 **내부**에 있는 사물 사이의 관계(여기서는 마이크로서비스)에 적용되는 반면, 결합은 경계 건너에 있는 사물 간의 관계를 설명한다. 코드를 구성하는 데 절대적으로 가장 좋은 방법이란 존재하지 않는다. 결합과 응집력은 코드를 그룹화할 위치와 그 이유에 대해 다양한 절충안을 명확히 하는 한 가지 방법일 뿐이다. 주어진 맥락과 현재 직면하고 있는 문제에 대해 가장 적합한 것을 찾으려면 이 두 개념 사이에서 올바른 균형을 잡아야 한다.

세상은 고정돼 있지 않다는 점을 기억하라. 즉, 시스템 요구 사항이 변경됨에 따라 다시 결정해야 할 이유도 나타날 수 있다. 때로는 시스템 일부가 너무 많이 변경돼 안정성을 보장하지 못할 수 있다. 3장에서는 스냅 CI^Snap CI 제품 개발 팀의 경험을 공유하며 이와 관련된 예를 살펴볼 것이다.

2.3 결합 유형

앞서 설명한 개요에 따르면 모든 결합이 나쁘다고 생각할 수 있다. 엄밀히 말해 이것은 사실이 아니다. 궁극적으로 시스템에서 일부 결합은 피할 수 없으며, 우리는 결합의 양을 줄이길 원한다.

주로 모듈식(비분산, 모놀리식) 소프트웨어를 고려하는 구조적 프로그래밍 맥락에서 다양한 결합 형태를 살펴보고자 많은 연구가 수행돼 왔다. 결합의 중첩 및 충돌을 평가하는 다양한 모

.....

6   필자의 책 『마이크로서비스 도입, 이렇게 한다』(책만, 2021)에서는 이에 대해 래리 콘스탄틴에게 공을 돌렸다. 이 문장은 콘스탄틴의 많은 업적을 깔끔하게 요약하지만, 실제로 알버트 엔드레(Albert Endres)와 디에터 롬바흐(Dieter Rombach)의 저서 『소프트웨어 및 시스템 엔지니어링 핸드북(A Handbook of Software and Systems Engineering)』(애디슨 웨슬리, 2003)에서 인용했다.

델 중 상당수는 서비스 기반 상호작용보다는 코드 수준에서 주로 이야기된다. 마이크로서비스는 모듈식 아키텍처의 한 형태이므로(분산 시스템의 복잡성이 추가됐지만), 이러한 원시 개념을 많이 사용할 수 있고 마이크로서비스 기반 시스템 관점에도 적용할 수 있다.

구조적 프로그래밍의 선행 기술

컴퓨팅 분야에서 많은 작업은 대부분 이전 작업에 기반해 구축된다. 때로는 이전의 것을 모두 알 수 없지만, 이 책에서는 선행 기술을 강조하기로 마음먹었다. 당연히 인정받아야 할 선행 기술을 인정하고, 다른 한편으로는 특정 주제를 깊이 탐구하려는 독자가 길을 잃지 않도록 '빵 부스러기'를 뿌려두는 마음으로 그와 같은 개념 중 다수를 시도하고 테스트했다는 것을 보여주기 위해서다.

이전 작업을 기반으로 작업한다는 점을 고려할 때, 이 책에서 구조적 프로그래밍만큼 선행 기술이 많이 포함된 주제는 없다. 래리 콘스탄틴을 앞서 언급했는데, 에드워드 유어돈(Edward Yourdon)과 래리가 공동 집필한 『구조적 설계(Structured Design)』(뉴욕: 유어돈 프레스 컴퓨팅, 1976)는 이 분야에서 가장 중요한 교재로 인정받는다. 메일러 페이지존스(Meilir Page-Jones)의 『구조적 시스템 설계에 대한 실용 지침서(Practical Guide to Structured System Design)』(뉴욕: 유어돈 프레스 컴퓨팅, 1980)도 유용하다. 안타깝게도 이 책들은 현재 절판됐고, 전자책 형식으로도 구하기 어렵다.

모든 개념이 깔끔하게 매핑되지는 않으므로 이 책에서는 마이크로서비스의 다양한 결합 유형에 대한 동작 모델을 종합하려고 최선을 다했다. 개념이 기존 정의와 명확하게 일치하는 곳에서는 그 용어를 고수해왔고, 다른 곳에서는 새로운 용어를 고안하거나 다른 분야에서 유래한 개념과 혼합해야 했다. 따라서 이 분야의 많은 선행 기술 위에 무엇이 만들어지는지를 고려하라. 필자는 마이크로서비스의 맥락에서 더 많은 의미를 부여하려고 한다.

[그림 2-1]에서 높고(바람직하지 않은) 낮은(바람직한) 결합 수준으로 각각 구조화된 다양한 유형의 결합을 개략적으로 볼 수 있다.

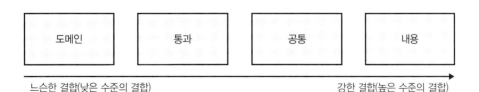

그림 2-1 느슨한 결합에서 강한 결합까지 다양한 결합 유형이 있다.

다음으로 각 형태의 결합을 차례로 검토하고 이러한 형태가 마이크로서비스 아키텍처에서 어떻게 발현되는지 보여주는 예를 살펴본다.

2.3.1 도메인 결합

도메인 결합domain coupling은 첫 번째 마이크로서비스가 다른 마이크로서비스가 제공하는 기능을 사용해야 하므로 하나의 마이크로서비스가 다른 마이크로서비스와 상호작용해야 하는 상황을 설명한다.[7]

[그림 2-2]는 뮤직코프 내부에서 CD 주문이 관리되는 일부 방식을 보여준다. 이 예에서 주문 처리기(`Order Processor`)는 창고 마이크로서비스를 호출해 재고를 예약하고, 결제 마이크로서비스를 호출해 결제한다. 따라서 주문 처리기는 이 작업을 위해 창고(**Warehouse**) 및 결제(**Payment**) 마이크로서비스에 의존하고 결합된다. 하지만 창고 서비스와 결제 서비스 사이에는 상호작용이 없으므로 결합도 없다.

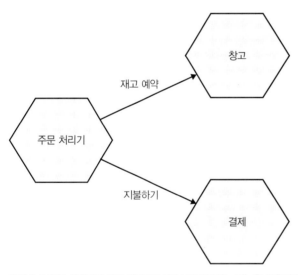

그림 2-2 주문 처리기가 다른 마이크로서비스가 제공하는 기능을 사용해야 하는 도메인 결합의 예

마이크로서비스 아키텍처에서 이 유형의 상호작용은 대개 불가피하다. 마이크로서비스 기반

---

7 이 개념은 도메인 애플리케이션 프로토콜(REST 기반 시스템에서 구성 요소가 상호작용하는 규칙을 정의)과 유사하다.

시스템은 작업을 수행하기 위해 협력하는 여러 마이크로서비스에 의존하지만, 우리는 이것을 최소한으로 유지하길 원한다. 이러한 방식으로 하나의 서비스가 여러 하위 서비스에 의존하는 것을 볼 때마다 한 마이크로서비스가 너무 많은 작업을 수행할 수 있기 때문에 문제가 될 여지가 있다.

일반적으로 도메인 결합은 느슨한 형태의 결합으로 간주되지만, 문제가 될 부분은 있다. 많은 하위 마이크로서비스와 통신해야 하는 마이크로서비스는 너무 많은 로직이 집중되는 상황을 만든다. 도메인 결합은 서비스 간에 더 복잡한 데이터 집합이 전송됨에 따라 문제가 될 수 있다. 곧 살펴보겠지만, 종종 이와 같은 현상은 문제가 더 많은 결합 형태로 이어진다.

정보 은닉의 중요성을 명심하라. 꼭 필요한 것만 공유하고 필요한 최소한의 데이터만 전송해야 한다.

시간적 결합에 대한 간략한 정리

이미 들어봤을지도 모를 또 다른 형태의 결합은 시간적 결합(temporal coupling)이다. 코드 중심적 관점에서 시간적 결합은 순전히 동시에 발생하기 때문에 함께 엮이는 상황을 나타낸다. 시간적 결합은 분산 시스템의 맥락에서는 미묘하게 다른 의미를 갖는데, 하나의 마이크로서비스가 작업을 완료하기 위해 동시간에 어떤 작업을 수행하는 다른 마이크로서비스가 필요한 상황을 나타낸다.

작업을 완료하려면 두 마이크로서비스가 동시에 작동하고 서로 통신할 수 있어야 한다. 따라서 [그림 2-3]에서는 뮤직코프의 주문 처리기가 창고 서비스에 대한 동기식 HTTP 호출을 수행하는 시점에 창고 서비스는 가동돼 수행 가능한 상태여야 한다.

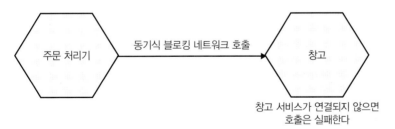

그림 2-3 주문 처리기가 창고 마이크로서비스를 동기식으로 호출하는 시간적 결합의 예

어떤 이유로 주문 처리기가 창고 서비스에 연결할 수 없다면, CD 발송을 예약할 수 없어 작업은 실패하게 된다. 또한 주문 처리기는 차단돼 창고의 응답을 기다려야 하므로 잠재적으로 리소스 경합과 관련된 문제를 유발할 수 있다.

시간적 결합이 항상 나쁜 것은 아니지만, 인지해둘 필요는 있다. 마이크로서비스가 늘어나 상호작용이 더 복잡해지면 시간적 결합 문제가 증가하므로 시스템을 확장하고 작동 상태를 유지하기가 더 어려워질 수 있다. 시간적 결합을 피하는 한 가지 방법은 메시지 브로커와 같은 비동기 통신 형태를 사용하는 것이다.

2.3.2 통과 결합

통과 결합pass-through coupling[8]은 데이터가 다른 하위 마이크로서비스에 필요하다는 이유만으로 한 마이크로서비스가 다른 마이크로서비스에 데이터를 전달하는 상황을 말한다. 여러 면에서 이 상황은 결합을 구현하는 데 가장 많은 문제를 유발하는 형태 중 하나다. 호출자가 호출 중인 마이크로서비스가 다른 마이크로서비스를 호출한다는 것을 알고 있을 뿐 아니라 잠재적으로 한 단계 떨어진 그 마이크로서비스까지 어떻게 동작하는지 알아야 한다는 점을 의미하기 때문이다.

통과 결합의 한 예로 뮤직코프의 주문 처리 방식을 좀 더 자세히 살펴보자. [그림 2-4]에서 주문 처리기는 주문 발송을 준비하기 위해 창고 서비스에 요청을 보낸다. 요청 페이로드에 배송 목록(Shipping Manifest)을 포함해 전송하며, 이 배송 목록에는 고객의 주소뿐 아니라 배송 유형도 포함돼 있다. 창고 서비스는 이 목록을 하위 배송(Shipping) 마이크로서비스에 전달한다.

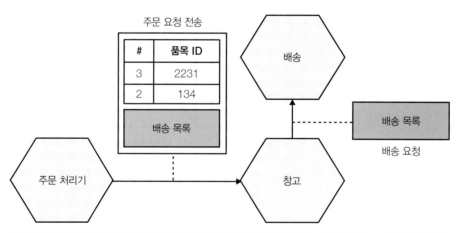

그림 2-4 통과 결합에서는 다른 하위 마이크로서비스에서 데이터가 필요하다는 이유만으로 그 데이터를 전달한다.

---

8 '통과 결합'은 원래 메일러 페이지존스(Meilir Page-Jones)가 『구조적 시스템 설계에 대한 실용 지침서(Practical Guide to Structured System Design)』(뉴욕: 유어돈 프레스 컴퓨팅, 1980)에서 설명한 '떠돌이 결합(tramp coupling)'에 대해 필자가 붙인 이름이다. 원래 용어를 사용하는 것은 다소 문제가 될 수 있고 어떤 의미인지 파악하기도 어렵다고 판단해 여기서는 다른 용어를 사용했다.

하위에서 데이터를 변경하면 상위에서 더 큰 변경을 일으킬 수 있다는 것은 통과 결합의 주요한 문제점이다. 즉, 이 예에서는 배송 서비스에서 데이터의 포맷과 내용을 변경해야 할 경우 창고 서비스와 주문 처리기를 모두 변경해야 할 수 있다.

이 문제를 해결할 몇 가지 방법이 있다. 첫째는 호출하는 마이크로서비스가 중간자를 우회하는 시도가 합당한지 고려하는 것이다. [그림 2-5]는 주문 처리기가 배송 서비스와 직접 통신하는 것을 나타낸다. 하지만 이렇게 하면 다른 골칫거리가 생긴다. 주문 처리기가 알아야 할 또 다른 마이크로서비스로 배송 서비스가 추가되므로 도메인 결합을 늘리게 된다. 이것이 유일한 문제점이라면 도메인 결합은 느슨한 형태의 결합이므로 괜찮은 대안이 될 수 있다. 하지만 이 해결책은 배송 서비스를 사용해 패키지를 발송하기 전에 창고 서비스에 재고를 예약해야 하고 배송이 완료된 후 그에 따라 재고를 업데이트해야 하므로 더 복잡해진다. 따라서 이전에는 창고 서비스 내부에 숨어 있던 복잡성과 로직을 주문 처리기에 밀어 넣게 한다.

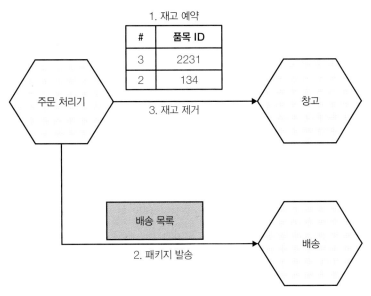

그림 2-5 통과 결합을 해결하는 한 가지 방법은 하위 서비스와 직접 통신하는 것이다.

이 특정한 예에서는 주문 처리기에서 배송 목록에 대한 요구 사항을 완전히 숨기는 것과 같이 보다 간단한(좀 더 미묘한 차이가 있지만) 변경을 고려할 수 있다. 재고 관리 작업과 패키지 발송 준비 작업을 모두 창고 서비스로 위임하려는 의도는 이해되지만, 일부 하위 수준의 구현이 누출됐다는 사실, 즉 배송 마이크로서비스가 배송 목록을 원한다는 사실은 내키지가 않는다. 이러한 세부 사항을 숨기는 한 가지 방법은 [그림 2-6]처럼 창고 서비스가 계약의 일부로 필요한 정보를 받은 다음 로컬에서 배송 목록을 만들도록 하는 것이다. 이렇게 하면, 배송 서비스가 서비스 계약을 변경하는 경우에도 창고 서비스가 필요한 데이터를 수집하는 동안에는 주문 처리기에서 이 변경 사항이 보이지 않는다.

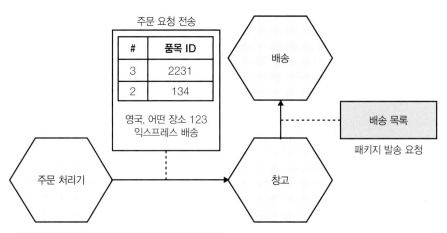

그림 2-6 주문 처리기에서 배송 목록의 필요성 숨기기

이렇게 하면 배송에 대한 변경으로부터 주문 처리기 마이크로서비스를 보호하는 데 도움이 되지만, 여전히 서비스를 모두 변경할 수밖에 없는 몇몇 경우가 있다. 국제 배송을 시작한다고 가정해보자. 이를 위해 배송 서비스에는 배송 목록에 포함할 세관 신고가 필요하다. 이 정보가 필수 매개변수가 아니라면 배송 마이크로서비스의 새 버전을 문제없이 배포할 수 있다. 하지만 필수 매개변수라면 창고 서비스에서 매개변수를 생성해야 한다. 갖고 있는(또는 제공된) 기존 정보로 이 작업을 수행하거나 주문 처리기가 추가 정보를 전달해야 할 수도 있다.

이 경우에도 세 가지 마이크로서비스 모두에서 여전히 변경을 해야 하지만, 이러한 변경이 가능한 시기와 방법에 대해서는 훨씬 더 많은 권한이 부여됐다. 초기 예에서 강한(통과) 결합이 있었다면, 새로운 세관 신고를 추가하기 위해 세 마이크로서비스를 동시에 맞춰 롤아웃rollout해야 할 수 있다. 하지만 세부 사항을 숨길 수 있다면 적어도 훨씬 더 쉬운 배포 단계를 진행할 수 있다.

통과 결합을 줄이는 데 유용한 마지막 방법은 주문 처리기가 여전히 창고를 통해 배송 마이크로서비스로 배송 목록을 보내지만 창고가 배송 목록 자체의 구조를 전혀 알지 못하게 하는 것이다. 주문 처리기는 주문 요청의 일부로 배송 목록을 보내더라도 창고 서비스가 그 필드를 보거나 처리하지 못하게 한다(데이터 덩어리로만 취급하고 내용은 신경 쓰지 않으며, 단지 전달만 한다). 배송 목록의 형식을 변경하려면 주문 프로세스와 배송 마이크로서비스를 모두 변경해야 하지만, 창고 서비스는 실제로 그 목록의 내용물에는 관심이 없기 때문에 변경할 필요가 없다.

2.3.3 공통 결합

공통 결합common coupling은 둘 이상의 마이크로서비스가 공통 데이터 집합을 사용할 때 발생한다. 이러한 결합 형태의 단순하고 일반적인 예는 동일한 공유 데이터베이스를 여러 마이크로서비스가 사용하는 경우지만, 공유 메모리나 공유 파일 시스템을 사용하는 경우도 해당될 수 있다.

공통 결합의 주요 문제점은 데이터 구조를 변경하면 한 번에 여러 마이크로서비스에 영향을 미친다는 것이다. [그림 2-7]과 같은 일부 뮤직코프 서비스의 예를 생각해보자. 앞서 설명한 것처럼 뮤직코프는 전 세계에서 사업을 운영하고 있으므로 사업을 영위하는 국가에 대한 다양한 정보가 필요하다. 이 예에서는 여러 서비스가 모두 공유된 데이터베이스에서 정적 참조 데이터를 읽고 있다. 따라서 이 데이터베이스의 스키마가 하위 호환되지 않는 방식으로 변경되면 데이터베이스의 모든 소비자를 변경해야 한다. 실제로 이와 같은 공유 데이터는 결과적으로 변경하기가 매우 어려운 편이다.

[그림 2-7]의 예는 정적 참조 데이터static reference data의 특성상 거의 변경되지 않는 경향이 있고 읽기 전용이므로 비교적 양호하다고 할 수 있다. 하지만 공통 데이터의 구조가 더 자주 변경되거나 여러 마이크로서비스가 동일한 데이터를 읽고 쓰는 경우라면 공통 결합은 문제가 된다.

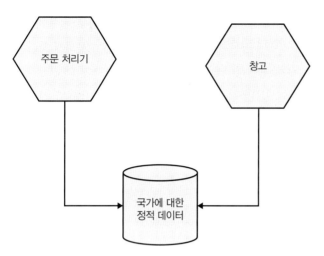

그림 2-7 여러 서비스는 동일한 데이터베이스에 저장돼 공유되는 정적 참조 데이터(국가 관련)를 액세스한다.

[그림 2-8]은 뮤직코프 고객에게 CD를 발송하는 프로세스를 관리하려고 주문 처리기와 창고 서비스가 공유된 주문 테이블에서 읽고 쓰는 상황을 보여준다. 두 마이크로서비스 모두 상태Status 컬럼을 업데이트하고 있다. 주문 처리기는 주문 접수(PLACED), 지불 완료(PAID), 주문 완료(COMPLETED) 상태를 설정할 수 있고 창고 서비스는 집품(PICKING) 또는 발송 완료(SHIPPED) 상태를 적용할 수 있다.

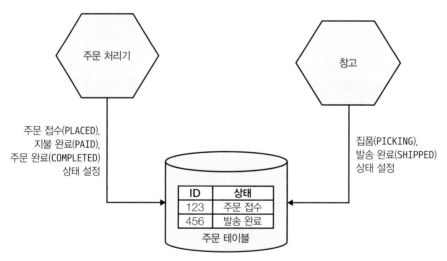

그림 2-8 주문 처리기와 창고 서비스 모두가 동일한 주문 레코드를 업데이트하는 공통 결합의 예

[그림 2-8]의 상태 전이 예가 다소 인위적으로 보이더라도 공통 결합의 핵심 문제를 설명하는데 도움이 된다. 개념적으로는 주문 처리기와 창고 마이크로서비스가 주문 수명주기의 여러 측면을 관리한다고 생각해보자. 주문 처리기에서 변경할 때는 창고의 호환성을 깨뜨리는 방식으로 주문 데이터를 변경하고 있지 않다고 확신할 수 있을까? 그 반대의 경우는 어떨까?

어떤 상태가 올바른 방식으로 변경됐는지 확인하는 한 가지 방법은 유한 상태 기계finite state machine를 만드는 것이다. 상태 기계를 사용하면 개체의 상태 전환을 관리해 잘못된 상태 전환을 방지할 수 있다. [그림 2-9]는 뮤직코프의 주문에 대해 가능한(허용되는) 상태 전환을 보여준다. 주문은 주문 접수에서 지불 완료 상태로 바로 전환될 수 있지만, 주문 접수에서 집품으로 바로 전환할 수는 없다(이 간단한 상태 기계는 상품의 구매 및 배송에 관련된 실제 비즈니스 절차를 완벽히 표현하지 못하지만, 개념 설명을 위한 예로는 충분하다).

그림 2-9 뮤직코프의 주문에 대한 가능한 상태 전이도

이 특정 예의 문제점은 창고 서비스와 주문 처리기가 상태 기계를 관리하는 책임을 공유한다는 것이다. 두 서비스가 어떤 상태 전환을 허용할지에 대한 동의 여부를 어떻게 확인할 수 있을까? 마이크로서비스 경계를 넘어 이와 같은 프로세스를 관리하는 방법이 있다. 6장에서 사가를 설명할 때 이 주제를 다룰 것이다.

이 상황에서 잠재적인 해결책은 하나의 마이크로서비스가 주문 상태를 관리하게 하는 것이다. [그림 2-10]에서 창고 서비스나 주문 처리기는 주문 서비스에 상태 업데이트 요청을 보낼 수 있다. 이때 주문 마이크로서비스는 해당 주문에 대한 '진실의 원천source of truth'이다. 이 상황에서는 창고 서비스와 주문 처리의 요청을 단순히 요청으로 보는 것이 정말 중요하다. 이 시나리오에서 주문 애그리거트와 관련돼 가능한 상태 전환을 관리하는 것은 주문 서비스의 일이다. 따라서 주문 서비스가 주문 처리기로부터 상태를 주문 접수(**PLACED**)에서 발송 완료(**SHIPPED**)로 바로 전환하라는 요청을 받은 경우 잘못된 전환이라면 해당 요청을 거부할 수 있다.

이러한 경우 대안은 요청이 데이터베이스 업데이트와 직접적으로 매핑되는 데이터베이스 CRUD 연산을 둘러싼 래퍼^{wrapper}와 비슷하게 주문 서비스를 구현하는 것이다. 마치 비공개 ^{private} 필드와 공개^{public} getter 및 setter 메서드를 가진 객체와 유사하다. 이 마이크로서비스의 행동이 상위 소비자들에게 누출돼(응집도 감소) 다른 여러 서비스를 통해서도 허용된 상태 전환을 관리할 수 있는 세계로 돌아왔다.

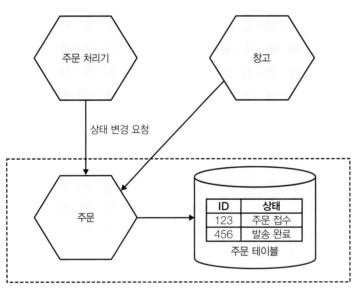

주문 서비스에서 잘못된 상태 변경을 거부할 수 있다

그림 2-10 주문 처리기와 창고 서비스는 주문에 대한 변경을 요청할 수 있지만, 허용 여부는 주문 마이크로서비스가 결정한다.

공통 결합의 원인은 잠재적으로 리소스 경합의 원인도 될 수 있다. 여러 마이크로서비스가 동일한 파일 시스템이나 데이터베이스를 사용할 경우 해당 공유 리소스에 과부하가 걸릴 수 있으며, 공유 자원이 느려지거나 아예 사용할 수 없게 되면 잠재적으로 심각한 문제를 일으킬 수 있다. 특히 공유 데이터베이스에는 이러한 문제가 쉽게 발생할 수 있는데, 여러 소비자가 공유 데이터베이스에 임의의 쿼리를 실행할 수 있고 결국 매우 다양한 성능 특성이 발생할 수 있기 때문이다. 고비용 SQL 쿼리로 인해 망가지는 데이터베이스를 지금껏 다수 경험했는데, 한두 번은 필자가 '주범'일지도 모른다. [9]

따라서 공통 결합은 가끔은 괜찮지만, 그렇지 않은 경우가 많다. 무해한 경우라도 공유 데이터를 변경할 수 있는 범위가 제한돼 있지만, 코드의 응집력이 부족하다는 것을 의미하는 경우가 많다. 운영 중 경합 측면에서도 문제를 일으킬 수 있다. 이러한 이유로 공통 결합을 가장 바람직하지 못한 결합 중 하나로 간주하지만, 상황은 더 나빠질 수 있다.

2.3.4 내용 결합

내용 결합content coupling은 상위 서비스가 하위 서비스의 내부까지 도달해 서비스의 내부 상태를 변경하는 상황을 설명한다. 이 상황을 가장 빈번하게 발생시키는 것은 다른 마이크로서비스의 데이터베이스에 액세스해 직접 변경하는 외부 서비스다. 내용 결합과 공통 결합은 미묘한 차이가 있다. 두 경우 모두 둘 이상의 마이크로서비스가 동일한 데이터 집합을 읽고 쓴다. 공통 결합에서는 공유된 외부 의존성이 사용되고, 이 의존성은 여러분의 통제하에 있지 않다. 내용 결합에서는 소유권 경계선이 명확하지 않아 개발자가 시스템을 변경하기 더 어렵다.

뮤직코프 예를 다시 살펴보자. [그림 2-11]에는 시스템의 주문에 대해 허용 가능한 상태 변경을 관리하는 주문 서비스가 있다. 주문 처리기는 주문 서비스에 요청을 전송해 정확한 상태 변경뿐 아니라 어떤 상태 전환이 허용될지 결정하는 책임도 위임한다. 반면에 창고 서비스는 가능한 변경 사항인지 확인하는 주문 서비스의 기능을 우회해 주문 데이터가 저장된 테이블을 직접 업데이트한다. 우리는 창고 서비스가 유효한 변경 사항만 적용하도록 일관된 로직을 갖고 있길 바랄 뿐이다. 이것은 잘하면 중복 로직이 되지만, 최악의 경우 창고 서비스의 상태 변경 확인 방식이 주문 서비스의 방식과 다르기 때문에 결과적으로 주문이 매우 이상하고 혼동된 상태가 될 수 있다.

---

9 그렇다. 한두 번보다 많다. 아니, 한두 번보다 훨씬 많다.

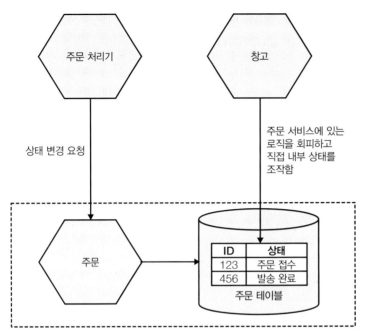

그림 2-11 창고 서비스가 직접 주문 서비스의 내부 데이터를 액세스하는 서비스 내용 결합의 예

이 상황에서는 주문 테이블의 내부 데이터 구조가 외부에 노출되는 문제도 있다. 주문 서비스를 변경한다면, 이제부터 특정 테이블을 변경하는 것을 매우 주의해야 한다. 이는 심지어 외부 당사자가 이 테이블에 직접 액세스하는 것으로 단정할 수 있다. 이 문제를 쉽게 해결하려면 창고 서비스가 주문 서비스에 요청을 보내게 하면 된다. 주문 서비스에서 요청을 조사할 수 있지만 내부적인 세부 정보를 숨길 수 있으므로, 이후 주문 서비스를 훨씬 쉽게 변경할 수 있다.

마이크로서비스에서 작업할 때는 자유롭게 변경 가능한 부분과 그렇지 못한 부분을 명확하게 분리하는 것이 중요하다. 분명히 말하건대, 개발자는 서비스가 외부에 노출하는 계약 부분의 기능 변경 시점을 알아야 한다. 또한 변경할 경우에도 상위 서비스가 중단되지 않도록 해야 한다. 마이크로서비스가 노출하는 계약에 영향을 주지 않는 기능은 무난히 변경할 수 있다.

공통 결합에서 발생하는 문제가 내용 결합에서도 발생하는 것은 분명하지만, 내용 결합에는 일부 사람들이 병적인 결합^{pathological coupling}으로 부르기에 충분한 문제를 일으키는 골칫거리가 더 있다.

외부에서 직접 여러분의 데이터베이스에 액세스하도록 허용하면 데이터베이스는 실제로 외부 계약의 일부가 돼 변경 가능한 부분과 변경 불가능한 부분을 쉽게 추론할 수 없게 된다. 어떤 것을 공유하고(그래서 쉽게 변경할 수 없다) 어떤 것을 숨길지 정의하는 기능을 상실했다. 정보 은닉이란 개념이 사라져버린 셈이다.

한마디로 말해, 내용 결합은 피하라.

2.4 딱 도메인 주도 설계만큼

1장에서 소개했듯이, 마이크로서비스 경계를 찾는 데 사용되는 기본 메커니즘은 도메인 모델을 생성하기 위해 도메인 주도 설계domain-driven design(DDD)를 사용하며 도메인 자체를 중심으로 진행한다. 이제 마이크로서비스의 맥락에서 DDD가 작동하는 방식을 좀 더 폭넓게 이해해보자.

실제 세계처럼 표현하려는 우리 프로그램의 열망은 새로운 것이 아니다. 시뮬라Simula와 같은 객체 지향 프로그래밍 언어는 실제 도메인을 모델링할 수 있도록 개발됐다. 하지만 이러한 생각이 실제로 구체화되려면 프로그래밍 언어 능력 이상의 것이 필요하다.

에릭 에반스Eric Evans의 『도메인 주도 설계』[10]는 프로그램에서 문제 영역을 더 잘 표현하는 중요한 개념들을 제시했다. 그 개념을 깊이 다루는 것은 이 책의 범위를 벗어나지만, 강조할 가치가 있는 DDD의 일부 핵심 개념을 간략히 설명한다.

보편 언어

의사소통을 돕기 위해 코드와 도메인 설명에 사용할 공통 언어를 정의하고 채택한다.

애그리거트

객체들의 집합이며 일반적으로 실제 세계 개념과 관련된 하나의 개체로 관리된다.

경계 콘텍스트

더 큰 범위의 시스템에 대한 기능을 제공하지만 복잡성을 숨기는 비즈니스 도메인 내부의 명시적인 경계다.

---

10 에릭 에반스, 『도메인 주도 설계: 소프트웨어의 복잡성을 다루는 지혜』(위키북스, 2011)

2.4.1 보편 언어

보편 언어ubiquitous language는 사용자가 쓰는 용어를 코드에서 동일하게 사용하려고 노력해야 한다는 개념과 관련된다. 이 개념은 제공delivery 팀과 실제 사람들 사이에 공통된 언어가 있다면 실제 도메인을 더 쉽게 모델링하고 의사소통도 향상된다는 것을 의미한다.

이에 반하는 사례로 대규모 글로벌 은행에서 일했던 경험이 떠오른다. 당시 필자는 기업 유동성(동일 기업이 보유한 여러 계정 간에 현금을 전환할 수 있는 능력을 일컫는 말) 분야에서 일하고 있었다. 프로덕트 오너product owner는 협업 능력이 뛰어났으며 시장에 선보일 다양한 제품을 매우 잘 이해하고 있었다. 그녀와 함께 일할 때는 미용과 하루 일상 같은 일, 그녀의 세계에서 큰 의미가 있고 그녀의 고객에게 의미 있는 모든 것을 논의했다.

반면에 코드에는 이러한 언어가 없었다. 어느 시점에 이르러 우리는 데이터베이스에 표준 데이터 모델을 사용하기로 결정했다. 해당 모델은 'IBM 은행 모델'이라는 이름으로 널리 알려져 있었지만, 필자는 표준 IBM 제품인지 아니면 단지 IBM 컨설턴트가 만들어낸 것인지를 고민하면서 이 모델과 씨름하고 있었다. 당시 IBM은 'arrangement'라는 모호한 개념을 정의해 모든 은행 업무를 모델링할 수 있는 곳에 이 개념을 적용했다. 대출을 받는다? 그것은 arrangement였다. 주식을 산다? 역시 arrangement다. 신용카드를 신청한다? 뭘까? 그것도 arrangement였다!

이 데이터 모델은 구축 중인 시스템을 코드베이스에서 이해하지 못할 정도로 코드를 오염시켰다. 우리가 만들고 있던 것은 평범한 뱅킹 애플리케이션이 아니라 기업 유동성을 관리하는 특정 시스템이었다. 문제는 프로덕트 오너의 풍부한 도메인 언어를 일반적인 코드 개념에 매핑해야 한다는 것이었으며, 이러한 '번역'에는 많은 작업이 필요했다. 결과적으로 비즈니스 분석가는 동일한 개념을 계속해서 설명하는 데 시간을 자주 낭비했다.

하지만 실제 세계의 언어를 코드에 적용하고 난 후 일은 훨씬 수월해졌다. 개발자는 프로덕트 오너가 직접 사용한 용어로 작성된 스토리를 통해 그 의미를 이해했고 수행해야 할 작업을 해낼 가능성을 더욱 높였다.

2.4.2 애그리거트

DDD에서 애그리거트aggregate는 다소 혼동되는 개념이자 다양한 정의가 존재한다. 애그리거트는 단순히 임의의 객체 모음일까? 데이터베이스에서 꺼내야 할 가장 작은 단위는 무엇일까? 필자에게 항상 효과가 있었던 모델은 먼저 애그리거트를 실제 도메인 개념의 표현으로 생각하는 것이었다. 주문, 송장, 재고 물품 등을 생각해보자. 애그리거트는 일반적으로 수명주기가 있으므로 상태 기계state machine로 구현할 수 있다.

뮤직코프 도메인의 예에서 주문 애그리거트에는 주문의 품목을 나타내는 여러 행의 품목이 포함될 수 있다. 이 품목 행은 전체 주문 애그리거트의 일부로만 그 의미가 있다.

우리는 애그리거트를 독립된 단위로 취급하길 원해서 애그리거트의 상태 전환을 처리하는 코드와 상태를 함께 묶으려 한다. 따라서 하나의 마이크로서비스는 여러 애그리거트를 관리할 수 있지만, 하나의 애그리거트는 하나의 마이크로서비스에서 관리돼야 한다.

하지만 일반적으로 애그리거트는 시스템의 일부로 관리될 상태, 고유함identity, 수명주기를 가진 것으로 생각해야 한다. 애그리거트는 일반적으로 실제 세계의 개념을 나타낸다.

하나의 마이크로서비스는 하나 이상의 서로 다른 종류의 애그리거트에 대한 수명주기와 데이터 저장소를 처리한다. 다른 서비스의 기능이 애그리거트 중 하나를 변경하려는 경우 해당 애그리거트에 직접 변경을 요청하거나 애그리거트 스스로 시스템의 다른 구성 요소와 상호작용해서 상태 전환이 이뤄지도록 해야 하며, 예를 들면 다른 마이크로서비스에서 발행한 이벤트를 구독함으로써 가능할 것이다.

무엇보다 외부 시스템이 애그리거트 내의 상태 전이를 요청하면 애그리거트가 거절할 수도 있다는 사실을 반드시 이해해야 한다. 이상적으로는 비정상적 상태 전환이 불가능하도록 애그리거트를 구현하고 싶다.

애그리거트는 다른 애그리거트와 관련성을 가질 수 있다. [그림 2-12]에는 하나 이상의 주문과 관련된 고객 애그리거트가 있다. 이러한 애그리거트들은 같은 마이크로서비스나 다른 마이크로서비스에서 관리할 수 있다.

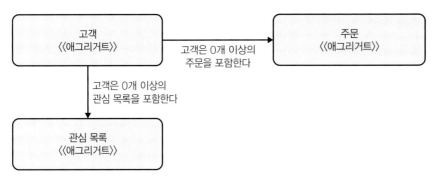

그림 2-12 하나의 고객 애그리거트는 하나 이상의 주문이나 관심 목록 애그리거트와 연관될 수 있다.

애그리거트 간의 관계가 하나의 마이크로서비스 범위 내에 존재할 때 관계형 데이터베이스를 사용한다면 외래 키 관계와 같은 것을 이용해 쉽게 저장할 수 있다. 하지만 이러한 애그리거트 간의 관계가 마이크로서비스 경계를 넘어 걸쳐 있다면 관계를 모델링할 방법이 필요하다.

이제 애그리거트 ID를 로컬 데이터베이스에 직접 저장할 수 있다. 예를 들어 고객에 대한 거래를 저장할 재무 원장을 관리하는 재무(Finance) 마이크로서비스를 생각해보자. 로컬에서 재무 마이크로서비스의 데이터베이스 내부에 해당 고객의 ID를 가진 고객ID(CustID) 열이 존재할 수 있다. 해당 고객에 대한 추가 정보를 얻으려면 그 ID를 사용해 고객 마이크로서비스를 조회해야 한다.

이 개념의 문제는 명확하지 않다는 데 있다. 사실 고객ID 열과 원격 고객 간의 관계는 완전히 암묵적이다. 그 ID가 어떻게 사용됐는지 알아보려면 재무 마이크로서비스 자체 코드를 살펴봐야 한다. 외부 애그리거트에 대한 참조를 더 명확한 방식으로 저장할 수 있다면 좋을 것이다.

[그림 2-13]에서 명확한 관계가 이뤄지도록 변경했다. 고객을 참조하기 위해 평범한 ID 대신 REST 기반 시스템을 만들 때 사용하는 URI를 저장한다.[11]

---

11 REST 시스템에서 템플릿 URI를 사용하는 것에 반대하는 사람들이 있다는 사실을 알고 있으며 그 이유도 충분히 이해한다. 따라서 이 예에서는 단순하게 사용하려 한다.

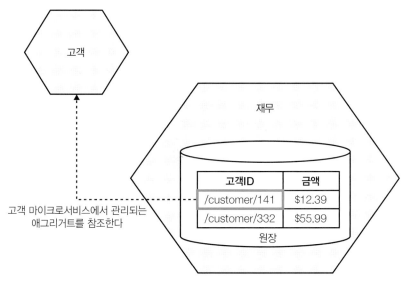

그림 2-13 서로 다른 마이크로서비스의 두 애그리거트 간 관계가 구현되는 방식의 예

이 방식의 장점은 두 가지다. 관계의 특성이 명시적이며 REST 시스템에서는 이 URI를 직접 역참조해 관련 자원을 조회할 수 있다. 하지만 REST 기반 시스템이 아니라면 어떻게 해야 할까? 필 카우사두Phil Calçado는 이 방식의 변형으로 사운드클라우드SoundCloud[12]에서 사용 중인 방식을 설명한다. 사운드클라우드는 교차 참조를 위한 모조 URI 스킴pseudo-URI scheme을 고안했다. 예를 들어 `soundcloud:tracks:123`은 ID가 123인 트랙에 대한 참조다. 이것은 이 식별자 (ID)를 살펴보는 사람에게는 훨씬 더 명확하지만, 필요한 경우 마이크로서비스 애그리거트 간 상호 조회를 쉽게 작성하는 코드를 고려할 수 있을 만큼 유용한 스킴이기도 하다.

시스템을 애그리거트로 분해하는 방법은 많지만 몇몇 선택은 매우 주관적이며, 시간이 지나 성능상의 이유나 구현의 편의를 위해 재구성하기로 결정할 수 있다. 하지만 구현 문제는 부차적이며, 필자는 다른 요소가 작용할 때까지 시스템 사용자의 멘탈 모델mental model을 초기 설계에 대한 지침으로 삼고 시작한다.

---

12 필 카우사두의 글 '패턴: 마이크로서비스의 모조 URI 스킴(Pattern: Using Pseudo-URIs with Microservices)'을 참고하라. https://oreil.ly/xOYMr

2.4.3 경계 콘텍스트

경계 콘텍스트bounded context는 일반적으로 보다 큰 구조적 경계organizational boundary를 나타낸다. 그 경계의 범위 내에서는 명시적인 책임을 수행할 필요가 있다. 이 개념은 다소 모호하므로 구체적인 예를 하나 살펴보자.

뮤직코프에서 창고는 주문 배송(그리고 이상한 반품) 관리, 신규 재고 수령, 지게차 트럭의 분주한 이동 등이 일어나는 활동의 중심지다. 다른 곳에서는 재무 부서가 그다지 재미있지 않겠지만, 뮤직코프의 조직 내에서는 급여를 처리하고 선적 비용을 지불하는 등 중요한 기능을 수행한다.

경계 콘텍스트는 구현 세부 사항을 숨긴다. 또한 내부에서만 고려하면 되는 사항도 있다(예를 들어 창고 외부의 사람들은 어떤 종류의 지게차가 사용되는지에 전혀 관심이 없다). 이와 같은 내부의 고려 사항은 다른 사람들이 알 필요도 없고 신경을 써도 안 되므로 외부 세계에서는 완전히 감춰져 있어야 마땅하다.

구현 관점에서 경계 콘텍스트는 애그리거트를 하나 이상 포함한다. 일부 애그리거트는 경계 콘텍스트 외부에 노출될 수 있고, 어떤 것들은 내부에 숨겨져 있을 것이다. 애그리거트와 마찬가지로 경계 콘텍스트 사이에도 관계가 존재할 수 있다. 서비스에 매핑될 때 이러한 종속성은 서비스 간의 종속성이 된다.

잠시 뮤직코프 비즈니스로 돌아가보자. 도메인은 우리가 운영하는 전체 비즈니스다. 즉, 창고부터 접수 데스크까지, 재무에서 시작해 주문에 이르기까지 모든 것을 다룬다. 우리 소프트웨어에서 모든 것을 모델링하거나 모델링하지 않을 수 있지만, 도메인은 우리가 운영하는 것이다. 에릭 에반스가 언급한 경계 콘텍스트처럼 보이는 도메인의 일부를 생각해보자.

은닉 모델

뮤직코프의 경우 재무 부서와 창고를 2개의 독립된 경계 콘텍스트로 간주할 수 있다. 둘 다 외부 세계에 대한 명시적인 인터페이스(예: 재고 보고서, 급여 명세서 등)가 있으며, 자신들만 알아야 하는 세부 사항(예: 지게차, 계산기)이 있다.

재무 부서는 창고의 자세한 내부 동작을 몰라도 되지만, 몇 가지 사항은 알고 있어야 한다. 예를 들어 계정을 최신 상태로 유지하려면 재고 수준을 알 필요가 있다. [그림 2-14]에 나타낸 콘텍스트 다이어그램의 예에서는 집품자(주문을 고르는 사람), 재고 위치를 나타내는 선반 등과 같은 (창고 내부에 있는) 개념을 볼 수 있다. 마찬가지로 총계정 원장^{general ledger}의 항목은 재무에 필수적이지만 외부에 공유되지는 않는다.

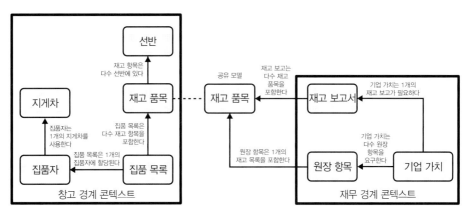

그림 2-14 재무 부서와 창고 부서의 공유 모델

하지만 기업 가치를 계산하려면 재무 직원이 보유한 재고에 대한 정보가 필요하다. 따라서 재고 품목은 두 콘텍스트 간 공유 모델이 된다. 그러나 창고 콘텍스트에서 재고 품목에 대한 모든 것을 맹목적으로 노출할 필요는 없다. [그림 2-15]에서 창고 경계 콘텍스트 내부의 재고 품목에 선반 위치에 대한 참조가 포함되지만, 공유된 재고 표현에는 수량만 포함되고 있는 것을 볼 수 있다. 따라서 내부 전용 표현과 노출용 외부 표현이 존재한다. 종종 내부 표현과 외부 표현이 서로 다른 경우에는 혼선을 피하기 위해 이름을 다르게 지정하는 것이 좋다. 이 상황에서 한 가지 대안은 공유할 재고 품목(Stock Item)을 재고 수량(Stock Count)으로 부르는 것이다.

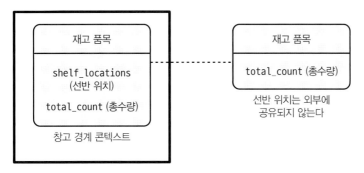

그림 2-15 공유 모델은 외부와 공유해서는 안 되는 정보를 숨길 수 있다.

공유 모델

둘 이상의 경계 콘텍스트에서 나타나는 개념도 존재할 수 있다. [그림 2-14]에서 재고 품목이 두 곳에 모두 존재하는 것을 봤다면 무엇을 의미할까? 재고 품목은 복제될까? 이에 대해 생각해보려면, 개념적으로 재무와 창고 모두가 재고 품목에 대해 알아야만 한다. 재무 부서는 회사 가치를 평가하기 위해 재고 가치를 알아야 하는 반면, 창고 부서에서는 발송할 주문을 포장하기 위해 창고에서 실물을 찾을 위치를 알 수 있도록 재고 품목에 대해 알아야 한다.

이와 같은 상황에서 재고 품목과 같은 공유 모델은 서로 다른 경계 콘텍스트에서 다른 의미를 가질 수 있어 다른 이름으로 불릴 수 있다. 창고 부서에서는 '재고 품목stock item'이라는 이름을 사용해도 되지만, 재무 부서에서는 '자산asset'이라고 부르는 것이 더 일반적일 수 있다. 두 곳에서 모두 재고 품목에 대한 정보를 저장하지만 그 정보는 서로 다르다. 재무 부서에서는 재고 품목의 가치에 대한 정보를 저장하고, 창고 부서에서는 해당 품목이 어느 곳에 있는지 찾을 수 있는 위치 정보를 저장한다. 여전히 두 부서의 로컬 개념을 모두 해당 품목의 글로벌 개념에 연결해야 할 수 있으며, 이름이나 제공업체와 같은 해당 재고 품목에 대한 공통의 공유 정보를 조회해야 할 수도 있다. 이러한 조회를 관리하기 위해 [그림 2-15]에서 보는 것과 같은 기술을 사용할 수 있다.

2.4.4 애그리거트와 경계 콘텍스트를 마이크로서비스에 매핑

애그리거트와 경계 콘텍스트는 외부의 더 넓은 시스템과 상호작용하기 위해 잘 정의된 인터페이스로, 응집력의 단위를 제공한다. 애그리거트는 우리 시스템에서 단일 도메인 개념에 중점을 둔 독자적인 상태 기계며, 관련된 애그리거트의 집합을 표현하는 경계 콘텍스트와 함께 더 넓은 세계에 대한 명시적 인터페이스를 사용한다.

따라서 둘 다 서비스 경계로 잘 작동할 수 있다. 처음에 언급했듯이 여러분은 작업하는 서비스의 수를 줄이길 원하며, 결과적으로는 전체 경계 콘텍스트를 포괄하는 서비스를 대상으로 삼아야 할 것이다. 경험을 통해 서비스를 더 작은 서비스로 분해하기로 결정하게 될 때는 애그리거트 자체의 분리를 원치 않는다는 사실을 기억해야 한다. 즉, 하나의 마이크로서비스는 하나 이상의 애그리거트를 관리할 수 있지만, 하나의 애그리거트가 둘 이상의 마이크로서비스에서 관리되는 상황은 원하지 않는다.

거북이 아래 거북이

처음에는 아마도 여러 개의 큰 경계 콘텍스트를 인지하겠지만, 이러한 경계 콘텍스트는 결과적으로 더 많은 경계 콘텍스트를 포함할 수 있다. 예를 들어 창고를 주문 이행, 재고 관리, 제품 수령과 연관된 기능으로 분해하는 방식이 그렇다. 마이크로서비스의 경계를 고려할 때, 더 크고 대분화된 콘텍스트의 관점에서 먼저 생각해본 후 내부 콘텍스트의 이음새를 분리하는 장점을 찾는다면 내부 콘텍스트에 따라 세분화한다.

심지어 나중에 전체 경계 콘텍스트를 모델링하는 서비스를 더 작은 서비스로 분해하기로 결정했더라도, 소비자에게 보다 큰 단위의 API를 제공하는 방식으로 이 결정을 여전히 외부 세계에 숨길 수 있는 기법이 존재한다. 서비스를 더 작은 부분으로 분해하는 결정은 분명 구현 implementation 결정이므로, 가능하다면 숨기는 것이 좋을 것이다! [그림 2-16]에서 이 예를 보여주는데, 창고를 재고와 배송으로 분리했다. 외부 세계에서 볼 때는 여전히 창고 마이크로서비스만 존재한다. 내부적으로는 재고(**Inventory**) 서비스가 재고 품목을 관리하고 배송 서비스가 발송을 관리할 수 있도록 더 분해됐다. 하나의 마이크로서비스 안에서 하나의 애그리거트의 소유권을 유지하길 원한다는 점을 기억하라.

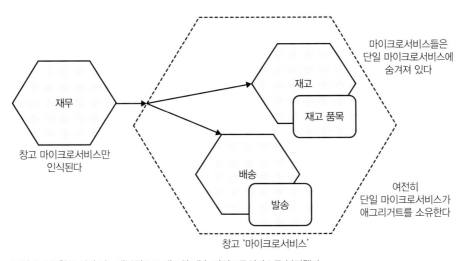

그림 2-16 창고 서비스는 내부적으로 재고와 배송 마이크로서비스로 분리됐다.

이는 정보 은닉의 한 형태다. 즉, 이후 이러한 구현 세부 사항이 다시 변경되더라도 소비자가 알 수 없게 함으로써 내부 구현에 관한 결정을 숨겼다.

테스트를 단순화하기 위해 아키텍처를 분리할 수 있다는 것은 내포 방식을 선호하는 또 다른 이유다. 예를 들어 창고를 소비하는 서비스를 테스트할 때 창고 콘텍스트 내부의 각 서비스를 스텁stub할 필요가 없고, 대신 더 큰 단위의 API만 있으면 된다. 또한 이것은 더 큰 범위의 테스트를 고려할 때 격리 단위unit of isolation를 제공한다. 예를 들어 창고 콘텍스트 내부의 모든 서비스를 시작해야 하는 엔드투엔드 테스트를 하기로 결정한다면 협업하는 다른 서비스 모두를 스텁할 수도 있다. 테스트와 격리는 9장에서 자세히 살펴본다.

2.4.5 이벤트 스토밍

알베르토 브랜돌리니Alberto Brandolini가 고안한 기술인 **이벤트 스토밍**event storming은 도메인 모델을 표면화하도록 설계된 협력적인 브레인스토밍 훈련으로, 아키텍트가 한 구석에서 홀로 고민하며 도메인 모델에 대한 표현을 찾아내는 대신에[13] 기술 전문가와 비전문가가 다 같이 참여하는 공동 작업을 의미한다. 다시 말해, 도메인 모델 개발을 합동 훈련으로 만들면 결국 공유된 통합 세계관을 갖게 된다는 개념이다.

이 시점에서 이벤트 스토밍으로 정의된 도메인 모델을 사용해 이벤트 기반 시스템을 구현한다는 점은 언급할 만하다. 실제로 이 매핑은 매우 간단한데, 이벤트 스토밍으로 정의된 도메인 모델을 사용하면 더 많은 요청 및 응답 기반의 시스템을 구축할 수 있다.

물류

알베르토는 이벤트 스토밍이 어떻게 실행돼야 하는지에 대한 매우 구체적인 몇 가지 견해를 갖고 있다. 몇 가지 견해 중 일부는 필자도 매우 동의한다. 먼저 모든 사람을 한 방에 모이게 하라. 이것은 종종 어려운 단계가 되기도 한다. 예를 들면 사람들의 일정을 맞추는 것과 충분히 넓은 방을 구하는 것도 문제가 될 수 있다. 이러한 문제는 코로나 바이러스 이전의 세상에서도 실존했지만, 바이러스 전파를 막고자 이동이 제한된 봉쇄 기간 동안 영국에서 이 책을 집필하면서 앞으로는 이 단계가 더욱 힘들어질 것이란 생각이 들었다. 어찌 됐든 핵심은 모든 이해관계자가 동시에 참석하는 것이다. 무엇보다 모델링하려는 도메인의 모든 부분(예: 사용자, 특정 분야 전문가, 프로덕트 오너)을 대표하는 담당자의 참석이 요구된다.

....

13 아키텍트를 무시할 생각은 없다. 필자도 이와 같은 행동을 몇 번이고 했다.

모든 사람이 한 방에 모이면, 알베르토는 모든 사람이 일어서서 참여하도록 의자를 모두 치울 것을 제안한다. 허리가 좋지 않은 사람으로서 그 의도는 충분히 이해하지만, 모든 사람에게 고루 효과가 있지는 않을 것 같다. 다만, 모델링을 수행할 넓은 장소가 필요하다는 알베르토의 의견에는 전적으로 동의한다. 일반적으로 큰 두루마리 형태의 갈색 종이를 방의 모든 벽에 부착해 정보를 담아내는 공간으로 활용하게 된다.

모델링 도구로 다양한 개념을 캡처(포착)하는 데는 붙임쪽지(포스트잇)가 주로 사용되며, 다양한 색상으로 서로 다른 개념을 나타낸다.

프로세스

연습은 참가자가 도메인 이벤트^{domain event}를 식별하는 것에서 시작한다. 도메인 이벤트는 시스템에서 발생하는 일을 나타내며 관심 대상이다. '주문 접수'는 '지불 수령'과 마찬가지로 뮤직코프의 콘텍스트에서는 관심 대상이 되는 이벤트다. 이 이벤트를 주황색 붙임쪽지에 적는다. 이 시점에서 필자는 알베르토가 만든 체계에 대해 한 가지 이견이 있다. 이벤트는 단연코 많이 캡처되는데, 주황색 붙임쪽지는 눈에 잘 띄지 않기 때문이다.[14]

다음으로 참가자는 이러한 이벤트를 발생시키는 명령을 식별한다. 명령은 사람(소프트웨어 사용자)이 무언가를 하려고 내리는 결정이다. 여기서는 시스템의 경계를 이해하고 시스템의 핵심이 되는 사람 액터^{actor}를 식별하려 한다. 명령은 파란색 붙임쪽지에 작성한다.

이벤트 스토밍 회의에서 기술자는 비기술자 동료가 제안하는 내용을 들어야 한다. 이 연습의 핵심은 현재 구현이 도메인에 대한 인식(나중에 다룬다)을 왜곡하지 못하게 하는 것이다. 이 단계에서는 주요 이해관계자의 머릿속에 있는 개념을 꺼내 공개할 수 있는 공간을 만들길 원한다.

이벤트와 명령이 캡처되면 애그리거트가 그다음이다. 이 단계에서 이벤트는 시스템에서 일어나는 일을 공유하는 데 유용할 뿐 아니라 잠재적인 애그리거트가 무엇인지 강조하기 시작한다. 앞서 언급한 '주문 접수' 도메인 이벤트를 생각해보자. 여기서 명사인 '주문'은 잠재적으로 애그리거트가 될 가능성이 있고 '접수된다'는 주문에 발생할 수 있는 일을 설명하므로 애그리거트의 수명주기 한 부분이 될 수 있다. 애그리거트는 노란색 붙임쪽지에 표시되며, 해당 애그리거트와 관련된 명령과 이벤트는 애그리거트 주위로 이동해 무리를 이룬다. 이렇게 표시하면 한 애

---

14 왜 노란색이 아닌지는 의문이다. 해당 용도로는 노란색이 가장 보편적이다!

그리거트의 이벤트가 다른 애그리거트의 동작을 트리거하는 것처럼 애그리거트가 서로 어떻게 연관돼 있는지 이해하는 데도 도움이 된다.

애그리거트가 식별되면 애그리거트들은 경계 콘텍스트에 묶인다. 경계 콘텍스트는 가장 일반적으로 회사의 조직 구조를 따르며, 연습 참가자는 조직의 어느 부분에서 어떤 애그리거트가 사용되는지 알 수 있다.

이벤트 스토밍에는 지금까지 설명한 개요보다 훨씬 많은 것이 포함돼 있다. 이벤트 스토밍을 더 자세히 알고 싶다면 알베르토 브랜돌리니가 집필 중인 『Event Storming』(Leanpub, 출간 예정)을 읽어보길 바란다.

2.5 마이크로서비스를 위한 도메인 주도 설계 사례

마이크로서비스의 맥락에서 DDD가 어떻게 작동하는지 살펴봤고, 이제 이 방식이 얼마나 유용한지 정리해보려 한다.

첫째, DDD를 강력하게 만드는 가장 큰 이유는 DDD에서 매우 중요한 경계 콘텍스트가 정보 은닉에 명시적으로 사용된다는 점이다. 즉, 경계 콘텍스트는 시스템의 다른 부분에 영향을 주지 않고 변경할 수 있는 내부의 복잡성을 숨기면서도 더 넓은 시스템에 명확한 경계를 제시할수 있다. 이는 우리가 인지하든 못하든 DDD 방식을 따를 때 정보 은닉을 채택한다는 의미며, 안정적인 마이크로서비스 경계를 찾는 데 매우 중요하다.

둘째, 공통적인 보편 언어를 정의하는 데 중점을 두는 것은 마이크로서비스 엔드포인트를 정의할 때 큰 도움이 된다. 이 언어를 통해 API와 이벤트 포맷 등을 만들 때 참고할 분명한 공유 용어를 제공할 수 있다. 또한 경계 콘텍스트 안에서 언어의 변경 가능성을 고려해 API 표준화 범위에 대한 문제를 해결하는 데도 도움이 된다.

시스템에 대한 변경은 비즈니스가 시스템의 작동 방식을 변경하려는 경우가 대부분이다. 우리는 고객에게 노출되는 기능을 변경하고 있다. 도메인을 나타내는 경계 콘텍스트를 따라 시스템이 분해돼 있다면, 어떤 변경 사항도 하나의 마이크로서비스 경계로 한정될 가능성이 높다. 이렇게 되면 변경해야 할 곳이 줄어들어 신속하게 변경 사항을 배포할 수 있다.

기본적으로 DDD는 비즈니스 도메인을 우리가 구축하는 소프트트웨어의 중심에 둔다. 비즈니스 언어를 코드와 서비스 설계에 끌어오도록 하면 소프트웨어를 구축하는 사람들 간에 도메인 전문성이 향상된다. 게다가 소프트웨어 사용자에 대한 이해와 공감대를 형성하고 기술 제공, 제품 개발, 사용자 사이에서 의사소통도 증대된다. 스트림 정렬 팀으로 전환하는 데 관심이 있다면, DDD는 기술 아키텍처를 더 큰 조직 구조와 정렬하는 메커니즘으로서 매우 적합하다. IT와 '비즈니스' 사이의 사일로를 허물고자 점점 더 노력하는 세상에서 DDD는 나쁠 게 없는 일이다.

2.6 비즈니스 도메인 경계에 대한 대안

앞서 설명했듯이 DDD는 마이크로서비스 아키텍처를 구축할 때 매우 유용하다. 하지만 DDD를 마이크로서비스 경계를 찾을 때 고려해야 할 유일한 기술이라 속단하는 것은 금물이다. 실제로는 시스템 분해 방법(그리고 분할 여부)을 찾으려고 DDD와 함께 여러 방법을 사용하는 경우가 많다. 그럼 경계를 찾을 때 고려할 수 있는 다른 요소를 살펴보자.

2.6.1 변동성

필자는 종종 변동성^{volatility}이 분해의 주요 요인이라고 믿는 옹호자들을 통해 도메인 기반 분해에 대한 반발을 많이 들었다. 변동성에 기반을 둔 분해를 하면, 시스템에서 더 빈번하게 변경되는 부분을 식별한 다음 해당 기능을 자체 서비스로 추출해 더 효과적으로 작업 가능하다. 개념적으로는 문제없지만, 분해 작업을 수행하는 유일한 대안으로 장려하는 것은 도움이 되지 않으며 특히 마이크로서비스로 전환할 수 있는 다양한 동인을 고려할 때 더욱 그렇다. 예를 들어 여러분의 가장 큰 문제가 애플리케이션의 확장과 관련이 있다면 변동성에 기반한 분해는 장점이 크지 않을 것이다.

변동성 기반 분해 이면의 사고방식은 바이모달^{bimodal} IT와 같은 접근 방식에서도 뚜렷하게 나타났다. 가트너^{Gartner}가 제시한 개념인 바이모달 IT는 다양한 시스템이 얼마나 빠르거나 느리게 수행돼야 하는지에 따라 '모드 1'(기록 시스템이라고도 함)과 '모드 2'(혁신 시스템이라고도 함)라고 명료하게 분류한다. 모드 1 시스템은 많이 변경되지 않고 비즈니스와 크게 관련이 없다. 반면 모드 2는 신속하게 변경해야 하고 비즈니스와 밀접하게 관련돼야 하는 시스템을 위한 곳이다. 이러한 분류 체계 고유의 극단적이고 과도한 단순화는 잠시 제쳐두더라도, 이 분류는 매우 고정된 세계관을 의미하고 기업이 '디지털화'를 모색함에 따라 업계 전반에 걸쳐 분명히 출현하는 일종의 전환transformation도 부정한다. 과거에는 크게 변화할 필요가 없었던 기업 시스템 일부는 이전에는 상상하지 못했던 방식으로 새로운 시장 기회를 열고 고객에게 서비스를 제공하기 위해 갑자기 변화한다.

다시 뮤직코프 예로 돌아가보자. 현재 '디지털'이라 부르는 것을 향한 뮤직코프의 첫 시도는 단지 웹 페이지 개설이었다. 1990년대 중반에 웹 페이지에서 제공되는 것이라곤 판매 상품 목록 뿐이었으므로 주문하려면 뮤직코프에 전화를 걸어야 했다. 따라서 신문에 실린 광고와도 주문 방식 면에서 별반 차이가 없었다. 이후 온라인 주문은 일반화됐고 그동안 종이로만 처리되던 창고 전체를 디지털화해야 했다. 뮤직코프가 언젠가는 음악을 디지털로 이용하게 해주는 서비스를 고려해야 한다는 사실을 누가 알 수 있을까! 뮤직코프가 시대에 뒤떨어져 있다고 생각할 수도 있지만, 기술과 고객 행동을 변화시키려면 쉽게 예측할 수 없었던 비즈니스 부분에서 때로는 상당한 변화가 필요하다는 점을 알고 있었으므로 기업이 겪었던 급격한 변화의 규모도 잘 이해할 수 있다.

필자는 바이모달 IT를 개념적으로 좋아하지 않는다. 왜냐하면, 사람들이 바꾸기 어려운 물건을 깔끔한 상자에 넣어버리고 "우리는 그 안에 있는 문제를 처리할 필요가 없어요. 그게 모드 1입니다."라고 말하는 식이기 때문이다. 이것은 기업이 실제로 변경할 사항이 없도록 하려고 채택하는 또 다른 모델이다. 또한 기능 변경을 위해 '혁신 시스템'(모드 2)을 변경하려면 '기록 시스템'(모드 1)의 변경이 필요한 경우가 꽤 많다는 사실도 외면한다. 필자의 경험에 따르면, 바이모달 IT를 채택한 조직은 결국 두 가지 속도(느리거나 더 느리거나)를 보여준다.

변동성 기반 분해의 지지자들에게 중립적으로 말하자면, 지지자 중 다수는 바이모달 IT와 같은 단순한 모델을 반드시 추천하지는 않는다. 사실 이 기술은 시장 출시 기간을 단축하는 데 매우 유용하다고 생각한다. 이러한 상황에서 자주 변경되거나 변경해야 하는 기능을 추출하는 것은 더할 나위 없이 합당하다. 그러나 다시 말하지만 목적이 가장 적절한 메커니즘을 결정한다.

2.6.2 데이터

보유하고 관리할 데이터의 특징에 따라 다양한 형태의 분해가 발생할 수 있다. 예를 들어 개인 식별 정보personally Identifiable Information (PII)를 처리하는 서비스를 제한해 데이터 침해 위험을 줄이고 GDPR과 같은 규제에 대한 감독 및 구현을 단순화할 수 있다.

필자의 최근 고객인 페이먼트코PaymentCo라는 결제 전문 기업의 경우 특정한 종류의 데이터를 사용하므로 시스템을 분해하는 결정에 직접적인 영향을 받았다. 페이먼트코는 신용카드 데이터를 처리하는데, 해당 시스템은 이 데이터를 관리해야 하는 방법에 대해 PCIPayment Card Industry 표준에서 설정한 다양한 요구 사항을 준수해야 한다. 이러한 규정의 일환으로 기업의 시스템과 프로세스는 감사를 받아야 한다. 페이먼트코는 전체 신용카드 데이터를 처리해야 했고 시스템은 PCI 레벨 1을 준수해야 했다. 이 레벨은 가장 엄격한 수준이며 데이터 관리 방식과 관련된 시스템 및 관행에 대한 분기별 외부 평가가 필요하다.

많은 PCI 요구 사항은 상식적이지만, 전체 시스템이 요구 사항을 준수하도록 하는 것, 특히 외부 당사자가 시스템을 감사할 필요가 있는지 확인하는 일은 상당히 번거로웠다. 결과적으로 회사는 신용카드 데이터 전체를 처리하는 시스템 부분을 분리하길 원했다. 즉, 전체 시스템의 일부만 이와 같은 추가 수준의 감독이 필요했다. [그림 2-17]은 우리가 고안한 단순화한 설계를 보여준다. 블루 존(짧은 점선)에서 동작하는 서비스는 신용카드 정보를 볼 수 없다. 카드 데이터는 그레이 존(긴 점선)의 프로세스(그리고 네트워크)로 제한되고, 게이트웨이는 호출을 적절한 서비스(그리고 네트워크)로 보낸다. 신용카드 정보는 이 게이트웨이를 통과하므로 게이트웨이도 그레이 존에 포함된다.

신용카드 정보가 블루 존으로 유입되지 않기 때문에 이 영역의 모든 서비스는 모든 PCI 감사에서 면제될 수 있다. 그레이 존의 서비스는 이러한 감사의 범위에 포함된다. 설계 작업을 할 때는 그레이 존에 포함될 것을 제한하는 모든 조치를 취했으며, 신용카드 정보가 블루 존에 절대 유입되지 않도록 해야 한다는 점을 유의해야 한다. 블루 존의 마이크로서비스가 이 정보를 요청하거나 그레이 존의 마이크로서비스가 해당 정보를 회신한다면 이 명확한 분리선은 무너질 것이다.

다양한 개인정보 및 보안 문제로 인해 데이터 분리를 해야 하는 경우가 많다. 11장에서 이 주제와 페이먼트코의 예를 살펴보자.

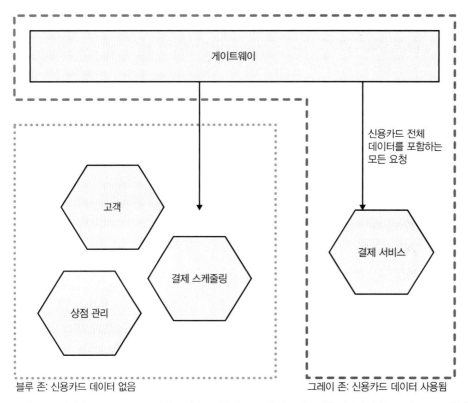

블루 존: 신용카드 데이터 없음 　　　　　　　　　　　　　　　 그레이 존: 신용카드 데이터 사용됨

그림 2-17 페이먼트코는 PCI 요구 사항의 범위를 제한하려고 신용카드 정보 사용 여부에 따라 프로세스를 분리한다.

2.6.3 기술

다른 기술을 사용해야 할 필요성도 경계를 찾아내는 한 요소가 될 수 있다. 실행 중인 단일 마이크로서비스에서 서로 다른 데이터베이스를 수용할 수 있지만, 서로 다른 런타임 모델을 혼합하려는 경우 문제에 직면할 수 있다. 기능의 일부를 러스트Rust와 같은 언어로 구현하기로 결정한다면 어떻게든 추가적인 성능 향상은 얻겠지만, 결국 중요한 강제 요소가 돼버린다.

물론 이 기술이 일반적인 분해 수단으로 채택된다면 그 기술이 우리를 어디로 이끄는지 알고 있어야 한다. 첫 장에서 논의한 고전적인 3계층 아키텍처를 관련 기술과 묶어 [그림 2-18]에서 다시 보여준다. 이미 살펴본 것처럼 이상적인 아키텍처가 아닌 경우가 많다.

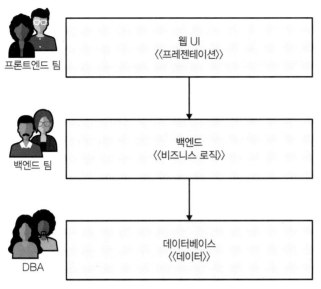

그림 2-18 전통적인 3계층 아키텍처는 기술 경계로 좌우되는 경우가 많다.

2.6.4 조직

1장에서 콘웨이의 법칙을 소개할 때 입증했듯이, 당면한 조직 구조와 시스템 아키텍처 사이에는 고유한 상호작용이 있다. 이 연관성을 보여주는 연구와는 별개로 필자가 겪은 일화에서는 이러한 상호작용이 되풀이되는 것을 봤다. 조직을 어떻게 구성하느냐에 따라 시스템 아키텍처가 좋든 나쁘든 결정되므로 서비스 경계를 정의하는 데 있어 이를 의사결정의 핵심 부분으로 고려해야 한다.

소유권이 여러 팀에 걸쳐 분리돼 있는 서비스에 대한 경계를 정의하려 한다면 바라는 결과를 얻지 못할 것이다. 15장에서 더 자세히 살펴보겠지만, 마이크로서비스의 공동 소유권은 어려운 일이다. 따라서 경계를 정의할 시기와 위치를 고려할 때는 기존 조직의 구조를 염두에 둬야 한다. 어떤 상황에서는 원하는 아키텍처를 이루기 위해 조직 구조의 변경을 고려해야 할 수도 있다.

물론 조직 구조가 바뀌면 어떻게 되는지도 고려해야 한다. 이러한 변경으로 인해 이제 소프트웨어를 다시 아키텍처링해야 한다는 의미일까? 아마도 최악의 경우에는 분리해야 할 대상으로 기존 마이크로서비스를 검토해야 할 수 있다. 이전에는 한 팀이 두 부분을 모두 담당했지만, 이제 다른 두 팀에서 소유권을 가진 기능이 한 마이크로서비스에 포함돼 있기 때문이다. 다른 한 편으로는 조직 변경과 관련해 기존 마이크로서비스의 소유자를 변경하면 해결되는 경우가 많다. 창고 운영을 담당하는 팀이 이전에는 공급업체에 주문해야 하는 품목 수를 계산하는 기능도 처리했던 상황을 생각해보자. 이 기능의 담당을 예측 팀forecasting team으로 바꾸기로 결정했다고 가정한다. 예측 팀은 현재 판매와 계획된 판촉에서 정보를 가져와 주문해야 할 항목을 파악한다. 창고 팀이 전담하는 공급자 주문(Supplier Ordering) 마이크로서비스가 있었다면, 이 서비스를 새로운 예측 팀에 보내면 된다. 반면 이 기능이 창고 팀이 소유한 더 큰 영역의 시스템과 이미 통합돼 있다면 기능을 분리해야 할 수도 있다.

기존의 조직 구조하에서 일하더라도 경계를 제대로 정하지 못할 위험은 있다. 수년 전 필자와 몇몇 동료는 캘리포니아에 있는 고객사와 함께 일하면서 해당 조직이 클린 코드의 관행을 따르고 자동화된 테스트로 나아갈 수 있도록 도왔다. 필자와 동료들은 크게 걱정되는 부분을 발견하면 서비스 분해와 같은 쉬운 일부터 시작했다. 애플리케이션이 수행하는 작업을 너무 자세히 설명할 수는 없지만, 대규모 글로벌 고객에 기반을 둔 공개 애플리케이션이었다.

팀과 시스템은 성장했다. 원래는 한 사람 시점이었던 이 시스템은 점점 더 많은 기능과 사용자를 갖게 됐다. 결국 조직은 브라질에 기반을 둔 새로운 개발자 그룹이 일부 작업을 맡게 해서 팀의 수용력을 키우기로 결정했다. [그림 2-19]와 같이 이 시스템은 분할됐고 애플리케이션의 앞 단은 기본적으로 무상태stateless며 공개 웹 사이트를 구현했다. 시스템의 뒷 단은 단순히 데이터 저장소에 대한 원격 프로시저 호출(RPC) 인터페이스였다. 기본적으로, 코드베이스에서 리포지터리 계층을 따로 서비스로 만들었다고 상상하면 된다.

두 서비스 모두 자주 변경해야 했다. 두 서비스는 지나치게 깨지기 쉬운 저수준 RPC 방식의 메서드 호출로 통신했다(4장에서 더 자세히 설명한다). 서비스 인터페이스에서 호출도 매우 많아 성능 문제가 발생했고, 이로 인해 정교한 RPC 배치 메커니즘이 필요했다. 필자는 이것을 '양파 아키텍처onion architecture'라고 불렀다. 많은 계층이 있고 그것을 잘라야 할 때마다 필자와 동료들을 울게 만들기 때문이었다.

이제 표면적으로는 지리적/조직적 경계에 따라 이전의 모놀리식 시스템을 분리해야 한다는것은 완전히 타당한 개념이다(15장에서 이 주제를 더 살펴본다). 하지만 여기서는 스택을 비즈니스 중심으로 수직 분할하는 대신, 기존에 사용 중이던 API를 선택해 스택을 수평으로 분할했다. 더 나은 모델은 캘리포니아 팀이 기능 단위로 프론트엔드 및 데이터 액세스 부분의 양 끝단 수직 분할한 것을 담당하고 브라질 팀이 다른 기능에 대해 이와 같이 분할한 부분을 담당하는 것이다.

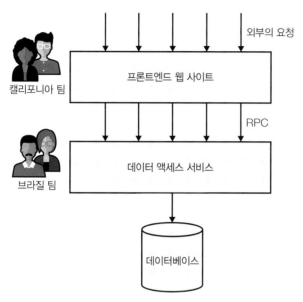

그림 2-19 기술 이음새(경계)에 따라 분리된 서비스 경계

내부 계층화와 외부 계층화

지금쯤이면 아마도 눈치챘겠지만, 필자는 수평적 계층 구조를 그다지 좋아하지 않는다. 하지만 계층화가 필요한 곳이 있다. 마이크로서비스 경계 내에서 코드를 더 쉽게 관리할 수 있도록 서로 다른 계층으로 구분하는 것은 매우 합당하다. 단, 이 계층화가 마이크로서비스와 소유권 경계를 나타내는 메커니즘이 될 때는 문제가 발생한다.

2.7 혼합 모델과 예외

지금까지 분명히 말했듯이 필자는 경계를 찾는 방법에 대해 독단적이지 않다. 정보 은닉의 지침을 따르고 결합과 응집력의 상호작용을 이해한다면 어떤 메커니즘을 선택하든 최악의 함정을 피할 수 있다. 이러한 개념들에 중점을 둔다면 도메인 주도 아키텍처가 될 가능성이 **더** 높다고 생각한다. 하지만 경우마다 다르다. 실제로는 '도메인 주도'를 마이크로서비스 경계를 정의하는 중요 메커니즘으로 결정한 경우에도 모델을 혼합해야 할 이유가 흔히 나타난다.

지금까지 설명한 다양한 메커니즘 사이에는 잠재적으로 많은 상호작용이 있다. 그러므로 메커니즘과 관련해 선택의 폭이 너무 좁으면 옳은 일을 하기보다는 '독단적 교리'를 따르게 된다. 변동성 기반 분해는 전달 속도 향상에 중점을 뒀다면 매우 적합하지만, 이에 따라 조직 경계에 걸쳐 있는 서비스를 추출하게 된다면 전달 경합^{delivery contention}으로 인해 변경 속도가 저하될 수 있다.

비즈니스 도메인에 대한 이해를 바탕으로 멋진 창고 서비스를 정의할 수 있지만, 이 시스템의 한 부분은 C++로 구현하고 다른 부분은 코틀린^{Kotlin}으로 구현해야 한다면 해당 기술 경계에 따라 더 분해해야 한다.

조직 및 도메인 주도 서비스의 경계는 나 자신만의 출발점이며 기본적인 접근법일 뿐이다. 일반적으로 여기에 설명된 여러 요소가 영향을 주며, 어떤 요소가 여러분의 결정에 영향을 줄 것인지는 해결할 문제에 달려 있다. 자신에게 가장 적합한 요소를 결정하려면 여러분이 처한 특정 상황을 살펴봐야 하는데, 여러분이 고려할 만한 몇 가지 다른 선택지를 필자가 제공했길 기대한다. 누군가가 "이 작업을 수행하는 유일한 방법은 X입니다!"라고 말한다면, 그들은 아마도 독단적 교리를 팔고 있을 가능성이 높다. 여러분은 그것보다 더 잘할 수 있다.

지금부터는 도메인 주도 설계를 더 자세히 살펴보면서 도메인 모델링^{domain modeling}이라는 주제를 더 깊이 탐구해보자.

요약

이 장에서는 마이크로서비스 경계를 훌륭하게 정하는 요소가 무엇인지 살펴보고, 낮은 결합도와 강한 응집력이 장점인 문제 영역에서의 이음새(경계)를 찾는 방법을 간단히 학습했다. 도메인을 자세히 이해하는 것은 이러한 이음새를 찾는 데 중요한 도구가 될 수 있으며, 마이크로서비스를 그 경계에 맞춰 정렬하면 결과 시스템이 그 장점을 그대로 유지할 기회를 갖도록 보장해준다. 또한 마이크로서비스를 더 세분화하는 방법에 대한 실마리도 얻었다.

에릭 에반스의 『도메인 주도 설계: 소프트웨어의 복잡성을 다루는 지혜』(위키북스, 2011)에 제시된 개념들은 서비스에 대한 합리적인 경계를 찾는 데 매우 유용하다. 여기서는 간추려 소개했지만, 에릭의 책에서는 훨씬 더 자세히 설명한다. 더 깊이 탐구하려면, 이 실용적인 접근 방식을 이해하는 데 도움이 되는 반 버논^{Vaughn Vernon}의 책『도메인 주도 설계 구현』(에이콘, 2016)을 추천한다. 하지만 더 간추린 자료를 원한다면 버논의『도메인 주도 설계 핵심』(에이콘, 2016)에서 훌륭한 개요를 제공하니 참고하길 바란다.

이 장의 대부분은 마이크로서비스의 경계를 찾는 방법을 설명한다. 하지만 이미 모놀리식 애플리케이션이 존재하고 마이크로서비스 아키텍처로의 마이그레이션을 검토하고 있다면 어떻게 될까? 이 상황은 다음 장에서 더 자세히 알아본다.

## CHAPTER 3

모놀리스 분해

이 책을 읽는 많은 사람이 시스템 설계에 대해 완전히 무지하지는 않을 것이다. 그리고 1장에서 살펴본 이유 때문에 설계 경험이 있더라도 마이크로서비스로 시작하는 것은 좋은 생각이 아니다. 또한 많은 사람에게 마이크로서비스 아키텍처로 마이그레이션^{migration}하려는 기존 시스템(일부 모놀리식 아키텍처 형태)이 있다.

이 장에서는 마이크로서비스 아키텍처로의 전환을 살펴보는 데 도움이 되는 몇 가지 우선 사항, 패턴, 일반적인 팁을 간략히 설명한다.

3.1 목표를 가져라

마이크로서비스는 목표가 아니다. 마이크로서비스가 있다 해서 '승리'하는 것도 아니다. 그러므로 마이크로서비스 아키텍처를 채택하는 것은 합리적인 의사결정에 기반한 합리적인 결정이어야 한다. 현재 아키텍처로 최종 목표를 달성하는 더 쉬운 방법을 찾을 수 없는 경우에만 마이크로서비스 아키텍처로의 마이그레이션을 생각해야 한다.

성취하고자 하는 것을 명확하게 이해하지 못한다면 활동과 결과를 혼동하는 함정에 빠질 수 있다. 실제로 이유를 따져보지 않으면서 마이크로서비스를 만드는 데만 집착하는 팀을 본 적이 있다. 이런 팀은 결국 마이크로서비스가 가져오는 새로운 복잡성을 고려할 때 심각한 문제를 겪게 된다.

또한 최종 목표가 아닌 마이크로서비스에 집착하는 것은 여러분이 추구하는 변화를 가져올 다른 방법을 생각해내지 못하도록 방해할 가능성도 있다. 예를 들어 마이크로서비스는 시스템을 확장하는 데 도움이 되겠지만, 먼저 살펴볼 필요가 있는 대체 확장 기술이 풍부한 경우가 많다. 로드 밸런서load balancer 뒤에 기존 모놀리식 시스템의 복제본을 몇 개 실행하면, 마이크로서비스를 향한 복잡하고 긴 분해 과정을 거치는 것보다 훨씬 더 효과적으로 시스템을 확장하는 데 도움이 된다.

TIP

마이크로서비스는 쉽지 않다. 처음에는 단순한 것을 시도하라.

마지막으로 명확한 목표가 없으면 어디서부터 시작해야 할지 막막해진다. 어떤 마이크로서비스를 먼저 만들어야 할까? 달성하고자 하는 것을 포괄적으로 이해하지 못한다면, 맹목적으로 행동하고 있는 것이다.

따라서 달성하려는 변화가 무엇인지 명확히 하고 마이크로서비스를 고려하기 전에 최종 목표를 달성할 더 쉬운 방법을 고려하라. 마이크로서비스가 앞으로 나아가는 가장 좋은 방법이라면 그 최종 목표에 대한 진행 상황을 추적하고, 필요에 따라 진행 방향을 변경하라.

3.2 점진적 마이그레이션

> 빅뱅big-bang식으로 재작성하면 보장되는 것은 빅뱅뿐이다.
>
> 마틴 파울러Martin Fowler

기존 모놀리식 시스템을 분해하는 것이 옳은 일이라고 판단하는 시점에 도달했다면 모놀리식을 한 번에 조금씩 떼어내는 것이 좋다. 점진적인 접근 방식은 수행 과정에서 마이크로서비스를 배우는 데 도움이 될 것이며, 또한 잘못된 것들의 영향도 제한할 것이다(그래도 잘못될 때가 있을 것이다!). 우리의 모놀리스를 대리석 블록으로 생각하라. 한 번에 전체를 깨버릴 수 있지만, 그 방법이 좋게 끝나는 경우는 드물다. 점진적으로 깎아내는 것이 훨씬 더 합리적이다.

큰 여정을 작은 단계로 나눠보자. 각 단계를 수행하고 그 과정에서 배울 수 있다. 역행하더라도 작은 한 걸음에 불과하다. 어느 쪽이든 여러분은 그 단계에서 배우고, 여러분이 취하는 다음 단계는 이전 단계에 의해 영향을 받는다.

또한 사물을 더 작은 조각으로 쪼개면 효과를 빠르게 확인하고 학습할 수 있다. 이렇게 하면 단계를 더 쉽게 진행할 수 있고, 가속하는 데 도움이 된다. 마이크로서비스를 한 번에 하나씩 분리하면 빅뱅 배포[1]를 기다리지 않고도 마이크로서비스가 제공하는 가치를 점진적으로 얻을 수 있다.

이 모든 것은 마이크로서비스에 투자하려는 사람들을 위한 필자의 주식 투자 조언과도 같았다. 마이크로서비스가 좋은 아이디어라고 생각한다면 작은 곳에서 시작하라. 1~2개의 기능 영역을 선택하고 마이크로서비스로 구현해 운영 환경에 배포한 다음, 새 마이크로서비스를 만드는 것이 최종 목표에 더 가까워지는 데 도움이 됐는지 생각해보라.

> **CAUTION**
>
> 운영 환경에서 실행할 때까지는 마이크로서비스 아키텍처가 가져올 진정한 공포, 고통, 고생을 이해하지 못할 것이다.

3.3 모놀리스가 적인 경우는 드물다

이 책을 시작하면서 어떤 형태의 모놀리식 아키텍처는 완전히 타당한 선택이 될 수 있다고 이미 주장했지만, 모놀리식 아키텍처는 본질적으로 **나쁘지** 않기 때문에 적으로 간주하면 안 된다는 점을 강조할 필요가 있다. '모놀리스가 없는 것'에 집중하지 말고 대신 아키텍처 변경이 가져올 혜택에 집중하라.

기존의 모놀리식 아키텍처는 마이크로서비스로 전환한 후에도 종종 용량이 줄어들긴 하지만, 일반적으로는 그대로 유지된다. 예를 들어 애플리케이션이 더 많은 부하를 처리하도록 개선하려는 노력은 현재 병목 현상이 있는 기능의 10%를 제거하고 나머지 90%는 모놀리식 시스템에 남겨둠으로써 충족될 수 있다.

---

1   옮긴이_ 빅뱅 배포는 새 시스템과 중요한 업데이트를 한 번에 릴리스하는 배포 전략이다.

많은 사람이 모놀리스와 마이크로서비스가 공존하는 현실을 '엉망이라고messy' 생각하지만, 현실 세계에서 운영 중인 시스템의 아키텍처가 결코 깨끗하거나 깔끔한 것은 아니다. '클린clean' 아키텍처를 원한다면, 완벽한 선견지명과 무한한 자금만 있으면 가질 수 있는 이상적인 시스템 아키텍처 버전을 하나 출력해서 박제해둬라. 하지만 실제 시스템 아키텍처는 끊임없이 진화하는 것으로, 요구와 지식의 변화에 따라 적응해야 한다. 기술은 이러한 아이디어에 익숙해지는 것이며, 이는 16장에서 다시 설명한다.

마이크로서비스로의 마이그레이션을 점진적으로 진행하면 기존의 모놀리식 아키텍처를 조금씩 분해하고 그 과정에서 개선점을 도출할 수 있으며, 중요한 것은 언제 중지해야 하는지 알 수 있다는 점이다.

놀랄 만큼 드문 상황에서도 모놀리스의 소멸은 어려운 요구 사항이 될 수 있다. 필자의 경험상 이와 같은 상황은 기존의 모놀리스가 죽거나 죽어가는 기술에 기반을 두고 있거나, 폐기해야 하는 인프라스트럭처에 매여 있거나, 내다 버리고 싶은 값비싼 제삼자의 시스템인 상황으로 한정되는 경우가 많다. 이러한 상황에서도 앞서 설명한 이유로 점진적 분해 접근법이 필요하다.

3.3.1 조급한 분해의 위험성

도메인에 대한 이해가 명확하지 않을 때는 마이크로서비스를 생성하는 데 위험이 따른다. 이로 인해 발생하는 한 가지 문제로, 필자의 이전 회사인 소트웍스에서 겪었던 상황을 예로 들 수 있다. 스냅 CI는 소트웍스의 제품 중 하나로, 호스팅 가능한 지속적 통합 및 지속적 배포 도구였다(CI/CD 개념은 7장에서 논의한다). 이전에 팀은 유사한 도구인 GoCD로 작업했다. GoCD는 현재 오픈 소스가 된 지속적 배포 도구로, 클라우드에서 호스팅되지 않고 로컬로만 배포 가능하다.

초반에는 스냅 CI와 GoCD 프로젝트 간에 코드를 재사용하는 경우도 종종 있었지만 최종적으로 스냅 CI는 완전히 새로운 코드베이스가 됐다. 그럼에도 팀이 CD 도구 영역에서 쌓았던 이전 경험 덕분에 과감하고 신속하게 경계를 식별하고 시스템을 일련의 마이크로서비스로 구축했다.

하지만 수개월 후 스냅 CI의 사용 사례가 미묘하게 달라 서비스 경계에 대한 초기 인식이 상당히 적절하지 않다는 점이 분명해졌다. 이로 인해 서비스 전반에 걸쳐 엄청난 변경이 이뤄졌고,

이에 따른 변경 비용도 많이 발생했다. 결국 팀은 서비스를 다시 하나의 모놀리식 시스템으로 병합해 팀원들이 경계가 있어야 하는 위치를 더 잘 이해할 수 있는 시간을 제공했다. 1년 후 팀은 모놀리식 시스템을 마이크로서비스로 분할할 수 있었고 경계가 훨씬 더 안정적인 것으로 판명됐다. 이러한 상황이 필자가 본 유일한 예는 아니다. 시스템을 조기에 마이크로서비스로 분해하면 많은 비용이 들게 된다. 특히 해당 도메인을 처음 접하는 경우에는 더욱 그렇다. 여러 측면에서 마이크로서비스로 분해하려는 기존 코드베이스를 보유하는 것이 처음부터 마이크로서비스로 진행하는 것보다 훨씬 쉽다.

3.4 무엇을 먼저 나눌까?

마이크로서비스가 좋은 아이디어라고 생각하는 이유를 확실히 파악해야 이 이해를 바탕으로 어떤 마이크로서비스를 먼저 만들어야 할지 우선순위를 정할 수 있다. 애플리케이션을 확장하고 싶은가? 현재 시스템의 부하 처리 능력을 제한하는 기능이 가장 높은 순위를 차지할 것이다. 출시 시간을 단축하고 싶은가? 시스템의 변동성을 살펴보고 가장 자주 변경되는 기능을 찾아내 마이크로서비스로 작동하는지 확인하라. CodeScene(*https://www.codescene.com*)과 같은 정적 분석 도구는 코드베이스의 불안정한 부분을 신속하게 찾아준다. [그림 3-1]은 CodeScene 뷰를 통해 오픈 소스 아파치 주키퍼^{Apache Zookeeper} 프로젝트의 핫스팟을 보여주는 예다.

하지만 어떤 분해가 실행 가능한지 고려해야 한다. 일부 기능은 기존 모놀리식 애플리케이션에 너무 깊이 얽혀 있어 풀어낼 방법을 확인할 수 없다. 어쩌면 문제의 기능이 애플리케이션에 매우 중요하므로 변경하면 매우 위험할지도 모른다. 또는 이전하려는 기능이 이미 자립형으로 돼 있어 추출이 매우 간단해 보일 수 있다.

기본적으로 어떤 기능을 마이크로서비스로 분할할지 결정하는 것은 결국 이 두 가지 힘, 즉 마이크로서비스로 '추출하는 작업의 용이성'과 '추출의 이점' 사이의 균형에 따라 결정될 것이다.

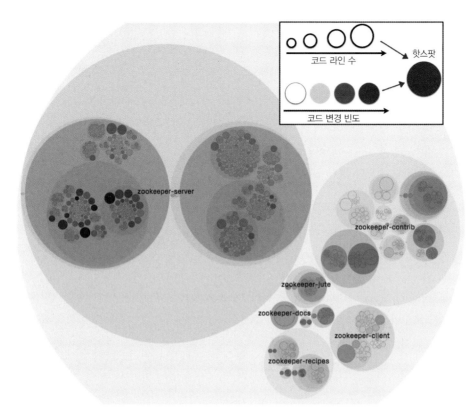

그림 3-1 CodeScene의 핫스팟 뷰로 빈번하게 변경되는 코드베이스 부분을 식별할 수 있다.

처음 두어 개의 마이크로서비스에 대해 필자는 좀 더 '쉬운' 쪽에 가까운 것을 선택하라고 조언하고 싶다. 즉, 이 마이크로서비스들은 전체 목표를 달성하는 데 어느 정도 영향을 미칠 수 있는 것으로 선택하되, 낮은 곳에 달린 과일처럼 쉽게 성취할 수 있는 것을 고르는 것이다. 이와 같은 전환, 특히 몇 달 또는 몇 년이 걸릴 전환에서는 초기에 추진력을 얻는 것이 중요하다. 따라서 빠른 성공 경험을 쌓는 것이 필요하다.

반면에 가장 쉬운 마이크로서비스라고 생각되는 것을 추출하려고 시도했지만 성공하지 못했다면, 마이크로서비스가 여러분과 여러분 조직에 정말로 적합한지 다시 생각해봐야 한다.

약간의 성공과 몇 가지 교훈을 얻으면 더 중대한 기능 영역에서도 동작할 수 있는 더 복잡한 추출을 더욱 잘 처리할 수 있을 것이다.

3.5 계층별 분해

이제 추출할 첫 번째 마이크로서비스를 식별했다. 우리는 더 작은 단계로 세분화할 수 있다.

웹 기반의 서비스 스택에 대한 기존 3계층을 고려하면 사용자 인터페이스, 백엔드 애플리케이션 코드, 데이터 측면에서 추출하려는 기능을 볼 수 있다.

마이크로서비스에서 사용자 인터페이스로의 매핑은 1:1이 아닌 경우가 많다(이는 14장에서 훨씬 더 깊이 탐구하는 주제다). 따라서 마이크로서비스와 관련된 사용자 인터페이스 기능을 추출하는 것은 별도의 단계로 간주될 수 있다. 여기서 방정식의 사용자 인터페이스 부분을 무시하는 것에 대해서는 주의를 당부하고 싶다. 필자는 너무 많은 조직이 백엔드 기능의 분해를 통해 얻는 혜택에만 집중해 아키텍처를 재구성하는 데 지나치게 고립된 방식을 취하는 경우를 많이 봐왔다. 때로는 UI 분해에서 가장 큰 혜택을 얻을 수 있으므로 이를 무시하는 것은 위험하다. 마이크로서비스가 제공되기 전까지는 UI 분해의 가능성을 확인하기 어려우므로 UI 분해가 백엔드를 마이크로서비스로 분해하는 것보다 뒤처지는 경향이 있다.

그런 다음 백엔드 코드와 관련 스토리지를 살펴보면, 마이크로서비스를 추출할 때 둘 다 범위 내에 있는 것이 매우 중요하다. 고객의 위시리스트 관리와 관련된 기능을 추출하려는 [그림 3-2]를 살펴보자. 여기서는 모놀리스에 있는 애플리케이션 코드와 데이터베이스에 관련된 일부 데이터 저장소를 보여준다. 그럼 어떤 부분을 먼저 추출해야 할까?

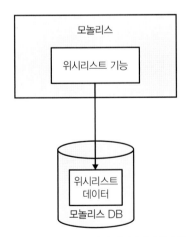

그림 3-2 기존 모놀리식 애플리케이션의 위시리스트 코드와 데이터

3.5.1 코드 우선

[그림 3-3]에서 위시리스트 기능과 관련된 코드를 새 마이크로서비스로 추출했다. 이 단계에서 위시리스트에 대한 데이터는 모놀리식 데이터베이스에 남아 있다. 또한 새로운 위시리스트 (`Wishlist`) 마이크로서비스와 관련된 데이터를 제거할 때까지 분해를 완료하지 않았다.

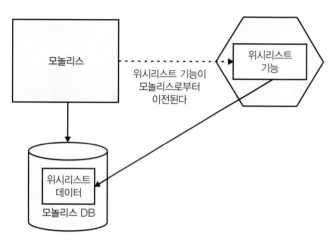

그림 3-3 위시리스트 코드를 먼저 새 마이크로서비스로 옮기고 데이터는 모놀리식 데이터베이스에 남겨둔다.

경험에 따르면, 이 작업이 가장 일반적인 첫 번째 단계인 경우가 많다. 보다 단기적인 이익을 전달하기 쉽다는 점이 주된 이유다. 모놀리식 데이터베이스에 데이터를 남겨두면 미래에 겪을 고통을 많이 축적하는 셈이 되므로 이 문제도 역시 해결해야 한다. 하지만 새로운 마이크로서비스를 통해 많은 이점을 얻게 된다.

애플리케이션 코드를 추출하는 것은 데이터베이스에서 내용을 추출하는 것보다 더 쉬운 경향이 있다. 애플리케이션 코드를 깔끔하게 추출하기란 불가능하다는 사실을 알게 되면, 데이터베이스를 분해할 필요 없이 추가 작업을 중단할 수 있다. 하지만 애플리케이션 코드는 완전히 추출됐지만 데이터 추출이 불가능하다고 판명되면 문제가 발생할 수 있다. 따라서 데이터를 추출하기 전에 애플리케이션 코드를 추출하기로 결정했더라도 관련 데이터 저장소를 살펴보고 데이터 추출이 가능한지, 어떻게 진행할 것인지 등을 판단할 아이디어를 갖고 있어야 한다. 따라서 시작하기 전에 애플리케이션 프로그램 코드와 데이터가 모두 추출되는 방법을 스케치하는 작업을 수행하라.

3.5.2 데이터 우선

[그림 3-4]는 애플리케이션 코드보다 먼저 데이터가 추출되는 것을 보여준다. 이 방식은 흔히 볼 수 없지만, 데이터를 깔끔하게 분리 가능한지 여부가 불확실한 상황에서 유용하다. 여기서는 더 쉬운 애플리케이션 코드 추출로 넘어가기 전에 이 작업을 수행했다는 것을 증명한다.

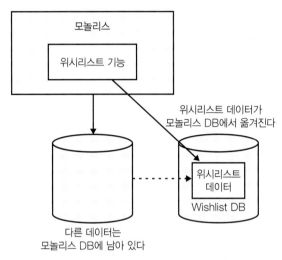

그림 3-4 위시리스트 기능과 관련된 테이블이 우선 추출된다.

단기적으로 이 방식의 주요 이점은 마이크로서비스의 전체 추출 위험을 피하는 것이다. 데이터 베이스에서 강제적인 데이터 무결성 손실이나 두 데이터 집합 간의 트랜잭션 작업 부족과 같은 문제는 사전에 처리해야 한다. 이 장 뒷부분에서는 이 두 문제가 가진 의미를 간단히 다룬다.

3.6 유용한 분해 패턴

기존 시스템을 분리하는 데 많은 패턴이 유용하며, 그중 다수가 필자가 집필한 『마이크로서비스 도입, 이렇게 한다』(책만, 2021)에 자세히 설명돼 있다. 여기에서는 몇 가지 패턴의 개요 위주로 소개하고, 무엇이 가능한지 파악하기 위한 아이디어를 제공한다.

3.6.1 교살자 무화과 패턴

시스템 재작성 중에 자주 사용되는 기법은 마틴 파울러가 만든 개념인 **교살자 무화과 패턴**strangler fig pattern이다(*https://oreil.ly/u33bI*). 모종 유형에서 영감을 받은 이 패턴은 시간이 지남에 따라 기존 시스템을 새 시스템으로 감싸는 과정을 설명하며, 새 시스템이 이전 시스템의 기능을 점진적으로 더 많이 차지하게 한다.

[그림 3-5]에서 보듯이 이 방식은 간단하다. 여러분은 기존 시스템(이 경우 기존 모놀리식 애플리케이션)에 대한 호출을 가로챈다. 새로운 마이크로서비스 아키텍처에서 해당 기능에 대한 호출이 구현되면 마이크로서비스로 리디렉션된다. 기능이 여전히 모놀리스에서 제공되는 경우 모놀리스에 대한 호출을 계속할 수 있다.

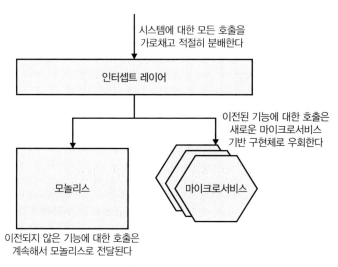

그림 3-5 교살자 무화과 패턴 개요

이 패턴의 장점은 모놀리식 애플리케이션을 변경하지 않고 수행할 수 있다는 것이다. 모놀리스는 심지어 새로운 시스템에 의해 '감싸진wrapped' 것도 모른다.

3.6.2 병렬 실행

기존에 시도 및 테스트된 애플리케이션 아키텍처에서 제공하는 기능에서 멋지고 새로운 마이크로서비스 아키텍처의 기능으로 전환할 때, 특히 마이그레이션되는 기능이 조직에 중대한 경우라면 다소 긴장될지도 모른다.

기존 시스템 동작을 위험에 빠뜨리지 않고 새로운 기능이 잘 작동하는지 확인하는 한 가지 방법은 병렬 실행parallel run 패턴을 사용하는 것이다. 즉, 모놀리식 기능 구현과 새로운 마이크로서비스 구현을 나란히 실행해 같은 요청을 제공하고 결과를 비교한다. 이 패턴은 8.6.5절 '병렬 실행'에서 더 자세히 살펴본다.

3.6.3 기능 토글

기능 토글feature toggle은 제품 기능을 켜거나 *끄고* 아니면 기능에 대한 2개의 다른 구현 사이를 오가게 하는 메커니즘이다. 기능 토글은 일반적으로도 적용 가능성이 좋은 패턴이지만 마이크로서비스 마이그레이션에서 특히 유용하다.

교살자 무화과 애플리케이션에서 설명했듯이 전환하는 동안 기존 기능을 모놀리스에 그대로 두는 경우가 많으며, 기능 버전(모놀리스 기능과 마이크로서비스 기능) 간에 전환하는 수단이 필요하다. HTTP 프록시를 사용하는 교살자 무화과 패턴 예제에서는 프록시 레이어에서 기능 토글을 구현해 구현 간에 전환하는 간단한 제어를 할 수 있다.

기능 토글을 폭넓게 소개한 피트 혹슨Pete Hodgson의 글 '기능 토글(일명 기능 플래그)'을 추천한다.[2]

3.7 데이터 분해에 대한 우려

데이터베이스를 분리하기 시작하면 여러 문제가 발생한다. 다음은 직면하는 몇 가지 문제와 도움이 될 만한 몇 가지 팁이다.

----

2 피트 혹슨, '기능 토글(일명 기능 플래그)(Feature Toggles(aka Feature Flags))', martinfowler.com, 2017년 10월 9일, *https:// oreil.ly/XiU2t*

3.7.1 성능

데이터베이스, 특히 관계형 데이터베이스는 서로 다른 테이블 간에 데이터를 조인[join]하는 기능이 좋다. 매우 좋다. 사실 너무 좋아서 이것을 당연하게 여길 정도다. 그러나 종종 마이크로서비스라는 이름으로 데이터를 분리한다면 결국 데이터 계층에서 마이크로서비스 자체로 조인작업을 이동해야 한다. 그리고 아무리 노력해봐도 속도가 빨라지기는 어렵다.

뮤직코프와 관련해 우리가 처한 상황을 보여주는 [그림 3-6]을 생각해보자. 우리는 아티스트, 트랙, 앨범에 대한 정보를 관리하고 노출하는 카탈로그 기능을 추출하기로 했다. 현재 모놀리스 내부의 관련 코드는 Albums 테이블을 사용해 판매 가능한 CD에 대한 정보를 저장한다. 이러한 앨범은 결국 모든 판매를 추적하는 Ledger 테이블에서 참조된다. Ledger 테이블의 행[row]은 판매된 항목을 참조하는 식별자와 함께 날짜를 기록한다. 이 예에서 식별자는 소매 시스템의 일반적 관행인 SKU(재고 보관 단위)라고 한다.[3]

매월 말에는 베스트셀러 CD에 대한 개요 보고서를 생성해야 한다. Ledger 테이블은 가장많이 판매된 SKU를 이해하는 데 도움이 되지만, 해당 SKU에 대한 정보는 Albums 테이블에 있다. 우리는 보고서를 멋지고 읽기 쉽게 만들길 원했다. 그래서 "SKU 123을 400장 팔았고 1,596달러를 벌었습니다."라고 말하기보다는 판매된 제품에 대한 정보를 더 추가해 "이제 Now That's What I Call Death Polka CD를 400장 팔았고 1,596달러를 벌었습니다."라고 말하고 싶었다. 이렇게 하려면 재무 코드에 의해 트리거된 데이터베이스 쿼리가 [그림 3-6]과 같이 Ledger 테이블의 정보를 Albums 테이블에 조인해야 한다.

---

3 분명히 말하지만, 이 예제는 실제 시스템의 모습을 단순화한 것이다. 예를 들어 품목 판매 금액을 재무 원장에 기록하는 것은 합리적으로 보인다!

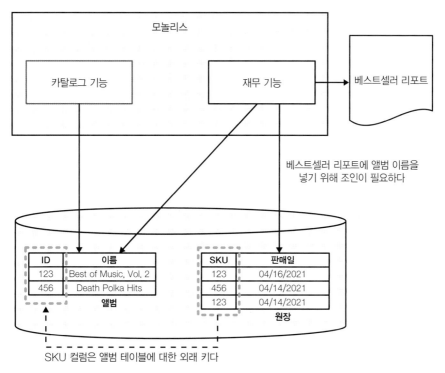

그림 3-6 모놀리식 데이터베이스에서 조인 연산

새로운 마이크로서비스 기반 세계에서 새로운 재무(Finance) 마이크로서비스는 베스트셀러 보고서를 생성할 책임이 있지만, 서비스의 로컬에는 앨범 데이터가 없다. 따라서 [그림 3–7]과 같이 새 카탈로그 마이크로서비스에서 앨범 데이터를 가져와야 한다. 보고서를 생성할 때 재무 마이크로서비스는 먼저 Ledger 테이블을 쿼리해 지난 달의 베스트셀러 SKU 목록을 추출한다. 이 시점에서 로컬에 갖고 있는 유일한 정보는 SKU 목록과 각 SKU에 대해 판매된 카피 수량이다.

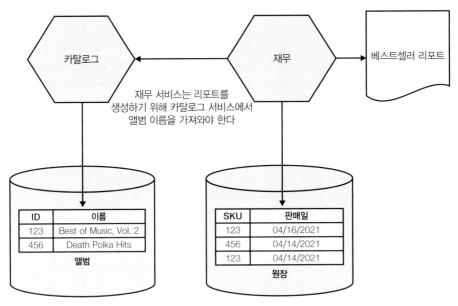

카탈로그

재무

베스트셀러 리포트

재무 서비스는 리포트를
생성하기 위해 카탈로그 서비스에서
앨범 이름을 가져와야 한다

ID	이름
123	Best of Music, Vol. 2
456	Death Polka Hits

앨범

SKU	판매일
123	04/16/2021
456	04/14/2021
123	04/14/2021

원장

그림 3-7 데이터베이스 조인 연산을 서비스 호출로 바꾼다.

다음으로 카탈로그(Catalog) 마이크로서비스를 호출해 이러한 각 SKU에 대한 정보를 요청해야 한다. 이 요청은 차례로 카탈로그 마이크로서비스가 자신의 데이터베이스에서 로컬 SELECT 쿼리문을 실행하게 한다.

논리적으로 조인 작업이 여전히 진행되지만, 이제는 데이터베이스가 아닌 재무 마이크로서비스 내부에서 일어나고 있다. 조인 작업은 데이터베이스 계층에서 애플리케이션 코드 계층으로 이동했다. 불행히도 이 작업은 조인이 데이터베이스에 남아 있었을 때만큼 효율적이지 않다. [그림 3-7]에서 보듯이 하나의 SELECT 쿼리만 하면 되는 세상에서 Ledger 테이블에 SELECT 쿼리를 하고 난 다음 카탈로그 마이크로서비스를 호출하고 이 호출 내부에서 Album 테이블에 SELECT 문을 트리거하는 새로운 세상으로 옮겨왔다.

이 상황에서 이 작업의 전반적인 지연 시간이 증가하지 않았다면 매우 놀랐을지도 모른다. 이 보고서는 매월 생성되고 적극적으로 캐싱할 수 있으므로 이 특별한 경우에는 큰 문제가 되지 않을 것이다(13.4절 '캐싱'에서 이 주제를 자세히 살펴본다). 하지만 빈번한 작업이라면 더 큰 문제가 된다. 카탈로그 마이크로서비스에서 대량으로 SKU를 조회하거나 필요한 앨범 정보를 로컬에 캐싱해 이러한 지연 시간 증가가 미치는 영향을 완화할 수 있다.

3.7.2 데이터 무결성

데이터베이스는 데이터 무결성을 보장하는 데 유용하다. [그림 3-6]으로 돌아가보자. Album 테이블과 Ledger 테이블이 같은 데이터베이스에 있다면 Ledger 테이블과 Album 테이블의 행 row 사이에 외래 키foreign key 관계를 정의할 수 있다. 이렇게 하면 Album 레코드가 Ledger에서 참조되는 경우 Album 테이블에서 해당 레코드를 삭제할 수 없으므로 Ledger 테이블에 있는 레코드에서 판매된 앨범에 대한 정보를 찾는 것은 항상 보장된다.

이제 이러한 테이블이 서로 다른 데이터베이스에 있으므로 더 이상 데이터 모델의 무결성을 강제할 수 없다. Album 테이블에서 행을 삭제하는 것을 막을 방법이 없으므로 정확히 어떤 항목이 판매됐는지 알아내려고 할 때 문제가 발생한다.

어느 정도까지는 엔티티entity 간 관계의 무결성을 적용하기 위해 더 이상 데이터베이스에 의존할 수 없다는 사실에 익숙해져야 한다. 물론, 한 데이터베이스 내부에 남아 있는 데이터의 경우 문제가 되지 않는다.

여러 가지 우회 방법이 있지만, '대처 패턴coping pattern'이 이 문제를 해결할 방법을 더 잘 표현하는 용어인 것 같다. Album 테이블에서 소프트 삭제soft delete를 하면, 실제로 레코드를 삭제하지는 않고 삭제된 것으로 표시만 한다. 또 다른 방법은 판매 시 앨범 이름을 Ledger 테이블에 복사하는 것이지만, 앨범 이름의 동기화 변경을 처리하는 방법을 찾아야 한다.

3.7.3 트랜잭션

많은 사람이 트랜잭션에서 데이터를 관리함으로써 보장되는 이점에 의존하게 됐다. 이러한 확신을 바탕으로 데이터베이스에 의존해 많은 일을 처리할 수 있다는 점을 염두에 두고 특정한 방식으로 애플리케이션을 만들어왔다. 하지만 여러 데이터베이스에 걸쳐 데이터를 분할하기 시작하면 익숙한 ACID 트랜잭션의 안정성을 잃게 된다(6장에서 ACID 약어를 설명하고 ACID 트랜잭션을 자세히 살펴본다).

모든 상태 변화가 단일 트랜잭션의 경계 안에서 관리되는 시스템에 익숙한 사람들에게 분산 시스템으로 전환하는 것은 다소 충격적일 수 있다. 그리고 이 충격에 대한 대응으로 더 간단한 아키텍처로 ACID 트랜잭션이 제공했던 안정성을 되찾고자 분산 트랜잭션을 구현하는 경우가 많다. 6.1절 '데이터베이스 트랜잭션'에서 자세히 다루겠지만, 불행히도 분산 트랜잭션은 잘 수행되더라도 구현하기가 복잡할 뿐 아니라 보다 좁은 범위에 적용된 데이터베이스 트랜잭션에 기대했던 것과 같은 보장도 제공하지 않는다.

6.4절 '사가 패턴'에서 살펴볼 때 여러 마이크로서비스에 걸쳐 상태 변화를 관리해주는 분산 트랜잭션에 대한 대안(그리고 선호하는) 메커니즘이 있지만, 더 복잡하다. 데이터 무결성과 마찬가지로, 합당한 이유로 데이터베이스를 분리하면 일련의 새로운 문제에 직면하게 될 것이란 사실을 받아들여야 한다.

3.7.4 도구

데이터베이스 변경은 여러 가지 이유로 어려운 작업인데, 그중 하나는 쉽게 변경할 수 있는 도구가 제한돼 있다는 점이다. 코드를 사용하면, IDE에 리팩터링 도구가 내장돼 있으며 변경 중인 시스템이 기본적으로 무상태^{stateless}라는 추가적인 이점도 있다. 반면에 데이터베이스를 사용하면, 변경하려는 대상이 상태를 갖고 있고 리팩터링에 적합한 도구도 부족하다.

관계형 데이터베이스의 스키마 변경 프로세스를 관리하는 많은 도구가 있지만, 대부분은 동일한 패턴을 따른다. 각 스키마 변경 사항은 버전 제어되는 델타 스크립트에서 정의된다. 이러한 스크립트는 멱등적^{idempotent} 방식으로 엄격한 순서에 의해 실행된다. 레일즈 마이그레이션도 이와 같은 방식으로 작동하는데, 필자가 수년 전에 제작을 도왔던 도구인 DBDeploy(*http://dbdeploy.com/*)와 유사한 방식이다.

최근 들어 필자는 이러한 도구가 아직 없는 사람들에게는 동일한 결과를 얻도록 플라이웨이^{Flyway}(*https://flywaydb.org*)나 리퀴베이스^{Liquibase}(*https://www.liquibase.org*)를 추천한다.

3.7.5 리포팅 데이터베이스

모놀리식 애플리케이션에서 마이크로서비스를 추출하는 과정에서 내부 데이터 저장소에 대한 액세스를 숨기려고 데이터베이스를 분리하기도 한다. 데이터베이스에 대한 직접 액세스를 숨기면 안정적인 인터페이스를 더 잘 구축할 수 있어 독립적인 배포가 가능해진다. 불행히도 둘 이상의 마이크로서비스에서 데이터에 액세스하는 정당한 사용 예가 있거나, 해당 데이터가

REST API 같은 것을 통하지 않고 데이터베이스를 통해 더 잘 제공되는 경우 문제가 발생한다.

대신 리포팅 데이터베이스를 사용할 경우, [그림 3-8]과 같이 외부 액세스용으로 설계된 전용 데이터베이스를 만들고, 마이크로서비스가 내부 저장소의 데이터를 외부에서 액세스 가능한 리포팅 데이터베이스로 푸시하는 작업을 담당한다.

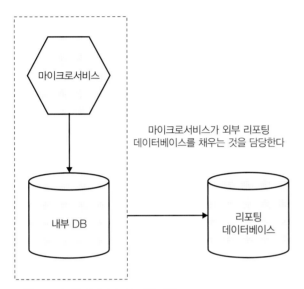

그림 3-8 리포팅 데이터베이스 패턴 개요

리포팅 데이터베이스를 사용하면, 내부 상태 관리를 숨기면서도 여전히 데이터베이스에서 데이터를 제공할 수 있다. 이는 매우 유용하다. 예를 들면, 사람들이 임시로 정의된 SQL 쿼리를 실행하거나 대규모 조인을 실행하거나 SQL 엔드포인트에 액세스해야 하는 기존 툴체인을 사용하도록 허용한다. 리포팅 데이터베이스는 이러한 문제에 대한 좋은 해결책이다.

여기서 강조해야 할 두 가지 핵심 사항이 있다.

첫째, 우리는 여전히 정보 은닉을 실천하길 원한다. 따라서 리포팅 데이터베이스에 최소한의 데이터만 노출해야 한다. 리포팅 데이터베이스에 있는 데이터는 단지 마이크로서비스가 저장하는 데이터의 일부일 수 있다. 하지만 직접적인 매핑은 아니므로 리포팅 데이터베이스의 스키마를 사용자 요구 사항에 정확히 맞출 기회를 제공한다. 예를 들면 근본적으로 다른 스키마를 사용하거나 다른 종류의 데이터베이스 기술을 함께 사용할 수도 있다.

둘째, 리포팅 데이터베이스를 다른 마이크로서비스 엔드포인트와 동일하게 취급해야 한다. 마이크로서비스가 내부 구현의 세부 정보를 변경하더라도 이 엔드포인트의 호환성이 유지되도록 하는 것이 마이크로서비스 유지 보수자^{maintainer}의 역할이다. 내부 상태에서 리포팅 데이터베이스로의 매핑은 마이크로서비스를 직접 개발하는 사람들의 책임이다.

요약

모놀리식 아키텍처에서 마이크로서비스 아키텍처로 기능을 마이그레이션하는 작업을 시작할 때는 무엇을 달성할 것으로 기대하는지 명확히 알아야 한다. 이 목표는 작업 방식을 결정하고 올바른 방향으로 가고 있는지 판단하는 데 도움이 된다.

마이그레이션은 점진적이어야 한다. 변경하고 나서 해당 변경 사항을 출시하고, 평가하고, 다시 수행하라. 하나의 마이크로서비스를 분해하는 행위조차도 일련의 작은 단계로 구분된다.

이 장에서 소개한 개념을 더 자세히 살펴보고 싶다면 필자의 다른 책인 『마이크로서비스 도입, 이렇게 한다』(책만, 2021)를 참고하라.

이 장의 대부분은 매우 개략적으로 설명됐지만, 다음 장에서는 마이크로서비스가 상호 통신하는 방법과 관련해 좀 더 기술적인 내용을 다룬다.

## CHAPTER 4

마이크로서비스 통신 방식

사람들이 다양한 통신 유형을 고려하지 못하고 이미 채택된 기술 방식에 끌린다는 사실 때문에 마이크로서비스 간의 통신을 제대로 구현하는 데 어려움이 따른다. 이 장에서는 문제 영역에 가장 적합한 통신 방식을 소개하고 각 방식의 장단점을 이해하고자 다양한 통신 방식을 분석해 본다.

또한 요청 및 응답 협업 방식과 이벤트 기반 협업 방식을 비교하고 **동기식 블로킹**synchronous blocking 또는 **비동기식 논블로킹**asynchronous nonblocking 통신 메커니즘을 살펴본다.

이 장을 읽고 나면, 여러 가지 가능한 선택지를 이해하고 다음 장에서 구현 문제를 더 자세히 살펴보기 위한 기본 지식을 얻게 된다.

4.1 프로세스 내부에서 프로세스 사이로

그럼 쉬운 것부터 찾아보자. 아니면 적어도 필자가 바라는 쉬운 것부터 시작해보자. 네트워크를 통한 두 프로세스 사이의 호출(프로세스 간 호출inter-process)은 한 프로세스 내부의 호출(프로세스 내 호출in-process call)과 매우 다르다. 어떤 면에서는 그 차이를 무시할 수 있다. 예를 들어 한 객체가 다른 객체에 메서드 호출을 한다고 생각하고 이 상호작용을 네트워크를 통해 통신하는 2개의 마이크로서비스에 매핑한다고 생각하면 쉽다. 하지만 마이크로서비스가 단순한 객체가 아니라는 사실을 제쳐두더라도 이러한 생각은 많은 문제를 일으킬 수 있다.

이러한 몇 가지 차이점을 살펴보고, 이를 통해 마이크로서비스 간 상호작용에 대한 생각을 어떻게 바꿀 수 있는지 알아본다.

4.1.1 성능

프로세스 내 호출의 성능은 프로세스 간 호출의 성능과 기본적으로 차이가 있다. 프로세스 내 호출을 할 때, 기본 컴파일러와 런타임은 호출의 영향을 줄이려고 마치 처음에 호출이 없었던 것처럼 전체 호스트 최적화를 수행할 수 있다. 하지만 프로세스 간 호출에서는 이러한 최적화가 불가능하며, 패킷을 전송해야 한다. 프로세스 간 호출의 오버헤드는 프로세스 내 호출의 오버헤드에 비해 클 것으로 예상된다. 프로세스 간 호출의 오버헤드는 확실히 측정할 수 있는데, 예를 들면 데이터 센터 안에서 단일 패킷이 왕복하는 데 걸리는 시간을 밀리초 단위로 측정할 수 있지만 메서드 호출의 오버헤드는 걱정하지 않아도 될 만큼 작기 때문이다.

이 점은 API를 다시 생각하도록 할 때가 많다. 프로세스 내부에서 적합한 API가 프로세스 간 상황에서는 적합하지 않을 수 있다. 프로세스 내부의 API 경계 사이에서는 걱정 없이 1,000번의 호출을 할 수 있다. 두 마이크로서비스 사이에도 1,000번의 네트워크 호출을 하는 게 좋을까? 아마도 그렇지 않을 것이다.

메서드에 매개변수를 전달할 때 보통 전달할 데이터 구조체는 이동되지 않는다. 대신 메모리 위치에 대한 포인터를 전달할 가능성이 높다. 객체나 데이터 구조를 다른 메서드에 전달할 때 데이터를 복사하려고 더 많은 메모리를 할당할 필요는 없다.

반면에 네트워크를 통해 마이크로서비스 간 호출을 할 때 데이터는 실제로 네트워크를 통해 전송될 수 있는 특정 형태로 직렬화돼야 한다. 그런 다음에 데이터는 전송되고 다른 쪽 끝에서 역직렬화돼야 한다. 따라서 프로세스 간에 전송되는 페이로드의 크기에 대해 더 주의를 기울여야 한다. 프로세스 내부에서 전달되는 데이터 구조의 크기를 마지막으로 신경 썼던 적은 언제였나? 실제로 그다지 알 필요가 없었을 것이다. 하지만 이제는 알아야 한다. 송수신 데이터양을 줄이거나(정보 은닉을 생각한다면 나쁜 것은 아니다), 더 효율적인 직렬화 메커니즘을 선택하거나 데이터를 파일 시스템으로 내려 해당 파일 위치에 대한 참조 정보를 대신 전달할 수 있기 때문이다.

이러한 차이점으로 인해 바로 문제가 발생하지는 않지만 확실히 알고 있어야 한다. 네트워크 호출까지 수반한다는 사실을 개발자에게 숨기려는 시도를 지금껏 많이 봤다. 세부 사항을 숨기고자 추상화하려는 우리의 바람은 더 많은 일을 더 효율적으로 수행하게 만들지만, 때로는 지나치게 감춰버리는 추상화를 초래한다. 개발자는 네트워크 호출이 수반되는 작업을 수행하고 있는지 알아야 한다. 그렇지 않으면, 코드를 작성하는 개발자에게 감춰진 서비스 간의 비정상적 상호작용으로 성능에 심각한 영향을 미치는 병목 현상이 발생하더라도 놀라지 않아야 한다.

4.1.2 인터페이스 변경

프로세스 내부의 인터페이스 변경을 고려하면 변경 사항을 롤아웃(출시)하는 것은 간단하다. 인터페이스를 구현하는 코드와 인터페이스를 호출하는 코드는 모두 같은 프로세스에 함께 패키징된다. 실제로 리팩터링 기능이 있는 IDE를 사용해 메서드 정의를 변경하면, 종종 IDE는 이 변경된 메서드를 호출하는 부분을 자동으로 리팩터링한다. 이러한 변경을 출시하는 것은 원자적 방식으로 수행되는데, 인터페이스와 양쪽이 하나의 프로세스로 패키징되기 때문이다.

하지만 마이크로서비스 간의 통신에서 인터페이스를 노출하는 마이크로서비스와 해당 인터페이스를 사용하는 소비자 마이크로서비스는 개별적으로 배포 가능한 마이크로서비스다. 마이크로서비스 인터페이스에 하위 호환성을 깨뜨리는 변경을 할 때는 둘 다 새 인터페이스를 사용하도록 업데이트하기 위해 소비자와 함께 락스텝 배포lockstep deployment[1]를 하거나, 새로운 마이크로서비스 계약의 출시를 단계적으로 수행할 방법을 찾아야 한다. 이 장의 뒷부분에서 이 개념을 더 자세히 살펴볼 것이다.

4.1.3 에러 처리

프로세스 내부에서 메서드를 호출하면 에러error의 특성은 매우 직관적인 편이다. 간단히 말하자면, 에러는 예측돼 처리하기 쉽거나 호출 스택의 위 방향으로 에러를 전파할 정도로 치명적이다. 에러는 전반적으로 결정적deterministic이다.

분산 시스템에서 에러의 특성은 다양하다. 여러분은 통제할 수 없는 많은 에러에 취약하다. 예를 들면, 네트워크 시간이 초과하거나 다운스트림 마이크로서비스가 일시적으로 사용하지 못

---

[1] 옮긴이_복수 개의 서비스를 동일한 CI/CD로 동시에 배포하는 것을 말한다.

할 수도 있다. 또는 네트워크 연결이 끊기거나 과도한 메모리 사용으로 컨테이너가 죽기도 하며, 극단적인 상황에서는 데이터 센터 어딘가에 불이 날 수도 있다.[2]

앤드류 탄넨바움Andrew Tanenbaum과 마텐 스틴Maarten Steen은 저서인 『Distributed Systems』(Maarten van Steen, 2023)[3]에서 프로세스 간 통신에 나타나는 다섯 가지 유형의 실패 모드를 분류한다. 실패 모드를 간략히 요약하면 다음과 같다.

충돌 실패crash failure

서버가 중단될 때까지 모든 것은 정상이다. 재부팅한다!

누락 실패omission failure

전송 후 응답을 받지 못했다. 또는 다운스트림 마이크로서비스가 메시지(예: 이벤트 포함)를 발행할 것으로 예상했으나 그냥 중지한 상황도 포함한다.

타이밍 실패timing failure

어떤 일이 너무 늦게 발생했거나(그래서 제시간에 받지 못함) 너무 일찍 발생했다.

응답 실패response failure

응답은 받았지만 잘못된 응답으로 보인다. 예를 들어 주문 요약을 요청했지만 필요한 정보가 응답에 누락됐다.

임의 실패arbitrary failure

비잔티움 실패Byzantine failure[4]라고도 하며, 무언가 잘못됐지만 참여자들이 실패가 발생한 사실(또는 발생한 이유)에 동의하지 못하는 경우다.

이러한 에러 중 대부분은 본질적으로 일시적인 경우가 많으며 곧 사라질 수 있는 단기간의 문제다. 마이크로서비스에 요청을 보내지만 응답을 받지 못하는 상황(누락 실패 유형)을 고려해 보라. 다운스트림 마이크로서비스가 처음부터 요청을 받지 못했다면 재전송해야 할 수 있다.

---

2 실화다.

3 앤드류 탄넨바움과 마텐 스틴이 집필한 『Distributed Systems』 3판(CreateSpace Independent Publishing Platform, 2017)을 말한다.

4 옮긴이_비잔티움 실패는 시스템에 발생할 수 있는 임의의 실패를 견디는 시스템을 만드는 것이 목적이다. 자세한 내용은 *https://tinyurl.com/44evm72w*를 참고한다.

또 어떤 문제는 쉽게 처리하지 못하므로 사람의 개입이 필요하다. 결과적으로, 클라이언트가 적절한 조치를 취할 수 있는 방식으로 에러를 반환하기 위한 더 풍부한 의미 체계^{semantics}를 갖추는 것이 중요해진다.

HTTP는 그 중요성을 잘 이해하는 프로토콜의 한 예다. 모든 HTTP 응답에는 예약된 에러용으로 (400번대 및 500번대의 코드를 포함하는) 코드를 제공한다. 400번대 에러 코드는 요청 에러며, 본질적으로 다운스트림 서비스는 원래부터 요청에 문제가 있다는 사실을 클라이언트에 알려준다. 이러한 경우 아마도 요청을 포기해야 할 것이다. 예를 들어 `404 Not Found`를 재시도할 이유가 있을까? 500번대 응답 코드는 다운스트림 서버의 문제와 관련이 있으며, 일부 코드는 일시적인 문제라고 클라이언트에 알려준다. 예를 들어 `503 Service Unavailable`은 다운스트림 서버가 요청을 처리할 수 없지만 일시적인 상태일 수 있음을 나타내며, 이 경우 업스트림 클라이언트가 요청을 재시도할 수 있다. 반면에 클라이언트가 `501 Not Implemented` 응답을 받은 경우에는 재시도가 그다지 도움이 되지 않을 것이다.

마이크로서비스 간의 통신을 위해 HTTP 기반 프로토콜의 선택 여부와 관계없이 에러의 특성을 중심으로 풍부한 의미 체계를 갖춘다면, 클라이언트가 보상 작업을 수행하기 더 쉬워지고 결과적으로 더 견고한 시스템을 구축할 수 있다.

4.2 프로세스 간 통신을 위한 기술: 다양한 선택

> 그리고 선택의 폭이 너무 넓고 시간이 너무 부족한 세상에서 해야 할 당연한 일은 그냥 무시하는 것이다.
>
> 세스 고딘$^{Seth\ Godin}$

프로세스 간 통신에 사용하는 기술의 범위는 방대하다. 그에 따라 선택의 부담이 가중되는 경우가 많다. 사람들은 종종 자신에게 익숙한 기술이나 콘퍼런스에서 배운 최신 기술에 끌린다. 이런 선택은 특정 기술을 선택할 때 함께 따라오는 일련의 개념과 제약 조건이 포함되는 경우가 많다는 문제가 있다. 이러한 제약 조건은 여러분에게 부적합할 수 있고, 기술에 대한 사고방식이 실제로 해결하려는 문제와 일치하지 않을 수 있다.

웹 사이트를 구축할 때는 앵귤러^{Angular}나 리액트^{React}와 같은 단일 페이지 앱 기술이 적합하지 않다. 마찬가지로 요청과 응답을 위해 카프카를 사용하는 것은 카프카가 이벤트 기반의 상호작용이 빈번한 곳을 위해 설계됐으므로 좋은 생각이 아니다(잠시 후에 다룰 주제다). 그럼에도 불구하고 기술이 잘못된 곳에 사용되는 것을 몇 번 목격했다. 사람들은 문제에 실제로 적합한지 고려하지도 않고 반짝거리는 신기술(예를 들면 마이크로서비스!)을 선택한다.

따라서 마이크로서비스 간의 통신에 사용하는 기술 중 어느 것을 골라야 할지 갈피를 못 잡겠다면, 먼저 원하는 통신 방식을 이야기하고 나서 해당 방식을 구현하는 데 적합한 기술을 찾는 것이 중요하다. 이를 염두에 두고 몇 년 동안 마이크로서비스 간 통신의 다양한 방식을 구분하는 데 사용해온 모델을 살펴보자. 이 모델은 여러분이 살펴보고 싶은 기술만 걸러내는 데 도움이 될 것이다.

4.3 마이크로서비스 통신 방식

[그림 4-1]은 다양한 통신 방식을 살펴보는 데 사용할 모델의 개요를 보여준다. 빈틈없이 완전한 모델은 아니지만(여기서 프로세스 간 커뮤니케이션에 대한 거대한 통합 이론을 제시하려는 것은 아니다), 마이크로서비스 아키텍처에서 가장 널리 사용되는 다양한 통신 방식을 고려해 볼 수 있도록 고수준의 개요를 잘 보여준다.

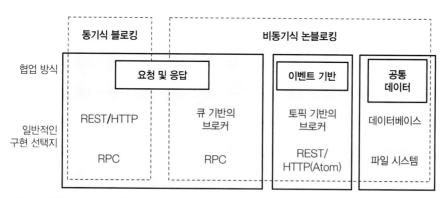

그림 4-1 구현 기술의 예와 함께 나타낸 마이크로서비스 간 통신의 다양한 유형

이 모델의 다양한 요소를 곧 자세히 살펴보겠지만, 우선 여기서 간략히 설명한다.

동기식 블로킹synchronous blocking

마이크로서비스는 다른 마이크로서비스를 호출하고 응답을 기다리는 작업을 차단한다.

비동기식 논블로킹asynchronous nonblocking

호출을 보낸 마이크로서비스는 호출 수신 여부에 관계없이 처리를 계속할 수 있다.

요청 및 응답request-response

마이크로서비스는 작업을 수행하도록 다른 마이크로서비스에 요청을 보낸다. 결과를 알려주는 응답을 받을 것을 기대한다.

이벤트 기반event-driven

마이크로서비스는 다른 마이크로서비스가 소비하고 반응하는 이벤트를 발산한다. 이벤트를 발행하는 마이크로서비스는 자신이 발행하는 이벤트를 소비하는 마이크로서비스(있다면)가 어떤 마이크로서비스인지 알지 못한다.

공통 데이터common data

통신 방식으로 자주 볼 수 없는 마이크로서비스인 경우 일부 공유 데이터 소스를 통해 협업한다.

팀이 올바른 방식을 결정할 수 있도록 필자는 이 모델을 적용할 때 팀이 운영하는 곳의 문맥을 이해하려고 많은 시간을 할애한다. 신뢰할 수 있는 통신, 허용 가능한 지연 시간, 통신량에 대한 요구 사항은 모두 기술을 선택하는 데 중요한 역할을 한다. 하지만 대개 필자는 주어진 상황에 더 적합한 방식이 요청 및 응답인지 아니면 이벤트 기반 협업 방식인지 살펴보기 시작한다. 요청 및 응답을 살펴보고 나서 동기 및 비동기 구현 모두가 여전히 가용하다면, 두 번째 선택을 해야 한다. 하지만 이벤트 기반 협업 방식을 선택한다면 구현 선택지는 비동기식 논블로킹 방식으로 제한된다.

올바른 기술을 선택할 때는 통신 방식 외에도 지연 시간이 짧은 통신의 필요성, 보안 관련 측면, 확장 기능 등 다양한 고려 사항이 있다. 특정 문제 영역의 요구 사항(그리고 제약 조건)을 고려하지 않고 합리적인 기술을 선택할 가능성은 매우 낮다. 5장에서 기술 선택지를 살펴볼 때 이러한 몇 가지 문제를 논의할 것이다.

4.3.1 짜맞추기

마이크로서비스 아키텍처 전체에 다양한 협업 스타일이 혼재될 수 있으며, 이것은 지극히 일반적이라는 점을 주목해야 한다. 어떤 상호작용은 요청 및 응답으로만 이뤄지지만, 어떤 상호작용은 이벤트 중심으로 이뤄지기도 한다. 사실 단일 마이크로서비스가 하나 이상의 협업 형태를 구현하는 것은 일반적이다. 예를 들면 주문하거나 변경하고 나서 이벤트를 발생시키는 주문(Order) 마이크로서비스가 있다.

그럼 이러한 다양한 통신 방식을 좀 더 자세히 살펴보자.

4.4 [패턴] 동기식 블로킹

동기식 블로킹 호출을 사용하면, 마이크로서비스가 일종의 호출을 다운스트림 프로세스(아마도 다른 마이크로서비스)에 보내고 호출이 완료돼 응답이 수신될 때까지 대기한다. [그림 4-2]에서 주문 처리기(Order Processor)는 고객 계정에 포인트를 추가해야 한다는 것을 알리려고 멤버십(Loyalty) 마이크로서비스에 호출을 보낸다.

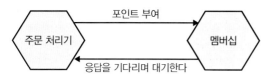

그림 4-2 주문 처리기는 멤버십 마이크로서비스에 동기식 호출을 보내고 응답을 받을 때까지 대기한다.

일반적으로 동기식 블로킹 호출은 다운스트림 프로세스의 응답을 기다리는 호출이다. 대기하는 이유는 호출 결과가 이후 연산에 필요하거나 호출이 제대로 작동했는지 확인하고 그렇지 않다면 재시도 등을 수행하려 하기 때문일 수 있다. 곧 살펴보겠지만, 결과적으로 필자가 본 사실상 모든 동기식 블로킹 호출은 요청 및 응답 호출로 구성된다.

4.4.1 장점

동기식 블로킹 호출에는 간단하고 친숙한 무언가가 있다. 우리 대부분은 기본적으로 동기 방식의 프로그래밍(예: 스크립트와 같은 코드 조각을 읽어와 차례로 각 라인이 실행되고 다음 코드 라인이 작업을 위해 차례를 기다리는 것)을 배웠다. 프로세스 간 호출을 사용했던 대부분의 상황에서는 동기식 블로킹 방식(예: 데이터베이스에서 SQL 쿼리를 실행하거나 다운스트림 API에 대한 HTTP 요청을 만드는 것)으로 수행했을 것이다.

단일 프로세스의 모놀리스와 같이 덜 분산된 아키텍처에서 전환할 때 새로운 일이 벌어진다면 익숙한 아이디어를 고수하는 것이 합리적이다.

4.4.2 단점

동기식 호출의 주요 문제점은 고유한 시간적 결합에 있다. 2장에서 이 주제를 간략히 살펴봤는데, 그 예에서는 주문 처리기가 멤버십(Loyalty)을 호출할 때 호출이 작동하려면 멤버십 마이크로서비스에 연결할 수 있어야 한다. 만약 멤버십 마이크로서비스가 가용하지 않으면 호출은 실패하고 주문 처리기는 수행할 보상 작업의 종류를 결정해야 한다. 보상 작업에는 즉각적인 재시도, 나중에 재시도하기 위한 호출 버퍼링 또는 아예 포기하는 것이 포함될 수 있다.

이 결합은 양방향이다. 이러한 통합 방식을 사용하면 일반적으로 응답은 동일한 인바운드 네트워크 연결을 통해 업스트림 마이크로서비스에 전송된다. 따라서 멤버십 마이크로서비스는 다시 주문 처리기에 응답을 보내려고 하지만, 업스트림 인스턴스가 바로 뒤에 종료됐다면 응답은 손실된다. 여기서 시간적 결합은 단지 두 마이크로서비스 사이에 생기는 것이 아니라 이 마이크로서비스들의 특정 두 인스턴스에 발생한다.

호출 발신자가 블로킹돼 있고 다운스트림 마이크로서비스의 응답을 기다리고 있을 때 다운스트림 마이크로서비스가 늦게 응답하거나 혹은 네트워크 지연 이슈가 있다면 호출 발신자는 응답을 기다리며 오랜 시간 동안 블로킹될 것이다. 만약 멤버십 마이크로서비스가 상당한 부하를 받고 있고 요청에 늦게 응답하는 경우라면 주문 처리기도 느리게 응답하게 된다.

따라서 동기식 호출을 사용하면 비동기식 호출을 사용할 때보다 시스템이 다운스트림 장애로 인한 연쇄적인 문제에 더욱 취약해진다.

4.4.3 적용 대상

간단한 마이크로서비스 아키텍처라면 동기식 블로킹 호출을 사용하는 데 큰 문제가 없으며, 많은 사람에게 익숙하면 분산 시스템을 다룰 때 유리하다.

필자의 경우, 이러한 호출 유형은 호출 체인이 더 많아질 때 문제가 되기 시작한다. 예를 들어 [그림 4-3]은 결제에 사기 가능성이 있는 활동이 있는지 확인하는 뮤직코프의 처리 흐름 예를 보여준다. 주문 처리기는 지불하기 위해 결제(Payment) 서비스를 호출한다. 결제 서비스는 결제 허용 여부를 이상거래 탐지(Fraud Detection) 마이크로서비스에 확인하려고 하며, 이상거래 탐지 마이크로서비스는 고객(Customer) 마이크로서비스에서 정보를 가져와야 한다.

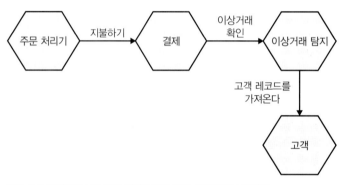

그림 4-3 잠재적인 사기 행위 확인은 주문 처리 흐름의 일부 단계다.

호출이 모두 동기식이고 블로킹되면 여러 문제에 직면한다. 이러한 종류의 긴 체인이 상당한 리소스 경합을 일으킬 수 있다는 사실은 차치하더라도, 관련된 4개의 마이크로서비스 중 하나 또는 이들 간의 네트워크 호출에 문제가 발생하면 전체 작업이 실패할 수 있다. 내부에서는 주문 처리기가 결제 서비스로부터 응답을 기다리며 네트워크 커넥션^{network connection}을 열어두고 있다. 결제 서비스는 또한 이상거래 탐지 서비스 등의 응답을 기다린다. 열린 상태를 유지해야 하는 커넥션이 많으면 실행 중인 시스템에 영향을 줄 수 있다. 즉, 사용 가능한 커넥션이 부족하거나 결과적으로 네트워크 정체가 증가하는 문제가 발생할 가능성이 훨씬 더 커진다.

이와 같은 상황을 개선하기 위해 먼저 마이크로서비스 간의 상호작용을 재검토할 수 있다. 예를 들어 [그림 4-4]와 같이 주요 구매 흐름에서 이상거래 감지 기능을 들어내 백그라운드에서 실행하도록 할 수 있다. 특정 고객의 문제가 발견되면 적절히 기록하고, 이는 결제 프로세스 초기에 확인될 수 있다. 사실상 이는 작업의 일부를 병렬로 수행하고 있음을 나타낸다. 우리는 호출 체인의 길이를 줄여 작업의 전반적인 지연 시간이 개선되는 것을 확인할 것이다. 구매 흐름의 중요 경로에서는 마이크로서비스 하나(이상거래 탐지 서비스)를 제거해 중요한 작업에 대해 걱정해야 할 의존성을 줄일 수 있다.

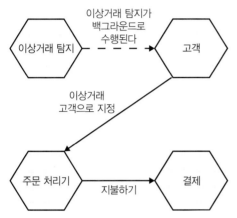

그림 4-4 이상거래 탐지 서비스를 백그라운드로 옮기면 호출 체인의 길이에 대한 문제를 줄일 수 있다.

물론 워크플로workflow를 변경하지 않고도 블로킹 호출을 논블로킹 상호작용 방식으로 교체할 수도 있다. 다음 절에서 살펴보자.

4.5 패턴 비동기식 논블로킹

비동기식 통신을 사용하면, 네트워크를 통해 호출을 보내는 행위가 호출하는 마이크로서비스를 블로킹하지 않는다. 따라서 응답을 기다릴 필요 없이 다른 처리를 계속할 수 있다. 비동기식 논블로킹 통신은 다양한 형태로 제공되지만, 여기서는 마이크로서비스 아키텍처에서 가장 일반적인 세 가지 방식을 좀 더 자세히 살펴본다.

공통 데이터를 통한 통신

업스트림 마이크로서비스는 일부 공통 데이터를 변경하고 이 데이터는 나중에 하나 이상의 마이크로서비스에서 사용된다.

요청 및 응답

마이크로서비스는 다른 마이크로서비스에 작업 요청을 보낸다. 요청된 작업이 완료되면 성공 여부와 관계없이 업스트림 마이크로서비스는 응답을 수신한다. 특히, 업스트림 마이크로서비스의 어떤 인스턴스도 응답을 처리할 수 있어야 한다.

이벤트 기반 상호작용

마이크로서비스는 발행한 일에 대한 사실적 진술로 생각될 수 있는 이벤트를 브로드캐스트^{broadcast}한다. 다른 마이크로서비스는 관심 있는 이벤트를 수신하고 적절히 대응한다.

4.5.1 장점

비동기식 논블로킹 통신을 사용하면 초기 호출을 수행하는 마이크로서비스와 호출을 수신하는 마이크로서비스(또는 마이크로서비스들)는 일시적으로 분리된다. 호출을 수신하는 마이크로서비스가 호출과 동시에 연결될 필요는 없으며, 이는 2장에서 논의한 시간적 비결합에 대한 우려를 피한다는 것을 의미한다(2.3.1절의 '시간적 결합에 대한 간략한 정리' 참고).

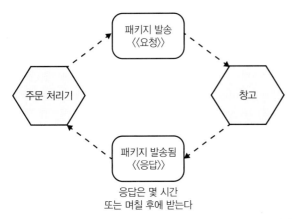

그림 4-5 주문 처리기는 주문 패키징 및 발송 프로세스를 비동기식 방식으로 시작한다.

이러한 통신 방식은 호출에 의해 트리거되는 기능을 처리하는 데 오랜 시간이 걸리는 경우에도 유용하다. 뮤직코프의 예에서 패키지를 발송하는 특정 프로세스로 돌아가보자. [그림 4-5]에서 주문 처리기는 지불을 받고 패키지를 발송할 때라고 판단해 창고(Warehouse) 마이크로서비스에 호출을 보낸다. CD를 찾고, 선반에서 꺼내고, 포장하고, 픽업하는 프로세스는 실제 발송 프로세스의 작동 방식에 따라 몇 시간이 걸릴 수 있고 심지어는 며칠이 소요될 수도 있다. 따라서 주문 처리기가 창고 서비스에 대한 비동기식 논블로킹 호출을 하고 이후 창고 서비스가 역호출^{call back}해 주문 처리기에 진행 상황을 알리는 것이 적절하다. 이것이 바로 비동기 요청 및 응답 통신의 한 형태다.

동기식 블로킹 호출과 유사한 방식으로 시도했다면 주문 처리기와 창고 서비스 간의 상호작용을 재구성해야 한다. 즉, 주문 처리기가 커넥션을 열어 요청을 보내고, 호출한 스레드에서 추가 작업을 막고, 몇 시간 또는 며칠이 될지 모르는 응답을 기다리는 것은 실현 가능성이 없다.

4.5.2 단점

동기식 블로킹 통신과 비교해 비동기식 논블로킹 통신의 주요 단점은 복잡도와 선택 범위에 있다. 이미 설명했듯이 선택 가능한 비동기 통신 방식은 다양하다. 그중 여러분에게 적합한 방식은 어떤 것일까? 이런 다양한 통신 방식이 어떻게 구현되는지 자세히 살펴보면, 어쩌면 난감할 지도 모를 기술들을 만날 수 있다.

비동기식 통신이 컴퓨팅에 대한 여러분의 사고 모델에 맞지 않는다면 비동기식 통식 방식을 채택하기는 어려울 것이다. 또한 다양한 비동기식 통신 방식을 자세히 살펴볼 때 더 탐구하겠지만, 여러분을 **수많은** 곤경에 빠뜨릴 다양하고 흥미로운 방법이 많다.

> **async/await와 비동기가 계속 블로킹되는 경우**
>
> 여러 컴퓨팅 분야와 마찬가지로 동일한 용어를 다른 맥락에서 사용하면 매우 다른 의미를 갖게 할 수 있다. 특히 인기 있는 프로그래밍 방식은 async/await와 같은 생성자를 사용해 비동기적인 데이터 소스를 동기식 블로킹 방식으로 작업하는 것이다.
>
> [예제 4–I]에서 매우 간단한 자바스크립트 예제를 살펴보자. 알다시피 환율은 하루 종일 수시로 변동하며, 여기서는 메시지 브로커를 통해 환율 정보를 받는다. 먼저 Promise를 정의한다. 일반적으로 Promise는 미래의 특정 시점에서 상태를 결정하는 것이다. 이 예에서 eurToGbp는 결과적으로 다음 번의 EUR 대 GBP 환율로 정해진다.

예제 4-1 동기식 블로킹 방식에서 잠정적으로 비동기식 호출로 작업하는 예

```
async function f() {
    let eurToGbp = new Promise((resolve, reject) => {
        // 최신 EUR 대 GBP 환율을 가져오는 코드

        …
    });
    var latestRate = await eurToGbp; ❶
    process(latestRate); ❷
}
```

❶ 최신 EUR 대 GBP 환율을 가져올 때까지 대기한다.

❷ **Promise**가 수행 완료될 때까지 실행되지 않는다.

await를 사용해 **eurToGbp**를 참조할 때는 **latestRate**의 상태가 채워질 때까지 블로킹된다. **process**는 **eurToGbp** 상태를 확인할 때까지 완료되지 않는다.[5]

환율을 비동기적으로 받더라도 이 문맥에서 **await**를 사용한다는 것은 **latestRate** 상태가 해결될 때까지 **블로킹된다는** 의미다. 따라서 환율을 가져오는 데 사용하는 하부 기술을 사실상 비동기식으로 간주할 수 있더라도(예: 환율 대기), 코드 관점에서는 본질적으로 동기식 블로킹 상호작용이다.

4.5.3 적용 대상

궁극적으로 비동기식 통신이 여러분에게 적합한지를 고려한다면, 유형마다 장단점이 있으므로 어떤 **유형**의 비동기식 통신을 선택할지도 고려해야 한다. 하지만 일반적으로 비동기식 통신을 사용해야 하는 특정 사용 사례가 몇 가지 있다. [그림 4-5]에서 살펴본 것처럼 장기 수행 프로세스는 명백한 비동기 통신 후보다. 또한 재구성하기가 쉽지 않은 긴 호출 체인이 있는 상황도 좋은 후보가 될 수 있다. 가장 일반적인 세 가지 비동기 통신 형태인 요청 및 응답 호출, 이벤트 기반 통신, 공통 데이터를 통한 통신 방식을 탐구하면서 이 절의 주제를 더 자세히 살펴본다.

---

5 이 예제는 에러 처리 코드 등을 생략해서 매우 단순하다는 점을 유의하자. 특히 자바스크립트의 async/await를 자세히 알고 싶다면 '최신 자바스크립트 지침서(The Modern JavaScript Tutorial)'(*https://javascript.info/*)를 참고하자.

4.6 [패턴] 공통 데이터를 통한 통신

다양한 구현과도 관련 있는 통신 방식은 공통 데이터를 통한 통신이다. 이 패턴은 하나의 마이크로서비스가 데이터를 정의한 위치에 넣고 다른 마이크로서비스(또는 여러 마이크로서비스)가 그 데이터를 이용할 때 사용된다. 하나의 마이크로서비스가 특정 위치에 파일을 떨구고 나중에 다른 마이크로서비스가 해당 파일을 집어 들어 작업을 수행하는 것처럼 간단할 것이다. 이러한 통합 방식은 기본적으로 비동기식이다.

그 방식의 한 가지 예를 보여주는 [그림 4-6]에서 신제품 수입자(New Product Importer)는 다운스트림의 재고(Inventory) 및 카탈로그(Catalog) 마이크로서비스가 읽는 파일을 생성한다.

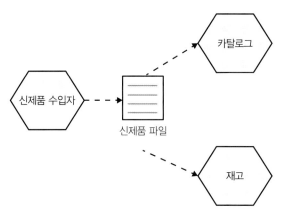

그림 4-6 하나의 마이크로서비스가 파일을 작성하고 다른 마이크로서비스들은 그 파일을 사용한다.

이 패턴은 어떤 면에서 가장 흔한 일반적인 프로세스 간 통신 패턴이지만, 프로세스 간 통신이 너무 간접적이어서 눈에 잘 띄지 않는 경우가 많기 때문에 통신 패턴으로 인식하지 못하는 경우가 종종 있다.

4.6.1 구현

이 패턴을 구현하려면 데이터에 대한 일종의 영구 저장소가 필요하며, 대개는 파일 시스템으로 충분하다. 필자는 주기적으로 파일 시스템을 스캔해 새 파일의 존재를 확인하고 그에 따라 적절히 반응하는 많은 시스템을 구축했다. 물론 일종의 강력한 분산 메모리 저장소를 사용할 수도 있다. 이러한 데이터와 작업하는 모든 다운스트림 마이크로서비스는 새 데이터가 가용하다는 사실을 인식하는 메커니즘이 필요하다. 예를 들어, 폴링^{polling}은 이 문제에 대한 가장 일반적인 해결책이다.

이 패턴의 두 가지 일반적인 예는 데이터 레이크^{data lake}와 데이터 웨어하우스^{data warehouse}다. 두 경우 모두 일반적으로 대량의 데이터를 처리하는 데 도움이 되도록 설계된 솔루션이지만, 결합^{coupling}과 관련해서는 분명 거리가 멀다. 데이터 레이크를 사용하면 소스는 자신이 적합하다고 생각하는 형식으로 원시 데이터를 업로드하고, 이 원시 데이터의 다운스트림 소비자는 이 정보를 처리하는 방법을 알고 있어야 한다. 데이터 웨어하우스에서 웨어하우스 자체는 구조화된 데이터 저장소다. 즉, 구조가 하위 호환이 불가능한 방식으로 변경되면 생산자가 업데이트돼야 한다.

데이터 웨어하우스와 데이터 레이크 모두에서 정보의 흐름은 한 방향이라고 가정한다. 한 마이크로서비스는 공통 데이터 저장소에서 데이터를 게시하고, 다운스트림 소비자는 데이터를 읽고 적절한 작업을 수행한다. 이 단방향 흐름에서 정보의 흐름은 더 쉽게 추론할 수 있다. 더욱 문제가 되는 구현 방식은 여러 마이크로서비스가 동일한 데이터 저장소를 읽고 쓰는 공유 데이터베이스를 사용하는 것이며, 그 예는 2장에서 공통 결합을 탐색할 때 논의했다. [그림 4-7]은 동일한 데이터를 업데이트하는 주문 처리기와 웨어하우스를 보여준다.

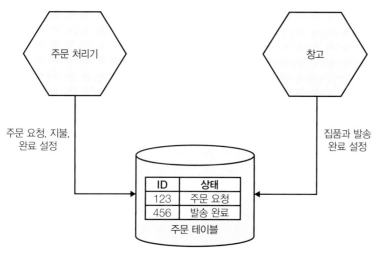

그림 4-7 주문 처리기와 웨어하우스가 동일한 주문 레코드를 업데이트하는 공통 결합의 예다.

4.6.2 장점

이 패턴은 일반적으로 알려진 기술을 사용해 매우 간단하게 구현할 수 있다. 따라서 파일이나 데이터베이스를 대상으로 읽거나 쓴다면 이 패턴이 유용하다. 널리 보급되고 잘 알려진 기술을 사용하면, 구형 메인프레임 애플리케이션이나 맞춤형 상용^{customizable off-the-shelf}(COTS) 소프트웨어 제품과 같은 다양한 유형의 시스템들을 상호 운용할 수 있다. 또한 이 방법은 데이터양에서도 큰 문제가 되지 않으므로, 한 번에 많은 데이터를 전송한다면 이 패턴이 효과적이다.

4.6.3 단점

다운스트림의 소비자 마이크로서비스는 일반적으로 일종의 폴링 메커니즘이나 주기적으로 트리거되는 정기 작업을 통해 처리할 신규 데이터가 있음을 인식한다. 이는 곧 이 메커니즘이 대기 시간이 짧은 상황에서는 유용하지 못할 수 있다는 의미다. 물론 이 패턴은 다운스트림 마이크로서비스에 새 데이터가 사용 가능하다는 사실을 알리는 다른 종류의 호출과 결합할 수 있다. 예를 들어 공유 파일 시스템에 파일을 작성하고 나서 관심 있는 마이크로서비스에 호출을 보내 원하는 신규 데이터가 있음을 알릴 수 있다. 이렇게 하면 게시되는 데이터와 처리되는 데이터 사이의 차이가 줄어든다. 하지만 일반적으로 아주 많은 양의 데이터에 대해 이 패턴을 사용하면 요구 사항 목록에서 짧은 지연 시간이 우선순위가 높을 가능성은 적다. 더 많은 양의 데이터를 전송하고 '실시간'으로 더 많이 처리하는 데 관심이 있다면 카프카와 같은 스트리밍 기술이 더 적합하다

[그림 4-7]에서 공통 결합을 탐구한 내용을 상기해보면, 공통 데이터 저장소가 잠재적으로 결합의 원천이 된다는 것은 또 다른 큰 단점이자 명백한 사실이다. 해당 데이터 저장소의 구조가 어떤 식으로든 변경되면 마이크로서비스 간 통신이 중단될 수 있다.

통신의 견고성은 기본 데이터 저장소의 견고성에 따라 결정된다. 엄밀히 말해 단점은 아니지만 알아둬야 할 특성이다. 만약 파일 시스템에 파일을 드롭하는 경우라면 파일 시스템 자체가 특이한 방식으로 실패하지 않도록 하는 것이 좋다.

4.6.4 적용 대상

이 패턴이 정말로 빛을 발하는 순간은 사용 가능한 기술에 제약이 있는 프로세스 사이에서 상호 운용성을 활성화할 때다. 기존 시스템이 마이크로서비스의 gRPC 인터페이스와 통신하거나 카프카 토픽Kafka topic을 구독하게 만들면 마이크로서비스의 관점에서 더 편리할 수 있지만, 소비자의 관점에서는 그렇지 않다. 구형 시스템은 지원 가능한 기술에 제한이 있으며 변경 비용이 많이 든다. 반면에 오래된 메인프레임 시스템이라도 파일에서 데이터를 읽는 것은 가능하다. 물론 이것은 널리 지원되는 데이터 저장소 기술을 사용하는지에 달려 있다. 레디스Redis 캐시 등을 사용하면 이 패턴을 구현할 수 있지만, 기존 메인프레임 시스템이 레디스와 통신할 수 있을까?

대용량 데이터를 공유할 수 있다는 점도 이 패턴의 큰 장점이다. 수 기가바이트 파일을 파일 시스템으로 보내거나 데이터베이스에 수백만 개의 행row을 로드해야 한다면 이 패턴이 적합하다.

4.7 패턴 요청 및 응답 통신

요청 및 응답을 사용하면 마이크로서비스는 다운스트림 서비스에 작업 요청을 보내고 요청에 대한 결과를 받길 기대한다. 이러한 상호작용은 동기식 블로킹 호출을 통해 수행되거나 비동기식 논블로킹 방식으로 구현될 수 있고 [그림 4-8]과 같다. 차트(Chart) 마이크로서비스는 다양한 장르의 베스트셀러 CD를 대조해 일부 CD의 현재 재고 수준을 물어보는 요청을 재고(Inventory) 서비스에 전송한다.

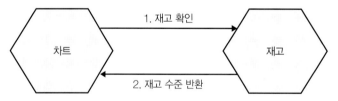

그림 4-8 차트 마이크로서비스는 재고 서비스에 재고 수준 확인 요청을 보낸다.

이처럼 다른 마이크로서비스에서 데이터를 검색하는 것은 요청 및 응답 호출의 일반적인 사용 사례다. 하지만 가끔은 작업이 완료됐는지 확인해야 한다. [그림 4-9]에서 창고(Warehouse) 마이크로서비스는 재고를 예약하라는 주문 처리기(Order Processor)의 요청을 받는다. 주문 처리기는 결제를 계속하기 전에 재고가 성공적으로 예약됐음을 알기만 하면 된다. 재고를 예약할 수 없다면(아마도 해당 품목이 더 이상 없어서) 결제가 취소될 수 있다. 특정 순서로 호출을 완료해야 하는 이와 같은 상황에서는 요청 및 응답 호출을 사용하는 것이 일반적이다.

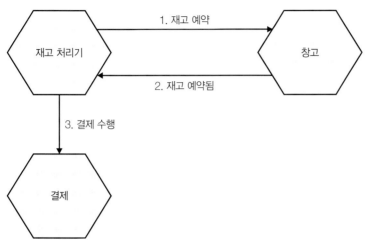

그림 4-9 주문 처리기는 결제 전에 재고 예약이 가능한지 확인해야 한다.

명령 대 요청

필자는 다른 사람들에게서 (특히 비동기식 요청 및 응답 통신의 맥락에서) 요청(request) 대신 명령(command)을 전송하는 것에 대한 이야기를 들었다. 여기서 **명령**이라는 용어에 숨겨진 의도는 틀림없이 **요청**의 의도와 동일하다. 즉, 업스트림 마이크로서비스가 다운스트림 마이크로서비스에 어떤 일을 하도록 청하는(asking) 것이다.

하지만 개인적으로는 요청이라는 용어를 훨씬 선호한다. 명령은 반드시 지켜야 하는 지시를 의미하며, 이는 사람들이 명령에 따라 행동해야 한다고 절감하는 상황으로 이어질 수 있다. 이와 달리 요청은 거부될 수 있다는 것을 암시한다. 마이크로서비스가 각 요청을 편견 없이 장단점을 기반으로 검토하고 자체적인 내부 논리에 따라 요청의 처리 여부를 결정하는 것이 옳다. 전송된 요청이 내부 논리를 위반한다면 마이크로서비스는 이를 거부해야 한다. 따라서 비록 미묘한 차이지만, 명령이라는 용어가 같은 의미를 전달한다고 생각하지는 않는다.

필자는 앞으로도 명령 대신 요청을 주로 사용하겠지만, 여러분이 어떤 용어를 사용하든 마이크로서비스는 경우에 따라 요청/명령을 거부하게 된다는 사실을 기억하길 바란다.

4.7.1 구현: 동기 대 비동기

이와 같은 요청 및 응답 호출은 동기식 블로킹 방식이나 비동기식 논블로킹 방식으로 구현할 수 있다. 동기식 호출을 사용하면 일반적으로 다운스트림 마이크로서비스와 네트워크 커넥션이 생성되며 이 커넥션을 따라 전송된다. 업스트림 마이크로서비스가 응답할 때까지 대기하는 동안 커넥션은 열린 상태로 유지된다. 이 경우 응답하는 마이크로서비스는 요청하는 마이크로서비스에 대해 전혀 알 필요가 없다. 단지 인바운드 커넥션을 통해 다시 돌려보내는 것뿐이다. 따라서 업스트림 또는 다운스트림 마이크로서비스 인스턴스가 종료돼 해당 커넥션이 끊어지면 문제가 발생할 수 있다.

비동기식 요청 및 응답 방식을 사용하면 덜 간단하다. 재고 예약과 관련된 프로세스를 다시 살펴보자. [그림 4-10]에서 재고 예약 요청은 일종의 메시지 브로커를 통해 메시지로 전송된다(이 장의 뒷부분에서 메시지 브로커를 설명한다). 메시지가 주문 처리기에서 창고(Warehouse) 마이크로서비스로 바로 이동하는 대신 큐에 보관된다. 창고 서비스는 가용한 상황에서 이 큐의 메시지를 사용한다. 요청을 읽고 관련 재고 예약 작업을 수행한 다음, 주문 처리기가 읽고 있는 큐로 응답을 다시 보낸다. 또한 응답을 어디로 라우팅할지도 알아야 한다. 이 예에서 창고 서비스는 이 응답을 주문 처리기가 사용하는 다른 큐를 통해 다시 전송한다.

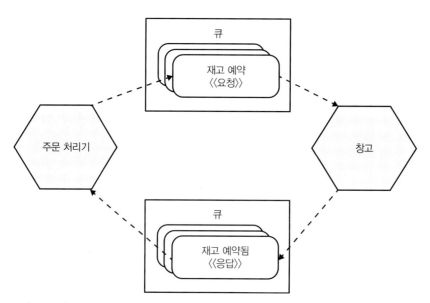

그림 4-10 재고 예약 요청을 전송하기 위해 큐를 사용한다.

따라서 비동기식 논블로킹으로 상호작용할 때 요청을 수신하는 마이크로서비스는 응답을 어디로 라우팅하는지 암묵적으로 알고 있거나 어디로 응답을 보내야 할지를 알아야 한다. 큐를 사용할 때 처리 대기 중인 큐에 여러 요청을 버퍼링할 수 있다는 추가적인 이점이 있으며 요청을 충분히 빠르게 처리하지 못하는 상황에서 도움이 된다. 마이크로서비스는 너무 많은 호출에 압도되지 않고 준비가 되면 다음 요청을 소비할 수 있다. 물론 많은 부분이 이러한 요청을 흡수하는 큐에 좌우된다.

마이크로서비스가 이와 같은 방식으로 응답을 수신하면 원래 요청과 응답을 연결 지어야 할 때가 있다. 긴 시간이 경과했을지도 모르고 사용 중인 프로토콜의 특성에 따라 응답이 요청을 보낸 동일 마이크로서비스의 인스턴스로 되돌아오지 않을 수 있으므로 이 연결은 어려운 일이 될 수 있다. 주문 과정의 일부로 재고를 예약하는 예에서 '재고 예약됨' 응답을 해당 주문과 연결하는 방법을 알아야 그 주문을 계속 처리할 수 있다. 이를 쉽게 처리하는 방법은 원래 요청과 관련된 모든 상태를 데이터베이스에 저장하고 응답이 올 때 수신한 인스턴스가 관련된 상태를 다시 로드해서 적절히 동작할 수 있게 하는 것이다.

마지막으로, 요청 및 응답의 상호작용 형태에서는 절대 발생하지 않을 일을 기다리면서 블로킹되는 문제를 피하고자 일종의 타임아웃 처리가 필요하다. 이 타임아웃 기능은 구현 기술에 따라 구현 방법이 다르지만 필수적이다. 타임아웃은 12장에서 자세히 살펴본다.

병렬 호출 대 순차 호출

요청 및 응답 상호작용 방식으로 작업할 때는 일부 처리를 계속하기 전에 여러 번 호출해야 하는 상황이 자주 발생한다.

뮤직코프가 API 호출을 통해 세 명의 서로 다른 재고 보유자로부터 해당 품목의 가격을 확인해야 하는 상황을 생각해보자. 새 재고를 누구에게 주문할지 결정하기 전에 세 명에게서 가격을 다시 받아보고 싶다. 다음 호출을 진행하기 전에 각 호출이 완료될 때까지 기다리면서 순서대로 세 번의 호출을 수행하도록 결정할 수 있다. 이러한 상황에서는 각 호출의 지연 시간을 합한 시간 동안 대기할 것이다. 각 공급자에 대한 API 호출이 반환되는 데 1초가 걸렸다면, 누구에게 주문할지 결정할 때까지 3초를 기다려야 한다.

더 나은 선택지는 이 세 가지 요청을 병렬로 실행하는 것이다. 그러면 작업의 전체 대기 시간은 각 API 호출 지연 시간의 총합이 아닌 가장 느린 API 호출에 좌우된다.

async/await와 같은 리액티브 확장 및 메커니즘은 호출을 병렬로 실행하는 데 매우 유용하며 일부 연산의 지연 시간을 크게 개선해준다.

4.7.2 적용 대상

요청 및 응답 호출은 추가 처리가 일어나기 전에 요청 결과를 확인해야 하는 모든 상황에 적합하다. 또한 호출이 되지 않아서 재시도retry와 같은 일종의 보상 조치를 수행 가능한 마이크로서비스 환경에서도 매우 적합하다. 어느 쪽이든 상황에 맞는다면 요청 및 응답이 합당한 방식이다. 남은 유일한 문제는 앞서 설명한 것과 동일한 장단점이 있을 때 동기식 구현과 비동기식 구현 중 어느 것을 선택할지 결정하는 것이다.

4.8 [패턴] 이벤트 기반 통신

이벤트 기반event-driven 통신은 요청 및 응답 호출에 비하면 꽤 특이해 보인다. 마이크로서비스가 다른 마이크로서비스에 작업을 요청하는 대신에 마이크로서비스가 다른 마이크로서비스에 수신 여부가 보장되지 않는 이벤트를 발행한다. 이 방식은 이벤트 리스너가 자체 실행 스레드에서 실행되기 때문에 본질적으로 비동기식 상호작용이다.

이벤트는 발생한 일에 대한 진술statement이다. 이벤트를 발행하는 마이크로서비스의 세계 내부에서 발생한 일이 거의 언제나 대부분이다. 이벤트를 발행하는 마이크로서비스는 이벤트를 사용하려는 다른 마이크로서비스가 존재한다는 사실조차 인식하지 못할 수 있다. 필요할 때 이벤트를 발행하면 그 책임을 다한 것이다.

[그림 4-11]은 주문 포장 프로세스와 관련된 이벤트를 발행하는 창고 서비스를 보여준다. 이 이벤트를 통지(Notifications) 및 재고(Inventory)라는 두 마이크로서비스가 수신하고 적절히 반응한다. 통지 마이크로서비스는 고객에게 주문 상태 변경을 알리는 이메일을 보내고, 재고 마이크로서비스는 품목이 고객의 주문으로 포장될 때 재고 수준을 업데이트할 수 있다.

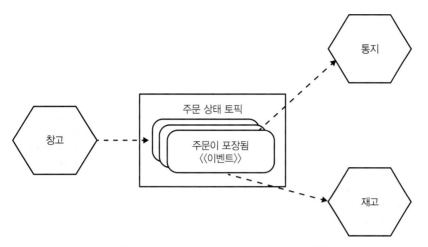

그림 4-11 창고 서비스는 구독한 다운스트림 마이크로서비스에 이벤트를 발행한다.

창고 서비스는 이해당사자가 적절히 반응할 것이라는 가정하에 이벤트를 브로드캐스트할뿐이다. 이벤트의 수신자가 누구인지 알지 못하기 때문에 일반적으로 이벤트 기반 상호작용이 훨씬더 느슨하게 결합된다. 또한 이것을 요청 및 응답 호출과 비교할 때는 책임의 역전 현상을 이해하는 데 시간이 걸릴 수 있다. 요청 및 응답을 사용하면 창고 서비스가 적절한 시기에 통지 마이크로서비스에 이메일을 보내도록 지시할 것으로 예상할 수 있다. 이러한 모델에서 창고 서비스는 고객 알림이 필요한 이벤트를 알고 있어야 한다. 대신 이벤트 기반 상호작용을 사용하면해당 책임을 통지 마이크로서비스에 떠넘길 수 있다.

이벤트의 숨은 의미는 요청과 반대되는 것으로 간주될 수 있다. 즉, 이벤트 발행자는 무엇을 할지 결정하는 것을 수신자에게 맡기고 있다. 요청 및 응답을 사용하면 요청을 보내는 마이크로서비스가 무엇을 해야 하는지 알고 다음에 발생해야 한다고 여기는 것을 다른 마이크로서비스에 전달한다. 물론 이것은 요청 및 응답 방식에서 요청자가 다운스트림 수신자가 수행할 수 있는 작업에 대한 지식이 있어야 함을 의미하며, 더 높은 수준의 도메인 결합coupling을 나타낸다. 이벤트 기반 협업 방식을 사용하면 이벤트 발행자는 다운스트림 마이크로서비스가 무엇을 할 것인지 알 필요가 없으며 실제로 존재조차 알지 못할 수 있다. 결과적으로 결합이 크게 줄어든다.

이벤트 기반의 상호작용에서 볼 수 있는 책임의 분배는 더 자율적인 팀을 만들려는 조직에서볼 수 있는 책임의 분배를 반영한다. 모든 책임을 중앙에서 담당하기보다는 각 팀에 넘겨 더 자율적인 방식으로 운영하길 원하며, 이 개념은 15장에서 다시 다룰 것이다. 여기서는 책임을 창고 서비스에서 통지 및 결제 서비스로 넘기고 있다. 이는 창고와 같은 마이크로서비스의 복잡성을 줄이고 시스템의 '지능smarts'을 보다 고르게 분배할 수 있게 한다. 6장에서는 코레오그래피choreography와 오케스트레이션orchestration을 비교하면서 이 아이디어를 더 자세히 살펴본다.

이벤트와 메시지

메시지와 이벤트라는 용어는 종종 혼동을 일으켜왔다. 먼저, 이벤트는 사실(fact)이다. 즉, 정확히 무슨 일이 발생했는지 알려주는 일부 정보와 함께 어떤 일이 발생했다는 진술을 의미한다. 메시지는 메시지 브로커(message broker)와 같은 비동기 통신 메커니즘을 통해 전송되는 것이다.

이벤트 기반 협업 방식에서는 이벤트를 브로드캐스트하며, 해당 브로드캐스트 메커니즘을 구현하는 일반적인 방법은 이벤트를 메시지에 넣는 것이다. 메시지는 전달 매체(medium)고 이벤트는 페이로드(payload)다. 마찬가지로 요청을 메시지의 페이로드로 보내길 원하기도 한다. 이 경우 비동기 요청 및 응답 형식을 구현하게 된다.

4.8.1 구현

여기서 고려해야 할 두 가지 주요한 측면이 있는데, 마이크로서비스가 이벤트를 발행하는 방법과 소비자가 해당 이벤트 발생을 알아내는 방법이다.

전통적으로 래빗엠큐RabbitMQ와 같은 메시지 브로커는 두 문제를 모두 처리하려고 한다. 생산자는 API를 사용해 이벤트를 브로커에 발행한다. 브로커는 구독을 처리해 이벤트가 도착하면 소비자가 알림을 받을 수 있도록 한다. 이러한 브로커는 예를 들면 이전에 본 메시지를 추적하도록 도와서 소비자의 상태도 처리할 수 있다. 이와 같은 시스템은 일반적으로 확장성과 회복 탄력성을 갖추도록 설계되지만 '공짜'는 아니다. 이는 서비스를 개발하고 테스트를 수행하는 데 필요한 또 다른 시스템이므로 개발 과정에서 복잡성을 가중시킨다. 이 인프라스트럭처를 계속 가동하고 실행하려면 추가적인 머신과 전문 지식이 필요할 수 있다. 하지만 일단 구축되면 느슨하게 결합된 이벤트 기반의 아키텍처를 구현하는 데 매우 효과적인 방법이 된다. 대체로 필자는 이 방식을 좋아한다.

하지만 메시지 브로커는 미들웨어의 일부에 불과하므로 주의해야 한다. 큐는 그 자체로 완벽히 합리적이고 유용하지만, 공급업체는 많은 소프트웨어를 함께 패키징하려는 경향이 있으므로 엔터프라이즈 서비스 버스enterprise service bus(ESB)에서 보듯이 점점 더 많은 지능이 미들웨어에 들어갈 수 있다. 따라서 여러분이 얻으려는 것을 확실히 파악해야 한다. 미들웨어는 멍청하게, 엔드포인트는 똑똑하게 유지해야 한다.

또 다른 접근 방식은 이벤트를 전파하는 방법으로 HTTP를 사용하는 것이다. 아톰Atom은 리소스 피드feed를 게시하기 위한 시맨틱(무엇보다도)을 정의하는 REST 호환 명세다. 이러한 피드를 만들고 사용하는 많은 클라이언트 라이브러리가 있으므로, 고객 서비스가 변경될 때마다 고객 서비스는 피드에 이벤트를 바로 게시할 수 있다. 소비자들은 단순히 피드를 폴링해 변경 사항을 찾는다. 한편으로는 기존 아톰 명세와 관련 라이브러리를 재사용할 수 있다는 사실도 유용하며, 우리는 HTTP가 확장성을 매우 잘 처리한다는 점도 알고 있다. 하지만 이러한 HTTP를 사용하면 지연 시간 측면에서 나쁘며(일부 메시지 브로커는 뛰어난 경우), 소비자가 자신이 받은 메시지를 추적하고 자체 폴링 일정도 관리해야 한다는 사실도 여전히 처리해야 한다.

필자는 사람들이 적절한 메시지 브로커를 사용해 아톰을 일부 사용 사례에 적용할 수 있도록 점점 더 많은 동작을 구현하는 데 오랜 시간을 소비하는 것을 봤다. 예를 들어 **경쟁 소비자 패턴**competing consumer pattern은 메시지를 두고 경쟁하기 위해 여러 워커worker 인스턴스를 사용하는 방법을 설명한다. 이는 독립적인 작업들을 처리하기 위해 워커 수를 늘리는 데 적합하다(다음 장에서 다시 설명한다). 하지만 필요한 것보다 더 많은 작업을 할 수 있으므로 두 명 이상의 워커가 동일한 메시지를 보는 경우는 피해야 하는데, 메시지 브로커를 사용하면 표준 큐가 이를 처리한다. 아톰을 사용하면, 이제 모든 워커 간에 공유되는 상태를 관리해 중복 작업을 줄이도록 해야 한다.

우수하고 탄력적인 사용 가능한 메시지 브로커가 이미 있다면, 이를 재사용해 이벤트 게시 및 구독을 처리하는 것이 좋다. 아직 없다면 아톰을 살펴보길 바란다. 하지만 매몰 비용 오류는 유의하자. 메시지 브로커가 제공하는 지원을 점점 더 많이 원하게 된다면 어느 순간 방식을 바꿔야 할 수 있다.

이러한 비동기식 프로토콜을 통해 실제로 전송하는 것과 관련해 동기식 통신과 동일한 고려 사항이 적용된다. 현재 JSON을 사용해 요청 및 응답을 인코딩하는 데 만족한다면 계속 사용하라.

4.8.2 이벤트에 포함되는 것

[그림 4-12]는 고객 마이크로서비스에서 새 고객이 시스템에 등록했음을 이해관계자에게 알리는 이벤트가 브로드캐스트되는 것을 보여준다. 2개의 다운스트림 마이크로서비스인 멤버십(Loyalty)과 통지(Notifications)는 이 이벤트에 관심이 있다. 멤버십 마이크로서비스는 포인트 적립을 시작할 수 있도록 신규 고객을 위한 계정을 설정하면서 이벤트 수신에 반응하고, 통지 마이크로서비스는 큰 즐거움을 제공하는 뮤직코프에 온 것을 환영하는 이메일을 신규 등록 고객에게 보낸다.

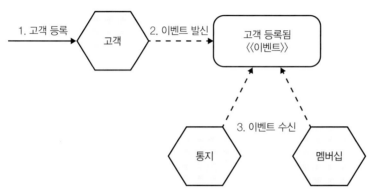

그림 4-12 신규 고객이 등록되면 통지 및 멤버십 마이크로서비스는 이벤트를 수신한다.

요청 방식에서는 마이크로서비스에 무언가를 요청하고 요청된 작업을 수행하는 데 필요한 정보를 제공한다. 이벤트 방식에서는 다른 당사자들이 관심을 가질 만한 사실을 브로드캐스트한다. 하지만 이벤트를 발생시키는 마이크로서비스는 누가 이벤트를 받는지 알 수 없고 알아서도 안 된다. 그렇다면 다른 당사자가 이벤트에서 어떤 정보를 원하는지는 어떻게 알 수 있을까? 이벤트 안에는 정확히 무엇이 포함돼야 할까?

딱 ID만

한 가지 선택지는 [그림 4-13]과 같이 이벤트에 새로 등록된 고객의 식별자identifier만 포함하는 것이다. 멤버십 마이크로서비스는 식별자만 있으면 일치하는 멤버십 계정을 생성할 수 있으므로 더 필요한 정보는 없다. 하지만 통지 마이크로서비스는 이 유형의 이벤트가 수신될 때 환영이메일을 보내야 한다는 사실을 알고 있더라도 작업을 수행하려면 최소한 이메일 주소와 개인화된 이메일 전송에 관련된 (아마도 고객 이름과 같은) 추가 정보가 필요하다. 이 정보는 통지 마이크로서비스가 수신받은 이벤트에는 없으므로 [그림 4-13]과 같이 고객 마이크로서비스에서 이 정보를 가져올 수밖에 없다.

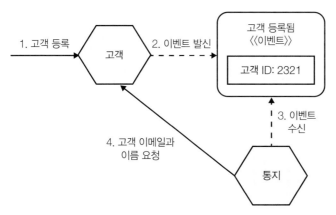

그림 4-13 통지 마이크로서비스는 이벤트가 포함되지 않은 추가 정보를 고객 서비스에 요청해야 한다.

이 방법은 몇 가지 단점이 있다. 첫째, 통지 마이크로서비스는 이제 고객 마이크로서비스에 대해 알아야 하며 추가적인 도메인 결합이 생겼다. 2장에서 논의한 것처럼 도메인은 결합 면에서 좀 더 느슨한 편이지만 가능한 한 피하고 싶다. 통지 마이크로서비스가 수신한 이벤트에 필요한 정보가 모두 포함됐다면 이와 같은 콜백이 필요하지 않으며, 수신한 마이크로서비스의 콜백은 또한 다른 큰 문제로 이어질 수 있다. 즉, 수신 마이크로서비스가 많은 상황에서는 결과적으로 이벤트를 발산하는 마이크로서비스에 요청이 폭주할 수 있다. 5개의 서로 다른 마이크로서비스가 모두 동일한 고객 생성 이벤트를 수신하고 모두 추가 정보를 요청해야 하는 경우를 상상해보라. 필요한 정보를 얻으려면 모두가 즉시 고객 마이크로서비스에 요청을 보내야 한다. 특정 이벤트에 관심이 있는 마이크로서비스의 수가 증가함에 따라 이러한 호출의 영향은 커질 것이다.

매우 자세한 이벤트

필자가 선호하는 대안은 API를 통해 공유하는 모든 것을 이벤트에 삽입하는 방식이다. 통지 마이크로서비스가 특정 고객의 이메일 주소와 이름을 요청해야 한다면, 처음부터 이벤트에 정보를 삽입하는 것이 어떨까? [그림 4-14]는 이 방식을 보여준다. 통지 서비스는 이제 더 자립적이며 고객 마이크로서비스와 통신하지 않고도 작업을 수행할 수 있다. 사실 고객 마이크로서비스가 존재하는지 알 필요가 없을지도 모른다.

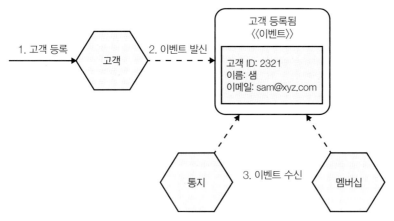

그림 4-14 더 많은 정보가 포함된 이벤트를 사용하면 수신 마이크로서비스는 이벤트 원천에 추가 요청을 하지 않고도 작동할 수 있다.

더 많은 정보가 포함된 이벤트가 더 느슨한 결합을 가능하게 한다는 사실 외에도 더 많은 정보가 포함된 이벤트는 해당 엔티티에 발생한 일에 대한 기록 덕분에 두 배로 커질 수 있다. 이는 감사auditing 시스템에 도움을 주거나 특정 시점에 엔티티를 재구성하는 기능을 제공한다. 즉, 이러한 이벤트를 곧 살펴볼 개념인 이벤트 소싱event sourcing의 일부분으로 사용할 수 있다.

확실히 필자가 선호하는 접근 방식이지만, 단점이 없지는 않다. 첫째, 이벤트와 연관된 데이터가 크면 이벤트 크기를 우려하게 된다. 최신 메시지 브로커(이벤트 브로드캐스트 메커니즘을 구현하기 위해 하나를 사용한다고 가정)는 메시지 크기에 상당히 관대한 제한을 두고 있다. 카프카 메시지의 기본 최대 크기는 1MB이고, 이와 같은 큰 메시지에 관한 몇 가지 흥미로운 성능 문제가 예상되더라도 최신 래빗엠큐 릴리스에서는 단일 메시지에 대해 이론적 상한선이 512MB이다(이전 상한선인 2GB에서 줄었다!). 하지만 카프카의 메시지 최대 크기인 1MB도 상당량의 데이터를 전송하는 큰 공간이다. 궁극적으로 이벤트의 크기를 걱정하기 시작하는 곳으로 입문했다면, 일부 정보는 이벤트에 포함되지만 다른 (더 큰) 데이터는 필요할 경우 조회할 수 있는 하이브리드 방식을 권장한다.

[그림 4-14]에서 멤버십 서비스는 이메일 주소나 이름을 알 필요가 없음에도 불구하고 이벤트를 통해 전달받는다. 예를 들어 개인 식별 정보(또는 PII), 결제 카드 세부 정보나 이와 유사한

민감한 데이터를 볼 수 있는 마이크로서비스의 범위를 제한하려는 경우 이 문제가 발생할 수 있다. 이 문제를 해결하는 방법은 두 가지 유형의 이벤트를 보내는 것이다. 한 이벤트는 PII를 포함하고 일부 마이크로서비스에서 볼 수 있다. 다른 이벤트는 PII를 제외하고 더 광범위하게 브로드캐스트할 수 있다. 이는 서로 다른 이벤트의 가시성을 관리하고 두 이벤트를 발송해야 한다는 측면에서 복잡성이 가중된다. 마이크로서비스가 첫 번째 종류의 이벤트를 보내고 두 번째 것을 보내기 전에 죽는다면 어떻게 될까?

또 다른 고려 사항은 데이터를 이벤트에 포함한다는 것은 외부 세계와 계약의 한 부분이 된다는 사실이다. 이벤트에서 필드를 제거하면 외부 당사자가 중단될 수 있음을 알아야 한다. 정보 은닉은 이벤트 기반 협업 방식에서도 중요한 개념이다. 이벤트에 더 많은 데이터를 추가할수록 외부 당사자는 이벤트에 대해 더 많은 가정을 해야 한다. 필자의 일반적 규칙은 요청 및 응답 API를 통해 동일한 데이터를 공유할 수 있다면 이벤트에 정보를 넣어도 괜찮다는 것이다.

4.8.3 적용 대상

이벤트 기반 협업 방식은 정보를 브로드캐스트하길 원하는 상황과 의도를 뒤집는 상황에서 효과가 있다. 다른 일을 지시하는 모델에서 벗어나 다운스트림 마이크로서비스가 스스로 작업하게 만드는 것은 상당한 매력이 있다.

다른 요소보다 느슨한 결합에 더 중점을 두는 상황이라면 이벤트 기반 협업은 분명 매력적일 것이다.

주의할 점은 이러한 협업 방식에 대한 노출이 제한적일 때는 새로운 복잡성의 원인이 되는 경우가 많다는 것이다. 이와 같은 형태의 통신에 확신이 서지 않는다면 마이크로서비스 아키텍처에서 다양한 상호작용 방식이 혼합될 수 있다는 사실을 상기하라. 전체를 이벤트 기반 협업 방식으로 할 필요는 없다. 하나의 이벤트에서 시작해 점차 확장해 나갈 수도 있다.

개인적으로 필자는 이벤트 기반 협업 방식에 기본적으로 끌린다. 필자의 뇌는 이러한 통신 유형이 당연한 것처럼 보이도록 스스로 재구성된 것 같다. 이것이 옳다고 느끼는 것 외에는 왜 그런지 설명하기가 까다로울 수 있으므로 이런 말은 도움이 되지 않는다. 하지만 이는 자신의 경험을 바탕으로 자신이 아는 것에 자연스럽게 끌리게 되는 자신만의 편견일 뿐이다. 이 형태의 상호작용에 대한 애착은 지나치게 결합된 시스템을 경험했던 이전의 나쁜 기억에서 전적으로 기인했을 가능성이 높다. 이번에는 정말로 다를 것이라고 생각하면서 마지막 전투를 계속 반복해서 싸우는 장군 같을지 모른다.

여기서 필자가 아무런 편견 없이 말하고 싶은 것은 요청 및 응답 상호작용을 이벤트 기반의 상호작용으로 바꾸는 팀이 그 역방향으로 바꾸는 팀보다 훨씬 많다는 사실이다.

4.9 조심해서 진행하라

비동기 작업 일부는 재미있을 것 같지 않은가? 이벤트 기반 아키텍처는 훨씬 더 분리되고 확장 가능한 시스템이 될 것으로 보이며, 실제로 그럴 수 있다. 그러나 이러한 통신 방식은 복잡성을 증가시킨다. 앞에서 논의한 것처럼, 메시지 게시 및 구독을 관리하는 데 필요한 복잡성뿐 아니라 직면하게 될 또 다른 문제의 복잡성도 있다. 예를 들어 장기 수행되는 비동기식 응답 및 요청 방식을 고려한다면, 응답이 반환될 때 무엇을 할지 생각해야 한다. 요청을 시작한 동일 노드로 되돌아오는가? 그렇다면 그 노드가 다운되면 어떻게 될까? 그렇지 않다면 적절히 대응할 수 있도록 정보를 어딘가에 저장해야 할까? 단기 수행되는 비동기는 올바른 API가 있으면 더 수월하게 관리하지만, 그렇다고 해도 프로세스 안에서 동기식 메시지 호출에 익숙한 프로그래머에게는 다른 사고방식이다.

이제 조심스러운 이야기가 필요한 시점이다. 은행의 가격 책정 시스템을 구축하는 업무를 맡았던 2006년으로 잠시 돌아가본다. 당시 필자와 동료들은 시장의 이벤트를 살펴보고 포트폴리오에서 어떤 항목의 가격을 재조정해야 하는지 파악하고 있었다. 처리할 항목 목록을 결정한 후에는 이 모든 항목을 메시지 큐에 넣었다. 또한 그리드grid[6]를 활용해 가격 책정 워커 풀worker pool[7]을 생성하고, 요청에 따라 이 가격 정책 팜farm을 확장하거나 축소할 수 있었다. 이 워커들은 경쟁 소비자 패턴을 사용해 처리할 것이 없을 때까지 가능한 한 빠르게 메시지를 처리했다.

시스템이 가동되고 있었고 우리는 다소 우쭐해 있었다. 하지만 어느 날 릴리스를 한 직후 워커가 계속 죽어나가는 끔찍한 문제를 맞닥뜨렸다. 죽고 또 죽고 있었다.

---

6   옮긴이_그리드 컴퓨팅은 여러 컴퓨터를 가상으로 연결해서 공동으로 연산 작업을 수행하게 하는 분산 컴퓨팅 기술이다(출처: 위키백과, https://bit.ly/3bLZyEA).

7   옮긴이_'작업자'로 표기하면 혼동을 줄 수 있어 일하는 노드/컴퓨팅을 나타내는 '워커'로 표기한다.

필자와 동료들은 문제를 추적했다. 마침내 특정 유형의 가격 책정 요청에 의해 워커가 고장 난 것을 확인했다. 우리는 트랜잭션 큐를 사용하고 있었다. 즉, 워커가 죽고 요청에 대한 잠금 시간이 초과되면 가격 정책 요청이 다시 큐로 인입되는데, 이어서 다른 워커가 요청을 집어 들고 또 죽어 나간 것이다. 마틴 파울러가 '파국적 페일오버catastrophic failover'라고 부르는 전형적인 경우였다.

버그 자체 외에도 큐에 있는 작업에 대한 최대 재시도 제한을 지정하지 못했다. 따라서 버그를 수정하고 재시도 수를 설정했다. 또한 이러한 잘못된 메시지를 확인하고 잠재적으로 재시도할 수 있는 방법이 필요하다는 사실을 깨달았다. 실패할 경우에 메시지가 이송될 메시지 병원(또는 데드 레터 큐dead letter queue)을 구현해야 했으며, 그 메시지를 보고 필요할 경우 재시도할 수 있는 UI도 만들었다. 동기식 지점 간 통신에만 익숙하다면 이러한 종류의 문제는 바로 드러나지 않는다.

일반적으로 이벤트 기반 아키텍처와 비동기식 프로그래밍의 복잡성으로 인해 이와 같은 아이디어를 열성적으로 채택하는 데 신중해야 한다. 적절한 모니터링이 존재하는지 확인하고, 프로세스 경계를 거쳐 요청을 추적하게 해주는 상관관계 ID(10장에서 자세히 다룬다)의 사용을 적극 고려해보길 바란다.

또한 그레고르 호페Gregor Hohpe와 바비 울프Bobby Woolf의 『기업 통합 패턴』(에이콘, 2014)도 강력히 추천한다. 이 책은 이 분야에서 고려할 다양한 메시징 패턴을 자세히 다룬다.

하지만 '더 단순한 것'으로 고려할 수 있는 통합 방식에도 편견은 없어야 한다. 작동 여부를 아는 것과 관련된 문제는 비동기식 통합 형식에만 국한되지 않는다. 동기식 블로킹 호출에서 타임아웃이 발생한다면, 요청이 유실돼 다운스트림 당사자가 수신하지 못했기 때문에 이런 일이 발생한 것일까? 아니면 요청은 도달했지만 응답이 유실된 것일까? 재시도를 했는데 원래 요청이 이미 도달했다면 어떻게 될까? (12장에서 다룰 멱등성idempotency이 등장할 때다.)

실패 처리와 관련해 동기식 블로킹 호출은 문제가 발생했는지 여부를 파악하는 과정에서 많은 골칫거리를 야기할 수 있다. 다만 그 골칫거리가 우리에게 더 친숙할 뿐이다!

요약

이 장에서는 마이크로서비스 통신의 몇 가지 주요 방식을 분석하고 다양한 절충안을 논의했다. 언제나 단 하나의 올바른 방법만 있는 것은 아니지만 동기식 호출과 비동기식 호출, 이벤트 기반 통신과 요청 및 응답 통신 방식에 대한 자세한 설명이 해당 맥락에서 올바른 호출을 하는 데 충분히 도움이 되길 바란다. 비동기식 이벤트 기반 협업에 대한 필자의 편견은 필자의 경험뿐만 아니라 일반적으로 결합에 대한 반감이 작용한 결과이기도 하다. 하지만 이러한 통신 방식에는 무시하지 못할 상당한 복잡성이 수반되며, 모든 상황은 고유하다.

이 장에서는 이와 같은 상호작용 방식을 구현하는 몇 가지 특정 기술을 간략히 언급했다. 이제 이 책의 두 번째 파트(2부 '구현')를 시작할 차례다. 다음 장에서는 마이크로서비스 통신의 구현을 더 자세히 살펴본다.

Part **II**

구현

Part II

구현

## CHAPTER 5

마이크로서비스의 통신 구현

이전 장에서 논의했듯이 어떤 기술을 선택할지는 원하는 통신 방식에 따라 대부분 결정돼야 한다. 따라서 동기식 블로킹 호출이나 비동기식 논블로킹 호출, 요청 및 응답이나 이벤트 기반 협업 중에서 어느 통신 방식을 도입할지 결정하면 방대한 기술 후보군을 줄여나가는 데 도움이 된다. 이 장에서는 마이크로서비스 통신에 일반적으로 사용되는 몇 가지 기술을 살펴본다.

5.1 이상적인 기술을 찾아서

한 마이크로서비스가 다른 마이크로서비스와 통신하는 방법에는 다양한 선택지가 있다. 하지만 SOAP, XML-RPC, REST, gRPC 중 어느 것이 적합할까? 항상 새로운 선택지는 등장한다. 따라서 특정 기술을 논의하기 전에 우리가 선택한 기술에서 무엇을 원하는지 생각해보자.

5.1.1 하위 호환성을 쉽게 하라

마이크로서비스를 변경할 때는 이 서비스를 소비하는 마이크로서비스와의 호환성이 깨지지 않도록 해야 한다. 따라서 어떤 기술을 선택하든 하위 호환되는 변경을 쉽게 할 수 있길 원한다. 새 필드를 추가하는 등의 간단한 작업으로 클라이언트가 중단되면 안 된다. 또한 변경 사항이 이전 버전과 호환되는지 검증할 수 있는 기능과 마이크로서비스를 운영 환경에 배포하기 전에 피드백 방법을 마련하는 것이 이상적이다.

5.1.2 인터페이스를 명시적으로 만들라

마이크로서비스 인터페이스는 명시적이어야 한다. 이 말은 마이크로서비스가 노출하는 기능이 마이크로서비스 소비자에게 분명하다는 것을 의미한다. 하지만 외부 당사자를 위해 어떤 기능이 그대로 유지되는지 마이크로서비스에서 작업하는 개발자에게 분명하게 전달된다는 의미이기도 하다. 마이크로서비스의 변경으로 인해 우발적으로 호환성이 깨지는 상황은 피하고 싶다.

명시적 스키마는 마이크로서비스가 노출하는 인터페이스가 명시적이라는 것을 보장하는 데 큰 도움이 된다. 우리가 볼 수 있는 기술 중 일부는 스키마를 사용해야 하며, 다른 기술에서는 스키마 사용이 선택 사항이다. 어느 쪽이든, 소비자가 마이크로서비스로부터 제공받을 것으로 기대하는 기능을 명확하게 설명하는 충분한 지원 문서와 함께 스키마를 사용해볼 것을 적극 권장한다.

5.1.3 API를 기술 중립적으로 유지하라

IT 업계에서 15분 이상 일해본 적이 있다면, 우리가 급변하는 분야에서 일한다고 굳이 말하지 않아도 된다. 한 가지 확실한 것은 변화다. 새로운 도구, 프레임워크, 프로그래밍 언어는 항상 등장해서 더 빠르고 효과적으로 작업하는 데 도움이 되는 아이디어를 구현한다. 지금 여러분은 .NET 관련 일을 할지도 모른다. 하지만 지금으로부터 1년 후 또는 5년 후는 어떨까? 생산성을 높여주는 대체 기술 스택을 실험하고 싶다면 어떻게 할 것인가?

필자는 가능성을 열어두는 것을 매우 좋아하며, 그런 점에서도 마이크로서비스를 좋아한다. 또한 마이크로서비스 간 통신에 사용된 API를 기술 중립적으로 유지하는 것이 중요하다고 생각하는 이유이기도 하며, 이는 곧 마이크로서비스를 구현하는 데 사용될 기술 스택을 강요하는 통합 기술은 피해야 한다는 것을 의미한다.

5.1.4 소비자를 위해 서비스를 단순하게 만들라

우리는 소비자가 마이크로서비스를 쉽게 사용할 수 있도록 만들고 싶다. 만약 소비자가 마이크로서비스를 사용하는 비용이 하늘을 찌를 정도로 높다면, 마이크로서비스를 아름답게 만드는 것은 그다지 중요하지 않다! 그렇다면 소비자들이 우리의 새롭고 멋진 서비스를 쉽게 사용할 방법은 무엇인지 생각해보자. 이상적으로는 클라이언트가 자기 기술을 선택하는 데 완전한 자유를 누리게 하고 싶다. 다른 한편으로는 클라이언트 라이브러리를 제공하면 이 바람을 쉽게 이룰 수 있다. 예를 들어 (서비스) 소비자의 편의를 위해 클라이언트 라이브러리를 사용할 수 있지만, 결합이 증가되는 것을 감수해야 한다.

5.1.5 내부 구현 세부 사항을 숨겨라

소비자가 우리의 내부 구현에 종속되는 상황을 바라지 않는 것은 결합이 증가하기 때문이다. 즉, 마이크로서비스 내부에서 무언가를 변경하려는 경우 소비자에게도 변경을 요구해 소비자를 불편하게 만들 수 있다. 이는 변경 비용을 증가시키는데, 모두가 원치 않는 결과다. 또한 소비자를 업그레이드해야 한다는 두려움 때문에 변경을 꺼리는 경향도 있음을 의미하며, 이는 서비스 내부의 기술 부채를 증가시키곤 한다. 따라서 내부 표현의 상세 정보를 노출하도록 강요하는 기술은 피해야 한다.

5.2 기술 선택

살펴볼 기술이 많지만, 광범위하게 모두 살펴보기보다는 가장 대중적이고 흥미로운 몇 가지 선택지들에 주목할 것이다. 여기서 다룰 기술은 다음과 같다.

원격 프로시저 호출remote procedure call

원격 프로세스에서 로컬 메서드를 호출할 수 있는 프레임워크다. 일반적으로 SOAP와 gRPC 중에서 선택한다.

REST

공통의 동사(GET, POST 등)들을 사용해 액세스 가능한 리소스(고객, 주문 등)를 노출하는 아키텍처 방식이다. REST는 이보다 더 많은 것을 포함하며, 이 책에서 곧 다룬다.

그래프QL GraphQL

소비자가 여러 하위 마이크로서비스에서 정보를 가져올 수 있는 사용자 지정 쿼리를 정의하고 필요한 결과만 반환하기 위해 필터링할 수 있으며, 상대적으로 새로운 프로토콜이다.

메시지 브로커 message broker

큐나 토픽을 통해 비동기 통신을 허용하는 미들웨어다.

5.2.1 원격 프로시저 호출

원격 프로시저 호출remote procedure call (RPC)은 로컬 호출을 통해 어딘가에 있는 원격 서비스를 실행하는 기술을 말한다. 현재 다양한 RPC 구현체가 사용되고 있다. 이 분야의 기술 대부분은 SOAP나 gRPC와 같은 명시적 스키마를 필요로 한다. RPC 맥락에서 스키마는 종종 인터페이스 정의 언어interface definition language (IDL)라고 하며, SOAP는 해당 스키마를 웹 서비스 정의 언어web service definition language (WSDL)로 참조한다. 별도의 스키마를 사용하면 다양한 기술 스택을 위한 클라이언트 및 서버 스텁stub을 더 쉽게 생성할 수 있다. 예를 들어 SOAP 인터페이스를 노출하는 자바 서버와 그 인터페이스에 대한 동일한 WSDL 정의를 사용해 생성된 .NET 클라이언트를 만들 수 있다. 자바 RMI를 비롯한 다른 기술은 클라이언트와 서버 간의 더 강한 결합을 요구하며, 둘 다 동일한 하부 기술을 사용하지만 명시적인 서비스 정의는 필요 없다. 서비스 정의가 자바의 타입 정의에 의해 암묵적으로 제공되기 때문이다. 이러한 모든 기술에는 원격 호출을 로컬 호출처럼 보이게 하는 동일한 핵심 특성이 있다.

일반적으로 RPC 기술을 사용하는 것은 직렬화 프로토콜에 투자한다는 의미다. RPC 프레임워크는 데이터가 직렬화되거나 역직렬화되는 방법을 정의한다. 예를 들어 gRPC는 이를 위해 프로토콜 버퍼protocol buffer 직렬화 형식을 사용한다. 일부 구현체는 특정 네트워킹 프로토콜(예: 명목상 HTTP를 사용하는 SOAP)에 제한돼 있는 반면, 다른 구현체는 다양한 유형의 네트워킹 프로토콜을 사용해 추가 기능을 제공한다. 예를 들어 TCP는 전달을 보장하는 반면에 UDP는 전달을 보장하지 못하지만 훨씬 낮은 오버헤드를 제공한다. 이를 통해 다양한 사용 사례에 따라 다양한 네트워킹 기술을 사용할 수 있다.

명시적 스키마가 있는 RPC 프레임워크를 사용하면 클라이언트 코드를 생성하기가 매우 쉽다. 어떤 클라이언트도 이 서비스 명세에 대해 스스로 코드를 생성할 수 있으므로 클라이언트 라이브러리가 필요하지 않다. 하지만 클라이언트 측 코드를 생성하려면, 클라이언트는 스키마를 해당 호출 외부에서 가져올 방법이 필요하다. 다시 말해 소비자는 호출을 하기 전에 스키마에 액세스할 수 있어야 한다. 이런 점에서 아브로Avro RPC는 페이로드에 전체 스키마를 전송해 클라이언트가 동적으로 스키마를 해석할 수 있게 하는 흥미롭고 독특한 사례다.

클라이언트 측 코드를 쉽게 생성하는 것은 RPC의 주요 장점 중 하나다. 평소처럼 메서드 호출만 하고 이론적으로 나머지를 무시할 수 있다는 사실은 큰 이점으로 다가온다.

문제점

보다시피 RPC는 몇 가지 큰 장점을 제공하지만 단점도 있다. 또한 일부 RPC 구현체는 다른 구현체보다 더 문제가 되기도 한다. 그 문제 중 상당수는 해결할 수 있지만 더 자세히 살펴볼 필요가 있다.

기술 결합technology coupling**이 발생한다**: 자바 RMI와 같은 일부 RPC 메커니즘은 클라이언트와 서버에서 사용될 수 있는 기술을 제한하며 특정 플랫폼에 강력히 묶여 있다. 스리프트Thrift와 gRPC는 대체 언어에 대한 지원이 훌륭하므로 그 단점을 어느 정도 줄여주지만, RPC 기술에는 때때로 상호 운용성에 대한 제약이 따른다는 점을 유의하라.

어떤 면에서 이 기술 결합은 내부 기술의 구현 상세 정보를 노출하는 형태 중 하나가 될 수 있다. 예를 들어 RMI를 사용하면 클라이언트뿐 아니라 서버도 JVM에 종속된다.

객관적으로 볼 때 이러한 제약이 없는 RPC 구현체는 많다. 예를 들어 gRPC, SOAP, 스리프트는 모두 다양한 기술 스택 간의 상호 운용성을 유지한다.

로컬 호출은 원격 호출과 같지 않다: RPC의 핵심 개념은 원격 호출의 복잡성을 숨기는 것이지만 과도하게 감춰질 수 있다. 원격 메서드 호출을 로컬 메서드 호출처럼 보이게 하는 일종의 RPC 형태를 추구하는 것은 이 두 호출이 매우 다르다는 사실을 감춘다. 대량의 로컬 및 프로세스 내 호출은 성능을 크게 걱정하지 않고 수행할 수 있지만, RPC를 사용하면 네트워크를 통해 전송하는 데 걸리는 시간은 말할 것도 없고 페이로드를 마샬링marshaling하고 역마샬링unmarshaling하는 데 상당한 비용이 든다. 따라서 원격 인터페이스와 로컬 인터페이스에 대한 API 설계는 다르게 생각해야 한다. 충분히 생각해보지 않은 채로 로컬 API를 가져와 서비스 경계로 만들려고 하면 문제가 될 수 있다. 최악의 예로, 추상화가 지나치게 불투명한 경우 개발자는 자신도 모르게 원격 호출을 하고 있을지도 모른다.

네트워크 자체를 생각해볼 필요가 있다. 분산 컴퓨팅의 첫 번째 오류는 그 유명한 '네트워크는 신뢰할 수 있다'는 생각이다. 네트워크는 신뢰할 수 **없다**. 여러분이 이야기하는 클라이언트와 서버가 정상이라도 네트워크는 실패할 수 있고 실패할 것이다. 네트워크는 빠르거나 느리게 실패할 수 있으며 패킷을 변조할 수 있다. 네트워크가 변덕스럽게 분노를 표출할 준비가 된 악의적인 존재들로 가득 차 있다고 가정해야 한다. 따라서 더 단순한 모놀리식 소프트웨어에서 결코 처리하지 못할 유형의 실패 모드에 직면할 수 있다. 여러분은 그 차이를 설명할 수 있는가? 그렇다면 무엇을 할 수 있는가? 원격 서버가 느리게 응답하기 시작한다면 어떻게 할 것인가? 이 주제는 12장에서 회복 탄력성을 이야기할 때 다룰 것이다.

깨지기 쉽다: 가장 인기 있는 일부 RPC 구현체는 고약한 형태의 취성^{brittleness}(깨지기 쉬운 성질)을 유발할 수 있는데, 자바 RMI가 가장 좋은 예다. 고객 서비스를 위한 원격 API용으로 아주 간단한 자바 인터페이스를 생각해보자. [예제 5-1]에서 원격으로 노출할 메서드를 선언한다. 그럼 자바 RMI가 메서드에 대한 클라이언트 및 서버 스텁을 생성한다.

예제 5-1 자바 RMI를 사용해 서비스 엔드포인트 정의하기

```
import java.rmi.Remote;
import java.rmi.RemoteException;

public interface CustomerRemote extends Remote {
  public Customer findCustomer(String id) throws RemoteException;

  public Customer createCustomer(
    String firstname, String surname, String emailAddress)
    throws RemoteException;
}
```

이 `createCustomer` 인터페이스는 이름, 성, 이메일 주소를 받는다. 이메일 주소만으로 `Customer` 객체도 생성하도록 허용하면 어떻게 될까? 그러면 다음과 같이 아주 쉽게 새 메서드를 추가할 수 있다.

```
...
public Customer createCustomer(String emailAddress) throws RemoteException;
...
```

문제는 이제 클라이언트 스텁도 재생성해야 한다는 것이다. 새 메서드를 소비하려는 클라이언트는 새 스텁이 필요하고, 명세가 변경되는 특성에 따라 새 메서드가 필요하지 않은 소비자도 스텁을 업그레이드해야 할 수 있다. 이는 물론 관리 가능 범위에 있지만 어느 정도까지만 가능하다. 현실에서 보면 이와 같은 변경 사항은 꽤 흔하다. RPC 엔드포인트에는 객체를 생성하거나 객체와 상호작용하는 다양한 방식을 위해 많은 메서드가 포함되는데, 여전히 이러한 원격 호출을 로컬 호출로 생각하고 있다는 사실에 부분적으로 기인한다.

그러나 또 다른 종류의 취성이 있다. Customer 객체가 어떻게 생겼는지 살펴보자.

```
public class Customer implements Serializable {
  private String firstName;
  private String surname;
  private String emailAddress;
  private String age;
}
```

Customer 객체의 age 필드를 노출하지만 아무도 사용하지 않는 것으로 판명되면 어떻게 될까? 이제 우리는 이 필드를 제거하기로 결정했다. 하지만 서버 구현에서 이 타입에서 정의된 age를 제거하고 모든 소비자에게도 같은 작업을 수행하지 않는다면, 필드를 사용하지 않더라도 소비자 측에서 Customer 객체를 역직렬화하는 것과 관련된 코드는 깨질 것이다. 이 변경 사항을 출시하려면, 새 버전의 서버를 롤아웃함과 동시에 클라이언트 코드도 새로운 정의를 지원하도록 변경하고 이렇게 업데이트된 클라이언트를 배포해야 한다. 이는 바이너리 스텁을 생성하는 모든 RPC 메커니즘의 주요 난제다(즉, 클라이언트와 서버 배포를 분리할 수 없다). 이 기술을 사용하려면 앞으로는 락스텝 릴리스^{lockstep release}를 고려해야 할 것이다.

필드를 제거하지 않더라도 Customer 객체를 재구성하려는 경우 유사한 문제가 발생한다. 예를 들어 관리하기 쉽도록 firstName과 surname을 새로운 이름 타입으로 캡슐화하려는 경우다. 물론 딕셔너리 타입을 호출 매개변수로 전달해 이 문제를 해결해도 되지만, 그 시점에서 여전히 원하는 필드를 수동으로 일치시키고 추출해야 하므로 생성된 스텁의 많은 이점을 잃게 된다.

실제로, 네트워크를 통해 바이너리 직렬화의 한 부분에 사용되는 객체들을 '확장만 가능한' 타입으로 생각할 수 있다. 결과적으로 이러한 취성은 네트워크상에 노출되고 필드 덩어리가 되는 형태를 초래하며, 그중 일부는 더 이상 사용되지 않더라도 안전하게 제거할 수 없다.

적용 대상

RPC의 단점에도 불구하고 필자는 개인적으로 RPC를 매우 좋아한다. gRPC와 같은 더 현대적인 구현체는 훌륭하지만, 다른 구현체는 사용을 피하게 만드는 심각한 문제가 있다. 예를 들어 자바 RMI는 취성과 기술 선택의 제한이라는 측면에서 많은 문제가 있고, SOAP는 (특히 더 현대적인 기술 선택지와 비교할 때) 개발자 관점에서 상당히 무겁다.

이 모델을 선택하려는 경우 RPC와 관련된 몇 가지 잠재적인 함정에 유의하길 바란다. 네트워크가 완전히 숨겨져 있을 정도로 원격 호출을 추상화하지 말고, 클라이언트와 보조를 맞춰 업그레이드하지 않아도 서버 인터페이스를 개선할 수 있는지 확인하라. 예를 들어 클라이언트 코드에 대해 적절한 균형을 찾는 것이 중요하다. 클라이언트가 네트워크 호출이 이뤄질 것이라는 사실을 모르고 있는지 확인하라. 클라이언트 라이브러리는 RPC 문맥 안에서 사용될 경우가 많으며, 제대로 구성되지 않으면 문제를 일으킨다. 곧 클라이언트 라이브러리를 좀 더 살펴볼 것이다.

이 분야에서 선택지를 찾는다면 gRPC야말로 필자의 목록 맨 앞을 차지할 것이다. HTTP/2를 활용하도록 구현된 gRPC는 일부 성능 특성이 인상적이고 일반적으로 사용하기가 쉽다. 또한 이 장의 뒷부분에서 스키마에 대해 논의할 때 설명한 프로토락[Protolock](https://protolock.dev)과 같은 도구를 포함해 gRPC를 둘러싼 생태계도 마음에 든다.

gRPC는 동기식 요청 및 응답 모델에 잘 맞지만 반응형 확장[reactive extension]과도 잘 어울리며, 스펙트럼의 클라이언트 쪽 모두를 잘 제어할 수 있는 상황에 처할 때마다 가장 먼저 고려한다. 마이크로서비스와 통신해야 할 다양한 애플리케이션을 지원해야 한다면, 서버 측 스키마에 대한 클라이언트 측 코드를 컴파일해야 할 때 문제가 될 수 있다. 이 경우 일부 형태의 HTTP 기반 REST API가 더 적절할 것이다.

5.2.2 REST

REST^{Representational State Transfer}는 웹에서 영감을 받은 아키텍처 형식이다. REST 형식 뒤에는 많은 원칙과 제약이 있지만, 마이크로서비스 세계에서 통합 문제에 직면할 때와 서비스 인터페이스에 대한 RPC의 대안을 찾을 때는 실제로 도움이 되는 원칙과 제약 조건에 중점을 둘 것이다.

REST에서는 리소스^{resource}라는 개념이 가장 중요하다. 리소스는 Customer처럼 서비스 자체가 알고 있는 것으로 생각할 수 있다. 서버는 요청에 따라 이 Customer에 대한 다양한 표현을 생성한다. 리소스가 외부에 표시되는 방식은 내부에 저장되는 방식과 완전히 별개다. 예를 들어 Customer가 완전히 다른 형식으로 저장돼 있더라도 클라이언트는 JSON 표현을 요청할 수 있다. 클라이언트가 이 Customer를 대표하게 되면 변경 요청을 할 수 있으며, 서버는 이 요청을 따르거나 거부한다.

REST에는 다양한 방식이 있고 여기서는 간략하게만 설명하므로, 다양한 REST 형식을 비교한 '리차드슨 성숙도 모델^{Richardson Maturity Model}'(*https://oreil.ly/AlDzu*)을 함께 살펴보는 것을 적극 권장한다.

REST에서 하부 프로토콜을 특별히 언급하지는 않지만, HTTP가 가장 보편적으로 사용된다. 매우 다른 프로토콜을 사용한 REST 구현체도 접해봤는데, 그럴 경우 대체로 작업량이 훨씬 늘어난다. HTTP 동사^{HTTP verb}와 같은 HTTP 명세의 일부 기능을 사용하면 HTTP 기반의 REST를 쉽게 구현할 수 있지만, 다른 프로토콜을 사용하면 이러한 기능을 직접 처리해야 한다.

REST와 HTTP

HTTP 자체에는 REST 형식과 매우 잘 어울리는 몇 가지 유용한 기능이 정의돼 있다. 예를 들어 HTTP 동사(예: GET, POST, PUT)는 리소스와 함께 작동하는 방법에 대해 HTTP 명세에서 이미 잘 이해되도록 정의돼 있다. REST 아키텍처 형식은 실제로 해당 동사가 모든 리소스에서 동일한 방식으로 작동해야 한다고 지정하며, HTTP 명세는 우리가 사용할 수 있는 여러 동사를 정의한다. 예를 들어 GET은 멱등적 방법으로 리소스를 검색하고 POST는 새로운 리소스를 생성한다. 다양한 createCustomer나 editCustomer 메서드를 사용하지 않아도 된다. 대신 간단히 Customer 표현을 POST해 서버에 새로운 리소스를 생성하도록 요청할 수 있고, 리소스 표현을 조회하기 위해 GET 요청을 보낼 수 있다. 이러한 경우 개념적으로 Customer 리소스 형태의 엔드포인트가 하나 존재하며, 이 엔드포인트에 대해 수행 가능한 연산들은 HTTP 프로토콜에 내장돼 있다.

HTTP는 도구와 기술을 지원하는 대규모 생태계도 제공한다. 따라서 바니시^{Varnish}와 같은 HTTP 캐싱 프록시와 mod_proxy와 같은 로드 밸런서를 사용하게 됐고, 많은 모니터링 도구가 이미 기본적으로 HTTP를 지원하고 있다. 이러한 빌딩 블록^{building block}을 사용하면 대량의 HTTP 트래픽을 처리하고 상당히 투명하고 현명하게 라우팅할 수 있다. 또한 HTTP와 함께 사용 가능한 모든 보안 통제를 사용해 통신을 보호한다. 기본 인증^{basic auth}에서 클라이언트 인증서에 이르기까지 HTTP 생태계는 보안 프로세스를 더 쉽게 만드는 많은 도구를 제공한다. 이와 관련된 내용은 11장에서 더 자세히 살펴본다. 다시 말하지만, 그 혜택을 얻으려면 HTTP를 잘 사용해야 한다. 잘못 사용하면, 다른 기술만큼 안전하지 않고 확장하기도 어려워진다. 하지만 제대로 사용하면 많은 도움을 받을 것이다.

HTTP는 RPC를 구현하는 데도 사용할 수 있다는 사실을 알아두자. 예를 들어 SOAP는 HTTP를 통해 라우팅되지만 불행히도 HTTP 명세를 따르지 않는다. HTTP 에러 코드와 같은 간단한 것과 마찬가지로 동사도 무시된다. 반면에 gRPC는 단일 커넥션을 통해 여러 요청 및 응답 스트림을 전송하는 기능과 같은 HTTP/2의 기능을 활용하도록 설계됐다. 하지만 gRPC를 사용할 때 단지 HTTP를 사용한다고 해서 REST를 한다고 말할 수는 없다!

애플리케이션 상태 엔진으로서의 하이퍼미디어(HATEOAS)

클라이언트와 서버 간의 결합을 피하고자 REST에 도입된 또 다른 원칙은 **하이퍼미디어를 애플리케이션 상태의 엔진**^{hypermedia as the engine of application state}으로 보는 개념이다(흔히 HATEOAS로 약칭하는데, 아마도 약어가 필요했으리라). 이 용어는 상당히 조밀한 표현이면서 상당히 흥미로운 개념이므로 짧게 분석해보자.

하이퍼미디어^{hypermedia}는 다양한 포맷(예: 텍스트, 이미지, 사운드)으로 된 여러 다양한 콘텐츠에 대한 링크가 콘텐츠에 포함된 개념이다. 이 개념은 일반 웹 페이지에서 발생되는 일이므로 매우 친숙할 것이다. 하이퍼미디어 컨트롤의 한 형태인 링크를 따라가면 관련된 콘텐츠를 볼 수 있다. HATEOAS의 이면에는 클라이언트가 다른 리소스에 대한 링크를 통해 서버와의 상호작용(잠재적으로 상태 전환으로 이어질 수 있다)을 수행해야 한다는 생각이 자리 잡고 있다. 클라이언트는 어떤 URI를 호출할지 알고 있으므로 고객이 서버 어디에 있는지 알 필요가 없다. 대신 클라이언트는 필요한 것을 찾기 위해 링크를 찾아내고 탐색한다.

이것은 다소 이상하게 느껴지는 개념이므로, 우선 한 발짝 물러나 하이퍼미디어 컨트롤이 풍부한 웹 페이지와 상호작용하는 방식을 고려해보자.

아마존닷컴Amazon.com 쇼핑 사이트를 생각해보자. 장바구니의 위치는 시간이 지나면서 바뀌었고, 그래픽도 변경됐다. 또한 링크도 변경됐다. 하지만 인간인 우리는 여전히 장바구니를 보면서 그것이 무엇인지 이해하고 상호작용할 만큼 충분히 똑똑하다. 장바구니를 나타내는 정확한 형태와 기본 컨트롤이 변경되더라도 장바구니가 무엇을 의미하는지 잘 알고 있다. 장바구니를 보고 싶을 때 상호작용하고 싶은 컨트롤이 바로 장바구니라는 것도 알고 있다. 이것이 웹 페이지가 시간이 지남에 따라 점진적으로 변경되는 방식이다. 고객과 웹 사이트 간의 이러한 묵시적 계약이 충족되는 한, 변경 사항은 중단 변경breaking changes이 되지 않는다.

하이퍼미디어 컨트롤을 통해 우리는 전자 소비자electronic consumer를 위한 동일한 수준의 '지능'을 달성하려 한다. 뮤직코프에 사용하는 하이퍼미디어 컨트롤을 살펴보자. [예제 5-2]에서는 해당 앨범에 대한 카탈로그 항목을 표현하는 자원에 액세스했다. 앨범에 대한 정보와 함께 여러 하이퍼미디어 컨트롤을 볼 수 있다.

예제 5-2 앨범 목록에 사용된 하이퍼미디어 컨트롤

```
<album>
  <name>Give Blood</name>
  <link rel="/artist" href="/artist/theBrakes" /> ❶
  <description>
    Awesome, short, brutish, funny and loud. Must buy!
  </description>
  <link rel="/instantpurchase" href="/instantPurchase/1234" /> ❷
</album>
```

❶ 이 하이퍼미디어 컨트롤은 아티스트에 대한 정보를 어디서 찾을지 보여준다.

❷ 그리고 앨범을 구매하고 싶다면 이제 어디로 가야 할지 알고 있다.

이 문서에는 2개의 하이퍼미디어 컨트롤이 있다. 이러한 문서를 해석하는 클라이언트는 아티스트와 관계 있는 컨트롤이 아티스트에 대한 정보를 얻기 위해 탐색해야 하는 것과 **instantpurchase**가 앨범을 구매하는 데 사용되는 프로토콜의 일부라는 것을 알아야 한다. 쇼핑 웹 사이트에서 장바구니가 구매할 품목을 모아둔 곳이라는 사실을 사람이 이해해야 하는 것과 거의 동일한 방식으로 클라이언트가 API의 의미를 이해해야 한다.

클라이언트 입장에서는 앨범을 구매하기 위해 어떤 URI 스킴scheme에 접근해야 하는지 알 필요가 없다. 즉, 자원에 접근하고 구매 컨트롤을 찾아 이동하기만 하면 된다. 구매 컨트롤 위치가 변경되거나 URI가 변경될 수 있고, 사이트가 우리를 완전히 다른 서비스로 보낼 수도 있다. 이는 클라이언트와 서버 사이에 엄청난 분리가 이뤄진다.

여기에서 하부의 세부 사항은 매우 추상화됐다. 장바구니 컨트롤이 단순한 링크에서 더 복잡한 자바스크립트 컨트롤로 바뀌는 것처럼, 클라이언트가 이해할 수 있는 프로토콜과 일치하는 컨트롤을 찾을 수 있는 한, 우리는 컨트롤이 제공되는 방법에 대한 구현을 완전히 바꿀 수 있다. 또한 해당 자원에서 수행 가능한 새로운 상태 전환을 표현하는 것과 같이 문서에 새로운 컨트롤을 자유롭게 추가할 수 있다. 따라서 컨트롤 중 하나의 의미 체계가 근본적으로 바뀌어 매우 다르게 동작하거나 컨트롤을 완전히 제거한 경우에만 소비자가 중단될 것이다.

이론적으로 말해, 클라이언트와 서버를 분리하려고 이러한 컨트롤을 사용하면 시간이 지남에 따라 이 프로토콜을 시작하고 실행하는 데 걸리는 시간이 증가하는 것을 상쇄하면서 상당한 이점을 얻게 된다. 불행히도 이와 같은 생각은 이론적으로는 모두 타당해 보이지만, 필자가 완전히 이해하지 못한 이유로 이 REST 형태는 거의 사용되지 않는다는 사실을 알게 됐다. 그렇기 때문에 이미 REST를 사용하고 있는 사람들에게 HATEOAS는 홍보하기가 훨씬 더 어려운 개념이다. 근본적으로 REST의 많은 개념이 분산형 하이퍼미디어 시스템을 만드는 것을 전제로 하는데, 대부분의 사람들이 이런 시스템을 구축하는 것은 아니다.

문제점

사용 편의성 측면에서 보면, 이전에는 RPC 구현체로 할 수 있는 것처럼 HTTP 기반의 REST 애플리케이션 프로토콜을 위한 클라이언트 측 코드를 생성할 수 없었다. 이로 인해 사람들은 소비자가 사용할 클라이언트 라이브러리를 제공하는 REST API를 생성하는 경우가 많았다. API와 바인딩된 이러한 클라이언트 라이브러리는 클라이언트와 더 쉽게 통합하도록 지원한다. 문제는 클라이언트 라이브러리가 클라이언트와 서버 간의 결합과 관련해 몇 가지 문제를 일으킬 수 있다는 것이며, 5.8절 '마이크로서비스 세계에서 DRY와 코드 재사용의 위험'에서 자세히 살펴볼 것이다.

최근 몇 년 동안 이 문제는 다소 완화됐다. 스웨거Swagger 프로젝트에서 파생된 OpenAPI 명세 (https://oreil.ly/Idr1p)는 REST 엔드포인트에 대한 충분한 정보를 정의하는 기능을 제공해 클라이언트 측 코드를 다양한 언어로 생성할 수 있게 한다. 많은 팀이 문서화를 위해 스웨거를 이미 사용하고 있더라도 실제로 그들이 이 기능을 사용하는 경우는 지금껏 많이 접하지 못했다. 이는 현재 API에 맞게 개조하는 것이 어렵기 때문이 아닌가 하는 생각이 든다. 또한 필자는 이전에 문서화 용도로만 사용되던 명세서가 이제는 보다 명시적인 계약을 정의하는 데 이용되는 것을 우려하는데, 훨씬 더 복잡한 명세서가 될 수 있기 때문이다. 예를 들어 OpenAPI 스키마를 프로토콜 버퍼 스키마와 비교하면 극명하게 대조를 이룬다. 이러한 우려에도 불구하고 그 선택지가 존재하는 것은 좋은 일이다.

성능도 문제가 될 수 있다. HTTP 기반 REST 페이로드는 REST가 JSON이나 바이너리와 같은 대안 포맷을 지원하기 때문에 실제로 SOAP보다 더 간결할 수 있지만, 여전히 스리프트 수준의 최적화된 바이너리 프로토콜에는 미치지는 못한다. HTTP 요청마다 발생하는 오버헤드는 낮은 지연 시간이 필요한 요구 사항에서 문제가 될 수 있다. 현재 사용되는 주류 HTTP 프로토콜은 모두 내부적으로 다른 네트워킹 프로토콜에 비해 비효율적인 TCP^{Transmission Control Protocol}를 사용해야 하지만, 일부 RPC 구현에서 TCP의 대안으로 UDP^{User Datagram Protocol}와 같은 다른 네트워킹 프로토콜을 사용할 수 있다.

TCP를 사용해야 하는 요구 사항으로 인해 HTTP에 적용된 제한 사항이 해결되고 있다. 현재 마무리 단계에 있는 HTTP/3는 새로운 QUIC 프로토콜을 사용하도록 전환을 검토하고 있다. QUIC는 TCP와 동일한 종류의 기능(예: UDP에 비해 향상된 보장)을 제공하지만, 지연 시간 개선과 대역폭 감소 같은 몇 가지 중요한 개선을 이뤄냈다. HTTP/3가 공용 인터넷에 광범위한 영향을 미치기까지는 몇 년이 걸리겠지만, 조직은 자체 네트워크 내에서 이보다 더 일찍 혜택을 누릴 수 있다고 전망하는 편이 타당할 것이다.

특히 HATEOAS와 관련해 추가적인 성능 문제가 발생할 수 있다. 클라이언트는 주어진 작업에 대한 정확한 엔드포인트를 찾기 위해 여러 컨트롤을 탐색해야 하므로 매우 복잡한 프로토콜이 발생할 수 있다. 즉, 연산마다 많은 왕복^{round trip} 호출이 발생할 수 있다. 결국 절충점이 필요하다. HATEOAS 방식의 REST를 채택하기로 결정했다면, 먼저 클라이언트가 이러한 컨트롤을 탐색하도록 한 다음 필요한 경우 나중에 최적화하는 것이 좋다. HTTP를 사용하면 앞에서 논의한 것처럼 기본적으로 제공되는 많은 도움을 받을 수 있다는 점을 기억하라. 조기 최적화의 폐해는 이미 설명했으므로 여기서 자세히 설명할 필요는 없다. 또한 그 방식 중 상당수는 분산형 하이퍼텍스트 시스템을 만들기 위해 개발됐으므로 모든 방식이 적합한 것은 아니다! 때때로 여러분은 단지 괜찮은 구형 RPC를 원한다는 사실을 알게 된다.

이러한 단점에도 불구하고 HTTP 기반의 REST는 서비스 간 상호작용을 위한 합리적인 기본 선택지다. REST에 대해 더 알고 싶다면 『REST in Practices: Hypermedia and Systems Architecture』(O'Reilly, 2010, *https://www.oreilly.com/library/view/rest-in-practice /9781449383312/*)를 추천한다. 짐 웨버Jim Webber, 사바스 파라스타티디스Savas Parastatidis, 이안 로 빈슨Ian Robinson이 저술한 이 책은 HTTP 기반 REST에 대한 내용을 깊이 있게 다룬다.

적용 대상

HTTP 기반 REST API는 업계에서 널리 사용되므로, 가능한 한 다양한 클라이언트의 액세스 를 허용하려는 경우라면 동기식 요청 및 응답 인터페이스를 위한 확실한 선택지다. REST API 를 단지 '대부분의 용도에 적합한' 선택이라고 생각하는 것은 실수일 수 있지만, 근거가 전혀 없 지는 않다. REST는 대부분의 사람들에게 익숙한 널리 알려진 인터페이스 방식이며 다양한 기 술 간의 상호 운용성을 보장한다.

HTTP의 기능과 REST가 이러한 기능을 기반으로 (감추기보다) 구축한 덕분에 REST 기반 API는 대규모의 요청을 효과적으로 캐싱해야 하는 상황에서 뛰어나다. 따라서 API를 외부 당 사자나 클라이언트 인터페이스에 노출하는 데 가장 적합한 선택이지만, 더 효율적인 통신 프로 토콜과 비교하면 미흡할 수 있다. REST 기반 API 위에 비동기적으로 상호작용하는 프로토콜 을 구성할 수 있지만, 일반적인 마이크로서비스 간 통신에 대한 대안들과 비교하면 그다지 적 합하지 않다.

HATEOAS의 목표를 이지적으로 이해하지만, 이 REST 방식을 구현하는 추가 작업이 장기적 으로 값진 혜택을 가져온다는 증거는 많이 보지 못했고, 지난 몇 년 동안 HATEOAS의 사용 가치를 대변해줄 만한 마이크로서비스 아키텍처 구현 팀과 이야기한 기억도 없다. 필자의 경험 은 분명히 하나의 데이터 포인트일 뿐이며, 어떤 사람들에게는 HATEOAS가 효과가 있었을 것이라고 믿는다. 하지만 이 개념은 필자가 생각했던 것만큼 큰 호응을 얻지는 못한 것 같다. 아마도 HATEOAS 이면에 자리 잡은 개념이 너무 생소해 우리가 이해하기 어려웠거나, 이 분 야의 도구나 표준이 부족하거나, 여러분이 구축한 형태의 시스템에는 이 모델이 적합하지 않았 기 때문일 수 있다. 물론 HATEOAS에 내재된 개념과 마이크로서비스 구축 방식이 정말로 잘 맞지 않을 수도 있다.

따라서 REST API는 경계에서 사용하는 경우 환상적으로 잘 작동하며 마이크로서비스 간의 동기식 요청 및 응답 기반 통신에도 매우 효과적이다.

5.2.3 그래프QL

최근 몇 년 동안 그래프QL^{GraphQL}은 특정한 분야에서 탁월하다는 이유로 더 많은 인기를 얻고 있다. 즉, 클라이언트 측 장치가 동일한 정보를 검색하기 위해 여러 번 요청할 필요가 없도록 쿼리를 정의할 수 있으며, 이로써 제한된 클라이언트 측 장치의 성능 면에서 상당한 향상을 이뤄내 맞춤형 서버 측 집계^{aggregation}를 구현하지 않아도 될 수 있다.

간단한 예로, 고객의 최근 주문에 대한 개요 페이지를 표시하려는 모바일 장치를 상상해보자. 이 페이지에는 고객의 최근 주문 5건에 대한 정보와 함께 고객의 일부 정보가 포함돼야 한다. 화면에는 고객 레코드의 몇 가지 필드와 각 주문의 날짜, 금액, 배송 상태만 필요하다. 모바일 장치는 필요한 정보를 조회하기 위해 2개의 다운스트림 마이크로서비스에 대한 호출을 실행할 수 있지만, 실제로 불필요한 정보를 가져오는 등 여러 번의 호출을 수행해야 한다. 특히 모바일 장치의 경우, 이러한 방식은 모바일 장치의 데이터 요금제를 필요 이상으로 많이 사용하고 시간도 더 오래 걸릴 수 있어 낭비를 초래하게 된다.

그래프QL을 사용하면 모바일 장치에서 필요한 정보를 모두 가져오는 단일 쿼리를 실행할 수 있다. 이를 위해서는 그래프QL 엔드포인트를 클라이언트 장치에 노출하는 마이크로서비스가 필요하다. 이 그래프QL 엔드포인트는 모든 클라이언트 쿼리에 대한 진입점이며 클라이언트 장치가 사용할 스키마를 노출한다. 이 스키마는 클라이언트가 사용할 수 있는 타입을 노출하며 이러한 쿼리를 더 쉽게 생성할 수 있도록 멋진 그래픽 쿼리 빌더도 제공된다. 클라이언트 장치에서 검색하는 데이터의 양과 호출 수를 줄임으로써 마이크로서비스 아키텍처로 사용자 인터페이스를 구축할 때 발생하는 몇 가지 문제를 깔끔하게 처리할 수 있다.

문제점

초창기에는 그래프QL 명세에 대한 언어 지원이 부족해 처음에는 자바스크립트만 사용할 수 있었다. 지금은 이 문제가 크게 개선돼 모든 주요 기술이 이 명세를 지원한다. 사실 그래프QL과 업계 전반의 다양한 구현체에 상당한 발전이 있어 그래프QL은 몇 년 전과 비교했을 때 훨씬 위험도가 낮아졌지만 여전히 이 기술에는 몇 가지 과제가 남아 있다.

우선 한 가지를 언급하면, 클라이언트 장치는 동적으로 변경되는 쿼리를 실행할 수 있다는 것이다. 그리고 필자는 이 기능으로 인해 결과적으로 서버 측에 상당한 부하를 주는 그래프QL 쿼리 문제를 겪은 팀에 대한 이야기를 들었다. 그래프QL을 SQL과 비교할 때 비슷한 문제가 나타난다. 고비용 SQL문은 데이터베이스에 심각한 문제를 초래할 수 있으며 잠재적으로 더 큰 시스템에 큰 영향을 미칠 수 있다. 동일한 문제가 그래프QL에도 적용된다. 차이점은 무엇일까? SQL에서는 문제가 있는 쿼리를 진단하는 데 도움이 되는 데이터베이스용 쿼리 플래너query planner와 같은 도구가 존재하지만, 그래프QL에서는 유사한 문제를 추적하기 더 어렵다. 서버 측에서 요청을 조절하는 것throttling은 잠재적인 솔루션 중 하나지만, 호출이 실행되면 여러 마이크로서비스로 분산될 수 있으므로 간단하지 않다.

일반적인 HTTP 기반 REST API와 비교하면 캐싱도 더 복잡하다. REST 기반 API를 사용하면 많은 응답 헤더 중 하나를 설정해 클라이언트 측 장치나 CDNContent Delivery Network과 같은 중간 캐시가 응답을 캐싱해 다시 요청할 필요가 없도록 할 수 있다. 그래프QL에서는 이와 같은 방식이 불가능하다. 이 문제에 대해 필자가 얻은 조언은 반환한 모든 리소스에 대해 ID로 연관관계를 만든 후(그리고 그래프QL 쿼리에는 여러 리소스가 포함될 수 있음을 기억하자) 클라이언트 장치가 해당 ID에 대한 요청을 캐싱하는 것이다. 필자가 알기로는 추가 작업 없이 CDN을 사용하거나 리버스 프록시reverse proxy를 캐싱하는 것은 매우 어렵다.

이 문제에 대해 특정 구현체를 사용한 해결책(예: 자바스크립트 아폴로Apollo 구현체에서 찾은 것과 같은)을 봤지만, 캐싱은 그래프QL의 초기 개발 부분에서 의식적으로든 무의식적으로든 무시된 것으로 보인다. 쿼리가 특정 사용자에 대한 매우 구체적인 쿼리인 경우 캐시 적중률이 낮을 가능성이 높으므로 요청 수준에 대한 캐싱이 부족해도 큰 문제가 되지 않을 가능성이 있다. 하지만 이러한 제한으로 인해 일부(더 일반적인) 요청은 일반 REST 기반 HTTP API를 사용하고 다른 요청은 그래프QL을 사용하게 되는 등의 클라이언트 장치를 위한 하이브리드 솔루션도 계속 유지될 것인지 궁금하다.

또 다른 문제는 그래프QL이 이론적으로 쓰기를 처리할 수 있지만 읽기만큼 적합하지 않아 보인다는 것이다. 이러한 제약으로 인해 팀이 읽기에는 그래프QL을 사용하고 쓰기에는 REST를 사용하는 상황이 발생한다.

마지막 문제는 전적으로 주관적일 수 있지만 여전히 제기할 가치가 있다고 생각한다. 그래프QL은 데이터로 작업하는 것처럼 느껴지게 해서 통신 중인 마이크로서비스가 단지 데이터베이스에 대한 래퍼wrapper라고 믿게 만든다. 실제로 많은 사람이 그래프QL을 오데이터OData(데이터베이스의 데이터에 액세스하기 위한 범용 API로 설계된 기술이다)와 비교하는 것을 본 적이 있다. 이미 자세히 설명했듯이, 마이크로서비스를 단지 데이터베이스를 감싼 것으로 취급하는 생각은 매우 큰 문제가 될 수 있다. 마이크로서비스는 네트워크로 연결된 인터페이스를 통해 기능을 노출한다. 해당 기능 중 일부는 노출된 데이터를 필요로 하거나 만들겠지만 여전히 고유의 내부 로직과 동작이 있어야 한다. 그래프QL을 사용하고 있다고 해서 마이크로서비스를 데이터베이스의 API에 불과하다고 생각하지 말라. 그래프QL API가 마이크로서비스의 하부 데이터 저장소와 결합되지 않는 것이 중요하다.

적용 대상

그래프QL은 외부 클라이언트에 기능을 노출하는 시스템의 경계에서 사용하는 데 가장 적합하다. 이러한 클라이언트는 일반적으로 GUI이며, 최종 사용자에게 데이터를 표시하는 제한적인 기능과 모바일 네트워크의 특성 면에서 제약이 있는 모바일 장치에 확실히 적합하다. 하지만 그래프QL은 외부 API에도 사용되는데, 깃허브GitHub는 그래프QL을 시도하는 '얼리어답터early adaptor'다. 외부 클라이언트가 필요한 정보를 얻기 위해 여러 번 호출해야 하는 외부 API가 있다면 그래프QL은 API를 훨씬 효율적이고 친숙하게 만드는 데 도움이 된다.

근본적으로 그래프QL은 호출 집계 및 필터링 메커니즘이므로 마이크로서비스 아키텍처의 맥락에서 여러 하위 마이크로서비스에 대한 호출을 집계하는 데 사용된다. 따라서 일반적인 마이크로서비스 간 통신을 대체할 수 있는 것은 아니다.

그래프QL 사용에 대한 대안으로 BFFbackend for frontend 패턴과 같은 대안 패턴을 고려할 수 있는데, 14장에서는 BFF를 살펴보고 그래프QL을 포함한 다른 집계 기법과 비교해볼 것이다.

5.2.4 메시지 브로커

메시지 브로커message broker는 종종 미들웨어라고 하는 중개자로서 프로세스 사이에 위치해 프로세스 간의 통신을 관리한다. 메시지 브로커는 다양하고 강력한 기능을 제공해서 마이크로서비스 간의 비동기 통신을 구현하는 유용한 선택지로 인기를 얻고 있다.

앞에서 언급했듯이 메시지는 메시지 브로커가 보내는 것을 정의하는 일반적 개념이며 요청, 응답 또는 이벤트가 포함될 수 있다. 한 마이크로서비스가 다른 마이크로서비스와 직접 통신하지 않고, 마이크로서비스가 메시지 전송 방법에 대한 정보와 함께 메시지를 메시지 브로커에 전달하는 것이다.

토픽과 큐

브로커는 큐queue나 토픽topic 또는 이 두 가지 모두를 제공하는 경우가 많다. 큐는 일반적으로 두 지점 간point to point이다. 발신자는 큐에 메시지를 넣고 소비자는 해당 큐에서 읽는다. 토픽 기반 시스템을 사용하면 여러 소비자가 토픽을 구독할 수 있으며, 구독한 각 소비자는 해당 메시지의 복사본을 받는다.

소비자는 하나 이상의 마이크로서비스로 표현되며 일반적으로 소비자 그룹으로 모델링된다. 이는 여러 마이크로서비스 인스턴스가 있고 그중 하나가 메시지를 수신하길 원할 경우에 유용하다. [그림 5-1]에서는 주문 처리기를 위해 같은 소비자 그룹의 일부로 배포된 3개의 인스턴스가 있는 예를 볼 수 있다. 메시지가 큐에 들어가면 소비자 그룹의 한 구성원만 해당 메시지를 받는다. 이는 큐가 부하 분산 메커니즘으로 작동함을 의미하며, 4장에서 간략히 다룬 경쟁 소비자 패턴의 한 가지 예다.

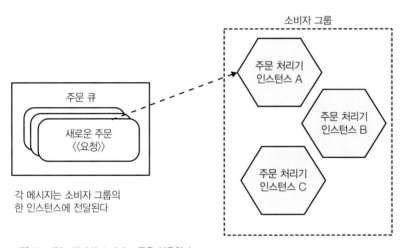

그림 5-1 큐는 하나의 소비자 그룹을 허용한다.

토픽을 사용하면 여러 소비자 그룹을 가질 수 있다. [그림 5-2]에서 결제 중인 주문을 나타내는 이벤트가 주문 상태 항목에 표시된다. 해당 이벤트의 복사본은 별도의 소비자 그룹에 있는 창고(Warehouse) 마이크로서비스와 통지(Notifications) 마이크로서비스가 수신한다. 각 소비자 그룹의 인스턴스 하나만 해당 이벤트를 볼 수 있다.

언뜻 보기에 큐는 단일 소비자 그룹이 있는 토픽과 비슷하지만, 이 둘 사이에는 큰 차이가 있다. 메시지가 큐를 통해 전송될 때는 전송되는 대상에 대한 정보가 있는 반면에 토픽에서는 이 정보가 발신자에게 숨겨지므로 메시지를 누가 받을지(있다면) 발신자는 알지 못한다.

토픽은 이벤트 기반 협업 방식에 적합하지만, 큐는 요청 및 응답 통신에 더 적합하다. 하지만 이런 평가는 엄격한 규칙이 아니라 일반적인 지침 정도로 간주돼야 한다.

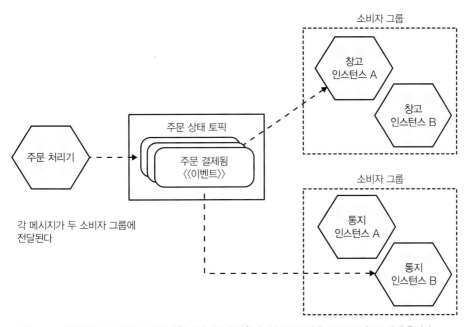

그림 5-2 토픽을 통해 여러 구독자가 동일한 메시지를 수신할 수 있으므로 이벤트 브로드캐스트에 유용하다.

전달 보장

그렇다면 브로커를 사용하는 이유는 무엇일까? 브로커는 근본적으로 비동기 통신에 매우 유용한 몇 가지 기능을 제공한다. 제공하는 속성은 다양하지만, 널리 사용되는 모든 브로커가 어떤 방식으로든 지원하는 전달 보장^{guaranteed delivery} 기능이 무엇보다 흥미롭다. 전달 보장은 메시지 전달을 보장하기 위한 브로커의 약속을 설명한다.

메시지를 전송하는 마이크로서비스 관점에서 전달 보장은 매우 유용할 수 있다. 브로커가 메시지를 전달할 수 있을 때까지 보관하기 때문에 다운스트림 대상이 가용하지 않더라도 문제가 되지 않는다. 이로써 업스트림 마이크로서비스가 신경 써야 할 작업 수를 줄일 수 있다. 이를 동기식 직접 호출(예: HTTP 요청)과 비교해보라. 다운스트림 대상에 도달되지 않았다면 업스트림 마이크로서비스는 요청을 어떻게 처리해야 할지 결정해야 한다. 예를 들면 '호출을 재시도할까? 아니면 포기해야 할까?' 등이다.

전달 보장을 하기 위해 브로커는 아직 배달되지 않은 메시지가 배달될 때까지 지속적인 방법으로 메시지를 유지해야 한다. 이를 보장하기 위해 브로커는 일반적으로 일종의 클러스터 기반 시스템으로 실행돼 한 머신이 고장 나더라도 메시지가 손실되지 않도록 해야 한다. 일반적으로 브로커를 올바르게 운영하는 것과 많이 관련되며 부분적으로는 클러스터 기반 소프트웨어를 관리하는 데 어려움이 있기 때문이다. 브로커가 올바르게 설정되지 않으면 종종 전달 보장에 대한 약속을 지킬 수 없다. 예를 들어 래빗엠큐는 상대적으로 지연 시간이 짧은 네트워크를 통해 서로 통신하는 클러스터 인스턴스들이 필요하다. 그렇지 않으면 인스턴스들은 처리 중인 메시지의 현재 상태를 혼동하며, 그로 인해 데이터가 손실될 수 있다. 모든 브로커는 전달 보장을 지키기 위해 필요한 운영 방식에 제한이 있으므로, 이러한 특정 제한 사항을 부각하는 것이 래빗엠큐를 폄하하는 것은 아니다. 따라서 자체 브로커를 실행할 계획이라면 설명서를 주의 깊게 읽어보길 바란다.

해당 브로커가 약속하는 전달 보장의 의미가 서로 다를 수 있다는 점도 유의하라. 다시 말하지만 문서를 읽는 것이 훌륭한 시작이다.

신뢰

브로커의 가장 큰 장점 중 하나는 전달 보장이다. 하지만 전달 보장이 되려면 브로커를 만든 사람뿐만 아니라 브로커의 운영 방식도 신뢰해야 한다. 전달 보장을 가정한 시스템을 구축했는데, 하부 브로커 문제로 인해 보장되지 않는 것으로 판명되면 심각한 문제가 발생할지도 모른다. 물론 그 일을 여러분보다 잘할 수 있는 사람들이 만든 소프트웨어에 그 일을 맡기는 것이 가장 바람직하다. 결국, 사용 중인 브로커를 얼마나 신뢰할 것인지 결정해야 한다.

다른 특성

전달 보장 외에 브로커는 유용하다고 생각되는 다른 특성도 제공한다.

대부분의 브로커는 메시지가 전달되는 순서를 보장할 수 있지만 보편적인 것은 아니며, 보장되더라도 보장 범위가 제한될 수 있다. 예를 들어 카프카의 경우 개별 파티션 내에서만 순서가 보장된다. 메시지가 순서대로 수신되는지 확신할 수 없다면, 소비자는 누락된 메시지가 수신될 때까지 순서 없이 수신된 메시지의 처리를 연기하면서 보완할 수 있다.

일부 브로커는 쓰기write 트랜잭션을 제공한다. 예를 들어 카프카를 사용하면 단일 트랜잭션에서 여러 토픽에 쓸 수 있다. 일부 브로커는 읽기 트랜잭션도 제공할 수 있는데, 필자는 자바 메시지 서비스(JMS) API를 통해 여러 브로커를 사용할 때 이 기능을 활용했다. 이 API는 브로커에서 메시지를 제거하기 전에 소비자가 메시지를 처리할 수 있도록 하려는 경우에 유용하다.

일부 브로커가 약속한, 다소 논란의 여지가 있는 또 다른 기능은 '정확히 한 번exactly once' 전달하는 기능이다. 전달 보장을 제공하는 보다 쉬운 방법 중 하나는 메시지를 다시 보낼 수 있도록 하는 것이며, 이로 인해 소비자가 동일한 메시지를 여러 번 볼 수 있다(드문 상황이라지만 가능하다). 대부분의 브로커는 이러한 가능성을 줄이려고 최선을 다하거나 이 사실을 소비자에게 숨기지만, 몇몇 브로커는 정확히 한 번 전달을 보장하면서 발전한다. 모든 경우에 정확히 한 번 전달을 보장하는 것은 불가능하다고 말하는 전문가가 있는 반면, 몇 가지 간단한 우회 방법을 사용하면 가능하다고 말하는 전문가도 있기 때문에 이 문제는 복잡한 주제. 어느 쪽이든 선택한 브로커에서 이를 구현해야 한다면 구현 방법에 관해 정말로 주의 깊게 관심을 가져야 한다. 더 나은 방법은 소비자가 메시지를 한 번 이상 받을 수 있고 이러한 상황을 처리할 수 있다는 사실에 대비한 방식으로 구축하는 것이다. 아주 간단한 예는 각 메시지에 ID를 포함시키는 것이다. ID는 메시지가 수신될 때마다 소비자가 확인할 수 있다. 해당 ID를 가진 메시지가 이미 처리된 경우 이후 동일 ID 메시지는 무시할 수 있다.

선택

다양한 메시지 브로커가 존재하며 그중 래빗엠큐RabbitMQ, 액티브엠큐ActiveMQ와 곧 살펴볼 카프카가 많이 알려져 있다. 주요 공용 클라우드 제공업체는 자체 인프라스트럭처에 설치할 수 있는 브로커의 관리형 버전부터 특정 플랫폼에 맞는 맞춤형 구현체에 이르기까지 브로커 역할을 수행하는 다양한 제품을 제공한다. 예를 들어 AWS는 SQSSimple Queue Service, SNSSimple Notification Service, 키네시스Kinesis를 보유하고 있으며, 모두 완전한 관리형 브로커의 다양한 특징을 제공한다. 실제로 SQS는 2006년에 AWS에서 두 번째로 출시한 제품이었다.

카프카

최근 인기를 얻고 있는 카프카Kafka는 특수한 브로커로서 주목할 가치가 있다. 이러한 인기는 스트림 프로세싱 파이프라인의 구현으로 대용량 데이터를 이동하는 데 카프카가 유용하다는 점에도 기인한다. 또한 배치 지향 처리에서 좀 더 실시간적인 처리로 전환하는 데도 도움이 된다.

카프카의 몇몇 특징은 강조할 만하다. 우선, 실제로 대규모를 위해 설계됐다. 카프카는 링크드인Linkedin에서 기존의 여러 메시지 클러스터를 단일 플랫폼으로 대체하기 위해 만들어졌다. 또한 카프카는 여러 소비자와 생산자를 허용하기 위해 만들어졌다. 예를 들어 필자는 5만이 넘는 생산자와 소비자가 같은 클러스터에서 작업하는 대규모 기술 회사의 한 전문가와 이야기를 나눴다. 객관적으로 볼 때 확장 수준에서 문제가 되는 조직은 매우 적겠지만, 카프카를 쉽게(상대적으로 쉽게) 확장할 수 있는 기능은 일부 조직에 매우 유용할 것이다.

카프카의 상당히 독특한 또 하나의 기능은 메시지 영속성이다. 일반 메시지 브로커를 사용할 경우, 마지막 소비자가 메시지를 수신하면 브로커는 더 이상 해당 메시지를 보관할 필요가 없다. 카프카를 사용하면 메시지 저장 기간을 설정할 수 있는데, 다시 말해 영원히 저장할 수 있다는 의미다. 이를 통해 소비자가 이미 처리한 메시지를 다시 받아오거나, 새로 배포된 소비자가 이전에 전송된 메시지를 처리할 수 있다.

마지막으로, 카프카는 스트림 처리를 기본으로 제공해왔다. 카프카를 사용해 아파치 플린크Apache Flink와 같은 전용 스트림 프로세싱 도구로 메시지를 보내는 대신 몇몇 작업은 카프카 내부에서 수행할 수 있다. KSQL을 사용하면, 하나 이상의 토픽을 즉석에서 처리하는 SQL과 유사한 명령문을 정의할 수 있다. KSQL은 데이터 소스가 데이터베이스가 아닌 카프카 토픽으로 동적으로 업데이트되는 구체화 데이터베이스 뷰materialized database view와 유사한 것을 제공할 수 있다. 이러한 기능은 분산 시스템에서 데이터를 관리하는 방법과 관련해 매우 흥미로운 몇 가지 가능성을 열어준다. 이와 같은 아이디어를 더 자세히 살펴보고 싶다면 벤 스톱포드Ben Stopford의 『Designing Event-Driven Systems』(O'Reilly, 2018)를 추천한다. (이 책에 대한 서문을 필자가 작성했으므로 추천하지 않을 수 없다!) 카프카를 전반적으로 깊이 파고들길 원한다면 네하 나크헤데Neha Narkhede, 그웬 샤피라Gwen Shapira, 토드 팔리노Todd Palino가 공동 집필한 『카프카 핵심 가이드』(제이펍, 2018)를 권한다.

5.3 직렬화 포맷

앞서 살펴본 기술 중 일부(특히 일부 RPC 구현)는 데이터 직렬화 및 역직렬화 방법에 관련된 선택이었다. 예를 들어 gRPC를 사용하면 전송된 모든 데이터는 프로토콜 버퍼 형식으로 변환된다. 그러나 많은 기술은 네트워크 호출을 위해 데이터를 은닉하는 유연한 방법을 제공한다. 브로커로 카프카를 선택한다면 다양한 포맷으로 메시지를 보낼 수 있다. 그렇다면 어떤 포맷을 선택해야 할까?

5.3.1 텍스트 포맷

표준 텍스트 포맷을 사용하면 클라이언트가 자원을 사용하는 방법이 훨씬 유연해진다. 이론적으로 REST API는 HTTP를 통해 바이너리 데이터를 훌륭하게 전송할 수 있더라도 요청 및 응답 바디에 텍스트 포맷을 가장 많이 사용한다. 실제로 gRPC는 하부에 HTTP를 사용하지만 바이너리 프로토콜 버퍼를 전송하는 방식을 사용한다.

JSON은 텍스트 직렬화를 위한 선택지에서 XML의 자리를 대체했다. 이유는 많겠지만, API의 주요 소비자 중 하나가 브라우저인 경우가 많고 JSON이 브라우저에 최적화된 것이 주된 이유다. JSON은 XML에 대한 반발의 결과로 인기를 얻은 면도 있고, XML과 비교할 때 상대적으로 간결하고 단순하다는 점도 JSON 지지자들은 승리 요인으로 이야기한다. 현실적으로 JSON 페이로드와 XML 페이로드는 크기 면에서 별 차이가 없는데, 특히 페이로드는 통상적으로 압축되기 때문이다. 또한 JSON은 단순하지만 그 대가가 따른다는 점도 지적할 만하다. 더 단순한 프로토콜을 채택하려고 서두르는 바람에 스키마는 사라져갔다(나중에 자세히 설명한다).

아브로는 흥미로운 직렬화 포맷이며 JSON을 기본 구조로 사용해 스키마 기반의 포맷을 정의한다. 아브로는 메시지 페이로드 포맷으로 많은 인기를 얻었는데, 부분적으로는 스키마를 페이로드의 일부로 전송할 수 있는 기능 덕분이었다. 아브로는 이 기능을 통해 다양한 메시징 포맷을 훨씬 쉽게 지원할 수 있다.

하지만 개인적으로는 여전히 XML의 팬이며, 몇몇 도구의 지원은 XML이 더 낫다고 생각한다. 예를 들어 페이로드의 특정 부분만 추출하려는 경우(이 기술은 5.5절 '마이크로서비스 간의 변경 처리'에서 더 자세히 논의한다) 많은 도구를 지원하며, 익히 알려진 표준인 XPATH를 사용하거나 많은 사람이 훨씬 더 쉽게 찾는 CSS 셀렉터를 사용할 수 있다. JSON에는 JSONPath

가 있지만 널리 지원되지는 않는다. 사람들이 JSON을 선택하는 이유는 멋지고 가볍기 때문인데, XML에 이미 존재하는 하이퍼미디어 컨트롤 같은 개념을 JSON에 추가하려는 것은 의아할 따름이다. 하지만 필자와 같은 사람은 소수며, JSON이 많은 사람이 선택하는 포맷이라는 점을 인정한다!

5.3.2 바이너리 포맷

텍스트 포맷은 인간이 쉽게 읽을 수 있고 다양한 도구 및 기술과 함께 높은 상호 운용성을 제공하는 등 장점이 많다. 바이너리 직렬화 프로토콜의 세계는 페이로드 크기나 페이로드의 쓰기 및 읽기 효율성을 걱정하기 시작하면 사람들이 찾게 되는 분야다. 프로토콜 버퍼는 나온 지 꽤 됐고 gRPC가 사용되지 않은 분야에 자주 사용됐다(아마도 프로토콜 버퍼는 마이크로서비스 기반 통신에 가장 널리 사용되는 바이너리 직렬화 포맷일 것이다).

하지만 이 분야는 다양한 요구 사항을 고려해 여러 포맷이 개발됐고 SBE^{Simple Binary Encoding}(*https ://oreil.ly/p8UbH*), Cap'n Proto(*https://capnproto.org/*), FlatBuffers(*https:// oreil.ly/VdqVB*)와 같은 포맷이 있다. 이 포맷들은 프로토콜 버퍼, JSON 또는 다른 포맷과 비교해 제반 장점을 부각하는 각 포맷의 벤치마크는 충분하지만, 벤치마크가 포맷을 사용하는 방법을 반드시 나타내지 않는다는 점에서 근본적인 문제를 겪고 있다. 직렬화 포맷에서 마지막 몇 바이트를 늘리거나 이와 같은 페이로드를 읽거나 쓰는 데 소요되는 시간을 마이크로초 단위로 줄이려면 이런 다양한 포맷을 직접 비교하는 것을 적극 권장한다. 경험에 따르면, 대부분의 시스템은 데이터를 덜 보내거나 호출을 아예 제거함으로써 기대하는 개선을 할 수 있으므로 이러한 최적화에 대해 거의 걱정할 필요가 없다. 하지만 여러분이 극도로 낮은 지연 시간이 필요한 분산 시스템을 구축한다면 바이너리 직렬화 포맷의 세계로 뛰어들 준비가 됐는지 확인하라.

5.4 스키마

엔드포인트가 노출하고 수용하는 것을 정의하기 위해 스키마를 사용할지를 두고 현재 논의가 계속되고 있다. 스키마는 다양한 타입이 가능하고, 직렬화 포맷을 선택하면 일반적으로 사용 가능한 스키마 기술을 정의하게 된다. 원시 XML로 작업할 경우 XSD^{XML Schema Definition}를 사용하고 원시 JSON으로 작업한다면 JSON 스키마^{JSON Schema}를 사용한다. 우리가 다룬 기술 선택지 중 일부(특히 RPC 종류의 상당수)는 명시적 스키마를 필요로 하므로 해당 기술을 선택한다면 스키마를 사용해야 한다. SOAP는 WSDL로 동작하고, gRPC는 프로토콜 버퍼 명세가 필요하다. 지금까지 살펴본 다른 기술에서 스키마는 선택 사항으로 돼 있는데, 이 부분에서 더 흥미로운 점이 있다.

이미 논의한 것처럼, 필자는 두 가지 주요한 이유로 마이크로서비스의 엔드포인트에 명시적 스키마를 사용하는 방식을 선호한다. 우선, 스키마는 마이크로서비스 엔드포인트가 노출하는 것과 수용할 수 있는 것을 명시적으로 표현하는 데 중요한 역할을 한다. 이는 마이크로서비스에 종사하는 개발자와 소비자 모두가 좀 더 편리한 삶을 누리게 해준다. 스키마가 좋은 문서의 필요성을 대체하지는 못하더라도 필요한 문서의 양을 줄이는 데는 확실히 도움이 될 것이다.

필자가 명시적 스키마를 선호하는 또 다른 이유는 마이크로서비스의 엔드포인트가 우발적으로 파손(고장)되는 것을 탐지하는 데 도움이 되기 때문이다. 마이크로서비스 간의 변경 사항을 처리하는 방법을 곧 다루겠지만, 그에 앞서 다양한 파손 유형과 스키마의 역할을 살펴보는 것이 좋겠다.

5.4.1 구조적 계약 위반 대 의미적 계약 위반

대체로 계약 위반은 **구조적**^{structural} 위반과 **의미적**^{semantic} 위반이라는 두 가지 형태로 분류할 수 있다. 구조적 위반은 소비자가 더 이상 호환되지 않는 방식으로 엔드포인트의 구조가 변경되는 상황이다. 필드나 메서드가 제거되거나 새로운 필드가 추가되는 것 등이 이에 해당된다. 의미적 계약 위반은 마이크로서비스의 구조는 동일하게 유지되지만 소비자의 기대와 다른 방식으로 행동 양식이 변경되는 상황을 말한다.

간단한 예를 들어보자. 엔드포인트를 통해 calculate 메서드를 노출하는 매우 복잡한 Hard Calculations 마이크로서비스가 있다. 이 calculate 메서드는 필수 매개변수로 2개의 정수를 입력받는다. 이제 calcuate 메서드가 한 정수만 받도록 Hard Calculations 서비스를 변경한다면 소비자는 중단^{break}된다. 2개의 정수가 포함된 요청을 보내고 Hard Calculations 마이크로서비스가 거부하기 때문이다. 이는 구조적 변화의 한 예며, 일반적으로 이러한 변화는 발견하기가 더 쉽다.

의미적 변화는 더욱 문제가 된다. 여기서는 엔드포인트의 구조가 변경되지 않고 그 동작이 변경된다. calculate 메서드로 되돌아가 메서드의 첫 번째 버전에서 제공된 두 정수를 서로 합한 결과가 반환된다고 생각해보자. 지금까지는 그런대로 괜찮았다. 이제 calculate 메서드가 두 정수를 곱해 결과를 반환하도록 Hard Calculations 서비스를 변경한다. calculate 메서드의 의미 체계가 소비자의 기대와 다르게 변경됐다.

5.4.2 스키마를 사용해야 할까?

스키마를 사용하고 다른 버전의 스키마를 비교하면 구조적 위반을 포착할 수 있다. 의미적 파손을 포착하려면 테스트를 사용해야 한다. 스키마가 없거나 스키마는 있지만 호환성을 위해 스키마 변경 사항을 비교하지 않기로 결정했다면, 운영 환경에 도달하기 전에 구조적 파손을 포착하는 책임도 테스트에 있다. 이 상황은 분명히 프로그래밍 언어의 정적 타입과 동적 타입을 비교하는 것과 유사하다. 정적 타입 언어를 사용하면 타입이 컴파일 시간에 고정된다. 즉, 코드가 허용되지 않는 타입으로 작업을 수행하면(예: 존재하지 않는 메서드 호출) 컴파일러가 해당 실수를 탐지할 수 있다. 이를 통해 다른 종류의 문제를 테스트하는 데 집중할 수 있다. 하지만 동적 타입 언어에는 컴파일러가 정적 타입 언어에서 발견하는 실수를 잡아내야 하는 테스트도 있다.

이제 필자는 정적 타입과 동적 타입 언어에 대해 꽤 관대해졌고 두 언어 모두 매우 생산적임을 알게 됐다. 확실히 동적 타입 언어는 많은 사람이 컴파일 시간의 안전성을 포기할 만한 몇 가지 중요한 이점을 제공한다. 하지만 개인적으로 마이크로서비스 상호작용에 대한 논의로 되돌아가보면, 스키마 통신 대 '스키마 없는' 통신에 있어서는 이와 비슷하게 균형 잡힌 절충안이 존재하지 않는다는 사실을 발견하지 못했다. 간단히 말해, 명시적 스키마를 사용하는 것이 스키마 없는 통신에 대해 알고 있는 이점을 모두 상쇄하고도 남는다.

진짜 문제는 스키마의 실제 존재 여부가 아니라 해당 스키마가 **명시적**explicit인지 여부다. 스키마가 없는 API에서 데이터를 사용하는 경우에도 여전히 거기에 어떤 데이터가 들어 있어야 하고 해당 데이터가 어떻게 구성돼야 할지를 예상한다. 데이터를 처리할 코드는 해당 데이터가 어떤 구조를 이룰지 가정하고 작성된다. 이런 경우에 필자는 스키마가 있다고 주장하지만, 명시적이라기보다는 완전히 암묵적이다.[1] 필자가 명시적 스키마를 탐내는 이유는 마이크로서비스가 무엇을 노출할지(또는 노출하지 않을지)에 대해 가능한 한 명시적인 것이 중요하기 때문이다.

스키마 없는 엔드포인트에 대한 주된 논쟁은 스키마가 더 많은 작업을 필요로 하는 데 비해 충분한 가치를 제공하지 못하는 것처럼 보인다는 점에서 비롯된다. 짧은 소견으로 판단해볼 때 그중 일부는 상상력의 실패며, 다른 일부는 구조적 파손을 찾아내기 위해 스키마를 사용하는 것에서 더 많은 가치를 발견하도록 돕는 좋은 도구의 실패다.

궁극적으로 스키마는 클라이언트와 서버 간 구조 계약의 일부를 명시적으로 표현하는 데 큰 도움을 준다. 또한 상황을 명확하게 만들어주고 안전망 역할을 하는 것은 물론 팀 간 의사소통도 돕는다. 하지만 클라이언트와 서버 모두를 같은 팀이 소유하는 경우처럼 변경 비용이 절감되는 상황에서는 스키마가 없는 것이 더 편안하게 느껴진다.

5.5 마이크로서비스 간의 변경 처리

"얼마나 커야 할까요?" 다음으로 마이크로서비스에 대해 가장 많이 받는 질문은 "버전 관리를 어떻게 처리할까요?"일 것이다. 이 질문을 받을 때, 어떤 종류의 버전 번호 체계를 사용해야 하는지와 마이크로서비스 간 계약의 변경을 어떻게 처리하는지를 묻는 경우는 드물다.

변화를 처리하는 방법은 실제로 두 가지 주제로 나뉜다. 잠시 후 중단 변경이 필요한 경우 어떻게 되는지 살펴본다. 하지만 그에 앞서 애초에 중단 변경을 피하기 위해 무엇을 할 수 있을지 알아보자.

5.6 중단 변경 피하기

중단 변경을 피하려 할 때 탐구할 만한 몇 가지 핵심 아이디어가 있으며, 그중 많은 부분은 이미 이 장의 시작 부분에서 다뤘다. 이러한 아이디어를 실행에 옮길 수 있다면, 마이크로서비스

---

[1] 마틴 파울러는 '스키마 없는 데이터 저장소(schemaless data storage)'(https://oreil.ly/Ew8Jq)의 맥락에서 이 주제를 더 자세히 탐구한다.

를 서로 독립적으로 변경하기가 훨씬 더 쉬워졌다는 사실을 알게 된다.

확장 변경expansion changes

마이크로서비스 인터페이스에 새로운 것을 추가하라. 다만 오래된 것은 제거하지 않아야 한다.

관대한 독자tolerant reader

마이크로서비스 인터페이스를 사용할 때 기대하는 것에 유연해야 한다.

올바른 기술right technology

인터페이스에 하위 호환 가능한 변경 사항을 쉽게 적용하는 기술을 선택하라.

명시적 인터페이스explicit interface

마이크로서비스가 노출하는 내용은 명확해야 한다. 이를 통해 클라이언트는 작업을 더 쉽게 수행하고, 마이크로서비스의 유지 보수자는 자유롭게 변경할 수 있는 것을 더 쉽게 이해한다 .

우발적 중단 변경을 일찍 발견하기

변경 사항이 배포되기 전에 운영 환경에서 소비자를 중단시킬 만한 변경 사항을 찾아내는 메커니즘이 있어야 한다.

이러한 아이디어는 서로를 보강하며, 많은 아이디어가 자주 논의했던 정보 은닉의 핵심 개념을 기반으로 형성된다. 그럼 각 아이디어를 차례로 살펴보자.

5.6.1 확장 변경

아마도 가장 쉽게 시작할 수 있는 일은 마이크로서비스 계약에 새로운 것만 추가하고 어떤 것도 제거하지 않는 것이다. 페이로드에 새 필드를 추가하는 예를 생각해보자. 클라이언트가 이러한 변경 사항에 대해 어떤 식으로든 관대해야 한다고 가정한다면 추가는 중대한 영향을 미치지 않아야 한다. 예를 들어 고객 레코드에 새로운 `dateOfBirth` 필드를 추가하는 것은 문제없어야 한다.

5.6.2 관대한 독자

마이크로서비스 소비자가 구현되는 방식은 하위 호환되는 변경을 쉽게 만드는 데 많은 영향을 미칠 수 있다. 특히 클라이언트 코드가 마이크로서비스의 인터페이스와 너무 강하게 바인딩되는 것은 피하고 싶다. 때때로 고객에게 이메일을 보내는 역할을 하는 이메일(Email) 마이크로서비스를 생각해보자. ID가 1234인 고객에게 '주문 배송 완료' 이메일을 발송하라는 요청이 왔다. 작업이 시작되면 해당 ID를 가진 고객을 검색하고 [예제 5-3]에 표시된 내용을 수신한다.

예제 5-3 고객(Customer) 서비스로부터 받은 응답 예

```
<customer>
  <firstname>Sam</firstname>
  <lastname>Newman</lastname>
  <email>sam@magpiebrain.com</email>
  <telephoneNumber>555-1234-5678</telephoneNumber>
</customer>
```

이제 이메일을 발송하려면 이메일 마이크로서비스에 이름, 성, 이메일 필드만 있으면 된다. 전화번호는 필요 없으며, 관심 있는 필드만 빼고 나머지는 무시하고 싶다. 특히 강력한 타입 언어에서 사용되는 일부 바인딩 기술은 소비자가 원하는 것과 관계없이 모든 필드를 바인딩하려고 시도할 수 있다. 전화번호를 사용하는 사람이 아무도 없다는 사실을 알고 이를 제거하기로 결정하면 어떻게 될까? 이 변경은 소비자를 불필요하게 중단시킬 수 있다.

마찬가지로 [예제 5-4]와 같이 더 많은 구조를 추가해 더 세부적인 사항을 지원하도록 Customer 객체를 재구성하려면 어떻게 해야 할까? 이메일 서비스가 원하는 데이터는 여전히 동일한 이름으로 존재하지만, 저장될 위치에 대해 매우 명시적으로 가정한다면 다시 중단될 수 있다. 이 경우 XPath를 사용해 관심 있는 필드를 추출할 수 있으므로 필드를 찾을 수 있는 한, 필드의 위치에 대해서는 상반된 감정을 갖게 한다. 관심 없는 변경 사항은 무시할 수 있는 독자를 구현하는 이 패턴을 마틴 파울러는 **관대한 독자**^{tolerant reader}(*https://oreil.ly/G65yf*)라고 부른다.

예제 5-4 재구성된 Customer 리소스: 여전히 모든 데이터가 존재하지만 소비자가 데이터를 찾을 수 있을까?

```
<customer>
  <naming>
    <firstname>Sam</firstname>
```

```
        <lastname>Newman</lastname>
        <nickname>Magpiebrain</nickname>
        <fullname>Sam "Magpiebrain" Newman</fullname>
    </naming>
    <email>sam@magpiebrain.com</email>
</customer>
```

서비스를 최대한 유연하게 이용하려고 노력하는 클라이언트에 대한 예제는 **견고함의 원칙** robustness principle으로 더 잘 알려진 포스텔의 법칙Postel's law (*https://oreil.ly/GVqeI*)을 보여준다. 이 법칙은 '당신이 하는 일에는 엄격하고, 남에게서 받아들일 때는 너그럽게 하라'라고 선언한다. 이 금언의 원래 배경은 네트워크를 통한 장치 간의 상호작용에서 온갖 이상한 일이 발생할 것을 예상해야 한다는 것이었다. 마이크로서비스 기반 상호작용의 맥락에서 이 법칙은 페이로드의 변경 사항에 대해 관대한 클라이언트 코드를 시도하고 구성하게 한다.

5.6.3 올바른 기술

이미 살펴봤듯이 일부 기술은 인터페이스를 변경할 때 더 취약하며, 필자는 앞에서 자바 RMI에 대한 개인적인 불만을 표출했다. 반면에 일부 통합 구현체는 클라이언트를 중단하지 않고도 가능한 한 쉽게 변경할 수 있게 한다. 이러한 구현체의 끝 단에 있는 gRPC의 일부로 사용되는 직렬화 포맷인 프로토콜 버퍼에는 필드 번호의 개념이 있다. 프로토콜 버퍼의 각 항목은 클라이언트 코드가 찾을 것으로 예상되는 필드 번호를 정의해야 한다. 새 필드가 추가되더라도 클라이언트는 신경 쓰지 않는다. 아브로에서는 스키마가 페이로드와 함께 전송되므로 클라이언트는 마치 동적 타입처럼 페이로드를 해석할 수 있다.

좀 더 극단적으로 말하자면, HATEOAS의 REST 개념은 앞서 설명한 하이퍼미디어 링크를 사용해 클라이언트가 변경되더라도 REST 엔드포인트를 사용할 수 있도록 하는 것이다. 물론 이를 위해서는 전체 HATEOAS 사고방식을 이해해야 한다.

5.6.4 명시적 인터페이스

필자는 마이크로서비스의 엔드포인트가 수행하는 작업을 나타내는 스키마를 명확하게 노출하는 마이크로서비스를 매우 좋아한다. 명시적 스키마를 사용하면 소비자가 무엇을 기대하는지 분명히 할 수도 있지만, 소비자를 중단시키지 않으려면 어떤 것을 건드리지 말아야 하는지 마이크로서비스를 작업하는 개발자도 훨씬 더 명확히 알게 된다. 다시 말해, 명시적 스키마는 숨겨진 정보의 경계를 더욱 명확하게 만드는 데 큰 도움이 된다. 정의에 따라 스키마에 노출된 것은 숨겨지지 않게 돼 있다.

RPC에 대해 명시적 스키마를 사용하는 것은 오래전에 정착됐고, 실제로 많은 RPC 구현체에 대한 요구 사항이었다. 반면 필자가 REST 엔드포인트에 대한 명시적 스키마가 아주 드물다는 사실을 알게 될 정도로 REST에서 스키마의 개념은 전형적인 선택 사항이었다. 이러한 상황은 앞서 언급한 OpenAPI 명세 등이 관심을 끌고 JSON 스키마 명세도 성숙해지면서 변화하고 있다.

비동기 메시지 프로토콜은 이 분야에서 더 많은 어려움을 겪었다. 메시지의 페이로드에 대한 스키마는 아주 쉽게 적용할 수 있는데, 실제로 이 분야는 아브로가 사용되는 경우가 많다. 하지만 명시적 인터페이스를 도입하려면 이보다 더 나아가야 한다. 이벤트를 발행하는 마이크로서비스를 고려한다면 어떤 이벤트를 노출할까? 이벤트 기반 엔드포인트에 대한 명시적 스키마를 만드는 몇 가지 시도가 현재 진행 중이다. 그중 유명 사용자들을 많이 확보한 것은 AsyncAPI(*https://www.asyncapi.com*)이지만, 가장 주목받고 있는 것은 CNCF^{Cloud Native Computing Foundation}의 지지를 받는 CloudEvents(*https://cloudevents.io*) 명세로 보인다. 애저^{Azure}의 이벤트 그리드 제품은 다양한 공급업체가 이 포맷을 지원한다는 것을 나타내기 위해 사용됐고, 상호 운영성을 높이는 데 도움이 된다. 여전히 매우 새로운 분야인 만큼 향후 몇 년 동안 상황이 어떻게 전개될지 관전하는 것은 매우 흥미로운 일이다.

시맨틱 버전 관리

클라이언트 입장에서 서비스의 버전 번호만 보고 서비스에 통합할 수 있는지 알 수 있다면 얼마나 좋을까? 시맨틱 버전 관리(semantic versioning, *http://semver.org*)는 이를 가능하게 하는 명세다. 시맨틱 버전 관리에서 각 버전 번호는 **MAJOR.MINOR.PATCH** 형태로 표시된다. **MAJOR** 번호가 증가하면 이전 버전과 호환되지 않는 변경이 이뤄졌음을 의미한다. **MINOR** 번호가 증가하면 이전 버전과 호환돼야 하는 새로운 기능이 추가된 것이다. 끝으로 **PATCH**에 대한 변경은 버그 수정이 기존 기능에 적용됐음을 나타낸다.

시맨틱 버전 관리가 얼마나 유용한지 알아보기 위해 간단한 사용 사례를 살펴보자. 헬프데스크 애플리케이션은 고객(**Customer**) 서비스 버전 1.2.0에서 작동하도록 구축됐다. 만약 새로운 기능이 추가돼 고객 서비스가 1.3.0으로 변경되면 헬프데스크 애플리케이션의 동작은 변경되지 않아야 하며, 어떤 변경도 예상되면 안 된다. 하지만 고객 서비스 버전 1.2.0 릴리스에 추가된 기능에 의존할 수 있어 1.1.0에서도 작동한다고 보장하지는 못한다. 또한 고객 서비스의 새로운 2.0.0 릴리스가 나오면 애플리케이션을 변경해야 할 수도 있다.

다음 절에서 자세히 설명하겠지만, 서비스나 서비스의 각 엔드포인트가 공존하는 경우에도 시맨틱 버전을 사용할 수 있다.

이 버전 관리 체계를 통해 많은 정보와 기대치를 단 3개의 필드에 담을 수 있다. 전체 명세서에서 이러한 버전 번호 변경에 대해 클라이언트가 가질 수 있는 기대치를 매우 간단한 용어로 설명하고, 소비자에게 영향을 미치는 변경 사항인지에 대한 의사소통 과정을 단순화한다. 불행하게도 이 맥락에서 이 방식의 효과를 이해할 만큼 분산 시스템에서 이 방식이 충분히 사용된 것을 지금까지도 보지 못했는데, 이 책의 초판 이후로 정말로 변하지 않은 사실 중 하나다.

5.6.5 우발적 중단 변경을 일찍 발견하기

가능한 한 최고의 기술을 선택하더라도 마이크로서비스에 대한 정상적인 변경으로 인해서도 소비자가 중단될 수 있으므로 가능한 한 신속하게 소비자를 중단시키는 변경을 파악하는 것이 중요하다. 이미 살펴본 것처럼, 스키마를 사용하면 스키마 버전을 비교하는 데 도움이 되는 일종의 도구를 사용해 구조적 변화를 찾는 데 도움이 될 수 있다. 다양한 스키마 타입에 대해 이를 수행하는 범용 도구가 있으며, 프로토콜 버퍼용 프로토락^{Protolock}(*https://oreil.ly/wwxBx*), JSON 스키마용 json-schema-diff-validator(*https://oreil.ly/COSIr*), OpenAPI 명세용 openapi-diff 등이 해당된다.[2] 또한 이 분야에서는 더 많은 도구가 계속 등장하고 있는 것 같다. 하지만 여러분이 찾는 도구는 두 스키마 간의 차이점을 리포트하는 것이 아니라 호환성에 따라 성공 또는 실패 여부를 판단해 호환되지 않는 스키마가 발견되면 CI 빌드에서 실패함으로써 마이크로서비스가 배포되지 않도록 하는 것이다.

오픈 소스 컨플루언트 스키마 레지스트리$^{Confluent\ Schema\ Registry}$(*https://oreil.ly/qcggd*)는 JSON 스키마, 아브로, 프로토콜 버퍼를 지원하며 하위 호환성을 위해 새로 업로드된 버전을 비교할 수 있다. 이 도구는 카프카가 사용되는 생태계의 일부로서 지원하기 위해 만들어졌으며, 카프카 실행이 필요하지만 카프카 기반이 아닌 통신에 사용되는 스키마를 저장하고 검증할 수 있다.

스키마 비교 도구는 구조적 위반을 알아채는 데 도움이 되지만, 의미적 위반인 경우는 어떨까?

---

2 실제로 동명의 도구가 3개나 존재한다는 점에 유의하라! *https://github.com/Azure/openapi-diff*의 openapi-diff 도구는 실제로 호환성 여부를 판별하는 도구에 가장 근접한 것으로 보인다.

아니면 애초에 스키마를 사용하지 않았다면 어떨까? 그렇다면 테스트를 살펴봐야 한다. 이는 9.5.1절 '계약 테스트와 소비자 주도 계약'에서 더 자세히 탐구할 주제지만, 이 분야에서 분명하게 도움이 되는 소비자 주도 계약 테스트를 잠시 강조하고 싶었다. 팩트[Pact]는 특히 이 문제를 겨냥한 도구의 훌륭한 예다. 스키마가 없다면 테스트가 중단 변경을 포착하기 위해 더 많은 작업을 수행해야 한다는 점을 기억하라.

여러 개의 서로 다른 클라이언트 라이브러리를 지원하는 경우, 최신 서비스를 지원하는 각 라이브러리를 사용해 테스트를 수행하는 것도 도움이 되는 또 다른 기법이다. 소비자를 중단시킬 것이라는 사실을 알게 되면, 중단을 완전히 피하거나 아니면 중단될 것을 받아들이고 소비자 서비스를 관리하는 사람들과 올바른 대화를 시작해야 한다.

5.7 중단 변경 관리하기

마이크로서비스 인터페이스에 대한 변경 사항이 하위 호환성을 보장하도록 최대한 노력했지만, 중단 변경이 필요한 변경을 해야 한다는 사실을 알게 됐다. 이러한 상황에서는 어떻게 해야 할까? 다음 세 가지 큰 선택지가 있다.

락스텝 배포lockstep deployment

인터페이스를 노출하는 마이크로서비스와 이 인터페이스의 모든 소비자를 동시에 변경하는 것이 요구된다.

호환되지 않는 마이크로서비스 버전의 공존

마이크로서비스의 이전 버전과 새 버전을 나란히 실행한다.

기존 인터페이스 에뮬레이션

마이크로서비스가 새 인터페이스를 노출하고 기존 인터페이스도 에뮬레이트하도록 한다.

5.7.1 락스텝 배포

물론 락스텝 배포는 독립적인 배포 가능성과 대치된다. 인터페이스의 중단 변경이 있는 새 버전의 마이크로서비스를 배포하지만 독립적인 방식으로도 수행하길 원한다면, 소비자에게 새 인터페이스로 업그레이드할 시간을 주어야 한다. 이는 다음 두 가지 사항을 고려하게 한다.

5.7.2 호환되지 않는 마이크로서비스 버전의 공존

또 다른 버전 관리 해결책 중 자주 인용되는 것은 [그림 5-3]과 같이 서비스의 다른 버전들을 한 번에 실행하고 이전 소비자의 트래픽을 이전 버전으로 라우팅해 새 소비자가 새 버전을 보게 하는 것이다. 특히 이것은 레거시 장치가 여전히 이전 버전의 API와 묶인 경우와 같이 오래된 소비자를 변경하는 비용이 너무 높은 상황에서 넷플릭스가 드물게 사용하는 방식이다. 필자는 개인적으로 이 아이디어를 좋아하지 않으며, 넷플릭스가 거의 사용하지 않는 이유도 이해한다.

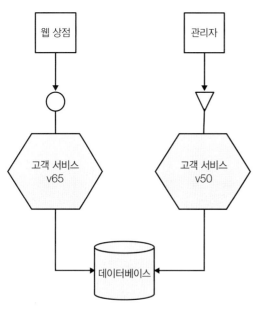

그림 5-3 구 엔드포인트를 지원하기 위해 동일 서비스의 여러 버전을 실행하기

첫째, 서비스의 내부 버그를 수정해야 하는 경우 이제 2개의 서로 다른 서비스 세트를 수정하고 배포해야 한다. 이는 아마도 서비스의 코드베이스를 분기해야 한다는 것을 의미하며 항상 문제가 된다. 둘째, 소비자를 올바른 마이크로서비스로 유도하는 데 지능이 필요하다는 것을 뜻한다. 이 행위는 틀림없이 미들웨어 어딘가 또는 엔진엑스^{nginx} 스크립트에 상주하게 돼 시스템 동작을 추론하기 어렵게 만든다. 마지막으로, 서비스에서 관리할 수 있는 모든 영속적인 상태를 고려하라. 서비스의 두 버전에 의해 생성된 고객은 처음 데이터를 생성하는 데 사용된 버전에 관계없이 저장되고 모든 서비스에 보여질 수 있어야 한다. 단, 이 방식은 복잡성을 가중하는 요인이 될 수 있다.

단기간에 동시에 서비스 버전을 공존시키는 것은 특히 카나리아 릴리스와 같은 작업을 수행할 때 가장 적합하다. 이 패턴은 8.6.2절 '점진적 제공으로'에서 더 논의한다. 이러한 상황에서는 몇 분이나 몇 시간 동안만 버전들을 공존시킬 수 있으며, 일반적으로 동시에 두 가지 다른 버전의 서비스만 사용할 수 있다. 소비자를 최신 버전으로 업그레이드하고 릴리스하는 데 시간이 오래 걸릴수록 전혀 다른 버전이 공존하는 방법보다는 동일한 마이크로서비스에서 다른 엔트포인트가 공존하는 방법을 더 찾아야 한다. 개인적으로는 이 작업이 일반적인 프로젝트에도 가치가 있다고 확신하지 못한다.

5.7.3 기존 인터페이스 에뮬레이션

인터페이스를 깨뜨리는 변경을 피하고자 최선을 다했다면 다음 작업은 그 영향도를 제한하는 것이다. 소비자가 우리와 함께 업그레이드하도록 강제하는 것은 피하길 원하며, 마이크로서비스를 상호 독립적으로 릴리스하는 기능을 유지하고 싶다. 이 문제를 성공적으로 처리하려고 사용한 한 가지 방법은 실행하는 동일 서비스에서 신구 인터페이스를 함께 제공하는 것이다. 따라서 중단 변경을 릴리스하고 싶다면 신구 버전의 엔드포인트를 노출하는 새로운 버전의 서비스를 배포한다.

이를 통해 새로운 인터페이스와 함께 새로운 마이크로서비스를 가능한 한 빨리 출시할 수 있으며, 동시에 소비자가 옮겨갈 시간을 확보할 수 있다. 모든 소비자가 더 이상 구 엔드포인트를 사용하지 않으면 [그림 5-4]와 같이 연결된 코드와 함께 제거할 수 있다.

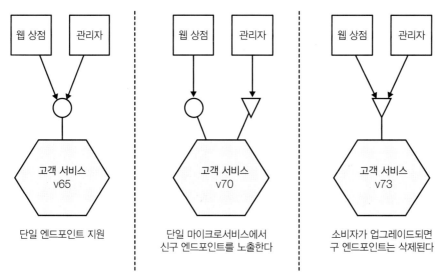

그림 5-4 하나의 마이크로서비스에서 구 엔드포인트를 에뮬레이션하고 하위 호환성이 없는 새로운 인터페이스를 노출한다.

실제로 이 접근 방식을 마지막으로 사용했을 때 필자와 동료들은 연결된 소비자 수와 발생한 중단 변경 수로 인해 다소 혼란에 빠졌다. 실제로 세 가지 다른 버전의 엔드포인트가 공존한다는 것을 의미하는 상황이었지만, 이러한 공존을 추천하고 싶지는 않다! 모든 코드를 유지하고 코드가 전부 제대로 작동하는지 확인하는 데 필요한 관련 테스트는 전적으로 추가 부담이 됐다. 이를 좀 더 쉽게 관리할 수 있도록 내부적으로 V1 엔드포인트에 대한 모든 요청을 V2 요청으로 변환한 후 V2 요청을 V3 엔드포인트로 변환했다. 이를 통해 이전 엔드포인트가 종료될 때 어떤 코드가 폐기될지 명확히 구분할 수 있었다.

이는 사실상 확장 및 축소 패턴의 예며, 이 패턴을 통해 중단 변경을 단계적으로 진행할 수 있다. 신구 동작 방식을 모두 지원하며 우리가 제공하는 기능을 확장한다^{expand}. 기존 소비자가 모두 새로운 방식을 사용하면 API를 계약하고 구 기능을 제거한다.

엔드포인트를 공존시키려면 호출자가 요청을 적절히 라우팅할 방법이 필요하다. HTTP를 사용하는 시스템의 경우, 요청 헤더와 URI 자체 내부에서(예: /v1/customer/ 또는 /v2/customer/) 버전 번호를 사용해 라우팅하는 것을 봤다. 어떤 방법이 가장 적합한지는 확신할 수 없다. 한편으로 클라이언트가 URI 템플릿을 하드코딩하지 못하도록 불투명하게 만드는 것이 좋지만, 다른 한편으로 이 방식은 상황을 매우 명확하게 하고 요청 라우팅을 단순화할 수 있다.

RPC는 상황이 좀 더 까다로울 수 있다. 예를 들면 필자는 `v1.createCustomer`, `v2.create Customer`와 같이 메서드를 다른 네임스페이스에 배치해 프로토콜 버퍼로 이 방식을 처리했지만, 네트워크를 통해 전송되는 동일한 타입에 대한 다른 버전을 지원하려고 할 때 이 방식은 매우 힘들었다.

5.7.4 어떤 방식을 선호하는가?

같은 팀이 마이크로서비스와 소비자 모두 관리하는 상황이라면 제한된 상황에서 락스텝 릴리스를 사용하는 것은 다소 안심이 된다. 실제로 일회성 상황이라 가정하고 영향도가 단일 팀으로 제한될 때 이 방식을 수행하는 것은 적절하다. 하지만 일회성 활동이 일상 업무가 될 위험이 있고 독립적으로 배포할 가능성이 있으므로 필자는 이 방식을 매우 신중하게 대한다. 락스텝 배포가 너무 잦으면 머지않아 분산형 모놀리스가 될 것이다.

앞서 논의했듯이 동일한 마이크로서비스에 대한 다른 버전을 공존시키는 것은 문제가 될 수 있어 짧은 시간 동안 마이크로서비스 버전을 나란히 실행할 계획인 상황에서만 하는 게 좋다. 현실적으로는 소비자에게 업그레이드할 시간을 줘야 할 때 몇 주 이상 걸릴 수도 있다. 블루-그린 배포나 카나리아 릴리스처럼 마이크로서비스 버전이 공존할 수 있는 상황에서는 혼재된 기간이 훨씬 짧아 이 방식의 단점이 보완된다.

필자는 가능하다면 구 엔드포인트를 에뮬레이션하는 것을 대체로 선호한다. 공존하는 마이크로서비스 버전의 문제보다 에뮬레이션 구현의 문제를 훨씬 쉽게 처리할 수 있다고 보기 때문이다.

5.7.5 사회적 계약

어떤 접근 방식을 선택하느냐는 이러한 변경이 어떻게 이뤄질지에 대한 소비자의 기대치에 따라 크게 달라진다. 이전 인터페이스를 계속 사용하려면 비용이 발생할 수 있으므로 가능한 한 빨리 인터페이스를 종료하고 관련 코드와 인프라를 제거하는 것이 이상적이다. 다른 한편으로 여러분은 소비자에게 변경을 수행할 시간을 최대한 많이 주길 원한다. 그리고 많은 경우에 여러분이 만들고 있는 하위 호환성이 없는 변경은 종종 소비자의 요청에 의한 것이며, 실제로 그들에게 득이 되는 것임을 기억하길 바란다. 물론 마이크로서비스 유지 관리자의 요구와 소비자의 요구가 균형을 이루도록 조정해야 하며, 논의가 필요한 사항이다.

필자는 많은 상황에서 이러한 변경 사항을 처리하는 방법이 논의된 적이 없고 결국 온갖 종류의 문제로 이어진다는 사실을 확인했다. 스키마와 마찬가지로 하위 호환성이 없는 변경을 어느 정도 명시한다면 작업을 상당히 단순화할 수 있다.

변경 사항을 어떻게 처리할 것인지에 대한 합의를 도출하기 위해 많은 양의 문서와 대규모 회의가 반드시 필요한 것은 아니다. 하지만 락스텝 릴리스의 길을 따르지 않는다고 가정하면, 마이크로서비스 소유자 및 소비자 모두 다음 몇 가지 사안을 명확히 고려해야 한다.

- 인터페이스를 변경해야 할 이슈는 어떻게 제기할 것인가?
- 소비자와 마이크로서비스 팀이 변경될 사항에 동의하도록 어떻게 협업할 것인가?
- 소비자를 업데이트하기 위해 누가 작업을 수행할 것인가?
- 변경 사항에 동의한다면, 소비자가 인터페이스를 제거하기 전에 새로운 인터페이스로 전환하기까지 얼마나 걸리는가?

효과적인 마이크로서비스 아키텍처의 비밀 중 하나는 소비자 우선 방식을 수용하는 것임을 기억하라. 여러분의 마이크로서비스는 소비자가 호출하기 위해 존재한다. 소비자의 요구는 가장 중요하며 업스트림 소비자에게 문제를 일으킬 마이크로서비스를 변경하는 경우 반드시 고려해야 한다.

물론 어떤 상황에서는 소비자를 변경하는 것이 불가능하다. 구 버전의 넷플릭스 API를 사용하는 구형 셋톱박스에 문제가 발생했던 넷플릭스 사례를 예로 들어보자. 이러한 구형 셋톱박스는 쉽게 업그레이드할 수 없으므로 지원을 중단할 수 있는 수준으로 기기의 수가 줄어들 때까지 오래된 엔드포인트를 계속 유지해야 한다. 구형 소비자(셋톱박스)의 엔드포인트 액세스를 중단하는 결정은 때때로 재정적인 문제로 귀결될 수 있다. 즉, 오래된 인터페이스를 지원하는 데드는 비용과 해당 소비자로부터 얻는 수익을 견줘봐야 한다.

5.7.6 사용성 추적

소비자가 오래된 인터페이스 사용을 중단해야 하는 시점에 여러분이 동의하더라도 실제로 사용을 중단했는지 알 수 있을까? 마이크로서비스가 노출하는 각 엔드포인트에 로그인을 보장하면 도움이 된다. 예를 들어 오래된 인터페이스에서 이전하도록 작업해야 하는 팀이 있다면 일종의 클라이언트 식별자가 있으므로 해당 팀과 이야기할 수 있다. 이는 HTTP 요청을 할 때

user-agent 헤더에 식별자를 넣도록 소비자에게 요구하는 것처럼 간단한 일일 것이다. 또는 클라이언트가 자신의 신분을 밝히려면 반드시 키가 필요한 일종의 API 게이트웨이에 모든 호출이 통과하도록 요구할 수 있다.

5.7.7 극단적 조치

따라서 제거하려는 오래된 인터페이스를 소비자가 여전히 사용 중이고 새 버전으로 전환하는 것을 주저하고 있다면 어떻게 해야 할까? 가장 먼저 할 일은 그들과 대화하는 것이다. 그렇게 함으로써 그들에게 변화가 일어나도록 도움을 줄 수 있을 것이다. 다른 모든 방법이 모두 실패하고 업그레이드에 동의한 후에도 업그레이드가 되지 않으면 필자가 목격한 몇 가지 극단적인 기법을 고려할 수 있다.

필자는 한 대형 기술 회사에서 이 문제를 처리할 방법을 논의한 적이 있다. 내부적으로 이 회사는 오래된 인터페이스가 폐기되기까지 1년이라는 매우 넉넉한 기간을 가졌다. 소비자가 여전히 오래된 인터페이스를 사용하는지를 어떻게 알 수 있는지 물었더니 회사는 해당 정보를 추적하는 데 전혀 신경 쓰지 않고, 1년 후 오래된 인터페이스를 별다른 조치 없이 꺼버렸다고 대답했다. 이로 인해 소비자가 중단된다면, 1년 동안 변경할 시간이 있었음에도 불구하고 변경하지 않았기 때문에 해당 마이크로서비스 팀의 잘못이라고 내부적으로 인식하고 있었다. 물론 이러한 방식은 많은 경우에 효과가 없고(필자는 '극단적'이라 말했다!), 또한 상당한 비효율을 초래한다. 회사는 오래된 인터페이스가 사용되는지를 알지 못했으므로 더 일찍(1년 전보다 더 이전 시점에) 이 인터페이스를 제거할 기회를 스스로 놓쳤다. 개인적으로, 일정 시간이 지나면 엔드포인트를 끄자고 제안하더라도 누가 계속 영향받고 있는지 추적할 수 있어야 한다고 생각한다.

필자가 본 또 다른 극단적인 조치는 실제로 지원이 중단될[deprecating] 라이브러리와 관련이 있었지만, 이론적으로는 마이크로서비스 엔드포인트에도 적용될 수 있다. 해당 사례는 조직 내에서 더 좋은 새 라이브러리를 사용하기 위해 사람들이 사용을 중단하려 했던 오래된 라이브러리에 관한 것이다. 새로운 라이브러리를 사용하고자 코드를 옮기는 많은 작업이 이뤄지고 있음에도 일부 팀은 여전히 미적거리고 있었다. 해결책은 오래된 라이브러리에 슬립[sleep]을 삽입해 호출에 더 느리게 응답하도록 하는 것이었다(발생 상황을 표시하는 로깅도 포함). 시간이 지남에 따라 지원 중단을 주도하는 팀은 다른 팀이 메시지를 받을 때까지 계속 지연 시간을 늘렸다.

단, 이와 같은 조치를 고려하기 전에 소비자들이 업그레이드하도록 하기 위해 다른 합리적인 노력을 모두 기울였는지 반드시 확인해야 한다!

5.8 마이크로서비스 세계에서 DRY와 코드 재사용의 위험

개발자라면 DRY^{Don't Repeat Yourself}('반복하지 말라'라는 의미다)라는 약어를 종종 듣게 된다. 코드 중복을 피하려고 정의를 단순화하는 경우도 있지만, DRY는 시스템 동작과 지식의 중복을 피하고 싶다는 의미며 일반적으로 매우 현명한 조언이다. 동일한 작업을 수행하는 코드 라인이 많으면 코드베이스가 필요 이상으로 커져 파악하기가 더 어려워진다. 동작을 변경하려고 할 때 해당 동작이 시스템의 많은 곳에 복제돼 있다면 변경할 때 빠뜨리기 쉽고, 버그로도 이어질 수 있다. 따라서 일반적으로 DRY는 '기도문'으로 사용하는 것이 적합하다.

DRY는 재사용할 수 있는 코드를 만들도록 유도한다. 중복된 코드를 모아 추상화한 다음 여러 곳에서 호출할 수 있으며, 아마도 어디에서나 사용할 수 있는 공유 라이브러리를 만드는 단계까지 갈 것이다! 하지만 마이크로서비스 환경에서 코드를 공유하는 것은 그보다 좀 더 복잡한 것으로 밝혀졌다. 항상 그렇듯이 고려해야 할 사항이 여러 가지다.

5.8.1 라이브러리를 통한 코드 공유

어떤 대가를 치르더라도 피하고 싶은 상황은 마이크로서비스와 소비자를 지나치게 결합해 마이크로서비스 자체의 작은 변경으로 인해 소비자에게 불필요한 변경이 발생할 수 있게 되는 것이다. 하지만 때때로 공유 코드를 사용하면 바로 이러한 결합이 생겨날 수 있다. 시스템에서 사용 중인 핵심 엔티티들을 나타내는 공통 도메인 객체 라이브러리가 한 클라이언트에 있었던 사례를 예로 들어보자. 이 라이브러리는 당시 우리의 모든 서비스에서 사용됐지만, 그중 하나가 변경되면 서비스 전부를 업데이트해야 했다. 그 시스템은 메시지 큐를 통해 통신했는데, 메시지 큐도 현재 **유효하지 않은**^{invalid} 메시지를 비워야 했으며 잊어버리면 큰 문제를 초래했다.

공유 코드가 서비스 경계 외부로 새어나가 사용되면 잠재적인 형태의 결합이 생겨난다. 로깅 라이브러리와 같은 공통 코드를 사용하는 것은 외부 세계에는 보이지 않는 내부 개념이므로 사용해도 괜찮다. realestate.com.au 웹 사이트는 새로운 서비스 생성을 돕기 위해 맞춤형 서비스 템플릿을 활용한다. 이 코드를 공유하는 대신 회사는 모든 새로운 서비스에 대해 이 코드를 복사해 결합이 스며들지 못하게 했다.

라이브러리를 통해 코드를 공유할 때 정말 중요한 점은 사용되는 라이브러리를 한 번에 업데이트할 수 없다는 것이다. 여러 마이크로서비스가 모두 동일한 라이브러리를 사용할 수 있지만, 일반적으로 해당 라이브러리를 마이크로서비스 배포에 패키징해 사용한다. 따라서 사용 중인 라이브러리 버전을 업그레이드하려면 마이크로서비스를 재배포해야 한다. 정확히 같은 시간에 동일한 라이브러리를 모두 업데이트하려면, 동시에 다른 여러 마이크로서비스를 광범위하게 배포해야 하므로 골치 아플 것이다.

따라서 마이크로서비스 경계를 넘어 코드 재사용성을 위해 라이브러리를 사용하는 경우 동일한 라이브러리의 다른 여러 버전이 동시에 존재할 수 있다는 사실을 받아들여야 한다. 물론 시간이 지남에 따라 마지막 버전으로 모두 업데이트할 수도 있지만, 이 사실에 동의한다면 라이브러리를 통해 코드를 재사용하라. 정말로 모든 사용자에 대해 해당 코드를 정확히 동시에 업데이트해야 한다면 전용 마이크로서비스를 통해 코드를 재사용하는 방법을 실제로 살펴보고 싶을 것이다.

하지만 라이브러리를 통한 재사용과 관련해 자세히 살펴볼 만한 특정 사용 사례가 하나 있다.

클라이언트 라이브러리

먼저 필자는 서비스를 위한 클라이언트 라이브러리를 만드는 것이 서비스를 만드는 데 필수적인 부분이라고 주장하는 2개 이상의 팀과 이야기를 나눴다. 그들은 이렇게 하면 서비스를 쉽게 사용할 수 있을 뿐 아니라 서비스 자체를 사용하는 데 필요한 코드 중복을 피할 수 있다고 주장한다.

물론 동일한 사람이 서버 API와 클라이언트 API를 모두 만들면 서버에 있어야 할 로직이 클라이언트로 유입될 위험이 있다는 문제가 있다. 여기서 알아둬야 할 것은 본인이 직접 다 했다는 사실이다. 클라이언트 라이브러리에 더 많은 로직이 스며들수록 응집력은 더 약해지고, 서버에 대한 수정 사항을 배포하기 위해 많은 클라이언트를 변경해야 하는 자신을 발견하게 된다. 특히 클라이언트 라이브러리를 사용하기로 했다면 기술을 선택하는 데도 제한을 받는다.

클라이언트 라이브러리와 관련해 필자는 아마존 웹 서비스(AWS) 모델을 선호한다. 하부의 SOAP 또는 REST 웹 서비스 호출을 직접 할 수 있지만, 결국 사람들은 하부의 API를 추상화한 다양한 소프트웨어 개발 키트(SDK) 중 하나만 사용하게 된다. 하지만 이러한 SDK는 더 큰 커뮤니티가 만들거나 API로 작업하지 않는 AWS 내부의 사람이 만든다. 이 정도 수준의 분리는 문제없이 동작할 것이며 클라이언트 라이브러리에서 나타나는 몇 가지 함정을 피할 수 있다. 업그레이드할 시점을 클라이언트가 담당하는 것도 분명 잘 동작하는 이유 중 일부다. 클라이언트 라이브러리의 길을 직접 가겠다면, 이 점을 반드시 확인하라.

넷플릭스는 클라이언트 라이브러리를 특히 강조하지만, 사람들은 순전히 코드 중복을 피한다는 관점으로만 볼 우려가 있다. 실제로 넷플릭스에서 사용하는 클라이언트 라이브러리는 시스템의 안정성과 확장성을 보장하는 것 이상으로 중요한 역할을 한다. 넷플릭스 클라이언트 라이브러리는 서비스 디스커버리, 실패 모드, 로깅과 더불어 실제로 서비스 자체의 특성과는 무관한 다른 측면을 처리한다. 이러한 공유 클라이언트가 없으면 넷플릭스가 운영되는 클라이언트/서버 통신의 각 부분이 제대로 작동하는지 확신하기 어렵다. 넷플릭스는 이 라이브러리를 사용해 시스템의 정상 동작을 보장하는 동시에 쉽게 시작하거나 실행하고 생산성을 확실히 높일 수 있었다. 하지만 넷플릭스 관계자에 따르면, 시간이 지남에 따라 클라이언트와 서버 간에 어느 정도 결합이 이뤄지면서 문제가 발생했다고 한다.

클라이언트 라이브러리 방식을 고려하고 있다면 대상 서비스 그 자체에 관련된 것과 서비스 디스커버리 및 실패 등을 다루는 하부 전송 프로토콜을 처리하도록 클라이언트 코드를 분리하는 것이 중요해진다. 사용 중인 클라이언트 라이브러리를 고수할지, 아니면 다른 기술 스택을 사용하는 사람들이 하부 API를 호출하도록 허용할지를 결정하라. 끝으로는 클라이언트가 클라이언트 라이브러리를 업그레이드할 시기를 담당해야 한다. 즉, 서로 독립적으로 서비스를 릴리스하는 기능을 유지해야 한다!

5.9 서비스 디스커버리

여러분이 마이크로서비스를 몇 개 이상 갖고 있다면 모든 것이 도대체 어디에 있는지 파악하는 데 관심을 기울일 수밖에 없다. 어쩌면 모니터링돼야 하는 것을 알기 위해 해당 환경에서 무엇이 실행되고 있는지 알고 싶을 것이다. 계정(Accounts) 마이크로서비스가 어디에 있는지 알고 있어 그 소비자가 어디에서 찾을 수 있는지 아는 것만큼 간단한 일일 수도 있다. 또는 조직 내 개발자가 사용 가능한 API를 쉽게 알 수 있도록 해서 불필요한 일을 방지하고 싶을 수도 있다. 대체로 이러한 사용 예는 모두 **서비스 디스커버리**^{service discovery}라는 분야에 속한다. 그리고 마이크로서비스에서는 항상 그렇듯이 서비스 디스커버리를 다루는 다양한 선택지가 있다.

우리가 살펴볼 모든 솔루션은 두 부분으로 처리된다. 첫째, 인스턴스가 스스로 등록하고 "나 여기 있어요!"라고 말하는 메커니즘을 제공한다. 둘째, 등록된 서비스를 찾는 방법을 제공한다. 하지만 새로운 인스턴스를 지속적으로 폐기하고 배포하는 환경을 생각하면 서비스 디스커버리는 더욱 복잡해진다. 이상적으로는 이 문제를 대처하려고 선택한 솔루션이라면 무엇이든 원할 것이다.

서비스 제공을 위한 가장 일반적인 솔루션을 살펴보고 우리의 선택지들을 고려해보자.

5.9.1 도메인 네임 시스템(DNS)

간단하게 시작하는 것이 좋다. DNS를 사용하면 이름을 하나 이상의 컴퓨터 IP 주소와 연결할 수 있다. 예를 들어 계정 마이크로서비스는 항상 *accounts.musiccorp.net*에서 찾을 수 있게 된다. 그런 다음 해당 마이크로서비스가 실행 중인 호스트의 IP 주소에 대한 엔트리 포인트나 여러 인스턴스에 부하를 분산하는 로드 밸런서로 확인하도록^{resolve} 할 수 있다. 서비스 배포의 일부로 이러한 항목을 처리해야 한다는 의미다.

다양한 환경에서 서비스의 인스턴스들을 처리할 때는 관례^{convention} 기반의 도메인 템플릿이 효과가 있다는 사실을 직접 확인했다. 예를 들어 도메인 템플릿을 〈서비스이름〉-〈환경〉.musiccorp.net으로 정의할 수 있어 accounts-uat.musiccorp.net 또는 accounts-dev.musiccorp.net과 같은 DNS 엔트리를 제공하게 된다.

다양한 환경을 다루는 진보된 방법은 이와 같은 환경에 대해 서로 다른 도메인 네임 서버를 사용하는 것이다. 따라서 accounts.musiccorp.net은 항상 계정 마이크로서비스를 찾는 위치라고 가정할 수 있지만, 조회를 수행하는 위치에 따라 다른 호스트로 해석된다. 이미 다른 네트워크 세그먼트에 환경이 구성돼 있고 자체 DNS 서버 및 엔트리를 관리하는 데 익숙하다면 아주 훌륭한 해결책이 될 수 있지만, 이러한 설정에서 다른 이점을 얻지 못한다면 많은 작업이 필요하다는 것을 알아두자.

DNS에는 많은 장점이 있으며, 특히 거의 모든 기술 스택이 지원하고 널리 알려져 사용되는 표준이라는 점에서 돋보인다. 안타깝게도 조직 내부에서 DNS를 관리하기 위한 여러 서비스가 존재하지만, 일회용 호스트가 많은 환경을 위해 설계된 서비스는 거의 없어 DNS 항목을 업데이트하는 것이 다소 번거롭다. 아마존의 Route 53 서비스는 이 일을 꽤 잘 수행하지만, 곧 살펴볼 콘술Consul과 같은 서비스 디스커버리 전용 도구가 여기에 도움이 된다 하더라도 자체 호스팅 방법만큼 좋은 것은 보지 못했다. DNS 엔트리 업데이트 문제 외에 DNS 명세 자체도 문제를 유발할 수 있다.

도메인 네임에 대한 도메인 엔트리에는 TTL^Time to Live이 있으며, 이 시간은 클라이언트가 엔트리가 최신이라고 여길 수 있는 기간이다. 도메인 네임이 참조하는 호스트를 변경하려는 경우 해당 엔트리를 업데이트하지만, 클라이언트가 적어도 TTL에 명시된 기간 동안 이전 IP를 유지한다고 가정해야 한다. DNS 엔트리는 여러 곳에서 캐싱될 수 있으며(캐싱하지 말라고 지시하지 않는 한 JVM도 DNS 항목을 캐싱한다), 캐싱되는 곳이 더 많을수록 오래된 엔트리가 더 많이 유지된다.

이 문제를 해결하는 한 가지 방법은 [그림 5-5]와 같이 서비스에 대한 도메인 네임 엔트리가 로드 밸런서를 가리키고 차례로 로드 밸런서가 서비스 인스턴스를 가리키게 하는 것이다. 새 인스턴스를 배포할 때 로드 밸런서의 엔트리에서 이전 인스턴스를 제거하고 새 인스턴스를 추가할 수 있다. 어떤 사람들은 DNS 엔트리가 직접 서버 머신 그룹을 참조하는 DNS 라운드로빈^round-robin 기술을 사용한다. 이 기술은 클라이언트가 하부 호스트에 숨겨져 있어 호스트 중 하나에 문제가 발생할 경우 트래픽 라우팅을 쉽게 중단할 수 없으므로 심각한 문제가 된다.

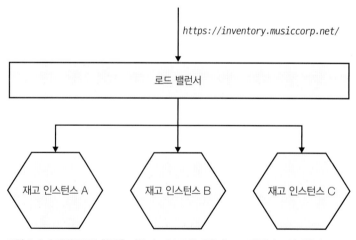

그림 5-5 오래된 DNS 항목을 피하려고 DNS를 사용해 로드 밸런서로 연결한다.

언급한 바와 같이 DNS는 잘 알려져 있고 광범위하게 지원되지만 한두 가지 단점이 있다. 따라서 더 복잡한 것을 선택하기 전에 자신에게 적합한지 검토해야 하며, 하나의 노드만 있는 상황에서는 DNS가 호스트를 직접 참조하는 것이 좋다. 하지만 둘 이상의 호스트 인스턴스가 필요한 상황에서는 DNS 엔트리가 개별 호스트의 서비스 시작 및 중단을 적절히 처리할 수 있는 로드 밸런서로 확인되도록 하라.

5.9.2 동적 서비스 레지스트리

고도의 동적 환경에서 노드를 찾는 방법으로서 DNS가 약점을 드러내자 여러 대체 시스템이 등장했다. 그중 대부분은 서비스가 일부 중앙 레지스트리에 등록한 후 등록된 서비스를 조회하는 기능을 제공한다. 종종 이와 같은 시스템은 단순히 서비스 등록과 디스커버리를 제공하는 것 이상을 수행한다. 이는 좋은 것일 수도 있고 그렇지 않을 수도 있다. 이 분야는 경쟁이 치열하므로 사용 가능한 선택지를 이해하도록 몇 가지만 살펴본다.

주키퍼

주키퍼Zookeeper는 원래 하둡Hadoop 프로젝트의 일부분으로 개발됐으며 구성configuration 관리, 서비스 간 데이터 동기화, 리더 선출, 메시지 큐, (유용한) 네이밍 서비스 등 모두 열거하기 어려울 만큼 많은 사례에 사용됐다.

많은 유사한 형태의 시스템과 마찬가지로 주키퍼도 다양한 보장을 제공하고자 클러스터에서 여러 노드를 실행한다. 이 말은 최소한 3개의 주키퍼 노드가 실행될 것을 예상해야 한다는 의미다. 주키퍼의 주요 장점은 이러한 노드 간에 데이터가 안전하게 복제되고 노드가 실패할 때 일관성이 유지되도록 하는 데 있다.

근본적으로 주키퍼는 정보를 저장하기 위한 계층적 네임스페이스를 제공한다. 클라이언트는 이 계층에 새 노드를 삽입하거나 변경하거나 쿼리한다. 또한 노드가 변경될 때 알려줄 감시watch를 추가할 수 있다. 다시 말해 이 구조에서 서비스가 있는 위치에 대한 정보를 저장할 수 있고 서비스가 변경될 때 클라이언트에 알려주는 정보를 저장할 수 있다는 의미다. 주키퍼는 범용 구성 저장소로 사용되는 경우가 많으므로 서비스별 구성 정보를 저장할 수도 있다. 이를 통해 로그 수준을 동적으로 변경하거나 실행 중인 시스템의 기능을 끄는 것과 같은 작업을 수행할 수 있다.

사실 동적 서비스 등록을 위한 더 나은 솔루션이 존재하므로 요즘 필자는 이러한 용례에 주키퍼를 가능한 한 사용하지 않고 있다.

콘술

주키퍼와 마찬가지로 콘술^{Consul}은 구성 관리와 서비스 디스커버리를 모두 지원한다. 하지만 이러한 사용 사례에 대해 더 많은 지원을 한다는 점에서 주키퍼보다 한 수 위다. 예를 들면 콘술은 서비스 디스커버리를 위한 HTTP 인터페이스를 노출한다. 또한 실제로 콘술의 핵심 기능 중 하나는 기본 제품 기능으로 탑재돼 제공되는 DNS 서버. 특히 SRV 레코드를 제공할 수 있는데, 주어진 이름에 대한 IP와 포트를 모두 제공한다. 즉, 시스템 일부에서 이미 DNS를 사용하고 SRV 레코드를 지원할 수 있는 경우 기존 시스템을 변경하지 않고 콘술을 바로 사용할 수 있다.

콘술은 또한 노드에서 상태 확인을 수행하는 기능과 같이 유용하다고 여겨질 만한 다른 기능도 내장하고 있다. 따라서 다른 전용 모니터링 도구에서 제공하는 기능과 겹칠 수 있지만, 모니터링 정보의 소스로 콘술을 사용한 다음 더 종합적인 모니터링을 구축하는 경향이 있다.

콘술은 서비스 등록에서 키/값 저장소 쿼리나 상태 확인^{health check} 추가에 이르기까지 모든 작업에 REST 기반 HTTP 인터페이스를 사용한다. 이로 인해 다양한 기술 스택과의 통합이 매우 간단해진다. 또한 콘술은 훌륭한 도구 모음도 갖추고 있어 더 많이 활용되게 한다. 한 가지 도구 예는 콘술의 항목을 기반으로 텍스트 파일을 업데이트하는 방법을 제공하는 콘술 템플릿 ^{Consul-template} (`https://oreil.ly/llwVQ`)이다. 언뜻 보기에 이것은 그다지 흥미롭지 않지만, 콘술 템플릿을 사용해 콘술에서 값(마이크로서비스 위치 또는 구성 값)을 변경하고 시스템 전반의 모든 구성 파일을 동적으로 업데이트할 수 있다는 사실을 알게 된다면 달리 보일 것이다. 이제 텍스트 파일에서 구성 정보를 읽는 어떤 프로그램도 콘술 자체에 대해 알 필요 없이 텍스트 파일을 동적으로 업데이트할 수 있다. 이에 대한 좋은 사용 사례는 HAProxy와 같은 소프트웨어 로드 밸런서를 사용해 로드 밸런서 풀에 노드를 동적으로 추가하거나 제거하는 것이다.

콘술과 잘 통합되는 또 다른 도구로 볼트^{Vault}가 있으며, 11.3.1절 '자격 증명'의 '시크릿' 절에서 살펴본다. 시크릿 관리는 힘들지만 콘술과 볼트의 조합은 확실히 편리하다.

etcd와 쿠버네티스

컨테이너 워크로드를 관리하는 플랫폼에서 운영 중인 경우 이미 서비스 디스커버리 메커니즘이 제공될 가능성이 높다. 쿠버네티스도 다르지 않으며 쿠버네티스와 함께 번들로 제공되는 구성 관리 저장소인 etcd(*https://etcd.io*)에서 일부 기능이 제공된다. etcd는 콘술과 유사한 기능을 갖고 있으며, 쿠버네티스는 이를 사용해 다양한 구성 정보를 관리한다.

쿠버네티스는 8.5절 '쿠버네티스와 컨테이너 오케스트레이션'에서 자세히 살펴본다. 하지만 간단히 말하자면, 쿠버네티스에서 서비스 디스커버리가 작동하는 방식은 포드에 컨테이너를 배포한 후 포드와 관련된 메타데이터에 대한 패턴 매칭을 통해 어떤 포드가 서비스에 포함되는지를 동적으로 식별하는 것이다. 이는 매우 우아한 메커니즘이며 또한 매우 강력할 것이다. 그런 다음 서비스에 대한 요청이 해당 서비스를 구성하는 포드 중 하나로 라우팅된다.

쿠버네티스가 자체적으로 기본 기능을 제공하므로 콘술과 같은 전용 도구의 사용을 멀리하고 쿠버네티스의 핵심 플랫폼과 함께 제공되는 것들로 뭔가를 하고 싶을지도 모른다. 이는 많은 이유로 당연하며, 특히 여러분이 콘술을 둘러싼 광범위한 도구 생태계에 관심이 없다면 더욱 그렇다. 하지만 쿠버네티스와 다른 플랫폼에서 모두 실행 중인 워크로드가 있는 혼합 환경에서 운영 중이라면, 두 플랫폼에서 모두 사용 가능한 전용 서비스 디스커버리 도구를 사용하는 것이 바람직하다.

내 식대로 만들기

필자가 직접 사용했고 다른 곳에서도 사용하는 한 가지 방식은 자체 시스템을 만드는 것이다. 한 프로젝트에서 필자와 동료들은 인스턴스에 태그를 추가하는 기능을 제공하는 AWS를 많이 사용하고 있었다. 서비스 인스턴스를 시작할 때는 태그를 적용해 인스턴스의 정의와 용도를 지정했다. 이를 통해 다음 예와 같이 해당 호스트에 연관된 풍부한 메타데이터를 추가했다.

- service = accounts
- environment = production
- version = 154

그런 다음 AWS API를 사용해 해당 AWS 계정과 연결된 모든 인스턴스를 쿼리함으로써 관심 있는 머신을 찾을 수 있었다. 여기서 AWS는 각 인스턴스와 관련된 메타데이터의 저장을 처리하고 해당 데이터를 쿼리하는 기능을 제공한다. 그런 다음 이러한 인스턴스와 상호작용하는 명령줄 도구를 만들고 인스턴스 상태를 한눈에 보여주는 그래픽 인터페이스를 제공했다. 서비스 인터페이스에 대한 정보를 프로그래밍 방식으로 수집할 수 있다면 이 모든 작업은 매우 간단해진다.

지난 번에는 서비스 의존성을 찾기 위해 서비스에서 AWS API를 사용하는 것까지 수행하지 않았지만, 못할 이유는 없다. 당연히 다운스트림 서비스의 위치가 변경될 때 업스트림 서비스에 경고를 보내려면 여러분이 직접 알아서 해야 한다.

요즘에 필자는 이와 같은 방식을 택하지 않는다. 이 분야의 도구들은 이미 충분히 성숙해졌기 때문에 이 방법(처음부터 도구를 만드는 것)은 '바퀴'를 재발명하는 것이 아니라 훨씬 더 나쁜 바퀴를 만드는 것과 같을 것이다.

5.9.3 사람이 사용한다는 것을 잊지 말자!

지금까지 살펴본 시스템은 서비스 인스턴스가 자신을 등록하고 통신해야 하는 다른 서비스를 쉽게 찾도록 해준다. 하지만 인간으로서 우리도 역시 때때로는 이러한 정보를 원한다. 인간이 사용하는 방식으로 정보를 사용할 수 있도록 만드는 것, 아마도 API를 사용해 세부 정보를 인간의 레지스트리(잠시 후 살펴볼 주제다)로 가져오는 것이 중요할 수 있다.

5.10 서비스 메시와 API 게이트웨이

마이크로서비스와 관련된 기술 분야 중 서비스 메시service mesh와 API 게이트웨이API gateway만큼 많은 관심과 과장, 혼란이 따랐던 분야는 거의 없다. 둘 다 제자리가 있지만, 혼란스럽게도 이 둘의 책임은 겹칠 수 있다. 특히 API 게이트웨이는 오용(그리고 불완전 판매[3])되기 쉬우므로 이와 같은 유형의 기술이 마이크로서비스 아키텍처에 어떻게 적용되는지 이해하는 것이 중요하다. 따라서 이러한 제품으로 무엇을 할 수 있는지에 대한 자세한 정보를 제공하기보다는 제품이 어디에 적용되고 어떻게 도움이 되며 어떤 함정들을 피해야 하는지를 개략적으로 설명한다.

일반적인 데이터 센터에서 '동-서' 방향 트래픽은 데이터 센터 내부의 것이며, '남-북' 방향 트

---

3 옮긴이_고객에게 위험성과 정보를 충분히 설명하지 않고 판매하는 행위를 말한다.

래픽은 외부 세계에서 데이터 센터로 들어가거나 나가는 상호작용과 관련된다. 네트워킹의 관점에서 볼 때 데이터 센터라는 것은 다소 모호한 개념이 됐으므로 이 절의 목표를 고려해 네트워크 경계를 더 광범위하게 이야기할 것이다. 이 경계는 데이터 센터 전체, 쿠버네티스 클러스터 또는 동일한 가상 LAN에서 실행되는 머신 그룹 같은 네트워킹 개념과 관련된다.

일반적으로 API 게이트웨이는 시스템 주변에 자리 잡고 남–북 방향 트래픽을 처리한다. 주요 관심사는 외부 세계에서 내부 마이크로서비스에 대한 액세스를 관리하는 것이다. 반면에 서비스 메시는 [그림 5–6]과 같이 경계 내부의 마이크로서비스 간 통신(동–서 방향 트래픽)을 세밀하게 처리한다.

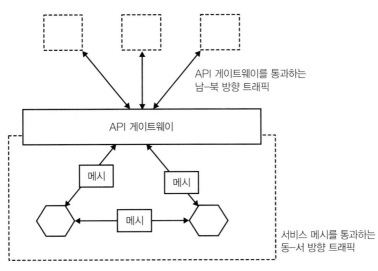

그림 5-6 API 게이트웨이와 서비스 메시가 사용되는 위치의 개요

서비스 메시와 API 게이트웨이는 마이크로서비스가 잠재적으로 새로운 클라이언트 라이브러리나 새로운 마이크로서비스를 생성하지 않고도 코드를 공유하도록 해준다. 아주 단순하게 말하자면, 서비스 메시와 API 게이트웨이는 마이크로서비스 사이의 프록시로 동작할 수 있다. 이는 서비스 디스커버리나 로깅과 같이 코드에서 수행해야 하고 마이크로서비스에 구애받지 않는 일부 동작을 구현하는 데 사용할 수 있음을 의미한다.

API 게이트웨이나 서비스 메시를 사용해 마이크로서비스를 위한 공유된 공통 동작을 구현하는 경우 이 동작이 완전히 범용적이어야 한다는 점이 중요하다. 즉, 프록시의 동작이 개별 마이크로서비스의 특정 동작과 무관해야 한다.

이제 이러한 점을 설명한 다음, 세상이 항상 그렇게 명확하지 않다는 사실도 설명해야 한다. 현재 많은 API 게이트웨이가 곧 논의할 동−서 방향 트래픽에 대한 기능도 제공하려는 노력을 기울이고 있다. 먼저 API 게이트웨이가 무엇이고 무엇을 할 수 있는지 살펴보자.

5.10.1 API 게이트웨이

API 게이트웨이는 남−북 방향 트래픽에 더 중점을 두기 때문에 마이크로서비스 환경에서 API 게이트웨이의 주요 관심사는 외부의 요청을 내부 마이크로서비스로 매핑하는 것이다. 이러한 책임은 간단한 HTTP 프록시로 달성하려는 것과 유사하다. 그리고 사실 API 게이트웨이는 일반적으로 기존 HTTP 프록시 제품 위에 더 많은 기능을 추가한 것이며, 대부분 리버스 프록시로 동작한다. 또한 API 게이트웨이는 외부 당사자용 API 키, 로깅, 속도 제한 등과 같은 메커니즘을 구현하는 데 사용할 수 있다. 일부 API 게이트웨이 제품은 외부 소비자를 대상으로 하는 개발자 포털도 제공하는 경우가 많다.

API 게이트웨이를 둘러싼 일부 혼동은 과거와 관련이 있다. 얼마 전 'API 경제API economy'라는 용어가 세간에 엄청난 관심을 불러일으켰다. 업계에서는 세일즈포스Salesforce와 같은 SaaS 제품에서 AWS와 같은 플랫폼에 이르는 관리형 솔루션에 API를 제공하는 능력을 이해하기 시작했다. API가 고객의 소프트웨어 사용 방식을 훨씬 더 유연하게 만드는 것이 분명했기 때문이다. 이로 인해 많은 사람이 이미 보유한 소프트웨어를 살펴보기 시작했고, GUI뿐만 아니라 API를 통해서도 해당 기능을 고객에게 노출할 때의 이점을 고려하게 됐다. API가 더 큰 시장 기회를 열어 더 많은 수익을 얻을 수 있다는 점이 희망적이었다. 이와 같은 관심 속에서 이 목표들을 달성하는 데 도움이 되는 많은 API 게이트웨이 제품이 속속 등장했다. API 게이트웨이의 제품 기능은 제삼자를 위한 API 키 관리, 속도 제한 적용rate limit 시행, 지불 거절 목적을 위한 사용성 추적에 크게 의존했다. 실제로 API가 일부 고객에게 서비스를 제공하는 탁월한 방법임을 틀림없이 입증했지만, API 경제 규모는 사람들이 기대한 것만큼 크지 않았으며 많은 기업이 실제로 필요하지 않은 기능이 포함된 API 게이트웨이 제품을 구매했다는 사실을 알게 됐다.

대부분의 경우, 실제로 사용되는 모든 API 게이트웨이는 공용 인터넷을 통해 게이트웨이의 GUI 클라이언트(웹 페이지, 네이티브 모바일 애플리케이션)가 회사의 마이크로서비스에 접근하는 것을 관리하는 수단이다. 여기에는 '제삼자'가 없다. 쿠버네티스는 기본적으로 클러스터 내에서만 네트워킹을 처리하고 클러스터 외부와의 통신을 처리하는 과정에서는 아무것도 하지 않으므로 어떤 형태로든 쿠버네티스를 위한 API 게이트웨이가 반드시 필요하다. 하지만 이러한 쿠버네티스 사용 사례에 외부의 제삼자 접근을 위해 설계된 API 게이트웨이를 도입하는 것은 엄청난 과잉 조치다.

따라서 API 게이트웨이를 원한다면 무엇을 기대하는지가 명확해야 한다. 사실 좀 더 분명히 말하면, 너무 많은 일을 하는 API 게이트웨이는 피해야 한다. 이에 대한 내용은 다음 절에서 다룬다.

적용 대상

어떤 종류의 사용 사례가 있는지 이해하면 어떤 종류의 게이트웨이가 필요한지 좀 더 쉽게 알 수 있다. 쿠버네티스에서 실행되는 마이크로서비스를 노출하는 경우라면 자체 리버스 프록시를 도입할 수 있다. 또는 처음부터 이와 같은 사용 사례를 염두에 두고 만들어진 앰버서더 Ambassador와 같은 전문 제품을 살펴볼 수도 있다. API에 액세스해야 하는 많은 수의 외부 사용자를 실제로 관리해야 하는 경우 다른 제품을 살펴볼 수 있다. 실제로는 관심사 분리를 더 잘 관리하기 위해 둘 이상의 게이트웨이를 혼합할 수 있다. 이로 인해 발생되는 전반적인 시스템 복잡성 증가와 네트워크 홉hop 증가에 대해 평소와 같은 주의가 여전히 필요하더라도 필자는 많은 상황에서 그렇게 하는 것이 합당하다는 사실을 알게 된다.

때때로는 도구를 선정하려고 공급업체와 직접 협업했는데, 다른 어떤 분야보다 API 분야에서 불완전 판매와 열악하거나 자해적인 행위를 더 많이 경험했다고 서슴없이 말할 수 있다. 그 결과 이 장에서 일부 공급업체 제품에 대한 언급은 찾아볼 수 없을 것이다. API 경제 호황기에 벤처 캐피탈의 지원을 받은 회사 덕분에 많은 제품이 만들어졌지만, 결국 이러한 제품 시장이 존재하지 않는다는 것을 알게 됐다. 그들은 두 가지 문제에 직면해 있었다. 즉, 복잡한 게이트웨이가 제공하는 것을 실제로 필요로 하는 소수의 사용자와 씨름함과 동시에 대다수의 단순한 요구 사항을 위해 만들어진 보다 집중적인 API 게이트웨이 제품에 비즈니스를 잃고 있었다.

회피 대상

일부 API 게이트 공급업체는 상황이 매우 절박하기도 했기 때문에 이러한 제품으로 할 수 있는 일을 강조하는 갖가지 주장을 펼쳤다. 그러한 주장으로 인해 제품을 오용하는 사례가 다수 발생했고, 결국은 매우 간단한 개념조차 불신하게 만드는 안타까운 결과를 초래했다. API 게이트웨이의 오용과 관련해 실제로 접했던 두 가지 주요 예는 호출 집계call aggregation와 프로토콜 재작성protocol rewriting이지만, 경계 내(동-서 방향) 호출에도 API 게이트웨이를 사용하려는 추세가 더 광범위하게 퍼지고 있다.

이 장에서는 이미 여러 호출을 한 후 결과를 집계하고 필터링해야 하는 상황에서 그래프QL과 같은 프로토콜의 유용성을 살펴봤다. 하지만 사람들은 이러한 문제를 API 게이트웨이 계층에서 해결하고 싶은 유혹도 자주 받는다. 처음에는 단순하게 시작된다. 예를 들어 몇 개의 호출을 결합해 하나의 페이로드를 반환한다. 그런 다음 동일한 집계된 호출 플로의 일부로 다른 다운스트림 호출을 시작한다. 그리고 나면 조건부 로직을 추가하고 싶어지며, 머지않아 핵심 비즈니스 프로세스를 그 작업에 적합하지 않은 제삼자 도구에 반영했다는 사실을 깨닫게 된다.

호출 집계와 필터링이 필요한 경우 14장에서 다룰 그래프QL이나 BFF 패턴의 잠재력을 살펴보라. 수행하는 호출 집계가 근본적으로 비즈니스 프로세스 자체라면, 6장에서 다룰 명시적으로 모델링된 사가를 통해 수행하는 것이 좋다.

집계 측면 외에 프로토콜 재작성도 종종 API 게이트웨이를 사용해야 하는 용도로 흔히 강요되곤 한다. 이름을 밝히지 않은 한 공급업체가 자사의 제품이 '모든 SOAP API를 REST API로 변경할 수 있다'는 아이디어를 매우 적극적으로 홍보했던 것을 기억한다. 이 아이디어의 문제점은 다음과 같다. 첫째, REST는 프록시 계층에서 단순하게 구현될 수 없는 아키텍처 전체에 대한 사고방식이다. 둘째, 근본적으로 이 제품이 하려는 프로토콜 재작성은 너무 많은 동작을 엉뚱한 곳에 밀어 넣기 때문에 중간 계층에서 수행돼서는 안 된다.

API 게이트웨이 안에 프로토콜 재작성 기능과 호출 집계를 구현할 때의 주된 문제점은 '파이프를 멍청하게, 엔드포인트를 똑똑하게 유지한다keeping the pipes dumb, and the endpoints smart'는 규칙을 위반하고 있다는 것이다. 우리 시스템의 '지능'은 우리가 완전히 제어할 수 있는 코드에 존재하길 원한다. 이 예에서 API 게이트웨이는 파이프며, 가능한 한 간단하게 만들고 싶다. 마이크로서비스로 우리는 독립적인 배포 가능성을 통해 변경 사항을 적용하고 보다 쉽게 릴리스하는 모델을 추진하고 있다. 마이크로서비스에서 지능을 유지하면 이 모델에 도움이 된다. 중간 계층도 지금 변경해야 한다면 문제는 더 커진다. API 게이트웨이의 중요성을 감안할 때, API 게이트웨이에 대한 변경 사항은 엄격하게 통제되는 경우가 많다. 중앙에서 관리되는 서비스를 멋대로 변경할 자유를 제공할 가능성은 거의 없어 보인다. 이 말은 무엇을 의미할까? 바로 티켓 요청 프로세스다. 여러분의 소프트웨어에 대한 변경 사항을 배포하려면 API 게이트웨이 팀이 대신 변경하도록 해야 한다. API 게이트웨이(또는 엔터프라이즈 서비스 버스)로 유입된 동작이 많을수록 핸드오프와 조정이 증가하고 제공 속도가 저하될 위험도 높아진다.

마지막 이슈는 API 게이트웨이를 모든 마이크로서비스 간 호출의 중개자로 사용하는 것이다. 이는 큰 문제가 될 수 있다. 두 마이크로서비스 사이에 API 게이트웨이 또는 일반 네트워크 프록시를 삽입하면, 일반적으로 하나 이상의 네트워크 홉을 추가한 것이다. 마이크로서비스 A에서 마이크로서비스 B로의 호출은 먼저 A에서 API 게이트웨이로 간 후 API 게이트웨이에서 B로 이동한다. 추가적인 네트워크 호출의 지연 시간에 따른 영향과 프록시가 수행하는 모든 작업의 오버헤드를 고려해야 한다. 이어서 살펴볼 메시는 이 문제를 해결하는 데 훨씬 더 적합하다.

5.10.2 서비스 메시

서비스 메시를 사용하면 마이크로서비스 간 통신과 관련된 공통 기능이 메시로 푸시된다. 서비스 메시는 마이크로서비스가 내부적으로 구현해야 하는 기능을 줄이는 동시에 특정 작업의 수행 방식에 일관성을 제공한다.

서비스 메시에 의해 구현되는 공통 기능에는 상호mutual TLS, 상관관계 ID, 서비스 디스커버리, 로드 밸런싱 등이 포함된다. 종종 이러한 종류의 기능은 한 마이크로서비스에서 다음 마이크로서비스로 이동하는 것이 상당히 일반적이므로, 이를 처리하려고 공유 라이브러리를 사용하게 된다. 하지만 서로 다른 마이크로서비스에 다양한 버전의 라이브러리를 실행하는 경우나 다양한 런타임에서 작성된 마이크로서비스가 있는 경우 일어날 일을 처리해야 한다.

과거에는 적어도 넷플릭스는 모든 비로컬 네트워크 통신을 JVM 사이에서 수행돼야 한다고 규정했다. 마이크로서비스 간의 효과적인 통신을 관리하는 데 중요한 부분인 검증된 공용 라이브러리를 재사용하도록 하기 위해서다. 하지만 메시를 사용하면 서로 다른 프로그래밍 언어로 작성된 마이크로서비스 간 공통 기능을 재사용할 수 있다. 또한 서비스 메시는 서로 다른 팀에서 만든 마이크로서비스 사이의 표준 동작을 구현하는 데 매우 유용하다. 특히 쿠버네티스에서 서비스 메시는 마이크로서비스의 자체 배포 및 관리를 위해 구축하는 모든 플랫폼에서 점점 더 당연한 일부가 되고 있다.

마이크로서비스 전반의 공통 동작을 쉽게 구현하는 것은 서비스 메시의 큰 이점 중 하나다. 이러한 공통 기능이 공유 라이브러리를 통해서만 구현됐을 경우, 이 동작을 변경하려면 모든 마이크로서비스가 해당 라이브러리의 새 버전을 가져와서 해당 변경이 출시되기 전에 배포해야한다. 서비스 메시를 사용하면, 재빌드와 재배포를 하지 않고도 마이크로서비스 간 통신 측면에서 변경 사항을 훨씬 더 유연하게 롤아웃할 수 있다.

작동 방식

일반적으로 마이크로서비스 아키텍처에서는 동-서 방향 트래픽보다 남-북 방향 트래픽이 적을 것으로 예상한다. 예를 들어 주문을 하는 것과 같은 하나의 남-북 방향 호출은 여러 개의 동-서 호출로 이어질 수 있다. 즉, 경계 내 호출에 대한 각종 프록시를 고려할 때 이러한 추가 호출이 발생하는 오버헤드를 인식해야 하며, 이는 서비스 메시를 구축하는 방식 측면에서 핵심적인 고려 사항이다.

서비스 메시는 다양한 형태와 크기로 제공되지만, 이들의 공통점은 프록시 간 호출로 인한 영향을 제한하려는 아키텍처를 기반으로 한다는 점이다. 이는 원격 네트워크 호출 수를 제한하기 위해 마이크로서비스 인스턴스와 동일한 물리 머신에서 실행되도록 프록시 프로세스를 분산함으로써 주로 이뤄진다. [그림 5-7]에서는 작동 방식을 보여주며, 주문 처리기가 결제(Payment) 마이크로서비스에 요청을 보내고 있다. 이 호출은 주문 처리기와 동일한 머신에서 실행 중인 로컬 프록시 인스턴스로 라우팅된 후 결제 마이크로서비스의 로컬 프록시 인스턴스를 통해 결제 마이크로서비스에서 수행된다.

컨트롤 플레인control plane은 로컬 메시 프록시 위에 있으며, 프록시 동작을 변경하고 프록시 작업에 대한 정보를 수집하는 곳이다.

쿠버네티스에 배포할 때는 자체 로컬 프록시가 있는 포드pod와 각 마이크로서비스 인스턴스를 배포한다. 포드는 항상 단일 단위로 배포되므로 언제나 사용 가능한 프록시가 있다는 것을 알 수 있다. 또한 이 설정을 통해 다양한 목적에 따라 각각의 프록시를 다양하게 구성할 수도 있다. 8.5절 '쿠버네티스와 컨테이너 오케스트레이션'에서 이 개념을 자세히 살펴본다.

많은 서비스 메시 구현체가 이러한 로컬 실행 프로세스 기반의 엔보이Envoy 프록시를 사용한다. 엔보이는 서비스 메시와 다른 종류의 프록시 기반 소프트웨어를 위한 구성 요소로 자주 사용되는 C++로 작성된 경량의 프록시다. 예를 들어 Istio와 앰버서더의 중요한 구성 요소이기도 하다.

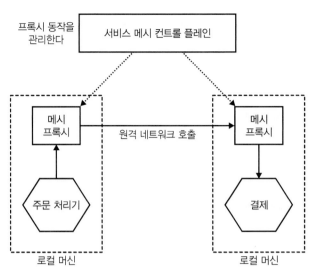

그림 5-7 서비스 메시는 마이크로서비스 간 직접 통신을 처리하기 위해 배포된다.

이러한 프록시는 컨트롤 플레인에 의해 관리된다. 컨트롤 플레인은 무슨 일이 일어나고 있는지 확인하고 수행 중인 일을 통제하는 데 도움을 주는 소프트웨어 집합이다. 예를 들어 서비스 메시를 사용해 상호 TLS를 구현하는 경우 컨트롤 플레인은 클라이언트 및 서버 인증서를 배포하는 데 사용된다.

서비스 메시는 똑똑한 파이프 아닐까?

따라서 공통 동작을 서비스 메시에 밀어 넣는 것에 대한 이 모든 이야기는 몇몇 독자에게는 주의를 환기시키는 계기일지 모른다. 이렇게 하면 엔터프라이즈 서비스 버스나 과도하게 비대해진 API 게이트웨이와 같은 부류의 문제에 노출되는 것은 아닐까? 너무 많은 '지능'을 서비스 메시에 밀어 넣는 것은 위험하지 않을까?

여기서 기억해야 할 핵심은 메시에 삽입하는 공통 동작은 특정 마이크로서비스에 국한되지 않는다는 것이다. 따라서 어떠한 비즈니스 기능도 외부로 유출되지 않고 요청 타임아웃^{request time-out}을 처리하는 방법과 같이 범용적인 사항을 구성한다. 마이크로서비스별로 조정해야 할 수 있는 일반적인 동작의 경우, 보통은 중앙 플랫폼에서 작업을 수행하지 않고도 잘 처리할 수 있는 부분이다. 예를 들어 Istio에서는 서비스 정의를 변경하는 것만으로 자율적으로 타임아웃 요구 사항을 정의할 수 있다.

필요할까?

서비스 메시 사용이 처음 대중화되기 시작할 무렵, 이 책의 초판이 막 나오고 나서 필자는 그 개념에서 많은 장점을 봤지만 이 분야에서 많은 이탈도 목격했다. 다양한 배포 모델이 제안되고 구축되고 그러다가 중단되기도 하면서 이 분야에서 솔루션을 제공하는 회사가 급격히 증가했다. 하지만 오랫동안 사용된 도구임에도 불구하고 안정성은 확실히 부족했다. 링커드^{Linkerd}는 이 분야를 개척하고자 누구보다 많은 노력을 기울였으며 v1에서 v2로 전환하면서 자신들의 제품을 처음부터 완전히 다시 만들었다. 구글이 선정한 서비스 메시인 Istio는 초기 1.0 릴리스에 도달하는 데 수년이 걸렸으며, 이후에도 아키텍처에 상당한 변화가 있었다(다소 의외지만 실용적으로 컨트롤 플레인은 더욱 모놀리식 배포 모델로 전환했다).

지난 5년 동안 필자는 "서비스 메시를 사용해야 할까요?"라는 질문을 받을 때마다 "선택을 하기 전에 6개월을 기다릴 여유가 있다면 6개월을 기다리세요."라고 조언했다. 그 아이디어에 매력을 느꼈지만 안정성을 우려했는데, 개인적으로 서비스 메시와 같은 것은 많은 위험을 감수하고 싶은 대상이 아니다. 모든 것이 잘 작동하는 게 중요하고 필수적이기 때문이다. 여러분은 서비스 메시를 중요한 경로$^{critical\ path}$에 배치한다. 필자가 얼마나 진지하게 대하느냐 하는 관점에서 보면, 서비스 메시는 메시지 브로커나 클라우드 공급자를 선택하는 것 이상이다.

그 이후로 이 분야가 성숙돼 기쁘다. 서비스 메시의 이탈은 다소 둔화됐지만, 여전히 건실한 다수의 공급업체가 있다. 하지만 서비스 메시는 다음과 같은 이유에서 모든 사람에게 적합하지는 않다. 첫째, 쿠버네티스를 사용하지 않는 경우 옵션이 제한된다. 둘째, 복잡성을 가중한다. 5개의 마이크로서비스가 있다면 서비스 메시 사용을 쉽게 정당화할 수는 없다(마이크로서비스가 5개뿐인데 쿠버네티스가 합당한지도 논쟁의 여지가 있다!). 더 많은 마이크로서비스가 있는 조직에서 특히 이러한 마이크로서비스를 서로 다른 언어로 작성하려 한다면 서비스 메시를 살펴볼 가치가 있다. 하지만 서비스 메시를 전환하는 것은 고통스럽기 때문에 많은 준비가 필요하다.

몬조^{Monzo}는 아키텍처를 대규모로 실행하는 데 서비스 메시가 얼마나 중요한지 공언한 조직 중 하나다. 마이크로서비스 간 RPC 호출 관리를 돕도록 링커드 v1을 사용한 것은 매우 효과적이라고 입증됐다. 흥미롭게도 몬조는 링커드 v1의 이전 아키텍처가 더 이상 요구 사항을 충족하지 못할 경우 필요한 규모를 달성할 수 있도록 서비스 메시 이전에 대한 고충을 처리해야 했다 (`https://oreil.ly/5dLGC`). 결국 엔보이 프록시를 사용하는 내부 서비스 메시로 효과적으로 이전했다.

5.10.3 다른 프로토콜은 어떨까?

API 게이트웨이와 서비스 메시는 주로 HTTP 관련 호출을 처리하는 데 사용된다. 따라서 REST, SOAP, gRPC 등은 이러한 제품을 통해 관리할 수 있다. 하지만 카프카와 같은 메시지 브로커를 사용하는 것처럼 다른 프로토콜을 통한 통신을 살펴보기 시작하면 상황은 좀 더 불확실해진다. 보통 이런 경우에 서비스 메시를 거치지 않는데, 브로커와 직접 통신이 이뤄지기 때문이다. 이는 서비스 메시가 서비스 간의 모든 호출에 대한 중개자 역할을 한다고 가정할 수 없음을 의미한다.

5.11 서비스 문서화

시스템을 더 세분화된 마이크로서비스로 분해함으로써 사람들이 더 많은 멋진 일을 하는 데 사용할 수 있도록 API 형태로 많은 이음새(접합 부분)를 드러내고자 한다. 서비스 디스커버리를 올바르게 이해한다면, 우리는 그 이음새들(API)의 위치를 알고 있다. 하지만 이음새가 어떤 일을 하는지 또는 이음새를 어떻게 사용하는지는 어떻게 알 수 있을까? 한 가지 분명한 방안은 API에 관해 문서화하는 것이다. 물론 문서는 최신이 아닌 예전 내용일 경우가 많다. 이상적으로는 마이크로서비스 API를 사용해 문서가 항상 최신 상태인 것을 보장하고, 서비스 엔드포인트의 위치를 알면 이 문서를 쉽게 볼 수 있도록 만들 것이다.

5.11.1 명시적 스키마

명시적 스키마가 있다면 지정된 엔드포인트가 노출하는 내용을 더 쉽게 이해할 수 있지만, 그 자체로는 충분하지 않을 때가 많다. 이미 논의했듯이 스키마는 구조를 표시하는 데 도움이 되지만 엔드포인트의 동작을 전달하는 데 그다지 도움이 되지 않으므로, 소비자가 엔드포인트의 사용 방법을 잘 이해하게 해주는 좋은 문서는 여전히 필요하다. 물론 명시적 스키마를 사용하지 않는다면 결국 더 많은 문서 작업을 하게 되리라는 것은 알고 있어야 한다. 엔드포인트가 무엇을 하는지 설명하고 인터페이스의 구조와 세부 사항도 문서화해야 한다. 또한 명시적 스키마가 없다면 문서가 실제 엔드포인트와 함께 최신인지 여부도 탐지하기 더 어렵다. 최신이 아닌 낡은 문서는 지속적으로 문제가 되지만, 적어도 명시적 스키마는 최신 상태일 가능성이 더 높다.

이미 OpenAPI를 스키마 포맷으로 소개했지만, OpenAPI는 문서를 제공하는 데도 매우 효과적이다. 그리고 개발자가 문서를 읽을 수 있는 유용한 포털을 만들기 위한 OpenAPI 설명[4]을 지원하는 많은 오픈 소스와 상용 도구가 존재한다. OpenAPI를 보기 위한 오픈 소스 포털이 다소 기본처럼 보인다는 점은 주목할 만하다. 예를 들어 필자는 검색 기능을 지원하는 포털을 찾는 데 애를 먹었다. 쿠버네티스 사용자에게는 앰버서더의 개발자 포털Developer Portal(*https://oreil.ly/8pg12*)이 특히 흥미로울 것이다. 앰버서더는 이미 쿠버네티스용 API 게이트웨이로 인기가 많으며, 앰버서더의 개발자 포털 제품에는 가용한 OpenAPI 엔드포인트를 자동으로 검색하는 기능이 있다. 새로운 마이크로서비스를 배포하고 해당 문서를 자동으로 사용한다는 개념은 상당히 매력적이다.

과거에는 이벤트 기반의 인터페이스에 대한 문서화 지원이 충분하지 못했다. 최소한 이제는 선택지가 있다. AsyncAPI 포맷은 OpenAPI를 변형하며 탄생했고, 이제 CNCF 프로젝트인 CloudEvents(*https://cloudevents.io/*)도 있다. 필자는 두 가지 모두 실제 환경에서 사용해본 적은 없지만, CNCF와의 연관성 덕분에 풍부한 통합과 지원을 제공하는 것 같아서 CloudEvents에 더 끌린다. 적어도 과거에는 CloudEvents는 프로토콜 버퍼 지원이 이전에 중단된 후 최근에 재개될 때까지 JSON만 적절하게 지원되는 AsyncAPI에 비해 이벤트 포맷 측면에서 더욱 제한적인 것으로 보였으므로, 이를 고려할 수 있다.

5.11.2 자기 기술 시스템

SOA의 초기 진화 과정에서는 UDDIUniversal Description, Discovery and Integration와 같은 표준이 등장해 어떤 서비스가 실행되고 있는지 이해하는 데 도움이 됐다. 이러한 방식은 상당히 무겁기 때문에 시스템을 이해할 수 있는 대체 기술이 필요했다. 마틴 파울러는 인간이 조직의 서비스에 대한 정보를 위키와 같은 기본적인 것에 기록하는 훨씬 더 가벼운 접근 방식으로 **휴먼 레지스트리** humane registry(*https://oreil.ly/UI0YJ*) 개념을 논의했다.

시스템의 상황과 작동 방식을 파악하는 것은 특히 조직이 대규모일 때 더 중요하다. 우리는 지금까지 시스템을 직접적으로 이해하는 데 도움을 주는 다양한 기술을 다뤘다. 호출 체인을 확인하기 위한 상관관계 ID와 함께 다운스트림 서비스의 상태를 추적하면 서비스의 상호 연관

---

4 옮긴이_ *https://docs.github.com/en/rest/overview/openapi-description*을 참고하라.

상태에 대한 실제 데이터를 얻을 수 있다. 콘술과 같은 서비스 디스커버리 시스템을 사용하면 마이크로서비스가 실행 중인 위치를 확인할 수 있다. OpenAPI와 CloudEvents 같은 메커니즘은 해당 엔드포인트에서 어떤 기능이 호스팅되고 있는지 확인하는 데 도움을 주며, 상태 확인 페이지와 모니터링 시스템은 전체 시스템과 개별 서비스의 상태를 알려준다.

이 모든 정보는 프로그래밍 방식으로 사용할 수 있다. 이 모든 데이터를 통해 우리는 구식이 될 수밖에 없는 단순한 위키 페이지보다 더 강력한 휴먼 레지스트리를 만들 수 있다. 그 대신 이 데이터를 활용해 시스템이 생성하는 모든 정보를 수집하고 표시해야 한다. 맞춤형 대시보드를 생성함으로써 우리 생태계를 이해하기 위한 방대한 정보를 수집할 수 있다.

어쨌든 라이브 시스템에서 약간의 데이터를 긁어 모을 수 있는 정적 웹 페이지나 위키처럼 단순한 것부터 시작하라. 그렇지만 시간이 지남에 따라 점점 더 많은 정보를 수집하라. 이 정보를 쉽게 사용하도록 만드는 것이 그 시스템을 대규모로 실행할 때 발생하는 새로운 복잡성을 관리하기 위한 핵심 도구다.

이러한 문제를 겪고 결국 단순한 내부 레지스트리를 구축하게 된 여러 회사와 이야기를 나눴다. 그 레지스트리 중 일부는 서비스 목록을 만들기 위해 리포지터리의 메타데이터 파일을 검색하며 소스 코드 리포지터리를 단순하게 크롤링한다. 이 정보를 콘술이나 etcd와 같은 서비스 디스커버리 시스템에서 가져온 실제 데이터와 병합해 어떤 서비스가 실행 중이고 누구와 통신할 수 있는지에 대한 더 풍부한 그림을 그릴 수 있다.

파이낸셜 타임즈^{Financial Times}는 이 문제를 해결하고자 **비즈 옵스**^{Biz Ops}를 만들었는데, 이 회사는 전 세계의 팀들이 개발한 수백 개의 서비스를 보유하고 있다. 비즈 옵스 도구 [그림 5-8]은 네트워크 및 파일 서버와 같은 다른 IT 인프라스트럭처 서비스에 대한 정보 외에도 마이크로서비스에 대한 많은 유용한 정보를 찾을 수 있는 단일 공간을 회사에 제공한다. 그래프 데이터베이스 기반 위에 구축된 비즈 옵스는 수집하는 데이터를 정의하는 것과 정보를 모델링하는 방법에 많은 유연성을 제공한다.

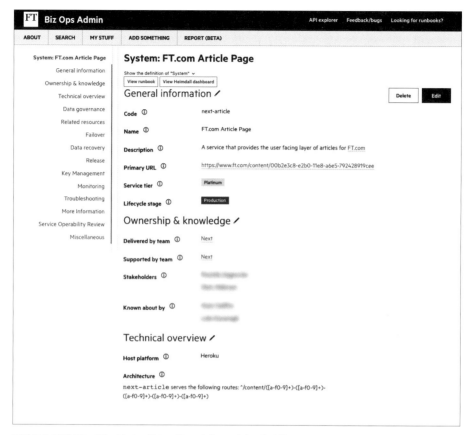

그림 5-8 파이낸셜 타임즈의 비즈 옵스 도구로 마이크로서비스에 관한 정보를 수집하고 분석한다.

하지만 비즈 옵스 도구는 필자가 경험했던 대부분의 유사한 도구보다 더 많은 기능을 제공한다. 이 도구는 [그림 5-9]에서 볼 수 있는 것처럼 시스템 운영성 점수System Operability Score라는 값을 계산한다. 이것은 서비스가 쉽게 운영되려면 서비스와 해당 서비스 팀이 수행해야 하는 특정 작업이 있다는 생각에서 비롯됐다. 이 작업은 팀이 레지스트리에 올바른 정보를 제공했는지 확인하는 것에서 서비스에 적절한 상태 확인health check이 존재하는지 확인하는 것에 이르기까지 다양하다.

이 분야는 성장하는 분야다. 오픈 소스 세계에서 스포티파이Spotify의 백스테이지Backstage (*https://backstage.io*) 도구는 비즈 옵스와 같은 서비스 카탈로그를 구축하기 위한 메커니즘을 제공하며, 플러그인 모델을 사용해 새로운 마이크로서비스 생성을 쉽게 시작하거나 쿠버네티스 클러스터에서 실시간 정보를 수집하는 것과 같이 정교한 기능을 추가할 수 있다. 앰버서더의 자체 서비스 카탈로그(*https://oreil.ly/7o649*)는 쿠버네티스의 서비스 가시성에 더 초점을 두고 있다. 즉, 파이낸셜 타임즈의 비즈 옵스만큼 일반적인 흥미를 끌 수 없겠지만, 그럼에도 불구하고 보다 범용으로 사용될 만한 이러한 아이디어에 바탕을 둔 새로운 시도를 보는 것은 그래도 즐겁다.

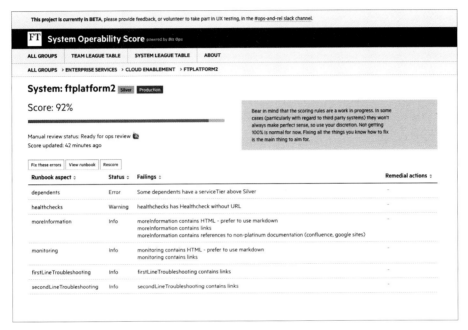

그림 5-9 파이낸셜 타임즈의 마이크로서비스에 대한 서비스 운영성 점수의 예

요약

이 장에서는 많은 분야를 다뤘다. 여기서 그중 몇 가지를 분류해보자.

- 먼저, 해결하려는 문제가 기술 선택의 기준이 되는지 확인하라. 여러분의 상황과 선호하는 통신 방식에 따라 가장 적합한 기술을 선택하되, 기술을 먼저 선택하는 함정에 빠지지는 말라. [그림 5-10]은 4장에서 처음 소개한 마이크로서비스 간 통신 방식 요약을 다시 보여주면서 여러분의 의사결정을 돕는다. 하지만 단지 이 모델을 따른다고 해서 여러분의 상황을 직접 고찰하는 것을 완전히 대체하지는 못한다.

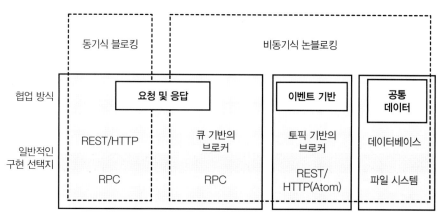

그림 5-10 구현 기술의 예에 따른 마이크로서비스 간의 다양한 통신 방식

- 어떤 선택을 하든 스키마 사용을 고려하라. 부분적으로는 계약을 보다 명시적으로 만드는 데 유용할 뿐 아니라 우발적인 중단 변경을 찾는 데도 도움이 된다.

- 가능하면 하위 호환되는 변경을 적용해 독립적인 배포 가능성을 유지하도록 노력하라.

- 하위 호환되지 않는 변경을 수행해야 한다면 소비자가 업그레이드할 시간을 제공해 락스텝 배포를 피할 수 있는 방법을 찾아보라.

- 엔드포인트에 대한 정보를 사람들에게 노출하기 위해 할 수 있는 일을 생각해보라. 예를 들어 혼란스러운 상황을 이해하는 데 도움이 되는 휴먼 레지스트리와 같은 것을 고려하라.

이 장에서는 두 마이크로서비스 간 호출을 구현하는 방법을 살펴봤다. 하지만 여러 마이크로서비스 간의 작업을 조율해야 한다면 어떨까? 이것이 바로 다음 장의 주제다.

## CHAPTER 6

워크플로

이전 두 장에서는 한 마이크로서비스가 다른 마이크로서비스와 통신하는 방식에 관련된 마이크로서비스의 측면을 살펴봤다. 하지만 비즈니스 프로세스를 구현하기 위해 여러 마이크로서비스가 협업하고 싶을 때는 어떻게 해야 할까? 분산 시스템에서 이러한 종류의 워크플로를 모델링하고 구현하는 방법은 제대로 수행하기가 까다로울 수 있다.

이 장에서는 이 문제를 해결하기 위해 분산 트랜잭션을 사용하는 것과 관련된 함정을 살펴보고, 훨씬 더 만족스러운 방식으로 마이크로서비스 워크플로를 모델링할 수 있는 개념인 사가saga도 살펴본다.

6.1 데이터베이스 트랜잭션

일반적으로 컴퓨팅의 맥락에서 트랜잭션을 생각할 때는 단일 단위로 취급하고 싶은 하나 이상의 작업을 떠올린다. 동일한 전체 작업의 일부가 되는 여러 변경 사항을 적용할 때는 모든 변경 사항이 적용됐는지 확인하길 원한다. 또한 이러한 변경이 진행되는 동안 오류가 발생하면 스스로 정리할 수 있는 방법이 필요하다. 일반적으로는 데이터베이스 트랜잭션과 같은 것을 사용하게 된다.

데이터베이스에서는 트랜잭션을 사용해 하나 이상의 상태 변경이 성공적으로 수행됐는지 확인한다. 여기에는 데이터 삭제, 추가, 변경이 포함된다. 관계형 데이터베이스에서는 하나의 트랜잭션 내에서 여러 테이블이 업데이트될 수 있다.

6.1.1 ACID 트랜잭션

일반적으로 데이터베이스 트랜잭션을 이야기할 때는 ACID 트랜잭션을 의미한다. ACID는 데이터 저장소의 내구성과 일관성을 보장하기 위해 신뢰할 수 있는 시스템으로 만드는 데이터베이스 트랜잭션의 주요 속성을 설명하는 약어다. ACID는 원자성atomicity, 일관성consistency, 격리성isolation, 내구성durability을 의미하며 이 속성들이 제공하는 것은 다음과 같다.

원자성

트랜잭션 내에서 시도된 작업이 두 가지 상태, 즉 모두 완료한 상태거나 모두 실패한 상태인지 확인한다. 어떤 이유로든 시도한 변경이 실패하면 전체 연산이 중단되고 마치 아무것도 적용되지 않는 것처럼 보인다.

일관성

데이터베이스가 변경되면, 유효하고 일관된 상태가 유지된다.

격리성

여러 트랜잭션이 간섭 없이 동시에 작동할 수 있다. 이는 어떤 트랜잭션 중에 이뤄진 모든 중간 상태 변경이 다른 트랜잭션에 안 보이게 하는 방법으로 달성된다.

내구성

일단 트랜잭션이 완료되고 나면 시스템 오류가 발생하는 상황에서도 데이터가 손실되지 않는 것을 보장한다.

모든 데이터베이스가 ACID 트랜잭션을 제공하는 것은 아니라는 점에 주목해야 한다. 필자가 지금까지 사용한 모든 관계형 데이터베이스 시스템과 Neo4j와 같은 최신 NoSQL 데이터베이스도 마찬가지다. 수년 동안 몽고DBMongoDB는 단일 문서document에 대한 변경에 대해서만 ACID 트랜잭션을 지원했기 때문에 둘 이상의 문서에 대해 원자적 업데이트를 수행하려는 경우 문제가 발생할 수 있다.[1]

---

[1] 버전 4.0에서 다중 문서 ACID 트랜잭션을 지원하도록 변경됐다. 필자가 직접 사용해보지는 않았으며, 단지 이런 기능이 존재했다는 사실만 안다!

이 책은 ACID 개념을 자세하고 심도 있게 다루지 않으므로 몇몇 설명은 간단히 정리했다. 이 개념을 좀 더 자세히 살펴보고 싶다면 마틴 클래프만^{Martin Kleppmann}이 저술한 『데이터 중심 애플리케이션 설계』(위키북스, 2018)를 읽어보길 바란다. 이어지는 내용에서는 주로 원자성에 집중한다. 다른 속성들이 중요하지 않다는 말은 아니지만, 원자성은 트랜잭션 경계를 분리할 때 가장 먼저 겪게 될 문제일 가능성이 높다.

6.1.2 여전히 ACID이지만 원자성이 부족한가?

마이크로서비스를 분리할 때 ACID 방식의 트랜잭션은 여전히 사용 가능하다는 점을 분명히 밝혀둔다. 예를 들어 마이크로서비스는 자기 데이터베이스에 대한 연산에 ACID 트랜잭션을 자유롭게 사용한다. 그 트랜잭션의 상태 변경 범위는 한 마이크로서비스 내부의 로컬로 국한된다. [그림 6-1]을 살펴보자. 이 그림에서는 새로운 고객을 뮤직코프에 온보딩^{onboarding}하는 것과 관련된 프로세스를 추적하고 있다. 고객 2346의 상태(`Status`)를 보류 중(`PENDING`)에서 확인(`VERIFIED`)으로 변경하는 프로세스의 마지막 단계에 왔다. 이제 등록이 완료됐으므로 `PendingEnrollments` 테이블에서 일치하는 행도 제거하길 원한다. 하나의 데이터베이스를 사용하면 한 ACID 데이터베이스 트랜잭션 범위 내에서 이 작업이 수행된다. 이러한 상태 변경은 두 상태 모두 변경되거나 아무 변경도 없거나 둘 중 하나다.

[그림 6-2]와 비교해보자. 정확히 동일한 변경을 수행하지만 각기 다른 데이터베이스에서 변경된다. 이는 고려해야 할 트랜잭션이 2개로 늘었다는 사실을 의미하며, 각 트랜잭션은 서로 독립적으로 작동하거나 실패할 수 있다.

물론 고객 테이블에서 행을 변경할 수 있는 경우에만 등록보류 테이블에서 행을 제거하도록 두 트랜잭션의 순서를 정할 수 있다. 그러나 등록보류 테이블에서 삭제가 실패할 경우 어떻게 해야 할지 추론해야 한다. 결국 모든 로직은 직접 구현해야 한다. 하지만 이러한 사용 사례를 처리하려고 단계를 재정렬하는 것은 매우 유용한 생각이 될 수 있다(사가 패턴을 설명할 때 다시 살펴본다). 그러나 근본적으로 이 작업을 2개의 개별 데이터베이스 트랜잭션으로 분해함으로써 전체적으로 작업의 원자성을 보장할 수 없게 됐다는 점을 수용해야 한다.

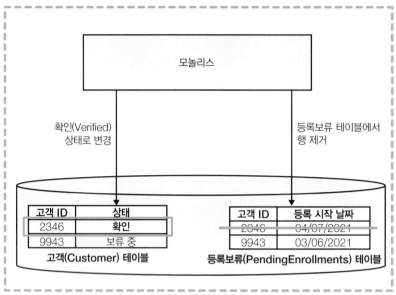

그림 6-1 단일 ACID 트랜잭션 범위 내 두 테이블 업데이트

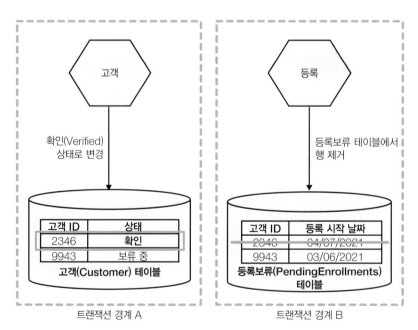

그림 6-2 고객과 등록 마이크로서비스에 의한 변경이 이제 다른 2개의 트랜잭션에서 수행된다.

이러한 원자성의 결여는 특히 직전에 이 속성에 의존했던 시스템을 마이그레이션하는 경우 심각한 문제가 발생할 수 있다. 일반적으로 사람들이 고려하는 첫 번째 선택지는 여전히 단일 트랜잭션을 사용하지만 여러 프로세스에 걸쳐 있는 분산 트랜잭션을 사용하는 것이다. 앞으로 살펴보겠지만, 불행히도 분산 트랜잭션은 올바른 방향이 아닐 수 있다. 분산 트랜잭션을 구현하는 가장 일반적인 알고리즘 중 하나인 2단계 커밋을 통해 분산 트랜잭션과 관련된 문제를 전반적으로 살펴보자.

6.2 분산 트랜잭션 – 2단계 커밋

2단계 커밋 Two-Phase Commit **알고리즘**(줄여서 '2PC'라고도 함)은 전체 작업의 일부로 여러 개별 프로세스를 업데이트해야 하는 분산 시스템에서 트랜잭션을 변경할 수 있는 기능을 제공하려는 시도로 자주 사용된다. 분산 트랜잭션, 그리고 더 구체적으로 2단계 커밋은 마이크로서비스 아키텍처로 전환하는 팀이 자신들이 직면한 문제를 해결하는 방법으로 자주 고려된다. 앞으로 살펴보겠지만, 2단계 커밋은 문제를 해결할 수도 있고 아니면 시스템에 더 많은 혼란을 가져올지도 모른다.

2PC는 투표voting 단계와 커밋commit 단계라는 두 단계(그래서 2단계 커밋이다)로 나뉜다. **투표 단계**에서 중앙 조정자coordinator는 트랜잭션에 참가할 모든 워커worker에 연락하고 일부 상태 변경이 가능한지 여부를 확인 요청한다. [그림 6-3]에는 두 가지 요청이 있는데, 하나는 고객 상태 확인(VERIFIED)으로 변경하라는 요청이고 다른 하나는 등록보류 테이블에서 행을 제거하라는 요청이다. 모든 워커가 요청받은 상태 변경이 가능하다고 동의하면, 알고리즘은 다음 단계로 넘어간다. 어떤 워커라도 요청받은 상태 변경이 일부 내부 조건을 위반해 변경을 수행할 수 없다고 하면 전체 연산은 중단된다.

워커가 변경할 수 있다고 알려준 직후에 변경 사항이 즉시 적용되지는 않는다는 사실이 중요하다. 즉시 적용되는 대신, 워커는 미래 어느 시점에서 그 변경을 수행할 수 있음을 보장하고 있다. 워커는 어떻게 수행을 보장할까? 예를 들어, [그림 6-3]에서 워커 A는 고객 테이블의 행 상태를 변경해 특정 고객의 상태를 확인(VERIFIED)으로 업데이트할 수 있다고 말했다. 이후 어느 시점에 다른 작업이 행을 삭제하거나 또 다른 더 작은 변경을 수행하는 과정에서, 확인(VERIFIED)으로 변경한 내역이 이후 유효하지 않게 되면 어떻게 해야 할까? 확인

(VERIFIED) 상태의 변경을 나중에 수행할 수 있도록 보장하기 위해 워커 A는 이런 변경이 일어나지 않도록 방어할 목적으로 아마도 해당 레코드를 잠가야 할 가능성이 높다.

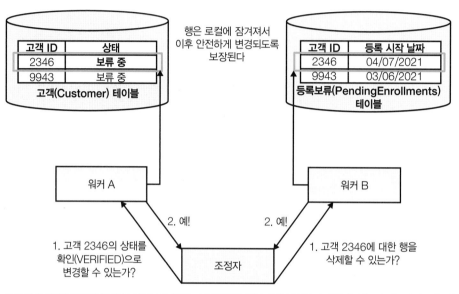

그림 6-3 2단계 커밋의 첫 번째 단계에서 워커는 내부적으로 일부 상태 변경을 수행할 수 있는지 결정하려고 투표를 수행한다.

커밋에 찬성하지 않은 워커가 있는 경우, 모든 당사자에게 롤백 메시지를 보내 로컬에서 정리하도록 보장함으로써 워커가 이미 잡고 있을지도 모르는 잠금을 해제하게 만들어야 한다. 모든 워커가 변경에 동의한 경우, [그림 6-4]와 같이 커밋 단계로 이동한다. 여기서 실제로 변경이 일어나고 관련된 잠금은 해제된다.

이런 시스템에서 두 커밋이 정확히 동시에 발생할 것이라고 보장하기란 어떤 식으로도 불가능하다는 사실에 주목하자. 조정자는 커밋 요청을 모든 참가자에게 보내야 하며, 해당 메시지는 서로 다른 시간에 도착해 처리될 수 있다. 이는 두 워커의 상태를 직접 관찰한다면 워커 A에 대한 변경 사항은 볼 수 있지만 아직 워커 B에 대한 변경 사항은 보지 못할 수도 있음을 의미한다. 2단계 커밋 내 조정자와 참가자들 사이의 지연 시간이 길수록, 또한 워커가 응답을 처리하는 속도가 느릴수록 불일치 구간은 더 커질 수 있다. ACID의 정의로 돌아가보면 **격리성**은 트랜잭션 중에 중간 상태를 볼 수 없게 보장하지만, 2단계 커밋에서는 이 보장이 사라졌다.

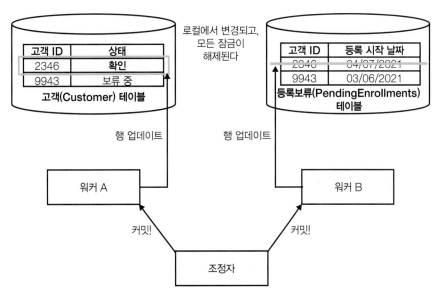

그림 6-4 2단계 커밋의 커밋 단계에서 변경 사항이 실제로 적용된다.

2단계 커밋이 작동할 때, 그 핵심에서 분산 잠금을 조정하는 경우가 많다. 워커는 커밋이 두 번째 단계에서 이뤄질 수 있도록 로컬 자원을 잠글 필요가 있다. 단일 프로세스 시스템에서 잠금을 관리하고 교착 상태를 피하는 작업은 재미있지 않다. 이제 여러 참가자 간에 잠금을 조정해야 하는 문제를 상상해보자. 쉬운 일이 아니다.

여기서 자세히 설명하지는 않겠지만 2단계 커밋과 관련된 많은 실패 모드가 있다. 트랜잭션을 진행하려고 투표를 했지만 나중에 커밋을 요청할 때 응답하지 않는 워커 문제를 생각해보자. 이런 경우 어떻게 해야 할까? 이런 실패 모드 중 일부는 자동으로 처리되지만, 일부는 운영자가 수동으로 문제를 해결해야 하는 상태가 될 것이다.

참여자가 많을수록, 시스템에서 지연 시간이 길수록 2단계 커밋에 더 많은 문제가 발생한다. 특히 잠금 범위가 크거나 트랜잭션 지속 시간이 긴 경우, 2단계 커밋은 시스템에 엄청난 지연 시간을 빠르게 주입하는 원인이 된다. 이런 이유로 2단계 커밋은 일반적으로 수명이 매우 짧은 작업에만 사용된다. 작업 소요 시간이 길수록 자원을 더 오래 잠가둬야 한다!

6.3 분산 트랜잭션 – 그냥 안 된다고 하라

지금까지 설명한 모든 이유를 고려하면, 필자는 마이크로서비스 전반에 걸친 상태 변화를 조정하는 2단계 커밋 같은 분산 트랜잭션은 피해야 한다고 강력히 제안한다. 그렇다면 대안은 무엇일까?

첫 번째 선택지는 처음부터 데이터를 분리하지 않는 방법이다. 정말 원자적이고 일관된 방식으로 관리하려는 상태 조각이 있고 ACID 스타일의 트랜잭션 없이 이런 특성characteristics을 현명하게 얻는 방법을 찾지 못할 경우, 해당 상태를 단일 데이터베이스에 남겨두고 단일 서비스(또는 모놀리스)에서 해당 상태를 관리하는 기능도 그대로 남겨두자. 모놀리스를 어디서 분할해야 하고 어떤 분해 작업이 쉬울지(또는 어려울지)를 고민하는 중이라면, 현재 트랜잭션에서 관리되는 데이터를 분할하는 것이 지금 당장 처리하기에 어렵다고 판단할 수 있다. 따라서 시스템의 다른 영역부터 작업한 다음, 나중에 다시 이 문제로 돌아오자.

그러나 정말로 이 데이터를 분해해야 하지만, 분산 트랜잭션 관리에 따르는 모든 고통을 원치 않는다면 어떻게 해야 할까? 여러 서비스에서 작업을 수행하면서도 잠금을 피할 수 있는 방법은 무엇일까? 작업에 몇 분, 며칠, 심지어 몇 달이 걸린다면 어떻게 해야 할까? 이와 같은 경우 사가라는 대안을 고려할 수 있다.

데이터베이스 분산 트랜잭션

필자는 마이크로서비스 전반에 걸쳐 상태 변화를 조정하려고 분산 트랜잭션을 일반적으로 사용하는 것에 반대하는 입장이다. 이러한 상황에서는 각 마이크로서비스는 로컬에서 지속 가능한 상태(예: 데이터베이스)를 관리한다. 분산 트랜잭션 알고리즘은 일부 대규모 데이터베이스에 성공적으로 사용되고 있으며, 구글의 스패너(Spanner)가 그러한 시스템 중 하나다. 이 상황에서 분산 트랜잭션은 하부의 데이터베이스에 의해 애플리케이션 관점에서는 투명하게 적용되고 있다. 그리고 분산 트랜잭션은 단일 논리 데이터베이스(여러 머신에서 분산될 수 있고 어쩌면 여러 데이터 센터에 분산될 수도 있음) 내에서 상태 변경을 조정하는 데만 사용되고 있다.

구글이 스패너를 통해 달성한 것도 인상적이지만, 이를 위해 수행해야 했던 작업 과정에서 관련 문제에 대한 아이디어를 얻게 된다는 점도 주목할 만하다. 그냥 매우 비싼 데이터 센터와 위성 기반의 원자 시계(실제로)가 관련돼 있다고 해두자. 스패너가 이 작업을 수행하는 방법을 개략적으로 살펴보려면 로버트 쿠비스(Robert Kubis)가 발표한 주제인 '구글 클라우드 스패너: 대규모 환경에서 글로벌 일관성(Google Cloud Spanner: Global Consistency at Scale)[2]을 추천한다.

---

2 2017년 11월 7일 데복스(Devoxx)에서 로버트 쿠비스가 발표했으며 유튜브(*https://oreil.ly/XHvY5*)에서 확인할 수 있다.

6.4 사가 패턴

2단계 커밋과 달리, **사가**^{saga}는 여러 상태 변경을 조정할 수 있지만 자원을 잠글 필요가 없는 알고리즘으로 설계됐다. 사가는 관련된 단계를 독립적으로 실행할 수 있는 개별 활동으로 모델링해 이 작업을 수행한다. 사가를 사용하면 비즈니스 프로세스를 명시적으로 모델링할 수 있다는 추가적인 이점이 있으며, 이는 상당한 혜택을 가져온다.

헥터 가르시아몰리나^{Hector Garcia-Molina}와 케네스 세일럼^{Kenneth Salem}[3]이 처음 제시한 핵심 개념은 LLT^{Long Lived Transaction}(장기 트랜잭션)라고 알려진 작업을 가장 잘 처리하는 방법을 설명한다. 이러한 트랜잭션은 몇 분, 몇 시간 또는 며칠이 걸릴 수 있으며, 그 과정에서 데이터베이스를 변경해야 할 수도 있다.

LLT를 일반 데이터베이스 트랜잭션에 직접 매핑하면, 단일 데이터베이스 트랜잭션이 LLT의 전체 수명주기에 걸쳐 진행될 것이다. 이로 인해 LLT가 진행되는 동안 여러 행(또는 심지어 전체 테이블)이 오랫동안 잠길 수 있으며, 다른 프로세스가 이런 잠긴 자원을 읽거나 수정하려면 심각한 문제가 발생할 수도 있다.

대신, 이 논문을 작성한 저자들은 이런 LLT를 일련의 트랜잭션으로 분해하면 각 트랜잭션을 독립적으로 처리할 수 있다고 제안한다. 이와 같은 각 '하위' 트랜잭션의 수명은 더 짧아지고 그 과정에서 전체 LLT의 영향을 받는 데이터의 일부만 수정할 것이라는 내용이다. 결과적으로 잠금 범위 및 지속 시간이 크게 줄어들어 기본 데이터베이스에서의 경합은 훨씬 줄어들 것이다.

사가는 원래 단일 데이터베이스에 대해 작동하는 LLT를 지원하기 위한 메커니즘으로 구상됐지만, 여러 서비스에 걸친 변경 사항을 조정할 경우에도 효과적이다. 단일 비즈니스 프로세스는 단일 사가의 일부로서 협업 서비스에 대한 일련의 호출로 분해할 수 있다.

---

3 헥터 가르시아몰리나와 케네스 세일럼이 1987년 기고한 글인 '사가(Sagas)'(ACM Sigmod Record, no.3: 249–59, *https://dl.acm.org/doi/10.1145/38714.38742*)를 참고하라.

이제 마이크로서비스 아키텍처라는 콘텍스트에서 사가를 깊이 알아보기 위해 뮤직코프의 간단한 주문 처리 흐름을 [그림 6-5]에서 살펴보자.

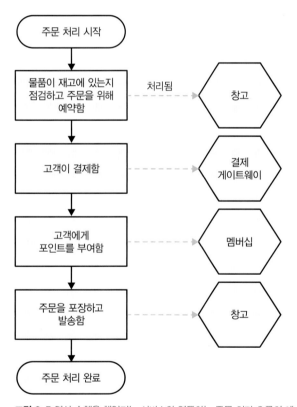

그림 6-5 연산 수행을 책임지는 서비스와 연동하는 주문 처리 흐름의 예

여기서 주문 처리 프로세스는 하나의 사가로 표현되며, 이 흐름의 각 단계는 서로 다른 서비스에서 수행할 수 있는 작업을 나타낸다. 각 서비스 내부의 모든 상태 변경은 로컬 ACID 트랜잭션 내에서 처리될 수 있다. 예를 들어 우리가 창고(Warehouse) 서비스를 사용해 재고를 확인하고 예약하는 경우, 창고 서비스는 내부적으로 예약 상황을 기록하는 로컬 예약(Reservation) 테이블에 행을 생성할 수 있다. 이러한 변경은 일반 트랜잭션 내에서 처리될 것이다.

6.4.1 사가 실패 모드

사가를 개별 트랜잭션으로 분해하려면, 실패 처리 방법(더 구체적으로는 실패 발생 시의 복구 방법)을 고려해둬야 한다. 앞서 기술한 사가에 대한 첫 논문에는 역방향 복구backward recovery와 순방향 복구forward recovery라는 두 가지 복구 유형이 기술돼 있다.

역방향 복구에는 실패 복구와 이후에 일어나는 정리 작업인 롤백이 포함된다. 이 작업을 수행하려면 이전에 커밋된 트랜잭션을 취소하는 보상 조치를 정의해둬야 한다. **정방향 복구**는 실패가 발생한 지점에서 데이터를 가져와 계속 처리할 수 있다. 이 작업을 수행하려면 트랜잭션을 재시도할 필요가 있으며, 이는 우리의 시스템이 재시도를 위한 충분한 정보를 보유하고 있음을 의미한다.

모델링할 비즈니스 프로세스의 특성에 따라 여러분은 실패 모드에서 역방향 복구나 정방향 복구, 또는 이 두 가지를 혼합하는 상황을 고려할 수도 있다.

사가를 통해 기술적인 실패가 아닌 비즈니스 실패로부터 복구할 수 있다는 점을 기억하는 것이 정말 중요하다. 예를 들어 고객이 결제를 시도했지만 고객의 자금이 부족하다면, 사가가 처리해야 하는 비즈니스 실패다. 반면에 결제 게이트웨이(Payment Gateway)가 타임아웃이 되거나 500 Internal Service Error를 발생시키면, 별도로 처리해야 하는 기술적 실패다. 사가는 기반 구성 요소가 제대로 동작하고 있다고 가정한다. 즉, 기반 시스템은 안정적이며 안정적인 구성 요소의 작업을 조정하고 있다고 가정한다. 12장에서 기술적 구성 요소를 보다 안정적으로 만드는 몇 가지 방법을 살펴보겠지만, 사가의 한계를 더 알고 싶다면 유 프리드리센Uwe Friedrichsen의 '사가 패턴의 한계'(https://oreil.ly/II0an)를 추천한다.

사가 롤백

ACID 트랜잭션을 사용할 때 문제가 발생하면 커밋에 앞서 롤백을 한다. 롤백을 한 후에는 애초에 아무 일도 일어나지 않은 것과 같다. 즉, 우리가 시도하려 했던 변경은 일어나지 않은 것이다. 하지만 사가의 경우 여러 트랜잭션이 관련돼 있으며, 일부 트랜잭션은 전체 연산을 롤백하기로 결정하기 전에 이미 커밋됐을지도 모른다. 그렇다면 트랜잭션이 이미 커밋된 후에 어떻게 트랜잭션을 롤백할 수 있을까?

[그림 6-5]에 개괄된 주문 처리의 예로 돌아가서, 잠재적인 실패 모드를 고려해보자. [그림 6-6]처럼 물품 포장을 시도했지만 창고에서 물품을 찾을 수 없었다. 우리 시스템은 그 물품이 존재한다고 생각하지만, 창고 선반 어디에도 물품은 없다!

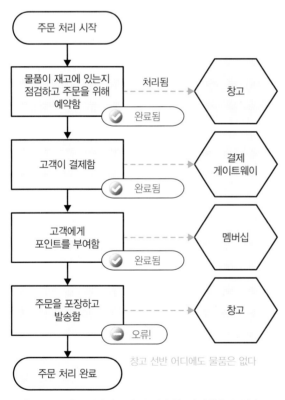

그림 6-6 물품을 포장하려고 시도했지만 창고에서 찾을 수 없다.

이제 고객에게 물품을 이월 주문하도록 선택안을 제시하는 대신, 전체 주문을 되돌리기로 결정했다고 가정하자. 여기서는 이미 결제를 완료한 고객에게 해당 주문에 대한 멤버십 포인트를 부여했다는 문제가 있다.

이 모든 단계가 단일 데이터베이스 트랜잭션에서 수행된 경우라면, 간단한 롤백으로 모든 처리 과정을 정리할 수 있다. 그러나 주문 처리 프로세스의 각 단계는 다양한 트랜잭션 범위에서 운영되는 각 서비스 요청으로 처리됐다. 전체 작업을 한 번에 되돌릴 간단한 '롤백'은 없다.

차라리 롤백 구현을 원한다면 보상 트랜잭션을 구현해야 한다. **보상 트랜잭션**compensating transaction 은 이전에 커밋된 트랜잭션을 취소하는 연산이다. 우리의 주문 처리 과정을 롤백하려면, [그림 6-7]처럼 이미 커밋된 사가에서 각 단계에 대한 보상 트랜잭션을 일으킬 것이다.

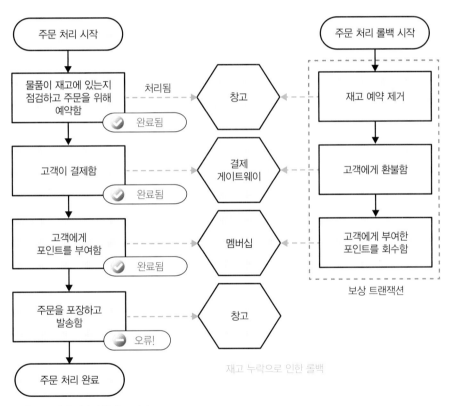

그림 6-7 전체 사가의 롤백 트리거

이런 보상 트랜잭션이 일반적인 데이터베이스 롤백과 정확히 동일한 동작을 수행하지 않을 수도 있다는 점은 강조할 필요가 있다. 데이터베이스 롤백은 커밋 전에 발생하며, 롤백 후에는 트랜잭션이 전혀 발생하지 않은 것처럼 취급할 수 있다. 물론 사가 패턴을 적용한 상황에서는 이미 트랜잭션이 **발생했다**. 여기서는 원래 트랜잭션이 만든 변경을 되돌리는 새로운 트랜잭션을 만들고 있지만, 시간을 롤백해 원래 트랜잭션이 전혀 일어나지 않은 것처럼 만들 수는 없다.

트랜잭션을 항상 깔끔하게 되돌릴 수는 없으므로 이런 보상 트랜잭션을 이른바 의미적 롤백 semantic rollback이라고도 한다. 항상 모든 것을 정리할 수는 없지만, 사가의 콘텍스트 내에서는 충분한 작업을 할 수 있다. 예를 들어 우리의 주문 처리 단계 중 하나는 주문이 진행 중임을 알리려고 고객에게 이메일을 보내는 것과 비슷하다고 할 수 있다. 롤백하기로 결정한다 해도 전송된 이메일은 취소할 수 없다![4] 그 대신에 보상 트랜잭션은 고객에게 두 번째 이메일을 발송해서 문제가 생겨 주문이 취소됐음을 알릴 수 있다.

롤백과 관련된 정보를 시스템에 유지하는 것은 전적으로 바람직하다. 사실 이 정보는 매우 중요할 수 있다. 어떤 일이 발생했는지에 대한 정보와 함께 이 중단된 주문에 대한 기록을 주문(Order) 서비스에 유지할 수 있다.

롤백을 줄이는 워크플로의 단계 재정렬

[그림 6-7]에서 원래 워크플로의 단계를 재정렬해 롤백 가능성이 있는 시나리오를 다소 간단하게 만들 수 있었다. [그림 6-8]에서 보듯이 주문이 실제로 발송된 경우에만 포인트를 부여하는 간단한 변경이 가능하다.

이렇게 하면, 주문을 포장하고 발송을 준비하는 동안 문제가 발생해도 해당 단계를 롤백하는 과정에서 걱정할 필요가 없다. 때로는 프로세스 실행 방식을 조율하는 방법만으로도 롤백 연산을 단순화할 수 있다. 실패할 가능성이 가장 높은 단계를 앞으로 당기고 해당 프로세스를 더 일찍 실패하면, 해당 단계는 애초에 수행되지도 않았으므로 나중에 보상 트랜잭션을 할 필요가 없다.

---

4   정말 그렇다. 필자가 이미 시도해봤다!

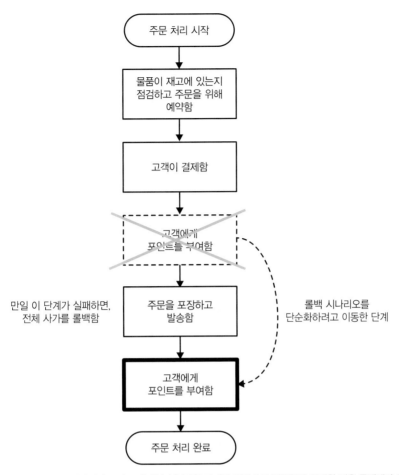

```
      ┌─────────────────┐
      │  주문 처리 시작  │
      └─────────────────┘
               │
      ┌─────────────────┐
      │ 물품이 재고에 있는지 │
      │ 점검하고 주문을 위해 │
      │       예약함       │
      └─────────────────┘
               │
      ┌─────────────────┐
      │   고객이 결제함   │
      └─────────────────┘
               │
      ┌─ ─ ─ ─ ─ ─ ─ ─ ─┐
      │    고객에게      │
      │   포인트를 부여함  │
      └─ ─ ─ ─ ─ ─ ─ ─ ─┘
               │
만일 이 단계가 실패하면,  ┌─────────────────┐   롤백 시나리오를
전체 사가를 롤백함    │   주문을 포장하고  │   단순화하려고 이동한 단계
                 │     발송함       │
                 └─────────────────┘
                        │
                 ┌─────────────────┐
                 │    고객에게      │
                 │   포인트를 부여함  │
                 └─────────────────┘
                        │
                 ┌─────────────────┐
                 │   주문 처리 완료  │
                 └─────────────────┘
```

그림 6-8 사가 패턴에서 보상 트랜잭션이 복잡한 단계를 뒤쪽으로 이동하면 실패할 경우 롤백해야 하는 내용을 줄일 수 있다.

이런 변경 사항을 수용할 수만 있다면 몇몇 단계에 대해서는 보상 트랜잭션을 만들 필요도 없으므로, 여러분의 일은 훨씬 더 수월해진다. 보상 트랜잭션을 구현하기가 어려운 경우라면 특히 중요할 것이다. 여러분은 프로세스의 후반부에 있는 단계를 롤백할 필요가 없는 단계로 옮길 수 있다.

역방향 실패 및 정방향 실패 상황의 혼합

실패 복구 모드를 혼합해 사용하는 것이 전적으로 적절하다. 롤백(역방향 실패)이 필요한 실패도 있고, 그와 달리 정방향 실패가 필요한 경우도 있다. 예를 들어 주문 처리 과정에서 고객이 돈을 지불하고 창고에서 물품이 포장되면, 이제 남은 단계는 포장된 택배 물품을 발송하는 것뿐이다. 어떤 이유로 인해 택배 물품을 배송하지 못한다면(아마도 오늘 자 배송 차량에 해당 물품을 실을 공간이 부족한 경우) 전체 주문을 되돌리는 방식은 매우 이상해 보인다. 대신 우리는 그 배송을 재시도하고(다음 날 배송을 위해 대기열에 넣는 경우), 그래도 실패한다면 사람이 개입해 상황을 해결해야 할 것이다.

6.4.2 사가 패턴 구현

지금까지는 사가가 동작하는 방식에 대한 논리적인 모델을 살펴봤지만, 사가 자체를 구현하는 방식을 알아보기 위해 좀 더 깊이 파고들 필요가 있다. 여기서는 두 가지 사가 구현 방식을 살펴본다. **오케스트레이션형 사가**orchestrated saga는 원시 솔루션 공간을 밀접하게 따라가며 주로 중앙 집중식 조정과 추적에 의존한다. 오케스트레이션형 사가는 **코레오그래피형 사가**choreographed saga와 비교할 수 있는데, 코레오그래피형 사가는 더 느슨하게 결합된 모델을 선호하므로 중앙 집중식 조정이 필요하지 않지만 사가의 진행을 추적하는 작업을 더 복잡하게 만들 수 있다.

오케스트레이션형 사가

오케스트레이션형 사가는 중앙 조정자central coordinator(지금부터는 '오케스트레이터orchestrator'라고 부르기로 한다)를 사용해 실행 순서를 정의하고 필요한 보상 조치를 트리거한다. 오케스트레이션 기반 사가는 명령과 제어 방식command-and-control approach이라고 생각할 수 있다. 오케스트레이터는 어떤 일이 언제 일어나는지를 제어하며, 이를 통해 사가에서 어떤 일이 일어나는지를 충분히 파악할 수 있다.

[그림 6-5]에 보여준 주문 처리 프로세스를 가져와서, 중앙 조정 프로세스가 협업 서비스의 집합으로 어떻게 작동하는지를 [그림 6-9]에서 살펴보자.

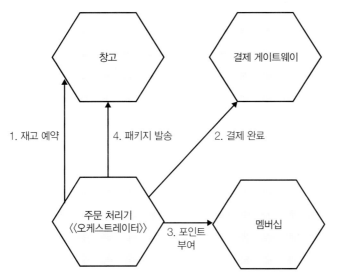

그림 6-9 오케스트레이션형 사가가 주문 처리 프로세스 구현에 사용되는 방식의 예

여기에서 오케스트레이터 역할을 담당하는 중앙 주문 처리기가 주문 처리 프로세스를 조정한다. 중앙 주문 처리기는 연산을 수행하는 데 어떤 서비스가 필요한지 알고 있으며 언제 해당 서비스를 호출해야 할지 결정한다. 호출이 실패하면 그 결과에 따라 어떤 작업을 수행할지 결정할 수 있다. 이렇게 오케스트레이션형 기반의 처리기는 서비스 간 요청/응답 호출을 많이 사용하는 편이다. 즉, 주문 처리기는 서비스(예: 지불 게이트웨이)에 요청을 보내고, 요청이 성공했는지 여부를 알려주는 응답을 기대하며 요청 결과를 제공한다.

주문 처리기 내부에서 비즈니스 프로세스를 명시적으로 모델링해두면 매우 유용하다. 이를 통해 시스템에서 한 곳만 바라봐도 이 프로세스가 어떻게 작동하는지 이해하게 된다. 그 결과로, 새로운 사람들을 쉽게 합류시킬 수 있고 시스템의 핵심 부분을 충분히 이해하도록 도울 수 있다.

그러나 고려해야 할 몇 가지 단점도 있다. 첫째, 본질적으로 이 방식은 어느 정도 결합된 방식이다. 주문 처리기는 관련된 모든 서비스에 대해 알아야 하므로, 1장에서 도메인 결합도를 설명한 내용에 따르면 높은 결합도를 발생시킨다. 도메인 결합이 본질적으로 나쁘지는 않지만, 가능하다면 도메인 결합도를 최소로 유지하길 원할 것이다. 여기서 주문 처리기는 너무 많은 것에 대해 알고 제어할 필요가 있으므로 이런 형태의 높은 결합도를 회피하기가 상당히 어렵다.

좀 더 미묘한 또 다른 문제는 서비스에 전달돼야 할 로직이 오케스트레이터에 흡수되기 시작할 수 있다는 점이다. 이런 상황이 발생하기 시작하면, 서비스는 주문 처리기 등의 오케스트레이터로부터 주문만 받으며 자신의 행동은 거의 하지 않는 무기력한 상태에 이를 수 있다. 이렇게 오케스트레이션 기반으로 흐름을 구성하는 서비스는 고유한 로컬 상태와 동작을 보유한 엔티티로 간주해야 한다. 엔티티는 독자적인 로컬 상태 머신을 담당한다.

오케스트레이션 기반의 흐름에서 너무 많은 중앙 집중화를 피하는 한 가지 방법은 서로 다른 흐름에 대해 서로 다른 서비스가 오케스트레이터 역할을 수행하도록 하는 것이다. 주문 처리를 담당하는 주문 처리기(Order Processor) 마이크로서비스, 반품 및 환불 프로세스를 담당하는 반품(Returns) 마이크로서비스, 창고에 도착해 선반에 놓일 새로운 재고를 처리하는 상품 입고(Goods Receiving) 마이크로서비스 등이 있을 것이다. 창고(Warehouse) 마이크로서비스와 같은 것들은 모든 오케스트레이터에서 사용될 수도 있으며, 이러한 모델을 사용하면 창고 마이크로서비스 자체에 기능을 유지하기가 쉬워져 모든 흐름에서 기능을 재사용할 수 있다.

비즈니스 프로세스 모델링 도구

비즈니스 프로세스 모델링(business process modeling, BPM) 도구는 여러 해 동안 사용돼 왔다. 대체로 BPM 도구는 비개발자가 드래그 앤 드롭 방식의 GUI 도구를 사용해 비즈니스 프로세스 흐름을 정의하도록 설계됐다. 개발자가 이러한 프로세스의 빌딩 블록을 만든 다음 비개발자가 해당 빌딩 블록을 더 큰 프로세스 흐름에 연결한다는 개념이다. BPM 도구의 사용은 오케스트레이션형 사가를 구현하는 수단으로서 정말 잘 어울리는 듯하며, 실제로도 프로세스의 오케스트레이션화는 BPM 도구를 사용하는 주요 사례이기도 하다(또는 반대로, BPM 도구를 사용하면 반드시 오케스트레이션화를 채택해야 하는 결과를 낳기도 한다).

필자는 BPM 도구를 매우 싫어하게 됐다. 가장 큰 이유는 비개발자가 비즈니스 프로세스를 정의할 것이라고 BPM 도구 업계가 자신만만히 주장했지만 필자의 경험상 거의 사실과 달랐기 때문이다. 비개발자를 대상으로 하는 도구는 결국 개발자가 사용하게 되며, 불행히도 종종 개발자가 작업하는 방식과 다른 방식으로 작동하게 된다. 워크플로를 변경하기 위해 흔히 GUI를 요구하고, 이렇게 만들어진 워크플로는 버전 제어가 어렵거나 불가능할 수 있으며, 그 워크플로 자체가 테스트를 염두에 두고 설계되지 않는 등 여러 가지 문제가 발생할 수 있다.

개발자가 비즈니스 프로세스를 구현하려는 경우, 워크플로를 잘 알고 이해하며 워크플로에 적합한 도구를 사용하게 하자. 일반적으로 이는 코드를 사용해 워크플로를 구현하는 방식을 의미한다. 비즈니스 프로세스가 어떻게 구현되는지 또는 어떻게 운영되는지 가시적으로 보여줘야 한다면, 코드 동작을 기술할 목적으로 워크플로를 시각화한 결과를 사용하기보다는 코드에서 워크플로의 시각적인 표현을 끌어내는 편이 훨씬 더 쉽다.

좀 더 개발자 친화적인 BPM 도구를 만들려는 시도가 있다. 개발자에게서 이런 도구에 대한 피드백을 받아보면 의견은 분분하지만 만족해 하는 개발자들도 분명 있으며, 이와 같은 프레임워크를 개선하려고 시도하는 사람들이 있다는 것은 좋은 일이다. 이런 도구에 대해 더 자세히 살펴보려면 카문다(*https://camunda.com*)와 지비(*https://github.com/camunda-cloud/zeebe*)를 추천한다. 둘 다 마이크로서비스 개발자를 대상으로 하는 오픈 소스 오케스트레이션 프레임워크다.

코레오그래피형 사가

코레오그래피형 사가는 여러 협력 서비스 사이에서 사가 운영에 대한 책임을 분산시키는 것을 목표로 한다. 오케스트레이션 기반 사가가 명령과 제어 방식이라면, 코레오그래피형 사가는 신뢰하지만 검증된^{trust-but-verify} 아키텍처를 나타낸다. [그림 6-10]의 예에서 보듯이, 코레오그래피형 사가는 종종 서비스 간 협업을 위해 이벤트를 많이 사용한다.

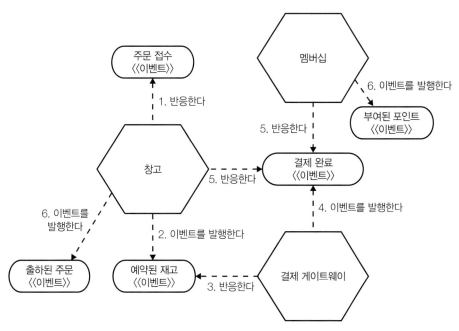

그림 6-10 주문 처리를 위한 코레오그래피형 사가의 예

이 그림에서는 꽤 많은 일이 일어나므로 더 자세히 살펴볼 필요가 있다. 먼저, 이러한 마이크로서비스는 수신되는 이벤트에 반응한다. 개념적으로 이벤트는 시스템에서 브로드캐스트되며 관심 있는 서비스가 이를 수신할 수 있다. 4장에서 설명한 것처럼, 마이크로서비스에 이벤트를 보내는 것이 아니라 이벤트를 단지 내보내면(발행하면) 그 이벤트에 관심이 있는 마이크로서비스가 이벤트를 수신하고 그에 따라 적절히 동작한다는 것을 기억하자. 우리가 다룬 예에서 창고(Warehouse) 서비스는 첫 번째 주문 접수(Order Placed) 이벤트를 수신할 경우, 적절하게 재고를 예약하고 예약을 완료한 후 이벤트를 다시 발행하는 것이 자신의 임무라고 알고 있다. 재고를 받을 수 없다면, 창고 서비스는 적절한 이벤트(아마도 재고 부족 이벤트일 것이다)를 발생시켜 주문을 중단하게 만든다.

또한 이 예에서 이벤트를 통해 병렬 처리를 용이하게 만드는 방법을 확인한다. 결제 게이트웨이를 통해 결제 완료 이벤트가 발송되면 멤버십 및 창고 마이크로서비스가 반응한다. 구체적으로 창고 마이크로서비스는 패키지를 발송하고 멤버십 마이크로서비스는 포인트를 부여한다.

대체로 여러분은 안정적인 메시지 브로드캐스트와 이벤트 전달을 관리하려고 일종의 메시지 브로커를 사용한다. 여러 서비스가 동일한 이벤트에 반응할 수도 있으며, 여기서는 토픽topic을 사용한다. 특정 유형의 이벤트에 관심이 있는 당사자는 해당 이벤트의 출처를 걱정하지 않고도 특정 토픽을 구독할 수 있으며, 브로커는 해당 토픽의 내구성을 보장하고 해당 토픽의 이벤트가 구독자에게 성공적으로 전달되도록 보장한다. 예를 들어 주문 접수(Order Placed) 이벤트를 수신하고 사용해 여러분이 원하는 음반 선택 데이터베이스를 구성하는 추천(Recommendation) 서비스를 만들 수도 있다.

앞서 소개한 아키텍처에서는 모든 서비스는 상대 서비스에 대해 전혀 모른다. 특정 이벤트가 수신될 때 자신이 할 일만 파악하면 되며, 우리는 도메인 결합도를 크게 낮췄다. 본질적으로 이런 상황은 결합도가 상당히 낮은 아키텍처를 만든다. 여기서 이 프로세스의 구현은 3개의 마이크로서비스에 분산돼 있으므로 비즈니스 로직의 중앙 집중화에 대한 우려도 피할 수 있다(비즈니스 로직을 한데 모을 장소가 없다면 중앙 집중화는 일어나지 않을 것이다!).

반면에 어떤 일이 일어나고 있는지 파악하기가 더 어려워질 수 있다는 단점도 있다. 오케스트레이션 방식에서는 오케스트레이터(조정자)가 프로세스를 명시적으로 모델링할 수 있다. 이제 이 아키텍처가 제시된 상태에서 프로세스가 어떤 것인지에 대한 멘탈 모델을 어떻게 구축할 수 있을까? 각 서비스의 동작을 분리해서 살펴보고 머릿속에서 그림을 재구성해야 할 것이다

(이렇게 간단한 비즈니스 프로세스라고 해도 간단하지 않다).

우리의 비즈니스 프로세스를 명시적으로 표현하지 못하는 것도 문제지만, 사가가 어떤 상태에 있는지를 파악할 방법도 부족하므로 필요한 경우 보상 조치를 취할 기회조차 놓칠 수 있다. 보상 조치를 수행하려고 개별 서비스에 일부 책임을 떠넘길 수 있지만, 근본적으로 복구를 위해 사가의 현재 상태를 파악할 방법이 필요하다. 사가의 상태를 둘러볼 중심이 되는 서비스가 없다는 점이 큰 문제다. 앞서 오케스트레이션을 도입해 중심이 되는 서비스를 확보했는데, 여기서는 이 문제를 어떻게 해결할 수 있을까?

이 문제를 해결하는 가장 쉬운 방법 중 하나는 발행된 이벤트를 사용해 사가의 상태에 대한 뷰view를 투영하는 것이다. 사가에 대한 고유 ID, 즉 **상관관계 ID**correlation ID를 생성하면, 이 ID를 사가의 일부로 방출되는 모든 이벤트에 넣을 수 있다. 서비스 중 하나가 이벤트에 반응한다면 상관관계 ID가 추출돼 로컬 로깅 프로세스에서 사용되고, 추가적인 호출이나 발송된 이벤트들과 함께 다운스트림으로 전달된다. 그런 다음 이러한 모든 이벤트를 정리하고 각 주문의 상태 보기를 제공하며, 다른 서비스가 스스로 처리하지 못할 경우에는 풀필먼트fulfillment 프로세스의 일부로 문제를 해결하기 위한 조치로서 프로그래밍 방식으로 수행하는 별도 서비스를 만들 수 있다. 필자는 어떤 형태의 상관관계 ID가 이와 같은 코레오그래피형 사가에 필수적이라고 생각하지만, 상관관계 ID는 일반적으로도 많은 가치를 제공한다. 10장에서 이와 관련된 내용을 더 깊이 살펴보자.

혼합 방식

오케스트레이션형 기반 사가와 코레오그래피형 사가는 사가의 구현 방식에서 정반대의 입장을 취하는 듯 보이겠지만, 이 둘을 혼합해 사용하는 모델도 쉽게 고려해볼 수 있다. 각 모델에 좀 더 어울리는 몇 가지 비즈니스 프로세스가 시스템에 존재할 수도 있고, 또한 여러 방식이 혼합된 단일 사가가 있을지도 모른다. 예를 들어 풀필먼트 사례의 경우, 창고 서비스의 경계 내에서 포장과 발송을 관리할 때 원래 요청이 규모가 좀 더 큰 코레오그래피형 사가의 일부로 이뤄진 경우에도 오케스트레이션형 흐름을 사용할 수 있다.[5]

---

5 이 책의 범위를 벗어나지만 헥터 가르시아몰리나와 케네스 세일럼은 더 복잡한 프로세스를 구현하기 위해 여러 사가를 '중첩(nested)'할 수 있는 방법을 연구했다. 이 주제에 대한 자세한 내용은 헥터 가르시아몰리나 등이 작성한 'Modeling Long-Running Activities as Nested Sagas'(데이터 엔지니어링 14, no. 1, 1991년 3월: 14-18, https://www.researchgate.net/publication/200031744_Modeling_Long-Running_Activities_as_Nested_Sagas)를 참고하길 바란다.

두 모델을 혼합하기로 결정한 경우에도 사가가 어떤 상태인지, 사가의 일부분으로 이미 어떤 활동이 진행됐는지 명확하게 파악할 수 있는 방법을 마련하는 것이 중요하다. 그렇지 않으면, 실패 모드를 이해하기가 복잡해지고 실패에서 복구하기도 어려워진다.

호출 추적

코레오그래피형 방식을 사용하든, 오케스트레이션형 방식을 사용하든 간에 여러 마이크로서비스를 사용해 비즈니스 프로세스를 구현할 때는 프로세스와 관련된 모든 호출을 추적할 수 있길 바라는 것이 당연하다. 이는 때때로 비즈니스 프로세스가 올바르게 작동하는지 판단하거나 문제를 진단하는 데 도움이 된다. 10장에서는 상관관계 ID와 로그 집계 같은 개념을 소개하고 이러한 개념이 어떻게 도움이 되는지 살펴본다.

코레오그래피형 사가와 오케스트레이션형 사가(또는 이 둘의 혼합형) 중 어느 것을 사용해야 할까?

코레오그래피형 사가를 구현하면 자신과 팀에 낯선 개념을 가져올 수 있다. 이 사가는 일반적으로 이벤트 기반의 협업을 많이 사용한다고 가정하는데, 아직 널리 이해되는 개념은 아니다. 하지만 필자의 경험에 따르면, 사가의 진행 상황을 추적하는 것과 관련된 추가적인 복잡성은 느슨하게 결합된 아키텍처를 통해 얻을 수 있는 이점보다 큰 경우가 대부분이다.

그러나 개인적인 취향을 떠나 오케스트레이션형 사가와 코레오그래피형 사가의 비교에 관한 필자의 일반적인 제언은 한 팀이 전체 사가의 구현을 담당할 경우에는 오케스트레이션형 사가가 훨씬 더 편하다는 사실이다. 이와 같은 상황에서는 본질적으로 결합된 아키텍처일수록 팀 경계 내에서 관리하기가 훨씬 더 쉽다. 여러 팀이 관여하는 경우, 필자는 더 세분화된 코레오그래피형 사가를 훨씬 선호하는데, 사가 구현에 대한 책임을 각 팀에 분배하기가 더 쉽고 느슨하게 결합된 아키텍처를 통해 각 팀이 독립적으로 작업할 수 있기 때문이다.

일반적으로 오케스트레이션형 사가에서 요청 및 응답 호출 방식이 더 많이 사용되는 반면, 코레오그래피형 사가에서는 이벤트 방식이 더 많이 사용되는 경향에 대해 유의할 필요가 있다. 이러한 경향은 정해진 규칙이 아니라 일반적인 관찰의 결과다. 필자가 일반적으로 코레오그래피 방식에 치우친 이유는 이벤트 기반의 상호작용 모델을 더 선호하기 때문일 가능성이 높다. 이벤트 기반의 협업이 어렵게 느껴진다면 코레오그래피 방식이 부적합할 수도 있다.

6.4.3 사가와 분산 트랜잭션의 비교

지금까지 설명한 대로라면 분산 트랜잭션에는 몇 가지 중요한 문제가 있으며, 매우 특정한 몇 가지 상황을 제외하면 필자는 분산 트랜잭션을 피하는 편이다. 분산 시스템 분야의 개척자인 팻 헬런드Pat Helland는 오늘날 주로 구축하는 애플리케이션 유형을 위한 분산 트랜잭션 구현과 관련된 근본적인 문제의 핵심을 다음과 같이 뽑아냈다.[6]

> 대다수 분산 트랜잭션 시스템에서 단일 노드에 장애가 발생하면 트랜잭션 커밋은 중단된다. 이로 인해 애플리케이션은 쐐기가 박힌 상태가 된다. 이런 시스템에서는 그 크기가 커질수록 시스템이 죽을 가능성도 높아진다. 모든 엔진이 작동해야 하는 비행기가 비행할 때, 엔진을 하나 추가하면 비행기의 가용성은 감소한다.

경험에 비춰보면, 비즈니스 프로세스를 사가로 명시적으로 모델링하면 분산 트랜잭션으로 인한 다양한 문제를 피할 수 있으며 암시적으로 모델링된 프로세스가 개발자에게 더욱 명확하게 보여줄 수 있는 추가적 이점이 있다. 시스템의 핵심 비즈니스 프로세스를 최고 수준의 개념으로 만들면 여러모로 유용할 것이다.

요약

보다시피 마이크로서비스 아키텍처에서 워크플로를 구현하는 방법은 구현할 비즈니스 프로세스를 명시적으로 모델링하는 것이다. 또한 이를 통해 마이크로서비스 아키텍처에서 비즈니스 도메인의 측면들을 모델링해야 한다고 다시 생각하게 됐다. 마이크로서비스 경계도 주로 비즈니스 영역의 관점에서 정의된다면 비즈니스 프로세스를 명시적으로 모델링하는 것은 합당하다.

오케스트레이션형 사가나 코레오그래피형 사가 중 어느 한쪽에 더 끌리더라도 어떤 모델이 여러분의 문제 영역에 더 적합할지를 잘 따져보길 바란다.

이 문제를 더 자세히 살펴보고 싶다면, 그레고르 호페와 바비 울프의 저서『기업 통합 패턴』(에이콘, 2014)을 추천한다. 이 책은 사가를 명시적으로 다루지는 않았지만, 다양한 유형의 워

---

6   팻 헬런드, '분산 트랜잭션을 넘어선 수명(Life Beyond Distributed Transactions)'(acmqueue 14, no. 5, 2016년 12월 12일)

크플로를 구현할 때 상당히 유용한 여러 패턴을 소개한다. 번드 뤼커[Bernd Ruecker]의 『Practical Process Automation』(오라일리, 2021)도 진심으로 추천한다. 번드의 책은 사가의 오케스트레이션 측면에 훨씬 더 중점을 두고 있지만 이 주제와 관련된 원활한 후속 조치를 하기 위한 유용한 정보로 가득 차 있다.

이제 마이크로서비스가 어떻게 서로 통신하고 조율할 수 있는지를 알게 됐다. 하지만 처음에는 마이크로서비스를 어떻게 구축해야 할까? 다음 장에서는 마이크로서비스 아키텍처의 관점에서 소스 제어, 지속적 통합(CI), 지속적 제공(CD)을 도입하는 방법을 알아본다.

## CHAPTER 7

빌드

지금까지 마이크로서비스의 설계 측면을 다루는 데 많은 시간을 할애했지만, 이 새로운 스타일의 아키텍처를 수용하기 위해 개발 프로세스를 어떻게 변경해야 할지 좀 더 깊이 살펴봐야 한다. 이어지는 장들에서 마이크로서비스의 배포와 테스트 방법을 다루겠지만, 그에 앞서 '개발자가 변경 사항을 체크인할 준비가 될 때 어떤 일이 발생할까?'라는 질문처럼 우선 살펴볼 것이 있다.

지속적 통합과 지속적 제공 같은 몇 가지 기본 개념을 검토하며 탐구를 시작해보자. 어떤 종류의 시스템 아키텍처를 사용하더라도 이 개념들은 중요하지만, 마이크로서비스 고유의 많은 질문이 제기된다. 이 질문을 통해 파이프라인과 서비스의 소스 코드를 관리하는 다양한 방법을 살펴본다.

7.1 지속적 통합에 대한 간략한 소개

지속적 통합continuous integration, 즉 CI는 수년 동안 사용돼 왔다. 하지만 특히 마이크로서비스, 빌드, 버전 제어 리포지터리 간의 매핑에 대해 생각할 때 몇 가지 고려할 사항이 있으므로 기본적인 것을 검토하는 데 약간의 시간을 할애할 가치가 있다.

CI의 핵심 목표는 모든 사람이 서로 조화롭게 동기화되도록 유지하는 것이며, 새로 체크인한 코드가 기존 코드와 적절하게 통합되는지 자주 확인해 목표를 달성한다. 이를 위해 CI 서버는 코드 커밋을 감지하고, 체크아웃하며, 코드가 컴파일되고 테스트를 통과하는지 확인하는 등의 몇 가지 검증을 수행한다. 필자는 실제로 개발자가 하루에 여러 번 변경 사항을 통합하는 팀에서 많이 일했었지만, 이러한 통합이 최소한 매일 수행되길 기대한다.

이 프로세스의 일부로 실행할 서비스를 배포해 이에 대한 테스트를 실행하는 것과 같이 추가 유효성 검사에 사용되는 산출물을 만드는 경우가 많다(9장에서 테스트를 자세히 살펴본다). 이상적으로는 그 산출물을 한 번만 빌드하고 해당 버전의 코드를 모든 배포에 사용한다. 동일한 작업을 반복 수행하는 것을 방지하고 배포할 산출물이 테스트된 것임을 보장하기 위해서다. 이러한 산출물을 재사용할 수 있도록 CI 도구 자체가 제공하거나 별도의 시스템에서 제공되는 리포지터리와 같은 곳에 보관한다.

곧 이 산출물의 역할을 자세히 살펴보고, 9장에서는 테스트를 깊이 다룬다.

CI에는 여러 장점이 있다. 정적 분석과 테스트를 사용해 코드 품질에 대한 빠른 피드백을 얻을 수 있고 바이너리 산출물 생성을 자동화할 수도 있다. 산출물을 빌드하는 데 필요한 모든 코드가 버전 제어되므로 필요한 경우 산출물을 다시 생성할 수 있다. 또한 배포된 산출물로부터 역으로 코드까지 추적할 수 있으며, CI 도구 자체의 기능에 따라 코드와 산출물에서 어떤 테스트가 실행된 것인지도 확인할 수 있다. 코드형 인프라스트럭처infrastructure as code를 수용한다면, 마이크로서비스 자체의 코드와 함께 마이크로서비스의 인프라스트럭처를 구성하는 데 필요한 모든 코드의 버전을 제어해 변경 사항에 대한 투명성을 향상시키고 빌드를 더 쉽게 복제할 수 있다. 이와 같은 이유로 CI는 매우 성공적이었다.

7.1.1 실제로 CI를 하고 있는가?

CI는 우리가 빠르고 쉽게 변경하도록 해주는 핵심 관행이며, CI가 없다면 마이크로서비스를 향한 여정은 고통스러울 것이다. 아마도 현재 여러분의 조직에서 CI 도구를 사용하고 있다고 생각하지만, 실제로 CI를 하는 것과는 다를지 모른다. 실제로 본 많은 사람이 CI 도구를 채택하는 것과 실제로 CI를 수용하는 것을 혼동하곤 했다. CI 도구를 잘 사용하면 CI를 수행하는데 도움이 되지만 젠킨스, CircleCI, 트래비스Travis 등의 도구를 사용한다고 해서 실제로 CI를 올바르게 수행하고 있다고 장담할 수는 없다.

그렇다면 실제로 CI를 올바르게 실천하고 있는지 어떻게 알 수 있을까? 사람들이 CI가 무엇인지를 정말로 이해하는지 검증하려고 제즈 험블Jez Humble이 고안해낸 매력적인 세 가지 질문이 있다. 다음과 같은 질문을 스스로에게 던져보면 흥미로울 것이다.

메인라인에 하루에 한 번 체크인하는가?

코드가 통합되는지 확인해야 한다. 다른 사람의 변경 사항과 함께 코드를 자주 확인하지 않으면 향후 통합은 더 어려워진다. 단기 브랜치를 사용해 변경 사항을 관리하는 경우에도 가능한 한 자주 (적어도 하루에 한 번) 단일 메인라인mainline 브랜치에 통합하라.

변경 사항을 검증하는 일련의 테스트가 있는가?

테스트가 없다면 구성적인 면에서 통합이 됐다는 사실을 알 수 있지만 시스템의 동작을 중단시켰는지는 알 수 없다. 코드가 예상대로 동작하는지 확인할 수 없는 CI는 CI가 아니다.

빌드가 깨졌을 때 이를 수정하는 것이 팀의 최우선 일인가?

녹색 빌드 알림은 변경 사항이 안전하게 통합됐음을 의미하고, 빨간색 빌드 알림은 마지막 변경 사항이 통합되지 못했음을 나타낸다. 빌드를 다시 통과시키려면 빌드 수정과 관련되지 않은 추가 체크인을 모두 중지해야 한다. 더 많은 변경 사항이 쌓이면 빌드를 수정하는 데 걸리는 시간이 크게 늘어나기 때문이다. 필자는 며칠 동안 빌드가 중단된 팀과 함께 일한 적이 있으며, 결과적으로 빌드를 통과시키고자 상당한 노력을 들여야 했다.

7.1.2 브랜치 모델

빌드와 배포에 관련된 몇 가지 주제가 제품 기능 개발을 위한 소스 코드 브랜치를 만드는 것만큼 많은 논란을 일으키는 것 같다. 소스 코드에서 브랜치를 사용하면 다른 사람이 수행하는 작업을 방해하지 않고 독립적으로 개발할 수 있다. 겉으로 보기에 작업 중인 기능마다 만드는 소스 코드 브랜치, 즉 기능 브랜치feature branch라고도 하는 이 개념은 꽤 유용해 보인다.

문제는 기능 브랜치에서 작업할 때 변경 사항을 정기적으로 통합하지 않는다는 것이다. 근본적으로 통합을 지연하고 있다. 그리고 끝에 가서 변경 사항을 다른 이들과 통합하기로 결정하면 훨씬 더 복잡한 머지merge를 해야 한다.

대안은 모든 사람이 동일한 소스 코드 '트렁크trunk'에 체크인하도록 하는 것이다. 변경 사항이 다른 사람에게 영향을 미치지 않도록 기능 플래그feature flag와 같은 기술을 사용해 미완 작업을 '숨긴다.' 모든 사람이 동일한 트렁크에서 작업하는 이 기술을 **트렁크 기반 개발**trunk-based development이라고 한다.

이 주제를 둘러싼 논의마다 미묘한 차이가 있지만, 빈번한 통합이 주는 이점과 해당 통합의 유효성 확인은 트렁크 기반 개발이 필자가 선호하는 개발 형태가 될 만큼 아주 중요하다는 게 필자의 입장이다. 게다가 기능 플래그를 구현하는 일은 8장에서 살펴볼 개념인 점진적 제공 progressive delivery 측면에서 유익한 경우가 많다.

> **TIP**
>
> **브랜치 주의 사항**
>
> 일찍 통합하고 자주 통합하라. 기능 개발을 위해 장기 브랜치를 사용하지 말고 트렁크 기반 개발을 고려하라. 브랜치를 꼭 사용해야 한다면 짧게 유지하라!

개인적인 경험 외에도 브랜치 수를 줄이고 트렁크 기반 개발을 채택한 효과를 보여주는 연구가 점점 늘어나고 있다. DORA와 퍼핏Puppet의 '데브옵스 현황 보고서'[1]는 전 세계 조직의 제공 관행delivery practice에 대한 엄격한 연구와 고성과 팀에서 일반적으로 사용하는 관행에 대한 연구를 수행한다. 보고서에 담긴 관련 내용은 다음과 같다.

> 우리는 머지되기 전에 매우 짧은 수명(1일 미만)의 브랜치나 포크fork와 총 3개 미만의 활성화된 브랜치가 지속적 전달에 중요한 측면을 차지하고 이 모든 것이 성능을 더 높이는 데 기여한다는 사실을 알아냈다. 매일 트렁크나 마스터에 코드를 머지하는 것도 같은 이유다.

데브옵스 현황 보고서는 이후 몇 년 동안 이 주제를 더 깊이 탐구하고 이 방식의 효과성을 설명할 증거를 계속해서 찾았다.

'깃플로GitFlow' 개발 모델을 채택하는 경우가 많으므로 오픈 소스 개발에서는 브랜치 중심 방식이 여전히 일반적이며, 오픈 소스 개발이 일상적인 개발과 같지 않다는 점은 주목할 만하다. 오픈 소스 개발은 시간이 부족한 '신뢰할 수 없는' 커미터committer가 임시적으로 많은 기여를 하고 그들의 변경 사항은 소수의 '신뢰할 수 있는' 기여자contributor가 심사해야 한다는 특징이 있다. 전

---

1 앨러나 브라운(Allanna Brown), 니콜 폴스그렌(Nicole Forsgren), 제즈 험블(Jez Humble), 니겔 커스텐(Nigel Kersten), 진 킴(Gene Kim)의 '2016 State of DevOps Report'(*https://oreil.ly/YqEEh*)에 소개됐다.

형적인 사유 소스closed source 개발은 어떤 코드 리뷰 프로세스를 채택하더라도 일반적으로 모든 구성원이 커밋 권한을 가진 긴밀하게 일하는 팀에서 수행된다. 따라서 오픈 소스 개발에 적합할 만한 것이 일상 업무에는 적합하지 않을 수 있다. 그럼에도 2019년 데브옵스 현황 보고서[2]는 이 주제를 자세히 살펴보면서 오픈 소스 개발과 '오래 지속되는' 브랜치의 영향에 대한 다음과 같은 몇 가지 흥미로운 통찰을 끌어냈다.

> 우리의 연구 결과는 다음과 같은 영역의 오픈 소스 개발로 확장된다.
>
> - 코드 커밋은 더 빨리 할수록 좋다: 오픈 소스 프로젝트에서 많은 개발자가 리베이스rebase를 막으려고 패치patch를 더 빨리 머지하면 개발자는 더 빨리 작업할 수 있다.
> - 작은 배치로 작업하는 것이 더 좋다: 큰 '패치 폭탄'은 유지 관리자가 변경 사항을 검토하는 데 더 많은 시간이 들어가므로 작고 읽기 쉬운 패치보다 프로젝트에 머지하기가 더 어렵고 더 느리다.
>
> 사유 소스 코드 기반으로 작업하든, 오픈 소스 프로젝트에서 작업하든 간에 수명이 짧은 브랜치, 작고 읽기 쉬운 패치, 변경 사항에 대한 자동화 테스트를 통해 모든 사람의 생산성을 높일 수 있다.

7.2 빌드 파이프라인과 지속적 제공

CI 수행 초기에 당시 소트웍스의 동료들과 필자는 때때로 빌드 과정 안에서 여러 단계가 갖는 가치를 알게 됐다. 테스트는 이러한 단계를 적용하는 매우 일반적인 경우에 해당한다. 아마도 빠르고 작은 범위의 테스트는 많고, 느리고 큰 범위의 테스트는 적을지 모른다. 모든 테스트를 함께 실행한 후 넓은 범위의 느린 테스트가 완료되길 기다려야 한다면, 빠른 테스트가 실패할 때 빠른 피드백을 받지 못할 수 있다. 그리고 빠른 테스트가 실패하면 느린 테스트 실행은 큰 의미가 없을 것이다! 이 문제를 해결하려면, 빌드 과정에 **빌드 파이프라인**build pipeline이라고 알려진 것을 생성해 다른 단계를 두도록 한다. 따라서 모든 빠른 테스트를 위한 전용 단계를 둘 수 있다. 이 단계를 먼저 실행한 후 모두 통과하면 더 느린 테스트를 위한 별도의 단계를 실행한다.

---

2 니콜 폴스그렌(Nicole Forsgren), 더스틴 스미스(Dustin Smith), 제즈 험블(Jez Humble), 제시 프라젤(Jessie Frazzelle)의 'Accelerate: State of DevOps 2019'(*https://oreil.ly/mfkIJ*)

이 빌드 파이프라인 개념은 각 단계를 마칠 때 소프트웨어의 진행 상황을 추적하는 좋은 방법을 제공해 소프트웨어 품질에 대한 통찰력을 제공한다. 최종적으로 운영 배포될 배포 가능한 산출물을 생성하고, 파이프라인 내내 이 산출물을 사용한다. 이 맥락에서 이 산출물은 배포하려는 마이크로서비스와 관련이 있다. [그림 7-1]에서 이런 상황을 볼 수 있다. 동일한 산출물이 파이프라인의 각 단계에서 사용되므로 운영 환경에서 동작할 것이라고 점점 더 확신하게 된다.

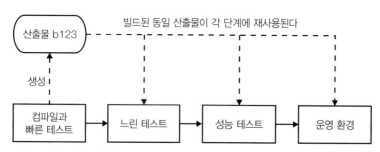

그림 7-1 빌드 파이프라인으로 모델링되는 카탈로그 서비스를 위한 간단한 릴리스 과정

지속적 제공^{continuous delivery}, 즉 **CD**는 이러한 개념에 기반해 구축되고 이후 더 많은 개념을 도입했다. 제즈 험블^{Jez Humble}과 데이비드 팔리^{David Farley}가 집필한 책[3]의 제목인 CD는 모든 체크인의 운영 환경 준비 상태에 대한 지속적인 피드백을 받고 더 나아가 모든 체크인을 릴리스 후보로 취급하는 접근 방식이다.

이 개념을 완전히 수용하려면 체크인에서 운영 환경까지 소프트웨어를 얻는 것과 관련된 모든 프로세스를 모델링해야 하고, 릴리스를 확인하는 측면에서 해당 소프트웨어 버전이 어디에 있는지 알아야 한다. CD에서는 소프트웨어가 수동 및 자동으로 거쳐야 하는 모든 단계를 모델링해 이 작업을 수행한다. [그림 7-1]에서는 카탈로그 서비스에 대한 예를 공유했다. 오늘날 대부분의 CI 도구는 이와 같은 빌드 파이프라인의 상태를 정의하고 시각화를 지원한다.

새로운 카탈로스 서비스가 파이프라인의 한 단계에서 수행되는 모든 검사를 통과하면 다음 단계로 이동할 수 있다. 그 단계를 통과하지 못한 경우, CI 도구는 빌드가 수행한 단계를 보여주고 실패한 부분에 대한 가시성을 얻게 해야 한다. 문제 해결을 위해 무언가를 해야 한다면, 코드를 변경하고 체크인하며 마이크로서비스의 새 버전이 배포 가능하기 전에 모든 단계를 통과

---

3   더 자세히 알고 싶다면 제즈 험블과 데이비드 팔리의 『신뢰할 수 있는 소프트웨어 출시』(에이콘, 2013)를 읽어보길 바란다.

해야 할 것이다. [그림 7-2]는 이러한 예를 보여준다. 보다시피 build-120은 빠른 테스트 단계에서 실패했고 build-121은 성능 테스트에서 실패했지만, build-122는 운영 환경까지 도달했다.

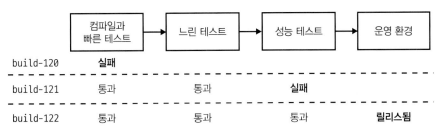

그림 7-2 파이프라인의 모든 단계를 통과할 경우 카탈로그 서비스가 배포될 수 있다.

지속적 제공 대 지속적 배포

때때로 **지속적 제공**(continuous delivery)과 **지속적 배포**(continuous deployment)라는 용어를 의미적으로 일부 혼동하는 경우를 보곤 했다. 이미 논의한 바와 같이 지속적 제공은 각 체크인을 릴리스 후보로 취급하고 각 후보의 품질을 평가해 배포할 준비가 됐는지 결정하는 개념이다. 반면 지속적 배포에서는 자동화된 메커니즘(예: 테스트)을 사용해 모든 체크인을 검증해야 하며, 이러한 검사를 통과하는 모든 소프트웨어는 사람의 개입 없이 자동으로 배포된다. 따라서 지속적 배포는 지속적 제공의 확장으로 볼 수 있다. 지속적 제공 없이 지속적 배포를 수행할 수는 없다. 하지만 지속적 배포 **없이도** 지속적 제공은 가능하다.

지속적 배포가 모든 사람에게 적합하지는 않다. 많은 사람은 지속적 제공에 완전히 적합한 소프트웨어를 배포할지 여부를 결정하는 데 사람이 상호작용하길 원한다. 하지만 지속적 제공을 채택한다는 것은 운영 환경으로 가는 길을 최적화하는 데 계속 집중한다는 의미며, 향상된 가시성을 통해 어디에 최적화를 수행해야 하는지 더 쉽게 확인할 수 있다. 종종 체크인 후 프로세스에 사람이 개입하면, 해결해야 하는 병목 현상이 발생한다. 예를 들어 수동 회귀 테스트에서 자동 기능 테스트로의 전환을 참조하자. 결과적으로 빌드, 배포, 릴리스 프로세스를 점점 더 자동화할수록 지속적 배포에 점점 더 가까워지고 있다는 것을 알게 된다.

7.2.1 도구

이상적으로는 지속적인 제공을 최상위 개념으로 수용하는 도구가 필요하다. 필자는 많은 사람이 CD를 만들기 위해 CI 도구를 뜯어고쳐 확장하려고 시도하는 것을 봤는데, 그 결과 처음부터 CD를 지원하는 도구만큼 사용하기 쉽지 않은 복잡한 시스템이 만들어지는 경우가 많았다. CD를 완벽하게 지원하는 도구를 사용하면 이러한 파이프라인을 정의하고 시각화해 여러분의 소프트웨어가 운영 단계에 이르는 전체 경로를 모델링할 수 있다. 코드 버전이 파이프라인을 통해 이동할 때 이와 같은 자동 검증 단계 중 하나를 통과하면 다음 단계로 이동한다.

일부 단계는 수동일 수 있다. 예를 들어 수동 UAT^{User Acceptance Test} 프로세스가 있는 경우 CD 도구를 사용해 모델링할 수 있어야 한다. 다음 가용한 빌드가 UAT 환경에 배포할 준비가 돼 있는 것을 확인할 수 있고, 이어서 수동 검사를 통과하면 다음 단계로 이동할 수 있도록 해당 단계를 성공한 것으로 표시한다. 후속 단계가 자동화되면 자동으로 이동할 것이다.

7.2.2 절충점과 환경

이러한 파이프라인을 통해 마이크로서비스 산출물을 이동시키면 마이크로서비스는 다른 환경에 배포되고, 서로 다른 환경은 다른 목적을 제공하며 다른 특성을 가질 수 있다.

파이프라인을 구축해 필요한 환경을 정하는 것은 그 자체로 균형을 이루는 작업이다. 파이프라인 초기에는 소프트웨어의 운영 단계 준비 상태에 대한 빠른 피드백을 구한다. 문제가 있다면 가능한 한 빨리 개발자에게 알리길 원하고, 문제 발생에 대한 피드백을 빨리 받을수록 문제를 더 신속하게 해결한다. 소프트웨어가 운영 단계에 근접할수록 소프트웨어가 동작하는 것에 더 큰 확신을 갖길 원하므로 점차 운영 환경과 유사한 환경에 배포하게 된다. [그림 7-3]은 이러한 절충 관계를 보여준다.

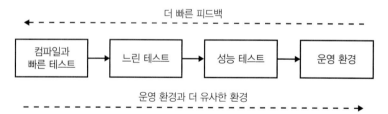

그림 7-3 빠른 피드백과 운영 환경과 유사한 실행 환경 사이에서 빌드 파이프라인의 절충점 조정

개발용 노트북에서 가장 빠른 피드백을 받지만, 운영 환경 수준과는 거리가 멀다. 실제 운영 환경을 충실히 재현한 환경에 대한 모든 커밋을 롤아웃할 수 있지만, 시간이 더 소요되고 비용도 더 많이 든다. 따라서 절충점을 찾는 것이 중요하며, 빠른 피드백과 운영 환경과 유사한 환경의 필요성 사이에서 절충점을 계속 검토하는 것은 매우 중요한 지속 활동이다.

또한 운영 환경과 유사한 환경을 구축하기가 어려우므로 더 많은 사람이 스모크 테스트^{smoke} testing와 병렬 실행 같은 기술을 포함한 테스트 형태를 운영 환경에서 수행한다. 이 주제는 8장에서 다시 다룬다.

7.2.3 산출물 생성

마이크로서비스를 서로 다른 환경으로 이동시키므로, 실제로 배포할 것이 있어야 한다. 사용 가능한 배포 산출물 유형에는 다양한 선택지가 있으며, 일반적으로 어떤 산출물을 생성할지는 채택된 배포 기술에 크게 좌우된다. 다음 장에서 자세히 살펴보겠지만, 이 절에서는 산출물 생성을 어떻게 CI/CD 빌드 프로세스에 적용하는지와 관련해 몇 가지 중요한 정보를 제공하려 한다.

작업을 단순화하기 위해 우리가 만들고 있는 산출물 유형과 똑같은 것은 피하고 당분간 산출물을 배포 가능한 단일 블럽^{blob}으로 생각하자. 이제 고려해야 할 두 가지 중요한 규칙이 있다. 첫째, 앞서 언급했듯이 산출물은 한 번만 빌드해야 한다. 같은 것을 반복해서 빌드하면 시간 낭비일 뿐 아니라 지구에도 좋지 않으며, 매번 빌드 구성이 정확히 동일하지 않으면 이론적으로 문제를 일으킬 수 있다. 일부 프로그래밍 언어에서는 빌드 플래그가 다르면 소프트웨어 동작이 완전히 달라질 수 있다. 둘째, 검증할 산출물이 배포할 산출물이어야 한다! 마이크로서비스를 빌드하고 테스트해 정상 동작을 확인한 다음 운영 환경에 배포하려고 다시 빌드한다면 검증한 소프트웨어와 배포한 소프트웨어가 동일한지 어떻게 알 수 있을까?

이 두 가지 규칙을 종합하면 매우 간단한 방법이 떠오른다. 배포 가능한 아티팩트를 한 번만 빌드하고, 이상적으로 빌드는 파이프라인 초기에 수행하라. 필자는 일반적으로 코드를 컴파일하고 필요한 경우 빠른 테스트를 수행한 후에 빌드를 수행한다. 일단 산출물이 생성되면 적절한 저장소에 저장된다. 아티팩토리^{Artifactory}, 넥서스^{Nexus} 또는 컨테이너 레지스트리와 같은 저장소가 될 수 있으며 선택한 배포 산출물에 따라 산출물 저장소의 특징이 결정된다. 그런 다음 동일한 산출물을 운영 환경 배포까지 이어지는 파이프라인의 모든 단계에 사용할 수 있다. 이전 파이프라인으로 되돌아가, [그림 7-4]를 보면 파이프라인의 첫 번째 단계에서 카탈로그 서비스에 대한 산출물을 만든 후 느린 테스트, 성능 테스트, 운영 환경 단계에 동일한 build-123 산출물을 배포한다.

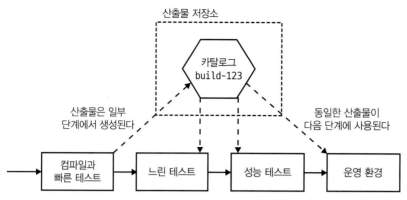

그림 7-4 동일한 산출물이 모든 환경에 배포된다.

동일한 산출물이 여러 환경에서 사용되는 경우 환경마다 다른 구성 정보configuration는 산출물 외부에 보관돼야 한다. 간단한 예로, 느린 테스트 단계의 환경에서 실행될 때 테스트 실패 원인을 진단하기 위해 DEBUG 수준 이상의 모든 로그를 기록하도록 애플리케이션 로그를 구성할 수 있다. 하지만 성능 테스트와 운영 환경에서는 로그 볼륨을 줄이기 위해 로그를 INFO로 변경할 수 있다.

> **TIP**
>
> **산출물 생성 팁**
> 마이크로서비스를 위한 배포 산출물을 한 번(또는 한 번만) 빌드하라. 이 산출물을 해당 버전의 마이크로서비스를 배포하려는 모든 곳에서 재사용하라. 환경별 구성 정보를 다른 곳에 저장해 산출물이 배포 환경에 구애받지 않게 하라.

7.3 소스 코드와 빌드를 마이크로서비스에 매핑하기

기능 브랜치feature branch와 트렁크 기반 개발trunk-based development 같은 주제로 논쟁하는 이들을 흥분시킬 만한 내용을 이미 다뤘지만, 이 장에서는 아직 논쟁이 끝나지 않았다. 의견이 매우 분분한 또 다른 주제는 바로 마이크로서비스에 대한 코드 구조다. 개인적으로 선호하는 것도 있지만, 이 주제를 논의하기에 앞서 마이크로서비스용 코드를 구성하는 방법에 관한 주요 옵션을 살펴보자.

7.3.1 거대한 리포지터리 하나와 거대한 빌드

가장 간단한 방법으로, 모든 것을 하나로 묶어 시작할 수 있다. [그림 7-5]와 같이 모든 코드를 저장하는 1개의 거대한 코드 리포지터리와 1개의 빌드가 있다. 이 소스 코드 리포지터리에 체크인하면 빌드가 시작돼 모든 마이크로서비스와 관련된 검증 단계를 모두 실행하고 동일한 빌드에 연결된 많은 산출물을 생성한다.

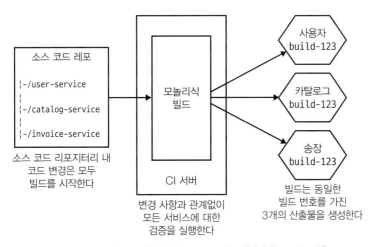

그림 7-5 모든 마이크로서비스를 위한 단일 소스 코드 리포지터리와 CI 빌드 사용

다른 방법과 달리 이 방법은 겉보기에 훨씬 더 단순해 보인다. 고려할 리포지터리가 더 적고 개념적으로 더 간단하다. 개발자 관점에서도 모든 것이 매우 수월해 단순히 코드를 체크인만 하면 된다. 한 번에 여러 서비스를 작업해야 한다면 하나의 커밋만 걱정하면 된다.

이 모델은 한 번에 여러 서비스를 배포하는 것을 꺼리지 않는 락스텝 릴리스의 아이디어를 수용한다면 완벽하게 작동할 수 있다. 일반적으로는 절대적으로 피해야 할 패턴이지만, 프로젝트 초기에 특히 단일 팀이 모든 작업을 수행하는 경우 이 모델은 짧은 기간에 적합할 수 있다.

이제 이 방식의 몇 가지 중요한 단점을 설명한다. 예를 들어 [그림 7-5]에 있는 사용자(User) 서비스의 동작을 변경하는 것처럼, 한 서비스의 코드 한 줄을 변경하려 하면 다른 모든 서비스까지 검증되고 빌드된다. 이 작업은 필요 이상으로 많은 시간이 걸릴 수 있지만, 어쩌면 테스트할 필요가 없는 것을 기다리고 있는 셈이다. 이는 주기 시간$^{\text{cycle time}}$, 즉 하나의 변경 사항이 개발 환경에서 실제 환경으로 이동하는 속도에 영향을 미친다. 하지만 더 문제가 되는 점은 어떤 산출물을 배포해야 하는지(또는 배포해서는 안 되는지)를 아는 것이다. 작은 변경 사항을 운영 환경에 적용하기 위해 빌드한 서비스를 모두 배포해야 할까? 커밋 메시지를 읽는 것만으로 어떤 서비스가 실제로 변경됐는지 추측하기 힘든 것처럼 판단하기 어려울 수 있다. 이 방식을 사용하는 조직은 모든 것을 함께 배포하는 방식으로 되돌아가는 경우가 많지만, 그런 상황은 정말로 피하고 싶다.

게다가 사용자 서비스의 코드 한 줄을 변경함으로써 빌드가 중단되는 경우 이 문제가 수정될 때까지 다른 서비스를 변경하지 못한다. 그리고 이 거대한 빌드를 모두 공유하는 다수 팀이 존재하는 시나리오를 생각해보자. 누가 책임자인가?

분명히 이 방식은 모노레포monorepo의 한 형태다. 하지만 실제로 필자가 본 대부분의 모노레포 구현은 여러 빌드를 리포지터리의 각 부분에 매핑하는 것이며, 이에 대해서는 곧 자세히 살펴본다. 따라서 배포 가능한 여러 마이크로서비스를 빌드하려는 사람들에게 단일 리포지터리를 단일 빌드에 매핑하는 패턴은 최악의 모노레포 형태로 볼 수 있다.

실제로 프로젝트의 초기 단계를 제외하곤 이 방식이 사용되는 것을 거의 보지 못했다. 솔직히 말해, 다음 두 가지 접근 방식 중 하나가 훨씬 더 바람직하므로 이 두 방식에 중점을 둘 것이다.

7.3.2 [패턴] 마이크로서비스당 하나의 리포지터리(멀티레포)

마이크로서비스별 단일 리포지터리 패턴(모노레포 패턴과 비교해 일반적으로 멀티레포multirepo 패턴이라고 한다)을 사용하면 [그림 7-6]과 같이 각 마이크로서비스에 대한 코드가 자체 소스 코드 리포지터리에 저장된다. 이 방식은 소스 코드 변경과 CI 빌드 간의 직접적인 매핑으로 이어진다.

사용자 서비스의 소스 코드 리포지터리에서 수행한 모든 변경은 해당 빌드를 시작하고, 이 단계를 통과하면 배포 가능한 사용자 마이크로서비스의 새 버전을 갖게 된다. 마이크로서비스마다 별도의 리포지터리가 있다면 리포지터리 단위로 소유권을 변경할 수 있다. 이는 마이크로서비스에 대한 강력한 소유권 모델을 고려하려는 경우 적합하다(자세한 내용은 곧 설명한다).

하지만 이 패턴의 단순한 특성으로 인해 몇 가지 문제가 발생한다. 어떤 경우 개발자는 한 번에 여러 리포지터리를 사용해 작업할 때가 있으며, 한 번에 여러 리포지터리에서 변경을 시도해야 할 경우라면 특히 힘들다. 또한 적어도 깃Git에서는 개발 리포지터리에서 원자적 방식으로 변경할 수 없다.

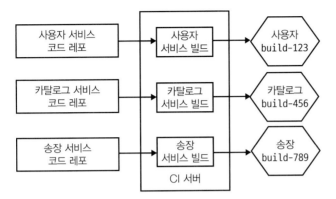

그림 7-6 각 마이크로서비스의 소스 코드는 각 소스 코드 리포지터리에 저장된다.

리포지터리 간 코드 재사용

이 패턴을 사용하면 마이크로서비스가 다른 리포지터리에서 관리되는 다른 코드에 의존하는 것을 막지 못한다. 그런 상황을 방지할 간단한 메커니즘은 재사용하려는 코드를 라이브러리로 패키징한 다음 이 라이브러리를 다운스트림 마이크로서비스의 명시적 의존성이 되도록 만드는 것이다. [그림 7-7]은 송장(Invoice) 및 급여(Payroll) 서비스가 모두 Connection 라이브러리를 활용하는 것을 보여준다.

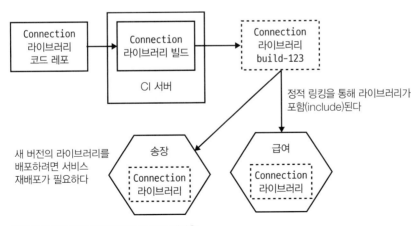

그림 7-7 여러 다른 리포지터리 간 코드 재사용

Connection 라이브러리에 대한 변경 사항을 전개하려는 경우, 해당 라이브러리의 소스 코드 라이브러리에서 변경 사항을 적용하고 빌드가 완료될 때까지 기다려야 새로운 버전으로 지정된 산출물이 생성된다. 이 새 버전의 라이브러리를 사용한 새 버전의 송장 또는 급여 서비스를 실제로 배포하려면 사용할 Connection 라이브러리 버전을 변경해야 한다. 이를 위해 수동으로 변경하기도 하고(특정 버전에 의존할 경우), 사용 중인 CI 도구의 특성에 따라 동적으로 수행되도록 구성하기도 한다. 이에 대한 개념은 제즈 험블과 데이비드 팔리가 집필한『신뢰할 수 있는 소프트웨어 출시』(에이콘, 2013)에서 자세히 설명한다.

물론 새 버전의 Connection 라이브러리를 롤아웃하려는 경우 새로 빌드된 송장 및 급여 서비스도 배포해야 한다는 점이 중요하므로 기억해둬야 한다. 재사용 및 마이크로서비스와 관련해 5.8절 '마이크로서비스 세계에서 DRY와 코드 재사용의 위험'에서 살펴본 모든 주의 사항이 여전히 여기에 적용된다는 점을 기억하라. 라이브러리를 통해 코드를 재사용하기로 했다면 이러한 변경 사항은 원자적 방식으로 롤아웃할 수 없으며, 그렇지 않으면 독립적인 배포 가능성이라는 목표를 약화시킨다. 또한 일부 마이크로서비스가 특정 버전의 라이브러리를 사용하고 있는지 확인하기가 더 어려울 수 있으므로, 구 버전 라이브러리의 사용을 중단하려는 경우에 문제가 될 수 있다.

여러 리포지터리에서 작업

따라서 라이브러리를 통해 코드를 재사용하는 것 외에 2개 이상의 리포지터리에서 변경할 수 있는 다른 방법은 없을까? 다른 예를 살펴보자. [그림 7-8]에서는 재고(Inventory) 서비스가 노출하는 API를 변경하길 원하고, 새로운 변경 사항을 사용할 수 있도록 배송(Shipping) 서비스도 업데이트해야 한다. 재고 및 배송 서비스 코드가 모두 동일한 리포지터리에 있다면 코드를 한 번에 커밋할 수 있지만, 변경 사항을 재고 서비스와 배송 서비스를 위한 2개의 커밋으로 분할해야 한다.

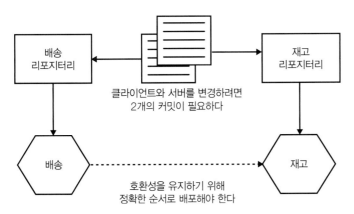

그림 7-8 리포지터리 경계를 넘어 변경하려면 여러 커밋이 필요하다.

이러한 변경 사항을 분할하면 한 커밋은 실패하고 다른 커밋은 성공하는 경우 문제가 될 수 있다. 예를 들어 그 변경 사항을 롤백하려면 2개의 변경을 적용해야 할 경우도 있고, 그 사이 다른 사람이 체크인한다면 문제가 더 복잡해질 수 있다. 현실적으로 필자는 이런 특정 상황에서 어떤 경우에도 커밋을 어느 정도 단계적으로 진행하고 싶을 것이다. API의 새 기능이 없다면 이를 사용할 클라이언트 코드도 존재할 수 없으므로, 배송 서비스에서 클라이언트 코드를 변경하기 전에 재고 서비스에 대한 변경 사항 커밋이 제대로 작동하는지 확인하고 싶을 것이다.

필자는 이와 함께 원자적 배포atomic deployment의 부족함이 중요한 문제라고 생각하는 여러 사람과 이야기를 나눴다. 이러한 결핍으로 인한 복잡성을 확실히 이해할 수 있지만, 대부분의 경우 이는 더 큰 근본적 문제를 조명한다고 생각한다. 지속적으로 여러 마이크로서비스에 걸쳐 변경한다면, 서비스 경계가 적절한 위치가 아닐 수 있으며 서비스 간에 너무 많은 결합을 의미할 수 있다. 이미 논의한 것처럼, 우리는 마이크로서비스 경계 안에서 변경 사항을 적용할 가능성이 더 높아지도록 아키텍처와 마이크로서비스 경계를 최적화하려고 한다. 따라서 서비스 간 횡단 변경은 일반적인 것이 아니라 예외여야 한다.

사실 필자는 여러 리포지터리에 걸쳐 작업하는 고통이 마이크로서비스의 경계를 강화하는 데 도움이 된다고 주장한다. 그 경계의 위치와 경계 간 상호작용의 특성을 신중하게 생각해볼 수 있기 때문이다.

여러 마이크로서비스를 넘나들며 지속적으로 변경하고 있다면 마이크로서비스 경계가 잘못된 위치에 있을 가능성이 높다. 이러한 일이 발생하면 마이크로서비스를 다시 합치는 것을 고려해볼 만하다.

그러면 일상적인 작업의 일부로 여러 리포지터리에서 가져와pull 다시 푸시push해야 하는 번거로움이 따른다. 경험에 따르면, 이 작업은 여러 리포지터리를 지원하는 IDE를 사용하거나(지난 5년 동안 필자가 사용했던 모든 IDE가 지원하는 기능이다) 명령줄의 작업을 간편하게 해주는 래퍼 스크립트wrapper script를 작성해 단순화할 수 있다.

적용 대상

마이크로서비스별 단일 리포지터리 방식을 사용하는 것은 대규모 팀과 마찬가지로 소규모 팀에서도 잘 작동하지만, 마이크로서비스 경계를 넘어 많은 변경을 하고 있다면 적합하지 않을 수 있다. 서비스 경계를 넘어 많은 변경을 하는 것은 앞서 말했듯이 무언가 잘못됐다는 경고 신호로 간주될 수 있지만, 그럼에도 다음에 논의할 모노레포 패턴이 더 적합할 수 있다. 또한 버전 산출물로 패키징되는 코드에 의존해야 하므로 모노레포 방식을 사용하는 것보다 코드 재사용이 더 복잡해질 것이다.

7.3.3 패턴 모노레포

모노레포 방식을 사용하면 여러 마이크로서비스(또는 다른 유형의 프로젝트)에 대한 코드가 동일한 소스 코드 리포지터리에 저장된다. 필자는 모노레포가 모든 서비스에 대한 소스 제어를 관리하고자 한 팀에서만 사용되는 상황을 봤다. 이 개념은 여러 팀과 (수천 명은 아니더라도) 수백 명의 개발자가 모두 동일한 소스 코드 리포지터리에서 작업할 수 있는 몇몇 대규모 기술 회사에서 대중화됐다.

모든 소스 코드를 동일 리포지터리에 보관하면, 여러 프로젝트에서 소스 코드를 원자적 방식 atomic fashion으로 변경할 수 있고 한 프로젝트에서 다음 프로젝트로 코드를 보다 세밀하게 재사용할 수 있다. 구글은 아마도 모노레포 방식을 사용하는 유일한 회사가 아니지만, 틀림없이 가장 잘 알려진 회사의 한 예다. 이 방식을 사용하면 다른 사람의 코드에 대한 가시성을 높여주는 등의 몇 가지 추가 이점도 있지만, 코드를 쉽게 재사용하고 여러 다른 프로젝트에 영향을 미치는 변경을 수행하는 기능이야말로 이 패턴을 채택하는 주된 이유로 자주 언급된다.

방금 논의한 내용을 예로 들어, 재고 서비스를 변경해 새로운 동작을 노출하고 노출된 새로운 기능을 사용하도록 배송 서비스를 업데이트하려 한다면 [그림 7-9]와 같이 해당 변경 사항을 하나의 커밋으로 만들 수 있다.

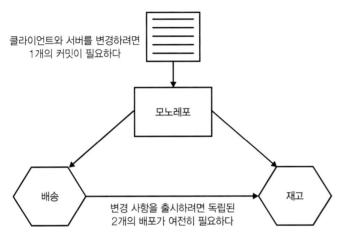

그림 7-9 모노레포를 사용하는 두 마이크로서비스를 변경하는 데 단일 커밋을 사용함

물론 이전에 설명한 멀티레포 패턴과 마찬가지로 모노레포의 배포 측면을 다뤄야 한다. 락스텝 배포를 피하려면 배포 순서를 신중하게 고려하자.

CAUTION

원자적 커밋 대 원자적 배포

여러 서비스에서 원자적 커밋을 수행할 수 있다고 해서 원자적 롤아웃(배포)을 제공하는 것은 아니다. 한 번에 여러 서비스의 코드를 변경하고 동시에 모두 운영 환경에 롤아웃하려는경우 독립적 배포 가능성의 원칙에 위배된다. 이 주제를 더 자세히 살펴보려면 5.8절 '마이크로서비스 세계에서 DRY와 코드 재사용의 위험'을 참고하자.

빌드 매핑

마이크로서비스별로 하나의 소스 코드 리포지터리를 사용하면 소스 코드에서 빌드 프로세스로 매핑하는 일은 간단하다. 해당 소스 코드 리포지터리에 변경이 발생하면 해당 CI 빌드를 시작할 수 있는데, 모노레포를 사용하면 좀 더 복잡해진다.

간단한 출발점은 [그림 7-10]과 같이 모노레포 내 폴더를 빌드에 매핑하는 것이다. 예를 들어 user-service 폴더에서 변경하면 사용자 서비스 빌드를 시작할 것이다. user-service 폴더와 catalog-service 폴더의 파일을 모두 변경한 코드를 체크인하면 사용자 서비스 빌드와 카탈로그 서비스 빌드 모두 시작된다.

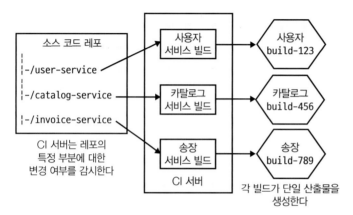

그림 7-10 단일 소스 리포지터리의 하위 디렉터리가 독립적인 빌드와 매핑된다.

관련된 폴더 구조가 많을수록 더 복잡해진다. 더 큰 프로젝트에서는 결과적으로 동일한 빌드를 트리거하는 여러 개의 다른 폴더와 둘 이상의 빌드를 트리거하는 일부 폴더가 만들어질 수 있다. 단순하게는 모든 마이크로서비스에서 사용되는 '공통common' 폴더를 둘 수 있으며, 이 폴더를 변경하면 전체 마이크로서비스가 다시 빌드된다. 더 복잡해지면, 팀은 이러한 의존성을 보다 효과적으로 관리하는 오픈 소스 도구인 베이즐Bazel(*https://bazel.build*)과 같은 그래프 기반 빌드 도구를 더 많이 채택해야 할 것이다(베이즐은 구글의 자체 빌드 도구를 오픈 소스화한 버전이다). 새로운 빌드 시스템을 구현하는 것은 상당한 작업이 될 수 있으므로 가볍게 수행할 작업은 아니다. 하지만 구글의 모노레포는 이와 같은 도구 없이는 운용이 불가하다.

모노레포 방식의 이점 중 하나는 프로젝트 간에 보다 세분화해 재사용을 수행할 수 있다는 것이다. 멀티레포 모델에서 다른 사람의 코드를 재사용하려면 코드는 버전이 지정된 산출물로 패키징돼야 한다. 이론적으로 모노레포에서는 다른 프로젝트의 소스 파일 하나에도 의존성을 가질 수 있다. 물론 이로 인해 빌드 매핑은 더 복잡해질 것이다.

소유권 정의

작은 크기의 팀과 코드베이스에서는 모노레포가 익숙한 기존 빌드 및 소스 코드 관리 도구와 잘 맞는 경향이 있지만, 모노레포가 커짐에 따라 다양한 종류의 도구를 살펴봐야 한다. 15장에서 소유권 모델을 자세히 살펴보겠지만, 그 전에 소스 제어에 대해 생각할 경우, 소유권 모델이 어떻게 작동하는지 간략하게 살펴볼 필요가 있다.

마틴 파울러는 이전에 다양한 소유권 모델을 주제로 글을 썼으며(*https://oreil.ly/nNNWd*), 강력한 소유권에서 약한 소유권을 거쳐 공동 소유권에 이르기까지 소유권의 차등적 규모를 설명했다. 마틴이 이러한 용어를 발견한 이후로 개발 관행이 바뀌었으므로 용어를 다시 살펴보고 재정의할 만하다.

강력한 소유권에서 코드는 특정 그룹의 사람들이 소유한다. 그룹 외부의 누군가가 변경을 원하면 소유자에게 변경을 요청해야 한다. 약한 소유권에도 여전히 지정된 소유자 개념이 있으며, 소유권 그룹 외부의 사람들이 변경을 할 수는 있지만 변경 사항을 소유권 그룹 사람이 검토하고 허용해야 한다. 여기에는 pull 요청^{pull request}이 머지되기 전에 검토를 위해 핵심 소유권 팀으로 전송되는 것까지 포함된다. 공동 소유권을 사용하면 모든 개발자가 모든 코드를 변경할 수 있다.

개발자(일반적으로 20명 이하)가 적은 경우에는 다른 마이크로서비스를 변경할 수 있는 공동 소유권을 수행하게 된다. 그러나 사람이 많아질수록 더욱 분명한 책임 경계를 만들기 위해 강력하거나 약한 소유권 모델로 더욱 옮겨가고 싶을 것이다. 소스 제어 도구가 보다 세밀한 소유권 제어를 지원하지 않는 경우 모노레포를 사용하는 팀에 종종 문제가 발생하게 된다.

몇몇 소스 코드 도구는 모노레포 내 특정 디렉터리나 특정 파일 경로에 소유권을 지정한다. 구글은 자체 소스 제어 시스템을 개발하기 전에 모노레포를 위해 퍼포스^{Perforce}를 기반으로 이러한 시스템을 처음 구현했으며, 깃허브는 2016년 이후 이 기능을 지원했다(*https://oreil.ly/zxmXn*). 깃허브를 사용하면 CODEOWNERS 파일을 생성해 소유자를 디렉터리 또는 파일 경로에 매핑할 수 있다. 깃허브의 문서에서 가져온 [예제 7-1]은 이러한 시스템이 제공하는 유연함을 몇 가지 예로 보여준다.

예제 7-1 깃허브 CODEOWNERS 파일에서 특정 디렉터리의 소유권을 지정하는 방법의 예

```
# 이 예제에서 @doctocat은 리포지터리 루트에서
# build/logs 디렉터리와 그 하위 디렉터리에
```

```
# 있는 모든 파일을 소유한다.
/build/logs/ @doctocat

# 이 예제에서 @doctocat은 리포지터리 내
# 모든 apps 디렉터리에 있는 모든 파일을 소유한다.
apps/ @doctocat

# 이 예제에서 @doctocat은 리포지터리 루트에서
# /docs 디렉터리와 그 하위 디렉터리에
# 있는 모든 파일을 소유한다.
apps/ @doctocat
```

깃허브의 고유한 코드 소유권 개념은 관련 파일에 대한 pull 요청이 발생할 때마다 소스 파일의 코드 소유자에게 검토를 요청하게 한다. 여러 검토자의 승인이 필요할 수 있으므로 큰 pull 요청의 경우 문제가 되곤 하며, 어떤 경우에도 작은 pull 요청을 목표로 하는 데는 많은 이유가 있다.

도구

구글의 모노레포는 방대하며, 대규모로 운영하려면 상당한 양의 엔지니어링이 필요하다. 여러 세대를 거친 그래프 기반 빌드 시스템, 빌드 시간을 단축하기 위한 분산 객체 링커, IDE용 플러그인, 의존성 파일을 동적으로 확인하는 텍스트 편집기 등을 고려하면 엄청난 양의 작업이다. 구글이 커져가면서 점차 퍼포스 사용은 한계에 직면했고, 결국 파이퍼Piper라는 자사 소유의 소스 제어 도구를 만들어야 했다. 필자가 2007~2008년에 이 부서에서 일했을 때 100명이 넘는 사람들이 다양한 개발자 도구를 유지 관리하고 있었고, 그런 노력의 상당 부분이 모노레포 접근 방식과 관련된 일을 처리하는 데 할애됐다. 물론 수만 명의 엔지니어가 있는 경우 당연한 일일 것이다.

구글이 모노레포를 사용하는 근거를 개략적으로 알고 싶다면 레이첼 폿빈Rachel Potvin과 조시 레벤버그Josh Levenberg의 '구글은 왜 수십억 줄의 코드를 단일 저장소에 저장하는가?'(*https://oreil.ly/wMyH3*)라는 글을 추천한다.[4] 실제로 이 글은 "구글이 모노레포를 사용하니까 우리도 해야 합니다!"라고 말하는 사람을 위한 것이다. 여러분의 조직은 아마도 구글이 아니며 구글

---

4 레이첼 폿빈과 조시 레벤버그가 작성한 'Why Google Stores Billions of Lines of Code in a Single Repository', Communication of the ACM 59, 7번 (2016년 7월): 78–87페이지

과 같은 문제, 제약, 자원도 갖고 있지 않을 것이다. 달리 말하면, 어떤 모노레포가 되더라도 구글의 것과는 다를 것이다.

마이크로소프트는 규모와 관련해 유사한 문제를 경험했다. 윈도^{Windows}용 기본 소스 코드 리포지터리 관리를 위해 깃을 채택했다. 이 코드베이스의 전체 작업 디렉터리는 약 270GB의 소스 파일이다.[5] 전체를 다운로드하는 데 오랜 시간이 걸리지만, 실제로 그럴 필요도 없다. 개발자는 결국 전체 시스템의 작은 부분에서만 작업하게 된다. 따라서 마이크로소프트는 개발자가 필요한 소스 파일만 실제 다운로드하는 전용 가상 파일 시스템인 깃용 VFS(이전 명칭은 GVFS)를 만들어야 했다.

이러한 종류의 기술에 대한 투자가 이와 같은 회사에서 훨씬 용이하더라도 깃용 VFS는 구글의 자체 툴체인인 파이퍼와 마찬가지로 인상적인 성과다. 깃용 VFS가 오픈 소스지만 아직 이를 사용하는 마이크로소프트 외부 팀을 본 적이 없고 모노레포를 지원하는 구글 자체 툴체인의 방대한 부분이 사유 소프트웨어^{closed source software}라는 점도 지적할 만하다(베이즐은 주목할 만한 예외지만, 오픈 소스 베이즐이 실제로 구글 내부에 사용되는 것을 어느 정도 반영하는지는 불확실하다).

마커스 오버레너^{Markus Oberlehner}의 글 '야생의 모노레포^{Monorepos in the Wild}'(*https://oreil.ly/1SR0A*)에서는 바벨^{Babel} 자바스크립트 컴파일러의 숨은 주역인 팀이 만든 러나^{Lerna}(*https://lerna.js.org*)를 소개했다. 러나는 동일한 소스 코드 리포지터리에서 여러 버전의 산출물을 쉽게 생성하도록 설계됐다. 러나가 이 작업에 얼마나 효과적인지는 직접 말할 수 없지만(여러 가지 다른 결함 외에 필자가 숙련된 자바스크립트 개발자는 아니라는 점도 고려해야 한다), 겉으로 보기에는 이러한 방식을 다소 단순화하는 것 같다.

모노의 범위는?

구글은 모든 코드를 모노레포에 저장하지는 않는다. 일부 프로젝트, 특히 공개적으로 개발 중인 프로젝트는 다른 곳에 보관하고 있다. 그럼에도 불구하고, 적어도 앞서 언급한 ACM 기사에 따르면 2016년 기준으로 구글 코드의 95%가 모노레포에 저장돼 있다. 다른 회사 및 조직에서는 모노레포의 범위가 단일 시스템이나 소수의 시스템으로 제한될 수 있다. 이는 회사가 조직의 다양한 부분에 소수의 모노레포를 사용할 수 있다는 의미다.

---

5 'GVFS의 디자인 설계'(*https://oreil.ly/SM7d4*)를 참고하라.

팀별 모노레포를 실행하는 팀과도 이야기를 나눴다. 기술적으로 말하자면 아마도 이 패턴의 원래 정의와 일치하지 않을 수 있지만(일반적으로 동일한 리포지터리를 서로 공유하는 다수 팀의 관점에서 말하자면), 필자는 여전히 이 패턴이 다른 어떤 것보다 '모노레포'에 가깝다고 생각한다. 이러한 상황에서 각 팀은 완전히 자체 통제하에 있는 자신의 모노레포를 보유한다. 팀이 소유한 모든 마이크로서비스는 [그림 7-11]과 같이 해당 팀의 모노레포에 저장된다.

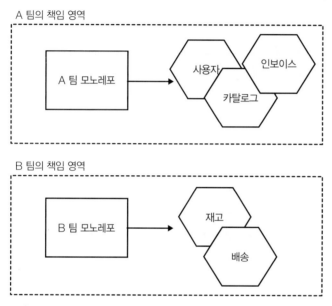

그림 7-11 각 팀이 자체 모노레포를 갖는 여러 패턴

공동 소유권을 실천하는 팀에게 이 모델은 더 큰 규모에서 발생하는 일부 문제를 피하면서 모노레포의 이점을 대부분 확실히 제공할 것이다. 이런 절충안은 기존 조직의 소유권 경계 안에서 동작하는 측면에서 큰 의미가 있으며, 이 패턴을 더 큰 규모에 사용하는 것에 대한 우려를 어느 정도 완화해준다.

적용 대상

대규모로 작업하는 몇몇 조직은 모노레포 방식이 매우 효과적이라는 사실을 알게 됐다. 앞에서 구글과 마이크로소프트를 언급했는데 페이스북Facebook, 트위터Twitter, 우버Uber도 이 목록에 추가할 수 있다. 이 조직들은 모두 한 가지 공통점이 있는데, 이 패턴에서 최상의 결과를 얻기 위해 상당한 자원을 투입할 수 있는 기술 중심의 대기업이라는 사실이다. 하지만 필자가 보기에 모노레포가 잘 작동하는 곳은 저 반대편에 위치한, 즉 소수의 개발자와 팀이 있는 곳이다. 10~20명의 개발자가 있는 경우, 소유권 경계를 관리하고 모노레포 방식으로 빌드 프로세스를 단순하게 유지하기가 더 쉽다. 그러나 중간 규모의 조직에서는 어려움을 겪는 것으로 보인다. 새로운 도구나 작업 방식이 필요한 문제에 직면하기 시작하지만 이러한 아이디어에 투자할 여력이 안 되기 때문이다.

7.3.4 어떤 방식을 사용해야 할까?

필자의 경험상, 모노레포 방식의 주요 장점인 세분화된 재사용과 원자적 커밋은 규모에 따라 발생하는 문제보다 중요하지 않다. 소규모 팀이라면 두 방식 모두 괜찮지만, 규모가 커질수록 마이크로서비스당 하나의 리포지터리(멀티레포) 방식이 더 간단하다고 생각한다. 근본적으로 필자는 서비스 간 변경을 조장하고, 소유권 경계가 더 불분명해지며, 모노레포와 함께 사용되는 새로운 도구의 필요성에 대해 우려한다.

필자가 반복해서 본 문제는 소규모로 시작해 공동 소유권(따라서 모노레포)이 초기에 잘 작동했던 조직이 나중에 모노레포의 개념이 너무 깊이 박혀 있어 다른 모델로 전환하는 데 어려움을 겪는다는 것이다. 제공 조직^{delivery organization}이 커짐에 따라 모노레포의 고충은 증가하지만 대체 방식으로 이전하는 비용도 증가한다. 이는 급속도로 성장한 조직일 경우 훨씬 더 어려운 일이다. 급속히 성장하고 나서야 문제가 명백히 드러나는 경우가 많은데, 이때는 멀티레포 방식으로 이전하는 비용이 너무 크기 때문이다. 이는 매몰 비용 오류로 이어질 수 있다. 예를 들어 "지금까지 모노레포가 작동하도록 하는 데 꽤 많은 투자를 했으니 조금만 더 투자하면 예전처럼 작동하겠지?"라고 생각할지도 모른다. 그렇지 않을 수도 있지만, 돈을 낭비하고 있다는 사실을 인식하고 진행할 방향을 바꾸기로 결정하는 것은 용기 있는 사람만이 할 수 있는 일이다.

세밀한 소유권 제어를 사용해 소유권과 모노레포에 대한 우려를 줄일 수 있지만, 도구와 (또는) 높은 수준의 근면함이 요구되는 경향이 있다. 모노레포 주변 도구의 성숙도가 향상됨에 따라 필자의 생각이 달라질 수 있겠지만, 그래프 기반 빌드 도구의 오픈 소스 개발과 관련해 많은 작업이 진행되고 있더라도 이러한 툴체인의 사용률은 여전히 매우 낮다. 따라서 필자는 멀티레포를 선호한다.

요약

이 장에서는 마이크로서비스의 사용 여부와 관계없이 도움이 되는 몇 가지 중요한 개념을 다뤘다. 지속적인 제공에서 트렁크 기반 개발, 모노레포에서 멀티레포에 이르기까지 그 아이디어와 관련해 탐색해야 할 측면은 더욱 많다. 지금까지도 많은 자료와 읽을거리를 제공했지만, 이제 중요한 주제인 배포로 넘어가 깊이 있게 탐구해볼 차례다.

## CHAPTER 8

배포

단일 프로세스로 된 모놀리식 애플리케이션의 배포는 매우 간단한 과정이다. 하지만 상호 의존성과 풍부한 기술 선택지를 갖춘 마이크로서비스는 완전히 별개다. 이 책의 초판을 집필할 때는 이 장에서 여러분이 이용할 수 있는 방대한 선택지에 대한 많은 이야기를 했다. 그 이후 쿠버네티스가 대두됐고, FaaS 플랫폼은 실제로 소프트웨어를 배포하는 방법에 대해 훨씬 더 많은 방법을 생각하게 해주었다.

지난 10년 동안 기술은 바뀌었을지 모르지만, 소프트웨어 구축과 관련된 많은 핵심 원칙은 바뀌지 않았다고 생각한다. 사실 이러한 기본 개념을 철저히 이해하는 것이 더욱 중요한데, 새로운 기술의 혼돈 속에서 헤쳐나가는 방법을 이해하는 데 도움을 주기 때문이다. 이를 염두에 두고 이 장에서는 이해해야 할 몇 가지 핵심 원칙을 강조하는 동시에 해당 원칙을 실천하는 데 사용 가능한 다양한 도구가 어떻게 도움이 될 수 있는지(또는 방해가 되는지)를 보여준다.

먼저 시스템 아키텍처의 논리적 관점에서 실제 물리적 배포 토폴로지로 이동할 때 어떤 일이 발생하는지 살짝 들여다보자.

8.1 논리적에서 물리적으로

지금까지는 마이크로서비스를 논의할 때 물리적인 의미보다 논리적인 의미로 마이크로서비스에 대해 이야기했다. [그림 8-1]처럼 송장(Invoice) 마이크로서비스와 주문(Order) 마이크로서비스가 배포되는 방식에 대한 물리적 토폴로지를 실제로 살펴보지 않고도 이 두 서비스가 서로 통신하는 방법을 이야기할 수 있다. 일반적으로 아키텍처의 논리적 관점은 하부의 물리적 배포 문제를 추상화하지만, 적어도 이 장에서는 그 관념을 바꿔야 한다.

그림 8-1 두 마이크로서비스에 대한 간단하고 논리적인 관점

마이크로서비스를 바라보는 이러한 논리적 관점은 현실의 인프라스트럭처에 마이크로서비스를 실제로 실행할 때 수반되는 많은 복잡성을 숨겨준다. [그림 8-1]과 같은 다이어그램에 어떤 종류의 세부 정보가 숨어 있는지 살펴보자.

8.1.1 다수 인스턴스

[그림 8-2]에 표시된 것처럼 두 마이크로서비스의 배포 토폴로지를 생각해보면 하나가 다른 하나와 대화하는 것만큼 간단하지 않다. 우선 각 서비스의 인스턴스가 1개 이상 있을 가능성이 높다. 서비스의 다수 인스턴스를 사용하면 더 많은 부하를 처리할 수 있고 단일 인스턴스 고장을 감내할 수 있으므로 시스템의 견고성이 향상될 수 있다. 따라서 잠재적으로는 하나 이상의 주문 인스턴스가 하나 이상의 송장 인스턴스와 통신하게 된다. 인스턴스 간 통신을 처리하는 방법은 통신 메커니즘의 특성에 좌우되지만, 이 상황에서는 HTTP 기반의 API 형식을 사용한다고 가정하면 [그림 8-2]와 같이 로드 밸런서만으로도 다른 인스턴스에 대한 요청 라우팅을 처리하기에 충분하다.

원하는 인스턴스 수는 애플리케이션의 특성에 따라 달라진다. 따라서 필요한 중복성, 예상 부하 수준 등을 평가해 실행 가능한 수를 찾아야 한다. 이러한 인스턴스가 실행될 위치를 고려해야 할 수도 있다. 견고성을 이유로 서비스의 여러 인스턴스를 둔다면, 그 인스턴스가 모두 동일한 기본 하드웨어에 있는지 확인하고 싶을 것이다. 더 나아가 한 데이터 센터 전체가 가용하지 않을 때를 대비해 다른 여러 데이터 센터에 여러 인스턴스를 분산해야 할 수 있다. 이를테면 [그림 8-3]과 같은 배포 토폴로지로도 이어진다.

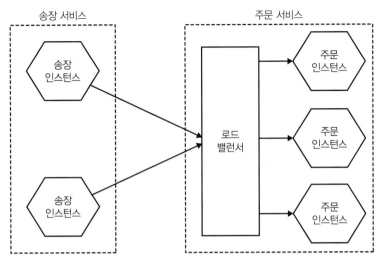

그림 8-2 로드 밸런서를 사용해 주문 마이크로서비스의 특정 인스턴스에 요청을 매핑한다.

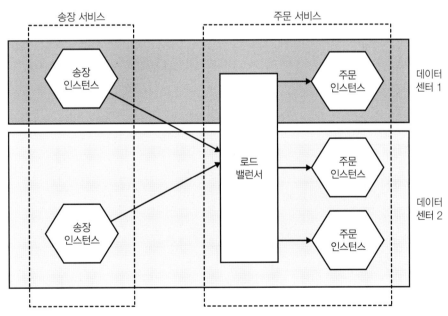

그림 8-3 서로 다른 여러 데이터 센터에 인스턴스 분산

이렇게 하면 지나치게 조심하는 것처럼 보일 수 있다. 한 데이터 센터 전체를 사용하지 못하게 될 가능성은 얼마나 될까? 모든 상황을 고려해 그 질문에 답변할 수는 없겠지만, 적어도 주요 클라우드 공급자와 작업할 때는 절대적인 고려 사항이다. 관리형 가상 머신 등과 관련해

서 AWS, 애저, 구글 클라우드 모두 단일 머신에 대한 SLA를 제공하지 않으며 단일 가용 영역 availability zone(이러한 공급자의 데이터 센터와 거의 같은 개념이다)에 대한 SLA도 제공하지 않는다. 실제로 이 말은 배포하는 모든 솔루션이 여러 가용 영역에 분산돼야 한다는 것을 의미한다.

8.1.2 데이터베이스

더 나아가 지금까지 간과했던 또 다른 주요 구성 요소가 있다. 바로 데이터베이스다. 이미 논의한 것처럼, 마이크로서비스의 내부 상태 관리는 감춰져야 하므로 상태 관리를 위해 사용되는 데이터베이스도 모두 마이크로서비스 내부에 숨겨져 있는 것으로 간주된다. 이는 '데이터베이스를 공유하지 말라'라는 자주 되뇌는 주문이 됐고, 이에 대한 주장이 이미 충분히 이뤄졌길 바란다.

하지만 마이크로서비스에 여러 인스턴스가 있다는 사실을 고려할 때 데이터베이스는 어떻게 작동할까? 마이크로서비스 **인스턴스마다** 자신만의 데이터베이스가 있어야 할까? 한마디로 말해 그렇지 않다. 대부분의 경우 어떤 주문 서비스의 인스턴스로 가더라도 동일한 주문 정보를 얻을 수 있길 기대한다. 따라서 [그림 8-4]와 같이 논리적으로 동일한 서비스의 서로 다른 인스턴스 간에는 어느 정도의 공유 상태가 필요하다.

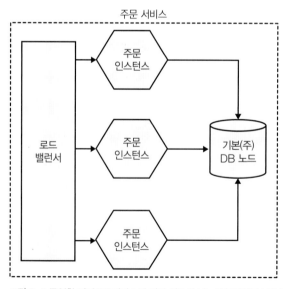

그림 8-4 동일한 마이크로서비스의 여러 인스턴스는 데이터베이스를 공유할 수 있다.

하지만 '데이터베이스를 공유하지 말라'라는 규칙을 위반하지는 않을까? 그렇지 않다. 여기서 크게 우려하는 한 가지 사실은 여러 다른 마이크로서비스에서 데이터베이스를 공유할 때 액세스하고 조작하는 것과 관련된 로직logic이 다양한 마이크로서비스에 분산된다는 점이다. 여기서 데이터는 동일한 마이크로서비스의 다른 인스턴스들과 공유되고 있다. 상태에 액세스하고 조작하는 로직은 논리적으로 하나의 마이크로서비스에 여전히 유지된다.

데이터 배포 및 확장

마이크로서비스와 마찬가지로 지금까지는 대부분 논리적인 의미로 데이터베이스를 이야기했다. [그림 8-4]에서는 하부 데이터베이스의 중복성이나 확장성 요구에 대한 관심을 무시했다.

대체로 물리적 데이터베이스 배포는 다양한 이유로 여러 머신에서 호스팅되며, 일반적인 예는 기본primary 노드와 읽기 전용으로 지정된 하나 이상의 노드(이러한 노드를 일반적으로 읽기 복제본read replica이라고 한다) 간에 읽기 및 쓰기에 대한 부하를 분할하는 것이다. 주문 서비스에 대해 이 아이디어를 구현하는 경우 [그림 8-5]에 표시된 것과 같은 상황이 발생할 수 있다.

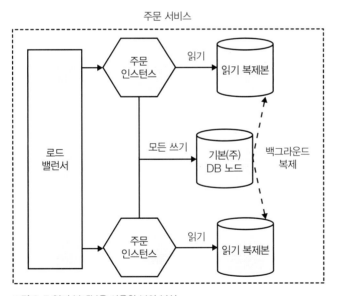

그림 8-5 읽기 복제본을 사용한 부하 분산

모든 읽기 전용 트래픽은 읽기 복제본 노드 중 하나로 들어가며, 읽기 노드를 추가하면 읽기 트래픽을 더 확장할 수 있다. 관계형 데이터베이스가 작동하는 방식 때문에 머신을 추가해 쓰기 트래픽을 확장하기는 더 어려우므로(일반적으로 샤딩 모델sharding model이 필요해 복잡성이 추가된다), 더 확장하려면, 흔히 읽기 전용 트래픽을 읽기 복제본에 옮겨서 쓰기 노드에 더 많은 용량을 확보하곤 한다.

이 복잡한 그림에는 동일한 데이터베이스 인프라스트럭처가 논리적으로 분리된 여러 데이터베이스를 지원할 수 있다는 사실이 더해졌다. 따라서 송장 데이터베이스와 주문 데이터베이스는 모두 [그림 8-6]과 같이 동일한 하부의 데이터베이스 엔진 및 하드웨어에서 제공될 수 있다. 이렇게 하면 하드웨어를 풀링해 여러 마이크로서비스를 제공하고, 라이선스 비용을 절감할 수 있으며, 데이터베이스의 관리 작업을 줄여준다.

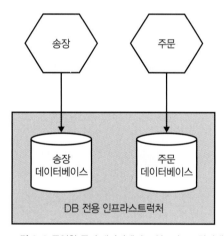

그림 8-6 동일한 물리 데이터베이스 인프라스트럭처에서 논리적으로 분리된 두 가지 데이터베이스를 호스팅한다.

여기서는 무엇보다 이 두 데이터베이스가 동일한 하드웨어와 데이터베이스 엔진에서 실행되더라도 여전히 논리적으로 격리된 데이터베이스라는 점을 분명히 이해해야 한다. 즉, 두 데이터베이스는 서로 간섭할 수 없다(여러분이 허용하지 않는 한). 또한 이 공유 데이터베이스 인프라스트럭처가 고장 나면 여러 마이크로서비스에 영향을 주며 치명적인 영향을 끼칠 수 있다는 점도 반드시 고려해야 한다.

경험에 따르면, 자체 인프라스트럭처를 관리하고 '온프레미스on-premise' 방식으로 실행하는 조직은 앞서 설명한 비용상의 이유로 여러 데이터베이스를 공유 데이터베이스 인프라에서 호스팅할 가능성이 훨씬 더 높다. 하드웨어를 프로비저닝하고 관리하는 것은 괴로운 일이므로(적어도 지금까지 가상화된 인프라스트럭처에서 데이터베이스를 실행하지 않는 경향이 있다) 그다지 원치 않게 된다.

반면에 공용 클라우드 공급자를 기반으로 운영하는 팀은 [그림 8-7]에서 보듯이 마이크로서비스별로 전용 데이터베이스 인프라스트럭처를 프로비저닝할 가능성이 훨씬 더 높다. 이 인프라스트럭처를 프로비저닝하고 관리하는 비용은 훨씬 저렴하다. 예를 들어 AWS의 관계형 데이터베이스(RDS)는 백업, 업그레이드, 다중 가용 영역의 페일오버failover와 같은 문제를 처리할 수 있으며 다른 공용 클라우드 공급자가 제공하는 유사한 제품을 사용할 수 있다. 따라서 마이크로서비스를 위해 더 많은 인프라스트럭처를 사용할 때 비용 효과가 훨씬 더 높으며, 각 마이크로서비스 소유자는 공유 서비스에 의존하지 않고 더 많은 제어를 할 수 있다.

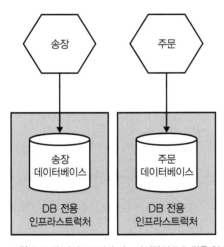

그림 8-7 각 마이크로서비스는 자신만의 DB 전용 인프라스트럭처를 활용한다.

8.1.3 환경

소프트웨어를 배포하면, 그 소프트웨어는 환경에서 실행된다. 각 환경은 일반적으로 서로 다른 용도로 사용되며, 보유할 수 있는 정확한 환경 수는 소프트웨어를 개발하는 방법과 최종 사용자에게 소프트웨어를 배포하는 방법에 따라 크게 달라질 수 있다. 일부 환경에는 운영 환경 데이터가 있는 반면, 다른 환경에는 없을 것이다. 또한 일부 환경에는 모든 서비스가 존재하고 다른 환경에는 소수의 서비스만 존재할 수 있으며, 존재하지 않는 서비스는 테스트 목적으로 가짜 서비스로 대체될 수 있다.

일반적으로는 소프트웨어가 여러 가지 사전 운영preproduction 환경을 통해 이동하는 것으로 생각하며, 각 환경은 소프트웨어를 개발하고 운영 준비 상태를 테스트할 수 있도록 특정 목적을 수행한다. 7.2.2절 '절충점과 환경'에서 이 내용을 다뤘다. 개발자 노트북에서 지속적 통합 서버, 통합 테스트 환경, 혹은 그 이상 환경에 이르기까지 환경의 정확한 특성과 수는 다양한 요인에 따라 달라진다. [그림 8-8]은 뮤직코프의 카탈로그(Catalog) 마이크로서비스에 대한 파이프라인을 보여준다. 이 마이크로서비스는 최종적으로 사용자가 새 소프트웨어를 사용할 운영 환경에 도달하기 전에 여러 환경을 거치게 된다.

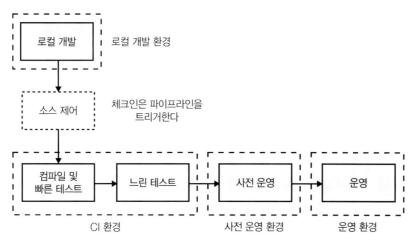

그림 8-8 각기 다른 환경이 파이프라인의 여러 다른 부분에 사용된다.

마이크로서비스가 실행되는 첫 번째 환경은 개발자가 체크인 전에 항상 코드 작업을 하고 있었던 곳으로, 바로 개발자의 로컬 노트북이다. 코드를 커밋하고 나면, 빠른 테스트로 CI 프로세스가 시작된다. 빠르고 느린 테스트 단계 모두 CI 환경에 배포된다. 느린 테스트를 통과하면 마이크로서비스가 사전 운영 환경에 배포돼 수동 확인이 가능하다(전적으로 선택 사항이지만, 여전히 많은 사람에게 중요하다). 이 수동 확인을 통과하면 마이크로서비스가 운영 환경에 배포된다.

이 프로세스의 모든 환경이 운영 환경의 정확한 복사본이 된다면 가장 이상적이다. 소프트웨어가 운영 환경에 도달했을 때 동작할 것이란 더 큰 확신을 주기 때문이다. 하지만 실제로는 비용이 너무 늘어나 운영 환경 전체 복사본을 여러 개 실행할 만한 여력이 없는 경우가 많다.

또한 빠른 피드백을 얻기 위해 이 프로세스 초기에 환경을 조정하려고 한다. 필요하다면, 신속하게 문제를 해결할 수 있도록 소프트웨어의 작동 여부를 가능한 한 빨리 파악하는 것이 중요하다. 소프트웨어의 문제를 더 빨리 알아낼수록 문제를 더 빨리 해결할 수 있고 고장의 영향도 줄어든다. 사전 운영 환경의 테스트에서 문제를 발견하는 것보다 로컬 노트북에서 찾아내는 것이 훨씬 낫지만, 이와 마찬가지로 사전 운영 환경의 테스트에서 문제를 집어내는 것이 운영 환경에서 찾아내는 것보다는 훨씬 다행스럽다. 이 주제에 대한 중요한 절충안은 9장에서 살펴본다.

이 방식은 개발자에게 더 가까운 환경은 빠른 피드백을 제공하도록 조정되고 '운영 환경과 같은' 환경이 아닐 수 있음을 의미한다. 하지만 운영 환경에 가까워질수록 문제를 포착할 수 있게끔 최종 운영 환경과 점점 더 유사해지길 바랄 것이다.

이 방식에 대한 간단한 예로 카탈로그 서비스의 이전 예를 다시 가져와 다양한 환경을 살펴보자. [그림 8-9]를 보면, 로컬 개발자 노트북 환경에 로컬에서 실행되는 하나의 인스턴스로 배포된 서비스가 있다. 이 소프트웨어는 빌드 속도가 빠르지만 운영 환경의 기대와 전혀 다른 하드웨어에서 실행되는 하나의 인스턴스로 배포된다. CI 환경에서 테스트할 서비스 복사본 2개를 대상으로 로드 밸런싱 로직이 제대로 동작하는지 확인한다. 두 인스턴스는 동일한 머신에 배포한다. 이렇게 하면 비용이 절감되고 작업 속도가 빨라지며, 프로세스의 이 단계에서 여전히 충분한 피드백을 얻게 된다.

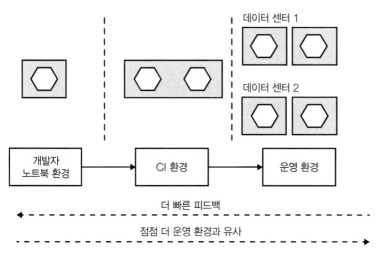

그림 8-9 마이크로서비스는 환경에 따라 배포되는 방식이 다를 수 있다.

마지막으로 운영 환경에서는 마이크로서비스가 4개의 머신에 분산된 4개의 인스턴스로 배포되며, 차례로 서로 다른 2개의 데이터 센터에 분산된다.

이와 같은 방식은 단지 환경을 사용하는 방법의 한 예다. 정확히 어떤 설정이 필요할지는 빌드 대상과 배포 방법에 따라 크게 달라진다. 예를 들어 고객마다 하나의 소프트웨어 복사본을 배포해야 하는 경우 여러 개의 운영 환경이 존재하게 된다.

하지만 마이크로서비스의 정확한 토폴로지가 환경마다 변경된다는 점이 중요하다. 따라서 환경별 구성과 함께 한 환경에서 다른 환경으로 이동할 때 인스턴스 수를 변경하는 방법을 찾아야 한다. 또한 서비스 인스턴스를 한 번만 빌드하길 원하므로 모든 환경별 정보는 배포된 서비스 산출물과 분리돼야 한다.

한 환경에서 다른 환경으로 이동할 때 마이크로서비스의 토폴로지를 변경하는 방법은 배포에 사용하는 메커니즘이 무엇이고 토폴로지가 서로 얼마나 다른지에 따라 크게 달라진다. 한 환경에서 다른 환경으로 이동할 때 유일한 변경 사항이 마이크로서비스 인스턴스 수라면, 배포 동작 일부에서 다른 수를 전달할 수 있도록 이 값을 매개변수화하는 것처럼 간단한 일이 될 수도 있다.

요약하자면, 하나의 논리적 마이크로서비스는 여러 환경에 배포할 수 있으며 한 환경에서 다른 환경으로 이동할 때 각 마이크로서비스의 인스턴스 수는 각 환경의 요구 사항에 따라 달라질 수 있다.

8.2 마이크로서비스 배포의 원칙

마이크로서비스를 배포하는 방법은 선택지가 너무 많으므로, 이 분야에서는 몇 가지 핵심 원칙을 정하는 것이 중요하다. 이러한 원칙을 확실하게 이해하면 어떤 선택을 하든 큰 도움이 된다. 곧 모든 원칙을 자세히 살펴보겠지만, 핵심 개념을 요약하면 다음과 같다.

격리 실행

마이크로서비스 인스턴스가 자체 컴퓨팅 자원을 가진 격리된 방식으로 실행하라. 근처에서 실행 중인 다른 마이크로서비스 인스턴스에 영향을 미치지 않도록 실행돼야 한다.

자동화 집중

마이크로서비스의 수가 증가함에 따라 자동화가 점점 더 중요해지고 있다. 고수준의 자동화를 가능하게 할 기술을 선택하는 데 집중하고 자동화를 문화의 핵심 부분으로 채택하라.

코드형 인프라스트럭처

자동화를 용이하게 하고 정보 공유를 촉진하는 인프라스트럭처 구성을 기술하라. 환경을 재구축할 수 있도록 이 코드를 소스 제어source control에 저장하라.

무중단 배포

독립적인 배포 가능성을 더욱 강화해 서비스 사용자(사람 또는 다른 마이크로서비스)에게 다운타임 없이 새 버전의 마이크로서비스를 배포할 수 있어야 한다.

기대 상태 관리

마이크로서비스를 지정된 상태로 유지할 수 있는 플랫폼을 사용해 장애가 발생하거나 트래픽이 증가할 때 필요하다면 새로운 인스턴스를 시작한다.

8.2.1 격리 실행

[그림 8-10]과 같이 특히 마이크로서비스로 향하는 여정 초기에는 모든 마이크로서비스 인스턴스를 단일 머신(하나의 물리 머신이나 가상 머신virtual machine(VM))에 밀어 넣고 싶은 유혹을 받을 수 있다. 순전히 호스트 관리 관점에서 보면 이 모델이 더 간단하다. 한 팀이 인프라스트럭처를 관리하고 다른 팀이 소프트웨어를 관리하는 세상에서 인프라스트럭처 팀의 작업 부하는 종종 관리해야 하는 호스트 수에 좌우된다. 더 많은 서비스를 하나의 호스트에 넣으면 서비스의 수가 증가해도 호스트 관리 워크로드는 증가하지 않는다.

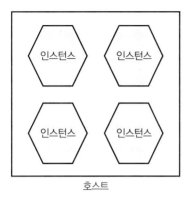

호스트

그림 8-10 호스트당 다수의 마이크로서비스

하지만 이 모델에는 몇 가지 문제가 있다. 우선, 모니터링이 더 어려워질 수 있다. 예를 들어 CPU를 추적할 때는 한 서비스의 CPU를 다른 서비스와 별도로 추적해야 할까? 아니면 호스트 CPU 전체를 신경 써야 할까? 부작용도 피하기 어려울 것이다. 한 서비스에 상당한 부하가 걸리면 시스템의 다른 부분에 사용할 수 있는 자원이 줄어들게 된다. 온라인 패션 소매업체인 길트가 이와 같은 문제에 직면했었다. 루비 온 레일즈^{Ruby on Rails} 모놀리식으로 시작했던 길트는 애플리케이션을 더 쉽게 확장하고 증가하는 개발자를 잘 수용할 수 있도록 마이크로서비스로 전환하기로 결정했다. 초기에는 길트의 많은 마이크로서비스가 한 호스트 머신에 공존했는데, 마이크로서비스 중 하나의 로드가 불규칙할 경우 그 호스트에서 실행되는 다른 서비스에 부정적인 영향을 끼쳤다. 따라서 호스트 장애의 영향 분석도 복잡해졌다(한 호스트가 고장 나면 큰 파장이 발생할 수 있다).

한 배포가 다른 배포에 영향을 미치지 않도록 보장하는 것은 추가적인 고민거리가 생겨나므로 서비스 배포도 다소 복잡해질 수 있다. 예를 들어 각 마이크로서비스가 공유 호스트에 설치해야 하는 서로 다른(잠재적으로 모순되는) 의존성^{dependency}을 필요로 한다면 어떻게 해야 할까?

이 모델은 또한 팀의 자율성을 저해할 수 있다. 서로 다른 팀의 서비스가 동일한 호스트에 설치된다면, 누가 해당 서비스를 위해 호스트를 구성할까? 아마도 결국 중앙에 위치한 팀에서 처리하게 될 것이다. 즉, 서비스를 배포하는 데 더 많은 조율이 필요해진다.

기본적으로, 동일한 머신(가상 또는 물리)에 많은 마이크로서비스 인스턴스를 실행하면 전체적으로 마이크로서비스의 핵심 원칙 중 하나인 독립적 배포 가능성이 크게 약화된다. 따라서 [그림 8-11]과 같이 마이크로서비스 인스턴스를 격리된 상태로 실행해야 한다.

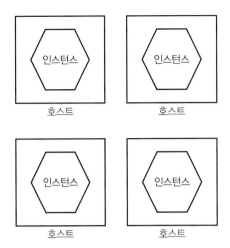

그림 8-11 호스트당 하나의 마이크로서비스 인스턴스

각 마이크로서비스 인스턴스는 자체적으로 격리된 실행 환경이 있으며, 각각에게 필요한 의존성을 설치할 수 있고 전용 자원도 가진다.

필자의 오랜 동료인 닐 포드Neal Ford가 말한 것처럼, 배포 및 호스트 관리와 관련된 많은 작업 관행은 리소스 부족을 최적화하려는 시도다. 과거에는 머신이 격리를 하려면 다른 물리 머신을 구입하거나 임대하는 것이 유일한 방법이었다. 이렇게 하면 종종 조달하는 데 오랜 시간이 걸렸고 장기적으로 재정적 부담이 되는 경우가 많았다. 경험에 비춰보면 고객이 2~3년마다 새 서버를 프로비저닝하는 일은 꽤 흔하며, 이러한 납품 일정 외에 다른 시스템을 추가로 조달하기란 어려운 일이다. 하지만 주문형on-demand 컴퓨팅 플랫폼은 컴퓨팅 자원에 드는 비용을 대폭 감소시켰고, 가상화 기술이 향상되면서 내부in-house 호스팅 인프라스트럭처도 눈에 띄게 유연해졌다.

컨테이너화 기술이 합류하면서 격리된 실행 환경을 프로비저닝하기 위해 그 어느 때보다 많은 방법을 갖추게 됐다. [그림 8-12]와 같이 일반적으로는 서비스를 위해 최상의 격리도를 제공하지만 비용은 가장 많이 드는 물리 머신에서 다른 쪽 끝에 있는 컨테이너로 이동한다. 컨테이너는 격리 정도는 더 약하지만, 비용 효율이 더 높고 프로비저닝도 훨씬 더 빠르다. 이 장의 뒷부분에서는 컨테이너화 같은 기술을 둘러싼 몇 가지 세부 사항을 다시 살펴본다.

그림 8-12 격리 모델을 둘러싼 다양한 절충안

AWS 람다^{Lambda}나 히로쿠^{Heroku}와 같은 더 추상화된 플랫폼에 마이크로서비스를 배포하는 경우에도 이러한 격리가 제공된다. 플랫폼의 자체 특성에 따라 마이크로서비스 인스턴스는 내부의 컨테이너나 전용 VM 내에서 실행된다고 예상할 수 있다.

일반적으로 컨테이너와 관련된 격리 기술은 마이크로서비스 워크로드를 위한 더욱 당연한 선택으로 여겨질 만큼 충분히 개선됐다. 격리 측면에서 컨테이너와 VM은 대부분의 워크로드에서 '만족할 만한' 수준으로 그 차이가 줄어들었다. 이와 같은 이유로 대부분의 상황에서 컨테이너는 큰 인기를 얻었고 필자에게도 흔히 기본 선택지가 된다.

8.2.2 자동화 집중

더 많은 마이크로서비스가 추가되면 더 많은 프로세스, 더 많은 구성 항목, 더 많은 모니터링 대상 인스턴스 등 동작 부분이 늘어난다. 마이크로서비스로 이전하면 운영 영역에서 복잡성이 크게 증가하고, 대부분 수동으로 운영 프로세스를 관리하고 있다면 더 많은 서비스로 인해 작업할 사람이 더 필요하다는 사실을 의미한다.

따라서 자동화에 끊임없이 주력해야 한다. 이상적으로는 곧 살펴볼 코드형 인프라스트럭처^{infrastructure as code}와의 협업을 고려해 자동화된 방식으로 작업을 수행할 도구와 기술을 선택해야 한다.

마이크로서비스의 수가 증가함에 따라 자동화가 점점 더 중요해지고 있다. 고도의 자동화를 가능하게 하는 기술을 진지하게 고려하고 자동화를 문화의 핵심 부분으로 채택하라.

자동화는 또한 개발자의 생산성을 유지하는 방법이기도 하다. 개발자에게 각 서비스나 서비스 그룹을 직접 프로비저닝할 기능을 제공하는 것은 그들의 삶을 편리하게 만드는 비결이다.

자동화를 가능하게 하는 기술을 고르는 것은 호스트를 관리하는 데 사용되는 도구에서 시작된다. 가상 머신을 시작하거나 종료하는 코드를 작성할 수 있는가? 작성한 소프트웨어를 자동으로 배포할 수 있는가? 수작업 없이 데이터베이스 변경 사항을 배포할 수 있는가? 마이크로서비스 아키텍처의 복잡성을 억제하려면 자동화 문화를 수용하는 것이 핵심이다.

자동화의 능력에 대한 두 가지 사례 연구

훌륭한 자동화의 능력을 설명하는 몇 가지 구체적인 예를 제공하면 도움이 된다. 호주 회사인 REA(*realestate.com.au*)는 호주 및 아시아 태평양 지역의 소매 및 상업 고객을 위한 부동산 목록을 제공하며, 수년에 걸쳐 플랫폼을 분산형 마이크로서비스 설계로 전환해왔다. 이 여정을 시작했을 때 이 회사는 개발자가 시스템을 프로비저닝하고 코드를 배포하고 서비스를 모니터링하기 쉽도록 주변의 도구를 제대로 갖추는 데 많은 시간을 할애해야 했으며, 이로 인해 사전 작업 부하가 발생하기 시작했다.

처음 3개월의 실천 기간 동안 REA는 서비스의 전체 빌드, 배포, 지원을 전적으로 책임지는 개발 팀과 함께 단 2개의 새로운 마이크로서비스를 운영 환경으로 옮길 수 있다. 18개월의 기간이 끝날 무렵 REA는 70개 이상의 서비스를 운영 환경에 배포했다.

이러한 종류의 패턴은 앞에서 언급한 길트^{Gilt}의 경험에서도 확인된다. 다시 말하지만 자동화, 특히 개발자를 돕기 위한 도구는 길트의 마이크로서비스 사용을 견인하는 폭발적인 원동력이 됐다. 마이크로서비스로 이전하기 시작하고 나서 1년이 지난 후 길트는 약 10개의 마이크로서비스를 가동했다. 2012년까지 100개 이상, 2014년에는 450개 이상의 마이크로서비스가 출시됐다. 이는 곧 길트의 개발자당 대략 3개의 서비스를 맡는 셈이다. 이와 같은 마이크로서비스 대 개발자 비율은 마이크로서비스 사용이 성숙한 조직에서는 드문 일이 아니며, **파이낸셜 타임즈**도 이와 비슷한 비율을 가진 회사다.

8.2.3 코드형 인프라스트럭처

자동화 개념에서 더 나아가 코드형 인프라스트럭처^{infrastructure as code}는 기계 가독형 코드^{machine-readable code}를 사용해 인프라스트럭처를 구성하는 개념이다. chef나 puppet 파일에 서비스 구성을 정의하거나 설정에 필요한 bash 스크립트를 작성할 수도 있다. 하지만 어떤 도구를 사용하든 소스 코드를 사용해 시스템을 알려진 상태로 전환할 수 있다. 논란의 여지가 있지만, 코드형 인프라스트럭처의 개념은 자동화를 구현하는 한 방법으로 간주되기도 하며, 자동화를 수행하는 방법을 알려주는 것 그 자체로도 다룰 만한 가치가 있다. 코드형 인프라스트럭처는 소프트웨어 개발의 개념을 운영 영역으로 가져왔다. 코드를 통해 인프라스트럭처를 정의하면, 이 구성 정보를 버전 관리하고 테스트하며 자유롭게 반복할 수 있다. 이 주제를 좀 더 자세히 알고 싶다면 키프 모리스Kief Morris의 『코드로 인프라 관리하기(2판)』(한빛미디어, 2022)를 추천한다.

이론적으로 모든 프로그래밍 언어를 사용해 코드형 인프라스트럭처의 개념을 적용할 수 있지만 이 분야에는 퍼핏Puppet, 셰프Chef, 안시블Ansible 등과 같은 전문 도구가 있으며, 이들 모두는 초기 CFEngine(*https://cfengine.com/*)에서 유래했다. 이와 같은 도구는 선언적이다. 머신의 형태를 텍스트 형태로 정의할 수 있으며, 해당 스크립트가 적용되면 인프라스트럭처는 해당 상태로 전환된다. 더 최신 도구는 머신 구성을 넘어 클라우드 전체 리소스 집합을 구성하는 방법으로 이동했다. 테라폼Terraform(*https://www.terraform.io*)은 이 분야에서 매우 성공적이었고, 필자는 풀루미Pulumi(*https://www.pulumi.com/*)의 잠재력에 큰 기대를 걸고 있다. 풀루미는 사람들이 이러한 도구에서 자주 사용되는 특정 도메인 언어 대신 일반 프로그래밍 언어를 사용할 수 있도록 허용하면서도 유사한 작업 수행을 목표로 한다. AWS 클라우드포메이션CloudFormation과 AWS CDKCloud Development Kit는 AWS만 지원하는 특정 플랫폼 도구의 예다. 필자는 AWS로만 작업하더라도 테라폼과 같은 크로스 플랫폼 도구의 유연함을 선호한다는 점은 여러분도 주목할 필요가 있다.

인프라스트럭처 코드의 버전을 제어하면 누가 변경했는지에 대한 투명성을 확보할 수 있으며, 이는 감사자auditor에게 유익하다. 또한 해당 시점에 환경을 더 쉽게 재현할 수 있는데, 특히 결함을 추적하려고 할 때 유용할 것이다. 여기서 기억에 남는 한 가지 예를 소개한다. 필자의 고객 중 한 사람은 한 법원 사건으로 인해 몇 년 전 특정 시점에 실행되던 시스템 전체를 운영체제의 패치 수준과 메시지 브로커의 내용물까지 포함해 재구축해야 했다. 만약 환경의 구성 정보가 버전 제어에 저장돼 있었다면 이 과정이 훨씬 수월했겠지만, 누가 무엇을 했는지 확인하고자 이메일과 릴리스를 모두 훑어보면서 이전 운영 환경의 미러 이미지를 재구축하는 데 3개월이 넘는 고된 시간을 보냈다. 이미 장기간 진행된 법원 사건은 필자가 고객과 작업을 끝낼 때까지도 해결되지 않았다.

8.2.4 무중단 배포

독립적 배포 가능성은 그 중요성을 아무리 강조해도 지나치지 않지만, 그렇다고 절대 품질이라는 의미도 아니다. 정확히 얼마나 독립적인가? 이 장 이전에는 주로 구현 결합을 피하는 측면에서 독립적 배포 가능성을 살펴봤다. 이 장의 앞부분에서는 물리적 배포 수준에서 어느 정도 독립성을 보장하기 위해 마이크로서비스 인스턴스에 격리된 실행 환경을 제공하는 것이 중요하다고 이야기했다. 하지만 우리는 더 향상할 수 있다.

무중단 배포 기능을 구현하면 마이크로서비스를 개발하고 배포하는 과정에서 큰 진보를 이룰수 있다. 무중단zero-downtime 배포를 하지 못한다면, 소프트웨어를 릴리스할 때 업스트림 소비자에게 잠재적 중단을 경고하도록 그들과 조율해야 할 수 있다.

파이낸셜 타임즈의 사라 웰스Sarah Wells는 무중단 배포를 구현할 수 있는 능력을 제공 속도 향상측면에서 가장 큰 이점으로 꼽았다. 릴리스가 사용자를 방해하지 않을 거라 확신한 파이낸셜타임즈는 릴리스 빈도를 대폭 늘릴 수 있었다. 또한 업무 시간 중에 훨씬 쉽게 릴리스를 할 수있었다. 이렇게 하면 릴리스와 관련된 사람들의 삶의 질이 개선될 뿐 아니라(야간 및 주말 근무와 비교해), 충분하게 휴식을 취한 주간 근무 팀이 실수할 가능성이 줄어들고 문제를 해결해야 할 때 많은 동료의 지원을 받게 된다.

여기서는 릴리스를 수행할 때 업스트림 소비자가 전혀 알아채지 못하게 하는 것이 목표다. 이를 가능하게 하는 것은 마이크로서비스의 특성에 크게 좌우된다. 이미 마이크로서비스와 소비자 사이에 미들웨어가 지원하는 비동기식 통신을 사용하고 있다면 쉽게 구현할 수 있다. 예를들어 재배포로 다시 가동되더라도 전송된 메시지는 전달될 것이다. 동기식 통신을 사용하고 있다면 더욱 문제가 될 수 있다.

롤링 업그레이드rolling upgrade와 같은 개념은 유용할 수 있으며 쿠버네티스와 같은 플랫폼을 사용하면 삶이 훨씬 편리해지는 영역 중 하나다. 롤링 업그레이드를 사용하면 새 버전이 배포되기전까지 마이크로서비스가 완전히 종료되지 않는다. 대신 새 버전의 소프트웨어를 실행하는 새인스턴스가 증가함에 따라 기존 마이크로서비스 인스턴스가 서서히 감소한다. 하지만 무중단배포에 도움이 될 용도만으로 쿠버네티스를 적용한다면 지나친 과잉 작업이 될 가능성이 높다. 8.6.1절 '배포와 릴리스의 분리'에서 자세히 살펴볼 블루 그린 배포 메커니즘과 같은 단순한 것만으로 충분히 효과적으로 작동할 수 있다.

수명이 긴 커넥션long-lived connnection 등과 같은 문제를 처리하는 측면에서 추가적인 어려움이 있

을 수 있다. 무중단 배포를 염두에 두고 마이크로서비스를 구축한다면 기존 시스템 아키텍처를
나중에 이 개념으로 개조하려고 시도하는 것보다 훨씬 더 수월할 것이란 점은 분명해 보인다.
애초에 서비스를 위한 무중단 배포 구현 여부와 관계없이 그렇게 할 수 있다면 독립성이 높아
진 것을 확실히 느낄 수 있을 것이다.

8.2.5 기대 상태 관리

기대 상태 관리desired state management는 애플리케이션을 위한 인프라스트럭처의 요구 사항을 수동으
로 개입하지 않고도 유지 관리하는 기능이다. 실행 중인 시스템이 원하는 기대 상태가 더 이상
유지되지 않는 방식으로 변경되면 기반 플랫폼은 시스템을 원하는 상태로 되돌리려고 필요한
단계를 수행한다.

기대 상태 관리의 동작 방법을 알려주는 간단한 예로, 마이크로서비스에 필요한 인스턴스 수를
지정해보거나 해당 인스턴스에 필요한 메모리 용량과 CPU 연산량을 지정해볼 수 있다. 몇몇
기반 플랫폼은 이 구성을 가져와 적용함으로써 시스템을 기대 상태로 만든다. 무엇보다도 요
청된 인스턴스 수를 실행하기 위해 할당 가능하면서 여분의 자원이 있는 머신을 식별하는 것은
플랫폼의 몫이다. [그림 8-13]에서 보듯이 해당 인스턴스 중 하나가 죽으면 플랫폼은 현재 상
태가 기대 상태와 일치하지 않는 것으로 인식하고 대체 인스턴스를 시작시켜 적절한 조치를 취
한다.

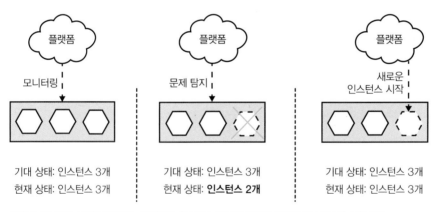

그림 8-13 기대 상태를 관리하는 플랫폼은 인스턴스 하나가 죽으면 새로운 인스턴스를 시작한다.

기대 상태 관리의 장점은 플랫폼 스스로 원하는 상태를 유지하는 방법을 관리한다는 것이다. 이는 개발과 운영을 담당하는 사람들이 정확히 일이 어떻게 진행되고 있는지 걱정할 필요가 없게 해준다. 즉, 처음에 원하는 기대 상태를 올바르게 정의하는 데만 집중하면 된다. 또한 이 말은 인스턴스가 죽거나 하부 하드웨어가 고장 나거나 데이터 센터가 중단되는 등의 문제가 발생하는 경우 사람이 개입하지 않고도 플랫폼이 문제를 처리할 수 있음을 의미한다.

기대 상태의 관리를 적용하기 위해 자체 툴체인을 구축할 수 있지만, 보통 이와 같은 관리를 이미 잘 지원하는 플랫폼을 사용한다. 쿠버네티스는 이 개념을 수용한 도구 중 하나며, 애저나 AWS와 같은 공용 클라우드 공급자의 자동 확장 그룹^{autoscaling group}과 같은 개념을 사용해 유사한 효과를 얻을 수 있다. 이 기능을 제공할 수 있는 또 다른 플랫폼은 노마드^{Nomad}다. 컨테이너 기반 워크로드를 배포하고 관리하는 데 중점을 둔 쿠버네티스와 달리 노마드는 자바 애플리케이션, VM, 하둡 작업 등과 같은 다른 종류의 애플리케이션 워크로드를 운영하는 데도 매우 유연한 모델을 제공한다. 따라서 기대 상태 관리와 같은 개념을 계속 활용하면서 혼합된 워크로드를 관리하기 위한 플랫폼을 원하는 경우 살펴볼 만하다.

이러한 플랫폼은 하부 자원의 가용성을 인식해 원하는 기대 상태에 대한 요청을 가용한 자원과 일치시킨다(또는 일치시키는 것이 불가능하다고 알려준다). 운영자로서 여러분은 저수준의 구성 관리와 거리가 있다. 즉, "두 데이터 센터에 4개의 인스턴스를 분산하고 싶어."와 같이 간단히 말하고 이를 수행하기 위해 플랫폼에 의존할 수 있다. 플랫폼마다 제어 수준이 서로 다르므로 원한다면 기대 상태를 훨씬 더 복잡하게 정의할 수 있다.

기대 상태 관리를 사용 중인 사실을 잊어버리면 때때로 문제가 된다. AWS에서 개발 클러스터를 종료하던 상황이 떠오른다. 당시 필자는 비용을 절약하고자 관리형^{managed} 가상 머신 인스턴스(AWS EC2 제품으로 제공되는)가 밤새 실행되지 않도록 종료하고 있었다. 하지만 인스턴스 중 하나를 죽이자마자 다른 인스턴스가 나타나는 것을 발견했으며, 최소 머신 수를 보장하려고 자동 확장 그룹을 구성했다는 사실을 깨닫는 데 시간이 좀 걸렸다. AWS는 인스턴스가 죽는 것을 보고 교체를 시작했다. 무슨 일이 일어났는지 깨닫기까지 이렇게 '두더지 잡기 게임'을 하면서 15분을 보냈다. 당시 EC2 요금이 시간당 부과된 것이 문제였는데, 인스턴스가 1분만 실행되더라도 한 시간에 대한 요금이 청구됐기 때문이다. 그래서 하루 일과를 마칠 때 했던 필자의 '삽질'은 결국 비용이 많이 들었다. 어떤 면에서 이것은 청신호였다(적어도 나 자신에게는 그렇게 말했다). 필자와 동료들은 얼마 전에 자동 확장 그룹을 설정했고, 그런 사실조차 잊어버릴 만큼 열심히 일했었다. 향후 문제를 해결하기 위해 클러스터 종료 작업에서 자동 확장을 끄는 스크립트를 작성하기만 하면 되는 일이었다.

전제 조건

기대 상태를 관리하려면 플랫폼에서 마이크로서비스 인스턴스를 자동으로 시작하는 방법이 필요하다. 따라서 마이크로서비스 인스턴스에 대한 완전히 자동화된 배포는 올바른 상태 관리를 위한 확실한 전제 조건이다. 또한 여러분은 인스턴스가 시작하는 데 드는 시간을 신중하게 생각해야 할 수도 있다. 사용자 부하를 처리하기에 충분한 컴퓨팅 리소스가 있는지 확인하는 데 기대 상태 관리를 사용하고 있다면, 인스턴스가 죽을 때 교체 인스턴스를 사용해 가능한 한 신속하게 공백을 메우길 원할 것이다. 새 인스턴스를 프로비저닝하는 데 시간이 오래 걸린다면, 인스턴스가 죽었을 때 부하를 처리할 수 있는 여분의 용량을 확보해야 새 복사본을 실행할 충분한 여유 공간을 제공할 수 있다.

기대 상태 관리 솔루션을 직접 해킹할 수는 있지만, 이렇게 하는 것이 여러분의 시간을 잘 활용하는 것인지 모르겠다. 이 개념을 수용하고 싶다면, 이를 최고 개념으로 수용하는 플랫폼을 채택하는 것이 더 낫다고 생각한다. 이는 곧 새로운 배포 플랫폼과 모든 관련된 개념 및 도구로 대표되는 것을 이해하기 시작했다는 의미이므로, 몇 개의 마이크로서비스가 실행될 때까지 기대 상태를 채택하는 것을 미루는 것이 좋을 수 있다. 이를 통해 새로운 기술로 인한 오버헤드를 겪기 전에 마이크로서비스의 기본 사항에 익숙해지게 된다. 쿠버네티스와 같은 플랫폼은 관리할 항목이 많을 때 매우 유용하며, 걱정할 프로세스가 몇 개뿐이라면 향후에 이러한 도구를 채택할 때까지 기다릴 수 있다.

깃옵스

위브웍스Weaveworks가 개척한 비교적 최근의 개념인 깃옵스GitOps는 기대 상태 관리와 코드형 인프라스트럭처의 개념을 통합한다. 깃옵스는 원래 쿠버네티스와 작업하는 상황에서 고안됐으며 다른 사람들이 이전에 사용했던 워크플로를 설명하는 것은 틀림없지만 관련된 도구에 중점을 둔다.

깃옵스를 사용하면 인프라에 대해 원하는 기대 상태를 코드로 정의하고 소스 제어에 저장할 수 있다. 기대 상태가 변경되면 일부 도구는 업데이트된 기대 상태가 실행 중인 시스템에 반영되도록 한다. 이와 같은 아이디어는 개발자에게 애플리케이션 작업을 위한 간소화된 워크플로를 제공하기 위한 것이다.

셰프 또는 퍼핏과 같은 인프라 구성 도구를 사용해본 적이 있다면 이 모델이 인프라스트럭처를 관리하는 데 익숙할 것이다. 셰프 서버^{Chef Server}나 퍼핏 마스터^{Puppet Master}를 사용할 때는 변경 사항이 있으면 동적으로 푸시할 수 있는 중앙 집중식 시스템이 있었다. 깃옵스의 변화는 이 도구가 쿠버네티스 내부의 기능을 사용해 인프라스트럭처가 아닌 애플리케이션 관리를 지원한다는 것이다.

플럭스^{Flux}(*https://oreil.ly/YWS1T*)와 같은 도구를 사용하면 이러한 개념을 훨씬 더 쉽게 수용할 수 있다. 물론 도구를 사용하면 기존의 작업 방식을 쉽게 변경할 수 있지만, 도구 때문에 새로운 작업 방식을 강요할 수는 없다. 달리 말하면, 플럭스(또는 다른 깃옵스 도구)가 있다고 해서 기대 상태 관리나 코드형 인프라스트럭처를 수용하는 것은 아니라는 뜻이다.

쿠버네티스를 사용하고 플럭스와 같은 도구와 이 도구가 추진하는 워크플로를 채택해 기대 상태 관리 및 코드형 인프라스트럭처와 같은 개념을 도입하는 속도를 높일 수 있다. 이 기본 개념들의 목표를 잊지 말고, 이 분야의 모든 새로운 기술에 현혹되지 않도록 주의하라.

8.3 배포 방법

마이크로서비스 워크로드에 사용할 수 있는 방식과 도구에는 많은 선택지가 있다. 하지만 필자가 방금 설명한 원칙의 관점에서 선택지를 살펴봐야 한다. 우리는 마이크로서비스가 격리된 방식으로 실행되고 다운타임이 없는 이상적 방식으로 배포되길 원한다. 또한 자동화 문화를 수용하고 인프라스트럭처 및 애플리케이션 구성을 코드로 정의하며 이상적으로 기대 상태도 관리할 수 있는 도구를 선택하길 원한다.

그럼 이러한 개념을 잘 전달하는 방법을 살펴보기 전에 다양한 배포 방식을 다음과 같이 간략히 요약해보자.

물리 머신

　마이크로서비스 인스턴스는 가상화 없이 물리 머신에 직접 배포된다.

가상 머신

마이크로서비스 인스턴스는 가상 머신에 배포된다.

컨테이너

마이이크로서비스 인스턴스는 가상 또는 물리 머신에서 격리된 컨테이너로 실행된다. 이 컨테이너 런타임은 쿠버네티스와 같은 컨테이너 오케스트레이션 도구로 관리할 수 있다.

애플리케이션 컨테이너

마이크로서비스 인스턴스는 다른 애플리케이션 인스턴스들(일반적으로 동일한 런타임에서 실행되는)을 관리하는 애플리케이션 컨테이너 안에서 실행된다.

PaaS

마이크로서비스 인스턴스를 배포하는 데 한층 고도화된 추상화 플랫폼이 사용되며, 마이크로서비스를 실행하는 데 사용되는 하부 서버의 모든 개념을 추상화하는 경우가 많다. 예를 들면 히로쿠, 구글 앱 엔진Google App Engine, AWS 빈스톡Beanstalk이 있다.

FaaS

마이크로서비스 인스턴스는 AWS 람다나 애저 함수Azure Functions와 같은 하부 플랫폼에서 실행되고 관리되는 하나 이상의 기능으로 배포된다. 틀림없이 FaaS는 PaaS의 특정 유형이지만, 최근 개념이 인기를 얻는 분위기와 마이크로서비스에서 배포된 산출물로 향하는 매핑에 대해 제기되는 질문을 고려할 때 그 자체로 탐구할 만한 가치가 있다.

8.3.1 물리 머신

점점 더 드문 방법이지만 마이크로서비스를 **직접** 물리 머신에 배포할 수 있다. 여기서 '직접directly'이란 말은 사용자와 하부 하드웨어 사이에 가상화 또는 컨테이너화 계층이 없음을 의미하며, 이 방식은 몇 가지 다른 이유에서 점점 덜 보편적이 됐다. 우선 물리 하드웨어에 직접 배포하면 자산 전체의 활용도가 낮아질 수 있다. 한 물리 머신에서 하나의 마이크로서비스 인스턴스가 실행 중이고 하드웨어에서 제공하는 CPU, 메모리, I/O를 절반만 사용한다면 나머지 자원은 낭비된다. 이러한 문제로 대부분의 컴퓨팅 인프라스트럭처가 가상화됐고 동일한 물리 머신에는 여러 가상 머신이 공존할 수 있다. 이렇게 하면 인프라스트럭처의 사용도가 훨씬 더 높아지며 비용 효율성 측면에서 몇몇 확실한 이점을 제공한다.

가상화 방법 외에도 물리 하드웨어에 직접 액세스할 수 있다면 동일한 머신에 여러 마이크로서비스를 패키징하고 싶은 유혹을 받게 된다. 물론 실제로 그렇게 구현하면 서비스에 대한 **격리된 실행 환경**과 관련된 원칙을 위반하게 된다. 퍼핏이나 셰프와 같은 도구를 사용해 시스템을 구성하고 코드형 인프라스트럭처를 구현할 수 있는데, 문제는 단일한 물리 머신 수준에서만 작업하는 경우 기대 상태 관리, 무중단 배포 등과 같은 개념을 구현하려면 그 위에 일종의 관리 계층을 사용해 더 높은 추상화 수준에서 작업해야 한다는 것이다. 이 유형의 시스템은 가상 머신과 함께 사용되는 것이 더 일반적이며 잠시 후에 자세히 살펴본다.

일반적으로 물리적 머신에 마이크로서비스를 직접 배포하는 방식은 요즘에는 거의 볼 수 없으며, 가상화나 컨테이너화가 가져다줄 수 있는 향상된 유연성보다 이 물리 머신 배포 방식을 사용하는 것을 정당화하려면 상황에 따라 매우 구체적인 요구 사항(또는 제약 조건)이 있어야 할 것이다.

8.3.2 가상 머신

가상화는 기존 물리 머신을 더 작은 가상 머신으로 분할할 수 있게 함으로써 데이터 센터를 변화시켰다. VMware와 같은 기존 가상화나 주요 클라우드 공급자가 사용하는 관리형 가상 머신 인프라스트럭처(예: AWS의 EC2 서비스)는 컴퓨팅 인프라의 사용도^{utilization}를 높이는 동시에 호스트 관리 부담을 줄이는 데 큰 이점을 제공했다.

근본적으로 가상화를 사용하면 기본 머신을 여러 개의 더 작은 '가상^{virtual}' 머신으로 분할할 수 있다. 이 가상 머신은 내부에서 실행되는 소프트웨어에 보통의 서버처럼 동작한다. 하부의 CPU, 메모리, I/O, 스토리지에 해당하는 기능 일부를 각 가상 머신에 할당할 수 있으며, 이렇게 함으로써 마이크로서비스 인스턴스를 위해 더욱 격리된 실행 환경을 하나의 물리 머신에 밀어 넣을 수 있다.

모든 가상 머신에는 완전한 운영체제와 VM 내에서 실행되는 소프트웨어에서 사용될 리소스 세트가 포함돼 있다. 이를 통해 각 인스턴스가 개별 VM에 배포될 때 인스턴스 간에 매우 훌륭한 격리 수준이 보장된다. 각 마이크로서비스 인스턴스는 VM 안의 운영체제를 로컬의 필요에 맞도록 완전하게 구성할 수 있다. 하지만 이 가상 머신들을 실행하는 하부 하드웨어가 고장 나면 여러 마이크로서비스 인스턴스가 손실되는 문제가 여전히 있다. 따라서 앞에서 논의한 기대 상태 관리 등을 포함해 특정 문제를 해결하는 데 도움이 되는 여러 가지 방법을 사용한다.

가상화 비용

점점 더 많은 가상 머신을 같은 하부 하드웨어에 넣을수록 VM 자체에서 가용한 컴퓨팅 리소스 측면에서는 오히려 자원이 늘었음에도 효용이 떨어지는 현상(이른바 '수확 체감diminishing returns') 이 나타날 것이다. 왜 그럴까?

물리 머신을 양말 서랍에 비유해 한번 생각해보자. 서랍에 나무 칸막이를 많이 넣으면 양말을 더 많이 보관할 수 있을까? 아니면 더 적게 보관할 수 있을까? 답은 후자로, 양말을 더 적게 보관할 수 있다. 칸막이 자체도 공간을 차지하기 때문이다! 서랍을 다루거나 정리하기가 더 수월하고 양말 대신 티셔츠를 한 공간에 넣을 수도 있겠지만, 칸막이가 있으면 전체 공간이 줄어든다.

가상화 세계에는 양말 서랍 칸막이와 비슷한 오버헤드가 있다. 이 오버헤드가 어디에서 오는지 이해할 수 있도록 대부분의 가상화가 수행되는 방식을 살펴본다. [그림 8-14]는 두 가지 타입의 가상화를 비교한 것이다. 왼쪽은 **타입 2 가상화**type 2 virtualization를 나타내고, 오른쪽은 **컨테이너 기반 가상화**container-based virtualization를 나타낸다(이에 대해서는 곧 자세히 살펴본다).

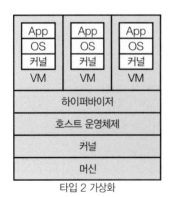

그림 8-14 표준 타입 2 가상화와 경량 컨테이너 비교

타입 2 가상화는 AWS, VMware, vSphere, Xen, KVM에서 구현되는 것이다(타입 1 가상화는 VM이 다른 운영체제 위에서가 아니라 하드웨어에서 직접 실행되는 기술을 말한다.) 물

리적 인프라스트럭처에는 호스트 운영체제가 있다. 이 운영체제(OS)에서는 두 가지 중요한 임무를 맡은 하이퍼바이저hypervisor라는 것을 실행하는데, 하이퍼바이저의 두 가지 임무는 다음과 같다. 첫째, CPU와 메모리 같은 자원을 가상 호스트에 물리 호스트로 매핑한다. 둘째, 제어 계층 역할을 하며 가상 머신 자체를 조작할 수 있게 한다.

VM 내부에는 완전히 다른 호스트처럼 보이는 것이 있으며, 이 호스트들은 자체 커널로 자체 운영체제를 실행할 수 있다. 호스트는 하이퍼바이저에 의해 거의 밀폐된 머신으로 간주돼 하부의 물리 호스트와 다른 가상 머신에서 격리된 상태로 유지된다.

타입 2 가상화의 문제는 하이퍼바이저가 작업을 수행하기 위해 자원을 별도로 확보해야 한다는 것이다. 따라서 다른 곳에서 사용될 수 있는 CPU, I/O, 메모리가 줄어든다. 하이퍼바이저가 관리하는 호스트가 많을수록 더 많은 자원이 필요하며, 특정 시점에서 이 오버헤드는 물리 인프라스트럭처를 추가 분할하는 데 제약이 된다. 실제로 이것은 하이퍼바이저의 오버헤드에 점점 더 많은 자원이 비례해 투입되므로 물리 상자를 더 작은 부분으로 분할하면 수확 체감이 발생하는 경향이 있다는 사실을 의미한다.

마이크로서비스에 적합한가?

원칙에 따르면 가상 머신은 격리 측면에서 매우 훌륭하지만 비용이 든다. 또한 자동화 용이성은 사용 중인 정확한 기술에 따라 달라질 수 있다. 예를 들어 구글 클라우드, 애저, AWS의 관리형 VM은 모두 잘 지원되는 API와 이러한 API를 기반으로 하는 도구 생태계를 통해 쉽게 자동화할 수 있다. 게다가 이와 같은 플랫폼은 자동 확장 그룹과 같은 개념을 제공해 기대 상태 관리를 구현하는 데 도움을 준다. 무중단 배포를 구현하려면 더 많은 작업이 필요하지만, 사용 중인 VM 플랫폼이 좋은 API를 제공한다면 기본 구성 요소를 갖춘 것이다. 문제는 많은 사람이 (VMware가 제공하는 것과 같은) 전통적 가상화 플랫폼에서 제공하는 관리형 VM을 사용하고 있다는 것이다. 이러한 플랫폼은 이론적으로 자동화가 가능하지만 일반적으로 그 맥락에서 사용되지 않는다. 대신 플랫폼은 전담 운영 팀을 통해 중앙 통제를 받는 경향이 있어 결과적으로 플랫폼을 직접 자동화하는 기능이 제한될 수 있다.

일반적으로 컨테이너가 마이크로서비스 워크로드에 더 많이 사용되는 것으로 입증되고 있지만, 많은 조직에서는 대규모 마이크로서비스 시스템을 실행하는 데 가상 머신을 사용해 큰 효과를 거둬왔다. 마이크로서비스의 대명사 중 하나인 넷플릭스는 EC2를 통해 AWS의 관리형 가상 머신 위에 많은 마이크로서비스를 구축했다. 가상 머신이 제공하는 더 엄격한 격리 수준이 필요하거나 애플리케이션을 컨테이너화할 수 있는 능력이 없다면 VM이 훌륭한 선택이 될 것이다.

8.3.3 컨테이너

이 책의 초판이 출간된 이후로 컨테이너는 서버 측 소프트웨어 배포에서 지배적 개념이 됐으며, 많은 사람에게 마이크로서비스 아키텍처를 패키징하고 실행하기 위한 실질적인 선택지가 됐다. 다시 말해, 도커에 의해 대중화되고 쿠버네티스와 같은 지원 컨테이너 오케스트레이션 플랫폼과 결합된 컨테이너 개념은 대규모 마이크로서비스 아키텍처를 실행하기 위해 찾는 선택지가 됐다.

이러한 일이 발생한 이유와 컨테이너, 쿠버네티스, 도커 간의 관계를 논의하기에 앞서 컨테이너가 정확히 무엇인지 이해하고 컨테이너가 가상 머신과 어떻게 다른지 구체적으로 살펴봐야 한다.

다른 방식의 격리

컨테이너는 유닉스 계열의 운영체제에서 처음 등장했으며 수년 동안 리눅스와 같은 운영체제에서만 실행 가능하다고 전망했다. 윈도 컨테이너가 매우 중요하지만, 컨테이너가 지금까지 가장 큰 영향을 미친 것은 리눅스 운영체제였다.

리눅스에서 프로세스는 특정 사용자에 의해 실행되며 권한 설정 방법에 따라 특정 기능이 있다. 프로세스는 다른 프로세스를 생성할 수 있다. 예를 들어 터미널에서 프로세스를 시작하면 그 프로세스는 일반적으로 터미널 프로세스의 자식으로 간주된다. 리눅스 커널의 역할은 이러한 프로세스 트리tree를 관리해 허용된 사용자만 프로세스에 액세스할 수 있게 만드는 것이다. 또한 리눅스 커널은 이렇게 서로 다른 프로세스에 자원을 할당할 수 있다. 이는 한 사용자의 활동으로 시스템의 나머지 부분이 중단되는 것을 방지할 수 있는 다중 사용자 운영체제를 구축하기 위한 전부다.

동일한 머신에서 실행되는 컨테이너는 동일한 하부 커널을 사용한다(이 규칙에는 예외가 있지만, 곧 살펴볼 것이다). 프로세스를 직접 관리하는 대신 컨테이너를 전체 시스템 프로세스 트리의 하위 트리에 대한 추상화로 생각할 수 있으며 커널이 모든 힘든 작업을 수행한다. 이러한 컨테이너에는 커널이 처리하는 물리적 자원이 할당될 수 있다. 이와 같은 일반적 접근 방식은 솔라리스 존$^{Solaris\ Zone}$과 OpenVZ 같은 다양한 형태로 존재했지만, LXC를 통해 리눅스 운영체제의 주류로 자리 잡았다. 리눅스 컨테이너의 개념은 도커가 컨테이너에 대해 더 높은 수준의 추상화를 제공하면서 더욱 발전했고, 초기에는 내부적으로 LXC를 사용하다가 완전히 대체했다.

[그림 8-14]에서 컨테이너를 실행하는 호스트에 대한 스택 다이어그램을 보면, 타입 2 가상화와 비교해 몇 가지 차이점을 볼 수 있다. 첫째, 하이퍼바이저가 필요 없다. 둘째, 컨테이너에 커널이 없어 보이는데, 하부 머신의 커널을 활용하기 때문이다. [그림 8-15]에서 이 차이를 보다 명확하게 볼 수 있다. 컨테이너는 자체 운영체제를 실행할 수 있지만 이 운영체제는 공유 커널의 일부를 사용한다. 즉, 각 컨테이너의 프로세스 트리는 이 커널 안에 있다. 이는 호스트 운영체제와 컨테이너가 동일한 하부 커널의 일부분으로 실행될 수 있는 한 호스트 운영체제가 우분투^{Ubuntu}와 컨테이너 CentOS를 실행할 수 있음을 의미한다.

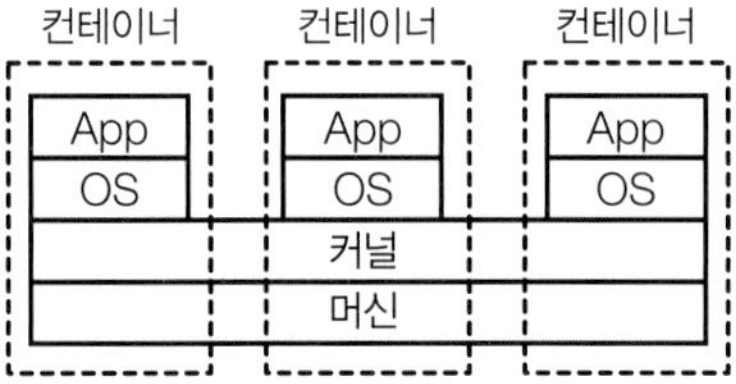

그림 8-15 일반적으로 동일한 시스템상의 컨테이너는 동일한 커널을 공유한다.

컨테이너를 사용하면 하이퍼바이저가 필요하지 않아 자원을 절약할 수 있다. 피드백 측면에서도 이점이 있다. 리눅스 컨테이너는 비대한 가상 머신보다 프로비저닝이 훨씬 빠르다. VM이 시작하는 데 몇 분이 걸리는 경우는 드물지 않지만, 리눅스 컨테이너를 사용하면 몇 초면 된다. 또한 리소스 할당 측면에서 컨테이너 자체를 더 세밀하게 제어할 수 있으므로 하부 하드웨어를 최대한 활용하도록 훨씬 쉽게 설정을 조정할 수 있다.

컨테이너의 경량성 덕분에 VM에서 가능한 것보다 더 많은 컨테이너를 동일한 하드웨어에서 실행할 수 있다. [그림 8-16]에서와 같이 컨테이너당 하나의 서비스를 배포함으로써 다른 컨테이너에서 일정 수준 격리되며(완벽하지는 않지만), 각 서비스를 VM에서 실행하려는 경우보다 훨씬 더 비용 효과적으로 수행할 수 있다. 앞서 양말 서랍에 비유했던 내용을 다시 떠올려보면, 컨테이너를 사용하는 것은 VM보다 훨씬 얇은 서랍 칸막이를 사용하는 것과 같다. 따라서 양말 서랍에 넣을 수 있는 양말 비율이 훨씬 더 높다.

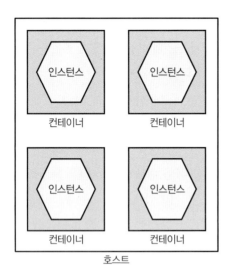

그림 8-16 격리된 컨테이너에서 서비스 실행

컨테이너는 완전한 가상화에서도 잘 사용될 수 있는데 이것은 일반적이다. 필자는 하나 이상의 프로젝트에서 대형 AWS EC2 인스턴스를 프로비저닝하고 그 위에서 여러 컨테이너를 실행해 EC2 형태의 일시적인 온디맨드 컴퓨팅 플랫폼과 그 플랫폼 위에서 실행되는 매우 유연하고 빠른 컨테이너의 두 가지 장점을 모두 누리는 것을 목격했다.

완전하지는 않다

하지만 리눅스 컨테이너가 문제없지는 않다. 호스트의 컨테이너에서 많은 마이크로서비스가 실행되고 있다고 상상해보자. 외부에서는 이 서비스들을 어떻게 볼까? 해당 컨테이너를 통해 외부 세계를 라우팅할 수 있는 방법이 필요하며, 이는 많은 하이퍼바이저가 일반 가상화에서 수행하는 작업이다. LXC와 같은 초기 기술을 사용할 때는 이 작업을 직접 해야 했다. 이 부분이 바로 도커의 컨테이너 도입이 큰 도움을 준 영역이다.

명심해야 할 또 다른 점은 리소스 관점에서 이러한 컨테이너가 격리된 것으로 간주될 수 있다는 사실이다. 제한된 CPU, 메모리 등을 각 컨테이너에 할당할 수 있지만 가상 머신 격리 수준과 반드시 동일하지는 않다. 또는 이 문제를 별도의 물리 머신을 사용함으로써 해결할 수 있다.

초기에는 한 컨테이너의 프로세스가 경계를 넘어 다른 컨테이너나 하부의 호스트와 상호작용할 수 있는 방법이 문서화되고 알려진 것이 많았다.

이 문제를 해결하려고 엄청난 양의 작업이 진행됐으며 컨테이너 오케스트레이션 시스템과 컨테이너 런타임에서 컨테이너 워크로드를 더 잘 실행하는 방법을 면밀히 연구한 후 이러한 격리가 개선됐지만, 실행하려는 워크로드에 따라 적절히 고려해야 한다. 일반적으로 컨테이너를 신뢰할 수 있는 소프트웨어의 실행을 격리하는 훌륭한 방법으로 봐야 한다는 것이 필자의 지침이다. 다른 사람이 작성한 코드를 실행 중이고 컨테이너 수준의 격리를 우회하려는 악의적인 당사자가 우려된다면 이 상황을 타개하기 위한 최신 기술 상황에 대해 스스로 보다 심층적인 조사를 수행해야 하며, 이와 관련된 내용은 잠시 후에 다룰 것이다.

윈도 컨테이너

역사적으로 윈도 사용자는 컨테이너가 윈도 운영체제에서 받아들여지지 않았기 때문에 리눅스를 사용하는 동시대 사람들을 부러워했던 것처럼 보인다. 하지만 지난 몇 년 동안 컨테이너가 완전히 지원되는 개념으로 바뀌면서 상황이 달라졌다. 실제로 늦어진 이유는 컨테이너를 작동시키기 위해 리눅스 영역에 존재하는 것과 동일한 종류의 기능을 지원하는 하부 윈도 운영체제 및 커널과 관련이 있다. 윈도 서버 2016이 출시되면서 많은 변화가 있었고 그 이후로 윈도 컨테이너는 계속 발전해왔다.

윈도 컨테이너를 채택하는 초기 단계에서 한 가지 걸림돌은 윈도 운영체제 자체의 크기였다. 각 컨테이너 안에서 운영체제를 실행해야 하므로 컨테이너 이미지를 다운로드할 때 운영체제도 다운로드하게 된다. 하지만 윈도는 크기가 너무 커서 이미지 크기뿐 아니라 이미지를 실행하는 데 필요한 리소스 측면에서도 컨테이너가 매우 무거워졌다.

마이크로소프트는 윈도 나노 서버^{Windows Nano Server}라는 축소형 운영체제를 만들어 이 문제에 대응했다. 나노 서버가 작은 크기의 운영체제로 마이크로서비스 인스턴스 등을 실행할 수 있어야 한다는 것이다. 이와 함께 마이크로서비스는 레거시 윈도 애플리케이션을 컨테이너로 실행하는 것을 지원하고자 더 큰 윈도 서버 코어^{Windows Server Core}도 지원한다. 문제는 리눅스와 비교할 때 이러한 것들이 여전히 상당히 크다는 사실이다. 초기 버전의 나노 서버는 몇 메가바이트(MB)만 차지하는 알파인^{Alpine}과 같은 소규모 리눅스 운영체제와 달리 크기가 1기가바이트(GB)를 훨씬 넘는다.

마이크로소프트는 계속해서 나노 서버의 크기를 줄이려고 노력했지만 이러한 크기 차이는 여전하다. 하지만 실제로는 컨테이너 이미지 간의 공통 계층을 캐싱할 수 있는 방식을 사용하면 이 문제는 큰 문제가 아닐 수 있다.

윈도 컨테이너 세계에서 특히 흥미로운 점은 서로 다른 수준의 격리를 지원한다는 사실이다. 표준 윈도 컨테이너는 리눅스 컨테이너와 마찬가지로 프로세스 격리를 사용한다. 프로세스 격리를 통해 모든 컨테이너는 컨테이너 간의 격리를 관리하는 동일한 기본 커널의 일부에서 실행된다. 윈도 컨테이너를 사용하면 자체 Hyper-V VM 내에서 컨테이너를 실행해 더 많은 격리를 제공할 수도 있다. 이는 완전 가상화의 격리 수준에 더 근접하게 되지만, 컨테이너를 시작할 때 Hyper-V나 프로세스 격리 중에서 선택할 수 있다는 장점이 있다. 즉, 이미지를 변경할 필요가 없다.

다양한 격리 유형에 따라 이미지를 유연하게 실행할 수 있다면 많은 이점이 있다. 경우에 따라 위협 모델은 단순한 프로세스 수준의 격리보다 실행 중인 프로세스 간에 더 강력한 격리를 요구한다. 예를 들어 여러분의 프로세스와 함께 '신뢰할 수 없는' 제삼자의 코드를 실행할 수 있다. 이러한 상황에서 이 워크로드를 Hyper-V 컨테이너로 실행할 수 있다는 사실은 매우 유용하다. 물론 Hyper-V의 격리는 스핀업 시간과 런타임 비용 측면에서 일반 가상화에 더 가까운 영향을 미칠 수 있다.

모호한 경계

컨테이너의 경량성을 유지하면서도 VM이 제공하는 더 강력한 격리를 제공하는 솔루션을 찾는 사람들이 증가하는 추세다. 예를 들면 분리된 커널을 허용하는 마이크로소프트의 Hyper-V 컨테이너와 커널 기반 VM이라고 하며 우리에게 혼동을 주는 파이어크래커(Firecracker)가 있다. 파이어크래커는 AWS 람다와 같은 서비스 제공을 위한 세부 구현으로 인기를 증명했는데, 시작 시간을 줄이고 워크로드의 운영 공간을 줄이면서도 서로 다른 고객의 워크로드를 완전히 격리해야 했다.

도커

컨테이너는 도커의 등장으로 주류 개념이 되기 전까지 제한적으로 사용됐다. 도커 툴체인은 컨테이너 관련 작업의 대부분을 처리한다. 도커는 컨테이너 프로비저닝을 관리하고, 일부 네트워킹 문제를 처리하며, 도커 애플리케이션을 저장할 수 있는 자체 레지스트리 개념도 제공한다. 도커 이전에는 컨테이너에 대한 '이미지' 개념이 없었다. 이러한 개념은 컨테이너 작업을 위한 훨씬 더 좋은 도구들과 함께 컨테이너를 훨씬 더 쉽게 사용하는 데 도움을 주었다.

도커 이미지를 추상화하면 마이크로서비스 구현 방법에 대한 세부 정보를 숨길 수 있어 유용하다. 우리는 마이크로서비스용 빌드가 빌드 산출물로 도커 이미지를 생성하고 그 이미지를 도커 레지스트리에 저장하도록 했다. 도커 이미지의 인스턴스를 시작하면 사용되는 기본 기술(Go, 파이썬, Node.js)에 관계없이 해당 인스턴스를 관리하는 일반적인 도구 집합이 있다.

도커는 또한 개발 및 테스트 목적으로 로컬에서 많은 서비스를 실행하는 단점 중 일부를 완화할 수 있다. 이전에는 개발용 머신에서 여러 개의 독립적인 VM을 호스팅할 수 있는 베이그런트^{Vagrant}와 같은 도구를 사용했을 수도 있다. 이 도구를 사용하면 서비스 인스턴스를 로컬에서 실행할 때 운영 환경과 같은 VM을 사용할 수 있다. 하지만 이는 꽤 무거운 접근 방식이었고 실행할 수 있는 VM 수에도 제한이 있었다. 도커를 사용하면, 도커 데스크톱을 사용해 개발자 컴퓨터에서 직접 도커를 실행하는 것이 용이하다. 이제 마이크로서비스 인스턴스를 위한 도커 이미지를 빌드하거나 미리 빌드된 이미지를 가져와 로컬에서 실행할 수 있다. 이러한 도커 이미지는 결과적으로 운영 환경에서 실행하게 될 컨테이너 이미지와 동일할 수 있다(동일해야 한다).

도커가 처음 등장했을 때 그 범위는 단일 머신에서 컨테이너를 관리하는 것으로 제한됐다. 이렇게 제한적으로 사용됐지만, 만약 여러 머신에서 컨테이너를 관리하려면 어떻게 해야 할까? 이는 시스템 정상 상태를 유지하고 싶거나 바로 앞에서 머신이 작동을 멈추거나 시스템 부하를 처리하고자 충분한 컨테이너를 실행하려는 경우에 필수적이다. 도커는 이 문제를 해결하기 위해 '도커 스웜^{Docker Swarm}'과 '도커 스웜 모드^{Docker Swarm Mode}'라는 혼동되는 이름을 가졌지만 서로 완전히 다른 두 제품을 출시했다. (누가 작명이 어렵다고 했을까?) 하지만 실제로 많은 머신에서 수많은 컨테이너를 관리할 경우 쿠버네티스가 최고며, 개별적으로 컨테이너를 구축하고 관리하기 위해 도커 툴체인을 사용할 수 있다.

마이크로서비스에 대한 적합성

개념적으로 컨테이너는 마이크로서비스에 매우 적합하며, 도커는 컨테이너를 실용적인 개념으로 만들었다. 격리성을 확보할 수 있었지만 감당할 수 있는 비용이며, 또한 하부 기술을 숨겨 다양한 기술 스택을 혼합할 수 있다. 하지만 기대 상태 관리와 같은 개념을 구현하려면 이를 처리하기 위해 쿠버네티스와 같은 것이 필요하다.

쿠버네티스는 더 자세한 논의가 필요할 정도로 중요하므로 이 장의 뒷부분에서 다시 다룰 것이다. 그러나 지금은 쿠버네티스를 많은 머신에서 컨테이너를 관리하는 방법으로 생각해도 충분하다.

8.3.4 애플리케이션 컨테이너

IIS 기반의 .NET 애플리케이션이나 자바 애플리케이션을 웹로직^{Weblogic} 또는 톰캣^{Tomcat}과 같은 것으로 배포하는 데 익숙하다면, 여러 개의 개별 서비스나 애플리케이션이 단일 애플리케이션 컨테이너에 존재하는 모델을 잘 알고 있을 것이다. [그림 8-17]에서 볼 수 있듯이 이 애플리케이션 컨테이너도 단일 호스트에 상주한다. 이 개념은 서비스가 상주하는 애플리케이션 컨테이너가 여러 인스턴스를 함께 그룹화하는 클러스터링 지원, 모니터링 도구 등과 같은 관리 용이성 측면에서 이점을 제공한다.

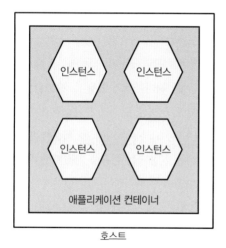

그림 8-17 애플리케이션 컨테이너당 다수 마이크로서비스

이러한 설정은 언어 런타임의 오버헤드를 줄이는 측면에서도 이점이 있다. 하나의 자바 서블릿 컨테이너에서 5개의 자바 서비스를 실행한다고 가정해보자. 하나의 JVM 오버헤드만 발생한다. 컨테이너를 사용할 때 동일한 호스트에 JVM 5개를 독립적으로 실행하는 것과 비교해보자. 즉, 이와 같은 애플리케이션 컨테이너에는 단점이 많으므로 꼭 필요한지 스스로 확인해야 한다

고 필자는 여전히 그렇게 생각한다.

여러 단점 중 첫 번째는 필연적으로 기술 선택을 제한한다는 것이다. 즉, 기술 스택을 받아들여야 한다. 이는 서비스 자체 구현을 위한 기술 선택뿐만 아니라 시스템의 자동화 및 관리 측면에서 선택할 수 있는 선택지도 제한할 수 있다. 곧 논의하겠지만, 여러 호스트를 관리하는 오버헤드를 해결할 한 가지 방법은 자동화를 사용하는 것이므로 이 문제를 해결하기 위한 선택지를 제한하는 것은 두 배의 피해를 줄 수 있다.

또한 이러한 애플리케이션 컨테이너가 제공하는 기능의 가치에도 의문을 제기하고 싶다. 그들 중 다수는 인메모리 공유 세션 상태를 저장하기 위한 세션 클러스터를 관리하는 기능을 선전하지만, 이는 서비스를 확장할 때 발생하는 문제로 인해 어떠한 경우에도 절대 피하고 싶은 것이다. 그리고 애플리케이션 컨테이너가 제공하는 모니터링 기능은 10장에서 볼 수 있듯이 마이크로서비스 세계에서 수행하려는 일종의 통합 모니터링을 고려할 때 충분하지 않을 것이다. 또한 그중 다수는 시작 시간이 상당히 느리며 개발자 피드백 주기에 영향을 미친다.

다른 문제들도 있다. JVM과 같은 플랫폼 위에서 애플리케이션의 수명주기를 적절하게 관리하는 것은 단순히 JVM을 다시 시작하는 것보다 문제가 많고 더 복잡할 수 있다. 동일한 프로세스를 여러 애플리케이션이 공유하므로 리소스 사용 및 스레드 분석도 훨씬 더 복잡하다. 특정 기술의 컨테이너에서 가치를 얻더라도 공짜가 아님을 기억하라. 그중 다수가 상용이므로 비용에 영향을 미친다는 사실 외에도 그 자체로 리소스 오버헤드가 가중된다.

궁극적으로 이 방식은 단순히 더 이상 유지할 수 없을지 모르는 리소스 부족에 대해 다시 최적화하려는 시도다. 호스트당 여러 서비스 배포 모델을 사용하기로 정한 것과 관계없이 자립적으로 배포 가능한 마이크로서비스를 산출물로 바라보면 매우 좋겠다.

근본적으로 이 모델이 제공하는 부족한 격리 수준은 마이크로서비스 아키텍처를 채택하는 사람들이 이 모델을 점점 더 드물게 사용하는 주된 이유가 됐다.

8.3.5 PaaS

PaaS[Platform as a Service]를 사용하면 단일 호스트보다 더 고수준의 추상화에서 작업하게 된다. 이러한 플랫폼 중 일부는 자바 WAR 파일이나 루비 gem과 같은 특정 기술의 산출물을 가져와서 자동으로 프로비저닝하고 실행하는 데 의존한다. 또한 이 플랫폼들은 시스템 확장 및 축소를 투명하게 처리하려고 시도한다. 다른 플랫폼은 서비스가 실행될 수 있는 노드 수를 어느 정도 통제할 수 있지만 나머지는 플랫폼이 처리한다.

필자가 초판을 집필했을 때와 마찬가지로 가장 훌륭하고 정교한 PaaS 솔루션 대부분이 호스트되고 있다. 히로쿠는 개발자 친화적인 인터페이스를 제공하기 위한 벤치마크를 준비했으며 PaaS의 표준으로 지난 몇 년 동안 기능 세트 측면에서 성장이 제한됐음에도 분명 PaaS의 표준으로 남아 있을 것이다. 히로쿠와 같은 플랫폼은 단지 애플리케이션 인스턴스만 실행하는 것이 아니라 데이터베이스 인스턴스를 실행하는 등 개발자가 직접 수행하기에는 매우 어려울 수 있는 기능도 제공한다.

PaaS 솔루션이 제대로 작동하면 실제로 매우 효과가 좋다. 하지만 제대로 동작하지 않을 때는 문제를 해결하기 위해 내부에 접근할 수 있는 권한이 많지 않은 경우가 흔하다. 이 점은 절충점을 찾아야 하는 부분이다. 필자의 경험에 따르면 PaaS 솔루션이 더 똑똑해지려고 할수록 더 많은 문제가 생기는 것 같다. 애플리케이션 사용성에 따라 자동 확장을 시도하는 PaaS를 2개 이상 사용해봤지만 제대로 동작하지 않았다. 즉, 애플리케이션이 덜 표준화될수록 PaaS와 제대로 작동하지 않을 가능성은 높아진다.

좋은 PaaS 솔루션은 여러분을 대신해 많은 것을 처리하기 때문에 동작 부분이 많아짐에 따라 증가한 오버헤드를 처리할 훌륭한 방법이 될 수 있다. 즉, 아직 이 PaaS 분야에 모든 모델이 적합한지 확신할 수 없으며, 자체 호스팅 방법이 제한돼 이 접근 방식이 여러분에게 적합하지 않을 수 있다. 필자가 이 책의 초판을 집필했을 때는 이 분야에서 더 큰 성장이 일어나길 희망했지만 필자가 기대했던 방식으로는 이뤄지지 않았다. 그 대신에 공용 클라우드 공급자가 주로 제공하는 서버리스 제품의 성장이 이러한 요구를 충족시키기 시작했다고 생각한다. 애플리케이션 호스팅을 위한 블랙박스 플랫폼을 제공하는 대신 메시지 브로커, 데이터베이스, 스토리지 등을 위한 턴키[turnkey] 방식의 관리형 솔루션을 제공하므로 우리가 필요한 것을 구축하기 위해 원하는 부분을 조립할 수 있다. 이와 같은 배경에 힘입어 특정 유형의 서버리스 제품인 FaaS가 많은 관심을 받고 있다.

마이크로서비스와 관련된 PaaS 제품은 다양한 형태와 크기로 제공되므로 적합성을 평가하기 어렵다. 예를 들어 히로쿠와 넷리파이[Netlify]는 상당히 달라 보이지만, 둘 다 애플리케이션의 특성에 따라 마이크로서비스용 배포 플랫폼으로 사용할 수 있다.

8.3.6 FaaS

조금 과장해서 말하면, (적어도 마이크로서비스의 맥락에서) 지난 몇 년 동안 쿠버네티스에 근접한 유일한 기술은 서버리스다. 실제로 서버리스는 다양한 기술을 사용하는 사람의 관점에서 보면 하부의 컴퓨터가 중요하지 않고 다양한 기술을 가진 호스트를 포괄하는 상위 용어다. 머신 관리와 구성에 대한 상세 내용은 사용자에게 가려진다. 필자가 아는 한 '서버리스'라는 용어를 처음 만든 사람인 켄 프롬Ken Fromm은 다음과 같이 말했다.

> '서버리스serverless'는 더 이상 서버와 관련 없다는 의미가 아니다. 단순히 개발자가 더 이상 서버에 대해 그렇게 많이 생각할 필요가 없다는 것을 의미한다. 컴퓨팅 자원은 물리적 용량이나 제한을 관리할 필요 없이 서비스로 사용된다. 서비스 공급자는 점점 더 서버, 데이터 저장소 및 기타 인프라스트럭처 자원을 관리하는 책임을 갖는다. 개발자는 자신들의 오픈 소스 솔루션을 설정할 수 있지만, 이는 서버, 큐, 부하를 관리해야 한다는 것을 의미한다.
>
> 켄 프롬, '소프트웨어 앱의 미래는 왜 서버리스인가?'

FaaSFunction as a Service는 서버리스의 주요 부분이 됐으므로 많은 경우에 두 용어는 서로 맞바꿔 사용할 수 있다. 이는 데이터베이스, 큐, 스토리지 솔루션 등과 같은 다른 서버리스 제품의 중요성을 간과하게 되므로 안타까운 일이다. 그럼에도 불구하고 FaaS가 논쟁을 지배하고 있다는 것은 FaaS가 얼마나 큰 관심을 불러일으키고 있는지를 말해준다.

FaaS에 대한 관심을 불러일으킨 것은 2014년에 출시된 AWS의 람다 제품이었다. 어떤 면에서 개념은 매우 간단하며, 어떤 코드('함수')를 배포한다. 해당 코드는 코드를 트리거하는 무언가 발생할 때까지 휴면 상태다. 트리거가 어떤 것인지 결정하는 일은 사용자의 몫이다. 예를 들면 특정 위치에 도착하는 파일, 메시지 큐에 나타나는 항목, HTTP를 통해 들어오는 호출 등이 될 수 있다.

함수가 트리거되면 실행되고 완료되면 종료된다. 하부 플랫폼은 요구에 따라 이러한 기능을 시작하고 종료하며 함수의 동시 실행을 처리하므로 적절한 경우 한 번에 여러 복사본을 실행할 수 있다.

여기에서 얻을 수 있는 이점은 많다. 실행되지 않는 코드는 비용이 들지 않는다. 사용한 만큼만 비용을 지불하면 된다. 따라서 FaaS는 부하가 적거나 예측할 수 없는 상황에서 훌륭한 선택지가 될 수 있다. 하부 플랫폼은 여러분을 대신해 함수의 시작 및 종료를 처리하고 여러분이 어떤 작업을 수행하지 않아도 암묵적 고가용성과 견고함을 제공한다. 기본적으로 다른 많은 서버리스 제품과 마찬가지로 FaaS 플랫폼을 사용하면 걱정해야 할 운영 부담을 크게 줄일 수 있다.

제한 사항

필자가 알고 있는 모든 FaaS 구현은 이면에서 일종의 컨테이너 기술을 사용하고 이 기술은 숨겨져 있다. 일반적으로 실행될 컨테이너 생성은 걱정할 필요가 없으며 일부 패키징될 형태의 코드를 제공하기만 하면 된다. 하지만 이는 정확히 실행할 수 있는 것에 대한 제어가 부족하다는 것을 의미한다. 결과적으로 개발자가 선택한 언어를 지원하려면 FaaS 제공자가 필요하다. 애저 함수Azure Functions는 다양한 런타임을 지원하는 주요 클라우드 제공업체와 비교할 때 가장 좋지만, 구글 클라우드의 클라우드 함수Cloud Functions 제품은 비교적 적은 수의 언어를 지원한다 (집필 시점에 구글은 Go, 일부 노드 버전, 파이썬 언어만 지원한다). 이제 AWS는 함수에 대한 맞춤형 런타임을 정의할 수 있으므로 이론적으로는 공급업체에서 지원되지 않은 언어로 구현할 수 있지만, 결국 이것은 유지 관리해야 하는 또 다른 운영 부담이 된다.

하부의 런타임에 대한 제어 기능이 부족하면 각 함수 호출에 제공되는 리소스 부족으로 이어진다. 구글 클라우드, 애저, AWS에서 각 기능에 부여될 메모리만 제어할 수 있다. 또한 일정량의 CPU와 I/O가 함수 런타임에 할당된다는 사실을 의미하는 것처럼 보이지만 이러한 측면을 직접 제어할 수는 없다. 이는 필요한 CPU를 얻기 위해 메모리가 필요하지 않더라도 함수에 더 많은 메모리를 제공해야 함을 의미할 수 있다. 따라서 궁극적으로 함수에 사용할 자원에 대해 미세 조정을 수행해야 한다면 적어도 이 단계는 FaaS가 좋은 선택이 아닐 수 있다.

알아야 할 또 다른 제한은 함수 호출이 실행할 수 있는 시간을 제한할 수 있다는 것이다. 예를 들어 구글 클라우드 함수는 현재 실행 시간이 9분으로 제한돼 있는 반면에 AWS 람다 함수는 최대 15분 동안 실행할 수 있다. 애저 함수는 원하는 경우 영구적으로 실행 가능하다(사용 중인 요금제 유형에 따라 다르다). 개인적으로 생각해보면, 함수가 장기간 실행되고 있는 경우는 어쩌면 함수가 적합하지 않은 종류의 문제임을 보여주는 반증일 것이다.

마지막으로 대부분의 함수 호출은 무상태stateless로 간주되며, 개념적으로는 상태가 다른 곳(예: 데이터베이스)에 저장되지 않는 한 함수가 이전 함수 호출에 남겨진 상태에 액세스할 수 없다는 것을 의미한다. 이로 인해 여러 함수를 함께 연결하는 것이 어려웠다. 예를 들면 한 함수가 다운스트림 함수들에 대한 일련의 호출을 오케스트레이션하는 것을 생각해볼 수 있다. 주목할 만한 예외는 정말 흥미로운 방식으로 이 문제를 해결하는 애저 영속 함수Azure Durable Functions로, 지정된 함수의 상태를 일시 중단하고 호출이 중단된 지점에서 다시 시작할 수 있는 기능을 지원한다. 이 모든 작업은 반응형 확장reactive extension(Rx)을 사용해 투명하게 처리된다. JSON 기반의 구성을 바탕으로 여러 기능을 함께 연결하는 AWS의 스텝 함수Step Functions보다 훨씬 더 개발자 친화적인 솔루션이라고 생각한다.

웹어셈블리

웹어셈블리(Wasm)는 원래 다양한 프로그래밍 언어로 작성된 샌드박스 프로그램을 클라이언트 브라우저에서 실행하는 방법을 제공하고자 정의된 공식 표준이다. 패키징 포맷과 런타임 환경을 모두 정의하는 Wasm의 목표는 임의의 코드가 클라이언트 장치에서 안전하고 효율적인 방식으로 실행되도록 하는 것이다. 이렇게 함으로써 일반 웹 브라우저를 사용할 때 훨씬 더 정교한 클라이언트 측 애플리케이션을 만들 수 있다. 구체적인 예로 이베이(eBay)는 핵심부가 C++로 작성된 바코드 스캐너 소프트웨어를 갖고 있었고, 이전에는 이 소프트웨어를 네이티브 안드로이드 또는 iOS 애플리케이션에서만 사용할 수 있었지만 Wasm을 사용해 웹으로도 제공할 수 있었다.[1]

웹어셈블리 시스템 인터페이스(WebAssembly System Interface)는 Wasm이 브라우저를 벗어나 WASI와 호환 가능하게 구현된 모든 곳에서 작동하기 위한 방법으로 정의됐다. 패스틀리(Fastly) 또는 클라우드플레어(Cloudflare)와 같은 CDN에서 Wasm을 실행할 수 있는 기능을 해당 예시로 들 수 있다.

Wasm 자체의 경량성과 핵심 명세에 포함된 강력한 샌드방식 개념 덕분에 Wasm은 서버 측 애플리케이션의 배포 형식으로 컨테이너가 사용되는 곳에 도전할 잠재력이 있다. 단기적으로 Wasm을 실행하는 데 사용할 수 있는 서버 측 플랫폼이 이러한 시도의 걸림돌이 될 가능성이 높다. 예를 들어 이론적으로 쿠버네티스에서 Wasm을 실행할 수 있지만, 결국 컨테이너 안에 Wasm을 내장하는 것이므로 결국 무의미해질 수 있다. 왜냐하면 비교적 더 무거운 컨테이너 안에 더 가벼운 배포(Wasm)를 실행하는 식이기 때문이다.

Wasm의 잠재력을 최대한 활용하려면 WASI를 기본적으로 지원하는 서버 측 배포 플랫폼이 필요할 것이다. 적어도 이론적으로 노마드(Nomad)와 같은 스케줄러는 플러그인할 수 있는 드라이버 모델을 지원하므로 Wasm을 지원하는 데 더 적합하다. 시간이 지나면 알 수 있을 것이다!

문제점

방금 살펴본 제한 사항 외에도 FaaS를 사용할 때 경험하는 몇 가지 다른 문제가 있다.

---

1 센틸 파드마나반(Senthil Padmanabhan)과 프라나브 자(Pranav Jha)가 기고한 '이베이에서 웹어셈블리: 실제 사용 사례' 참고, 2019년 5월 22일, *https://oreil.ly/SfvHT*

첫째, FaaS에서 자주 제기되는 문제, 즉 시작 시간spin-up time 개념을 해결하는 것이 중요하다. 개념적으로 함수는 필요하지 않으면 전혀 실행되지 않는다. 이는 인입되는 요청을 처리하기 위해 실행돼야 한다는 것을 의미한다. 이제 일부 런타임의 경우 새로운 런타임을 가동하는 데 오랜 시간이 걸리며, 이를 종종 '콜드 스타트cold start' 시간이라고 한다. JVM 및 .NET 런타임은 이로 인해 많은 어려움을 겪으므로 이러한 런타임을 사용하는 함수의 콜드 스타트 시간이 중요한 경우가 많다.

하지만 실제로 이와 같은 런타임은 거의 콜드 스타트하지 않는다. 적어도 AWS에서는 그 런타임들이 '예열warm' 상태로 유지되므로 인입된 요청은 이미 시작돼 실행 중인 인스턴스에서 처리된다. 이는 FaaS 공급자가 내부적으로 많은 최적화를 이뤄서 최근에는 '콜드 스타트'의 영향을 측정하기 어려울 정도가 됐다. 그럼에도 여전히 우려된다면, 빠른 시작 시간을 가진 언어(Go, 파이썬, 노드Node, 루비Ruby 등이 떠오른다)를 사용해 이 문제를 효과적으로 피할 수 있다.

마지막으로 함수의 동적 확장 측면이 실제로 문제가 될 수 있다. 기능은 트리거가 될 때 시작된다. 필자가 사용한 플랫폼은 모두 함수의 최대 동시 호출 수에 대한 엄격한 제한이 있으며, 주의 깊게 기록해야 할 수 있다. 필자는 함수의 확장 문제가 있고 동일한 확장 속성이 부족한 인프라스트럭처의 다른 부분이 위축되는 문제가 있는 팀을 2개 이상 이야기했다. 버슬Bustle의 스티브 포크너Steve Faulkner는 확장된 함수들이 버슬의 레디스 인프라스트럭처에 과부하를 일으켜 운영 과정에서 문제를 일으킨 사례를 공유했다(*https://oreil.ly/tFdCk*). 시스템의 한 부분은 동적으로 확장할 수 있더라도 다른 부분이 그렇지 않다면, 이러한 불일치로 인해 심각한 골칫거리가 발생할 수 있다.

마이크로서비스와 매핑

지금까지 다룬 다양한 배포 방법을 돌아보면, 마이크로서비스 인스턴스에서 배포 메커니즘으로 매핑하는 것은 매우 간단했다. 단일 마이크로서비스 인스턴스를 가상 머신에 배포하거나 단일 컨테이너로 패키징하거나 톰캣Tomcat 또는 IIS와 같은 애플리케이션 컨테이너에 넣을 수도 있다. FaaS에서는 상황이 좀 더 혼란스럽다.

마이크로서비스당 함수 매핑: 확실히 [그림 8-18]과 같이 단일 마이크로서비스 인스턴스는 단일 함수로 배포될 수 있다. 이 그림은 아마도 시작하는 데 좋은 예제가 될 것이며, 지금까지 가장 많이 탐구한 모델인 배포 단위로서의 마이크로서비스 인스턴스 개념을 유지하고 있다.

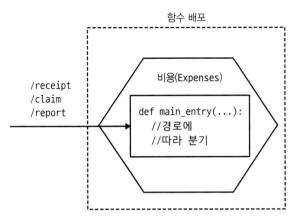

그림 8-18 비용(Expenses) 서비스는 하나의 함수로 구현된다.

호출되면 FaaS 플랫폼이 배포된 함수의 단일 진입점을 트리거한다. 즉, 서비스 전체에 대응되는 단일 함수를 배포하려는 경우 해당 진입점에서 그 마이크로서비스의 다른 기능으로 분기될 수 있는 방법이 필요하다. 비용(**Expenses**) 서비스를 REST 기반 마이크로서비스로 구현했다면 /receipt, /claim, /report와 같은 다양한 자원이 노출됐을 것이다. 이 모델을 사용하면 이러한 자원에 대한 요청이 동일한 진입점을 통해 들어오므로, 인바운드 요청 경로path를 기반으로 인바운드 호출을 적절한 기능 부분으로 돌려야 한다.

애그리거트당 함수 매핑: 그렇다면 마이크로서비스 인스턴스를 더 작은 기능으로 어떻게 나눌 수 있을까? 도메인 기반 설계를 사용하고 있다면 이미 애그리거트(단일 엔티티로 관리되는 개체들의 모음으로, 일반적으로 실세계의 개념을 참조한다)를 명시적으로 모델링했을 것이다. 마이크로서비스 인스턴스가 여러 애그리거트를 처리하는 경우 [그림 8-19]와 같이 각 애그리거트에 대한 함수로 분리하는 것이 타당한 모델이다. 이렇게 하면 단일 애그리거트에 대한 모든 로직이 함수 내에 완전히 포함돼 애그리거트의 수명주기 관리를 일관되게 구현하는 것이 더 수월해진다.

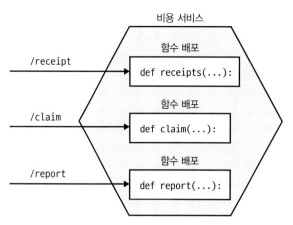

그림 8-19 각 함수는 서로 다른 애그리거트를 처리하며, 다수 함수로 배포되는 비용 서비스다.

이 모델을 사용하면 마이크로서비스 인스턴스가 더 이상 단일한 배포 단위로 매핑되지 않는다. 그 대신에 마이크로서비스는 이제 이론상 서로 독립적으로 배포할 수 있는 여러 가지 함수로 구성된 논리적 개념에 가깝다.

여기에 몇 가지 주의 사항이 있다. 첫째, 필자는 더 크게 분류된 외부 인터페이스를 유지하도록 강력히 주장한다. 업스트림 소비자들에게는 여전히 비용 서비스와 통신하고 있는 것이므로 그들은 요청이 더 작은 범위의 집계에 매핑된다는 사실을 알지 못한다. 이렇게 하면 마음이 바뀌어 사물을 재결합하거나 애그리거트 모델을 재구성하려는 경우 업스트림 소비자에게 영향을 주지 않는다.

두 번째 문제는 데이터와 관련이 있다. 이러한 애그리거트는 공유 데이터베이스를 계속 사용해야 할까? 필자는 이 문제에 대해서는 다소 관대하다. 같은 팀이 그 모든 기능을 관리하고 개념적으로 단일한 '서비스'로 남아 있다고 가정하면 [그림 8-20]에서와 같이 여전히 동일한 데이터베이스를 사용하는 것이 좋다.

하지만 시간이 지남에 따라 각 애그리거트 함수의 요구 사항이 달라지면 [그림 8-21]에서 볼 수 있는 것처럼 데이터 사용을 분리하는 경향이 있다. 특히 데이터 계층의 결합이 쉽게 변경할 수 있는 능력을 손상시키기 시작하면 더욱 그렇다. 이 단계에서 여러분은 이제 이러한 기능이 그 자체로 마이크로서비스가 될 자격이 있다고 주장할 수 있지만, 방금 설명했듯이 업스트림 소비자에게는 여전히 단일한 마이크로서비스로 표시할 가치가 있을 것이다.

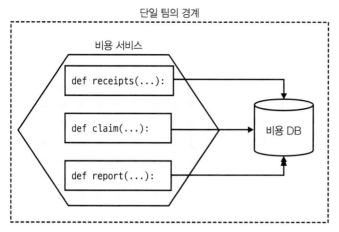

그림 8-20 동일한 데이터베이스를 사용하는 다양한 함수. 이 함수들은 모두 논리적으로 그 마이크로서비스의 일부며 동일한 팀에서 관리된다.

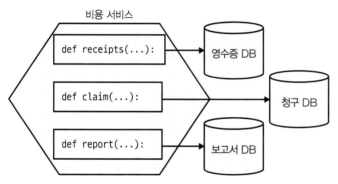

그림 8-21 각 함수가 자체 데이터베이스를 사용한다.

하나의 마이크로서비스를 여러 개의 세분화된 배포 가능한 단위로 매핑하는 것은 마이크로서비스에 대한 이전의 정의를 다소 왜곡한다. 일반적으로는 마이크로서비스를 독립적으로 배포할 수 있는 단위로 간주하며, 이제 하나의 마이크로서비스는 독립적으로 배포 가능한 단위로 구성된다. 이 예제에서 개념적으로 마이크로서비스는 물리적 개념보다 논리적 개념에 가깝다고 할 수 있다.

심지어 더욱 세분화한다: 더 작게 만들고 싶다면, 애그리거트당 기능을 더 작은 조각으로 나누고 싶은 유혹이 따른다. 필자는 이 방식에 훨씬 더 신중하다. 왜냐하면 이로 인해 함수가 폭발적으로 증가할 수 있을 뿐 아니라 애그리거트의 핵심 원칙 중 하나(애그리거트 자체의 일관성을 더 잘 관리하기 위해 애그리거트를 단일한 단위로 취급해야 한다)도 위반하기 때문이다.

필자는 이전에 애그리거트의 각 상태 전환을 자체 함수로 만드는 것을 고려하곤 했지만, 불일치와 관련된 문제로 이 생각을 철회했다. 독립적으로 배포할 수 있는 것이 여러 개일 때, 전체 상태 전환에서 서로 다른 부분을 관리하고 작업이 제대로 완료됐는지 확인하는 것은 매우 어려워진다. 이 문제는 6장에서 논의한 사가의 영역으로 우리를 안내한다. 복잡한 비즈니스 프로세스를 구현할 때 사가와 같은 개념이 중요하고 그 작업도 합당하다. 하지만 하나의 함수로 쉽게 처리될 수 있는 하나의 애그리거트를 관리하는 수준에 이러한 복잡성을 추가할 가치가 있는지는 의문이다.

향후 전망

향후 대부분의 개발자가 하부 상세 내용을 숨기는 플랫폼을 사용하게 될 것이라고 확신한다. 수년 동안 적절한 균형을 찾은 플랫폼으로 히로쿠를 꼽을 수 있었지만, 이제는 FaaS와 턴키 방식 서버리스 제품의 더 큰 생태계가 다른 길을 제시하고 있다.

FaaS에는 여전히 해결해야 할 문제가 남아 있으며 현재 제공되는 제품들은 이 문제를 해결하기 위해 변화해야 하지만, 대부분의 개발자가 결국 사용하게 될 플랫폼 형태라고 생각한다. 모든 애플리케이션이 주어진 제약 조건으로 인해 FaaS 생태계에 꼭 맞는 것은 아니지만 생태계에 적응한 애플리케이션의 경우 이미 상당한 이점을 누리고 있다. 쿠버네티스를 지원하는 FaaS 제품에 점점 더 많은 작업이 진행됨에 따라 주요 클라우드 공급자가 제공하는 FaaS 솔루션을 직접 사용할 수 없는 사람들도 점점 더 이 새로운 작업 방식을 활용하게 될 것이다.

따라서 FaaS는 모든 경우에 적합하지 않더라도 반드시 살펴볼 것을 당부할 만한 가치가 있다. 따라서 클라우드 기반 쿠버네티스 솔루션으로 전환을 고려하고 있는 필자의 고객에게는 FaaS가 상당한 복잡성을 숨기고 많은 작업을 덜어주면서도 필요한 모든 것을 제공할 수 있으므로 우선 탐구해볼 것을 촉구해왔다.

더 많은 조직이 더 큰 솔루션의 일부분으로 FaaS를 사용하고 적합한 특정 사례에 FaaS를 채택하는 것을 볼 수 있다. 좋은 예는 BBC에서 BBC 뉴스 웹 사이트를 제공하는 핵심 기술 스택의 일부로 람다 기능을 사용한 것이다. 전체 시스템은 람다와 EC2 인스턴스를 혼합해 사용하며, EC2 인스턴스는 람다 함수 호출 비용이 너무 많이 드는 상황에서 자주 사용된다.[2]

8.4 어떤 배포가 적합할까?

그렇다. 정말 많은 선택지가 있는가? 아마도 각 방식에 대해 많은 장단점을 공유했지만 큰 도움이 되지 않았을 것이다. 여기까지 왔다면 어떻게 해야 할지 다소 당황스러울지 모른다.

> **TIP**
> 더 진행하기 전에 현재 하고 있는 일이 효과가 있다면 계속하라! 두말하면 잔소리다. 유행에 따라 기술적인 결정을 내리지 말라.

마이크로서비스를 배포하는 방법을 변경해야 한다고 생각해야 하면, 이미 논의한 내용에서 많은 부분을 뽑아내 몇 가지 유용한 지침을 제공하려 한다.

마이크로서비스 배포 원칙을 다시 검토하면서 집중했던 가장 중요한 측면 중 하나는 마이크로서비스의 격리를 보장하는 것이다. 하지만 이를 기본 원칙으로 사용하면 각 마이크로서비스 인스턴스에 전용 물리 머신을 사용하도록 유도할 수 있다! 당연히 이러한 방식은 비용이 많이 들 수 있고, 이미 논의한 것처럼 매우 강력한 몇몇 도구들을 이 방식에서는 사용하지 못할 수도 있다.

많은 장단점이 여기에 존재한다. 사용 용이성, 격리, 친숙함 등과 비용의 균형을 맞추는 것은 감당하기 어렵다. 이제 어디에 배포할지 알아내기 위해 '샘의 정말 기본적인 경험 규칙Sams' Really Basic Rules of Thumb for Working Out Where to Deploy Stuff'이라는 일련의 규칙을 검토해보자.

1. 고장 나지 않았다면 고치지 말라.[3]
2. 당신이 만족한다고 느끼는 만큼 통제권을 포기한 다음 조금씩 더 포기하라. 모든 작업을 히로쿠(또는 FaaS 플랫폼)와 같은 훌륭한 PaaS에 맡길 수 있다면 그렇게 하고 만족하라. 정말로 여러분이 마지

---

2 조나단 이시마엘(Johnathan Ishmael), 'BBC 온라인을 위한 서버리스 최적화', BBC 블로그의 기술 및 창의성, BBC, 2021년 1월 26일, *https://oreil.ly/gkSdp*
3 필자가 정한 규칙은 아닐 것이다.

막 설정까지 일일이 손봐야 할까?

3. 마이크로서비스를 컨테이너화하는 일이 쉬운 일은 아니지만, 격리 비용에 대한 우수한 절충안임은 분명하다. 그리고 발생하는 작업에 대한 어느 정도의 제어권을 여전히 제공하면서 로컬 개발에 몇 가지 환상적인 이점을 가져온다. 향후에는 쿠버네티스를 기대하라.

많은 사람이 "쿠버네티스 아니면 망한다!"라고 외치지만, 그것은 그다지 도움이 되지 않는다. 공용 클라우드에 있고 해당 문제가 배포 모델로 FaaS에 적합하다면 FaaS를 대신 사용하고 쿠버네티스는 고려하지 말라. 아마도 개발자의 생산성이 훨씬 높아질 것이다. 16장에서 더 논의할 것이므로 락인$^{lock-in}$에 대한 두려움 때문에 스스로 초래한 혼란에 갇히지 말라.

히로쿠나 자이트^{Zeit}와 같은 멋진 PaaS를 찾았다면, 이 플랫폼의 제약 조건에 맞는 애플리케이션을 갖고 있는가? 모든 작업을 플랫폼에 맡기고 여러분의 제품을 위한 일에 더 많은 시간을 할애하라. 히로쿠와 자이트 모두 개발자 관점에서 뛰어난 사용성을 갖춘 매우 훌륭한 플랫폼이다. 결국, 여러분의 개발자들도 행복해질 자격이 있지 않을까?

나머지 사람들에게는 컨테이너화가 가야 할 길이다. 이제 쿠버네티스를 이야기해야 한다.

퍼핏, 셰프와 기타 도구의 역할

이 책의 초판이 출간된 이후 이 장에서 다뤄야 할 내용에 많은 변화가 있었다. 부분적으로는 전체 산업이 발전하기 때문이지만, 무엇보다 점점 더 유용해지고 있는 신기술의 등장 덕분이다. 새로운 기술이 등장하면서 다른 기술의 역할도 줄어들었다. 예를 들면 퍼핏(Puppet), 셰프(Chef), 안시블(Ansible), 솔트(Salt)와 같은 도구는 2014년 마이크로서비스 아키텍처 배포 때와 비교하면 역할이 크게 축소된 모습을 보여준다.

근본적으로 컨테이너가 부상한 것이 그 주된 이유다. 퍼핏과 셰프 같은 도구의 힘은 일부 코드 형식으로 정의된 기대 상태(desired state)를 사용해 머신을 원하는 상태로 전환할 방법을 제공한다는 것이다. 필요한 런타임, 구성 파일이 있어야 할 위치 등을 계속해서 동일한 머신에 결정적으로 실행되는 방식으로 정의해 머신을 항상 동일한 상태로 유지할 수 있다.

대부분의 사람에게 컨테이너를 구축하는 방법은 도커파일(Dockerfile)을 정의하는 것이다. 이를 통해 퍼핏이나 셰프와 동일한 요구 사항을 정의할 수 있지만 약간의 차이가 있다. 재배포할 때 기존 컨테이너가 없어지므로 각 컨테이너 생성은 처음부터 다시 시작한다(여기서는 다소 단순화하겠다). 이는 동일 머신에서 계속해서 실행되는 도구를 처리하기 위해 퍼핏과 셰프 고유의 많은 복잡한 것이 필요하지 않다는 사실을 의미한다.

퍼핏, 셰프와 유사 도구는 여전히 매우 유용하지만, 이제 그 역할이 컨테이너 밖으로 밀려 스택 아래로 내려갔다. 사람들은 레거시 애플리케이션과 인프라스트럭처를 관리하거나 현재 컨테이너 워크로드가 실행되는 클러스터를 구축하려고 이와 같은 도구를 사용한다. 하지만 개발자는 과거보다 이러한 도구를 접할 가능성이 훨씬 줄어들었다.

코드형 인프라스트럭처의 개념은 여전히 매우 중요하다. 단지 개발자가 사용할 가능성이 있는 도구의 종류가 달라졌을 뿐이다. 예를 들어 클라우드로 작업하는 사람들에게 테라폼(Terraform)과 같은 것은 클라우드 인프라스트럭처를 프로비저닝하는 데 매우 유용하다. 최근 필자는 개발자가 클라우드 인프라스트럭처를 관리하는 데 도움이 되도록 도메인 특화 언어(DSL)가 아닌 일반 프로그래밍 언어를 사용하는 풀루미(Pulumi)를 매우 좋아하게 됐다. 제공 팀(delivery team)이 운영 세계에 대한 소유권을 점점 더 많이 가지게 됨에 따라 풀루미는 더 많이 채택될 것이다. 반면에 퍼핏, 셰프 등은 운영에서 유용한 역할을 계속 하겠지만 일상적인 개발 활동에서 점점 더 멀어질 것이다.

8.5 쿠버네티스와 컨테이너 오케스트레이션

컨테이너가 관심을 끌기 시작하면서 많은 사람이 여러 머신에서 컨테이너를 관리하는 솔루션을 찾기 시작했다. 도커는 이에 대해 두 번의 시도를 했다(도커 스웜Docker Swarm과 도커 스웜 모드Docker Swarm Mode). 랜처Rancher와 코어OSCoreOS 같은 회사는 자체 방법을 고안했으며, 미소스Mesos와 같이 보다 범용적인 플랫폼은 다른 종류의 워크로드와 함께 컨테이너를 실행하는 데 사용됐다. 그러나 궁극적으로 이러한 제품에 대한 많은 노력에도 불구하고 쿠버네티스는 지난 몇 년 동안 이 분야를 지배하게 됐다.

쿠버네티스 자체를 이야기하기 전에 이와 같은 도구가 필요한 이유를 먼저 논의해야 한다.

8.5.1 컨테이너 오케스트레이션에 대한 사례

대체로 쿠버네티스는 컨테이너 오케스트레이션container orchestration 플랫폼이나 (인기가 시들해진 용어를 사용하자면) 컨테이너 스케줄러container scheduler로 다양하게 설명된다. 그렇다면 이러한 플랫폼은 무엇이며 왜 필요할까?

컨테이너는 하부 머신에 자원들을 격리시키며 생성된다. 도커와 같은 도구를 사용하면 컨테이너의 형태를 정의하고 머신에 컨테이너의 인스턴스를 생성할 수 있다. 하지만 대부분의 솔루션은 시스템이 충분한 부하를 처리하거나 단일 노드의 고장을 감내하기 위한 중복성redundancy을 갖도록 소프트웨어가 여러 머신에 정의되길 요구한다. 컨테이너 오케스트레이션 플랫폼은 컨테이너 워크로드가 실행되는 방법과 위치를 다룬다. 이 맥락에서 '스케줄링scheduling'이라는 용어가 적합하다. 운영자가 "이 작업이 실행되길 원합니다."라고 하면 오케스트레이터는 그 작업을 스케줄링하는 방법을 수행한다. 가용한 자원을 찾고, 필요한 경우 재할당하고 운영자를 위해 세세한 일을 처리한다.

또한 다양한 컨테이너 오케스트레이션 플랫폼은 기대 상태를 관리해 컨테이너들(이 경우 마이크로서비스 인스턴스)이 예상된 상태가 유지되도록 한다. 게다가 이 플랫폼은 이러한 워크로드를 분산하려는 방법을 지정할 수 있어 리소스 사용률, 프로세스 간 지연 시간, 또는 견고함의 원인을 최적화할 수 있다.

이와 같은 도구가 없다면 컨테이너 배포를 직접 관리해야 하는데, 필자가 경험한 바로는 매우 지루한 일이다. 컨테이너 인스턴스 시작 및 네트워킹을 관리하기 위한 스크립트 작성은 즐거운 일이 아니다.

대체로 쿠버네티스를 포함한 모든 컨테이너 오케스트레이션 플랫폼은 이러한 기능을 어떤 형태로든 제공한다. 미소스나 노마드와 같은 범용 스케줄러, AWS의 ECS, 도커 스웜 모드 등과 같은 관리형 솔루션에서 유사한 기능들을 찾아볼 수 있다. 하지만 곧 살펴볼 이유로 쿠버네티스가 이 분야에서 승리했다. 게다가 쿠버네티스에는 한두 가지 흥미로운 추가 기능도 있으니 간략히 살펴본다.

8.5.2 쿠버네티스의 개념 엿보기

쿠버네티스에는 다양한 개념이 존재하지만, 여기서 모든 개념을 다루지 않는 점에 대해 양해를 구한다(당연히 그 자체로 책 한 권이 필요하다). 필자가 이 절에서 다루려는 내용은 이 도구로 처음 작업을 시작할 때 관여해야 할 핵심 아이디어를 요약하는 것이다. 먼저 [그림 8-22]에서 클러스터의 개념을 살펴보자.

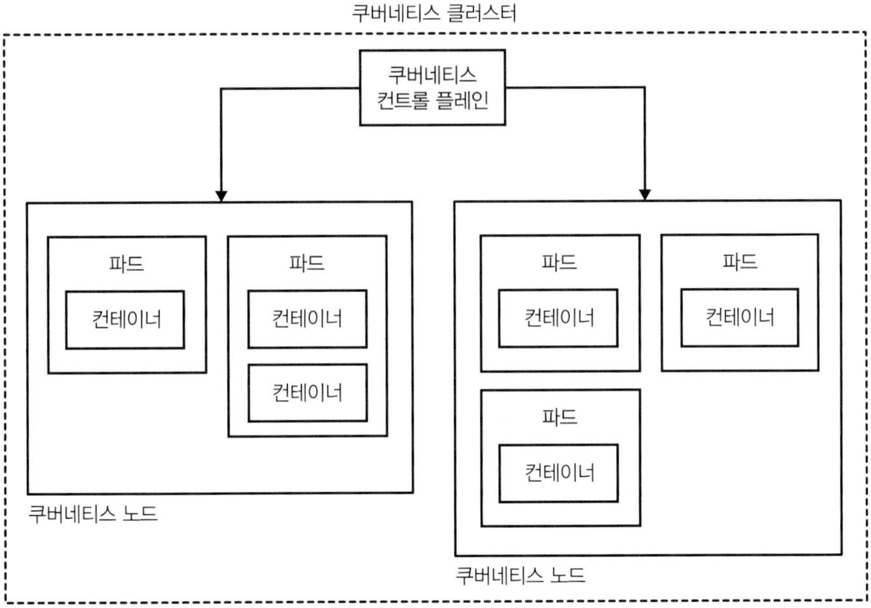

그림 8-22 쿠버네티스 토폴로지에 대한 간단한 개요

기본적으로 쿠버네티스 클러스터는 두 부분으로 구성된다. 첫째, 워크로드가 실행될 머신 집합을 노드node라고 한다. 둘째, 이 노드를 관리하는 일련의 제어 소프트웨어가 있는데, 이를 컨트롤 플레인control plane이라고 한다. 이러한 노드는 내부적으로 물리 머신 또는 가상 머신을 실행할 수 있다. 컨테이너를 스케줄링하는 대신에 **파드**pod라는 것을 스케줄링한다. 파드는 함께 배포될 하나 이상의 컨테이너로 구성된다.

일반적으로 포드 안에는 하나의 컨테이너(예: 마이크로서비스 인스턴스)만 있다. 그러나 필자의 경험상 드물지만 여러 컨테이너를 함께 배포하는 것이 합리적인 경우가 있다. 이에 대한 좋은 예는 서비스 메시의 일부로 엔보이Envoy와 같은 사이드카 프록시sidecar proxy를 사용하는 것이다. 서비스 메시는 5.10절 '서비스 메시와 API 게이트웨이'에서 설명했다.

다음으로 알아두면 유용한 개념은 **서비스**service다. 쿠버네티스의 맥락에서 서비스는 안정적인 라우팅 엔드포인트로 간주할 수 있으며, 기본적으로 실행 중인 파드로부터 클러스터 내에서 사용할 수 있는 안정적인 네트워크 인터페이스로 매핑하는 방법이 된다. 쿠버네티스는 [그림 8-23]에서 보듯이 클러스터 내에서 라우팅을 처리한다.

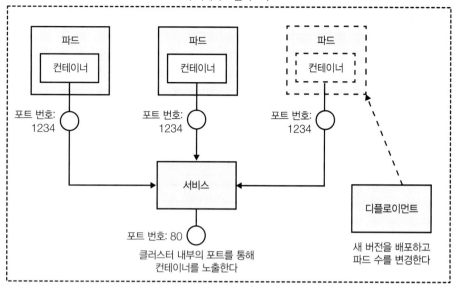

그림 8-23 파드, 서비스, 디플로이먼트의 상호 작동 방식

해당 파드가 여러 가지 이유로 종료될 수 있으므로 일시적인 것으로 간주되더라도 전체적으로 서비스는 계속 유지된다는 개념이다. 서비스는 호출과 파드를 상호 라우팅하려고 존재하며 파드를 종료하거나 시작하는 새로운 파드를 처리할 수 있다. 순전히 용어의 관점에서 보면 혼동될 우려도 있다. 서비스 배포에 대해 보편적으로 더 많이 이야기하지만, 쿠버네티스에서는 서비스를 배포하지 않고 서비스에 매핑되는 파드를 배포한다. 이 문제를 해결하는 데 시간이 걸릴 수 있다.

다음으로 **레플리카셋**replica set이 있다. 레플리카셋을 통해 파드들의 기대 상태를 정의한다. "이 파드 중 4개를 원합니다."라고 하면 쿠버네티스가 나머지를 처리한다. 실제로 더 이상 직접 레플리카셋으로 작업할 필요가 없다. 그 대신 마지막으로 살펴볼 개념인 디플로이먼트deployment를 통해 처리된다. 디플로이먼트는 파드와 레플리카셋에 대한 변경 사항을 적용하는 방법이다. 디플로이먼트를 통해 롤링 업그레이드 문제(다운타임을 방지하고자 점진적인 방식으로 최신 버전의 파드로 교체), 롤백, 노드 수 확장 등과 같은 작업을 수행할 수 있다.

따라서 마이크로서비스를 배포하려면 마이크로서비스 인스턴스를 포함할 **파드**를 정의해야한다. **서비스**를 정의해 쿠버네티스가 마이크로서비스에 액세스하는 방법을 알려준다. **디플로이먼트**

를 사용하면 실행 중인 포드에 변경 사항을 적용할 수 있다. 말만 들으면 쉬워 보일지도 모른다. 하지만 복잡함을 피하려고 꽤 많은 내용을 생략했다는 것을 알아두자.

8.5.3 멀티테넌시와 페데레이션

효율성의 관점에서 하나의 쿠버네티스 클러스터에 가용한 모든 컴퓨팅 자원을 모아두고 조직 전체의 모든 워크로드를 그 클러스터에서 실행하길 원할 것이다. 이렇게 하면 사용하지 않는 자원을 필요한 사람에게 자유롭게 재할당할 수 있으므로 하부 자원의 활용도가 높아지게 된다. 이에 따라 비용도 적절히 줄어들 것이다.

문제는 쿠버네티스가 다양한 목적을 위해 서로 다른 마이크로서비스를 잘 관리할 수 있지만 플랫폼이 얼마나 '멀티테넌트multitenanted'한지에 대해 제한이 있다는 것이다. 조직의 부서마다 다양한 자원에 대해 서로 다른 수준의 제어가 필요할 수 있다. 이러한 종류의 제어는 쿠버네티스에 내장되지 않았으며, 쿠버네티스의 범위를 다소 제한적으로 유지하려는 측면에서 현명한 결정으로 보인다. 이 문제를 해결하려고 조직은 몇 가지 다른 방법을 모색하는 것 같다.

첫 번째 방법은 이와 같은 기능을 제공하는 쿠버네티스 위에 구축된 플랫폼을 채택하는 것이다. 예를 들어 레드햇Red Hat의 오픈시프트OpenShift는 대규모 조직을 고려해 만들어진 풍부한 액세스 제어 및 기타 기능들을 보유하며 멀티테넌시의 개념을 다소 쉽게 구현할 수 있게 한다. 이러한 종류의 플랫폼을 사용하는 데 따른 금전적 영향은 차치하고, 이 플랫폼이 작동하려면 선정된 공급업체가 제공한 추상화를 이용해 작업해야 하는 경우가 있다. 따라서 개발자는 쿠버네티스뿐 아니라 특정 벤더의 플랫폼을 사용하는 방법도 알아야 한다.

다른 방법은 [그림 8-24]에 요약된 페데레이션 모델federated model을 고려하는 것이다. 페데레이션을 사용하면 여러 개로 분리된 클러스터를 가질 수 있고, 이 클러스터 위에 일부 소프트웨어 계층이 있어 필요하다면 모든 클러스터에 변경을 가할 수 있다. 대개 사람들은 하나의 클러스터를 직접 다루며 쿠버네티스에 익숙한 경험을 쌓게 된다. 하지만 일부 상황에서는 애플리케이션을 여러 클러스터에 분산 배치하려는 경우도 있다. 특히, 그 클러스터가 서로 다른 위치에 있고 전체 클러스터 손실을 처리할 수 있는 애플리케이션 배치가 필요한 경우가 그렇다.

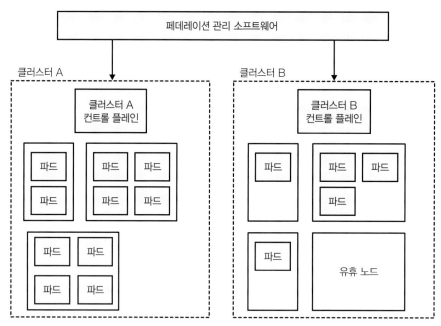

그림 8-24 쿠버네티스에서 페데레이션 예

페데레이션의 특성으로 인해 리소스 풀링resource pooling이 더욱 어려워진다. [그림 8-24]에서 보듯이 클러스터 A는 완전히 활용되는 반면에 클러스터 B는 사용되지 않는 용량이 많다. 클러스터 A에서 더 많은 워크로드를 실행하길 원한다면, 클러스터 B의 유휴 노드를 클러스터 A로 이동하는 것과 같이 추가 자원을 제공할 수 있어야 한다. 한 클러스터에서 다른 클러스터로 노드를 이동하는 것이 얼마나 쉬울지는 사용 중인 페데레이션 소프트웨어 특성에 따라 다르지만, 사소한 변경은 아니다. 하나의 노드는 한 클러스터나 다른 클러스터의 일부일 수 있으므로 클러스터 A와 B 양쪽을 위한 파드를 실행할 수 있다.

클러스터 자체를 업그레이드하는 문제를 고려할 때 여러 클러스터를 보유하면 도움이 된다는 점은 주목할 가치가 있다. 클러스터를 제자리in-plance 업그레이드하는 것보다 새로 업그레이드된 클러스터로 마이크로서비스를 옮기는 것이 더 쉽고 안전할 수 있다.

기본적으로 이것은 규모의 문제다. 어떤 조직은 단일 클러스터를 기꺼이 공유하므로 이러한 문제가 발생하지 않는다. 더 큰 규모로 효율성을 얻고자 하는 조직이라면, 더 자세히 살펴보고 싶은 영역이 분명하다. 쿠버네티스 페데레이션의 형태에 대한 다양한 비전과 클러스터를 관리하는 다양한 툴체인이 있다는 점에 주목해야 한다.

쿠버네티스의 배경

쿠버네티스는 이전 컨테이너 관리 시스템인 오메가(Omega)와 보그(Borg)에서 영감을 얻은 구글의 오픈 소스 프로젝트에서 시작됐다. 쿠버네티스의 많은 핵심 개념은 서로 조금씩 목표가 다르더라도 구글 내부에서 컨테이너 작업 부하를 관리하는 방법에 대한 개념을 기반으로 한다. 보그는 전 세계 데이터 센터에서 (수십만에는 미치지 못하더라도) 수만 개의 컨테이너를 처리하면서 대규모 글로벌 시스템을 실행한다. 이 세 가지 구글 플랫폼의 다른 철학을 어떻게 상호 비교하는지 자세히 알고 싶다면, 비록 구글 중심의 관점이지만 브렌든 번스(Brendan Burns) 등이 훌륭하게 요약한 '보그, 오메가, 그리고 쿠버네티스(Borg, Omega, and Kubernetes)'(*https://oreil.ly/fVCSS*)를 추천한다.

쿠버네티스는 보그, 오메가와 함께 일부 DNA를 공유하지만 대규모 작업이 이 프로젝트의 주요 동인은 아니었다. 보그에서 힌트를 얻었던 노마드와 미소스 둘 다 애플(Apple)이 시리(Siri)[4]에 미소스를 사용하거나 로블록스(Roblox)가 노마드를 사용하는 경우에서 보듯이 수천 대의 머신 클러스터가 필요한 상황에서 틈새 기회를 찾았다.

쿠버네티스는 구글의 아이디어는 가져오되 보그나 오메가에서 제공하는 것보다 더 개발자 친화적인 환경을 제공하길 원했다. 순전히 이타적인 관점에서 오픈 소스 도구를 만드는 데 많은 엔지니어링 노력을 투자하기로 한 구글의 결정을 볼 수 있다. 일부 사람들의 의도였다고 확신하지만, 현실은 구글이 공용 클라우드 분야(특히 AWS)의 경쟁에서 목격했던 위험이 더 크게 작용했다.

공용 클라우드 시장에서 구글 클라우드는 입지를 굳혔지만, 여전히 애저와 AWS(큰 격차로 앞서고 있는)에 이어 3위를 달리고 있으며, 어떤 분석에서는 알리바바 클라우드(Alibaba Cloud)에 밀려 4위를 기록하고 있다. 시장 점유율이 향상되고 있지만 여전히 구글이 원하는 위치에는 미치지 못하고 있다.

확실한 시장 리더인 AWS가 결국 클라우드 컴퓨팅 분야를 거의 독점할 수 있다는 것이 큰 우려 사항으로 보인다. 게다가 한 공급업체에서 다른 공급업체로 마이그레이션하는 데 드는 비용에 대한 우려로 인해 이러한 시장 지배적 지위가 바뀌기는 쉽지 않을 것이다. 그러던 중 공급업체에서 실행할 수 있는 컨테이너 워크로드를 실행하기 위한 표준 플랫폼을 제공한다는 약속과 함께 쿠버네티스가 등장한다. 이를 통해 한 공급자에서 다른 공급자로 마이그레이션할 수 있고 AWS가 독점하는 미래를 피할 수 있길 희망했다.

따라서 쿠버네티스는 더 광범위한 IT 산업을 위해 아낌없이 기여한 결과거나 빠르게 변화하는 공용 클라우드 분야에서 경쟁력을 유지하려는 구글의 시도로 볼 수 있다. 이 두 가지 모두 똑같이 사실이라고 보는 데 아무런 문제가 없다.

8.5.4 클라우드 네이티브 컴퓨팅 재단

CNCF^Cloud Native Computing Foundation는 비영리 리눅스 재단^Linux Foundation에서 파생됐다. CNCF는 클

---

4 다니엘 브라이언트(Daniel Bryant), '애플은 시리의 백엔드 서비스를 아파치 미소스를 사용해 재구축한다(Apple Rebuilds Siri Backend Services Using Apache Mesos)', 인포큐(InfoQ), 2015년 5월 3일, *https://oreil.ly/NLUMX*

라우드 네이티브 개발을 촉진하는 프로젝트의 생태계를 큐레이션하는 데 중점을 둔다. 실제로 이 단체는 쿠버네티스 자체뿐 아니라 쿠버네티스와 협업하거나 쿠버네티스 위에서 구축된 프로젝트도 지원한다. 프로젝트 자체는 CNCF에서 생성하거나 직접 개발하지 않는다. 그 대신 CNCF를 따로따로 개발되고 있는 이러한 프로젝트가 동일한 곳에 함께 호스팅돼 공통 표준 및 상호 운용성을 개발할 수 있는 장소로 볼 수 있다.

그런 점에서 CNCF는 아파치 소프트웨어 재단Apache Software Foundation의 역할을 떠올리게 한다. CNCF와 마찬가지로 아파치 소프트웨어 재단에 소속된 프로젝트는 일반적으로 높은 수준의 품질과 폭넓은 커뮤니티 지원이 제공됨을 의미한다. CNCF가 주최하는 모든 프로젝트는 오픈 소스이지만 이와 같은 프로젝트의 개발은 영리 단체에 의해 주도될 수 있다.

CNCF는 관련 프로젝트의 개발을 가이드하는 것 외에도 이벤트를 실행하고, 문서 및 교육 자료를 제공하며, 쿠버네티스에 대한 다양한 인증 프로그램을 정의한다. 이 그룹에는 업계 전반에서 참여한 구성원이 포함돼 있으며, 소규모 그룹이나 독립체가 조직에서 큰 역할을 수행하기 어려울 수 있지만 산업을 초월한 지원 수준(서로 경쟁 관계에 있는 많은 회사도 포함해)은 인상적이다.

외부에서 볼 때 CNCF는 큐레이션하는 프로젝트의 유용함을 널리 알리는 데 큰 성공을 거둔 것으로 보인다. 또한 주요 프로젝트의 발전 과정을 공개적으로 논의할 수 있는 장으로서 역할하며 폭넓은 의견을 수렴한다. CNCF는 쿠버네티스의 성공에 큰 역할을 했다. CNCF가 없었다면 이 분야는 여전히 파편화돼 있을 것이라고 쉽게 짐작할 수 있다.

8.5.5 플랫폼과 이식성

여러분은 쿠버네티스를 '플랫폼'으로 묘사하는 말을 자주 듣게 될 것이다. 하지만 개발자가 이 용어를 이해하는 의미에서 실제로 플랫폼은 아니다. 기본적으로 제공되는 것은 컨테이너 워크로드를 실행할 수 있는 기능뿐이다. 쿠버네티스를 사용하는 대부분의 사람은 서비스 메시, 메시지 브로커, 로그 집계 도구 등과 같은 지원 소프트웨어를 설치해 결국 자체 플랫폼을 구축하게 된다. 대규모 조직에서 이 작업은 플랫폼을 통합하고 관리하며 개발자가 플랫폼을 효과적으로 사용하도록 돕는 플랫폼 엔지니어링 팀의 책임이 된다.

이것은 축복이자 저주가 될 수 있다. 이러한 선택적 혼합 방식pick-and-mix approach은 호환성이 매우 높은 도구 생태계 덕분에 가능하다(대부분 CNCF의 작업 덕분이다). 따라서 원한다면 특정 작업에는 즐겨 사용하는 도구를 사용할 수 있다. 하지만 이것은 결국 과중한 선택을 해야 하는 상황으로 이어져 너무 쉽게 많은 선택 사항에 압도당할 수 있다. 레드햇의 오픈시프트와 같은 제품은 채택이 결정된 기성 플랫폼을 제공하므로 일부 선택의 기회를 앗아간다.

이와 같은 선택 제한이 의미하는 것은 기본 수준에서 쿠버네티스가 컨테이너 실행을 위해 이식 가능한 추상화를 제공하지만 실제로는 하나의 클러스터에서 작동하는 애플리케이션을 가져다 다른 곳에 옮기면 작동할 것이라고 기대하는 것만큼 간단하지 않다는 것이다. 여러분의 애플리케이션, 운영 및 개발자 워크플로는 여러분의 맞춤형 플랫폼에 의존할 수 있다. 한 쿠버네티스 클러스터에서 다른 클러스터로 이동시키려면 새 장소에서 해당 플랫폼을 다시 빌드해야 할 수도 있다. 필자는 주로 한 공급업체에 종속되는 것을 염려하기 때문에 쿠버네티스를 채택한 많은 조직과 이야기를 나눴지만, 대부분 그 미묘한 차이를 이해하지 못했다. 쿠버네티스에서 구축된 애플리케이션은 이론적으로 클러스터 간에 이식 가능하지만, 실제로 항상 가능하지는 않다.

8.5.6 헬름, 오퍼레이터, CRD!

쿠버네티스 분야에서 지속적으로 혼란스러운 영역 중 하나는 제삼자 애플리케이션과 하위 시스템의 배포 및 수명주기를 관리하는 방법이다. 쿠버네티스 클러스터에서 카프카를 실행해야 한다고 생각해보자. 자체 파드, 서비스, 디플로이먼트 명세를 생성하고 직접 실행할 수 있다. 하지만 카프카 설정에 대한 업그레이드를 관리하는 일은 어떨까? 실행 중인 상태형stateful 소프트웨어를 업그레이드하는 것처럼 처리하고자 하는 다른 일반적인 유지 보수 작업은 어떤가?

보다 합리적인 수준의 추상화에서 이 유형의 애플리케이션을 관리할 수 있는 기능을 제공하는 것을 목표로 하는 많은 도구가 등장했다. 아이디어는 누군가가 카프카용 패키지와 유사한 것을 생성하고 블랙 박스와 좀 더 유사한 방식으로 쿠버네티스 클러스터에서 실행한다는 것이다. 이 분야에서 가장 잘 알려진 두 가지 솔루션은 오퍼레이터Operator와 헬름Helm이다. 헬름은 스스로를 쿠버네티스의 '누락된 패키지 매니저'라고 칭하며 오퍼레이터는 초기 설치를 관리할 수 있지만 애플리케이션의 지속적인 관리에 더 중점을 두는 것으로 보인다. 오퍼레이터와 헬름을 서로의 대안으로 볼 수 있지만, 경우에 따라 두 가지를 함께 사용할 수도 있는 것은 때로는 여러분을 혼란스럽게 한다(초기 설치의 경우 헬름이 담당하고, 수명주기 작업의 경우 오퍼레이터가 담당한다).

이 분야에서 더 최근에 발전한 것이 있다면 CRD, 즉 사용자 지정 리소스 정의^{custom resource} ^{definition}다. CRD를 사용하면 핵심 쿠버네티스 API를 확장해 클러스터에 새로운 동작을 연결할 수 있다. CRD의 장점은 기존 명령줄 인터페이스, 액세스 제어 등과 매우 원활하게 통합되므로 사용자 정의 확장이 이질적으로 추가된 것처럼 보이지 않는다는 점이다. 기본적으로 쿠버네티스 추상화는 자체적으로 구현할 수 있다. 이전에 논의한 파드, 레플리카셋, 서비스, 디플로이먼트의 추상화를 생각해보라. 이제 CRD를 사용하면 자체 정의한 것을 이 혼합된 것에 추가할 수 있다.

구성 정보의 작은 비트 관리부터 Istio와 같은 서비스 메시 제어나 카프카와 같은 클러스터 기반 소프트웨어에 이르기까지 모든 작업에 CRD를 사용할 수 있다. 이와 같은 유연하고 강력한 개념으로 CRD가 어디에 사용되는 것이 가장 좋을지 알기 어렵고, 필자와 이야기한 전문가들 사이에서도 일반적인 합의는 없는 것 같다. 이 모든 분야에서 기대했던 만큼 빠르게 정착하지 않은 것 같고, 원하는 만큼 합의도 이뤄지지 않고 있다. 이러한 추세가 쿠버네티스 생태계의 현 주소다.

8.5.7 Knative

Knative(*https://knative.dev*)는 내부적으로 쿠버네티스를 사용해 개발자에게 FaaS 방식의 워크플로를 제공하는것이 목표인 오픈 소스 프로젝트다. 근본적으로 쿠버네티스는 특히 히로쿠나 그와 유사한 플랫폼들과 사용성을 비교할 때 그다지 개발자 친화적이지 않다. Knative의 목표는 개발자에게 쿠버네티스의 복잡성을 숨기고 FaaS의 개발자 경험을 쿠버네티스에 가져오는 것이며, 결과적으로 개발 팀은 소프트웨어의 전체 수명주기를 더 쉽게 관리할 수 있음을 의미한다.

이미 5장에서 서비스 메시를 논의하고 특별히 Istio를 언급했는데, 서비스 메시는 Knative를 실행하는 데 필수적이다. Knative는 이론적으로 다양한 서비스 메시를 연결할 수 있지만, 현재로서는 Istio만 안정적인 것으로 간주된다(앰버서더^{Ambassador}와 글루^{Gloo} 같은 다른 메시들의 지원은 아직 알파 단계다). 실제로 Knative를 채택하려면 이미 Istio를 적용했다는 것을 의미한다.

쿠버네티스와 Istio 모두 주로 구글에서 주도하는 프로젝트며, 안정적인 것으로 간주될 수 있는 단계에 도달하는 데 매우 오랜 시간이 걸렸다. 쿠버네티스는 1.0 릴리스 이후에도 여전히 큰 변화를 겪었고 최근에 와서야 Knative를 뒷받침할 Istio가 완전히 재설계됐다. 안정적이면서 운영할 준비가 된 수준의 프로젝트를 제공했던 과거 사례를 보면, 대부분의 사람이 Knative를 사용할 준비가 되기까지 훨씬 더 오래 걸릴 것이다. 몇몇 조직에서 사용하고 있고 여러분도 사용할 수 있지만, 경험에 비춰보면 머지않아 고통스러운 마이그레이션이 필요한 큰 변화가 발생할 것이다. 쿠버네티스 클러스터에 대해 FaaS와 같은 제품을 고려하고 있는 좀 더 보수적인 조직에게 다른 대안을 찾도록 제안한 것도 부분적으로는 이러한 이유 때문이다. OpenFaaS와 같은 프로젝트는 이미 전 세계 조직에서 운영되고 있으며 하부에 서비스 메시가 필요하다. 그러나 지금 Knative라는 열차에 올라탄다면 미래에 이상한 '탈선'이 발생하더라도 놀라지 않길 바란다.

여기서 또 다른 참고 사항도 언급해둔다. 구글이 Knative를 CNCF의 일부로 포함시키지 않기로 결정한 것은 유감스러운 일이며, 구글이 이 도구 자체의 방향을 주도하길 원했기 때문이라고 짐작해볼 수 있다. 쿠버네티스를 출시할 당시 많은 사람이 이 도구의 미래를 혼란스럽게 전망했는데, 컨테이너 관리 방법에 대한 구글의 사고방식을 반영한 것도 일부 원인이었다. 하지만 이 도구는 광범위한 업계의 참여로부터 큰 혜택을 받았고, 적어도 현 단계에서는 Knative와 관련해 구글이 이와 같은 광범위한 업계 참여에 관심이 없다는 결정을 내린 것은 매우 유감이다.

8.5.8 미래

앞으로 쿠버네티스의 광풍이 조만간 멈출 조짐은 없어 보이며, 더 많은 조직이 사설 클라우드를 위해 자체 쿠버네티스 클러스터를 구현하거나 공용 클라우드에서 관리형 클러스터를 사용하도록 설정하는 모습을 보게 될 것으로 예상된다. 그러나 개발자가 쿠버네티스를 직접 사용하는 방법을 배워야 하는 지금 우리가 보고 있는 것은 상대적으로 단기적인 순간일 것이다. 쿠버네티스는 컨테이너 워크로드를 관리하고 쿠버네티스상에 구축될 다른 것들을 위한 플랫폼을 제공하는 데 탁월하다. 하지만 개발자 친화적인 경험을 제공하는 것으로 생각되지는 않는다. 구글이 Knative를 뒤에서 지원하는 것을 보여주었고, 우리는 계속해서 더 높은 수준의 추상화 계층 아래에 숨겨진 쿠버네티스를 보게 될 것이다. 따라서 미래에는 쿠버네티스가 어디에나 있을 것으로 기대한다. 여러분은 단지 이 사실을 모를 뿐이다.

이로 인해 개발자가 분산 시스템을 구축하고 있다는 사실을 망각해도 된다는 의미는 아니다. 개발자들은 여전히 이 유형의 아키텍처가 가져오는 무수한 문제를 이해해야 한다. 따라서 이 변화는 단지 소프트웨어가 하부의 컴퓨팅 자원에 매핑되는 방식을 세세하게 걱정하지 않아도 된다는 것뿐이다.

8.5.9 사용해야 할까?

그렇다면 쿠버네티스 클럽 정회원이 아닌 분들도 가입해야 할까? 여기서 몇 가지 지침을 공유한다. 첫째, 자체 쿠버네티스 클러스터를 구현하고 관리하는 것은 심약한 사람에게는 적합하지 않을 만큼 상당히 힘든 작업이다. 따라서 개발자가 쿠버네티스 설치를 통해 얻게 될 경험의 품질은 클러스터를 실행하는 팀의 효율성에 따라 좌우된다. 이와 같은 이유로 온프레미스 쿠버네티스 경로를 따라간 다수의 대규모 조직은 이 작업을 전문 회사에 아웃소싱했다.

더 나은 방법은 완전 관리형 클러스터를 사용하는 것이다. 공용 클라우드를 사용할 수 있다면 구글, 애저, AWS에서 제공하는 것과 같은 완전 관리형 솔루션을 사용하라. 하지만 여러분이 공용 클라우드를 사용할 수 있다면 쿠버네티스가 실제로 원하는 것인지 고려하라고 필자는 말하고 싶다. 마이크로서비스의 배포 및 수명주기를 처리하는 개발자 친화적인 플랫폼을 찾고 있다면 이미 살펴본 FaaS 플랫폼이 적합할 수 있다. 또한 여러분은 애저 웹 앱^{Azure Web App}, 구글 앱 엔진, 소규모 공급자(자이트나 히로쿠 같은) 등 PaaS와 유사한 다른 제품을 살펴볼 수도 있다.

쿠버네티스를 사용하기로 결정하기 전에 일부 관리자와 개발자가 쿠버네티스를 사용하도록 하라. 개발자는 minikube나 MicroK8s와 같은 가벼운 것을 로컬에서 실행해 노트북에서 완전한 쿠버네티스에 근접한 경험을 할 수 있다. 따라서 플랫폼을 관리하게 될 사람들은 더 깊이 파고들 필요가 있다. 카타코다^{Katacoda}(*https://www.katacoda.com/*)에는 핵심 개념을 파악하기 위한 몇 가지 훌륭한 온라인 자습서가 있으며, CNCF는 이 분야에 많은 교육 자료를 제공하는 데 도움이 된다.[5] 당신이 결정하기 전에 실제로 이 물건을 사용할 사람들이 그것을 갖고 놀게 하라.

---

5   옮긴이_카타코다 서비스는 2022년 6월 오라일리(O'Reilly)사에 인수돼 오라일리 학습 플랫폼에 포함됐다.

"남들도 다 하고 있으니까."라고 말하면서 쿠버네티스를 해야 한다는 생각에 갇히지 말라. 이는 마이크로서비스를 선택할 때와 마찬가지로 쿠버네티스를 선택하는 것이 위험한 이유다. 쿠버네티스만큼 훌륭하지만 모든 사람을 위한 것은 아니다. 따라서 자체 평가를 수행하라. 하지만 솔직히 말해 개발자가 소수에 불과하고 마이크로서비스가 몇 개밖에 없는 경우 전적으로 관리형 플랫폼을 사용하더라도 쿠버네티스는 오버엔지니어링over-engineering일 가능성이 높다.

8.6 점진적 제공

지난 10여 년 동안 우리는 사용자에게 소프트웨어를 배포하는 데 더욱 영리해졌다. 새로운 기술이 다양한 사용 사례를 통해 등장했고 IT 업계의 다양한 부분에서 나왔지만, 주로 새로운 소프트웨어를 훨씬 덜 위험하게 출시하는 데 집중했다. 이와 같이 소프트웨어 릴리스가 덜 위험해지면 자연스레 소프트웨어를 더 자주 릴리스할 수 있다.

실제 사용자에게 영향을 미치기 전에 문제를 해결하는 데 도움이 되도록 소프트웨어를 출시하기 전에 수행하는 다양한 활동이 있다. 운영 전 테스트는 이러한 활동의 많은 부분을 차지하지만 9장에서 논의하므로 테스트는 여기까지만 다룰 것이다.

니콜 폴스그렌Nicole Forsgren, 제즈 험블Jez Humble, 진 킴Gene Kim은 자신들의 저서 『디지털 트랜스포메이션 엔진』(에이콘, 2020)에서 성과가 좋은 회사가 성과가 낮은 회사보다 더 자주 배포하고 **동시에 변경 실패율도 훨씬 낮다**는 점을 강조하며 광범위한 연구에서 도출된 명백한 증거를 보여준다.

소프트웨어 출시에서 '빨리 가서 부순다'는 개념은 실제로 적용되지 않은 것으로 보인다. 다시 말하자면 자주 출시하고 실패율을 낮추는 것은 밀접한 관련이 있으며, 이를 깨달은 조직은 소프트웨어 릴리스에 대한 사고방식을 바꾸었다.

이와 같은 조직은 기능 토글, 카나리아 릴리스, 병렬 실행 등과 같은 기술을 사용하며, 이 절에서 자세히 설명한다. 기능을 릴리스하는 것에 대한 이러한 생각의 변화는 **점진적 제공**progressive delivery이라는 기치 아래에 있다. 기능functionality은 통제된 방식으로 사용자에게 릴리스된다. 빅뱅big-bang 배포 대신에 예를 들어 일부 사용자에게 소프트웨어의 새 버전을 배포함으로써 누가 어떤 기능을 보는지 현명하게 결정할 수 있다.

기본적으로 이러한 모든 기술의 핵심은 소프트웨어 출시에 대한 생각의 단순한 변화다. 즉, 릴리스 개념에서 배포 개념을 분리할 수 있다.

8.6.1 배포와 릴리스의 분리

『신뢰할 수 있는 소프트웨어 출시』(에이콘, 2013)의 공동 저자 제즈 험블은 이 두 가지 아이디어를 분리하는 사례를 만들고 다음에 소개된 저위험 소프트웨어 릴리스의 핵심 원칙으로 삼았다.

> 배포는 소프트웨어의 일부 버전을 특정 환경(운영 환경이 암시되는 경우가 많음)에 설치될 때 발생하는 것이다. 릴리스는 시스템이나 그 일부(예: 기능)를 사용자가 사용할 수 있도록 만드는 것이다.

제즈는 이 두 개념을 분리함으로써 사용자에게 실패 없이 운영 환경 설정에서 소프트웨어가 작동할 수 있다고 주장한다. 블루 그린 배포는 이 개념이 실제 동작되는 가장 단순한 예 중 하나다. 하나의 소프트웨어 버전이 라이브(파란색)되면 운영 환경의 이전 버전(녹색)과 함께 새 버전을 배포한다. 새 버전이 예상대로 작동하는지 확인하고, 작동한다면 고객이 새 버전의 소프트웨어를 보도록 경로를 리디렉션한다. 전환하기 전에 문제를 발견하면 고객에게 영향을 미치지 않는다.

블루 그린 배포는 이 원칙의 가장 간단한 예에 속하지만, 이 개념을 수용하면 사용 가능한 더욱 정교한 기술이 많이 있다.

8.6.2 점진적 제공으로

개발자 중심의 산업 분석 회사인 레드몽크[RedMonk]의 공동 설립자 제임스 거버너[James Governor]는 이 분야에서 사용되는 다양한 기술을 포괄하고자 **점진적 제공**[progressive delivery]이란 용어를 처음 고안했다(*https://oreil.ly/1nFrg*). 그는 계속해서 점진적 제공을 '폭발 반경을 세밀하게 제어하면서 지속적으로 제공하는 것'(*https://oreil.ly/opHOq*)이라고 설명했다. 따라서 점진적 제공은 지속적 제공의 확장이자 새로 출시된 소프트웨어의 잠재적 영향을 제어할 수 있는 기능을 제공하는 기술이기도 하다.

이 주제를 선택해 LaunchDarkly의 아담 짐먼^{Adam Zimman}은 점진적 제공이 '비즈니스'에 미치는 영향을 설명한다(*https://oreil.ly/zeeNc*). 이러한 관점에서는 새로운 기능이 고객에게 도달하는 방식에 대한 생각의 전환이 필요하다. 더 이상은 하나의 롤아웃^{rollout}이 아니라 단계적 활동이 될 것이다. 하지만 아담이 말했듯이 점진적 제공은 '결과에 가장 밀접하게 책임이 있는 프로덕트 오너에게 기능 제어를 위임함'으로써 프로덕트 오너에게 권한을 부여할 수 있다는 점이 중요하다. 하지만 이것이 작동하려면 해당 프로덕트 오너는 사용 중인 점진적 제공 기술의 메커니즘을 이해해야 한다. 즉, 기술적으로 어느 정도 정통한 프로덕트 오너나 적절히 정통한 사람들의 지원을 의미한다.

점진적 제공 기술 중 하나인 블루 그린 배포는 이미 다뤘고, 여기서는 간단히 몇 가지만 더 살펴본다.

8.6.3 기능 토글

기능 토글^{feature toggle}('기능 플래그'라고도 함)을 사용하면 기능을 끄거나 켜는 데 사용할 수 있는 토글 뒤에 있는 배포된 기능을 숨길 수 있다. 이는 트렁크 기반 개발의 일부로 가장 일반적으로 사용될 수 있으며, 아직 완료되지 않은 기능을 체크인하고 배포할 수 있지만 최종 사용자에게는 여전히 숨겨져 있다. 하지만 이 외에도 많은 애플리케이션이 있다. 이 기능은 지정된 시간에 기능을 켜거나 문제가 되는 기능을 끄는 데 유용하다.

또한 더 세분화된 방식으로 기능 토글을 사용할 수 있다. 아마도 요청하는 사용자의 특성에 따라 플래그가 다른 상태를 갖도록 설정할 수 있다. 예를 들어 기능이 켜져 있는 고객 그룹(예: 베타 테스트 그룹)이 있는 반면, 대부분의 사람은 꺼져 있는 기능을 볼 것이다. 이렇게 하면 다음에 논의할 카나리아 롤아웃을 구현하는 데 도움이 될 수 있다. LaunchDarkly(*http://launchdarkly.com*)와 Split(*https://www.split.io*)을 포함해 기능 토글을 관리하는 완전 관리형 솔루션들이 있다. 이러한 플랫폼은 인상적이므로 훨씬 더 간단한 것에서 시작할 수 있다(즉, 구성 파일만으로 시작 가능하다). 토글을 사용하는 방법을 전개하기 시작할 때는 이러한 기술을 살펴보길 바란다.

기능 토글의 세계를 더 자세히 탐구하려면 피트 혹슨의 '기능 토글(일명 기능 플래그)^{Feature Toggles}

^(aka Feature Flags)'($https://oreil.ly/5B9ie$)을 추천한다. 이 글에서는 어떻게 기능 토글을 구현하는지 설명하고 사용할 수 있는 다양한 방법을 자세히 소개한다.

8.6.4 카나리아 릴리스

> 실수는 사람이 할 수 있는 일이지만, 정말 일을 망치려면 컴퓨터가 필요하다.[6]

우리는 모두 실수를 하며, 컴퓨터는 우리가 그 어느 때보다 더 빠르고 더 큰 규모로 실수를 할 수 있게 해준다. 실수는 피할 수 없다는 점을 감안할 때(필자는 피할 수 없다고 확신한다) 이러한 실수로 인한 영향을 제한하는 일을 하는 것이 합리적이다. 카나리아 릴리스^{canary release}는 그러한 기술 중 하나다.

한때 카나리아^{canary}라는 새는 광산에 투입돼 마치 '조기 경보 시스템'처럼 광부들에게 위험한 가스의 존재를 경고했다. 카나리아의 이름에서 유래한 카나리아 롤아웃^{canary rollout}은 제한된 일부 고객에게만 새로운 기능을 제공한다는 개념이다. 롤아웃에 문제가 있는 경우 해당 부분의 고객만 영향을 받으며, 기능이 해당 카나리아 그룹에 대해 작동하는 경우 모든 사람이 새 버전을 볼 때까지 더 많은 고객에게 롤아웃할 수 있다.

마이크로서비스 아키텍처의 경우 개발 마이크로서비스 수준에서 토글을 구현해 외부 또는 다른 마이크로서비스에서 해당 기능의 요청에 대해 기능을 켜거나 끌 수 있다. 또 다른 기법은 서로 다른 두 버전의 마이크로서비스를 나란히 실행하고 토글을 사용해 이전 버전이나 새 버전으로 라우팅하는 것이다. 여기서 카나리아 구현은 하나의 마이크로서비스가 아니라 라우팅/네트워킹 경로 어딘가에 존재해야 한다.

카나리아 릴리스를 처음 수행했을 때는 롤아웃을 수동으로 제어했다. 필자와 동료들은 새로운 기능을 보는 트래픽의 비율을 구성할 수 있었고 모든 사람이 새로운 기능을 볼 때까지 일주일 동안 이 비율을 점진적으로 늘렸다. 일주일 동안 에러율, 버그 보고서 등을 관찰했다. 요즘에는 이 과정이 자동화된 방식으로 처리되는 것이 더 일반적이다. 예를 들어 스핀에이커 ^{Spinnaker}($https://www.spinnaker.io$)와 같은 도구에는 에러율이 허용 가능한 수준인 경우 새

---

6 이 인용문은 생물학자 폴 에리히(Paul Ehrlich)가 말한 것으로 알려지기도 했지만, 실제 출처는 불분명하다($https://oreil.ly/3SOop$).

마이크로서비스 버전에 대한 호출 비율을 높이는 등 메트릭을 기반으로 호출을 자동으로 늘릴 수 있는 기능이 있다.

8.6.5 병렬 실행

카나리아 릴리스를 사용하면 기능에 대한 요청이 이전 버전이나 새 버전 중 한 곳에서 처리된다. 즉, 두 버전의 기능이 동일한 요청을 어떻게 처리하는지 비교할 수 없으며, 새 기능이 이전 버전의 기능과 정확히 동일한 방식으로 작동하는지 확인하려면 필요한 것이 있다.

병렬 실행을 사용하면 정확히 그렇게 할 수 있다. 즉, 동일한 기능의 서로 다른 두 구현을 나란히 실행하고 기능에 대한 요청을 두 구현체로 보낸다. 마이크로서비스 아키텍처에서 가장 확실한 접근 방식은 서비스 호출을 동일한 서비스의 서로 다른 두 버전으로 보내고 결과를 비교하는 것이다. 다른 대안은 동일한 서비스 내에서 해당 기능 구현을 모두 공존시키는 것인데, 이렇게 하면 비교하기 더 쉽다는 장점이 있다.

두 구현을 모두 실행할 때는 호출 중 하나의 결과만 원할 가능성이 높다는 점을 인식하는 것이 중요하다. 하나의 구현은 신뢰할 수 있는 출처로 간주된다. 즉, 현재 신뢰하는 구현이며 대개 기존 구현일 것이다. 병렬 실행으로 비교하는 기능의 특성에 따라 이 세밀한 차이를 신중하게 생각해야 할 수 있다. 예를 들어 고객에게 2개의 동일한 주문 업데이트를 보내거나 송장을 두 번 지불하고 싶지 않을 것이다.

병렬 실행 패턴은 필자가 집필한 『마이크로서비스 도입, 이렇게 한다』(책만, 2021)의 3장에서 훨씬 더 자세히 살펴봤다. 그 책에서는 모놀리식 시스템에서 마이크로서비스 아키텍처로 기능을 마이그레이션하는 방법을 탐색했으며, 새로운 마이크로서비스와 대응되는 모놀리식 기능이 동일한 방식으로 작동되길 원했다. 또 다른 맥락에서 깃허브는 코드베이스의 핵심 부분을 재작업할 때 이 패턴을 사용하고 이 프로세스를 돕기 위해 오픈 소스 도구인 사이언티스트 Scientist(*https://oreil.ly/LXtNJ*)를 출시했다.

병렬 실행은 사이언티스트가 호출 비교를 돕기 때문에 단일 프로세스 내에서 수행된다.

요약

지금까지 많은 내용을 다뤘다. 그럼 계속 진행하기에 앞서 여기서 잠시 요약해본다. 먼저 앞에서 설명한 배포 원칙을 상기해보자.

격리 실행

마이크로서비스 인스턴스를 자체 컴퓨팅 자원이 있는 격리된 방식으로 실행하라. 근처에 실행 중인 다른 마이크로서비스 인스턴스의 실행에는 영향을 주지 않아야 한다.

자동화 집중

고수준의 자동화를 허용하는 기술을 선택하고 자동화를 문화의 핵심 부분으로 채택하라.

코드형 인프라스트럭처

자동화를 용이하게 하고 정보 공유를 촉진하는 인프라스트럭처 구성을 기술하라. 환경을 재구축할 수 있도록 이 코드를 소스 제어에 저장하라.

무중단 배포

독립적인 배포 가능성을 더 높이고, 서비스 사용자(인간이나 다른 마이크로서비스)에 대한 중단 시간 없이 새로운 버전의 마이크로서비스 배포를 수행할 수 있는지 확인하라.

기대 상태 관리

마이크로서비스를 정의된 상태로 유지하는 플랫폼을 사용해 중단되거나 트래픽이 증가할 때 필요하다면 새로운 인스턴스를 시작한다.

또한 올바른 배포 플랫폼을 선택하기 위한 필자의 지침을 공유했다.

1. 고장 나지 않았다면 고치지 말라.[7]
2. 당신이 만족한다고 느끼는 만큼 통제권을 포기한 다음 조금씩 더 포기하라. 모든 작업을 히로쿠(또는 FaaS 플랫폼)와 같은 **훌륭한** PaaS에 맡길 수 있다면 그렇게 하고 만족하라. 정말로 여러분이 마지막 설정까지 일일이 손봐야 할까?
3. 마이크로서비스를 컨테이너화하는 일이 쉬운 일은 아니지만, 격리 비용에 대한 우수한 절충안임은 분명하다. 그리고 발생하는 작업에 대한 어느 정도의 제어권을 여전히 제공하면서 로컬 개발에 몇 가지 환상적인 이점을 가져온다. 향후에는 쿠버네티스를 기대하라.

요구 사항을 이해하는 것도 중요하다. 쿠버네티스는 당신에게 매우 적합할 수 있지만 아마도 더 간단한 것도 잘 작동할 것이다. 더 간단한 솔루션을 선택하는 것을 부끄러워하지 말고 다른 사람에게 작업을 넘기는 것을 너무 걱정하지 말라. 필자는 작업을 공용 클라우드로 옮길 수 있다면 그렇게 할 것이다. 자신의 일에 더 집중할 수 있기 때문이다.

무엇보다 이 분야는 많은 변동을 겪고 있다. 이 분야의 핵심 기술에 대한 통찰력을 제공하고 현재의 최신 기술보다 더 오래 지속될 수 있는 몇 가지 원칙을 공유하길 원했다. 다음에 어떤 일이 닥치든, 여러분이 훨씬 더 순조롭게 그것을 수용할 준비가 돼 있길 바란다.

다음 장에서는 (여기서 간략하게 다룬 주제인) 마이크로서비스가 실제로 작동하는지 테스트하는 방법을 좀 더 깊이 살펴본다.

7　필자가 정한 규칙은 아닐 것이다.

## CHAPTER 9

테스트

자동화된 테스트의 세계는 필자가 처음 코드를 작성하기 시작한 이래로 크게 발전했다. 또한 매달 새로운 도구나 기법이 등장해 그 세계는 더욱 향상되고 있는 것으로 보인다. 하지만 기능이 분산 시스템에 걸쳐 있을 때 코드의 기능을 효과적이고 효율적으로 테스트하는 방법에 관한 문제는 여전히 남아 있다. 이 장에서는 세분화된 시스템 테스트와 관련된 문제를 분석하고 자신 있게 새 기능을 릴리스하도록 도와주는 몇 가지 해결책을 제시한다.

테스트는 많은 분야를 다룬다. 자동화된 테스트만 이야기하더라도 고려해야 할 사항이 많고, 마이크로서비스를 사용하면 다른 차원의 복잡성이 추가된다. 실행 가능한 테스트 유형을 이해하는 것은 소프트웨어를 가능한 한 빨리 운영 환경에 보내려는 주장과 소프트웨어의 품질이 충분한 수준인지 확인하려는 주장이 가끔씩 상충될 때 둘 간의 균형을 잡는 데 도움이 된다. 테스트의 전체 범위를 고려할 때, 필자는 이 주제를 광범위하게 다루지 않는다. 대신 주로 단일 프로세스의 모놀리식 애플리케이션 같은 덜 분산된 시스템과 비교할 때 마이크로서비스 아키텍처의 테스트가 어떻게 다른지 살펴보는 데 중점을 둔다.

테스트가 수행되는 위치도 이 책의 초판이 출간된 이후 변경됐다. 이전에는 주로 소프트웨어가 운영되기 전에 테스트를 수행했다. 하지만 점점 더 많은 애플리케이션이 운영 환경에 진입한 후 테스트를 수행하게 되면서 개발과 운영 환경 관련 활동 사이의 경계가 모호해지고 있다. 10장(운영 환경에서 수행하는 테스트를 다룬다)에서 이와 관련된 내용을 자세히 탐구하기 전에 이 장에서 먼저 살펴본다.

9.1 테스트 유형

많은 컨설턴트와 마찬가지로 필자도 때때로 세상을 분류하는 방법으로 사분면을 사용한다. 이 책에는 사분면이 하나도 없을까봐 걱정했는데, 다행히 브라이언 마릭[Brian Marick]이 적합한 테스트를 위한 환상적인 분류 시스템을 고안했다. [그림 9-1]은 다양한 유형의 테스트를 분류하는 데 도움을 주는 리사 크리스핀[Lisa Crispin]과 자넷 그레고리[Janet Gregory]의 저서 『애자일 테스팅: 테스터와 애자일 팀을 위한 실용 가이드』(정보문화사, 2012)에서 발췌한 마릭 사분면의 변형을 보여준다.

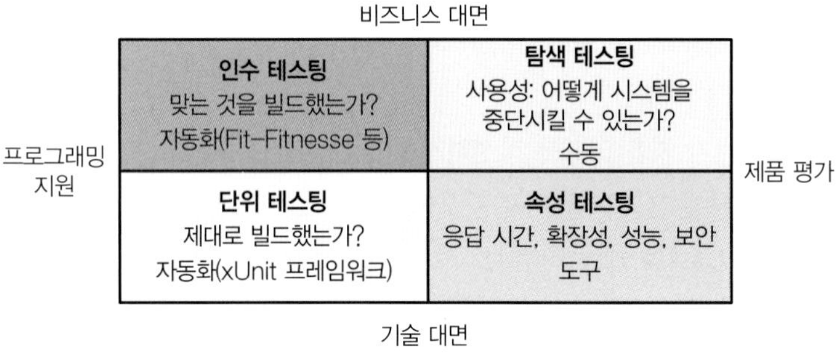

비즈니스 대면

인수 테스팅 맞는 것을 빌드했는가? 자동화(Fit-Fitnesse 등)	탐색 테스팅 사용성: 어떻게 시스템을 중단시킬 수 있는가? 수동
단위 테스팅 제대로 빌드했는가? 자동화(xUnit 프레임워크)	속성 테스팅 응답 시간, 확장성, 성능, 보안 도구

프로그래밍 지원 / 제품 평가

기술 대면

그림 9-1 브라이언 마릭의 테스트 사분면

사분면 하단에는 기술 대면 테스트, 즉 처음부터 개발자가 시스템을 구축하는 데 도움을 주는 테스트가 있다. 성능 테스트와 작은 범위의 단위 테스트 같은 속성 테스트가 이 범주에 속하며 일반적으로 모두 자동화된다. 사분면의 상위 절반은 비기술 이해관계자가 시스템의 작동 방식을 이해하는 것을 돕는 테스트가 포함되며, 이를 비즈니스 대면 테스트라고 한다. 이 테스트에는 왼쪽 상단의 인수 테스팅 사분면에 표시된 것처럼, 넓은 범위의 엔드투엔드 테스트나 탐색 테스팅 사분면에 표시된 수동 테스팅(UAT 시스템에 대해 수행된 사용자 테스트로 대표되는)이 포함된다.

이 시점에서 이와 같은 테스트의 대부분이 운영 전 검증에 초점을 맞춘다는 사실은 언급할 가치가 있다. 특히 테스트를 사용해 소프트웨어가 운영 환경에 배포되기 전에 충분한 품질을 갖췄는지 확인한다. 일반적으로 이러한 테스트 통과(또는 실패)는 소프트웨어 배포 여부를 결정하는 진입 조건이다.

실제로 운영 환경에 진입하고 나서 소프트웨어 테스트의 가치를 점점 더 많이 인식하고 있다.

이 장의 뒷부분에서 이 두 개념 사이의 균형을 더 자세히 이야기하겠지만, 지금은 이와 관련해 마릭 사분면이 가진 한계를 조명할 필요가 있다.

사분면에 표시된 각 테스트 유형에는 제 위치가 있다. 각각의 테스트를 정확히 어느 정도 수행하고 싶은지는 시스템의 특성에 따라 다르지만, 시스템을 테스트하는 방법은 선택지가 다양하다는 사실만큼은 반드시 알아둬야 한다. 최근에는 가능한 한 많은 반복 테스트를 자동화하기 위해 대규모 수동 테스트에서 벗어나는 분위기며, 필자는 이러한 접근 방식에 확실히 동의한다. 여러분이 현재 많은 양의 수동 테스트를 수행하고 있다고 하자. 이때 소프트웨어를 빠르고 효율적으로 검증할 수 없다면 마이크로서비스의 많은 이점을 얻지 못하고 있으므로, 마이크로서비스 길로 더 진입하기 전에 이 문제를 해결하는 것이 좋다.

수동 탐색 테스팅

일반적으로 모놀리식 아키텍처에서 마이크로서비스 아키텍처로 전환하는 것은 발생할 수 있는 광범위한 조직적 변화를 제외하고 탐색 테스트에는 최소한의 영향만을 미친다. 14.3절 '스트림 정렬 팀을 향해'에서 살펴볼 때 애플리케이션의 사용자 인터페이스도 팀 경계에 따라 세분화될 것으로 기대한다. 이와 같은 맥락에서 수동 테스트의 소유권이 바뀔 수 있다.

이전에는 겉모양을 확인하는 것과 같은 몇몇 작업을 자동화하는 기능이 수동 테스팅으로만 제한됐다. 그러다가 시각적 확인을 가능하게 만드는 도구가 성숙되면서 이전에는 수동으로 수행했던 작업을 자동화할 수 있게 됐다. 하지만 이것이 수동 테스트가 사라져야 하는 이유는 아니다. 대신 덜 반복적인 탐색 테스팅에 집중하는 검증자의 시간을 확보할 기회로 봐야 한다.

수동 탐색 테스트는 잘 수행되면 발견에 큰 도움이 된다. 최종 사용자로서 애플리케이션을 탐색할 시간을 따로 설정하면 분명하지 않은 문제를 발견할 수 있다. 수동 테스팅은 아마도 테스트 작성 비용 때문에 자동화된 테스트를 구현하지 못하는 상황에서 매우 중요할 수 있다. 자동화는 반복적인 작업을 제거해 인간이 더 창의적이고 특별한 활동을 하도록 해준다. 따라서 자동화를 가장 잘할 수 있는 일에 집중하는 방법이라고 생각하라.

이 장의 목적을 고려해서 수동 탐색 테스팅은 거의 다루지 않는다. 이 유형의 테스트가 중요하지 않아서가 아니라, 이 장에서 다루는 범위가 마이크로서비스의 테스팅이 보다 전형적인 모놀리식 애플리케이션의 테스팅과 어떻게 다른지 살펴보는 데 중점을 두기 때문이다. 하지만 자동화된 테스트의 경우, 각 테스트에서 몇 개의 테스트가 필요한가? 또 다른 모델은 이 질문에 답하고 다양한 절충안이 무엇인지 이해하는 데 도움을 줄 것이다.

9.2 테스트 범위

『경험과 사례로 풀어내 성공하는 애자일』(인사이트, 2012)의 저자 마이크 콘Mike Cohn은 어떤 유형의 자동화 테스트가 필요한지 설명하는 데 유용한 테스트 피라미드test pyramid라는 모델을 소개했다. 피라미드는 테스트 범위뿐만 아니라 목표로 삼아야 하는 다양한 테스트 유형의 비율도 생각할 수 있게 한다. 콘의 원시 모델은 자동화 테스트를 [그림 9-2]와 같이 단위 테스트, 서비스 테스트, UI 테스트로 나눴다.

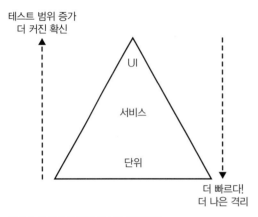

그림 9-2 마이크 콘의 테스트 피라미드

피라미드를 읽을 때 주의해야 할 점은 피라미드의 중간으로 올라갈수록 테스트의 범위는 증가하고 테스트 중인 기능이 작동한다는 확신도 커진다는 것이다. 반면에 테스트를 실행하는 데 오랜 시간이 걸리면 피드백 주기 시간이 늘어나고, 테스트가 실패하면 어떤 기능이 손상됐는지 확인하기가 더 어려워질 수 있다. 피라미드 아래로 내려가면 일반적으로 테스트가 훨씬 빨라지므로 피드백 주기도 훨씬 짧아진다. 따라서 고장 난 기능을 더 빨리 발견하고, 지속적 통합 빌드가 더 빨라지며, 고장 난 것을 발견하기 전에 새 작업으로 이동할 가능성이 줄어든다. 이러한 더 작은 범위의 테스트가 실패하면 종종 정확한 코드 라인까지 내려가 어떤 것이 고장 났는지 파악할 가능성이 높아진다. 각 테스트는 더 잘 **격리돼** 고장을 이해하고 수정하기가 더 쉽다. 반면에 코드 한 줄만 테스트했다는 사실만으로 시스템 전체가 제대로 작동한다고 확신할 수는 없다.

이 모델의 문제는 이 모든 용어가 사람마다 다른 의미를 갖는다는 것이다. '서비스'라는 용어는 특히 다중적이고, 단위 테스트에 대한 정의는 넘쳐난다. 한 줄의 코드만 테스트했다고 해서 단위 테스트인가? 필자는 '그렇다'고 말할 것이다. 여러 함수나 클래스를 테스트해도 여전히 단위 테스트인가? 필자는 '아니오'라고 말하고 싶지만 많은 사람이 동의하지 않을 것이다! 필자는 다소 모호한 용어라 하더라도 **단위**^{unit}와 **서비스**^{service}라는 이름을 고수하는 경향이 있지만, UI 테스트를 **엔드투엔드** 테스트라고 부르는 것을 훨씬 선호한다.

필자가 속했던 거의 모든 팀은 콘이 피라미드에서 사용하는 것과 다른 테스트 이름을 사용했다. 이것을 어떻게 부르든, 여러분은 다양한 목적을 위해 서로 다른 범위에 대한 자동화된 기능 테스트를 원할 것이라는 점이 중요하다.

혼란을 감안하면, 이러한 다양한 계층이 의미하는 바를 살펴볼 가치가 있다.

예시를 통해 살펴보자. [그림 9-3]에서 헬프데스크 애플리케이션과 메인 웹 사이트는 고객의 세부 정보를 검색, 검토, 편집하기 위해 고객 마이크로서비스와 상호작용한다. 고객 마이크로서비스는 예를 들면 고객이 저스틴 비버의 CD를 구매할 때 포인트를 적립하는 멤버십 마이크로서비스와 통신한다. 이 시나리오는 아마도 전체 뮤직코프 시스템의 작은 조각이 분명하지만, 테스트하고 싶은 몇 가지 다른 시나리오로 검토하기에 충분하다.

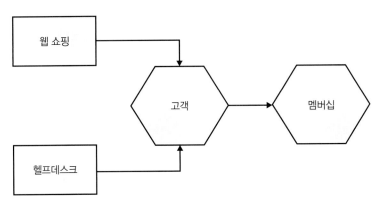

그림 9-3 테스트 중인 뮤직 쇼핑몰의 일부

9.2.1 단위 테스트

단위 테스트는 일반적으로 단일 함수 또는 메서드 호출을 테스트한다. **테스트 주도 설계**$^{\text{test-driven}}$ ^{design}(TDD)의 부산물로 생성된 테스트는 속성 기반 테스팅과 같은 기술로 생성된 종류의 테스트와 마찬가지로 이 범주에 속한다. 이 테스트에서는 마이크로서비스를 시작하지 않으며 외부 파일 사용이나 네트워크 연결도 제한된다. 일반적으로는 이러한 종류의 많은 테스트를 원하며, 올바르게 수행하면 매우 빠른 최신 하드웨어에서는 1분도 안 되는 시간에 수천 개를 실행할 수 있다. 로컬에서 파일이 변경되면 많은 사람이 테스트를 자동으로 실행한다는 것을 알고 있다. 특히 인터프리터 언어의 경우 이것은 매우 빠른 피드백을 전달한다.

단위 테스트는 개발자에게 도움이 되므로 마릭의 용어로 표현하면 비즈니스가 아닌 기술 중심이라 할 수 있다. 이 테스트는 또한 대부분의 버그를 찾아내길 희망하는 곳이기도 하다.

따라서 이 예제에서 고객 마이크로서비스를 고려할 때 단위 테스트는 [그림 9-4]에 표시된 것처럼 코드의 작은 부분을 격리해 처리한다.

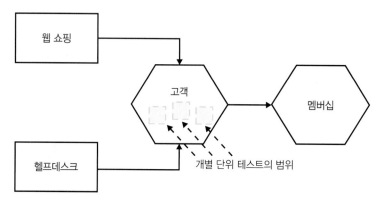

그림 9-4 예제 시스템에서 단위 테스트의 범위

이러한 테스트의 핵심 목표는 기능이 정상적으로 작동하는지에 대한 매우 빠른 피드백을 제공하는 것이다. 단위 테스트는 또한 코드 리팩터링을 지원하는 데 중요하다. 실수를 하더라도 작은 범위의 테스트가 잡아낼 것을 알고 있으므로 안심하면서 코드를 재구성할 수 있다.

9.2.2 서비스 테스트

서비스 테스트는 사용자 인터페이스를 우회하고 마이크로서비스를 직접 테스트하도록 설계됐다. 모놀리식 애플리케이션에서는 UI에 **서비스**를 제공하는 클래스 집합을 바로 테스트할 수 있다. 여러 마이크로서비스로 구성된 시스템의 경우 서비스 테스트는 개별 마이크로서비스의 기능을 테스트한다.

이와 같은 방식으로 하나의 마이크로서비스에 대한 테스트를 실행하면 서비스가 예상대로 작동한다고 더욱 확신하게 되지만, 테스트 범위는 여전히 어느 정도 격리돼 있다. 테스트 실패의 원인은 테스트 중인 마이크로서비스로 제한돼야 한다. 이와 같이 격리하려면 [그림 9-5]와 같이 마이크로서비스 자체만 범위에 포함되도록 외부 협업자를 모두 쳐내야 한다.

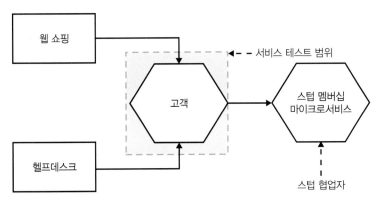

그림 9-5 예제 시스템에서 서비스 테스트 범위

이러한 테스트 중 일부는 작은 범위의 단위 테스트만큼 빠를 수 있지만, 실제 데이터베이스에 대해 테스트하거나 네트워크를 통해 스텁stub 다운스트림 협업자와 통신하기로 결정한다면 테스트 시간은 늘어날 수 있다. 또한 이 테스트는 단순한 단위 테스트보다 더 넓은 범위를 다루므로 실패할 경우 단위 테스트보다 문제가 있는 부분을 감지하기가 더 어려워진다. 하지만 동작 구성 요소가 훨씬 적으므로 더 광범위한 테스트보다 취성(깨지기 쉬운 성질)이 낮다.

9.2.3 엔드투엔드 테스트

엔드투엔드 테스트는 시스템 전체에 대해 수행한다. 종종 브라우저를 통해 GUI를 구동하지만 파일 업로드와 같은 다른 종류의 사용자 상호작용을 쉽게 모방할 수 있다.

이 테스트는 [그림 9-6]에서 보듯이 많은 운영 환경 코드를 다룬다. 따라서 테스트를 통과하면 기분이 좋아진다. 테스트 중인 코드가 운영 환경에서 작동할 것이라고 확신하기 때문이다. 하지만 이렇게 범위가 늘어나면서 불리해지는 부분도 있으며, 곧 살펴보겠지만 엔드투엔드 테스트는 마이크로서비스 맥락에서 제대로 수행하기가 매우 까다로울 수 있다.

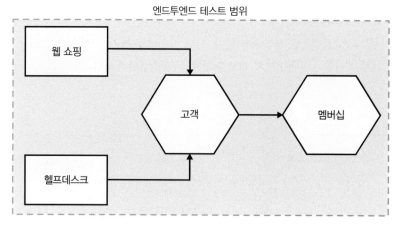

그림 9-6 예제 시스템에서 엔드투엔드 테스트 범위

통합 테스트는 어떤가?

앞서 통합 테스트(integration test)를 명시적으로 설명하지 않았으며, 이는 의도된 것이다. 필자는 다양한 사람이 다양한 테스트 유형을 설명하기 위해 통합 테스트라는 용어를 자주 사용했다는 사실을 깨달았다. 어떤 경우에 통합 테스트는 두 서비스 간의 상호작용이나 코드와 데이터베이스 간의 연결만 담당한다. 다른 경우에는 통합 테스트가 전체 엔드투엔드 테스트와 동일하게 사용된다. 이 장에서는 좀 더 명시적인 용어를 사용하고자 노력했으며, 여러분이 '통합 테스트'라고 부르는 것이 무엇이든 여기서 사용하는 용어와 쉽게 일치할 수 있게 되길 바란다.

9.2.4 절충안

피라미드가 다루는 다양한 유형의 테스트에서는 합리적인 균형을 추구하며, **빠른 피드백**과 시스템이 작동한다는 확신을 얻길 원한다.

단위 테스트는 범위가 작으므로 테스트가 실패할 경우 문제를 신속하게 찾을 수 있다. 쓰기 속도가 우수하고 실행도 **정말로 빠르다**. 테스트 범위가 커짐에 따라 시스템에 대한 신뢰도는 높아지지만, 테스트 실행 시간이 길어지면 피드백이 어려워지기 시작한다. 또한 테스트를 작성하고 유지하는 데 더 많은 비용이 든다.

최적안을 찾고자 테스트 유형별 테스트 수를 알맞게 조절해야 할 경우가 많다. 테스트 집합이 실행하는 데 너무 오래 걸리는가? 서비스 또는 엔드투엔드 테스트와 같은 더 넓은 범위의 테스트가 실패하면 더 작은 범위의 단위 테스트를 작성해 실패한 부분을 더 빨리 찾아야 한다. 범위가 더 큰(그리고 더 느린) 일부 테스트를 범위가 더 작고 더 빠른 단위 테스트로 대체하라. 반면에 버그가 운영 단계로 넘어가면 테스트를 놓치고 있다는 신호일지도 모른다.

따라서 이러한 테스트에 모두 장단점이 있다면 테스트 유형별로 얼마나 많은 테스트를 원하는가? 경험에 따르면, 피라미드 아래로 내려갈수록 훨씬 더 많은 테스트를 원한다. 따라서 다양한 유형의 자동 테스트가 있다는 사실을 알아야만 하고, 현재 테스트 수 비율이 문제가 되는지 반드시 파악해야 한다!

예를 들어 필자는 4,000개의 단위 테스트, 1,000개의 서비스 테스트, 60개의 엔드투엔드 테스트를 보유한 모놀리식 시스템에서 작업했다. 필자와 동료들은 피드백 관점에서 서비스 테스트와 엔드투엔드 테스트가 너무 많아서(엔드투엔드 테스트는 피드백 루프에 가장 나쁜 영향을 끼쳤다) 더 작은 범위의 테스트로 대체하려고 상당한 노력을 했다.

흔히 안티패턴은 **테스트 아이스크림콘**test snow cone 또는 역피라미드라고 한다. 이 패턴에는 작은 범위의 테스트가 거의(또는 전혀) 없으며 넓은 범위의 테스트에서 모든 영역을 커버하고 있다. 이와 같은 프로젝트는 종종 테스트가 매우 느리게 수행되고 피드백 주기가 매우 길다. 따라서 그 테스트가 지속적 통합의 일부로 실행되는 경우 빌드를 많이 하지 못할 것이며, 빌드 시간의 특성상 무언가가 중단될 때 오랜 기간 동안 빌드가 중단될 수 있다.

9.3 서비스 테스트의 구현

단위 테스트를 구현하는 것은 큰 틀에서 보면 매우 간단한 일이며 작성 방법을 설명하는 문서도 많다. 서비스 테스트와 엔드투엔드 테스트는 특히 마이크로서비스의 맥락에서 더 흥미로운 테스트이므로 다음 사항에 집중할 것이다.

서비스 테스트는 전체 마이크로서비스에서 해당 마이크로서비스만의 기능 일부를 테스트하려고 한다. 따라서 [그림 9-3]에서 고객 마이크로서비스에 대한 서비스 테스트를 작성하려면 고객 마이크로서비스의 인스턴스를 배포하고, 앞에서 설명한 것처럼 멤버십 마이크로서비스를 쳐내 테스트 중단이 발생하면 고객 마이크로서비스 자체의 문제로 매핑되도록 해야 한다.

7장에서 살펴본 것처럼, 소프트웨어를 체크인하고 나서 자동화된 빌드가 수행하는 첫 번째 작업 중 하나는 마이크로서비스용 바이너리 산출물을 생성하는 것이다. 예를 들어 해당 버전의 소프트웨어에 대한 컨테이너 이미지를 생성한다. 따라서 배포는 매우 간단하다. 하지만 다운스트림 협업자(서비스)로 가장하려면 어떻게 처리해야 할까?

서비스 테스트 집합은 다운스트림 협업자를 쳐내고 테스트 중인 마이크로서비스를 스텁 서비스에 연결하도록 구성해야 한다. 그런 다음 실제 마이크로서비스를 흉내 내기 위해 응답을 다시 보내도록 스텁을 구성해야 한다.

9.3.1 목 또는 스텁 사용

다운스트림 협력자를 스텁하는 것과 관련해 이야기할 때는 테스트 중인 마이크로서비스의 알려진 요청에 대해 미리 준비된 응답을 회신하는 스텁 마이크로서비스를 만든다는 것을 의미한다. 예를 들어 스텁된 멤버십 마이크로서비스에 고객 123의 잔액을 요청하면 15,000을 반환한다고 말할 수 있다. 테스트는 스텁이 0번, 한 번 혹은 100번 호출되는지 여부는 중요하지 않다. 이에 대한 변형은 스텁 대신 목[mock]을 사용하는 것이다.

목을 사용할 때는 실제로 더 나아가 호출이 이뤄졌는지 확인한다. 기대한 호출이 이뤄지지 않았다면 테스트는 실패한다. 이 방식을 구현하려면 우리가 만든 가짜 협업자는 더 영리해질 필요가 있으며, 과도하게 사용되면 테스트가 취약해질 수 있다. 하지만 앞서 언급했듯이 스텁은 0번, 한 번 또는 여러 번 호출되더라도 상관하지 않는다.

하지만 때때로 목은 예상되는 부작용이 발생하는지 확인하는 데 매우 유용할 수 있다. 예를 들어 고객을 생성할 때 해당 고객에 대해 새 포인트 잔액이 설정되는지 확인하고 싶을 수 있다. 스텁과 목 호출 사이에 균형을 잡는 것은 까다로워서 단위 테스트에서와 마찬가지로 서비스 테스트에서도 어렵다. 그러나 일반적으로 필자는 서비스 테스트를 위해 목보다는 스텁을 훨씬 더 많이 사용한다. 이 둘의 장단점을 더 깊이 살펴보고 싶다면 스티브 프리먼[Steve Freeman]과 냇 프라이스[Nat Pryce]가 작성한 『테스트 주도 개발로 배우는 객체 지향 설계와 실천』(인사이트, 2013)을 참고하라.

필자는 보통 이런 종류의 테스트에 목을 거의 사용하지 않지만, 목과 스텁을 모두 구현하는 도구가 있다면 유용할 것이다.

스텁과 목은 실제로 잘 구별된다고 생각하지만, 일부 사람들이 특히 **가짜**^{Fake}, **스파이**^{spy}, **더미**^{dummy}와 같은 다른 용어를 남발할 때는 혼동하기 쉽다. 제라드 메스자로스^{Gerard Meszaros}는 스텁과 목을 포함해 이러한 모든 것을 테스트 더블^{Test Double}이라고 부른다.[1]

9.3.2 더 영리한 스텁 서비스

필자는 스텁 서비스의 경우 주로 직접 배포했으며, 아파치^{Apache} 웹 서버나 엔진엑스에서 내장형 제티^{Jety} 컨테이너 또는 명령행으로 실행하는 파이썬 웹 서버에 이르기까지 모든 방법을 사용해 이 테스트 케이스를 위한 스텁 서버를 실행했다. 아마도 이 스텁을 만들 때는 같은 작업을 몇 번이고 반복했을 것이다. 필자의 오랜 소트웍스 동료인 브랜든 바이어스^{Brandon Byars}는 마운티뱅크^{Mountebank}라는 스텁 서버와 목 서버를 사용해 많은 작업을 잠재적으로 줄일 수 있었다.

마운티뱅크는 HTTP를 통해 프로그래밍하는 작은 소프트웨어 기기라 할 수 있으며, Node.js로 작성됐다는 사실은 모든 호출자 서비스에게 완전히 감춰져 있다. 마운티뱅크를 시작할 때는 2개의 명령을 받는다. 하나는 특정 프로토콜(현재 TCP, HTTP, HTTPS, SMTP 지원)을 기반으로 지정된 포트로 응답할 하나 이상의 '사칭자^{imposter}'를 생성하라는 명령이고, 다른 하나는 사칭자가 요청을 받았을 때 어떤 응답을 해야 하는지 알려주는 명령이다. 목으로 사용하려는 경우 기대치 설정도 지원한다. 하나의 마운티뱅크 인스턴스로 복수 사칭자를 생성할 수 있어 여러 다운스트림 마이크로서비스를 제거할 수 있다.

마운티뱅크는 자동화 기능 테스트 외에 다른 용도로도 사용된다. 캐피털원^{Capital One}은 마운티뱅크를 사용해 대규모 성능 테스트를 위한 기존의 목 인프라스트럭처를 대체했다.[2]

마운티뱅크는 메시징 프로토콜에 대한 스텁을 지원하지 않는 제약이 따른다. 예를 들어 이벤트가 브로커를 통해 적절히 전송됐다는 것을 보장하려면 다른 곳에서 해결책을 찾아야 한다. 팩트가 도움이 될 수 있는 영역 중 하나며 곧 더 살펴볼 것이다.

---

1 옮긴이_테스트 더블은 스턴트 더블(대역)에서 유래된 용어로, 테스팅 목적으로 실제 컴포넌트나 객체를 대신하는 것을 총칭한다. *http://bit.ly/1C7atPb*를 참고하라.

2 제이슨 발렌티노(Jason D. Valentino), '캐피털원의 가장 큰 고객용 앱을 AWS로 이전(Moving One of Capital One's Largest Customer-Facing Apps to AWS)', 캐피털원 테크, 2017년 5월 24일, *https://oreil.ly/5UM5W*

따라서 고객 마이크로서비스에 대한 서비스 테스트를 실행하려면, 고객 마이크로서비스와 동일한 머신에서 멤버십 마이크로서비스 역할을 하는 마운티뱅크 인스턴스를 시작한다. 그리고 이러한 테스트가 통과되면 고객 서비스를 바로 배포할 수 있다! 그렇지 않다면 배포할 수 있을까? 헬프데스크나 웹 쇼핑과 같이 고객 마이크로서비스를 호출하는 서비스는 어떤가? 이 두 서비스를 중단시킬 수 있는 변경을 했다는 사실을 알고 있을까? 물론이다. 우리는 피라미드 정점에 있는 중요한 테스트인 엔드투엔드 테스트를 잊고 있었다.

9.4 까다로운 엔드투엔드 테스트의 구현

마이크로서비스 시스템에서 사용자 인터페이스를 통해 노출되는 기능은 다수의 마이크로서비스에 의해 전달된다. 마이크 콘의 피라미드에 요약된 엔드투엔드 테스트의 핵심은 시스템의 품질에 대한 전체적인 피드백을 제공하려고 하부의 모든 것에 대해 사용자 인터페이스를 거쳐 기능을 구동하는 것이다.

따라서 엔드투엔드 테스트를 구현하려면 여러 마이크로서비스를 함께 배포한 다음 모든 마이크로서비스를 배포해야 한다. 분명히 이 테스트는 훨씬 더 넓은 범위를 다루고 있어 시스템 작동을 더욱 확신하게 해준다! 반면 이 테스트는 느려지고 실패를 찾아내기 더 어려워진다. 이전 예제를 통해 테스트가 어떻게 잘 적용되는지 좀 더 알아보자.

새 버전의 고객 마이크로서비스를 릴리스한다고 가정해보자. 가능한 한 빨리 운영 환경에 변경 사항을 배포하고 싶지만, 헬프데스크나 웹 쇼핑을 중단시킬 수 있는 변경을 했을지도 모른다. 하지만 문제없다. 모든 서비스를 함께 배포하고 헬프데스크와 웹 쇼핑에 대한 일부 테스트를 실행해 버그가 발생했는지 확인하자. 단순한 접근법은 [그림 9-7]과 같이 고객 서비스 파이프라인의 끝에 단지 이러한 테스트를 추가하는 것이다.

고객 마이크로서비스 빌드 파이프라인 | 빌드 | 단위 테스트 | 서비스 테스트 | 엔드투엔드 테스트

그림 9-7 엔드투엔드 테스트 단계 추가: 올바른 접근법인가?

지금까지는 좋았다. 하지만 여기서 첫 번째 질문으로, '다른 마이크로서비스의 어떤 버전을 사용해야 하는가?'를 스스로에게 물어봐야 한다. 운영 환경에 있는 헬프데스크와 웹 쇼핑 서비스의 버전에 대해 테스트를 실행해야 할까? 합리적인 가정이지만, 헬프데스크나 웹 쇼핑의 새 버전이 출시 대기 중이라면 어떨까? 이때 우리는 무엇을 해야 할까?

또 다른 문제도 있다. 많은 마이크로서비스를 배포하고 이에 대해 테스트를 수행하는 일련의 고객 서비스의 엔드투엔드 테스트가 있다면 다른 마이크로서비스가 수행하는 엔드투엔드 테스트는 어떨까? 이러한 테스트들이 같은 것을 테스트하고 있다면, 동일한 많은 부분을 다루고 있다는 것을 알게 되고 처음부터 모든 마이크로서비스를 배포하려는 많은 노력이 중복해서 발생하게 된다.

이 두 가지 문제는 여러 파이프라인을 하나의 엔드투엔드 테스트 단계로 '팬인fan-in'해 모두 원만하게 처리할 수 있다. 여기서 여러 빌드 중 하나가 트리거되면 공유 빌드 단계가 트리거될 수 있다. 예를 들어 [그림 9-8]에서 4개의 마이크로서비스 중 한 빌드가 성공하면 공유된 엔드투엔드 간 테스트 단계를 트리거하게 된다. 더 좋은 빌드 파이프라인 지원을 제공하는 몇몇 CI 도구는 이와 같은 팬인 모델을 제품 기본 기능으로 제공한다.

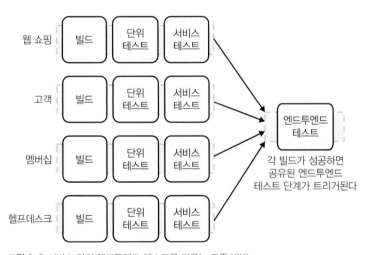

그림 9-8 서비스 간의 엔드투엔드 테스트를 다루는 표준 방법

따라서 서비스 중 하나가 변경될 때마다 해당 서비스에 대한 로컬 테스트를 실행하고, 이 테스트를 통과하면 통합 테스트를 트리거한다. 그럼 모든 것이 좋은가? 하지만 안타깝게도 엔드투

엔드 테스트에는 많은 단점이 있다.

9.4.1 불안정하고 깨지기 쉬운 테스트

테스트 범위가 증가함에 따라 작동하는 구성 요소의 수 역시 증가한다. 이러한 작동부는 테스트 중인 기능의 고장이 아니라 어떤 다른 문제가 발생해 테스트가 실패하는 상황을 만들 수 있다. 예를 들어 CD 한 장을 주문할 수 있는지 확인하는 테스트가 있고 4~5개의 마이크로서비스에 대해 이 테스트를 수행하려는 경우, 그중 하나라도 다운되면 테스트 자체와 전혀 무관한 오류가 발생할 수 있다. 마찬가지로 일시적인 네트워크 결함으로 인해 테스트 중인 기능에 대해 아무런 정보도 없이 테스트가 실패할 수 있다.

작동하는 구성 요소가 많을수록 **테스트는 더 불안정해지고** 더 결정적이지 못할 수 있다. **때때로** 실패하는 테스트가 있더라도 나중에 다시 통과할 수 있어 모든 사람이 테스트를 다시 수행해야 한다면, 신뢰할 수 없는 테스트가 된다. 그리고 다양한 프로세스를 다루는 테스트가 이 문제의 유일한 원인은 아니다. 다수 스레드(그리고 다수 프로세스)에서 수행되는 기능을 다루는 테스트도 문제가 되는 경우가 많다. 실패는 경합 조건이나 타임아웃을 의미하거나, 실제로 기능에 문제가 있다는 것을 의미할 수 있다. 불안정한 테스트는 우리의 적이다. 이와 같은 테스트는 실패할 때 많은 것을 말해주지 않는다. 나중에 다시 통과할 것이라는 희망으로 CI 빌드를 다시 실행하면, 체크인이 쌓이고 갑자기 많은 기능 고장을 접하게 된다.

불안정한 테스트를 감지하면 이를 제거하기 위해 최선을 다하는 것이 중요하다. 그렇지 않으면 '항상 그렇게 실패하는' 테스트 집합에 대해 불신이 싹트게 된다. 불안정한 테스트가 포함된 테스트 집합은 다이앤 본Diane Vaughan이 언급한 **비정상의 정상화**normalization of deviance 측면에서 희생양이 될 수 있다. 이 개념은 시간이 지남에 따라 잘못된 것에 너무 익숙해져서 문제가 아닌 정상적인 것으로 받아들이게 되는 현상을 말한다.[3] 이러한 매우 인간적인 성향은 실패한 테스트를 괜찮다고 여기기 전에 가능한 한 빨리 불안정한 테스트를 찾아내 제거해야 한다는 것을 의미한다.

---

3 다이앤 본, 『챌린저 발사 결정: 나사의 위험한 기술, 문화, 그리고 일탈(The Challenger Launch Decision: Risky Technology, Culture, and Deviance at NASA)』(시카고 대학 출판, 1996), *https://a.co/d/jfdPeg5*

'테스트에서 비결정론 근절하기'[4]에서 마틴 파울러는 불안정한 테스트가 있을 경우 찾아내야 하고 바로 수정할 수 없다면 테스트 집합에서 제거하도록 테스트 집합을 관리해야 한다고 주장한다. 여러 스레드에서 실행되는 코드를 테스트하지 않도록 재작성할 수 있는지 확인하라. 또 기본 환경을 더 안정적으로 만들 수 있는지 확인하라. 불안정한 테스트를 문제가 발생할 가능성이 낮은 더 작은 범위의 테스트로 대체할 수 있는지 확인한다면 더욱 좋다. 경우에 따라서는 테스트 중인 소프트웨어를 테스트하기 쉽게 변경하는 것이 올바른 방법일 수도 있다.

9.4.2 누가 엔드투엔드 테스트를 작성하는가?

특정 마이크로서비스에 대한 파이프라인의 일부로 실행되는 테스트의 경우 합리적인 출발점은 해당 서비스를 소유한 팀이 해당 테스트를 작성하는 것이다. 서비스 소유권은 15장에서 자세히 설명한다. 하지만 여러 팀이 관련돼 있고 엔드투엔드 테스트 단계가 이제 팀 간에 효과적으로 공유된다면, 누가 그 테스트를 작성하고 관리할까?

필자는 여기서 많은 문제가 발생하는 것을 목격했다. 이러한 테스트는 모든 팀이 전체 테스트 집합의 상태를 전혀 이해하지 못한 채 테스트를 추가할 수 있는 액세스 권한을 부여받아 난장판이 된다. 이로 인해 종종 테스트 사례가 폭발적으로 증가할 수 있으며, 때로는 앞서 언급한 테스트 아이스크림콘에서 절정에 이른다. 또한 테스트에 대한 실질적인 소유권이 없었던 탓에 테스트 결과가 무시되는 상황도 경험했다. 테스트가 중단되면 모두가 다른 사람의 문제라고 생각하므로 테스트의 통과 여부는 아무도 신경 쓰지 않는다.

이 경우 필자가 접했던 한 가지 해결책은 비록 테스트가 여러 다른 팀에서 작업 중인 마이크로서비스들을 거치더라도 특정 엔드투엔드 테스트를 특정 팀의 책임으로 지정하는 것이다. 필자는 에밀리 베이치Emily Bache에게서 이 방식을 처음 배웠다.[5] 이 방식의 개념은 파이프라인에서 '팬인' 단계를 두고 사용하더라도 [그림 9-9]와 같이 엔드투엔드 테스트 집합을 서로 다른 팀들이 소유한 기능 그룹으로 분할한다는 것이다.

---

4 마틴 파울러, '테스트에서 비결정론 근절하기(Eradicating Non-Determinism in Tests)', martinfowler.com, 2011년 4월 14일, *https://oreil.ly/7Ve7e*

5 에밀리 베이치, '마이크로서비스 아키텍처에서 자동화 엔드투엔드 테스트(End-to-End Automated Testing in a Microservices Architecture)', NDC 오슬로 컨퍼런스 2017, 2017년 7월 5일, *https://oreil.ly/QX3EK*

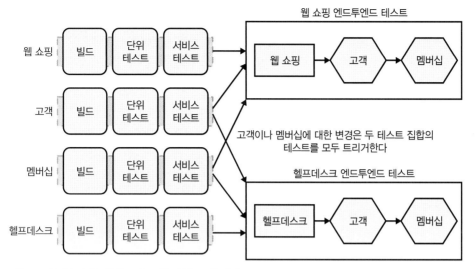

그림 9-9 서비스 간 엔드투엔드 테스트를 다루는 표준 방법

이 특정 예에서 서비스 테스트 단계를 통과하는 웹 쇼핑에 대한 변경은 연관된 엔드투엔드 테스트(웹 쇼핑을 소유한 그 팀이 이 테스트도 소유한다)를 트리거한다. 마찬가지로 헬프데스크에 대한 변경은 이와 연관된 엔드투엔드 테스트를 트리거한다. 하지만 고객이나 멤버십을 변경하면 두 가지 테스트 집합이 모두 트리거된다. 이로 인해 멤버십 마이크로서비스에 대한 변경이 두 엔드투엔드 테스트를 중단시키며, 두 테스트를 소유한 팀이 이 문제를 고치려고 멤버십 마이크로서비스의 소유자를 추적해야 하는 상황이 발생한다. 이 모델이 에밀리의 경우에는 도움이 됐지만, 보다시피 여전히 문제가 있다. 근본적으로 다른 팀 사람들이 중단시킬 수 있는 테스트를 책임지는 것은 문제가 있다.

때때로 조직은 테스트를 작성하는 전담 팀을 둬 대응하는데, 이 방식은 재앙을 초래할 수 있다. 소프트웨어를 개발하는 팀은 코드 테스트에서 점점 더 멀어지기 때문이다. 서비스 소유자는 방금 구현한 서비스 기능에 대한 엔드투엔드 테스트를 테스트 팀이 작성하는 것을 기다려야 하므로 주기 시간이 늘어난다. 다른 팀이 이러한 테스트를 작성하기 때문에 서비스를 구현한 팀은 테스트를 실행하고 수정하는 방법에 덜 관여하게 되며, 따라서 알아챌 가능성도 낮아진다. 불행히도 이와 같은 과정은 여전히 흔한 조직 패턴이지만, 한 팀이 처음에 작성한 코드에 대한 테스트 작성에서 멀어질 때마다 심각한 피해가 발생하는 것을 보게 된다.

이 측면을 제대로 파악하기는 정말 어렵다. 우리는 두 번 일하고 싶지 않으며, 서비스를 구축하는 팀들이 이 작업과 크게 동떨어져 있을 정도로 철저히 한 곳에서만 처리하고 싶지도 않다. 엔드투엔드 테스트를 특정 팀에 할당하는 명확한 방법을 찾을 수 있다면 그렇게 하라. 그렇지 않고 엔드투엔드 테스트를 제거하거나 다른 것으로 대체할 방법을 찾을 수 없다면, 그 테스트 집합을 관련 팀들이 공동 소유권을 가진 공유 코드베이스로 취급해야 할 것이다. 각 팀은 이 테스트 집합에 자유롭게 체크인하지만, 서비스를 직접 개발하는 팀 간에 이 집합 상태의 소유권을 공유해야 한다. 여러 팀과 함께 엔드투엔드 테스트를 광범위하게 사용하려면 이 접근 방식이 필수적이지만, 매우 드물게 수행되며 문제가 없는 경우를 본 적이 없다. 결국 특정 수준의 조직 규모에서는 이와 같은 이유 때문에 팀 간 엔드투엔드 테스트에서 벗어나야 한다고 확신한다.

9.4.3 엔드투엔드 테스트는 얼마나 오래 걸릴까?

엔드투엔드 테스트는 시간이 꽤 걸릴 수 있다. 길게는 하루가 걸리기도 하고, 필자가 참여한 한 프로젝트에서는 전체 회귀 테스트 집합을 실행하는 데 6주가 걸리기도 했다! 테스트 범위의 중복을 줄이려고 팀이 엔드투엔드 테스트를 선별하거나 테스트를 빠르게 만드는 데 충분한 시간을 투자하는 것은 거의 보지 못했다.

이 느린 속도는 이러한 테스트가 대개 불안정하다는 사실과 더해져 큰 문제가 될 수 있다. 수행하는 데 하루 종일 걸리고 고장 난 기능과 관련 없이 자주 말썽을 일으키는 테스트 집합은 재앙이다. 기능이 고장 나더라도 알아내는 데 많은 시간이 소요될 수 있다. 이 시점에서는 이미 다른 업무를 맡았을 가능성이 높고 문제를 해결하기 위해 다시 생각을 전환하는 일은 괴롭기 때문이다.

예를 들어 셀레니움 그리드^{Selenium Grid}[6]와 같은 도구를 사용해 테스트를 병렬로 수행하도록 일부를 개선할 수 있다. 하지만 이 방식이 테스트를 실제로 이해하고 더 이상 필요하지 않은 테스트를 적극적으로 **제거하는** 일을 대체할 수는 없다.

테스트를 제거하는 것은 때때로 걱정스런 작업이며, 공항에서 특정 보안 조치를 없애려고 시도하는 것과 많은 점에서 매우 비슷하다. 아무리 비효율적 보안 조치라 하더라도 이를 제거하려는 논의는 사람들의 안전에 무관심한 조치거나 테러리스트에게 유리해지는 시도라고 반박되기

---

6 옮긴이_2008년 소트웍스의 필립 핸리고(Philippe Hanrigou)가 병렬 테스트가 가능하도록 셀레니움 기능을 확장한 것으로, 테스트가 원격 시스템에서 실행되는 웹 브라우저 인스턴스를 사용하도록 만드는 서버다. *https://www.selenium.dev/documentation/grid/*

십상이다. 가치를 더하는 것과 그에 수반되는 부담을 두고 균형 잡힌 대화를 하기란 어렵다. 또한 위험과 보상에 대한 절충안도 어려운 일이 될 수 있다. 테스트를 제거하면 사람들이 고마워할까? 그럴지도 모르지만, 여러분이 제거한 테스트가 버그를 허용한다면 비난이 따를 것이 분명하다. 그러나 더 큰 범위의 테스트 집합에 대해 생각하자면 확실히 제거할 수 있어야 한다. 동일한 기능이 20개의 서로 다른 테스트에서 검증되고 있고 실행하는 데 10분이 걸린다면, 아마도 그중 절반은 반드시 제거해야 할 것이다! 제거 위험을 더 잘 이해해야 하지만, 이는 인간이 잘 해내지 못하는 것으로 유명하다. 결과적으로 더 큰 범위의 고비용 테스트를 지능적으로 선별하고 관리하는 사례는 결코 흔치 않다. 사람들이 이 작업을 더 많이 수행하길 바라지만 실제는 그렇지 않다.

9.4.4 대규모 적체

엔드투엔드 테스트와 관련된 긴 피드백 주기는 단지 개발자 생산성 문제에만 해당되는 것은 아니다. 오래 걸리는 테스트 집합을 사용하면 중단된 것을 수정하는 데 시간이 걸리므로 엔드투엔드 테스트가 통과될 것으로 예상되는 시간이 줄어든다. 모든 테스트를 성공적으로 통과한 소프트웨어만 배포한다면(그렇게 해야 한다!) 운영 환경에 배포할 수 있는 지점까지 도달할 서비스가 더 적다는 의미다.

이것은 적체로 이어진다. 고장 난 통합 테스트 단계를 수정하는 동안 업스트림 팀의 더 많은 변경이 누적될 수 있다. 이로 인해 빌드를 수정하는 것이 더 힘들어질 뿐 아니라 배포할 변경 사항의 범위도 늘어난다. 이를 처리하는 이상적인 방법은 엔드투엔드 테스트가 실패하는 경우 사람들이 체크인하지 못하도록 하는 것이지만, 테스트 집합의 수행 기간이 길다면 이는 비현실적이다. "30명의 개발자 분들에게: 우리가 이 7시간짜리 빌드를 고칠 때까지 체크인을 금지합니다!"라고 말해보라. 고장 난 엔드투엔드 테스트 집합에 체크인을 허용하는 것은 실제로 잘못된 문제를 수정하는 것이다. 고장 난 빌드에 대한 체크인을 허용하면 빌드가 더 오래 고장 난 상태로 유지돼 코드 품질에 대한 빠른 피드백을 제공하는 방법의 효율성을 저하시킨다. 따라서 테스트 집합을 더 빠르게 만드는 것이 해답이다.

배포 범위가 넓고 릴리스 위험이 높을수록 문제가 발생할 가능성은 높아진다. 따라서 잘 테스트된 작은 변경 사항을 자주 릴리스할 수 있는지 확인하고 싶을 것이다. 엔드투엔드 테스트로 인해 작은 변경 사항을 릴리스하는 능력이 느려지면 결과적으로 득보다 실이 더 커진다.

9.4.5 메타버전

엔드투엔드 테스트 단계에서는 '이러한 서비스들이 함께 작동한다는 것을 확인했다면 이들을 모두 함께 배포하지 못할 이유는 없어'라고 생각하기 쉽다. 이 생각은 곧 '전체 시스템을 위한 버전 번호를 사용하는 건 어떨까?'라는 대화로 이어진다. 브랜든 바이어스의 말을 인용하면 "지금 2.1.0 버전의 문제가 있어요."가 된다.

여러 서비스에 대한 변경 사항을 함께 버전 관리^{versioning}함으로써 서비스들을 한 번에 변경하고 배포하는 것을 허용하는 아이디어를 효과적으로 수용한다. 이 개념은 표준이지만, 이렇게 함으로써 마이크로서비스의 주요 이점 중 하나인 다른 서비스와 독립적으로 배포할 수 있는 능력을 잃게 된다.

여러 서비스를 함께 배포하는 것을 수용하는 방식은 서비스가 결합되는 상황으로 이어지는 경우가 너무 많다. 얼마 지나지 않아 잘 분리된 서비스가 다른 서비스와 점점 더 엉키게 되며, 자체적으로 배포하려고 시도하지 않으므로 이를 눈치채지 못한다. 결국 많은 것이 뒤엉켜서 여러 서비스의 배포를 당장 조율해야만 하는 혼란에 빠지게 된다. 앞서 논의한 바와 같이 이러한 종류의 결합은 하나의 모놀리식 애플리케이션 때보다 더 나쁜 상황을 초래할 수 있다.

이것은 정말 안 좋은 일이다.

9.4.6 독립적인 테스트 가능성 부족

팀이 보다 자율적인 방식으로 작업해 소프트웨어를 더욱 효과적으로 제공하는 데 중요한 속성인 독립적 배포 가능성이라는 주제로 되돌아왔다. 팀이 독립적으로 일한다면 독립적으로 테스트할 수 있어야 한다. 이미 봤듯이 엔드투엔드 테스트는 때로는 팀의 자율성을 감소시키며, 이 테스트가 수반하는 연관 문제와 함께 조율 수준을 더욱 높이도록 강요할 수 있다.

독립적인 테스트 가능성을 향한 노력은 테스트와 관련된 인프라스트럭처를 사용하는 것까지 확장된다. 종종 여러 팀의 테스트가 실행되는 공유 테스트 환경을 사용해야 하는 사람들을 보게 된다. 그 환경은 종종 매우 제한적이며 어떤 이슈라도 심각한 문제를 야기할 수 있다. 따라서 이상적으로는 팀이 독립적인 방식으로 개발하고 테스트하길 원한다면 자체적인 테스트 환경을 제공해야 한다.

『디지털 트랜스포메이션 엔진』(에이콘, 2020)의 연구에 따르면, 성과가 높은 팀은 '통합 테스트 환경 없이도 요구에 따라 바로 대부분의 테스트를 수행할' 가능성이 더 높다.

9.5 엔드투엔드 테스트를 피해야 할까?

방금 설명한 단점이 있지만, 많은 사용자에게 엔드투엔드 테스트는 여전히 적은 수의 마이크로서비스로 관리할 수 있으며 여전히 이러한 상황에서는 매우 합당하다. 하지만 서비스 수가 3, 4, 10개 혹은 20개라면 어떨까? 이와 같은 테스트 집합은 급속도로 비대해지고 최악의 경우 테스트 시나리오가 기하급수적으로 증가한다.

실제로 적은 수의 마이크로서비스가 있더라도 여러 팀이 엔드투엔드 테스트를 공유한다면 이러한 테스트는 어려워지고, 공유된 엔드투엔드 테스트 집합을 사용하면 독립적인 배포 가능성이라는 목표는 퇴색된다. 팀으로서 마이크로서비스를 배포하려면 이제 여러 팀이 공유하는 테스트 집합을 통과해야 한다.

앞에서 설명한 엔드투엔드 테스트를 사용할 때 해결하려는 주요 문제 중 하나는 무엇인가? 새로운 서비스를 운영 환경에 배포할 때는 변경 사항으로 인해 소비자가 중단되지 않도록 노력한다. 5.4.1절 '구조적 계약 위반 대 의미적 계약 위반'에서 자세히 다뤘듯이, 이제 마이크로서비스 인터페이스에 대한 명시적 스키마를 사용하면 구조적 중단을 포착하는 데 유용하며 더 복잡한 엔드투엔드 테스트의 필요성이 크게 줄어든다.

그렇지만 스키마는 의미적 중단, 즉 이전 버전과의 비호환성으로 인해 중단을 유발하는 동작의 변경 사항을 찾아낼 수 없다. 엔드투엔드 테스트는 이러한 의미적 중단을 포착하는 데 절대적으로 도움이 되지만, 이렇게 하려면 많은 비용이 든다. 이상적으로는 의미적인 주요 변경 사항을 골라내고 축소된 범위로 수행해 테스트 격리(그리고 피드백 속도)를 개선할 수 있는 일종의 테스트를 원할 것이다. 이와 같은 상황에서 계약 테스트와 소비자 주도 계약이 시작된다.

9.5.1 계약 테스트와 소비자 주도 계약

계약 테스트contract test를 사용하면, 마이크로서비스가 외부 서비스를 사용하는 팀은 외부 서비스의 기대 작동 방식을 설명하는 테스트를 작성한다. 이는 자체 마이크로서비스를 테스트하는 것이 아니라 외부 서비스의 작동 방식을 지정하는 것이다. 외부 서비스를 대리하는 데 사용되는 스텁과 목에서 수행할 수 있다는 점도 이러한 계약 테스트가 유용해진 한 가지 주된 이유다. 따라서 계약 테스트는 실제 외부 서비스 때와 마찬가지로 자체 스텁에서 실행할 때도 통과해야 한다.

계약 테스트는 소비자 주도 계약^{consumer-driven contract}(CDC)의 일부분으로 사용될 때 매우 유용하다. 계약 테스트는 사실상 소비자(업스트림) 마이크로서비스가 생산자(다운스트림) 마이크로서비스에 기대하는 동작 방식을 명시적인 프로그래밍 방식으로 표현한 것이다. CDC를 통해 소비자 팀은 마이크로서비스가 이와 같은 기대치를 충족하는지 확인할 수 있다. 일반적으로 이것은 다운스트림 생산자 팀이 모든 빌드에서 수행하는 테스트 집합의 일부분이며, 각 소비자 마이크로서비스에 대해 소비자 계약을 실행하도록 함으로써 수행된다. 테스트 피드백 관점에서 매우 중요한 점은 이 테스트는 격리된 하나의 생산자에 대해서만 실행돼야 하므로 앞으로 대체될 수 있는 엔드투엔드 테스트보다 빠르고 안정적이라는 것이다.

예를 들어 이전 시나리오를 다시 살펴보자. 고객 마이크로서비스에는 헬프데스크와 웹 쇼핑이라는 2개의 다른 서비스가 있다. 이러한 소비자 애플리케이션 모두 고객 마이크로서비스의 작동 방식에 대한 기대치가 있다. 이 예에서는 고객 마이크로서비스에 대한 헬프데스크의 기대 사항을 나타내는 테스트 집합과 웹 쇼핑의 기대 사항을 나타내는 또 다른 집합으로 각 소비자에 대한 테스트 집합을 만든다.

CDC는 고객 마이크로서비스의 작동 방식에 대한 기대치이므로 고객 마이크로서비스 자체만 실행하면 된다. 즉, 서비스 테스트와 동일한 효과의 테스트 범위를 가지므로 성능 특성이 비슷하고 외부 종속성이 제거된 고객 마이크로서비스 자체만 실행해야 한다.

이 상황에서 좋은 방법은 생산자 팀과 소비자 팀의 누군가가 협력해 테스트를 생성하도록 하는 것이다. 따라서 웹 쇼핑 및 헬프데스크 팀원이 고객 서비스의 팀원과 짝을 이룰 수 있다. 분명하게도 소비자 주도 계약은 필요한 경우에 마이크로서비스와 마이크로서비스를 사용하는 팀 간의 명확한 의사소통 및 협업 라인을 촉진하는 것과 밀접한 관련이 있다. 실제로 CDC를 구현하는 것은 기존 팀 간의 커뮤니케이션을 보다 명확하게 만드는 일이라고 주장할 수 있다. 팀 간 협업에서 CDC는 콘웨이의 법칙을 또렷하게 상기시킨다.

[그림 9-10]과 같이 CDC는 초점은 크게 다르지만 테스트 피라미드에서 서비스 테스트와 같은 수준에 있다. 이와 같은 테스트는 소비자가 서비스를 사용하는 방법에 초점을 맞추고 있으

며, 중단될 경우 처리하는 방식이 서비스 테스트와 크게 다르다. 고객 서비스 빌드 중에 이러한 CDC 중 하나가 중단되면 어떤 소비자가 영향을 받을지 분명해진다. 이 시점에서 문제를 수정하거나 5.5절 '마이크로서비스 간의 변경 처리'에서 소개된 방식으로 주요 변경 사항의 적용을 둘러싼 논의를 시작할 수 있다.

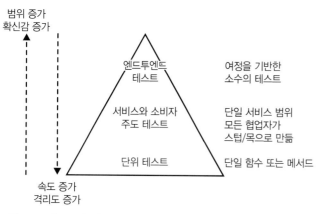

그림 9-10 테스트 피라미드에 소비자 주도 테스트 통합

따라서 CDC를 사용하면 잠재적으로 비용이 많이 드는 엔드투엔드 테스트를 사용하지 않고도 소프트웨어가 운영 환경에 들어가기 전에 중단 변경을 찾아낼 수 있다.

팩트

팩트[Pact]는 소비자 주도의 테스팅 도구로, 원래는 realestate.com.au에서 내부용으로 개발했으나 지금은 오픈 소스가 됐다. 팩트는 초기에 루비 전용이었고 HTTP 프로토콜에만 집중했지만, 지금은 JVM, 자바스크립트, 파이썬, .NET과 같은 여러 언어와 플랫폼을 지원하며 메시징 상호작용에도 사용할 수 있다.

팩트를 도입하면, 지원 가능한 언어 중 하나로 DSL을 사용해 제작자의 기대 사항을 정의하는 것에서 시작한다. 그런 다음 로컬 팩트 서버를 시작하고 이에 대한 기대 사항을 실행해 팩트 명세 파일을 만든다. 팩트 파일은 공식적인 JSON 명세이므로 직접 코딩할 수 있지만, 언어별 SDK를 사용하면 훨씬 수월하다.

이 모델은 팩트 파일을 생성하는 데 사용되는 목 서버가 다운스트림 마이크로서비스에 대한 로컬 스텁으로도 잘 작동한다는 점에서 매우 매력적이다. 또한 기대 사항을 로컬로 정의함으로써 이 로컬 스텁 서비스의 응답 방식을 정의하며, 이를 통해 마운티뱅크(또는 수작업으로 작성되는 스텁 및 목 솔루션)와 같은 도구를 대체할 수 있다.

그런 다음 생산자 측에서는 JSON 팩트 명세를 이용해 마이크로서비스에 대한 호출을 구동하고 응답을 확인해 이 소비자 명세를 검증한다. 이를 작동시키려면 제작자가 팩트 파일에 액세스해야 한다. 앞서 7.3절 '소스 코드와 빌드를 마이크로서비스에 매핑하기'에서 설명한 것처럼 소비자와 생산자가 당연히 서로 다른 빌드를 사용할 것으로 예상한다. 즉, 소비자 빌드로 생성될 JSON 파일이 생산자에서 사용될 수 있는 방법이 필요하다.

CI/CD 도구의 산출물 저장소에 팩트 파일을 저장하거나, 팩트 명세의 여러 버전을 저장하는 팩트 브로커Pact Broker를 사용한다. 예를 들어 운영 환경의 소비자 버전과 가장 최근에 빌드된 소비자 버전을 테스트하려는 경우 팩트 브로커를 사용해 여러 다른 버전의 소비자에 대해 소비자 주도 계약 테스트를 실행할 수 있다.

실제로 팩트 브로커에는 많은 유용한 기능이 있는데, 계약을 저장하는 장소로 활용하는 것 외에 해당 계약이 언제 검증됐는지 확인하는 수단으로도 유용하다. 또한 팩트 브로커는 소비자와 생산자 간의 관계를 알고 있으므로 어떤 마이크로서비스가 다른 마이크로서비스에 의존하는지 보여준다.

다른 대안

그렇다고 팩트가 소비자 주도 계약을 위한 유일한 도구는 아니며, 스프링 클라우드 컨트랙Spring Cloud Contract이 한 예다. 하지만 처음부터 다양한 기술 스택을 지원하도록 설계된 팩트와 달리 스프링 클라우드 컨트랙은 순수 JVM 생태계에서만 가용하다는 점을 유의해야 한다.

대화가 중요해

애자일에서 스토리story는 종종 대화의 영역으로 자주 언급되며, CDC가 바로 그런 것이다. 스토리는 API가 어떤 모습이어야 하는지에 대한 일련의 논의를 체계화하고, 문제가 발생하면 해당 API가 어떻게 발전해야 하는지 논의하는 대화의 시발점이 된다.

CDC에는 소비자와 생산자 서비스 간의 원활한 의사소통과 신뢰가 필요하다는 점을 반드시 이해해야 한다. 두 서비스 당사자가 같은 팀에 속해 있거나 같은 사람이라면 어려운 것은 없지만,

제삼자가 제공하는 서비스를 사용하는 경우 CDC를 동작시키기 위한 의사소통이나 신뢰의 기회를 자주 갖지 못할 수 있다. 이 상황에서는 신뢰할 수 없는 구성 요소를 포함해 더 큰 범위의 제한된 통합 테스트를 수행해야 할지도 모른다. 또는 공개적으로 사용 가능한 웹 서비스 API와 같이 수천 명의 잠재적인 소비자를 위한 API를 만드는 경우라면, 이러한 테스트를 정의하는 과정에서 소비자 역할을 직접 수행해야 할 수도 있다(또는 소비자의 하위 집합과 함께 작업해야 할 수도 있다). 엄청난 수의 외부 소비자를 중단시키는 것은 매우 나쁘기 때문에 CDC의 중요성은 더욱 커진다.

9.5.2 결론

이 장의 앞부분에서 자세히 설명했듯이, 엔드투엔드 테스트는 테스트에 포함되는 구성 요소가 더 많이 추가됨에 따라 단점이 많아진다. 지금까지 필자는 마이크로서비스를 대규모로 구현해 온 사람들과 이야기를 나누면서 대부분의 사람들이 시간이 지남에 따라 소프트웨어 품질을 검증하는 다른 메커니즘(예: 명시적 스키마와 CDC 사용, 운영 환경 내 테스트, 또는 카나리아 릴리스와 같은 점진적 제공 기술 중 일부)을 선호해 엔드투엔드 테스트가 불필요해진다는 사실을 알게 됐다.

또한 보조적으로 운영 환경 배포 전에 엔드투엔드 테스트를 수행하는 것을 보게 된다. CDC의 작동 방식을 배우고 운영 환경 모니터링 및 배포 기술을 향상시키는 동안 이러한 엔드투엔드 테스트는 유용한 안전망을 형성할 수 있으며, 그 과정에서 주기 시간과 위험을 줄일 수 있다. 하지만 앞서 언급된 다른 영역을 개선하고 엔드투엔드 테스트를 생성하는 상대적 비용이 증가함에 따라 이 테스트에 대한 의존도를 더 이상 필요하지 않을 정도로 줄일 수 있다. 잃어버린 것을 완전하게 이해하지 않은 채로 엔드투엔드 테스트를 버리는 것은 아마도 나쁜 생각일 것이다.

분명히 여러분은 필자보다 자신이 속한 조직의 위험 수준을 더 잘 이해하고 있겠지만, 실제로 얼마나 많은 엔드투엔드 테스트를 수행해야 하는지를 충분한 시간을 들여 깊이 생각해보길 바란다.

9.6 개발자 경험

개발자가 점점 더 많은 마이크로서비스에서 작업해야 한다는 사실을 알게 되면서 나타나는 한 가지 중요한 문제는 개발자 경험에서 어려움을 겪기 시작할 수 있다는 것이다. 개발자가 로컬에서 점점 더 많은 마이크로서비스를 실행하려고 하기 때문이며, 개발자가 스텁되지 않은 여러 마이크로서비스를 연결하는 넓은 범위의 테스트를 실행해야 하는 상황에서 자주 발생한다.

이 문제가 얼마나 빨리 발생하는지는 여러 가지 요인에 따라 달라진다. 개발자가 로컬에서 실행해야 하는 마이크로서비스 수, 이러한 마이크로서비스가 작성된 기술 스택, 로컬 시스템의 성능 등이 모두 영향을 미칠 수 있다. 일부 기술 스택은 초기의 양(메모리)적인 측면에서 리소스 중심적이다. 이런 면에서 JVM 기반 마이크로서비스가 떠오르지만, 일부 기술 스택은 더 빠르고 더 경량인 자원으로 마이크로서비스를 생성할 수 있으므로 로컬에서 더 많은 마이크로서비스를 실행할 수 있다.

이 문제를 해결하는 한 가지 접근 방식은 개발자가 클라우드 환경에서 개발 및 테스트 작업을 수행하도록 하는 것이며, 필요한 마이크로서비스를 실행하고자 더 많은 자원을 사용하는 것이 이 아이디어의 핵심이다. 이 모델은 항상 클라우드 자원에 연결할 수 있어야 한다는 사실 외에도 피드백 주기가 더 나빠질 수 있다는 다른 큰 문제가 있다. 로컬에서 코드를 변경하고 이 코드의 새 버전(또는 로컬에서 빌드된 산출물)을 클라우드에 업로드해야 할 경우 특히 개발 및 테스트 주기에 상당한 지연이 발생할 수 있다. 특히 인터넷 연결이 더욱 제한적인 환경에서 운영되고 있다면 이 문제는 더 현저해진다.

완전히 클라우드에서 개발하는 것은 피드백 주기 문제를 해결하는 한 가지 해법이다. AWS가 소유한 Cloud9과 같은 클라우드 기반 IDE는 이 해법이 유효하다는 것을 보여주었다. 하지만 이와 같은 모습은 개발의 미래일 수도 있지만, 대다수 사람들의 현실과는 확실히 거리가 멀다.

근본적으로 개발자가 개발 및 테스트 주기를 위해 더 많은 마이크로서비스를 실행할 수 있도록 클라우드 환경을 사용하는 것은 많은 비용이 들 뿐 아니라 필요 이상으로 복잡해지므로 핵심을 비켜간다. 따라서 이상적으로는 실제로 작업하는 바로 그 마이크로서비스만 실행하는 것을 목표로 해야 한다. 개발자가 5개의 마이크로서비스를 소유한 팀의 일원인 경우 해당 개발자는 해당 마이크로서비스를 가능한 한 효과적으로 실행할 수 있어야 하며, 빠른 피드백을 위해 항상 로컬에서 실행하는 것이 좋다.

하지만 팀이 소유한 5개의 마이크로서비스가 다른 팀이 소유한 다른 시스템과 마이크로서비스를 호출하려는 경우에는 어떻게 해야 할까? 그것들이 없다면 로컬 개발 및 테스트 환경이 작동하지 않을 것이다. 여기서도 스텁이 도움이 되며, 우리 팀의 범위 밖에 있는 마이크로서비스를 모방하는 로컬 스텁을 만들 수 있어야 한다. 로컬에서 실행해야 하는 유일한 실제 마이크로서비스는 여러분이 작업 중인 것들이다. 수백 개의 서로 다른 마이크로서비스에서 작업해야 하는 조직에 몸담고 있다면 이보다 훨씬 더 큰 문제가 있으며, 15.7절 '강력한 소유권 대 공동 소유권'에서 더 깊이 다룬다.

9.7 운영 전 테스트에서 운영 중 테스트로

역사적으로 테스트는 운영에 들어가기 전에 시스템을 테스팅하는 데 중점을 뒀다. 테스트를 통해 시스템이 기능적으로나 비기능적으로 원하는 대로 작동하는지를 입증하려는 일련의 모델을 정의하고 있지만, 그 모델이 완벽하지 않다면 시스템이 격한 상황일 때 문제에 직면하게 된다. 버그가 운영 환경에 유입되고, 새로운 고장 유형이 발견되며, 사용자는 전혀 예상하지 못한 방식으로 시스템을 사용한다.

이에 대한 한 가지 대응 방법으로, 점점 더 많은 테스트를 정의하고 모델을 개선해 더 많은 문제를 조기에 발견하고 실행 중인 운영 시스템에서 발생될 문제의 수를 줄이는 경우가 많다. 하지만 이 방법은 특정 시점부터 수확 체감이 발생한다는 사실을 받아들여야 한다. 배포 전 테스트로는 실패 가능성을 0으로 줄일 수 없다.

분산 시스템은 운영 환경에 도달하기 전에 발생할 수 있는 모든 잠재적인 문제를 잡아내는 것이 불가능할 정도로 복잡하다.

일반적으로 테스트는 소프트웨어 품질이 충분한지를 피드백하는 데 목적이 있다. 이상적으로는 가능한 한 빨리 피드백을 원하고 최종 사용자가 문제를 경험하기 전에 소프트웨어에 문제가 있는지 파악하고 싶어 하는데, 소프트웨어를 릴리스하기 전에 많은 테스트를 수행하는 것도 바로 이런 이유 때문이다.

그렇지만 사전 운영 환경에서만 테스트하도록 제한하는 것은 스스로의 발목을 잡는 일이다. 문제를 발견할 수 있는 장소가 줄어들고, 소프트웨어가 사용될 가장 중요한 위치에서 소프트웨어의 품질을 테스트할 수 있는 가능성도 사라지게 된다.

운영 환경에서는 테스트를 적용할지를 검토할 수 있으며, 반드시 그렇게 해야 한다. 운영 환경
내 테스트는 안전한 방식으로 수행될 수 있고, 사전 운영 환경 테스트보다 더 높은 품질의 피드
백을 제공할 수 있으며, 실감하든 아니든 이미 수행하고 있는 작업일 수 있다.

9.7.1 운영 환경 테스트 유형

간단한 것부터 복잡한 것까지 운영 환경에서 수행할 수 있는 다양한 테스트 항목이 많다. 우선
마이크로서비스가 작동 중인지 알아보는 ping 확인과 같은 간단한 것을 생각해보자. 단순히
마이크로서비스 인스턴스가 실행 중인지를 확인하는 것은 테스트의 한 유형이지만, 보통 '운영'
담당자가 처리하는 활동이므로 지금까지는 테스트의 한 유형으로 보지 않았다. 하지만 근본적
으로 마이크로서비스가 가동 중인지를 확인하는 것과 같은 간단한 작업은 소프트웨어에서 자
주 실행하는 테스트로 볼 수 있다.

운영 환경 테스트의 또 다른 예는 스모크 테스트smoke test다. 일반적으로 배포 활동의 일부분으
로 수행되는 스모크 테스트는 배포된 소프트웨어가 올바르게 작동하는지 확인한다. 이러한 스
모크 테스트는 일반적으로 사용자에게 릴리스되기 전에 실행 중인 실제 소프트웨어에서 수행
된다(자세한 내용은 곧 설명한다).

8장에서 다룬 카나리아 릴리스도 분명 테스트에 관한 메커니즘이다. 제대로 작동하는지 '테스
트'하기 위해 소수의 사용자에게 소프트웨어의 새 버전을 릴리스하고, 제대로 작동하면 완전히
자동화된 방식으로 소프트웨어를 더 많은 사용자 기반을 향해 확산할 수 있다.

운영 환경 테스트의 또 다른 예는 가짜 사용자 행동을 시스템에 주입해 예상대로 작동하는지
확인하는 것이다. 예를 들면, 가짜 고객을 위해 주문하거나 실제 운영 시스템에 새로운 가짜 사
용자를 등록하는 경우다. 이 유형의 테스트는 사람들이 운영 시스템에 미칠 수 있는 영향을 우
려하므로 때때로 반발이 있을 것이다. 따라서 이와 같은 테스트를 만들 경우 안전하게 만들어
야 한다.

9.7.2 운영 환경에서 안전한 테스트 만들기

운영 환경에서 테스트를 수행하기로 결정했다면(해야 한다!), 테스트가 시스템 불안정을 가져오거나 운영 환경 데이터를 오염시켜 문제를 일으키지 않아야 한다. 마이크로서비스 인스턴스를 ping해 정상 작동 중인지 확인하는 것과 같은 간단한 작업은 안전한 작업에 속한다. 만약 이로 인해 시스템이 불안정해질 경우, 실수로 상태 확인 시스템이 내부적인 서비스 거부denial of service 공격을 하도록 만들지 않았다면 해결해야 할 매우 심각한 이슈가 존재할 가능성이 높다.

스모크 테스트는 수행 작업이 릴리스되기 전에 소프트웨어에서 수행되는 경우가 많기 때문에 일반적으로 안전하다. 8.6.1절 '배포와 릴리스의 분리'에서 살펴본 것처럼 릴리스에서 배포 개념을 분리하면 매우 유용할 것이다. 운영 환경 내 테스트라면, 릴리스되기 전에 운영 환경에 배포된 소프트웨어에서 수행되는 테스트는 안전해야 한다.

사람들은 가짜 사용자 행동을 시스템에 주입하는 등 안전을 위협하는 시도에 대해 가장 우려하는 경향이 있다. 우리는 실제로 주문이 배송되거나 결제되는 것을 원하지 않는다. 따라서 적절한 관심과 주의가 필요하며, 어려움이 따르더라도 이 유형의 테스트는 큰 도움이 될 수 있다. 10.6.6절 '시맨틱 모니터링'에서 관련 내용을 다시 살펴본다.

9.7.3 MTBF보다 MTTR?

따라서 블루/그린 배포나 카나리아 릴리스와 같은 기술을 살펴봄으로써 운영 환경에 더 가깝게 (또는 운영 환경에서도) 테스트할 수 있는 방법을 발견하고, 오류가 발생할 경우 관리하는 데 도움이 될 도구도 만든다. 이와 같은 접근 방식을 사용하는 것은 실제로 소프트웨어를 릴리스하기 전에 모든 문제를 발견하고 파악할 수 없다는 사실을 암묵적으로 인정하는 셈이다.

때로는 자동화된 기능 테스트를 추가하는 것보다 문제가 발생했을 때 더 잘 수정하고자 동급의 노력을 기울이는 것이 훨씬 더 유익하다. 이는 웹 운영 세계에서 **평균 무고장 시간**Mean Time Between Failures(MTBF)의 최적화와 **평균 수리 시간**Mean Time to Repair(MTTR)의 최적화 간 균형점으로서 언급된다.

복구 시간을 줄이는 기술은 10장에서 다룰 우수한 모니터링과 결합돼 매우 빠른 롤백만큼 간단할 수 있다. 또한 운영 환경에서 문제를 조기에 발견하고 일찍 롤백할 수 있다면 고객에게 미치는 영향은 줄어든다.

조직에 따라 MTBF와 MTTR 사이의 균형점은 다양하며, 그중 상당 부분은 운영 환경에서 고장(장애)의 실질적 영향을 이해하는 데 있다. 하지만 필자가 본 대부분의 조직은 기능 테스트 집합을 만드는 데 시간을 할애해 더 나은 모니터링이나 장애 복구에 거의 공을 들이지 않는 경우가 많았다. 따라서 처음에 발생하는 결함의 수를 줄일 수는 있지만 모든 결함을 제거하지는 못하며, 운영 과정에서 결함이 나타날 경우 대처할 준비가 돼 있지 않다.

MTBF와 MTTR 사이의 균형점 외 다른 균형점이 존재한다. 예를 들어 실제로 어떤 사람이 여러분의 소프트웨어를 실제로 사용하는지 알아내려고 하는 것과 관계없이 강력한 소프트웨어를 구축하기 전에 아이디어나 비즈니스 모델을 증명하려고 당장 무언가를 내놓는 것이 훨씬 더 효과가 있다. 이런 환경에서 테스팅은 사치일 것이다. 그 아이디어가 제대로 먹힐지조차 모르는 것이 운영 환경의 결함보다 훨씬 더 큰 영향을 미치기 때문이다. 이런 상황에서는 운영 전 테스트를 하지 않는 것이 더 현명하다.

9.8 교차 기능 테스트

이 장의 대부분은 특정 기능을 테스트하고, 마이크로서비스 기반 시스템을 테스트할 때 이것이 어떻게 다른지에 초점을 맞췄다. 하지만 논의해야 할 중요한 또 다른 범주의 테스트가 있다. **비기능 요구 사항**nonfunctional requirement은 일반 기능처럼 간단히 구현할 수 없는 시스템의 특성을 설명하는 데 사용되는 포괄적 용어다. 이 요구 사항에는 웹 페이지의 허용 가능한 지연 시간, 시스템이 지원해야 하는 사용자 수, 장애인용 사용자 인터페이스에 대한 접근성 또는 고객 데이터에 대한 보안 수준과 같은 측면이 포함된다.

비기능적nonfunctional이라는 용어는 필자와 잘 맞지 않았다. 이 용어가 다루는 것 중 일부는 본질적으로 매우 기능적으로 보인다! 옛 동료였던 사라 타라포레왈라Sarah Taraporewalla는 **교차 기능 요구 사항**cross-functional requirement(CFR)이라는 용어를 대안으로 고안했는데, 이 용어는 무척 마음에 든다. CFR은 이러한 시스템 동작이 실제로 많은 교차 작업의 결과로만 드러난다는 사실을 더 잘 보여준다.

대부분까지는 아니더라도 많은 CFR이 실제로 운영 환경에만 충족된다. 즉, 테스트 전략을 정의해 최소한 이와 같은 목표를 달성하는 방향으로 진행하고 있는지 확인할 수 있다. 이러한 종류의 테스트는 **속성 테스트**Property Test 사분면에 속한다. 곧 더 자세히 살펴볼 성능 테스트는 이 테스트 유형의 좋은 예다.

개별 마이크로서비스 수준에서 일부 CFR은 추적할 수 있다. 예를 들어 결제 서비스에서 요구되는 서비스 내구성은 훨씬 높은 수준으로 정하겠지만, 메탈리카와 같은 아티스트 추천 기능이 10분 정도 가능하지 않더라도 핵심 비즈니스가 살아 남을 수 있다면 음악 추천 서비스에서 중단 시간이 더 길더라도 만족할 것이다. 이러한 절충점은 결국 시스템을 설계하고 발전시키는 방법에 큰 영향을 미치게 되며, 다시 한 번 마이크로서비스 기반 시스템의 세분화된 특성을 통해 절충점을 만들 더 많은 기회가 제공된다. 특정 마이크로서비스나 팀이 담당해야 할 CFR을 살펴볼 때는 팀의 서비스 수준 목표service-level objective(SLO)의 일부로 표현하는 것이 일반적이다. 이 주제는 10.6.4절 '잘하고 있나요?'에서 더 깊이 살펴본다.

CFR에 대한 테스트도 피라미드를 따라야 한다. 일부 테스트는 부하 테스트와 같이 엔트투엔드로 이뤄지지만 다른 테스트는 그렇지 않다. 예를 들어 엔드투엔드 테스트에서 성능 병목 현상을 발견하고 나면, 나중에 문제를 파악할 수 있도록 더 작은 범위의 테스트를 작성한다. 다른 CFR은 더 빠른 테스트와 매우 잘 들어맞는다. 필자는 장애인들이 웹 사이트를 무리 없이 사용하도록 우리의 HTML 마크업이 적절한 접근성 기능을 사용하는지 점검해야 한다고 주장한 프로젝트에서 작업했던 적이 있다. 생성된 마크업을 확인해 적절한 컨트롤이 포함돼 있는지 살펴보면, 이와 같은 점검 작업을 네트워크를 통한 왕복 호출 없이 매우 신속하게 수행할 수 있다.

CFR은 너무 늦게 고려되는 경우가 많으므로, 가능한 한 신속하게 CFR을 살펴보고 정기적으로 검토해야 한다.

9.8.1 성능 테스트

분명하게도 성능 테스트는 일부 교차 기능 요구 사항을 충족하는 방안이라 할 만하다. 시스템을 더 작은 마이크로서비스로 분해할 때 네트워크 경계를 넘나드는 호출이 증가한다. 이전에는 하나의 데이터베이스 호출과 연관됐다면, 이제는 관련된 데이터베이스 호출 수를 포함해서 네트워크 경계를 넘어 다른 서비스에 대한 3~4개의 호출이 관련될 수 있다. 이 모든 것이 시스템 작동 속도를 저하시킬 수 있으며, 시간 지연이 발생한 원인을 추적하는 것이 특히 중요하다. 다수의 동기 호출로 이뤄진 호출 체인이 있을 때, 호출 체인의 일부가 느리게 작동하기 시작하면 모든 것이 영향을 받아 잠재적으로 전체 호출 체인에 심각한 영향을 미치게 된다. 따라서 모놀리식 시스템일 때보다 애플리케이션의 성능을 테스트하는 방법이 훨씬 더 중요해진다. 종종 이런 종류의 테스트가 지연되는 이유는 처음에는 테스트할 시스템이 충분하지 않기 때문이다. 필자는 이 문제를 이해하지만, 성능 테스트가 출시 직전에 처음으로 수행되는 경우가 너무 많다. 이 함정에 빠지지 않길 바란다.

기능 테스트와 마찬가지로 혼합하고 싶을 수 있다. 개별 서비스를 격리해 성능 테스트를 하고 싶겠지만, 시스템의 핵심 전이를 확인하는 테스트부터 시작하라. 엔드투엔드 전이 테스트를 가져와 규모에 맞게 간단히 실행할 수 있다.

의미 있는 결과를 도출하려고 모의 고객 수를 점차 증가시키면서 주어진 시나리오를 수행해야 하는 경우가 많다. 이를 통해 증가되는 부하에 따라 호출 지연 시간이 어떻게 변하는지 확인할 수 있으며, 이는 곧 성능 테스트를 실행하는 데 어느 정도 시간이 걸린다는 것을 의미한다. 또한 표시된 결과가 운영 환경 시스템에서 기대하는 성능을 보장할 수 있도록 시스템이 운영 환경과 최대한 일치하길 원할 것이다. 즉, 운영 환경 수준의 데이터양을 확보해야 하고 인프라스트럭처를 일치시키려면 더 많은 시스템이 필요한데, 힘든 작업이 될 수 있다. 성능 환경을 정말 운영 환경과 유사하게 만드는 데 어려움을 겪더라도 여전히 테스트는 병목 현상을 추적하는 데 쓸모가 있다. 다만, 테스트의 결과로 거짓 음성false negative이나 (더 나쁜 경우) 거짓 양성false positive이 나올 수 있다는 점은 유의하라.[7]

성능 테스트 수행에 걸리는 시간 때문에 체크인할 때마다 항상 성능 테스트를 수행할 수는 없다. 따라서 매일 하위 집합을 실행하고 매주 더 큰 집합으로 수행하는 것이 일반적이다. 어떤 접근 방식을 선택하든 가능한 한 정기적으로 테스트를 수행해야 한다. 성능 테스트를 수행하지 않는 시간이 길어질수록 원인을 추적하기가 더 어려워지기 때문이다. 성능 문제는 특히 해결하기가 어려우므로, 새로 발생한 문제를 발견하기 위해 확인해야 할 커밋 수를 줄이면 여러분의 삶도 그만큼 더 편해질 것이다.

그리고 결과를 확인하는 것도 잊지 말라! 필자가 만난 많은 팀이 테스트를 구현하고 수행하는 데 많은 공을 들이지만 정작 그 결과를 확인하지 않는 것에 매우 놀라곤 했다. 이는 대개 사람들이 '좋은' 결과란 무엇인지를 모르기 때문이기도 하다. 정말로 목표가 있어야 한다. 여러분이 더 큰 아키텍처에서 일부분으로 사용될 마이크로서비스를 공급할 때 제공하기로 약속한 특정

---

7 옮긴이_거짓 경보(false alarm)를 더 자세히 알고 싶다면 *https://tinyurl.com/false-alarm2*를 참고하라.

기대치, 즉 앞서 언급한 SLO를 갖는 것이 일반적이다. 이 목표의 일환으로 특정 수준의 성능을 제공하기로 약속한다면, 어떤 자동화된 테스트가 해당 목표치를 충족할 수 있는지(그리고 바라건대 초과할 수 있는지)에 대해 피드백을 제공하는 것이 타당하다.

특정 성능 목표 대신에 자동화된 성능 테스트는 변경 사항에 따라 마이크로서비스의 성능이 어떻게 달라지는지 확인하는 데 여전히 매우 유용하다. 이 테스트는 급격한 성능 저하를 유발하는 변경을 했을 때 여러분을 잡아줄 안전망이 될 수 있다. 따라서 특정 목표치에 대한 대안으로, 한 빌드와 다음 빌드 간의 성능 차이가 너무 큰 경우에는 테스트가 실패한다.

성능 테스트는 실제 시스템 성능에 대한 이해와 맞물려 수행돼야 하며(자세한 내용은 10장에서 설명한다), 이상적으로는 시스템 동작을 시각화하려면 운영 환경에 사용된 것과 동일한 도구를 성능 테스트 환경에서 사용한다. 이 방식을 사용하면 유사성을 훨씬 쉽게 비교할 수 있다.

9.8.2 견고성 테스트

마이크로서비스 아키텍처는 가장 약한 링크에 의해 신뢰성이 결정되며, 결과적으로 시스템 안정성을 향상시키기 위해 마이크로서비스가 자체적으로 견고성^{robustness}을 개선할 메커니즘을 구축하는 것이 일반적이다. 12.5절 '안정성 패턴'에서 이 주제를 자세히 다루겠지만, 예를 들면 인스턴스의 장애를 감내하려고 로드 밸런서 뒤에 여러 마이크로서비스 인스턴스를 실행하거나 다운스트림 마이크로서비스가 중단되는 상황을 프로그래밍 방식으로 처리하려고 회로 차단기를 사용하는 경우가 있다.

이 상황에서는 마이크로서비스가 전체적으로 계속 가동될 수 있도록 특정 결함을 다시 만들 테스트를 갖는 것이 유용하다. 본래부터 이러한 테스트는 구현하기가 좀 더 까다로울 수 있다. 예를 들어 테스트 중인 마이크로서비스와 외부 스텁 사이에 인위적으로 네트워크 타임아웃을 만들어야 할 수도 있다. 즉, 특히 여러 마이크로서비스에서 사용될 공유 기능(예: 서비스 메시 구현을 사용해 회로 차단 기능을 처리하는)을 만들 때 이와 같은 테스트는 더욱 유용하다.

요약

이 모든 것을 종합해 이 장에서는 테스팅에 대한 총체적인 접근 방법으로 여러분의 시스템테스트를 어떻게 진행하는지 알려주는 일반적 지침을 제공하고자 노력했다. 기본 사항을 다시 요약하면 다음과 같다.

- 빠른 피드백을 위해 최적화하고 테스트 타입을 적절히 분리하라.
- 둘 이상의 팀에 걸쳐 있는 엔드투엔드 테스트의 필요성을 줄여라. 대신 소비자 주도 계약을 사용하는 방안을 고려하라.
- 소비자 주도 계약을 사용해 팀 간 대화의 초점을 제공하라.
- 테스트에 더 많은 노력을 기울이는 것과 운영 환경에서 문제를 더 빨리 감지하는 것(MTBF에 대한 최적화 대 MTTR에 대한 최적화) 간의 절충점을 이해하려고 노력하라.
- 운영 환경에서 테스트해보라!

테스팅을 더 자세히 알고 싶다면 리사 크리스핀과 자넷 그레고리의『애자일 테스팅: 테스터와 애자일 팀을 위한 실용 가이드』(정보문화사, 2012)를 추천한다. 이 책에서는 테스트 사분면의 사용을 자세히 다룬다. 몇 가지 코드 예제와 더 많은 도구를 소개하면서 테스트 피라미드를 자세히 설명한 햄 보크Ham Vocke의 '실용적 테스트 피라미드'[8]도 추천한다.

이 장에서는 운영 환경에 들어가기 전에 코드가 동작하는지 확인하는 데 중점을 뒀지만, 운영 환경에 도달한 이후의 애플리케이션 테스트도 살펴보기 시작했다. 애플리케이션 테스트는 우리가 훨씬 더 자세히 탐구해야 할 영역이며, 마이크로서비스는 소프트웨어가 운영 환경에서 어떻게 작동하는지 이해하는 데 많은 어려움을 야기한다. 다음 장에서는 이 주제를 더 자세히 다룬다.

---

8 햄 보크, 'The Practical Test Pyramid', martinfowler.com, 2018년 2월 26일, *https://oreil.ly/J7lc6*

## CHAPTER 10

모니터링에서 관찰가능성으로

지금까지 살펴본 것처럼 시스템을 더 작고 세분화된 마이크로서비스로 분해하면 여러 가지 이점을 얻을 수 있지만, 앞에서 자세히 살펴봤듯이 새로운 복잡성을 유발하는 원인이 되기도 한다. 이렇게 증가된 복잡성이 가장 명확하게 드러나는 상황은 운영 환경에서 시스템의 동작을 이해할 때다. 초기에는 상대적으로 단순한 단일 프로세스형 모놀리스 애플리케이션에서 잘 작동했던 도구와 기술이 마이크로서비스 아키텍처에서는 적합하지 않다는 사실을 알게 될 것이다.

이 장에서는 마이크로서비스 아키텍처의 모니터링과 관련된 문제를 살펴보고 새로운 도구가 도움이 될 수 있더라도 근본적으로 운영 환경에 어떤 일이 벌어지는지 파악하는 면에서 전체적인 사고방식을 바꿔야 할 수도 있음을 보여준다. 또한 관심이 높아진 관찰가능성 개념(무엇이 잘못됐는지 파악하도록 시스템에 질문할 수 있는 방법을 이해하는 것이다)에 대해서도 이야기할 것이다.

> **CAUTION**
>
> **운영 환경의 고충**
>
> 운영 환경에서 실행하고 실제 트래픽을 받기 전까지는 마이크로서비스 아키텍처로 인한 잠재적인 고통, 괴로움, 고민을 진정으로 이해하지 못할 것이다.

10.1 분열, 공황 그리고 혼란

다음과 같은 장면을 상상해보자. 어느 조용한 금요일 오후, 팀은 업무를 마치자마자 주말을 시작할 작정으로 퇴근 시간이 되면 곧장 술집으로 빠져나가길 고대하고 있다. 그런데 갑자기 여러 이메일을 수신하게 된다. 웹 사이트가 오동작하고 있다는 것이다! 트위터는 회사의 장애 관련 내용으로 도배되고 다급해진 상사는 잔소리를 해댄다. 결국 평온한 주말에 대한 기대가 연기처럼 홀연히 사라진다.

다음 트윗만큼 문제를 잘 요약한 글도 드물 것이다.

> 우리는 모놀리스를 마이크로서비스로 교체했다. 그리고 모든 장애가 마치 살인 사건을 다루는 추리극처럼 돼버렸다.[1]

어떤 것이 잘못됐고 무엇이 원인인지 추적하는 것이 첫 번째 할 일이다. 하지만 용의자가 많으면 추적은 어려워진다.

단일 프로세스형 모놀리식 애플리케이션 세계에서는 최소한의 조사를 시작할 확실한 장소가 있다. 웹 사이트가 느린가? 모놀리스라서 그렇다. 웹 사이트가 이상한 오류를 발생시키는가? 모놀리스라서 그렇다. CPU가 100%인가? 바로 모놀리스다. 탄내가 나는가? 답을 알고 있을 것이다.[2] 단일 장애 지점이 있으면 장애 조사가 다소 간단해진다!

이제 우리의 마이크로서비스 기반 시스템을 생각해보자. 사용자에게 제공하는 기능은 여러 마이크로서비스에서 제공되며, 그중 일부는 작업을 수행하려고 더 많은 마이크로서비스와 통신한다. 이러한 방식에는 많은 이점이 있지만(다행이다. 그렇지 않으면 이 책은 시간 낭비일 것이다), 모니터링 세계에서는 문제가 더 복잡해진다.

이제 모니터링할 서버가 여러 대이고, 선별할 로그 파일이 여러 개며, 네트워크 지연으로 인해 문제가 발생할 수 있는 장소도 여러 곳이다. 고장이 발생할 수 있는 표면적이 늘어나 조사해야 할 사항도 늘어났다. 어떻게 접근해야 할까? 혼란스럽고 뒤엉킨 상황이 될 수 있는 것이 무엇

---

[1] '흑인들의 생명도 소중하다(Honestly Black Lives Matter)', 2015년 10월 7일, 오후 7:10, *https://oreil.ly/Z28BA*

[2] 시스템 장애의 원인이 되는 화재가 완전히 터무니없는 생각은 아니다. 필자는 SAN(Storage Area Network) 화재로 인한 운영계의 장애 여파를 해소하는 일을 도운 적이 있다. 화재가 발생했다는 연락을 받는 데 며칠이 걸렸다는 것은 다른 이야기로 남겨두겠다.

인지 이해해야 한다. 그런 일은 금요일 오후에 그 누구도 처리하고 싶지 않을 테니까(아니 언제라도 마찬가지다!).

우선, 우리는 작은 것을 모니터링하고 더 큰 그림을 볼 수 있도록 집계^{aggregation}를 제공해야 한다. 그런 다음, 분석의 일환으로 이 데이터를 조각으로 나누는 도구가 있는지 확인해야 한다. 끝으로, 운영 환경에서 테스트한다는 개념을 수용해 시스템 정상 상태^{health}에 대해 더 현명한 사고방식을 가져야 한다. 이 장에서는 이러한 각각의 필수 사항을 논의할 것이다. 그럼 시작해 보자.

10.2 단일 마이크로서비스, 단일 서버

[그림 10-1]은 하나의 호스트에서 하나의 마이크로서비스 인스턴스를 실행하는 매우 간단한 구성을 보여준다. 이제 문제가 발생했을 때 문제를 파악하고 고칠 수 있도록 모니터링해야 한다. 그렇다면 무엇을 찾아야 할까?

그림 10-1 단일 호스트상의 단일 서비스

먼저 호스트 자체에서 정보를 얻고자 한다. CPU, 메모리 등 모든 정보가 유용할 수 있다. 다음으로는 마이크로서비스 인스턴스 자체에 출력되는 로그에 접근할 수 있어야 한다. 사용자가 오류를 보고하면 오류를 볼 수 있어야 한다. 바라건대 잘못된 것을 해결할 방법도 제공할 수 있어야 한다. 이 시점에서 단일 호스트를 사용한 경우에는 호스트에 로컬로 로그인하고 명령줄 도구를 사용해 로그를 볼 수 있다.

마지막으로, 애플리케이션 자체를 외부에서 관찰하며 모니터링하고 싶을 수 있다. 최소한의 수준으로 마이크로서비스의 응답 시간을 모니터링하는 것은 좋은 생각이다. 마이크로서비스 인스턴스 앞 단에 웹 서버가 있는 경우 웹 서버의 로그를 볼 수 있다. 아니면 상태 확인^{health check} 엔드포인트와 같은 것을 사용해 마이크로서비스가 작동 중이고 '정상'인지 확인하는 등 좀 더 발전할 수 있다(이것이 무엇을 의미하는지는 나중에 살펴본다).

시간이 흘러 부하가 증가하면 확장의 필요성을 느끼게 된다…

10.3 단일 마이크로서비스, 다수 서버

이제 [그림 10-2]에서 보듯이 서비스의 여러 복제본이 개별 호스트에서 실행되고 로드 밸런서를 통해 분산된 다른 인스턴스에 대한 요청을 하고 있다. 이제 상황이 조금 까다로워지기 시작한다. 여전히 이전처럼 전부 동일한 것을 모니터링하길 원하지만, 문제를 격리할 수 있는 방향으로 모니터링해야 한다. CPU 사용률이 높을 때 모든 호스트에서 나타나는 문제인지, 서비스 자체에 문제가 있다는 것을 나타내는지, 아니면 단일 호스트에 국한돼 호스트 자체에 문제(아마도 악성 프로세스)가 있다는 것을 나타내는지를 알 수 있을까?

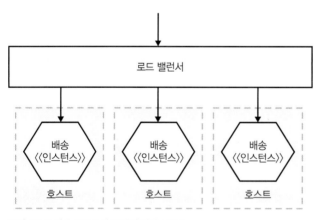

그림 10-2 다수 호스트에 분산된 단일 서비스

이 시점에서는 여전히 호스트 수준의 메트릭^{metrics}을 추적하고 싶고 일종의 임계값을 통과할 때 경고 알림을 줄 수 있다. 하지만 이제는 각각의 호스트뿐만 아니라 모든 호스트에 걸쳐 있는 것

을 모두 확인하고자 한다. 다시 말해 모든 것을 집계하고 깊이 분석하길 원한다. 따라서 전체 호스트에 걸쳐 이러한 메트릭을 모두 수집해 분할하고 분석하는 무언가가 필요하다.

그렇다면 로그가 있다. 서비스가 둘 이상의 서버에서 실행된다면 각각의 서버에 로그인하고 확인하는 일에 싫증을 느끼게 될 것이다. 하지만 몇 개의 호스트만 있다면, 여러 호스트에서 동일한 명령을 실행하는 SSH 멀티플렉서와 같은 도구를 사용할 수 있다. 큰 모니터의 도움을 받아 마이크로서비스 로그에서 grep "Error"라고 실행하면 범인(원인)을 찾게 된다. 이 방법은 훌륭하지 않더라도 잠시 동안은 충분하다는 의미다. 하지만 꽤 빠르게 진부해질 것이다.

응답 시간 추적과 같은 작업의 경우 다운스트림 마이크로서비스 호출에 대한 응답 시간을 로드 밸런서에서 수집할 수 있다. 하지만 로드 밸런서가 시스템의 병목 지점으로 판명된다면 어떻게 되는지도 고려해야 한다. 따라서 로드 밸런서와 마이크로서비스 두 곳에서 모두 응답 시간을 측정해야 할 수 있다. 이때 애플리케이션에서 비정상 노드가 있다면 제거하도록 로드 밸런서를 구성해야 하므로 정상 서비스는 어떤 상태인지에 대해 더 많은 관심을 기울일 것이다. 바라건대, 우리가 이 수준에 도달할 때쯤이면 정상 상태가 무엇인지 최소한 어느 정도는 알 수 있을 것이다.

10.4 다수 마이크로서비스, 다수 서버

[그림 10-3]의 상황은 훨씬 더 흥미롭다. 여러 서비스가 협업해 사용자에게 기능을 제공하고 있으며, 이 서비스들은 물리적이든 가상이든 여러 호스트에서 실행되고 있다. 여러 호스트에 있는 수천 줄의 로그에서 추적 중인 오류를 어떻게 찾을까? 한 서버가 오작동하는지 또는 전체적인 문제인지 어떻게 판단할까? 그리고 여러 호스트 간 호출 체인의 심층부에서 발견된 오류를 어떻게 추적하고 원인을 알아낼 수 있을까?

정보 수집(메트릭과 로그)은 이를 실현하는 데 중요한 역할을 하지만, 고려해야 할 유일한 것은 아니다. 이 엄청난 양으로 유입되는 데이터를 어떻게 선별하고 모든 것을 이해하려고 노력해야 한다. 무엇보다 이것은 정적인 모니터링 환경에서 보다 적극적인 관찰가능성과 운영 환경에서의 테스트로 사고방식을 전환하는 것에 관련된다.

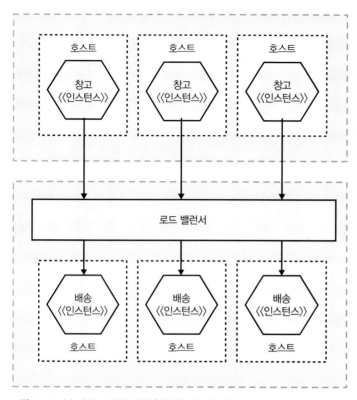

그림 10-3 다수의 호스트에 분산돼 협업하는 다수의 서비스

10.5 관찰가능성 대 모니터링

이제 방금 설명한 몇 가지 문제를 해결하는 방법을 탐구해볼 것이다. 하지만 그 전에 이 책의 초판을 집필한 이후 많은 인기를 얻은 **관찰가능성**observability을 살펴보는 것이 중요하다.

늘 그렇듯이 관찰가능성이라는 개념은 수십 년 동안 존재해왔지만 최근에서야 소프트웨어 개발에 적용됐다. 시스템의 관찰가능성은 외부 출력으로부터 시스템의 내부 상태를 이해할 수 있는 수준을 의미한다. 일반적으로 소프트웨어에 대한 보다 총체적인 이해가 필요하며, 소프트웨어를 서로 다른 개체의 집합이 아닌 **시스템**으로 보는 것이 더 중요하다.

실제로 시스템이 더 잘 관찰될수록 무언가 잘못됐을 때 문제를 이해하기가 더 쉬워진다. 또한 외부 출력을 이해할 수 있다면 근본적인 문제를 더 빨리 추적할 수 있다. 단, 외부 출력을 생성하고 다양한 도구를 사용해 출력을 이해하는 일은 결코 쉽지 않다.

반면에 모니터링은 우리가 하는 일이다. 우리는 시스템을 **모니터링한다**. 즉, 우리는 그것을 바라본다. 모니터링 활동으로 무엇을 기대할 것인지 생각하지 않고 모니터링 활동에만 집중하면 상황이 잘못되기 시작한다.

모니터링에 대한 전통적 접근 방식에서는 잘못될 수 있는 것을 미리 생각하고 이러한 일이 발생했을 때 알려주는 경고 메커니즘을 정의한다. 그러나 시스템이 점점 더 분산됨에 따라 이전에는 절대 발생하지 않았을 문제에도 직면하게 될 것이다. 고도로 관측 가능한 시스템을 사용하면 다양한 방식으로 질의하는 외부 출력들을 얻게 된다. 관측 가능한 시스템을 갖게 되면, 운영 시스템에 대해 이전에 질문할 것이라고 생각하지 못했던 점을 물어볼 수 있다는 구체적인 효과가 따른다.

따라서 우리는 모니터링을 시스템의 속성인 관찰가능성의 활동(우리가 하는 일)으로 바라본다.

10.5.1 관찰가능성의 주축? 그다지 빠르지 않다

어떤 사람들은 관찰가능성이라는 아이디어에서 몇 가지 핵심 개념을 추출하고자 했다. 일부는 메트릭, 로깅, 분산 추적의 형태로 구분한 관찰가능성의 '세 가지 주축'에 중점을 뒀다. 뉴렐릭 New Relic은 잘 알려지지 않은 MELT(metrics, event, logs, traces)라는 용어도 만들어 확산시키고자 노력하고 있다. 개인적으로 처음에는 이 단순한 모델에 끌렸지만(필자는 약어를 좋아한다!), 시간이 지나면서 필자는 이러한 생각이 지나치게 환원주의적[3]일 뿐 아니라 핵심을 놓칠 가능성이 있다고 봤다. 따라서 더 이상은 그와 같이 생각하지 않는다.

첫째, 이런 식으로 시스템의 속성을 구현 세부 사항으로 축소하는 것이 필자에게는 퇴보하는 것처럼 보인다. 관찰가능성은 속성이며, 속성을 얻을 수 있는 방법에는 여러 가지가 있다. 특정 구현 세부 사항에 너무 중점을 두면 활동 대 결과에 치중할 우려가 있다. 수백, 아니 수천 개의 조직이 달성하려는 것이 무엇인지 제대로 이해하지 못한 채 마이크로서비스 기반 시스템을 구축하는 데 푹 빠진 현재의 IT 세계와 유사하다!

----

3 옮긴이_높은 단계의 사항이나 개념을 하위 단계의 요소로 세분화해 명확하게 정의할 수 있다는 견해다(https://tinyurl.com/koreductive 참고).

둘째, 이러한 개념 사이에 언제나 구체적인 경계가 존재할까? 필자는 그들 중 많은 부분이 겹친다고 주장하며, 필요하다면 메트릭을 로그 파일에 삽입할 수 있다. 마찬가지로, 일반적으로 수행되는 일련의 로그 문자열에서 분산 추적을 구성할 수 있다.

> **NOTE**
>
> 관찰가능성은 외부로 출력된 것을 기반으로 시스템이 수행하는 작업을 이해할 수 있는 수준을 나타낸다. 로그, 이벤트, 메트릭은 대상을 관찰 가능하게 만들도록 도와주지만, 많은 도구를 사용하기보다는 시스템을 이해할 수 있도록 만드는 데 집중해야 한다.

냉소적으로 말하면, 이렇게 단순하게 설명하는 것은 도구 판매를 위한 수단이라고 생각한다. 메트릭을 위해 도구 하나가 필요하고, 로그를 위해서는 다른 도구가 필요하며, 추적을 위해서는 또 다른 도구가 필요하다! 그리고 그 모든 정보를 다른 방식으로 전송해야 한다. 제품을 마케팅할 때는 그 결과에 대해 이야기하는 것보다 체크박스 방식으로 기능을 판매하는 것이 훨씬 더 쉽다. 앞서 말했듯이 냉소적인 시각으로 제안할 수 있지만, 지금은 2021년이고 필자는 좀 더 긍정적으로 생각하려고 노력 중이다.[4]

이 세 가지(또는 네 가지) 개념은 모두 보다 일반적인 개념의 특정 예일 뿐이라는 점에서 논쟁의 여지가 있다. 기본적으로 시스템에서 얻을 수 있는 모든 정보(이러한 외부 출력)를 일반적으로 이벤트로 간주할 수 있다. 해당 이벤트에는 크고 작은 양의 정보가 포함될 수 있는데, 예를 들면 CPU 수치, 결제 실패에 대한 정보, 고객이 로그인했다는 사실 등이 포함된다. 이 이벤트 스트림에서 추적(그 이벤트를 상호 연관시킬 수 있다고 가정할 때), 검색 가능한 인덱스 또는 숫자 집계를 추정할 수 있다. 현재는 다양한 도구와 프로토콜을 사용해 다양한 방식으로 이 정보를 수집하기로 했지만, 현재 툴체인으로 인해 필요한 정보를 가장 잘 수집하는 방법에 대한 생각이 제한돼서는 안 된다.

시스템을 관찰 가능하게 만들려고 할 때는 수집하고 조사할 수 있는 이벤트 측면에서 필요한 출력output을 생각하라. 지금은 다른 종류의 이벤트를 노출하기 위해 다른 도구를 사용해야 할 수도 있지만, 향후에는 그렇지 않을 수 있다.

---

4 필자가 성공했다고는 말하지 않았다.

10.6 관찰가능성의 구성 요소

그렇다면 무엇이 필요할까? 소프트웨어 사용자가 만족하는지를 알아야 한다. 문제가 있다면, 사용자가 발견하기 전에 그 문제를 알고 싶어 한다. 문제가 발생하면 시스템을 정상화하기 위해 할 수 있는 일을 찾아야 하며, 상황이 진정된 후 대체 무엇이 잘못됐고 문제가 재발되지 않도록 무엇을 할 수 있는지 알아낼 만한 충분한 정보를 갖고자 한다.

이 장의 나머지 부분에서는 이 모든 것을 실현하는 방법을 살펴보고, 시스템 아키텍처의 관찰 가능성을 개선하는 데 도움이 되는 여러 구성 요소를 다룰 것이다.

로그 집계

여러 마이크로서비스에서 정보를 수집하는 것으로, 모든 모니터링이나 관찰가능성 솔루션의 중요한 구성 요소다.

메트릭 집계

마이크로서비스와 인프라스트럭처에서 원시 수치를 캡처해 문제를 탐지하고, 용량 계획을 추진하며, 애플리케이션 확장까지 할 수 있다.

분산 추적

무엇이 잘못됐는지 파악하고 정확한 지연 시간 정보를 도출하기 위해 여러 마이크로서비스 경계에서 호출 흐름을 추적한다.

지금 괜찮은가?

에러 예산, SLA, SLO 등을 살펴보고, 마이크로서비스가 소비자의 요구 사항을 충족하는지 확인하는 과정의 일부로 사용할 수 있는 방법을 확인한다.

알림

무엇을 알려야 할까? 좋은 알림이란 어떤 것일까?

시맨틱 모니터링

시스템의 상태와 새벽 3시에 우리를 깨워야 하는 것에 대해 다른 방식으로 생각한다.

시작하고 실행하기에 가장 간단한 것부터 해보자. 첫 번째는 바로 본전을 뽑고도 남을 로그 집계다.

10.6.1 로그 집계

규모가 크지 않은 마이크로서비스 아키텍처에서도 서버와 마이크로서비스 인스턴스가 많기 때문에 머신에 로그인하거나 SSH 다중화^{SSH-multiplexing}를 통해 로그를 검색하는 것만으로는 충분하지 않다. 대신, 특수한 하위 시스템을 사용해 로그를 수집하고 중앙에서 사용할 수 있게 하려고 한다.

로그는 운영 시스템에서 벌어지는 일을 이해하도록 돕는 가장 중요한 메커니즘 중 하나가 될 것이다. 더 간단한 배포 아키텍처를 사용하면 로그 파일, 이 파일에 기록하는 항목, 로그 파일을 처리하는 방법은 나중에 생각하는 경우가 많다. 더욱더 분산되는 시스템에서 로그는 문제가 있다는 것을 발견했을 때 무엇이 잘못됐는지 진단하는 데 도움이 될 뿐만 아니라 초기에 주의가 필요한 문제가 있다는 사실을 알려주는 중요한 도구가 될 것이다.

곧 설명하겠지만, 이 분야에서는 다양한 도구가 있다. 모두 [그림 10-4]에서 요약된 것처럼 대체로 동일한 방식으로 작동한다. 예를 들면 마이크로서비스 인스턴스와 같은 프로세스는 로컬 파일 시스템에 로그를 기록한다. 로커 데몬 프로세스는 주기적으로 이 로그를 수집해 운영자가 쿼리할 수 있는 일종의 저장소로 전달한다. 이러한 시스템의 장점 중 하나는 마이크로서비스 아키텍처가 그 시스템을 거의 인식하지 못할 수 있다는 것이다. 특별한 종류의 API를 사용하려고 코드를 변경할 필요 없이 단지 로컬 파일에 로그를 기록하기만 하면 된다. 특히 로그가 손실될 수 있는 상황을 이해하려면 이 로그 전달 프로세스와 관련된 실패 모드를 이해해야 한다.

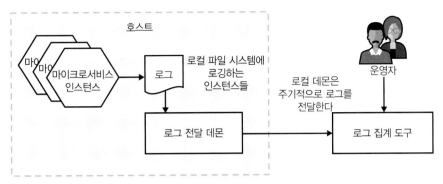

그림 10-4 로그 집계의 일부분인 로그가 수집되는 방법에 대한 개요

독단적인 태도를 취하지 않으려고 노력한다는 점을 알아주길 바란다. X 또는 Y를 수행해야 한다고 말하는 대신에 상황과 지침을 제공하고 특정한 결정들의 미묘한 차이를 설명하려고 노력했다. 즉, 상황에 맞는 올바른 선택을 할 수 있는 도구를 제공하려고 했다. 하지만 로그 집계라는 주제에 관해서는 다음과 같이 항상 같은 조언을 할 것이다. 바로 마이크로서비스 아키텍처를 구현하기 위한 전제 조건으로 로그 집계 도구의 구현을 바라봐야 한다는 점이다.

필자가 이와 같은 관점을 갖는 이유는 두 가지다. 첫째, 로그 집계는 매우 유용하다. 로그 파일을 잘못된 정보의 쓰레기장으로 여기는 사람들에게 이 사실은 놀라울 것이다. 하지만 필자를 한번 믿어보자. 올바르게 수행한다면, 로그 집계는 특히 곧 다룰 다른 개념인 상관관계 ID와 함께 사용될 때 매우 가치가 있을 것이다.

둘째, 로그 집계를 구현하는 것은 마이크로서비스 아키텍처가 가져올 다른 고충과 비교할 때 그렇게 어렵지 않다. 여러분의 조직에서 간단한 로그 집계 솔루션을 성공적으로 구현할 수 없다면, 마이크로서비스 아키텍처의 다른 측면들도 처리하기에 너무 많아서 감당하지 못할 것이다. 따라서 이러한 솔루션의 구현을, 앞으로 다가올 나머지 무서운 일들에 대한 조직의 준비 상태를 테스트하는 방법으로 사용하는 것을 고려하라.

> **TIP**
>
> **무엇보다 먼저**
> 마이크로서비스 아키텍처를 구축하려고 다른 작업을 수행하기 전에 먼저 로그 집계 도구를 준비하고 실행하라. 또한 이 과정을 마이크로서비스 아키텍처를 구축하기 위한 전제 조건이라고 생각하라. 그럼 아마도 나중에 필자에게 고마워할 것이다.

이제 로그 집계에는 한계가 있으며 시간이 지남에 따라 로그 집계가 제공하는 기능 중 일부를 보강하거나 대체하려고 보다 정교한 도구를 살펴보길 원한다는 것도 사실이다. 많은 이야기가 있지만, 로그 집계는 여전히 시작하기 좋은 곳이다.

공통 포맷

로그를 집계하려면 로그를 대상으로 쿼리를 실행해 유용한 정보를 추출할 수 있어야 한다. 이 작업을 수행하려면 합리적인 표준 로그 형식을 선택하는 것이 중요하다. 그렇지 않으면 쿼리 작성이 어려워지거나 불가능해진다. 날짜, 시간, 마이크로서비스 이름, 로그 레벨 등이 각 로그의 일관된 위치에 있어야 한다.

일부 로그 전달 에이전트는 로그를 중앙의 로그 저장소로 전달하기 전에 로그 형식을 변환하는 (재포맷) 기능을 제공한다. 개인적으로는 가능한 한 이 기능을 피하고 싶다. 문제는 로그를 재포맷하는 작업이 연산 집약적일 수 있어 CPU가 이 작업을 수행하는 데 점유돼 실제로 운영 환경에서 문제가 발생했다는 점이다. 마이크로서비스 자체에서 기록할 로그를 변경하는 것이 훨씬 좋다. 소스 로그 포맷을 변경할 수 없는 곳(예: 레거시 또는 제삼자 소프트웨어)에서는 로그 포맷을 재정의하려고 로그 전달 에이전트를 계속 사용할 것이다.

이 책의 초판을 집필한 이후로 로깅에 대한 일반적인 업계 표준이 정착됐을 것 같지만, 그런 일은 일어나지 않은 것 같다. 그리고 많은 변형이 존재하는 것으로 보인다. 예를 들면, 일반적으로 아파치와 엔진엑스 같은 웹 서버에서 지원하는 표준 액세스 로그 형식을 취하고 더 많은 데이터 열을 추가해 확장한다. 마이크로서비스 아키텍처 내에서 내부적으로 표준화할 포맷을 정하는 것이 중요하다.

매우 간단한 로그 형식을 사용하는 경우 로그 문자열의 특정 위치에 특정 정보가 있는 간단한 텍스트 문자열을 내보내게 된다. [예제 10-1]은 예제 포맷을 보여준다.

예제 10-1 로그 예

```
15-02-2020 16:00:58 Order INFO [abc-123] Customer 2112 has placed order 988827
15-02-2020 16:01:01 Payment INFO [abc-123] Payment $20.99 for 988827 by cust 2112
```

로그 집계 도구는 타임스탬프, 마이크로서비스 이름, 로그 레벨과 같이 쿼리하려는 정보를 추출하기 위해 이 문자열을 구문 분석하는 방법을 알아야 한다. [예제 10-1]에서는 이러한 데이터가 로그에서 고정적 위치에 있어 이 작업이 가능하다. 즉, 날짜는 첫 번째 열, 시간은 두 번째 열 등이다. 하지만 해당 고객과 관련된 로그 문자열을 찾으려는 경우에는 더 문제가 된다. 고객 ID는 두 줄의 로그에 모두 있지만 다른 위치에 표시된다는 것이다. 따라서 일관된 위치에서 고객이나 주문 ID와 같은 정보를 찾을 수 있도록 JSON 포맷을 사용해 보다 구조화된 로그 문자열을 작성하는 것을 생각하기 시작할 수 있다. 다시 말하지만, 로그에서 필요한 정보를 구문 분석하고 추출하도록 로그 집계 도구를 구성해야 한다. 주목해야 할 또 다른 사항은 JSON으로 기록하면 필요한 값을 구문 분석할 수 있는 추가 도구 없이는 사람이 직접 로그를 읽기가 더 어려워질지도 모른다는 사실이다. 단순히 일반 텍스트 뷰어로 로그를 읽는 것은 큰 도움이 되지 못할 것이다.

로그 문자열의 상관관계

최종 사용자 기능을 제공하기 위해 많은 서비스가 상호작용하는 경우, 처음에는 하나로 시작한 호출이 여러 다운스트림 호출을 생성할 수 있다. [그림 10-5]와 같은 뮤직코프의 예를 살펴보자. 여기서는 새로운 스트리밍 서비스에 고객을 등록하고 있다. 고객은 스트리밍 패키지를 선택하고 제출submit 버튼을 클릭한다. 내부적으로 UI에서 버튼을 클릭하면 시스템의 경계에 있는 게이트웨이(Gateway)에 호출이 도달하고, 차례로 스트리밍(Streaming) 마이크로서비스에 대한 호출을 전달한다. 이 마이크로서비스는 결제(Payment) 서비스와 통신해 첫 번째 결제를 받고, 고객(Customer) 마이크로서비스를 사용해 이 고객이 이제 스트리밍이 활성화됐다는 사실을 업데이트하며, 이메일(Email) 마이크로서비스를 통해 고객이 이제 가입됐음을 확인하는 이메일을 보낸다.

결제 마이크로서비스에 대한 호출이 이상한 오류를 발생시키면 어떻게 될까? 12장에서 실패 처리를 자세히 다루겠지만, 무슨 일이 일어났는지 규명하는 데 따르는 어려움을 고려하길 바란다.

문제는 오류를 등록하는 유일한 마이크로서비스가 결제 마이크로서비스라는 것이다. 운이 좋다면, 어떤 요청이 문제를 일으켰는지 알아낼 수 있고 호출 매개변수를 볼 수도 있다. 하지만 이 오류가 발생하는 더 넓은 맥락에서 이 오류를 볼 수는 없다. 이 특별한 예에서 각 상호작용마다 한 줄의 로그만 생성한다고 가정하더라도 이 호출 흐름에는 5줄의 로그가 있다. 모두 다 모아진 로그 문자열을 볼 수 있다는 것은 매우 유용하다.

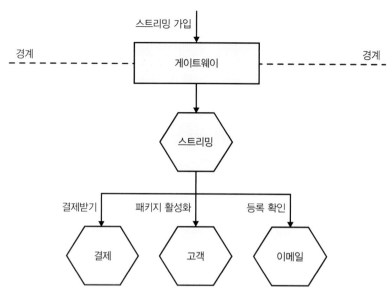

그림 10-5 고객 등록과 연관된 여러 마이크로서비스에 대한 일련의 호출

여기서 유용하게 사용할 수 있는 한 가지 접근법은 사가를 논의할 때 처음 언급한 상관관계 ID를 사용하는 것이다. 첫 번째 호출이 이뤄지면, 요청과 관련된 모든 후속 호출을 연관시키는 데 사용할 고유 ID를 생성한다. [그림 10-6]의 경우, 게이트웨이에서 이 ID를 생성하고 나면 해당 ID가 모든 후속 호출에 매개변수로 전달된다.

이 호출을 받은 마이크로서비스에서 발생하는 모든 활동에 관한 로깅은 동일한 상관관계 ID로 연결되며 [예제 10-2]와 같이 로그 문자열의 일관된 위치에 기록된다. 이렇게 하면 나중에 해당 상관관계 ID와 관련된 모든 로그를 쉽게 추출할 수 있다.

예제 10-2 로그 문자열의 고정된 위치에 상관관계 ID 사용

```
15-02-2020 16:01:01 Gateway INFO [abc-123] Signup for streaming
15-02-2020 16:01:02 Streaming INFO [abc-123] Cust 773 signs up ...
15-02-2020 16:01:03 Customer INFO [abc-123] Streaming package added ...
15-02-2020 16:01:03 Email INFO [abc-123] Send streaming welcome ...
15-02-2020 16:01:03 Payment ERROR [abc-123] ValidatePayment ...
```

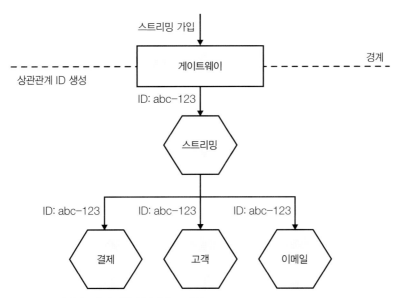

그림 10-6 일련의 호출에 대한 상관관계 ID 생성

물론 각 서비스가 상관관계 ID를 전달하는 것을 알고 있는지 확인해야 한다. 시스템 전체에 이 것을 시행할 때는 표준화하고 더욱 강조해야 한다. 하지만 일단 이 작업을 수행했다면 실제로 모든 종류의 상호작용을 추적하는 도구를 만들 수 있다. 이 도구는 이벤트 폭풍^{event storm} 또는 이상한 지엽적인 사례를 추적하거나 호출의 전 단계를 보여줄 수 있으므로 특히 비용이 많이 드는 트랜잭션을 식별하는 데 유용할 것이다.

로그의 상관관계 ID는 처음에는 그다지 유용해 보이지 않지만 시간이 지남에 따라 **엄청나게** 유 용해진다. 불행하게도 이 ID로 시스템을 개조하는 것은 어려울 때도 있다. 이러한 이유로 가능 한 한 빨리 로그에 상관관계 ID를 구현하는 것이 좋다. 이런 면에서 로그는 한계가 있다. 어떤 문제는 분산 추적 도구로 더 잘 해결할 수 있으며, 곧 살펴본다. 하지만 로그 파일에서 단순한 상관관계 ID를 사용하는 것은 초기에 매우 유용할 것이다. 즉, 시스템이 충분히 복잡해질 때까 지 전용 추적 도구의 도입을 연기할 수 있다.

> **TIP**
> 로그 집계가 있다면 상관관계 ID를 가능한 한 신속히 적용하라. 처음에는 쉽지만 나중에 개조하기는 어렵다.
> 상관관계 ID는 로그의 가치를 비약적으로 향상시킬 것이다.

타이밍

로그 문자열 리스트를 볼 때는 무슨 일이 어떤 순서로 발생했는지 이해하는 데 도움이 되는 정확한 연대 순서로 보고 있다고 착각할 수 있다. 결국 로그의 각 줄에는 날짜와 시간이 포함돼 있다. 그렇다면 이 정보를 사건이 발생한 순서를 결정하는 방법으로 사용할 수 없는 이유는 무엇일까? [예제 10-2]의 호출 순서에서는 게이트웨이의 로그 라인, 스트리밍, 고객, 이메일, 결제 마이크로서비스 순으로 로그가 차례로 출력된다. 이것이 실제로 호출이 발생한 순서라고 결론을 내릴 수 있다. 하지만 불행히도 이 순서가 항상 사실이라고 믿을 수는 없다.

로그 문자열은 이러한 마이크로서비스 인스턴스가 실행 중인 시스템에서 생성된다. 로그는 로컬에 기록된 후 특정 시점에 전달된다. 즉, 마이크로서비스가 실행 중인 컴퓨터에서 로그 문자열의 날짜 스탬프가 생성된다. 유감스럽게도 서로 다른 시스템의 시계가 동기화돼 있다고 보장하지는 못한다. 이메일 마이크로서비스가 실행 중인 머신의 시계가 결제 서비스가 실행 중인 머신의 시계보다 몇 초 빠를 수 있다는 의미다. 이로 인해 결제 서비스에서 발생하기 전에 이메일 마이크로서비스에서 발생한 것처럼 보일 수 있다. 하지만 이는 단지 시간 오차 때문일지도 모른다.

시간 오차 문제는 분산 시스템에서 온갖 종류의 문제를 일으킨다. 시스템의 시간 오차를 줄이려는 프로토콜이 존재하며, NTP[Network Time Protocol]가 가장 널리 사용되는 예다. 하지만 NTP는 작동을 보장하지 않으며 작동하더라도 오차를 줄일 뿐이다. 매우 근접하게 발생되는 일련의 호출이 있다면, 시스템 간에 1초의 오차만 있어도 호출 순서가 완전히 변경되기에 충분하다는 것을 알 수 있다.

근본적으로는 로그 시간에 대해 두 가지 한계가 있다는 의미다. 전반적인 호출 흐름에 대해 완전히 정확한 타이밍 정보를 얻을 수 없으며 인과 관계를 이해할 수도 없다.

이 문제를 해결하는 데 도움이 돼 사건의 실제 순서를 이해하도록 하는 측면에서 레슬리 램포트[Leslie Lamport][5]는 호출 순서를 추적하는 데 카운터를 사용하는 논리적 클럭 시스템[logical clock system]을 제안했다. 원한다면 유사한 체계를 구현할 수 있으며 다양한 변형이 존재한다. 하지만 필자 개인적으로는 호출 순서에 대한 더 정확한 정보, 나아가 더 정확한 타이밍까지 원한다면 두 가지 문제를 모두 해결할 수 있는 분산 추적 도구를 사용하는 경향이 있다. 이 장의 뒷부분에서

---

5 래슬리 램포트, '분산 시스템에서 시간, 클럭, 이벤트 순서(Time, Clocks, and the Ordering of Events in a Distributed System)', ACM 커뮤니케이션, 1978년 7월, *https://oreil.ly/qzYmh*

분산 추적을 자세히 살펴보자.

구현

업계에서 로그 집계만큼 경쟁이 치열한 분야는 거의 없으며, 이 분야에는 다양한 솔루션이 존재한다.

로그 집계를 위한 인기 있는 오픈 소스 툴체인은 플루언트디^{Fluentd}와 같은 로그 전달 에이전트를 사용해 로그를 일래스틱서치^{Elasticsearch}로 전송하고 키바나^{Kibana}를 결과로 발생된 로그 스트림을 분할하고 분석하는 용도로 사용하는 것이다. 이 스택의 가장 큰 문제는 일래스틱서치 자체를 관리하는 것이 부담이 될 가능성이 있다는 점이지만, 다른 목적으로 일래스틱서치를 실행해야 하거나 관리형 서비스를 사용하는 경우 문제를 덜 수 있다. 이 툴체인을 사용하는 데는 추가적인 두 가지 주의 사항이 있다.

첫 번째는 일래스틱서치를 데이터베이스로 마케팅하려고 많은 노력을 기울였다는 점이다. 개인적으로 이것은 항상 필자와 맞지 않았다. 검색 인덱스로 간주된 항목을 항상 데이터베이스로 변경하는 것은 매우 문제가 될 수 있다. 우리는 데이터베이스의 동작과 행동 방식에 대해 암묵적으로 가정하고, 그에 따라 데이터베이스를 중요 데이터에 대한 진실의 원천으로 간주한다. 하지만 설계상 검색 인덱스는 진실의 원천이 아니라 그것을 투영한 것이다. 과거에 일래스틱서치는 필자에게 생각할 시간을 주는 문제로 어려움을 겪었다.[6] 이러한 문제 중 많은 부분이 해결됐다고 확신하지만, 이 문제에 대한 필자의 해석은 특정 상황에서 일래스틱서치를 사용하는 것과 관련해 조심하게 됐다는 것이다. 특히 일래스틱서치를 데이터베이스로 간주할 때는 더욱더 그렇다. 이미 인덱스를 다시 생성할 수 있다면 때때로 데이터가 손실될 수 있는 검색 인덱스가 있어도 문제가 되지 않는다. 하지만 이것을 데이터베이스처럼 취급하는 것은 완전히 다른 문제다. 이 스택을 사용 중이고 로그 정보를 잃어버리면 안 된다면, 문제가 발생할 경우 원래 로그에서 다시 인덱스를 만들 수 있는지 확인하고 싶을 것이다.

두 번째 우려는 일래스틱서치와 키바나의 기술적 측면보다 이런 프로젝트를 지원하는 회사인 일래스틱^{Elastic}의 행동에 관한 것이다. 최근 일래스틱 사는 핵심 일래스틱서치 데이터베이스와 키바나 모두에 대한 소스 코드의 라이선스를 널리 사용되고 승인된 오픈 소스 라이선스(아파

---

[6] 카일 킹스버리(Kyle Kingsbury)가 일래스틱서치 1.1.0에 대해 분석한 '젭슨: 일래스틱서치(Jepsen: Elasticsearch)'(*https://oreil.ly/u09wU*)와 1.5.0에 대해 분석한 '젭슨: 일래스틱서치 1.5.0(Jepsen: Elasticsearch 1.5.0)'(*https://oreil.ly/8fBCt*)을 참고하라.

치 2.0)에서 비오픈 소스인 서버 측 공개 라이선스^{Server Side Public License}(SSPL)로 변경하기로 결정했다.[7] 이렇게 라이선스를 변경한 배경을 짐작해보면, AWS와 같은 조직이 이 기술을 기반으로 성공적인 상용 제품을 만들어 일래스틱 자체 제품의 입지를 약화시킨다는 사실에 불만을 느꼈기 때문일 것이다. SSPL이 GNU 일반 공개 라이선스(GPL)와 유사하게 '바이러스적'인 특징을 가질 수 있다는 우려 외에도, 이 결정은 많은 사람을 분노하게 만들었다. 1,000명 이상의 사람들이 오픈 소스 제품에 기부하는 것으로 생각하고 일래스틱서치의 코드에 기여했기 때문이다. 게다가 아이러니하게도 일래스틱서치 자체는 물론이고 일래스틱 회사 전체의 상당 부분이 루신^{Lucene}(`https://lucene.apache.org`) 오픈 소스 프로젝트의 기술을 기반으로 구축됐다는 사실이다. 이 글을 쓰는 시점에 AWS는 이전에 사용되던 오픈 소스 아파치 2.0 라이선스에 따라 일래스틱서치와 키바나의 오픈 소스 포크^{fork}를 만들고 유지 관리할 것을 약속했다.

여러 면에서 키바나는 스플렁크^{Splunk}와 같은 값비싼 상용 제품에 대한 오프 소스의 대안을 만들려는 훌륭한 시도였다. 스플렁크가 좋은 것은 맞지만, 필자가 이야기를 나눈 모든 스플렁크 고객은 라이선스 비용과 하드웨어 비용 면에서 눈이 휘둥그레질 정도로 비쌀 수 있다고 토로했다. 하지만 많은 고객이 그 가치를 인정하고 있다. 그럼에도 시중에는 다양한 상용 제품 옵션이 있다. 필자는 개인적으로 휴미오^{Humio}(`https://www.humio.com`)를 매우 좋아하며, 많은 사람들은 로그 집계용으로 데이터독^{Datadog}(`https://www.datadoghq.com`)을 사용하길 원한다. 또한 AWS 클라우드와치^{CloudWatch}나 애저의 애플리케이션 인사이트^{Application Insight}와 같은 일부 공용 클라우드 공급자의 솔루션도 있는데, 이들은 기본적이지만 제품 기본 기능으로 바로 사용 가능하다.

실제로 이 분야에는 오픈 소스에서 상업용, 또 자체 호스팅에서 완전 호스팅에 이르기까지 다양한 선택지가 있다. 마이크로서비스 아키텍처를 구축하길 원한다면, 이것은 분류하기 어려운 항목이 아니다.

단점

로그는 실행 중인 시스템에서 신속하게 정보를 얻는 환상적이고 쉬운 방법이다. 필자는 초기 단계의 마이크로서비스 아키텍처에서 운영 중인 애플리케이션의 가시성을 개선하는 데 있어 로그만큼 투자 대비 효과가 좋은 곳은 거의 없다고 확신한다. 로그는 정보 수집과 진단의 생명

---

7   레나토 로시오(Renato Losio), '일래스틱서치와 키바나를 위한 일래스틱 사의 라이선스 변경: AWS는 모두 포크(Elastic Changes Licences for Elasticsearch and Kibana: AWS Forks Both)', `https://oreil.ly/VdWzD`

선이 될 것이다. 따라서 로그와 관련된 잠재적으로 중요한 몇 가지 문제를 알고 있어야 한다.

첫째, 이미 언급했듯이 시간 왜곡으로 인해 호출이 발생한 순서를 이해하는 과정에서 로그를 항상 신뢰할 수는 없다. 또한 머신 간의 시간 왜곡은 일련의 호출에 대한 정확한 타이밍을 파악하는 데 문제가 될 수 있으며, 지연 시간 병목 지점을 추적하는 데 로그의 유용성이 제한될 수 있음을 의미한다.

하지만 로그의 주된 문제는 더 많은 마이크로서비스와 더 많은 호출이 발생함에 따라 엄청난 양의 데이터를 생성하게 된다는 것이다. 이로 인해 더 많은 하드웨어가 필요하다는 측면에서 더 많은 비용이 발생할 수 있으며 서비스 제공자에게 지불하는 요금도 증가할 수 있다(일부 제공자는 사용량에 따라 요금을 부과한다). 또한 로그 집계 툴체인이 구축된 방식에 따라 확장 문제가 발생할 수도 있다. 일부 로그 집계 솔루션은 쿼리 속도를 높이기 위해 로그 데이터를 수신할 때 인덱스를 생성한다. 문제는 인덱스를 유지하는 데 많은 연산 비용이 들고, 더 많은 로그를 수신하고, 인덱스가 커질수록 이 문제도 더 커질 수 있다는 것이다. 따라서 이 문제를 줄이기 위해 로깅하는 내용을 더 세밀하게 조정해야 하는데, 이는 결국 더 많은 작업을 유발할 수 있고 가치 있는 정보의 로깅을 뒤로 미루게 될 위험이 있다. 필자는 SaaS 기반 개발자 도구를 위해 일래스틱서치 클러스터를 관리하는 팀과 이야기를 나눴다. 적절하게 실행할 수 있는 가장 큰 일래스틱서치 클러스터는 한 제품에 대해 6주 동안의 로깅만 처리할 수 있으므로, 관리 가능한 상태를 유지하기 위해 팀은 지속적으로 데이터를 옮겨야 한다는 사실을 발견했다. 필자가 휴미오를 좋아하는 한 가지 이유는 이것이 개발자가 인덱스를 유지 관리하는 대신에 쿼리 시간을 낮추기 위해 몇 가지 스마트 솔루션을 사용해 효율적이고 확장 가능한 데이터 수집에 집중할 수 있기 때문이다.

원하는 양의 로그를 저장하는 솔루션이 있더라도 이러한 로그에는 중요하고 민감한 정보가 포함될 수 있다. 즉, 로그에 대한 액세스를 제한해야 할 수 있으며(운영 환경에서 마이크로서비스의 공동 소유권을 갖기가 더욱 복잡할 수 있다), 로그가 악의적인 당사자의 목표가 되기도 한다. 따라서 인가되지 않은 당사자의 접근에 대한 영향도를 낮추기 위해 특정 정보 유형은 기록하지 않는 것을 고려해야 한다(11.5.2절 '보관 중인 데이터'의 '절약하라' 절에서 다루겠지만, 데이터를 저장하지 않으면 도난당할 것도 없다).

10.6.2 메트릭 집계

다른 호스트의 로그를 볼 때 발생하는 문제와 마찬가지로 시스템에 대한 데이터를 수집하고 보는 더 나은 방법을 찾아야 한다. 더 복잡한 시스템에 대한 메트릭을 볼 때는 '정상' 상태가 무엇인지 알기 어려울 것이다. 한 웹 사이트에서 초당 50개에 가까운 4XX HTTP 오류 코드가 발생한다면 나쁜 상황인가? 카탈로그 서비스의 CPU 부하가 점심 이후로 20% 증가했는데 문제가 생긴 것인가? 당황할 때와 안심할 때를 아는 비결은 명확한 패턴이 드러날 정도로 충분히 오랜 시간 동안 시스템이 어떻게 작동하는지에 대한 메트릭(지표)을 수집하는 것이다.

더 복잡해진 환경에서는 새로운 마이크로서비스 인스턴스를 매우 빈번히 프로비저닝할 것이므로, 새 호스트에서 메트릭을 매우 쉽게 수집하는 시스템을 선택해야 한다. 전체 시스템에서 집계된 메트릭(예: 평균 CPU 부하)을 볼 수 있길 원하지만, 해당 서비스의 모든 인스턴스에 대한 메트릭도 집계하고 싶어 한다. 즉, 이러한 구조를 추론할 수 있도록 메타데이터를 메트릭과 연관 지을 수 있어야 한다.

추세를 이해하면 얻게 되는 또 다른 주요 이점은 용량 계획^{capacity planning}에 관한 것이다. 한계에 근접하고 있을까? 호스트가 더 필요할 때까지 얼마나 걸릴까? 과거에는 물리 호스트를 구매하는 일이 연간 작업인 경우가 많았다. 그러나 지금은 IaaS^{Infrastructure as a Service} 공급업체가 제공하는 주문형 컴퓨팅의 새로운 시대이므로, 수 초는 아니더라도 수 분 안에 확장하거나 축소할 수 있다. 이런 상황에서 사용 패턴을 이해하면 요구를 충족하기 위해 충분할 정도의 인프라스트럭처를 준비할 수 있다. 추세를 더 똑똑하게 추적하고 더 영리하게 처리하는 방법을 숙지할수록 시스템의 비용 효율성과 반응성을 높일 수 있다.

이러한 종류의 데이터 특성으로 인해 메트릭을 다양한 해상도로 저장하고 보고할 수 있다. 예를 들어 현재 진행되는 상황에 더 잘 대응하려고 최근 30분 동안 10초 단위의 해상도로 서버의 CPU 샘플을 원할 수 있다. 반면 지난달 필자의 CPU 샘플은 일반적인 추세 분석에만 필요하므로 시간당 평균 CPU 샘플을 계산하는 것으로 만족할 수 있다. 이 작업은 종종 쿼리 시간을 줄이고 데이터 저장 공간을 줄이는 데 도움이 되는 표준 메트릭 플랫폼에서 수행된다. CPU 사용률처럼 간단한 경우에는 괜찮겠지만, 오래된 데이터를 집계하는 과정에서 정보가 손실된다. 이와 같은 데이터를 집계해야 할 때 발생하는 문제는 무엇을 집계할지 미리 결정해야 하는 경우가 많다는 것이다. 즉, 어떤 정보를 잃어도 되는지 사전에 예측해야 한다.

표준 메트릭 도구는 추세나 간단한 장애 상황을 파악하는 데 매우 유용할 것이다. 사실 이 도구는 필수적이지만, 우리가 하고 싶은 질문의 종류를 제한하므로 시스템을 더 관찰 가능하게 만드는 데 도움이 되지 않는 경우가 많다. 응답 시간, CPU 또는 디스크 공간 사용량과 같은 단순한 정보로부터 캡처하려는 정보 유형을 더 광범위하게 생각하면 상황은 흥미로워지기 시작한다.

낮은 카디널리티 대 높은 카디널리티

많은 도구(특히 최신 도구)는 카디널리티cardinality가 높은 데이터를 저장하고 검색하도록 만들어졌다. 카디널리티를 설명하는 방법은 다양하지만, 주어진 데이터 포인트에서 쉽게 쿼리할 수 있는 필드의 수라고 생각하면 된다.[8] 데이터를 쿼리하려는 필드가 잠재적으로 많을수록 지원해야 하는 카디널리티는 높아진다. 근본적으로 이것은 시계열 데이터베이스에서 더욱 문제가 되며, 여기서 자세히 설명하지 않겠지만 많은 시스템이 구축되는 방식과 관련된 이유로 인해 이 문제가 더 심각해진다.

예를 들어 가정하면, 필자는 마이크로서비스 이름, 고객 ID, 요청 ID, 소프트웨어의 빌드 번호 및 제품 ID를 아무 때고 캡처하고 쿼리하고 싶어 할 수 있다. 그러면 OS, 시스템 아키텍처, 클라우드 공급자 등의 각 단계에서 시스템에 대한 정보를 캡처하기로 결정하게 된다. 필자가 수집하는 각 데이터 포인트에 대해 이러한 정보를 모두 캡처해야 할 수도 있다. 쿼리하고 싶은 항목의 수가 증가함에 따라 카디널리티가 증가하고, 이와 같은 사용 사례를 고려해 구축되지 않은 시스템은 더 많은 문제를 겪게 된다. 허니코움Honeycomb의 설립자[9]인 채러티 메이저스Charity Majors는 다음과 같이 설명한다.

> 이는 본질적으로 메트릭으로 귀결된다. 메트릭은 이름과 일부 식별 태그가 있는 단일 숫자인 데이터의 한 점이다. 얻을 수 있는 모든 콘텍스트를 이 태그에 채워 넣어야 한다. 하지만 메트릭이 디스크에 저장되는 방식 때문에 이러한 모든 태그를 작성하는 쓰기 작업이 폭발적으로 증가한다. 메트릭을 저장하는 것은 매우 저렴하지만 태그를 저장하는 데는 많은 비용이 들고, 메트릭당 많은 태그를 저장하면 스토리지 엔진이 빠르게 중단된다.

실제로 낮은 카디널리티를 염두에 두고 구축된 시스템은 더 높은 카디널리티 데이터를 시스템

....

8 옮긴이_사전적 의미로는 집합의 원소 개수를 말한다. 예를 들어 '성별'의 경우 남자, 여자라는 2개의 값만 가지므로 카디널리티가 낮다고 할 수 있으며, '주민등록번호'의 경우 대한민국 전체 인구가 서로 다른 번호를 가지므로 카디널리티가 높다고 할 수 있다.

9 채러티 메이저스, '메트릭: 당신이 찾고 있는 관찰가능성 드로이드가 아니다(Metrics: Not the Observability Droids You're Looking For)', 허니코움 블로그, 2017년 10월 24일, *https://oreil.ly/TEETp*

에 넣으려고 할 때 큰 어려움을 겪을 것이다. 예를 들어 프로메테우스Prometheus와 같은 시스템은 해당 시스템의 CPU 사용률과 같은 매우 단순한 정보를 저장하도록 구축됐다. 여러 면에서 이와 유사한 도구는 기존 메트릭을 저장하고 쿼리하도록 훌륭하게 구현된 것으로 볼 수 있다. 하지만 더 높은 카디널리티 데이터를 지원하는 기능이 부족하다는 점은 한계가 될 수 있다. 프로메테우스 개발자는 이 한계에 대해 상당히 개방적이다(*https://oreil.ly/LCoVM*).

> 키-값 레이블 쌍의 고유한 모든 조합은 새로운 시계열을 나타내므로 저장되는 데이터양을 크게 증가시킨다. 사용자 ID, 이메일 주소나 그 외 한정되지 않은 값들처럼 카디널리티가 높은 차원(다양한 레이블 값)을 저장하는 데 레이블을 사용하지 말라.

높은 카디널리티를 처리하는 시스템은 시스템에 대한 다양한 질문을 하도록 해주며, 이러한 질문은 사전에 물어볼 필요가 있는지 몰랐던 경우가 많다. 이 개념이 이해하기 어려울 수 있는데, 특히 '기존' 도구를 사용해 단일 프로세스로 된 모놀리식 시스템을 매우 만족스럽게 관리해왔다면 더욱 어려울 것이다. 더 큰 시스템을 가진 사람들조차도 대부분 선택의 여지가 없었기에 더 낮은 카디널리티 시스템을 사용할 수밖에 없었다. 하지만 시스템이 복잡해짐에 따라 관찰가능성을 개선하기 위해 시스템이 제공하는 출력output 품질을 개선해야 한다. 이 개선 작업은 더 많은 정보를 수집하고 데이터를 분할하거나 분석하는 도구를 갖추는 것을 의미한다.

구현

이 책의 초판 이후로 프로메테우스는 메트릭 수집 및 집계를 위한 인기 있는 오픈 소스 도구가 됐다. 이전에는 그라파이트Graphite 사용을 권장했을지 모르지만(초판에서 추천했다), 프로메테우스는 합리적 대안이 될 수 있다. 신구 공급업체 모두 마이크로서비스 사용자를 대상으로 기존 솔루션을 구축하거나 재정비하면서 이 분야에서 상업 영역을 크게 확장했다.

하지만 낮은 카디널리티 데이터와 높은 카디널리티 데이터에 대한 필자의 우려를 염두에 두길 바란다. 카디널리티가 낮은 데이터를 처리하도록 구축된 시스템은 카디널리티가 높은 데이터의 저장 및 처리를 지원하도록 개조하기가 매우 어렵다. 시스템 동작을 훨씬 더 정교하게 관찰(그리고 질문)하게 해주면서 높은 카디널리티 데이터를 저장하고 관리하는 시스템을 찾고 있다면 허니코움이나 라이트스텝을 살펴볼 것을 강력히 제안한다. 이 도구들은 종종 분산 추적(나중에 자세히 살펴본다) 솔루션으로 간주되지만, 높은 카디널리티 데이터를 저장하고 필터링하고 쿼리하는 능력이 뛰어나다.

모니터링 및 관찰 시스템은 운영 시스템이다

마이크로서비스 아키텍처를 관리하기 위한 도구가 늘어남에 따라 그 도구 자체도 운영 시스템이라는 점을 기억해야 한다. 로그 집계 플랫폼, 분산 추적 도구, 경보 시스템 등 모두 여러분의 소프트웨어만큼 중요하며 임무 수행에 필수적인 애플리케이션이다. 운영 환경의 모니터링 도구를 관리하는 측면에서 우리가 작성하고 관리하는 소프트웨어에 쏟는 정도의 노력을 들여야 한다.

또한 이러한 도구가 외부 공격의 잠재적인 요소가 될 수 있다는 것도 인식해야 한다. 이 책의 집필 시점에 미국 정부와 전 세계의 여러 조직은 솔라윈즈(SolarWinds)의 네크워크 관리 소프트웨어를 노린 침해 사건을 발견하고 처리하고 있다. 침해의 정확한 원인은 아직 조사 중이지만, 현재까지는 공급망 공격으로 알려져 있다.[10] 솔라윈즈가 고객 사이트에 설치되면(미국 포춘지 선정 500대 기업 중 425개 기업에서 솔라윈즈를 사용 중이다), 이 소프트웨어를 통해 악의적인 당사자가 (미 재무부 네트워크를 비롯한) 고객 네트워크에 대한 외부 액세스 권한을 탈취할 수 있다.

10.6.3 분산 추적

지금까지는 주로 격리된 정보 수집에 대해 이야기했다. 그렇다, 해당 정보를 집계하고 있지만 이 정보가 캡처된 곳의 상황을 폭넓게 이해하는 것이 중요할 수 있다. 기본적으로 마이크로서비스 아키텍처는 일종의 작업을 수행하기 위해 함께 작동하는 일련의 프로세스다. 6장에서는 이와 같은 활동을 조정하는 다양한 방법을 살펴봤다. 따라서 운영 환경에서 시스템이 실제로 어떻게 작동하는지 이해하고 싶을 때 마이크로서비스 간의 관계를 볼 수 있다는 것은 의미가 있다. 이를 통해 시스템이 어떻게 작동하는지 더 잘 이해하고 문제의 영향도를 평가하거나, 어떤 것이 정확히 예상대로 작동하지 않는지 더 잘 파악할 수 있다.

시스템이 더욱 복잡해짐에 따라 시스템에서 이러한 흔적을 보는 방법이 중요해졌다. 따라서 이러한 서로 다른 데이터를 가져와 상호 연관된 호출을 함께 볼 수 있어야 한다. 이미 살펴봤듯이 상관관계 ID를 로그 파일에 삽입하는 등의 간단한 작업을 수행하는 것은 좋은 시작이지만, 특히 시각화하고 쪼개어 분석하기 위해 자체 맞춤형 도구를 만드는 점을 고려하면 이는 꽤 단순한 방법이다. 여기에서 분산 추적이 시작된다.

---

10 옮긴이_2021년 발생한 솔라윈즈에 대한 공급망 공격을 요약한 내용을 보고 싶다면 *https://tinyurl.com/sw-bleach-2021*을 참고하라.

작동 원리

상세한 구현 방식은 서로 다르겠지만, 분산 추적 도구는 모두 유사한 방식으로 작동한다. 스레드 안의 로컬 활동은 **스팬**span으로 캡처된다. 각각의 스팬은 일부 고유 식별자를 사용해 연결되며, 하나의 **트레이스**trace로 구성되도록 중앙 수집기로 전송된다. [그림 10-7]은 마이크로서비스 아키텍처에서 한 트레이스를 보여주는 허니코움 화면의 예다.

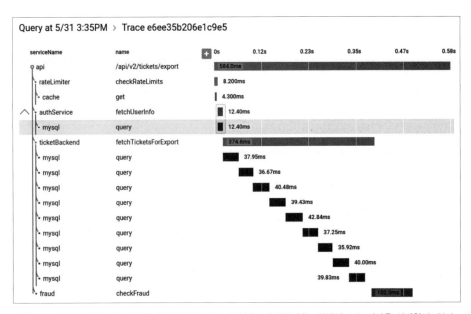

그림 10-7 허니코움의 분산 추적을 사용해 여러 마이크로서비스에 걸쳐 있는 작업의 소요 시간을 식별할 수 있다.

이러한 스팬을 통해 다양한 정보를 수집할 수 있다. 정확히 말해 수집할 데이터는 사용 중인 프로토콜에 따라 다르지만, OpenTracking API의 경우 각 스팬에는 시작 및 종료 시간, 스팬과 연관된 로그, 나중에 쿼리하기 위한 임의의 키-값 짝들의 집합이 포함된다(고객 ID, 주문 ID, 호스트 이름, 빌드 번호 등과 같은 것을 보내는 데 사용할 수 있다).

시스템의 호출을 추적하도록 충분한 정보를 수집하는 것은 시스템 자체에 직접적인 영향을 미칠 수 있다. 따라서 시스템을 계속 운영하려면 추적 수집에서 일부 정보를 명시적으로 제외하는 샘플링이 필요하다. 문제는 올바른 정보를 삭제하고 관찰 결과를 올바르게 추론하도록 충분한 샘플을 계속 수집하는 것이다.

샘플링 전략은 매우 기본적일 것이다. 이후 출시된 많은 분산 추적 도구에 영감을 준 구글의 대퍼Dapper 시스템은 매우 공격적으로 무작위 샘플링을 수행했다. 특정 퍼센트 호출이 샘플링됐으며 그게 전부였다. 예를 들어 예거Jaeger는 기본 설정에서 1000건의 호출 중 1건만 캡처한다. 여기서 핵심은 시스템 자체가 처리하지 못할 정도로 많은 정보를 캡처하지 않는 것이다. 허니코움과 라이트스텝 같은 도구는 단순한 무작위 기반의 샘플링보다 더 섬세하고 동적인 샘플링을 제공한다. 동적 샘플링의 예로는 특정 유형의 이벤트에 대해 더 많은 샘플을 원하는 경우를 들 수 있다. 예를 들어 오류를 생성하는 모든 이벤트를 샘플링하고 싶지만 성공적인 작업이 모두 매우 유사하다면, 그 100건의 작업 중 1건만 샘플링해도 만족할 수 있을 것이다.

분산 추적 구현

시스템에 대한 분산 추적을 가동시키려면 몇 가지 사항이 필요하다. 먼저 마이크로서비스 내에서 스팬 정보를 캡처해야 한다. OpenTracing이나 최신 OpenTelemetry API와 같은 표준 API를 사용하는 경우, 일부 제삼자 라이브러리 및 프레임워크가 이 API들을 기본적으로 지원하고 이미 유용한 정보(예: HTTP 호출에서 자동으로 정보를 캡처한)를 전송한다는 사실을 알 수 있다. 하지만 이렇게 지원되더라도 특정 시점에 여러분의 마이크로서비스가 수행하는 작업에 대한 유용한 정보를 제공하는 자체 코드를 계속 측정하고 싶을 것이다.

다음으로 이 스팬 정보를 수집기로 보낼 방법이 필요하다. 이 데이터를 마이크로서비스 인스턴스에서 중앙 수집기로 직접 전송할 수 있지만, 로컬 전달 에이전트를 사용하는 것이 훨씬 더 일반적이다. 따라서 로그 집계와 마찬가지로 에이전트를 마이크로서비스 인스턴스에 로컬로 실행하면 스팬 정보가 중앙 수집기로 주기적으로 전송된다. 로컬 에이전트를 사용하면 일반적으로 샘플링 변경이나 부가적인 태그 추가와 같은 일부 고급 기능을 사용할 수 있고, 또한 전송되는 정보를 보다 효과적으로 버퍼링할 수 있다.

마지막으로, 이 정보를 수신하고 모든 정보를 이해할 수 있는 수집기가 필요하다.

오픈 소스 영역에서 예거는 분산 추적을 위한 인기 있는 선택지로 떠올랐다. 상업용 도구의 경우 필자는 앞서 언급된 라이트스텝과 허니코움을 살펴보는 일부터 시작할 것이다. 하지만 여러분이 OpenTelemetry API를 지원하는 것을 선택하길 강력히 권한다. OpenTelemetry (`https://opentelemetry.io`)는 데이터베이스 드라이버나 웹 프레임워크와 같은 코드가 추적을 지원하도록 하는 개방형 API 명세며, 수집 측면에서 여러 공급업체 간에 더 쉽게 이식할 수 있도록 한다. 이전 OpenTracing 및 OpenConsensus API에서 수행한 작업을 기반으로 이 API는 이제 광범위한 업계의 지원을 받고 있다.

10.6.4 잘하고 있나요?

우리는 시스템 운영자로서 가져야 할 마음가짐, 수집해야 할 정보 등 여러분이 할 수 있는 일에 대해 많이 이야기했다. 하지만 과도하게 수행하고 있는지, 아니면 충분하지 못한지 어떻게 알 수 있을까? 또한 작업을 충분히 잘 수행하고 있는지, 시스템이 충분히 잘 작동하고 있는지 어떻게 알 수 있을까?

시스템이 '업^{up}' 또는 '다운^{down}' 중 하나라는 이진 개념은 시스템이 더 복잡해짐에 따라 의미가 퇴색하기 시작한다. 하나의 프로세스로 된 모놀리식 시스템에서는 시스템 상태를 이분법적으로 보기가 더 쉽다. 하지만 분산 시스템에서는 어떨까? 마이크로서비스의 한 인스턴스에 연결할 수 없는 경우 문제가 될까? 인스턴스에 도달 가능하다면 '정상'일까? 반품(Returns) 마이크로서비스는 가용한 상태지만, 이 서비스가 제공하는 기능의 절반은 다운스트림의 재고 마이크로서비스를 사용해야 하는데 현재 재고 서비스가 문제가 있는 상황은 어떤가? 이 상황에서는 반품 마이크로서비스가 정상적이라고 생각해야 할까? 아니면 그 반대일까?

상황이 복잡해짐에 따라 한 걸음 물러서서 다른 관점으로 생각해보는 것이 점점 더 중요해지고 있다. 벌집을 생각해보자. 한 마리 벌을 보고 그 벌이 행복하지 않다고 판단할 수 있다. 아마도 어떤 벌은 날개 하나를 잃어 더 이상 날 수 없을지도 모른다. 이는 분명 개별 벌의 문제지만, 벌집 자체의 상태에 대한 관찰로 확장할 수 있을까? 그렇지 않다. 벌집의 상태는 보다 총체적으로 살펴봐야 한다. 벌 한 마리가 아프다고 해서 벌집 전체가 아픈 것은 아니다.

예를 들어 양호한 CPU 레벨은 무엇인지 또는 허용 가능한 응답 시간을 만드는 요소는 무엇인지 등을 결정해 서비스가 **정상인지** 알아낼 수 있다. 모니터링 시스템은 실제 값이 안전 수치를 벗어나는 것을 감지하면 경고하게 만들 수 있다. 하지만 여러 면에서 이러한 값은 우리가 실제로 추적하려는 것(바로 **시스템의 작동 여부**)에서 한 발짝 거리가 있다. 서비스 간의 상호작용이 더 복잡해질수록 하나의 지표를 살펴보는 것만으로는 실제로 그 질문에 대한 답을 얻는 것과 멀어질 수 있다.

따라서 많은 정보를 수집할 수 있지만, 그 자체로는 시스템의 정상 작동 여부를 묻는 질문에 답하는 데 도움이 되지 않는다. 이를 위해 수용 가능한 동작이 무엇인지라는 측면에서 좀 더 생각해볼 필요가 있다. **사이트 안정성 엔지니어링**(SRE) 분야에서 많은 작업이 이뤄지고 있으며, 이 분야에서는 시스템의 안정성을 보장하면서 변화를 허용할 수 있는 방법에 초점을 맞추고 있다. 이 분야에는 탐구해야 할 몇 가지 유용한 개념이 있다.

그럼 벨트를 매자. 이제 곧 축약어의 세계로 진입한다.

서비스 수준 계약

SLA, 즉 **서비스 수준 계약**^{service-level ageeement}은 시스템을 구축하는 사람과 시스템을 사용하는 사람 사이의 계약이며, 사용자가 기대하는 것뿐만 아니라 시스템이 허용 가능한 동작 수준에 도달하지 못할 경우 발생하는 상황도 설명한다. SLA는 '최소한'의 수준으로 정하는 경향이 많아 시스템이 목표치를 가까스로 달성한 경우에도 최종 사용자는 여전히 만족하지 못하는 경우가 많다. 예를 들어 AWS에는 컴퓨팅 서비스에 대한 SLA가 있다. 이는 하나의 EC2 인스턴스(관리형 가상 머신[11])의 가동 시간^{uptime}에 대해 효과적으로 보장할 수 없다는 것을 분명히 한다. AWS는 해당 인스턴스에 대해 90%의 가동 시간을 보장하려고 최선을 다하지만, 그것이 달성되지 않으면 인스턴스를 사용할 수 없었던 해당 시간에 대해 비용을 청구하지 않는다고 명시한다. 이제 EC2 인스턴스가 해당 시간 내에 지속적으로 90% 가용성에 도달하지 못해 시스템이 크게 불안정해지면 비용이 청구되지 않을 수 있지만 만족스럽지 못할 수도 있다. 경험에 비춰 보면, SLA에서는 일반적이지만 실제로 AWS는 SLA에 설명한 것보다 훨씬 더 높은 수준을 유지한다.

서비스 수준 목표

SLA를 팀에 매핑하는 것은 문제가 되는데, 특히 SLA가 다소 광범위하고 교차하는 경우 더욱 그렇다. 따라서 그 대신에 팀 수준에서는 SLO, 즉 **서비스 수준 목표**^{service-level objective}에 대해 이야기한다. SLO는 팀이 제공하기로 계약한 것을 정의한다. 조직 내 모든 팀의 SLO를 달성하면 조직의 SLA 요구 사항을 충족할 수 있다. SLO 예시에는 예상 가동 시간이나 지정된 연산에 대한 허용 가능한 응답 시간과 같은 항목이 포함된다.

SLO를 SLA를 달성하고자 팀이 조직을 위해 수행해야 하는 것으로 이해한다면 너무 단순한 생각이다. 그렇다. 전체 조직이 모든 SLO를 달성하면 모든 SLA도 달성했다고 가정하겠지만,

---

11 대부분이 그렇다. AWS가 이제 베어메탈 인스턴스를 제공하기 때문에 약간 혼란스럽다.

SLO는 SLA에 설명되지 않은 다른 목표를 정하기도 한다. 예를 들면 일부는 팀 자체가 열망하는 것일 수 있고, 일부는 내부의 변화를 시도하고자 내부를 향한 것일 수 있다.

서비스 수준 지표

SLO를 충족하는지 확인하려면 실제 데이터를 수집해야 하는데, 이것이 SLI, 즉 **서비스 수준 지표**service-level indicator다. 다시 말해 SLI는 여러분의 소프트웨어가 수행하는 작업의 척도다. 예를 들어 특정 프로세스의 응답 시간, 등록 중인 고객, 고객에게 제기된 오류 또는 진행 중인 주문이 될 수 있다. SLO를 충족하는지 확인하려면 이러한 SLI를 수집하고 표시해야 한다.

오류 예산

새로운 것을 시도할 때는 시스템에 더 많은 잠재적 불안정을 주입하게 된다. 따라서 시스템 안정성을 유지(또는 향상)하려는 욕구는 변화를 방해할 수 있다. **오류 예산**error budget은 시스템에서 허용되는 오류의 양을 명확하게 해서 이 문제를 피하려는 시도다.

이미 SLO를 정했다면 오류 예산 계산이 매우 명확해야 한다. 예를 들어 마이크로서비스는 연중무휴 기준으로 분기당 99.9%의 시간 동안 사용 가능해야 한다고 단정할 수 있다. 다시 말하면, 실제로 분기당 2시간 11분 동안 다운될 수 있다. SLO의 관점에서 이것이 오류 예산이다.

오류 예산은 SLO를 얼마나 잘 달성하고 있는지(또는 달성하지 못하고 있는지)를 명확하게 파악하는 데 도움이 되므로, 어떤 위험을 감수해야 하는지도 더 합리적으로 결정하게 된다. 해당 분기의 오류 예산보다 훨씬 적은 경우 새 프로그래밍 언어로 작성된 마이크로서비스를 롤아웃해도 괜찮을 것이다. 이미 오류 예산을 초과한 경우라면 롤아웃을 연기하고 대시 시스템의 안정성을 개선하는 데 팀이 더 많은 시간을 쏟아야 한다.

오류 예산은 무엇보다 팀이 새로운 것을 시도할 여유 공간을 제공하는 것과 밀접한 관련이 있다.

10.6.5 알림

때때로(드물지만, 예상보다 많을 가능성이 높다) 인간 운영자에게 조치를 취하라는 알림alert이 필요한 일이 시스템에서 발생한다. 마이크로서비스가 예기치 않게 가용하지 않거나, 예상보다 많은 수의 오류가 표시되거나, 사용자가 전체 시스템을 사용할 수 없게 될 수 있다. 이러한 상황에서는 사람들이 문제에 도전하고 해결할 수 있도록 어떤 일이 일어나고 있는지 알고 있어야 한다.

문제는 마이크로서비스 아키텍처에서 호출, 프로세스, 기본 인프라스트럭처가 더욱 많아질수록 무언가 잘못되는 경우도 빈번해진다는 것이다. 마이크로서비스 환경에서 한 가지 난제는 사람에게 어떤 종류의 문제를 알리고 어떻게 알려야 하는지를 정확히 파악하는 것이다.

어떤 문제는 다른 문제보다 훨씬 더 심각하다

무언가 잘못되면 우리는 그것을 알고 싶어 한다. 과연 그럴까? 문제의 원천이 증가함에 따라 이러한 문제의 우선순위를 지정해 운영자의 개입 여부와 방법을 결정하는 것이 더 중요할 수 있다. 알림과 관련해 필자가 가장 많이 묻는 질문은 "이 문제로 인해 새벽 3시에 누군가를 깨워야 할까?"이다.

수년 전 구글의 캠퍼스에서 시간을 보내면서 이런 생각을 하게 된 한 가지 예를 봤다. 마운틴 뷰에 있는 한 건물의 연회장 구역에는 일종의 전시용으로 오래된 서버 랙이 있었고, 필자는 그와 관련해 몇 가지 사실을 알게 됐다. 첫째, 이 서버들은 서버 인클로저로 보호되지 않고 단지 랙에 끼워진 베어 머더보드 집합이었다. 하지만 무엇보다 하드 드라이브가 찍찍이 테이프로 부착돼 있는 것이 가장 인상적이었다. 구글 직원 한 명에게 그 이유를 물었더니 다음과 같이 답했다. "아, 하드 드라이브가 너무 고장이 잦아서 나사로 조이는 것을 원치 않기 때문이에요. 그냥 떼내서 쓰레기통에 버리고 새것을 부착합니다."

구글이 구축한 시스템은 하드 드라이브가 고장 날 것이라고 가정했다. 따라서 하드 드라이브를 최대한 쉽게 교체할 수 있도록 이러한 서버의 설계를 최적화했다. 시스템은 하드 드라이브의 고장을 견딜 수 있도록 구축됐기 때문에 드라이브가 결국 교체되는 것이 중요했지만, 한 드라이브의 고장으로 사용자에게 눈에 띄는 심각한 문제를 일으킬 가능성은 낮다. 구글 데이터 센터에 수천 대의 서버가 있는 상황에서 한 줄로 늘어선 랙을 따라 이동하며 하드 드라이브를 교체하는 일은 누군가의 일상 작업이 될 것이다. 물론 드라이브 고장이 문제였지만, 일상적인 방식으로 처리할 수 있는 문제였다. 하드 드라이브 고장을 해결하는 것은 정기 작업으로 간주됐고, 정규 근무 시간이 아닐 때 누군가에게 전화할 만한 일이 아니라 단지 정상 근무일에 조치해도 충분한 일이 됐다.

잠재적인 문제의 요인이 증가함에 따라 어떤 유형의 알림을 유발하는지와 관련해 우선순위를 더 잘 지정해야 한다. 그렇지 않으면 사소한 일과 긴급한 일을 구분하는 데 어려움을 겪게 된다.

알림 피로

알림이 너무 많으면 심각한 문제가 발생할 수 있다. 1979년 미국 스리마일섬Three Mile Island 원자력 발전소에서 원자로 노심의 부분 용융이 발생했다. 당시 진행된 사고 관련 조사에서는 시설 운영자가 보고 있는 알림에 너무 압도돼 어떤 조치를 취해야 하는지 판단할 수 없었다는 사실을 강조했다. 해결해야 할 근본적인 문제를 나타내는 알림이 있었지만, 동시에 너무 많은 다른 알림도 발생해서 운영자가 상황을 명확히 파악할 수 없었기 때문이다. 사건에 대한 공청회에서 운영자 중 한 사람인 크레이그 파우스트Craig Faust는 이렇게 회상했다. "알람 패널alarm panel을 던져 버리고 싶었어요. 그 패널은 유용한 정보를 제공하지 못했습니다." 사고 보고서는 '통제실이 사고를 관리하기에 매우 부적합했다'고 결론을 내렸다.[12]

보다 최근에는 총 346명의 사망자를 낸 2건의 개별적인 항공기 추락 사고를 포함하는 737 맥스Max 기종에 관한 일련의 사건과 관련해 너무 많은 경보가 제기되는 문제가 확인됐다. 미국 국가교통안전위원회(NTSB)가 이 문제에 대한 초기 보고서[13]를 발표하면서 실제 상황과 다른 상황에서 트리거된 혼란스러운 경보가 추락 사고의 원인이 된 점에 이목이 쏠렸다. 보고서에서 발췌한 내용은 다음과 같다.

> 인적 요인 연구에 따르면, 다수 경보가 발생하는 시스템 장애와 같이 여러 승무원의 조치가 필요할 수 있는 비정상적인 상황에서는 조종사에게 어떤 우선 조치를 취해야 하는지에 대한 이해를 제공하는 것이 매우 중요하다는 사실이 밝혀졌다. 고도로 통합된 시스템 아키텍처 내에서 한 시스템에 장애가 발생하면 각 인터페이스 시스템이 장애를 등록할 때 승무원에게 여러 경고와 표시가 나타날 수 있으므로 여러 항공기 시스템에 걸쳐 구현된 기능의 경우 특히 그렇다… 따라서 시스템 상호작용과 비행 조정실 인터페이스는 조종사가 최우선 조치를 취할 수 있도록 설계하는 것이 중요하다.

---

12 스리마일섬 사고에 관한 미국 대통령 위원회, '변화의 필요성, TMI의 유산: 스리마일 섬 사고에 관한 대통령 위원회 보고서(The Need for Change, the Legacy of TMI: Report of the President's Commission on the Accident at Three Mile Island)'(워싱턴 DC: 위원회, 1979)

13 국가 교통 위원회, '안전 권장 보고서: 안전 평가 프로세스에 사용된 가정과 조종사 성과에 대한 다중 경보 및 표시의 효과(Safety Recommendation Report: Assumptions Used in the Safety Assessment Process and the Effects of Multiple Alerts and Indications on Pilot Performance)'(워싱턴 DC: NTSB, 2019)

그러므로 여기서 원자로를 운영하고 항공기를 조종하는 것에 대해 이야기하고 있다. 이 이야기가 여러분이 구축하고 있는 시스템과 어떤 관련이 있는지 궁금할 것이다. 현재 여러분은 이와 같이 안전이 중대한 시스템을 구축하지 않을 수도 있지만(가능성은 낮지만), 이러한 예에서는 배울 점이 많다. 두 사례 모두 한 영역의 문제가 다른 영역의 문제를 일으킬 수 있는 매우 복잡하고 상호 관련된 시스템을 포함한다. 따라서 너무 많은 알림을 생성하거나 운영자에게 알림의 우선순위를 정할(즉, 어느 알림에 먼저 집중해야 할지 판단할) 능력을 주지 않는다면 재난이 닥칠 것이다. 보고서의 추가 내용은 다음과 같다.

> 또한 사고 데이터와 함께 다중 및 동시 이상 상황에 대한 파일럿 대응을 연구한 결과에 따르면, 경쟁하듯 다수의 경보가 가용한 정신 자원을 초과하고 주의 집중력을 떨어뜨려 대응이 지연되거나 우선 순위가 부적절하게 정해질 수 있다.

따라서 운영자에게 더 많은 알림을 보내는 것에 대해 두 번 생각하라. 원하는 것을 얻지 못할 수도 있기 때문이다.

알람 대 알림

알림(alert)에 대한 주제를 보다 광범위하게 살펴볼 때 여러 맥락에서 엄청나게 유용한 연구와 실천 사례를 많이 발견했지만, 그중 다수는 IT 시스템의 알림에 대해 구체적으로 이야기하지 않았다. 엔지니어링을 넘어 다른 분야에도 **알람**(alarm)이라는 용어가 일반적으로 사용되지만, IT 분야에서는 **알림**이 더 일반적으로 사용되는 경향이 있다. 필자는 이 두 용어를 구별하는 몇몇 사람과 이야기를 나눠봤지만, 이상하게도 그들이 어떤 차이를 두고 있는지 파악할 만한 일관성은 없어 보였다. 대부분의 사람이 **알람**과 **알림**이라는 용어를 실질적으로 동일하게 보고 있는 점과 둘 사이에 일관된 차이가 없다는 점을 근거로 삼아 이 책에서는 **알림**이라는 용어를 표준어처럼 사용하기로 했다.

더 나은 알림을 위해

따라서 알림이 너무 많아지는 것은 물론이고 유용하지 않은 알림을 보내는 것도 피하고 싶다. 더 나은 알림을 만드는 데 도움이 될 만한 지침으로는 어떤 것이 있을까?

스티븐 쇼록 Steven Shorrock의 '알람 설계: 원자력 발전소에서 웹옵스까지'[14]는 훌륭한 글이며 이 분

---

14 스티븐 쇼록, '알람 설계: 원자력 발전소에서 웹옵스까지(Alarm Design: From Nuclear Power to WebOps)', 인문주의 시스템 블로그, 2015년 10월 16일, *https://oreil.ly/RCHDL*

야에서 내용을 읽을 수 있는 좋은 출발점이다. 이 기사에서 발췌한 내용은 다음과 같다.

> [알림]의 목적은 적시에 주의를 기울여야 하는 작업 또는 장비의 중요한 측면으로 사용자의 주의를 유도하는 것이다.

외부 소프트웨어 개발을 통해 얻은 작업을 바탕으로 엔지니어링 장비 및 자재 사용자 협회(EEMUA)에서 유용한 규칙을 얻었다. 이 규칙은 다음과 같이 좋은 알림에 대해 설명한 것으로, 필자가 본 것 중 가장 훌륭했다. EEMUA는 좋은 알림을 만드는 데 매우 유용한 다음과 같은 설명을 제시한다.

관련성relevant

경고할 가치가 있는지 확인하라.

고유성unique

경고가 다른 경고를 복제하지 않도록 하라.

적시성timely

알림을 활용할 수 있도록 신속하게 알림을 받아야 한다.

우선순위prioritized

알림을 처리할 순서를 결정할 수 있도록 운영자에게 충분한 정보를 제공하라.

알기 쉬움understandable

알림의 정보는 명확하고 읽기 쉬워야 한다.

진단diagnostic

무엇이 잘못됐는지 명확해야 한다.

자문advisory

운영자가 취해야 할 조치를 이해하도록 도와야 한다.

가장 중요한 문제에 주목하라.

운영 지원 업무를 하던 당시를 되돌아보면, 필자가 처리해야 할 알람은 이러한 규칙을 따르는 경우가 거의 없었다는 기억이 떠올라서 잠시 우울해진다.

불행히도 알림 시스템에 정보를 제공하는 사람과 알림을 받는 사람은 서로 다른 사람들인 경우가 거의 대부분이다. 쇼록은 다음과 같이 말한다.

> 알람 처리의 특징과 관련 설계 문서를 이해하면 여러분과 같은 전문가가 더 많은 정보를 갖고 업무를 지원하는 최상의 경보 시스템을 구축하는 데 도움이 된다.

우리 주의를 끌려고 경쟁하는 알림의 수를 줄이는 데 도움이 되는 한 가지 기법은 애초에 운영자의 주의를 끌어야 하는 문제에 대해 생각하는 방식을 바꾸는 것이다. 다음으로는 이 주제를 살펴보자.

10.6.6 시맨틱 모니터링

시맨틱 모니터링semantic monitoring을 통해 우리는 시스템의 허용 가능한 시맨틱(의미론)에 대한 모델을 정의하고 있다. 시스템이 허용 가능한 범위 내에서 작동한다고 생각하기 위해 시스템이 갖춰야 할 특성은 무엇일까? 시맨틱 모니터링은 상당 부분 우리의 변화를 요구한다. 따라서 오류의 존재를 찾기보다는 '시스템이 기대하는 대로 동작하고 있는가?'라는 한 가지 질문을 끊임없이 해야 한다. 시스템이 올바르게 동작한다면, 이는 우리가 보고 있는 오류의 우선순위를 정하는 방법을 이해하는 데 도움이 된다.

다음으로 해결해야 할 것은 '올바르게 동작하는 시스템에 대한 모델을 어떻게 정의하는가?'이다. 이 방식은 매우 형식적일 수 있지만(말 그대로 일부 조직에서는 이를 위해 형식적인 방법을 사용하기도 한다), 몇 가지 간단한 가치에 대한 진술을 만드는 것만으로 큰 도움이 될 수 있다. 예를 들어 뮤직코프의 경우 시스템이 올바르게 작동한다는 점에 만족하기 위한 사실은 무엇인가? 아마도 다음과 같이 말할 수 있을 것이다.

- 신규 고객은 등록해 가입할 수 있다.
- 피크 시간대에는 시간당 최소 2만 달러의 제품을 판매하고 있다.
- 우리는 정상적인 속도로 주문 제품을 배송하고 있다.

이 세 가지 진술이 옳은 것으로 판명되면 대략적으로 시스템이 충분히 잘 작동한다고 생각한다. SLA와 SLO에 대한 초기 토론으로 돌아와 생각해보자. 시맨틱의 정확성 모델은 SLA에 대한 의무를 크게 초과할 것으로 예상되며, 이 모델에 대해 추적하는 구체적인 SLO가 있을 것으로 예상된다. 다른 방법으로, 소프트웨어의 동작을 어떻게 기대하는지에 대해 진술하는 것은 SLO를 식별하는 데 유용할 것이다.

가장 큰 난제 중 하나는 이 모델이 무엇인지에 대한 합의를 얻는 것이다. 보다시피 "디스크 사용량이 95%를 초과해서는 안 됩니다."와 같은 낮은 수준의 이야기를 하는 것이 아니다. 시스템에 대한 더 높은 수준을 설명하고 있다. 시스템 운영자나 마이크로서비스를 작성하고 테스트한 사람은 이러한 가치 진술에 대해 결정할 위치에 있지 않을지도 모른다. 제품 중심의 제공 조직에서는 프로덕트 오너product owner(PO)가 참여해야 하지만, PO와의 논의가 실제로 이뤄지도록 하는 것은 운영자의 역할일 수 있다.

모델을 정했다면, 현재 시스템 동작이 이 모델을 충족하는지 확인해야 한다. 대체로, 이를 수행하는 방법은 주로 다음 두 가지로 정리된다. **실사용자 모니터링**real user monitoring과 **합성 트랜잭션**synthetic transaction이다. 합성 트랜잭션은 운영 환경의 테스트 범위에 속하므로 잠시 후에 설명하기로 하고, 먼저 실사용자 모니터링(RUM)을 살펴보자.

실사용자 모니터링

실사용자 모니터링을 통해 운영 시스템에서 실제로 발생하는 상황을 살펴보고 시맨틱 모델과 비교한다. 뮤직코프에서는 가입자 수, 주문 수 등을 살펴본다.

실제 사용자 모니터링의 문제는 필요한 정보를 적시에 사용하지 못하는 경우가 많다는 것이다. 뮤직코프가 시간당 최소 2만 달러의 제품을 판매해야 한다는 기대치를 고려하라. 이 정보가 데이터베이스 어딘가에 잠겨 있으면, 이 정보를 수집하고 그에 따라 조치를 취하지 못할 수 있다. 그렇기 때문에 이전에는 운영 도구에서 '비즈니스' 지표로 간주했던 정보에 대한 접근을 더 잘 노출해야 할 수도 있다. 메트릭 저장소에 CPU 사용률을 전송할 수 있고 이 메트릭 저장소를 사용해 이 조건에 알림을 보낼 수 있다면, 왜 동일한 저장소에 판매 및 달러 값을 기록할 수 없을까?

실사용자 모니터링의 주요 단점 중 하나는 기본적으로 노이즈가 많다는 것이다. 많은 정보를 수집하고 있어 문제가 있는지 알아보려고 정보를 면밀히 살펴보는 것은 어려울 수 있다. 실제 사용자 모니터링은 이미 발생한 일을 알려주므로 문제가 발생한 후에야 문제를 파악할 수 있다는 사실을 깨달을 만하다. 따라서 고객이 등록에 실패한 후에야 불만족 고객이라는 것을 알 수 있다. 잠시 후에 살펴볼 운영 환경 테스트의 또 다른 형태인 합성 트랜잭션을 사용하면, 노이즈를 줄일 뿐만 아니라 사용자가 인식하기 전에 문제를 발견할 수 있다.

10.6.7 운영 환경에서 테스팅

> 운영 환경에서 테스트하지 않는 것은 마치 집에서 독주 연습이 잘됐다고 전체 오케스트라와 함께 연습하지 않는 것과 같다.[15]
>
> 채러티 메이저스Charity Majors

8.6.4절 '카나리아 릴리스'에서 논의한 카나리아 배포와 같은 개념부터 사전 및 사후 운영 환경 테스트와 관련된 균형 조정에 이르기까지 이 책 전반에서 여러 번 다룬 것처럼 운영 환경 테스트는 매우 유용하고 안전한 활동이 될 수 있다. 이 책에서는 다양한 유형의 운영 환경 내 테스트를 살펴봤고 그 외에도 더 많은 형태가 있으므로, 이미 살펴본 운영 환경 내 테스트의 여러 유형 중 일부를 요약하면 유용할 것이라고 생각했다. 그리고 일반적으로 사용되는 운영 환경 테스트의 몇 가지 다른 예도 공유한다. 운영 환경 테스트라는 개념에 겁을 먹은 사람들이 자신도 모르게 이미 테스트를 하고 있다는 사실이 놀라웠다.

운영 환경에서 모든 형태의 테스트는 틀림없이 '모니터링' 활동의 한 형태다. 운영 환경 시스템이 예상대로 실행되고 있는지 확인하고자 운영 환경에서는 이러한 형태의 테스트를 수행하고 있으며, 운영 환경에서 이뤄지는 다양한 형태의 테스트는 사용자가 알아채기도 전에 문제를 해결하는 데 매우 효과적일 것이다.

---

15 채러티 메이저스가 트위터에 게시한 트윗(https://oreil.ly/4VUAX)이다(2019년 7월 7일 10:48 PM).

합성 트랜잭션

합성 트랜잭션을 통해 가짜 사용자 행동을 운영 환경 시스템에 주입한다. 이 가짜 사용자 행동에는 정해진 입력과 예상 출력이 포함된다. 예를 들어 뮤직코프의 경우 새 고객을 인위적으로 생성한 다음 고객이 성공적으로 생성됐는지 확인할 수 있다. 이러한 합성 트랜잭션은 정기적으로 실행돼 가능한 한 빨리 문제를 해결할 기회를 제공한다.

개인적으로는 2005년에 처음으로 이 작업을 했다. 당시 필자는 투자은행을 위한 시스템을 구축하고 있던 소트웍스 내 소규모 팀의 일원이었으며, 거래일 내내 시장의 변화를 나타내는 많은 이벤트가 발생했다. 필자와 동료들은 변화에 대응하고 은행 포트폴리오에 미치는 영향을 살펴보는 임무를 맡아서 상당히 빡빡한 일정에 따라 작업을 진행하고 있었으며, 이벤트가 도착한 후 10초 이내에 모든 계산을 완료하는 것이 목표였다. 시스템 자체는 약 5개의 개별 서비스로 구성됐으며, 그중 적어도 하나는 은행 재해 복구 센터에 있는 약 250개의 데스크톱 호스트에서 사용되지 않는 CPU 사이클을 모으는 컴퓨팅 그리드^{computing grid}에서 실행되고 있었다.

시스템에서 동작하는 구성 요소가 많다는 것은 우리가 수집하는 많은 저수준의 메트릭에서 많은 노이즈가 발생하고 있다는 것을 의미했다. 또한 CPU 사용률이나 응답 시간 같은 저수준의 메트릭 측면에서 '양호한' 것이 어떤 것인지 이해하기 위해 점진적으로 규모를 확장하거나 시스템을 몇 달 동안 실행한 것에 대한 효과도 없었다. 우리의 접근 방식은 다운스트림 시스템에 예약되지 않은 포트폴리오 일부의 가격을 책정하려고 가짜 이벤트를 생성하는 것이었다. 약 1분마다 나기오스^{Nagios}라는 도구를 사용해 큐 중 한 곳에 가짜 이벤트를 삽입하는 명령줄 작업을 실행했다. 우리 시스템은 테스트용으로만 사용되는 '정크^{junk}' 북에 결과가 기록되는 것을 제외하곤 다른 작업과 마찬가지로 다양한 계산을 실행했다. 지정된 시간 내에 가격 재조정이 표시되지 않으면, 나기오스는 이것을 문제로 판단하고 리포트했다.

실제로 필자는 이와 같은 시맨틱 모니터링을 수행하려고 합성 트랜잭션을 사용하는 것이 저수준의 메트릭에 대해 경고하는 것보다 시스템의 문제를 훨씬 더 잘 나타내는 지표임을 알아냈다. 하지만 합성 트랜잭션이 실패한 이유를 알아내야 할 때는 여전히 저수준의 상세 정보가 필요하기 때문에 이 정보가 필요하다는 사실을 부정할 수 없다.

합성 트랜잭션 구현: 과거에는 합성 트랜잭션을 구현하는 것이 상당히 어려운 작업이었다. 그러나 세상은 발전했고, 현재는 이를 구현하는 수단을 당장 사용할 수 있다! 시스템에 대한 테스트를 실행하고 있는가? 그렇지 않다면, 9장을 읽고 다시 오길 바란다. 다 읽었는가? 잘했다!

해당 서비스나 아니면 전체 시스템을 엔드투엔드 테스팅하는 테스트가 이미 있다면, 시맨틱 모니터링을 구현하는 데 필요한 대부분이 이미 갖춰져 있는 것이다. 시스템은 이미 테스트를 실행하고 결과를 확인하는 데 필요한 훅hook[16]을 노출하고 있다. 그렇다면 시스템을 모니터링하는 방법으로 이러한 테스트 일부 집합을 지속적으로 실행하는 것은 어떨까?

물론 우리가 해야 할 일이 있다. 먼저 테스트의 데이터 요구 사항에 주의해야 한다. 시간이 지남에 따라 변경되거나 다른 데이터 소스를 설정하는 경우라면 테스트가 다른 라이브 데이터에 맞추는 방법을 찾아야 할지도 모른다. 예를 들어 정해진 데이터 집합을 사용해 운영 환경에서 사용하는 가짜 사용자 집합을 활용할 수 있다!

마찬가지로 예기치 않은 부작용이 우발적으로 발생하지 않도록 해야 한다. 한 친구가 전자상거래 회사의 운영 환경 내 주문 시스템에서 실수로 테스트를 실행한 이야기를 들려준 적이 있는데, 다량의 세탁기가 본사에 도착할 때까지 아무도 실수를 깨닫지 못했다고 한다.

A/B 테스트

A/B 테스트를 통해 동일한 기능의 두 가지 다른 버전을 배포해 사용자에게는 'A' 또는 'B' 기능 중 하나를 노출할 수 있다. 그러면 어떤 버전의 기능이 더 잘 수행되는지 확인할 수 있다. 예를 들면, 두 가지 다른 고객 등록 양식을 시도해 둘 중 어느 것이 가입을 유도하는 데 더 효과적인지 확인할 수 있다.

카나리아 릴리스

사용자 중 일부만 새 기능의 릴리스를 볼 수 있다. 이 새 기능이 제대로 작동하면, 이제 모든 사용자가 새 버전의 기능을 사용할 때까지 새 기능을 보는 사용자 기반 비율을 늘릴 수 있다. 반면에 새 기능이 의도한 대로 작동하지 않는 경우 사용자 일부에만 영향을 미치므로 변경 사항을 되돌리거나 확인된 문제를 해결해볼 수 있다.

병렬 실행

병렬 실행을 사용하면 동일한 기능의 두 가지 동등한 구현을 나란히 실행한다. 모든 사용자 요청은 두 버전으로 라우팅되며 결과를 비교할 수 있다. 따라서 카나리아 릴리스에서와 같이 사

---

16 옮긴이_해당 시스템에서 테스트를 실행하고 결과를 확인하는 데 필요한 인터페이스나 메커니즘을 의미한다. 예를 들면, API 호출이나 기타 유형의 메시지일 수 있다.

용자를 이전 버전이나 새 버전으로 안내하는 대신 두 버전을 모두 실행하지만 사용자에게는 하나만 표시된다. 이를 통해 두 가지 다른 버전을 완전히 비교할 수 있으며, 일부 주요 기능에 대해 새롭게 구현한 부분의 부하 특성과 같은 측면을 더 잘 이해하고자 할 때 매우 유용하다.

스모크 테스트

소프트웨어가 운영 환경에 배포되고 나서 출시되기 전에 소프트웨어에 대해 스모크 테스트 smoke test를 실행함으로써 제대로 작동하는지 확인한다. 이러한 테스트는 일반적으로 완전히 자동화되며, 해당 마이크로서비스가 실행 중인지 확인하는 등의 매우 간단한 활동부터 본격적인 합성 트랜잭션을 실제로 실행하는 것까지 다양하다.

합성 트랜잭션

완전한 가짜 사용자 상호작용이 시스템에 주입된다. 이것은 여러분이 작성할 수 있는 일종의 엔드투엔드 테스트와 매우 유사한 경우가 많다.

카오스 엔지니어링

12장에서 더 논의할 주제인 카오스 엔지니어링chaos engineering은 운영 시스템에 결함을 주입해 예상되는 문제를 처리한다고 보장할 수 있다. 이 기술의 가장 잘 알려진 예는 아마도 넷플릭스의 카오스 몽키Chaos Monkey일 것이다. 이것을 사용하면, 운영 환경의 가상 머신을 끄더라도 최종 사용자의 기능을 방해하지 않을 만큼 시스템이 충분히 견고해진다.

10.7 표준화

앞서 살펴본 것처럼, 지속적으로 균형을 유지해야 하는 활동 중 하나는 단일 마이크로서비스에 대해 좁게 의사결정을 내릴 수 있는 부분과 시스템 전체에서 표준화해야 하는 부분 사이에서 균형을 잡는 것이다. 필자가 생각하기에 모니터링 및 관찰가능성은 표준화가 매우 중요한 영역 중 하나다. 마이크로서비스가 사용자에게 기능을 제공하기 위해 여러 인터페이스를 사용해 다양한 방식으로 협업한다면 시스템을 전체적으로 볼 수 있어야 한다.

로그는 표준 형식으로 기록해야 한다. 모든 메트릭을 한 곳에 보관하길 원하고 메트릭에 대한 표준 이름 목록도 갖고 싶을 것이다. 서로 동일한 의미인데도, 한 서비스에는 `ResponseTime`이라는 메트릭이 있고 다른 서비스에는 `RspTimeSecs`라는 메트릭이 있다면 매우 성가신 일이 될 것이다.

표준화에는 언제나 그렇듯 도구가 도움이 될 수 있다. 이전에 말했듯이 핵심은 옳은 일을 쉽게 수행하도록 하는 것이다. 따라서 로그 집계와 같은 기본 구성 요소가 많은 플랫폼을 보유하는 것이 좋다. 점점 더 많은 부분이 플랫폼 팀에 속하고 있으며, 15장에서 그 역할을 자세히 살펴본다.

10.8 도구 선택

이미 살펴본 것처럼, 시스템의 관찰가능성을 개선하기 위해 가져와야 할 잠재적인 다양한 도구가 있다. 하지만 앞서 언급했듯이 이 분야는 빠르게 발전하는 분야이므로 앞으로 사용할 도구는 지금 가진 것과 매우 달라 보일 가능성이 높다. 허니코움이나 라이트스텝과 같은 플랫폼이 마이크로서비스용 관찰가능성 도구의 모습을 선도하고 있고 나머지 시장도 어느 정도 따라오고 있기 때문에 앞으로 이 분야에서 많은 변화가 있을 것으로 예상한다.

따라서 마이크로서비스만 수용한다면 현재 갖고 있는 것과 다른 도구가 필요할 가능성이 높고, 이 분야의 솔루션이 계속 개선됨에 따라 미래에는 다른 도구도 필요할 것이다. 이를 염두에 두고 이 영역의 모든 도구에 중요하다고 생각되는 기준에 대한 몇 가지 생각을 공유하고 싶다.

10.8.1 민주적 선택

숙련된 운영자만 사용할 수 있는 작업하기 어려운 도구가 있다면 운영 활동에 참여할 수 있는 인원 수를 제한하게 된다. 마찬가지로 중요한 운영 환경이 아닌 다른 상황에서는 사용이 금지될 만큼 너무 비싼 도구를 선택하면, 개발자가 너무 늦게 이러한 도구를 접할 것이다.

따라서 사용하길 원하는 모든 사용자의 요구를 고려해 도구를 선택하라. 소프트웨어에 대한 공동 소유 모델을 전환하고 싶다면 팀의 모든 사람이 소프트웨어를 사용할 수 있어야 한다. 선택한 도구가 개발 및 테스트 환경에서도 사용되는지 확인한다면 이 목표를 실현하는 데 큰 도움이 될 것이다.

10.8.2 쉬운 통합

애플리케이션 아키텍처와 실행 중인 시스템에서 올바른 정보를 얻는 것이 필수적이며, 이미 살펴본 것처럼 이전보다 더 많은 정보를 다양한 포맷으로 추출해야 할 수도 있다. 이 프로세스는 가능한 한 쉽게 만드는 것이 중요하다. OpenTracing(*https://opentracing.io*)과 같은 프로젝트는 클라이언트 라이브러리 및 플랫폼이 지원할 수 있는 표준 API를 제공해 툴체인 간의 통합과 이식을 더욱 수월하게 만드는 측면에서 도움을 주었다. 앞서 논의했듯이, 특히 흥미로운 것은 많은 당사자가 주도하고 있는 새로운 OpenTelemetry 프로젝트다.

이러한 개방형 표준을 지원하는 도구를 선택하면 통합 작업이 쉬워지고 이후 공급업체를 쉽게 변경할 수 있다.

10.8.3 맥락 제공

정보를 살펴볼 때는 다음에 일어날 일을 이해하는 데 도움이 되도록 가능한 한 많은 맥락context을 제공하는 도구가 필요하다. 라이트스텝 블로그 게시물을 통해 찾아낸 다양한 유형의 맥락에 대한 다음과 같은 분류 시스템이 정말 마음에 든다.[17]

시간적 맥락

　1분, 1시간, 1일 또는 1개월 전과 비교해 어떻게 보이는가?

상대적 맥락

　시스템의 다른 것과 관련해 어떻게 변경됐는가?

관계적 맥락

　이것에 의존하는 것이 있는가? 혹은 이것이 다른 것에 의존하는가?

비례적 맥락

　얼마나 나쁜가? 범위가 크거나 작은가? 어떤 것이 영향을 받는가?

---

17 '관찰가능성: 완전한 개요 2021', 라이트스텝, 2021년 6월 16일, *https://oreil.ly/a1ERu*

10.8.4 실시간

이 정보를 오래 기다릴 수는 없다. 지금 필요하다. 물론 '지금^{now}'에 대한 정의는 다소 다를 수 있지만, 시스템의 맥락에서 사용자보다 먼저 문제를 발견하거나 누군가 불평할 때 최소한의 정보를 얻을 수 있을 만큼 충분히 신속하게 정보를 필요로 한다. 실제로 우리는 분 또는 시간이 아니라 초에 대해 이야기하고 있다.

10.8.5 규모에 맞게

분산 시스템의 관찰가능성 분야에서 많은 작업은 대규모 분산 시스템에서 수행된 작업에서 영감을 받았다. 이로 인해 우리는 안타깝게도 장단점을 충분히 이해하지 못한 채 여러분의 시스템보다 훨씬 더 큰 규모의 시스템을 위한 솔루션을 다시 만들려고 시도할 수 있다.

규모가 큰 시스템은 작동될 규모를 처리할 수 있도록 시스템의 기능을 줄이는 특정 절충안을 찾아야 하는 경우가 많다. 예를 들어 대퍼는 구글 규모에 대처할 수 있도록 매우 공격적인 무작위 데이터 샘플링(많은 정보를 효과적으로 '삭제')을 사용해야 했다. 라이트스텝의 설립자이자 대퍼의 창시자인 벤 시글먼$^{Ben\ Sigelman}$은 다음과 같이 말했다.[18]

> 구글의 마이크로서비스는 초당 50억 개의 RPC를 생성한다. 따라서 초당 50억 개의 RPC로 확장되는 관찰가능성 도구를 구축한다는 것은 결국 기능이 매우 부족한 통합 가시성 도구를 구축하는 것이 된다. 여러분의 조직이 초당 500만 RPC를 처리하는 경우도 매우 인상적이지만, 1/1000 규모에서 구글이 사용하는 것과 같은 도구(훨씬 더 강력한 기능을 제공할 수 있는)를 사용해서는 (거의) 절대로 안 된다.

규모에 따라 확장할 수 있는 도구가 이상적이며, 여기서도 비용 효율성은 중요하게 작용한다. 선택된 도구가 시스템의 예상 성장을 지원하기 위해 기술적으로 확장될 수 있다고 하더라도 비용을 계속 지불할 여유가 있는가?

---

18 벤 시글먼, '제로 답변의 3개의 기둥 - 관찰가능성을 위한 새로운 점수표를 위해(Three Pillars with Zero Answers—Towards a New Scorecard for Observability)', 라이트스텝 블로그, 2018년 12월 5일, *https://oreil.ly/R3LwC*

10.9 기계화된 전문가

이 장에서는 아마도 이 책의 다른 어떤 장보다 도구에 대해 더 많이 이야기했다. 이것은 부분적으로는 순전히 모니터링 측면에서 세상을 보는 관점에서부터 시스템을 더 관찰 가능하게 만드는 방법에 대해 생각하는 것으로 근본적으로 변화하기 때문이다. 이러한 행동 변화를 지원하려면 도구가 필요하다. 하지만 이미 설명했듯이 그 변화를 순전히 새로운 도구에 관한 것으로 바라본다면 실수를 하는 셈이다. 그럼에도 불구하고 수많은 벤더가 우리의 관심을 끌기 위해 경쟁하고 있기 때문에 신중해야 한다.

지난 10여 년 동안 필자는 여러 벤더가 자신들의 시스템이 마술처럼 문제를 감지하고 문제를 해결하기 위해 무엇을 해야 하는지 정확히 알려줄 수 있는 스마트한 시스템이라고 주장하는 것을 봐왔다. 이러한 주장은 파도처럼 오고 가지만, 최근 기계 학습(ML)과 인공지능(AI)에 대한 관심이 증가함에 따라 자동 이상 감지에 대한 주장이 더 많이 제기되고 있다. 이것이 완전히 자동화된 방식으로 얼마나 효과적인지는 다소 의문스럽지만, 심지어 그렇다고 하더라도 필요한 모든 전문 지식이 자동화될 수 있다고 가정하는 것은 무리가 있다.

AI를 둘러싼 대부분의 노력은 항상 전문 지식을 자동화된 시스템에 코드화하려고 시도했다. 전문 지식을 자동화할 수 있다는 생각은 어떤 사람들에게는 매력적일 수 있지만, 적어도 현재 우리가 이해하고 있는 상황에서는 잠재적으로 위험한 발상이기도 하다. 전문 지식을 자동화하는 이유는 무엇일까? 그렇게 되면 전문 운영자가 시스템을 운영하는 데 투자할 필요가 없다. 여기서 기술 발전으로 인한 노동력의 대변동에 대해 지적하려는 것은 아니다. 이 문제가 완전히 해결 가능한(그리고 자동화 가능한) 문제가 되길 바라면서 사람들이 지금 이 아이디어를 판매하고 있고 회사가 그것을 구매하고 있다는 것이다. 하지만 현실은 그렇지 않다.

최근 필자는 유럽에 있는 데이터 과학 중심의 스타트업과 함께 일했다. 이 스타트업은 환자에 대한 다양한 데이터를 수집 가능한 침상용 모니터링 하드웨어를 제공하는 회사와 협력하고 있었다. 데이터 과학자들은 데이터의 다양한 측면을 연관시켜 결정할 수 있는 이상한 환자군(환자 무리)을 보여주며 데이터의 패턴을 보는 데 도움을 줄 수 있었다. 데이터 과학자들은 "이 환자들은 관련이 있는 것 같다."라고 말할 수 있었지만, 그 관계의 의미가 무엇인지는 인식하지 못했다. 그 환자군 중 일부는 일반적으로 다른 환자보다 더 아픈 환자를 가리킨다는 것을 설명하기 위해 임상의가 필요했다. 무리를 식별하기 위한 전문 지식과 그 무리가 의미하는 바를 이해하고 해당 지식을 실행하기 위한 다른 전문 지식이 필요했다. 모니터링 도구와 관찰가능성

도구로 돌아가서 '뭔가 이상해 보인다'는 사실을 누군가에게 경고하는 그러한 도구는 볼 수 있었지만, 해당 정보로 무엇을 해야 할지 파악하는 데는 여전히 어느 정도의 전문 지식이 필요했다.

'**자동 이상 감지**_automated anomaly detection_'와 같은 기능이 계속해서 개선될 것이라고 확신하지만, 현재 시스템의 전문가는 인간이며 앞으로도 당분간은 인간일 것임을 인식해야 한다. 우리는 수행해야 할 작업을 운영자에게 더 잘 알릴 수 있는 도구를 만들 수 있으며, 운영자가 보다 효과적인 방식으로 의사결정을 수행하는 데 도움이 되는 자동화를 제공할 수 있다. 하지만 근본적으로 분산 시스템의 다양하고 복잡한 환경은 숙련되고 지원 가능한 인간 운영자가 필요하다는 것을 의미한다. 우리는 전문가들이 자신의 전문성을 활용해 올바른 질문을 하고 최선의 결정을 내릴 수 있길 바라고 있다. 부실한 도구의 결점을 메꾸기 위해 그들의 전문 지식을 사용하라고 요구해서는 안 된다. 또한 새로운 멋진 도구가 모든 문제를 해결해줄 것이라는 안이한 생각에 기대서도 안 된다.

10.10 시작하기

앞서 말했듯이 지금까지 다룬 내용과 관련해 생각할 것이 많다. 하지만 무엇을 어떻게 캡처해야 하는지에 대한 간단한 마이크로서비스 아키텍처의 기본 출발점을 제공하고 싶다.

우선 마이크로서비스가 실행 중인 호스트에 대한 기본 정보(CPU 비율, I/O 등)를 캡처하고 마이크로서비스 인스턴스를 실행 중인 호스트와 다시 일치시킬 수 있는지 확인해야 한다. 각 마이크로서비스 인스턴스에 대해 해당 서비스 인터페이스의 응답 시간을 캡처하고 모든 다운스트림 호출을 로그에 기록하려고 한다. 처음부터 로그에 상관관계 ID를 넣고, 비즈니스 프로세스의 다른 주요 단계를 기록한다. 이렇게 하려면 최소한 기본적인 메트릭 및 로그 집계 툴체인이 있어야 한다.

전용 분산 추적 도구로 시작해야 한다고 말하고 싶지만, 도구를 직접 실행하고 호스트해야 하는 경우 상당한 복잡성이 추가될 수 있다. 반면에 완전한 관리형 서비스를 제공받아 쉽게 사용할 수 있다면 처음부터 마이크로서비스를 구성하는 것이 합리적일 수 있다.

주요 연산의 경우 시스템의 중요한 측면이 제대로 작동하는지 더 잘 이해하는 방법으로 합성 트랜잭션을 생성하는 것을 적극적으로 고려하길 바란다. 이 기능을 염두에 두고 시스템을 구축하라.

이 모든 것은 기본적인 정보 수집에 불과하며, 실행 중인 시스템에 질문을 하기 위해 이 정보를 걸러낼 수 있는지 확인하는 것이 더 중요하다. 시스템이 사용자를 위해 제대로 작동하고 있다고 자신 있게 말할 수 있는가? 시간이 지남에 따라 더 많은 정보를 수집하고 도구(그리고 도구 사용 방식)를 개선해 플랫폼의 관찰가능성을 개선해야 한다.

요약

분산 시스템은 이해하기 복잡하고 분산될수록 운영 환경에서 문제를 해결하는 작업이 더 어려워진다. 압박이 가해지고 알림이 오고 고객이 비명을 지르면, 도대체 무슨 일이 일어나고 있고 상황을 바로잡기 위해 무엇을 해야 하는지 알아낼 수 있는 올바른 정보를 갖고 있는 것이 중요하다.

마이크로서비스 아키텍처가 더 복잡해짐에 따라 어떤 문제가 발생할지 미리 알기는 쉽지 않다. 그 대신 직면하게 될 문제의 유형에 대해서는 자주 놀라게 될 것이다. 따라서 대부분의 (수동적인) 모니터링 활동에서 생각을 전환하고 능동적으로 시스템을 관찰 가능하게 만드는 것이 중요하다. 모니터링 활동에는 잠재적으로 도구 세트를 변경하는 것뿐 아니라 정적 대시보드를 보다 동적으로 나누고 분석하는 활동으로 전환하는 것도 포함된다.

간단한 시스템의 경우, 기본적인 것들이 많은 도움이 된다. 처음부터 로그 집계를 구축하고 로그 문자열에 상관관계 ID도 삽입하라. 분산 추적은 나중에 따라오면 되지만, 운영 환경에 구성할 때 주의하라.

시스템 또는 마이크로서비스 상태를 '행복' 아니면 '슬픔'으로 이해하는 이분법적인 상태에서 벗어나. 진실은 항상 그보다 더 미묘한 차이가 있다는 것을 인식하라. 모든 작은 문제에 대해 알림을 생성하는 것에서 수용 가능한 것에 대해 보다 총체적으로 생각하는 것으로 전환하라. 알림 피로를 줄이고 적절하게 주의를 집중하기 위해 SLO를 수용하고 이러한 원칙에 따라 알림을 보내는 것을 적극 고려하길 바란다.

무엇보다도 운영을 해보기 전까지 모든 것을 알지는 못한다는 점을 받아들이는 것이 중요하다.

미지의 상황에 능숙하게 대처하라.

지금까지 많은 내용을 다뤘지만, 이 시점에서 더 자세히 알아볼 내용도 있다. 관찰가능성의 개념을 더 자세히 알아보고 싶다면 채러티 메이저스^{Charity Majors}, 리즈 퐁존스^{Liz Fong-Jones}, 조지 미란다^{George Miranda}의 『Observability Engineering』(O'Reilly, 2022)을 추천한다. 또한 베시 바이어^{Betsy Beyer} 등이 공동 집필한 『SRE를 위한 시스템 설계와 구축』(한빛미디어, 2022)과 『The Site Reliability Workbook』(O'Reilly, 2018)은 SLO, SLI 등에 대한 폭넓은 논의를 위한 좋은 출발점이 된다. 마지막 두 권의 책은 구글의 업무 방식(또는 과거 업무 방식)의 관점에서 기술됐기 때문에 이러한 개념이 항상 적용될 수 있는 것은 아니라는 점에서 유의할 필요가 있다. 여러분은 아마도 구글이 아니며 구글 규모의 문제도 없을 것이다. 그렇더라도 이 두 책은 여러 가지 이유로 여전히 추천할 만하다.

다음 장에서는 시스템에 대해 여전히 총체적이지만 다른 관점을 갖고, 보안 영역의 세분화된 아키텍처가 제공할 수 있는 독특한 이점과 문제에 대해 생각해본다.

## CHAPTER 11

보안

필자는 스스로를 애플리케이션 보안 분야의 전문가로 생각하지 않는다는 말로 이 장을 시작하고 싶다. 단지 **의식적인 무능력자**concious incompetent가 되는 것을 목표로 할 뿐이다. 즉, 모르는 것을 이해하고 한계를 인식하고 싶다. 이 분야에 대해 더 많이 배우더라도 아직 알아야 할 것이 많다는 사실을 깨달았다. 그렇다고 이 주제에 대해 자신을 교육하는 것이 무의미하다는 말은 아니다. 지난 10년 동안 이 분야에서 배운 모든 것 덕분에 필자 스스로도 더 효율적인 개발자이자 설계자로 성장해올 수 있었다.

이 장에서는 마이크로서비스 아키텍처에서 작업하는 일반 개발자, 설계자 또는 운영 담당자가 이해할 만한 가치가 있는 보안 측면을 강조한다. 애플리케이션 보안 분야에서는 여전히 전문가의 지원이 필요하지만, 그들의 도움을 받더라도 이러한 주제와 관련해 기초 지식을 갖추는 것은 여전히 중요하다. 이전에는 전문가에게만 국한됐던 주제인 테스트나 데이터 관리를 개발자가 배운 것과 마찬가지로, 보안이라는 주제에 대해 일반적인 인식을 갖추는 것은 처음부터 소프트웨어 보안을 구축하는 데 반드시 필요하다.

마이크로서비스를 덜 분산된 아키텍처와 비교하면 흥미로운 이분법이 나타난다. 한편으로는 이전에 단일 머신에서 유지되던 데이터가 네트워크를 통해 더 많이 흐르고 있으며 아키텍처를 실행하는 더 복잡한 인프라스트럭처가 존재한다. 즉, 공격 표면이 훨씬 더 넓다. 반면에 마이크로서비스는 심층 방어를 할 수 있고 접근 범위를 제한하는 더 많은 기회를 제공해 잠재적으로 시스템 보호 기능을 더욱 강화하는 동시에 공격이 발생할 경우 그 영향을 줄인다. 마이크로서비스가 우리 시스템의 보안을 약화시킬 수도 있고 강화할 수도 있다는 이 명백한 역설은 실제로는 섬세한 균형 조정 작업에 불과하다. 이번 장을 마칠 때쯤이면 여러분도 이 방정식의 올바른 쪽에 위치할 수 있길 바란다.

마이크로서비스 아키텍처의 보안과 관련해 올바른 균형을 찾는 데 도움이 되도록 다음 주제를 다룰 것이다.

핵심 원칙

보다 안전한 소프트웨어를 구축하려 할 때 수용하는 데 유용한 기본 개념

사이버 보안의 다섯 가지 기능

애플리케이션 보안을 위한 다섯 가지 주요 기능 영역(식별, 보호, 탐지, 대응, 복구)에 대한 개요

애플리케이션 보안의 기초

애플리케이션 보안의 특정한 몇 가지 기본 개념과 자격 증명, 보안, 패치, 백업, 재빌드를 포함해 마이크로서비스에 적용하는 방법

암묵적 신뢰 대 제로 트러스트

마이크로서비스 환경에서 신뢰^{trust}를 위한 다양한 접근 방식과 이 방식이 보안 관련 활동에 미치는 영향

데이터 보안

데이터가 네트워크를 통해 이동하고 디스크에 저장될 때 데이터를 보호하는 방법

인증 및 권한 부여

마이크로서비스 아키텍처에서 SSO$^{Single Sign-On}$가 작동하는 방식, 중앙 집중식 대 분산식 인증 모델, 그리고 그 일부인 JWT 토큰의 역할

11.1 핵심 원칙

종종 마이크로서비스 보안이라는 주제가 나오면 사람들은 JWT 토큰 사용이나 상호 TLS의 필요성(이 장의 뒷부분에서 다룰 주제)과 같은 상당히 정교한 기술 문제를 논의하길 원한다. 하

지만 보안 문제는 가장 안전하지 않은 측면만큼만 안전하다는 것이다. 비유하자면, 집을 안전하게 보호하려 할 때 뒷문을 열어둔 채 악의적인 침입자를 막을 조명과 카메라를 설치하고 자물쇠 따기 방지 기능이 있는 정문을 만드는 데 모든 공력을 집중하는 실수를 하는 셈이다.

따라서 알아둬야 할 수많은 문제를 조명하기 위해 간략히 살펴봐야 하는 애플리케이션 보안의 몇 가지 기본 측면이 있다. 이러한 핵심 문제가 마이크로서비스의 맥락에서 어떻게 더(또는 덜) 복잡하게 만들어지는지 살펴보겠지만, 일반적으로 소프트웨어 개발 영역 전반에 적용할 수 있어야 한다. 이 모든 '좋은 것'을 먼저 경험하고 싶은 분들은 뒷문은 열어둔 채 정문 보안에만 너무 집중하고 있지는 않은지 확인하길 바란다.

11.1.1 최소 권한의 원칙

개인, 외부 또는 내부 시스템, 심지어 자체 마이크로서비스에 애플리케이션 액세스 권한을 부여할 때는 부여하는 액세스 권한에 주의를 기울여야 한다. 최소 권한의 원칙principle of least privilege 은 액세스 권한을 부여할 때 당사자가 필요한 기능을 수행하는 데 필요한 최소한의 액세스 권한을 필요한 기간 동안만 부여한다는 개념을 설명한다. 이 원칙의 주요 장점은 자격 증명이 공격자에 의해 손상된 경우 그 자격 증명은 악의적인 당사자에게 가능한 한 제한된 액세스 권한을 부여한다는 것이다.

마이크로서비스가 데이터베이스에 대한 읽기 전용 액세스 권한만 있다면, 해당 데이터베이스 자격 증명을 액세스할 수 있는 공격자는 그 데이터베이스에 대한 읽기 전용 액세스 권한만 얻는다. 데이터베이스에 대한 자격 증명이 탈취되기 전에 만료되면 자격 증명은 사용될 수 없다. 이 개념을 특정 당사자가 통신할 수 있는 마이크로서비스를 제한하도록 확장할 수 있다.

이 장의 뒷부분에서 살펴보겠지만, 최소 권한의 원칙은 제한된 시간 동안만 액세스 제어를 부여하도록 확장해 탈취될 경우 악영향을 더욱 제한할 수 있다.

11.1.2 심층 방어

필자가 살고 있는 영국에는 성城이 많다. 이 성들은 이 나라의 역사를 부분적으로 상기시켜준다 (적어도 영국이 어느 정도 통합되기 전의 시절을 생각나게 한다). 또한 사람들이 적으로부터 자신의 재산을 지켜야 할 필요성을 느꼈던 때를 떠올리게 한다. 때때로 다양한 적들이 나타났다. 필자가 사는 켄트^{Kent} 부근에 있는 많은 성은 해안을 침략해오는 프랑스 세력을 막아내려고 설계됐다.[1] 어떤 이유에서든 성은 심층 방어 원칙의 좋은 예가 된다.

보호 메커니즘이 하나만 있는 것은 공격자가 그 방어를 무력화할 방법을 찾거나 그 보호 메커니즘이 특정 유형의 공격자에 대해서만 방어하는 경우 문제가 된다. 유일한 벽이 바다를 향하고 있어 육지의 공격에 대해 완전히 무방비 상태인 해안 방어 요새를 생각해보라. 필자가 사는 곳과 아주 가까운 도버성^{Dover Castle}을 보더라도 여러 개의 보호 장치를 쉽게 확인할 수 있다. 첫째, 큰 언덕 위에 있어 육로로 성에 접근하기 어렵다. 하나의 벽이 아니라 2개의 벽이 있다. 첫 번째 벽이 뚫려도 공격자는 여전히 두 번째 벽을 처리해야 한다. 그리고 마지막 벽을 통과하면 처리해야 할 크고 인상적인 요새(탑)가 버티고 있다.

애플리케이션 보안에 보호 기능을 구축할 때도 동일한 원칙을 적용해야 한다. 공격자로부터 방어하기 위해 여러 보호 장치를 갖추는 것이 중요하다. 마이크로서비스 아키텍처에서는 시스템을 보호할 수 있는 곳이 더 많다. 기능을 여러 마이크로서비스로 분리하고 해당 마이크로서비스가 수행할 수 있는 범위를 제한함으로써 이미 심층 방어를 적용하고 있다. 또한 서로 다른 네트워크 세그먼트에서 마이크로서비스를 실행하고 더 많은 곳에서 네트워크 기반 보호를 적용할 수 있으며, 이러한 마이크로서비스를 구축하고 실행하는 기술을 혼용해 하나의 제로 데이 취약점이 전체에 영향을 끼치지 않도록 할 수 있다.

마이크로서비스는 동급의 단일 프로세스로 된 모놀리식 애플리케이션보다 더 심층적으로 방어하는 기능을 제공함으로써 조직이 더 안전한 시스템을 구축하도록 돕는다.

보안 통제 유형

시스템 보안을 위해 적용하는 보안 통제를 고려할 때 다음과 같이 분류된다.[2]

예방형(preventive)

공격이 발생하지 않도록 한다. 이 유형에는 시크릿(secret)을 안전하게 저장하고, 저장 및 전송 중인 데이터를 암호화하고, 적절한 인증 및 권한 부여 메커니즘을 구현하는 것이 포함된다.

---

1 제발, 브렉시트(Brexit) 때문에 모든 것을 만들지는 말자.

2 아무리 애써도 이 분류 체계의 원본 출처는 찾을 수 없었다.

탐지형(detective)

공격이 발생하고 있거나 발생했다는 사실을 알려준다. 애플리케이션 방화벽과 침입 탐지 서비스가 좋은 예다.

대응형(responsive)

공격 중 또는 공격 후 대응을 돕는다. 시스템을 재구축하는 자동화된 메커니즘, 데이터 복구를 위한 백업 작업, 사고 발생 시 적절한 의사소통 계획을 수립하는 것이 중요할 수 있다.

시스템을 적절하게 보호하려면 세 가지 조합이 모두 필요하며 각 유형의 여러 방법을 적용할 수 있다. 앞서 언급한 성들의 예로 돌아가보자. 예방형 통제를 나타내는 여러 벽이 있을 것이며, 감시탑과 비콘(beacon) 시스템을 설치해 공격이 발생하는지 확인할 수 있다. 마지막으로, 공격을 당한 후 문이나 벽을 강화해야 할 경우를 대비해 목수와 석공을 대기시킬 수 있다. 분명히 생계를 위해 성을 짓지는 않을 것이다. 따라서 이 장의 뒷부분에서는 마이크로서비스 아키텍처에 대한 이러한 통제의 예를 살펴본다.

11.1.3 자동화

이 책에서 반복되는 주제는 자동화다. 마이크로서비스 아키텍처에서 동작 부분이 훨씬 더 많아지면서 자동화는 점점 더 복잡해지는 시스템을 관리하기 위한 핵심이 됐다. 동시에 우리는 제공 속도를 높이려는 노력을 하고 있으며, 여기서 자동화는 필수적이다. 컴퓨터는 인간보다 동일한 작업을 반복해서 수행하는 데 훨씬 더 뛰어나다. 컴퓨터는 우리보다 더 빠르고 효율적으로 작업을 수행하며 변동성도 적다. 또한 인적 오류를 줄이고 최소 권한 원칙을 더 쉽게 구현할 수 있다. 예를 들어 특정 스크립트에 특정 권한을 할당하면 된다.

이 장에서 살펴보겠지만, 자동화는 사건 발생 후 복구하는 데 도움이 된다. 이를 사용해 보안키를 취소하거나 교체하고 도구를 사용해 잠재적인 보안 문제를 보다 쉽게 감지할 수 있다. 마이크로서비스 아키텍처의 다른 측면과 마찬가지로 자동화 문화를 수용하면 보안과 관련해 큰 도움이 될 것이다.

11.1.4 제공 프로세스에 보안 주입

소프트웨어 제공software delivery의 다른 많은 측면과 마찬가지로 보안은 사후에 고려되는 사항으로 간주되는 경우가 너무 흔하다. 적어도 역사적으로 시스템의 보안 측면을 다루는 것은 코드가 작성된 후 수행되는 작업이며, 잠재적으로 향후 상당한 재작업으로 이어진다. 보안은 종종 소프트웨어를 외부로 내보내는 데 방해가 되는 것으로 여겨져왔다.

지난 20년 동안 테스팅, 사용성, 운영과 관련해 유사한 문제를 목격했다. 소프트웨어 제공을 위한 이러한 측면은 종종 대량의 코드가 완료된 후에 사일로 방식으로 전달됐다. 필자의 오랜 동료인 조니 슈나이더Jonny Schneider는 소프트웨어 사용성에 대한 접근 방식을 "이것과 함께 감자 튀김도 원하세요?"라는 관점으로 비유한 적이 있다. 즉, 사용성은 '메인 요리'[3] 위에 뿌려 먹는 부수적인 요소라는 것이다.

물론 실제로는 사용성도 떨어지고 안전하지 않으며 운영 환경에서 제대로 작동하지 않고 버그로 가득 찬 소프트웨어는 '메인 요리'라고 할 수 없으며, 기껏해야 결함 있는 제공품일 뿐이다. 우리는 운영 측면(데브옵스나 다른 것?)과 사용성에서 그랬던 것처럼 테스트를 주요 제공(배포) 프로세스로 끌어오는 데 더 능숙해졌고 보안도 다르지 않다. 개발자가 보안 관련 사항에 보다 일반적인 인식을 갖게 만들고, 필요할 경우 전문가 제공 팀에 합류할 수 있는 방법을 찾으며, 보안 관련 개념을 소프트웨어에 구축할 수 있도록 도구를 개선해야 한다.

이로 인해 마이크로서비스 소유권에 대한 자율성이 향상된 스트림 정렬 팀을 채택하는 조직에서 문제가 발생할 수 있다. 보안 전문가의 역할은 무엇인가? 15.8절 '활성화 팀'에서는 (보안 전문가와 같은) 전문가가 스트림 정렬 팀을 지원하고 소프트웨어에 더 많은 보안 개념을 형성하도록 마이크로서비스 소유자를 도울 수 있는 방법을 살펴본다. 게다가 필요한 경우 여러분이 적절하고 깊이 있는 전문 지식을 보유하고 있는지를 확인할 수 있다.

교차 사이트 스크립팅(XSS) 공격을 찾는 것과 같이 시스템의 취약성을 조사할 수 있는 자동화된 도구가 있으며 ZAPZed Attack Proxy가 좋은 예다. OWASP의 결과물로 알려진 ZAP는 악의적인 공격을 재현하려고 시도한다. 루비를 위한 브레이크맨Brakeman(*https://brakemanscanner. org*)과 같은 정적 분석을 사용해 보안 취약점을 만들 수 있는 일반적인 코딩 실수를 찾아내는 도구도 있으며, 제삼자 라이브러리에 알려진 의존성 취약점을 찾아내는 스니크Snyk(*https:// snyk.io*)와 같은 도구도 있다. 이러한 도구는 일반 CI 빌드에 쉽게 통합할 수 있으므로 표준 체크인에 통합하는 것이 좋은 출발점이 될 수 있다. 물론 이 유형의 도구 중 다수는 특정 코드의 취약점과 같은 로컬 문제만 해결할 수 있다는 점에 유의해야 한다. 하지만 이러한 도구가 있더라도 더 광범위하고 체계적인 수준에서 시스템의 보안을 이해해야 할 필요성을 대체하지는

---

3   더 많은 통찰을 얻고자 한다면 조니의 『Understanding Design Thinking, Lean, and Agile』(O'Reilly, 2017)을 추천한다.

못한다.

11.2 사이버 보안의 다섯 가지 기능

이러한 핵심 원칙을 염두에 두고 이제 우리가 수행해야 하는 광범위한 보안 관련 활동을 생각
해보자. 그런 다음 마이크로서비스 아키텍처의 맥락에서 이와 같은 활동이 어떻게 다른지 이
해하게 될 것이다. 애플리케이션 보안의 세계를 설명하기 위해 필자가 선호하는 모델은 미국
NIST^National Institute of Standards and Technology에서 가져온 것으로, 사이버 보안과 관련된 다양한 활동
에 대한 유용한 5개 모델(*https://oreil.ly/MSAuU*)을 설명한다.

- 잠재적인 공격자가 누구인지, 공격 대상이 무엇인지, 가장 취약한 곳은 어디인지 **식별하라**.
- 잠재적인 해커로부터 주요 자산을 **보호하라**.
- 최선의 노력에도 불구하고 공격이 발생했는지 **감지하라**.
- 나쁜 일이 발생했다는 것을 알게 되면 **대응하라**.
- 사고 발생 후 **복구하라**.

필자는 이 모델이 전체적인 특징 덕분에 특히 유용하다는 사실을 알게 됐다. 영악한 공격자가
방어선을 통과할 경우 가능한 조치를 이해하는 것은 고사하고 실제로 직면할 수 있는 위협을
먼저 고려하지 않은 채 애플리케이션을 보호하는 데만 모든 노력을 쏟기 쉽다.

이러한 각각의 기능을 좀 더 깊이 살펴보고 마이크로서비스 아키텍처가 전통적인 모놀리식 아
키텍처와 비교해 이 개념에 접근하는 방식을 어떻게 바꿀 수 있는지 살펴보자.

11.2.1 식별

무엇을 보호해야 하는지 파악하기 전에 누가 우리 것을 노리고 있는지, 그들이 정확히 무엇을
찾고 있는지 알아야 한다. 공격자의 사고방식으로 행동하는 것은 대개 어렵지만 적절한 곳에
노력을 집중하기 위해 반드시 해야 할 일이다. 애플리케이션 보안에서 이와 같은 측면을 다룰
때 가장 먼저 살펴봐야 할 것은 위협 모델링^threat modeling이다.

인간으로서 우리는 위험을 이해하는 데 상당히 서툴다. 종종 눈에 보이지 않는 더 큰 문제를 무

시하며 잘못된 것에 집착한다. 물론 이 현상은 보안 분야로까지 확장된다. 우리가 어떤 보안 위험에 노출됐는지 이해하는 것은 종종 시스템, 기량, 경험에 대한 우리의 제한된 시각에 의해 크게 영향을 받는다.

마이크로서비스 아키텍처의 맥락에서 개발자와 보안 위험에 대해 이야기해보면, 그들은 바로 JWT 및 상호 TLS에 대해 이야기하기 시작한다. 그들은 어느 정도 눈에 보이는 기술적 문제에 대한 기술적 해결책에 도달한다. 단지 개발자만 나무라는 것은 아니며, 그만큼 우리 모두는 세상을 제한된 시각으로 바라본다는 점을 여기서 말해두고 싶다. 이전의 비유로 말하자면, 이러한 활동은 믿을 수 없을 정도로 안전한 정문과 활짝 열린 뒷문을 가진 상황을 초래한다.

필자가 근무했던 한 회사에서는 전 세계 회사 사무실의 안내데스크에 CCTV 카메라를 설치해야 한다는 논의가 여러 번 있었다. 승인되지 않은 사람이 안내 데스크 영역에 들어와 회사 네트워크에 액세스한 사건이 이런 논의를 시작한 계기가 됐다. 그들은 CCTV 카메라 시스템이 다른 사람들이 이와 같은 일을 다시 시도하는 것을 막을 수 있을 뿐만 아니라 사후에 연관된 개인을 식별하는 데 도움이 될 것이라고 믿었다.

기업 감시에 따른 불안이 '빅 브라더^{big brother}'와 같은 문제를 연상시키면서 회사에 걱정거리를 안겨주었다. 결국 직원을 감시하는 것(카메라 설치에 찬성한 경우)과 침입자가 건물에 접근하는 상황에 만족하는 것(카메라 설치에 반대한 경우)에 대한 논쟁 중 어느 쪽에 서 있느냐 하는 문제였다. 이러한 양극화된 토론의 본질적 문제점을 제쳐두고,[4] 한 직원은 다소 주저하면서 자신들의 토론이 더 큰 문제를 놓치며 잘못된 방향으로 빠져들고 있다고 말했다. 그 말인즉슨 사람들이 본사 사무실 중 한 곳에 있는 정문 자물쇠가 고장 났고, 수년 동안 사람들이 아침에 도착해서 문이 잠겨 있지 않은 것을 발견해도 신경 쓰지 않는 것 같다는 사실이다.

이 극단적인(하지만 사실이다) 이야기는 우리가 시스템 보안을 하려 할 때 흔히 직면하는 문제를 보여주는 좋은 예다. 모든 요소를 고려하고 가장 큰 위험이 어디에 있는지 파악할 시간을 갖지 않는다면 시간을 더 잘 쓸 수 있는 곳을 놓치게 될 수 있다. 위협 모델링의 목표는 공격자가 시스템에서 원하는 것이 무엇인지 이해하도록 돕는다. 공격자가 노리는 것은 무엇일까? 다른 종류의 악의적인 행위자는 다른 자산에 대한 액세스 권한을 얻고 싶어 할까? 위협 모델링을 제대로 수행하려면 공격자의 입장이 돼 외부에서 내부를 들여다보는 것이 중요하다. 이와 같은

---

4 이는 수동적 공격성(불만을 품은 대상에게 간접적인 방법으로 불편을 주는 행동 양식)이 있는 논쟁에 가까웠지만 '수동적'이라는 단어가 빠진 경우가 많았다.

외부인의 관점은 중요하며, 외부의 도움을 받아 위협 모델링 작업을 진행하는 것이 매우 유용한 이유 중 하나다.

마이크로서비스 아키텍처를 살펴볼 때 위협 모델링의 핵심 아이디어는 분석 대상 아키텍처가 더 복잡해질 수 있다는 사실을 제외하면 크게 변하지 않는다. 변하는 것은 우리가 위협 모델의 결과를 수용하고 실행에 옮기는 방법이다. 위협 모델링 연습의 결과 중 하나는 시행해야 할 보안 통제에 대한 권장 사항이 될 것이며, 이 통제에는 프로세스 변경, 기술 변경 또는 시스템 아키텍처 수정과 같은 것이 포함될 수 있다. 이렇게 변경되는 것 중 일부는 교차적이고 여러 팀과 관련 마이크로서비스에 영향을 미칠 수 있으며, 다른 변경 사항은 더 구체적인 작업을 초래할 수 있다. 하지만 근본적으로 위협 모델링을 수행할 때는 전체적으로 살펴봐야 한다. 1~2개의 마이크로서비스와 같이 시스템의 너무 작은 하위 집합에 이 분석을 집중하면 보안에 대한 잘못된 인식이 생길지도 모른다. 환상적으로 안전한 정문을 만드는 데 시간을 집중하다가 결국 창문을 열어둔 채 끝낼 수 있다.

이 주제를 자세히 살펴보려면 아담 쇼스탁^{Adam Shostack}의 『보안 위협 모델링: 위협 식별과 대응을 위한 소프트웨어 설계』(에이콘, 2016)를 추천한다.

11.2.2 보호

가장 가치 있고 가장 취약한 자산을 식별한 후에는 자산이 적절하게 보호되는지 확인해야 한다. 앞서 언급했듯이 마이크로서비스 아키텍처는 공격할 수 있는 표면적이 훨씬 넓기 때문에 보호해야 할 대상도 많지만, 심층 방어를 위한 많은 방법도 제공한다. 이 장의 대부분은 보호^{protection}에 대한 다양한 측면을 중점적으로 다루는 데 할애할 것이다. 그 영역이 주로 마이크로서비스 아키텍처가 가장 문제를 일으키는 영역이기 때문이다.

11.2.3 탐지

마이크로서비스 아키텍처를 사용하면 장애 감지가 더 복잡해진다. 모니터링해야 할 네트워크와 감시해야 할 기계가 더 많기 때문이다. 또한 원천 정보가 크게 증가해 문제 탐지가 더욱 어려워질 수 있다. 로그 집계와 같이 10장에서 살펴본 많은 기술은 잘못될 수 있는 것을 감지하는 정보를 수집하는 데 도움이 된다. 그 외에도 불량 행위를 탐지하는 침입 탐지^{intrusion detection}

시스템과 같은 특수한 도구가 있다. 시스템의 증가하는 복잡성을 처리하는 소프트웨어가 향상 되고 있으며 아쿠아Aqua (*https://oreil.ly/OQn00*)와 같은 도구를 사용하는 컨테이너 워크로 드 분야에서 이 발전은 특히 두드러진다.

11.2.4 대응

최악의 상황이 발생했고 그 상황에 대해 알게 됐다면 어떻게 해야 할까? 효과적인 사고 대응 을 위한 접근법을 이해하는 것은 침해로 인한 손상을 제한하는 데 필수적이다. 이는 일반적으 로 침해 범위와 노출된 데이터를 이해하는 것에서 시작한다. 노출된 데이터에 개인 식별 정보 personal identifiable information (PII)가 포함된 경우 보안 및 개인정보 보호 사고 대응 및 알림 프로세스 를 따라야 한다. 이는 조직의 다른 부서와 대화해야 한다는 것을 의미하기도 하며, 어떤 상황에 서는 특정 형태의 침입이 발생할 때 보호 책임 담당자가 법적으로 알릴 의무를 갖는다.

많은 조직에서 침해 사고의 여파에 잘못 대응함으로써 침해로 인한 영향을 더욱 악화시켜 (브 랜드와 고객과의 관계가 손상되는 것은 논외로 하더라도) 결국 재정적 처벌이 가중되는 경우 가 많다. 따라서 관련 법이나 규정 준수compliance를 이유로 해야 할 일뿐만 아니라 소프트웨어 사용자를 보호하는 측면에서 해야 할 일을 이해하는 것이 중요하다. 예를 들어, GDPR은 개인 데이터 침해가 발생하면 72시간 이내(이 시간이 지나치게 부담스러워 보이지는 않는다)에 관 련 당국에 보고할 것을 요구한다. 그렇다고 데이터 침해가 발생한 경우 사람들에게 더 일찍 알 려줄 수 없다는 것은 아니다.

대외 대응 커뮤니케이션 측면을 차치하더라도 내부 상황을 처리하는 방법은 중요하게 고려해 야 한다. 비난과 두려움의 문화가 있는 조직은 큰 사건을 겪고 악화될 가능성이 높다. 반면에 개방성과 안전에 중점을 둔 조직은 유사한 사건이 재발되지 않도록 만들기 위한 교훈을 얻기에 적합할 것이다. 12.9절 '비난'에서 이와 관련된 내용을 다시 다룬다.

11.2.5 복구

복구는 공격 발생 후 시스템을 가동하고 실행하는 능력과 문제가 재발되지 않도록 배운 것을 구현하는 능력을 의미한다. 마이크로서비스 아키텍처를 사용하면 가동되는 구성 요소가 많으 므로 문제가 광범위하게 영향을 끼칠 경우 복구는 더 복잡해진다. 따라서 이 장의 뒷부분에서는 자동화와 백업 같은 간단한 기능이 마이크로서비스 시스템을 주문형on-demand으로 재구축하고 시스템을 최대한 빨리 백업하고 실행하는 데 어떻게 도움이 되는지 살펴본다.

11.3 애플리케이션 보안의 기초

이제 몇 가지 핵심 원칙을 이해하고 보안 활동이 적용되는 넓은 세계에 대한 인식을 갖췄다. 그럼 지금부터는 더 안전한 시스템을 구축하기 위해 마이크로서비스 아키텍처의 맥락에서 몇 가지 기본적인 보안 주제(자격 증명, 패치, 백업, 재구축)를 살펴보자.

11.3.1 자격 증명

일반적으로 자격 증명credentials은 사람(또는 컴퓨터)에게 어떤 형태의 제한된 자원에 대한 액세스 권한을 부여한다. 이러한 자원은 데이터베이스, 컴퓨터, 사용자 계정이나 그 외 다른 것일 수 있다. 마이크로서비스 아키텍처는 동급의 모놀리식 아키텍처와 비교할 때 사람 수는 동일할 경우가 많지만 다양한 마이크로서비스, (가상) 머신, 데이터베이스 등이 혼합돼 훨씬 더 **많은** 자격 증명이 필요하다. 이로 인해 액세스를 제한하거나 허용하는 방법에 대해 혼동을 겪을 수 있으며, 많은 경우에 광범위한 권한을 가진 소수의 자격 증명이 작업을 단순화하기 위해 사용되는 '태만한lazy' 방식으로 이어진다. 이렇게 되면 자격 증명이 탈취될 경우 더 많은 문제가 발생할 수 있다.

자격 증명은 두 가지 주요 영역으로 나눠서 생각해볼 수 있다. 첫째, 시스템 사용자(그리고 운영자)의 자격 증명이 있다. 이는 종종 우리 시스템의 가장 약한 지점이며, 잠시 살펴볼 것처럼 악의적 당사자의 공격 벡터attack vector[5]로 흔히 사용된다. 둘째, 마이크로서비스를 실행하는 데 중요한 정보인 시크릿도 생각해볼 수 있다. 두 자격 증명 모두 교체rotation, 폐기revocation, 권한 제한limiting scope의 문제를 고려해야 한다.

---

5 옮긴이_해커가 컴퓨터나 네트워크에 액세스하기 위해 사용하는 경로나 방법을 말한다. 시스템의 취약점을 공격할 수 있는 수단을 제공하는 것으로서 약한 암호, 운영체제의 취약점, 접근 권한을 가진 악의적 직원 등이 될 수 있다.

사용자 자격 증명

이메일 및 패스워드 조합과 같은 사용자 인증정보user credentials는 많은 사람들이 소프트웨어를 사용하는 데 필수적인 요소지만, 악의적인 당사자가 시스템에 액세스하는 측면에서는 잠재적인 취약점이 되기도 한다. 버라이즌Verizon의 '2020년 데이터 침해 조사 보고서2020 Data Breach Investigations Report'에 따르면, 해킹으로 인한 사건의 80%에서 어떤 형태의 자격 증명 탈취가 이뤄졌다. 여기에는 피싱phishing 공격이나 패스워드 무작위brute-forced 공격 메커니즘을 통해 자격 증명이 탈취된 상황이 포함된다.

패스워드와 같은 것들을 올바르게 처리하는 방법을 제시하는 훌륭한 권고안이 있다. 이 권고안은 단순하고 명확해서 비교적 따르기 쉽지만, 그럼에도 여전히 널리 채택되지는 않았다. 트로이 헌트Troy Hunt는 NIST와 영국의 국립 사이버 보안 센터National Cyber Security Center의 최신 권고안을 훌륭하게 정리했다.[6] 해당 권고안은 패스워드 관리자와 긴 패스워드를 사용하고 복잡한 패스워드 규칙은 사용하지 말 것을 권장하며, 다소 놀랍게도 정기적인 패스워드 변경을 의무화하는 조치를 피해야 한다는 내용을 담고 있다. 트로이의 전체 게시 글은 자세히 읽어볼 만한 가치가 있다.

현재, 즉 API가 주도하는 시스템의 시대에서 자격 증명은 제삼자 시스템을 위한 API 키(예: 클라우드 공급자용 계정)와 같은 것을 관리하도록 확장된다. 예를 들어 악의적인 당사자가 루트 AWS 계정에 대한 액세스를 획득하면 해당 계정에서 실행되는 모든 것을 파괴할 수 있다. 한 가지 극단적인 예로 코드 스페이스Code Spaces[7]라는 회사가 이와 같은 공격으로 사업을 중단했는데, 당시 그들의 모든 자원은 한 계정에서 실행되고 있었다. 아이러니하게도 코드 스페이스가 '바위처럼 단단하고 안전하며 경제적인 SVN 및 깃 호스팅과 프로젝트 관리Rock Solid, Secure and Affordable Svn Hosting, Git Hosting and Project Management'를 제공하던 것은 이해되지 않는다.

누군가가 클라우드 공급자의 API 키를 확보하고 여러분이 구축한 모든 것을 파괴하지 않기로 마음먹더라도 여러분이 눈치채지 못하게 비트코인 채굴을 실행하고자 값비싼 가상 머신을 가동할 수 있다. 이러한 일이 실제로 필자의 한 고객에게 일어났고, 계정을 제거할 때까지 누군가 1만 달러 이상을 써버린 사실을 알아냈다. 공격자들 또한 자동화 방법을 알고 있는 것으로 확

---

6   트로이 헌트, '패스워드는 진화한다: 현대의 인증 지침서(Passwords Evolved: Authentication Guidance for the Modern Era)', 2017년 7월 26일, *https://oreil.ly/T7PYM*

7   닐 맥알리스터(Neil McAllister), '공격자가 아마존에서 호스팅하는 데이터를 날려버린 후 코드 스페이스는 완전히 망하다', 2014년 6월 18일, *https://oreil.ly/mw7PC*

인됐다. 이와 같이 자격 증명을 스캔하고 그것을 사용해 암호 화폐 채굴을 위한 시스템을 시작하려는 봇이 많이 존재한다.

시크릿

대체로 시크릿secret은 마이크로서비스가 작동하는 데 필수적 정보며, 악의적 당사자로부터 보호해야 할 만큼 민감한 정보이기도 하다. 마이크로서비스에 필요할 시크릿의 예는 다음과 같다.

- TLS용 인증서
- SSH 키
- 공개/비공개 API 키 쌍
- 데이터베이스 액세스를 위한 자격 증명

시크릿의 수명주기를 고려하면 다양한 보안 요구 사항이 필요한 암호 관리의 다양한 측면을 구분해볼 수 있다.

생성creation

처음에 시크릿을 어떻게 만드는가?

배포distribution

시크릿이 생성된 후 어떻게 올바른 장소에(만) 전달되도록 할 수 있는가?

저장storage

권한을 가진 당사자만 액세스할 수 있도록 시크릿이 저장돼 있는가?

모니터링monitoring

이 시크릿이 어떻게 사용되고 있는지 알고 있는가?

교체rotation

문제없이 시크릿을 변경할 수 있는가?

마이크로서비스가 여러 개 있고 각각 다른 시크릿들을 원할 경우 모든 시크릿을 관리하는 도구를 사용해야 한다.

쿠버네티스는 자체 내장된 시크릿 솔루션을 제공한다. 기능 면에서 다소 제한적이지만 기본 쿠버네티스 설치 시 일부로 제공되므로, 많은 사용 사례에 충분할 것이다.[8]

이 분야에서 보다 정교한 도구를 찾고 있다면 하시코프^{Hashicorp}의 볼트^{Vault}(*https://www.vaultproject.io*)를 살펴볼 만하다. 상용 옵션을 사용할 수 있는 오픈 소스 도구인 볼트는 시크릿 배포의 기본 측면에서 데이터베이스 및 클라우드 플랫폼에 대한 시간 제한이 된 자격 증명 생성에 이르기까지 모든 것을 처리하는 시크릿 관리계의 진정한 '스위스 군용 칼'이다. 또한 볼트에는 지원하는 콘술 템플릿 도구가 일반 구성 정보 파일에서 시크릿을 동적으로 업데이트 할 수 있다는 추가 장점이 있다. 즉, 로컬 파일 시스템에서 시크릿을 읽으려는 시스템 구성 요소들이 시크릿 관리 도구를 지원하기 위해 변경할 필요가 없다는 뜻이다. 볼트에서 시크릿이 변경되면 콘술 템플릿은 구성 파일에서 이 항목을 업데이트해 마이크로서비스가 사용 중인 시크릿을 동적으로 변경할 수 있게 한다. 이 기능은 자격 증명을 대규모로 관리하는 데 탁월하다.

일부 공용 클라우드 공급자는 이 분야에서도 솔루션을 제공한다. 예를 들어 AWS 시크릿 매니저^{Secret Manager}(*https://oreil.ly/cuwRX*)나 애저의 키 볼트^{Key Vault}(*https://oreil.ly/rV3Sb*)가 떠오른다. 하지만 일부 사람들은 이와 같은 공용 클라우드 서비스에 중요한 시크릿 정보를 저장한다는 생각을 싫어한다. 이 역시 위협 모델에 따라 달라진다. 심각한 우려가 있다면 선택한 공용 클라우드 제공업체에서 볼트를 실행해 직접 처리해야 한다. 데이터가 클라우드 제공업체에 저장돼 있더라도 적절한 저장소 백엔드를 사용하면 외부에서 데이터를 손에 넣더라도 아무 작업을 할 수 없도록 데이터를 암호화할 수 있다.

교체

자격 증명을 자주 교체해 누군가 자격 증명에 액세스했을 때 발생할 수 있는 피해를 제한하는 것이 이상적이다. 악의적인 당사자가 AWS API 공개/비공개 키 쌍에 대한 액세스 권한을 얻었지만 해당 자격 증명이 일주일에 한 번 변경된다면, 그 자격 증명의 사용 기간은 일주일이다. 그들이 물론 일주일 안에 많은 피해를 입힐 수 있지만, 여러분은 필자의 진의를 이해할 것이다. 어떤 공격자는 시스템에 대한 액세스 권한을 얻고 나서 숨어 지내다가 장기간 더 큰 가치가 있는 데이터를 수집하고 시스템의 다른 부분으로 침투하는 방법을 찾을 수 있다. 탈취당한 자격

---

8 어떤 사람들은 시크릿이 일반 텍스트로 저장된다는 점을 우려한다. 이 사실이 문제가 될지 여부는 주로 위협 모델에 좌우된다. 시크릿을 읽으려면 공격자가 클러스터를 실행하는 핵심 시스템에 직접 액세스할 수 있어야 하는데, 이 시점에는 이미 클러스터가 가망이 없을 정도로 탈취됐다고 말할 수 있다.

증명을 사용해 액세스 권한을 얻은 경우 사용 중인 자격 증명이 더 많이 사용되기 전에 만료되면 공격자를 추적해 막을 수 있다.

운영자 자격 증명 교체의 좋은 예로는 AWS를 사용하기 위해 시간 제한이 있는 API 키를 생성하는 것을 들 수 있다. 이제 많은 조직에서 직원을 위해 즉석에서 API 키를 생성하며, 생성된 공개 및 비공개 키 쌍은 일반적으로 1시간 미만의 짧은 시간 동안만 유효하다. 이를 통해 필요한 모든 작업을 수행하는 데 필요한 API 키를 생성할 수 있다. 악의적인 당사자가 이후에 이러한 키에 대한 액세스 권한을 얻더라도 키를 사용할 수 없으므로 안전하게 사용할 수 있다. 실수로 해당 키 쌍을 공개 깃허브에 체크인하더라도 만료되면 쓸모가 없다.

시간 제한된 자격 증명을 사용하면 시스템에도 유용하다. 하시코프의 볼트는 데이터베이스를 위한 시간 제한 자격 증명을 생성한다. 마이크로서비스 인스턴스가 구성 저장소나 텍스트 파일에서 데이터베이스의 연결 세부 정보를 읽는 대신 마이크로서비스의 특정 인스턴스를 위한 것을 즉석에서 생성할 수 있다.

키와 같은 자격 증명을 자주 교체하는 프로세스로 옮기는 것은 어려울 수 있다. 필자는 키 교체의 결과로 키가 변경될 때 시스템이 작동을 멈춰 장애를 경험한 회사들과 이야기를 나눴다. 이는 종종 특정 자격 증명을 사용하는 것이 무엇인지 불분명하기 때문이다. 자격 증명의 범위가 제한돼 있으면 교체의 잠재적인 영향도 크게 줄어든다. 하지만 자격 증명이 광범위하게 사용되는 경우 변경으로 인한 영향을 계산하기는 어려울 것이다. 이는 여러분이 교체를 못하게 하기 위함이 아니라 잠재적인 위험을 인지하게 하기 위함이다. 이것은 틀림없이 옳은 일이다. 가장 현명한 방법은 이 프로세스를 자동화하는 데 도움이 되는 도구를 채택함과 동시에 각 자격 증명의 범위를 제한하는 것이다.

폐기

핵심적인 자격 증명이 정기적으로 교체되는 정책을 마련하는 것은 자격 증명 유출의 영향을 제한하는 현명한 방법일 수 있지만, 해당 자격 증명이 잘못된 사람의 손에 들어간 것을 알게 되면 어떻게 될까? 해당 자격 증명이 더 이상 유효하지 않게 하려면 예정된 교체가 시작될 때까지 기다려야 할까? 이는 실용적이지도 않고 현명하지도 못하다. 대신, 이런 일이 발생했을 때 자동으로 자격 증명을 폐기하고 잠재적으로 재생성하는 것이 가장 이상적일 것이다.

중앙 집중식 시크릿 관리용 도구를 사용하면 이 경우 도움이 될 수 있지만, 이를 위해서는 마이크로스서비스가 새로 생성된 값을 다시 읽을 수 있어야 한다. 마이크로서비스가 쿠버네티스 시크릿 저장소 또는 볼트와 같은 것에서 시크릿을 직접 읽어오는 경우 이러한 값이 변경되면 알림을 받아 마이크로서비스는 변경된 값을 사용할 수 있다. 또는 마이크로서비스가 시작 시에만 시크릿을 읽어온다면 이들을 다시 로드하기 위해 시스템을 순차적으로 재시작해야 할지도 모른다. 하지만 자격 증명을 정기적으로 교체하는 경우 마이크로서비스가 이 정보를 다시 읽어올 수 있는 문제를 이미 해결했을 가능성이 높다. 자격 증명을 정기적으로 교체하는 데 익숙하다면 이미 긴급 폐기를 처리할 수 있도록 설정돼 있을 가능성이 높다.

키 스캔

개인 키를 실수로 소스 코드 리포지터리에 체크인하는 것은 권한이 없는 이에게 자격 증명이 유출되는 흔한 방법이다. 깃허브는 일부 시크릿 타입에 대해 리포지터리를 자동으로 스캔하지만 자체 스캔도 실행할 수 있다. 체크인하기 전에 시크릿을 골라낼 수 있다면 좋을 것이다. git-secrets(*https://oreil.ly/Ra9ii*)를 사용하면 가능하다. 잠재적으로 포함돼 있을 시크릿에 대해 기존 커밋을 스캔할 수 있지만, 커밋 훅(commit hook)을 사용하면 커밋 생성까지 막을 수 있다. 이와 유사한 gitleaks(*https://oreil.ly/z8xrf*)도 있는데, 이 도구는 사전 커밋 후크와 일반 커밋 검색을 지원하는 것 외에도 로컬 파일 검색용 일반 도구로서 더 유용하게 될 수 있는 몇 가지 기능을 갖고 있다.

범위 제한

자격 증명의 범위를 제한하는 것은 최소 권한 원칙을 수용하는 개념의 핵심이다. 이는 모든 형태의 자격 증명에 적용할 수 있지만, 해당 자격 증명 집합이 액세스 권한을 부여하는 범위를 제한하는 것은 매우 유용하다. 예를 들어 [그림 11-1]에서 재고(Inventory) 마이크로서비스의 각 인스턴스에는 해당 데이터베이스에 대해 동일한 사용자 이름과 패스워드가 주어진다. 또한 데이터를 읽고 기존 ETL 프로세스의 일부로 카프카를 통해 데이터를 전송하는 데 사용되는 데베지움^{Debezium} 프로세스에 대한 읽기 전용 액세스를 제공한다. 마이크로서비스의 사용자 이름과 패스워드가 탈취되면, 이론적으로 외부 당사자가 데이터베이스에 대한 읽기 및 쓰기 액세스 권한을 얻을 수 있다. 하지만 데베지움의 자격 증명에 대한 액세스 권한을 얻은 경우 읽기 전용 액세스 권한만 갖게 된다.

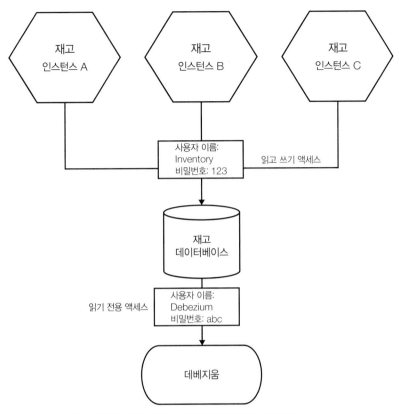

그림 11-1 오남용의 영향을 제한하기 위해 자격 증명의 범위를 제한한다.

자격 증명 집합이 액세스할 수 있는 대상과 자격 증명에 액세스하는 사람 모두에 대해 범위 제한을 적용할 수 있다. [그림 11-2]에서는 재고의 각 인스턴스가 서로 다른 자격 증명 집합을 얻도록 변경했다. 이는 각 자격 증명을 독립적으로 교체하거나 인스턴스 중 하나의 자격 증명이 탈취될 경우 해당 자격 증명을 폐기할 수 있다는 의미다. 게다가 보다 구체적인 자격 증명을 사용하면 자격 증명을 어디서 어떻게 얻었는지 더 쉽게 찾을 수 있다. 이 방법에는 마이크로서비스 인스턴스에 대해 고유하게 식별 가능한 사용자 이름을 갖는 데서 오는 다른 이점이 분명히 있다. 예를 들어 비용이 많이 드는 쿼리를 유발한 인스턴스를 추적하는 것이 더 수월할 수 있다.

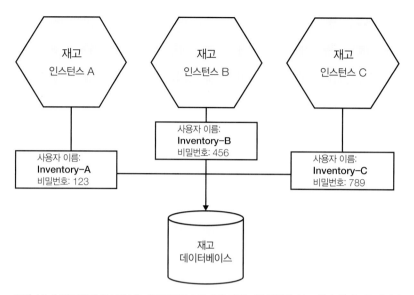

그림 11-2 재고의 각 인스턴스가 데이터베이스에 대한 자체 자격 증명을 갖고 있어 액세스를 개별적으로 제한할 수 있다.

이미 다뤘듯이, 세분화된 자격 증명을 대규모로 관리하는 것은 복잡한 일이 될 수 있어 이와 같은 접근 방식을 채택하려면 어떤 형태라도 자동화가 필수적일 것이다. 이와 같은 체계를 구현하는 완벽한 방법으로 볼트와 같은 시크릿 저장소가 머리에 떠오른다.

11.3.2 패치

2017년 에퀴팩스Equifax 데이터 유출 사건은 패치patching의 중요성을 보여주는 좋은 사례다. 당시 아파치 스트러츠Apache Struts의 알려진 취약점이 에퀴팩스가 보유한 데이터에 대한 무단 액세스 권한을 얻는 데 사용됐다. 에퀴팩스는 신용 조사 기관이므로 이 정보는 특히 민감했다. 결국 1억 6000만 명 이상의 데이터가 유출된 것으로 밝혀졌고, 에퀴팩스는 7억 달러의 합의금을 지불해야 했다.[9]

유출이 발생하기 몇 달 전에 아파치 스트러츠의 취약점이 확인됐고, 문제를 수정한 관리자가 새 릴리스를 만들었다. 불행하게도 에퀴팩스는 공격을 받기 수개월 전부터 사용이 가능했음에도 새 버전의 소프트웨어로 업데이트하지 않았다. 에퀴팩스가 적시에 이 소프트웨어를 업데이

---

9 옮긴이_에퀴팩스의 해킹 사건은 보안 역사상 최악의 사건 중 하나로 꼽힌다. *https://tinyurl.com/equifax-patch*

트했다면 아마도 공격은 불가능했을 것이다.

점점 더 복잡한 시스템을 배포함에 따라 패치를 처리하는 문제가 더욱 복잡해지고 있다. 따라서 이 상당히 기본적인 개념을 다루는 방법에 대해 더 정교해질 필요가 있다.

[그림 11-3]은 일반적인 쿠버네티스 클러스터 아래에 존재하는 인프라스트럭처 및 소프트웨어 계층의 예를 보여준다. 모든 인프라스트럭처를 직접 운영하는 경우 모든 계층의 관리와 패치를 담당한다. 분명히 이 작업 중 일부를 공용 클라우드 공급자에게 전가할 수 있다면 부담을 다소 줄일 수 있다.

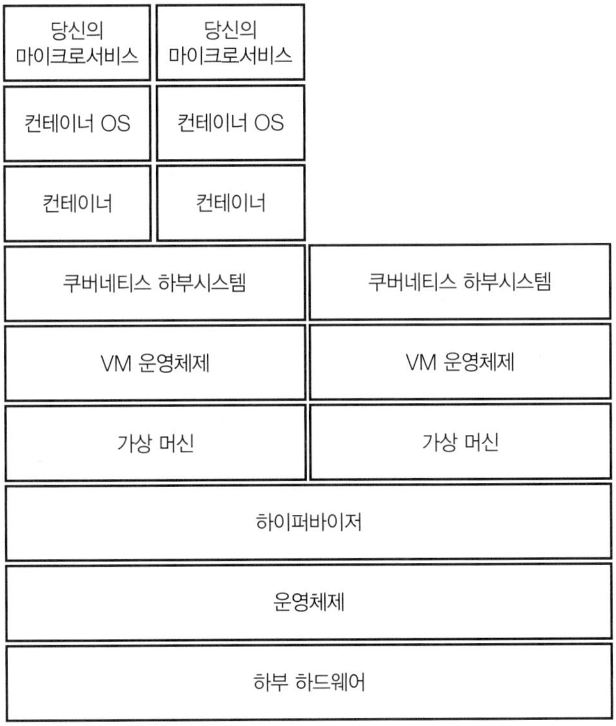

그림 11-3 유지 관리와 패치 적용이 모두 필요한 최신 인프라스트럭처의 다양한 계층

예를 들어 주요 공용 클라우드 제공업체 중 한 업체에서 관리형 쿠버네티스 클러스터를 사용한다면 [그림 11-4]에서 보듯이 소유권 범위가 크게 줄어들 것이다.

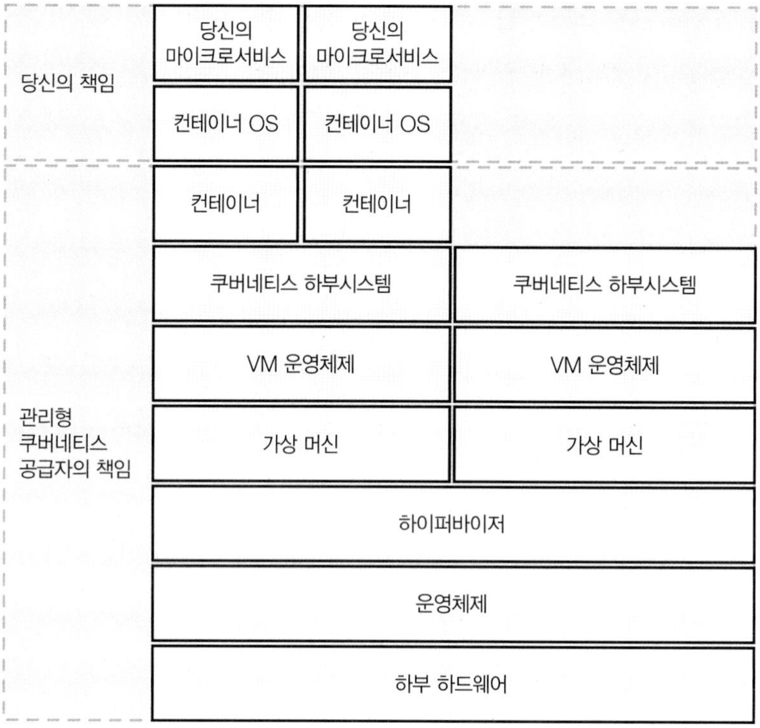

그림 11-4 이 스택에서 일부 계층의 책임을 넘기는 것은 복잡성을 낮춘다.

여기서 컨테이너는 예측하지 못한 흥미로운 문제를 가져온다. 우리는 해당 컨테이너 인스턴스를 '변경할 수 없는 것^{immutable}'으로 취급한다. 하지만 컨테이너에는 소프트웨어뿐만 아니라 운영체제도 포함돼 있다. 그 컨테이너가 어디에서 왔는지 아는가? 컨테이너는 이미지를 기반으로 하므로 다른 이미지를 확장할 수 있다. 사용 중인 기본 이미지에 백도어가 없는 것은 확실할까? 6개월 동안 컨테이너 인스턴스를 변경하지 않았다면 6개월 분량의 운영체제 패치가 적용되지 않은 것이다. 이를 처리하는 것은 문제가 있으므로 아쿠아^{Aqua}와 같은 회사는 실행 중인 운영 환경의 컨테이너를 분석하는 데 도움이 되는 도구를 제공해 해결해야 할 문제를 파악할 수 있게 해준다.

물론 이 계층의 맨 위에는 애플리케이션 코드가 있다. 최신 버전인가? 우리가 작성한 코드만 말하는 것은 아니다. 우리가 사용하는 제삼자^{third-party} 코드는 어떨까? 제삼자 라이브러리의 버그로 인해 애플리케이션이 공격에 취약해질 수 있다. 에퀴팩스 침해 사건의 경우 패치되지 않은 취약점은 실제로 자바 웹 프레임워크인 스트러츠에 있었다.

대규모 환경에서 어떤 마이크로서비스가 알려진 취약성이 있는 라이브러리에 연결돼 있는지 파악하는 것은 매우 어려울 수 있다. 이 분야에서는 스니크^{Snyk}나 깃허브 코드 스캐닝$^{code\ scanning}$과 같은 도구를 사용하는 것이 좋다. 이 도구는 제삼자 의존성을 자동으로 스캔하고, 알려진 취약성이 있는 라이브러리를 링킹하는 경우 경고한다. 이상이 발견되면, 최신 패치 버전으로 업데이트하는 데 도움이 되는 pull 요청을 보낼 수 있다. 이를 CI 프로세스에 빌드하고, 문제가 있는 라이브러리를 링킹하면 마이크로서비스 빌드가 실패하게 만들 수 있다.

11.3.3 백업

달리 말하자면 필자는 가끔 백업을 하는 것은 치실질을 하는 것과 같다고 생각한다. 실제로 치실질을 하는 사람보다 한다고 말하는 사람이 훨씬 더 많기 때문이다. 여기서 데이터는 소중하고 잃고 싶지 않으므로 백업을 수행해야 한다는 말을 제외하곤 백업에 대한 주장을 굳이 다시 언급할 필요가 없을 것이다.

데이터는 그 어느 때보다 가치가 높지만, 기술의 발전으로 인해 백업의 우선순위가 낮아진 것은 아닐까 하는 의문이 들 때가 있다. 디스크는 과거보다 더 안정적일 뿐 아니라, 데이터베이스에는 데이터 손실을 방지하기 위해 내장된 복제 기능이 제공될 가능성이 높다. 따라서 이러한 시스템을 사용하면 백업이 필요하지 않다고 스스로 확신할지도 모른다. 하지만 치명적인 오류가 발생해 전체 카산드라^{Cassandra} 클러스터가 지워지면 어떻게 될까? 혹은 코딩 버그로 인해 애플리케이션이 실제로 중요한 데이터를 삭제한다면 어떻게 될까? 백업은 그 어느 때보다 중요하다. 따라서 중요한 데이터를 백업하라.

마이크로서비스 배포가 자동화되면서 소스 코드에서 인프라스트럭처를 다시 구축할 수 있으므로 전체 머신 백업을 수행할 필요가 없다. 따라서 전체 머신의 상태를 복사하는 것이 아니라 가장 가치 있는 상태를 백업 대상으로 지정한다. 즉, 백업에 대한 초점이 데이터베이스의 데이터나 애플리케이션 로그와 같은 것으로 제한된다는 뜻이다. 올바른 파일 시스템 기술을 사용하면, 눈에 띄는 서비스 중단 없이 데이터베이스의 데이터에 대해 거의 즉시적인 블록 수준 복제를 수행할 수 있다.

슈뢰딩거 백업을 피하라

백업을 생성할 때는 필자가 슈뢰딩거(Schrödinger) 백업이라 부르는 것을 피하고 싶을 것이다.[10] 슈뢰딩거 백업은 실제로 백업이거나 백업이 아닐 수도 있다. 실제로 복구를 시도하기 전까지는 실제 백업용인지[11] 아니면 디스크에 기록된 0과 1의 뭉치인지 알 수 없다. 이 문제를 피하는 가장 좋은 방법은 백업을 실제로 복구해 실제 백업인지 확인하는 것이다. 예를 들어 운영 환경을 백업해 성능 테스트 데이터를 구축하는 등 소프트웨어 개발 프로세스에 정기적으로 백업을 복구하는 방법을 찾아야 한다.

백업에 대한 '오래된' 지침은 현장과 멀리 떨어진 별도의 장소에 백업을 보관해야 한다는 것이다. 즉, 다른 곳에 백업을 둔다면 사무실이나 데이터 센터에서 발생한 사고가 백업에는 영향을 미치지 않을 것이란 생각 때문이다. 하지만 애플리케이션이 공용 클라우드에 배포된 경우 '별도의 장소off-site'란 어디를 의미할까? 중요한 것은 백업이 핵심 시스템과 최대한 격리된 방식으로 저장돼 핵심 시스템이 탈취돼도 백업 자체는 위험에 처하지 않도록 하는 것이다. 앞에서 언급한 코드 스페이스에는 백업이 있었지만 탈취된 동일 계정의 AWS에 저장돼 있었다. 애플리케이션이 AWS에서 실행되는 경우에도 여전히 백업을 저장할 수 있지만, 별도의 클라우드 자원에 별도의 계정으로 백업을 저장해야 한다. 심지어 여러분은 리전region별 위험을 완화하려고 다른 클라우드 리전에 저장하거나 다른 클라우드 공급자에 저장하는 것도 고려할 수 있다.

따라서 중요한 데이터를 백업하고, 해당 백업을 기본 운영 환경과는 다른 별도의 시스템에 보관하고, 정기적으로 복원해 백업이 실제로 작동하는지 확인하라.

11.3.4 재구축

악의적인 당사자가 우리 시스템에 액세스하지 못하도록 최선을 다할 수 있지만, 만약 그렇게 된다면 어떻게 될까? 공격이 발생했을 때는 시스템을 다시 가동하는 것이 가장 중요하지만, 승인되지 않은 당사자의 액세스 권한을 제거해야 한다. 하지만 이 작업이 항상 간단한 것은 아니다. 수년 전에 필자의 회사 머신 중 한 대가 루트킷rootkit에 의해 해킹당한 일이 있었다. 루트킷은 권한이 없는 당사자의 활동을 숨기도록 설계된 소프트웨어 모음이며, 탐지되지 않은 상태로

---

10 필자는 이 용어를 떠올렸지만, 이렇게 생각하는 사람이 필자 혼자만은 아닐 것이다.

11 닐스 보어(Niels Bohr)가 슈뢰딩거의 고양이는 실제로 상자를 열어 확인하기 전까지는 살아 있는 동시에 죽은 상태라고 주장한 것처럼 말이다.

시스템을 탐색할 시간을 벌려는 공격자가 일반적으로 사용하는 기술이다. 이 경우 루트킷이 외부 공격자의 흔적을 숨기기 위해 ls(파일 목록 표시)나 ps(프로세스 목록 표시)와 같은 핵심 시스템 명령을 변경한 것을 알아냈다. 공식 패키지에 대해 시스템에서 실행되는 프로그램의 해시를 확인할 수 있을 때만 이 흔적을 발견했으며, 결국 기본적으로 전체 서버를 처음부터 다시 설치해야 했다.

존재하는 서버를 지우고 완전히 재구축하는 능력은 알려진 공격뿐 아니라 지속적인 공격자의 영향을 줄이는 측면에서도 상당히 효과적일 수 있다. 시스템에 악의적인 당사자가 있는지 알지 못할 수 있지만, 정기적으로 서버를 재구축하고 자격 증명을 교체한다면 여러분도 깨닫지 못하는 사이에 그들이 할 수 있는 일의 영향을 크게 제한할 수 있다.

해당 마이크로서비스나 전체 시스템을 재구축하는 능력은 자동화와 백업의 품질에 달려 있다. 소스 제어에 저장된 정보를 기반으로 각 마이크로서비스를 처음부터 배포하고 구성할 수 있다면 좋은 출발을 한 것이다. 물론 이를 데이터에 대한 견고한 백업 복원 프로세스와 결합해야 한다. 백업과 마찬가지로 마이크로서비스의 자동화된 배포 및 구성이 작동하는지 확인하는 가장 좋은 방법은 많은 작업을 수행하는 것이다. 이를 달성하는 가장 쉬운 방법은 모든 배포에 수행하는 것과 동일한 프로세스를 마이크로서비스 재구축에 사용하는 것이다. 새 버전의 컨테이너 집합을 배포하고 이전 집합을 종료한다. 이러한 작업을 정상적인 운영 절차로 만들면 재구축은 사소한 일이 된다.

특히 쿠버네티스와 같은 컨테이너 플랫폼에 배포하는 경우 한 가지 주의 사항이 있다. 컨테이너 인스턴스를 자주 날려버리고 재배포할 수 있지만, 하부 컨테이너 플랫폼 자체는 어떤가? 처음부터 다시 만들 수 있는 능력이 있는가? 완전한 관리형 쿠버네티스 공급자를 사용하는 경우 그리 어렵지 않을 수 있지만 새로운 클러스터를 직접 설치하고 관리했다면 적지 않은 작업량일 것이다.

> **TIP**
> 마이크로서비스를 재구축하고 자동화된 방식으로 해당 데이터를 복구할 수 있다면, 공격에 따른 피해를 복구하는 데 도움이 되며 개발, 테스트, 운영 환경의 운영 활동에 긍정적으로 작용해 전반적인 배포를 더 쉽게 만들 수 있는 이점이 있다.

11.4 암묵적 신뢰 대 제로 트러스트

마이크로서비스 아키텍처는 사물 간의 많은 통신으로 구성된다. 인간 사용자는 사용자 인터페이스를 통해 시스템과 상호작용한다. 이러한 사용자 인터페이스는 차례로 마이크로서비스를 호출하고, 마이크로서비스는 결국 더 많은 마이크로서비스를 호출하게 된다. 애플리케이션 보안과 관련해 모든 접점 간의 신뢰 문제를 고려해야 하는데, 허용 가능한 수준의 신뢰는 어떻게 구축할 수 있을까?

인간과 마이크로서비스 모두의 인증 및 권한 부여 측면에서 이 주제를 곧 살펴보겠지만, 그 전에 신뢰와 관련된 몇 가지 기본 모델을 고려해야 한다.

네트워크에서 실행되는 모든 것을 신뢰하는가? 아니면 모든 것을 의심스럽게 볼까? 여기서 암묵적 신뢰와 제로 트러스트라는 두 가지 사고방식을 고려할 수 있다.

11.4.1 암묵적 신뢰

첫 번째 방식은 경계 내부에서 만들어진 서비스에 대한 호출을 암묵적으로 신뢰한다고 가정하는 것이다.

데이터의 민감도에 따라 이 방법도 괜찮을 수도 있다. 일부 조직은 네트워크 경계에서 보안을 보장하려고 시도하므로 두 서비스가 함께 통신할 때 다른 작업을 수행할 필요가 없다고 가정한다. 하지만 공격자가 네트워크에 침투하면 모든 것이 엉망이 될 것이다. 공격자가 전송 데이터를 가로채서 읽어보거나, 몰래 데이터를 변경하거나, 심지어 어떤 상황에서는 여러분과 이야기하고 있는 대상인 것처럼 가장하더라도 잘 모를 것이다.

이는 필자가 조직에서 가장 흔히 볼 수 있는 내부 경계 신뢰의 형태다. 암묵적 신뢰가 좋다고 말하려는 것은 아니다! 이 모델을 사용하는 대부분의 조직에서 암묵적 신뢰 모델은 의식적인 결정이 아니며 사람들이 애초부터 위험을 인식하지 못하고 있다는 점이 걱정된다.

11.4.2 제로 트러스트

> "질, 우리가 전화를 추적했어요. 그건 집 안에서 발신되고 있어요!"
>
> 영화 〈낯선 사람에게서 전화가 올 때〉(2006)

제로 트러스트 환경에서 작업할 때는 이미 침해당한 환경에서 작업하고 있다고 가정해야 한다. 즉, 사용 중인 컴퓨터가 침해됐을 수 있고, 적대적인 당사자로부터 인바운드 연결이 올 수 있으며, 기록 중인 데이터가 나쁜 사람들에게 읽혀질 수 있다. 편집증인가? 그렇다! 제로 트러스트에 온 것을 환영한다.

제로 트러스트는 근본적으로 사고방식이다. 제품이나 도구를 사용해 마술처럼 구현할 수 있는 것이 아니라 일종의 개념이며, 나쁜 행위자가 이미 존재할 수 있는 적대적인 환경에서 작업하고 있다는 가정하에서도 안전하게 작업할 수 있도록 예방 조치를 수행해야 한다는 것이다. 실제로 제로 트러스트에서는 '**경계**perimeter'의 개념이 의미가 없다(이러한 이유로 제로 트러스트를 '경계 없는 컴퓨팅'이라고도 한다).

시스템이 침해당했다고 가정하고 있으므로 다른 마이크로서비스의 모든 인바운드 호출을 적절하게 평가해야 한다. **이 클라이언트를 정말로 신뢰해도 될까?**

마찬가지로 모든 데이터는 안전하게 저장되고 모든 암호화 키는 안전하게 유지돼야 하며, 누군가 듣고 있다고 가정해야 하므로 시스템 내에서 전송 중인 모든 민감한 데이터는 암호화돼야 한다.

흥미롭게도 제로 트러스트 사고방식을 제대로 구현했다면 꽤 이상해 보이는 일을 시작할 수 있다.

> [제로 트러스트를 사용하면] 실제로 직관에 반하는(역방향) 액세스 결정을 내릴 수 있는데, 예를 들면 '내부' 네트워크를 인터넷과 동등하게(즉, 전혀 신뢰할 수 없는 것처럼) 취급하기 때문에 인터넷에서 내부 서비스에 대한 연결을 허용할 수 있다.
>
> 얀 사유만Jan Schaumann[12]

---

[12] 얀 사유만의 트윗이다. 2020년 11월 5일, *https://oreil.ly/QaCm2*

여기서 얀의 주장은 네트워크 내부의 어떤 것도 신뢰할 수 없고 신뢰를 재구축해야 한다고 가정하면 마이크로서비스가 사용되는 환경에 대해 훨씬 더 유연하게 대처할 수 있으며, 더 넓은 환경이 안전할 것이라고 기대하지 않아도 된다는 것이다. 하지만 제로 트러스트는 스위치로 켜는 그런 것이 아니다. 제로 트러스트는 할 일을 정하는 방법에 대한 기본 원칙으로, 시스템을 구축하고 발전시키는 방법에 대한 의사결정을 주도해야 하며 보상을 얻기 위해 지속적으로 투자해야 하는 대상이 될 것이다.

11.4.3 스펙트럼

암묵적 신뢰와 제로 트러스트 사이에서 극명한 선택을 강요받는 것은 아니며, 시스템 안에서 다른 당사자를 신뢰하는(또는 신뢰하지 않는) 수준은 액세스할 정보의 민감도에 따라 변경될 수 있다. 예를 들어 PII를 처리하는 모든 마이크로서비스에 대해 제로 트러스트 개념을 채택하되 다른 영역에서는 더 완화하기로 결정할 수 있다. 다시 말하지만, 모든 보안 구현 비용은 위협 모델에 의해 정당화되고 주도돼야 한다. 제로 트러스트의 가치 여부에 대한 결정을 내리는 데 도움이 되는 위험과 이와 관련된 영향도를 이해하라.

예를 들어 개인과 관련된 민감한 의료 데이터를 관리하는 회사인 메디컬코MedicalCo를 살펴보자. 보유한 모든 정보는 상당히 합리적이고 간단한 접근 방식을 기반으로 분류됐다.

공개public 정보

외부 당사자와 자유롭게 공유할 수 있는 데이터다 이 정보는 사실상 공개 도메인에 있다.

비공개private 정보

로그인한 사용자만 사용할 수 있는 정보다. 이 정보에 대한 액세스는 권한 부여 제한으로 인해 추가로 제한될 수 있다. 여기에는 고객이 가입한 보험 플랜 등이 포함될 수 있다.

비밀secret 정보

매우 특정한 상황에서만 해당 개인 이외의 사람이 액세스할 수 있는 개인에 대한 매우 민감한 정보다. 여기에는 개인의 건강 데이터에 대한 정보가 포함된다.

[그림 11-5]에서 보듯이, 마이크로서비스는 사용하는 가장 민감한 데이터를 기반으로 분류됐

으며 해당 환경(영역)에서 그에 맞는 제어를 통해 실행돼야 했다. 마이크로서비스는 자신이 사용하는 가장 민감한 데이터와 일치하는 영역에서 실행돼야 한다. 예를 들어 공개 영역에서 실행되는 마이크로서비스는 공개 데이터만 사용할 수 있는 반면에 공개 및 비공개 데이터를 사용하는 마이크로서비스는 비공개 영역에서 실행돼야 했다. 마찬가지로 비밀 정보에 액세스하는 마이크로서비스는 항상 비밀 영역에서 실행돼야 한다.

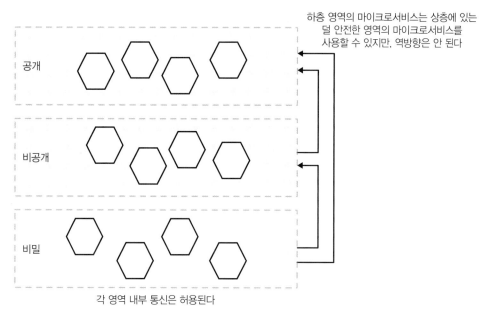

하층 영역의 마이크로서비스는 상층에 있는 덜 안전한 영역의 마이크로서비스를 사용할 수 있지만, 역방향은 안 된다

공개

비공개

비밀

각 영역 내부 통신은 허용된다

그림 11-5 처리하는 데이터의 민감도에 따라 마이크로서비스를 서로 다른 영역에 배포한다.

각 영역 내부의 마이크로서비스는 서로 통신할 수 있지만 하층에 있는 더 안전한 영역의 데이터 또는 기능에 액세스하기 위해 직접 연결할 수는 없다. 하지만 더 안전한 영역의 마이크로서비스는 덜 안전한 영역에서 실행되는 기능에 액세스할 수 있다.

여기에서 메디컬코는 각각의 영역 안에서 접근 방식을 변경할 수 있는 유연성을 제공했다. 덜 안전한 공개 영역은 암묵적 신뢰 환경에 가까운 환경에서 작동할 수 있는 반면, 비밀 영역은 제로 트러스트를 가정한다. 아마도 메디컬코가 전체 시스템에서 제로 트러스트 접근 방식을 채택한다면, 모든 마이크로서비스 간 호출에 추가적인 인증 및 권한 부여가 필요하기 때문에 마이크로서비스를 별도의 영역에 배포할 필요가 없을 것이다. 그렇더라도 심층 방어에 대해 생각해보면, 데이터의 민감성을 고려할 때 여전히 이러한 구역별 접근 방식을 고려할 수밖에 없다!

11.5 데이터 보안

모놀리식 소프트웨어를 마이크로서비스로 분해함에 따라 데이터는 이전보다 더 많은 시스템에서 이동한다. 데이터는 네트워크를 통해서만 이동하는 것이 아니라 디스크에도 저장된다. 중요한 데이터가 더 많은 곳에 분산돼 있다는 것은 애플리케이션 보안 측면에서 악몽이 될 수 있다. 데이터가 네트워크를 통해 이동할 때와 보관 중일 때 데이터를 보호할 수 있는 방법을 자세히 살펴보자.

11.5.1 전송 중인 데이터

보호의 특성상 선택한 통신 프로토콜의 특성에 크게 좌우된다. 예를 들어 HTTP를 사용하는 경우 다음 절에서 자세히 설명할 주제인 TLS^{Transport Layer Security}와 함께 HTTPS를 사용하는 것이 당연하다. 하지만 대안으로 메시지 브로커를 통한 통신과 같은 프로토콜을 사용하는 경우, 전송 중인 데이터 보호를 위한 특정 기술의 지원 여부를 확인해야 한다. 이 분야에서 광범위한 기술의 세부 사항을 살펴보기보다는 전송 중 데이터 보안에 관한 네 가지 주요 관심 사항을 보다 일반적으로 고려하고, HTTP를 예로 들어 그 관심사를 해결하는 방법을 살펴보는 것이 중요하다고 생각한다. 어떤 통신 프로토콜을 선택하든 이러한 아이디어를 매핑하는 것이 그리 어렵지 않길 바란다.

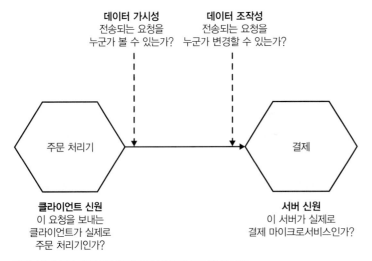

그림 11-6 전송 중인 데이터에 관한 네 가지 주요 관심 사항

[그림 11-6]은 전송 중인 데이터의 네 가지 주요 문제 영역을 보여준다.

각 관심 사항을 좀 더 자세히 살펴보자.

서버 신원

가장 간단하게 확인할 수 있는 것 중 하나는 대화 중인 서버가 정확히 누구인지 확인하는 것이다. 이는 악의적인 당사자가 이론적으로 엔드포인트를 사칭하고 사용자가 전송하는 모든 유용한 데이터를 날려버릴 수 있기 때문에 매우 중요하다. 서버 신원 확인 검사는 공용 인터넷에서 오랫 동안 우려돼 왔으며, HTTPS를 더 광범위하게 사용하게 됐다. 또한 내부 HTTP 엔드포인트를 관리하는 측면에서 인터넷 보안을 위해 수행한 작업을 통해 어느 정도 혜택을 누릴 수 있었다.

사람들이 'HTTPS'에 대해 이야기할 때는 일반적으로 TLS와 함께 HTTP를 사용하는 것을 말한다.[13] 다양한 잠재적 공격 벡터(보안되지 않은 WiFi, DNS 포이즈닝poisoning 등)가 존재하기 때문에 웹 사이트에 접속할 때는 해당 웹 사이트가 주장하는 것처럼 실제로 그 웹 사이트인지 확인하는 것이 매우 중요하다. HTTPS를 사용하면 브라우저가 해당 웹 사이트의 인증서를 보고 유효한지 확인할 수 있다. 이는 매우 현명한 메커니즘이다. 'HTTPS는 어디서나HTTPS Everywhere'는 공용 인터넷을 위한 슬로건이 됐고 그럴 만한 이유가 있다.

내부적으로 HTTP를 사용하는 일부 통신 프로토콜은 HTTPS를 활용할 수 있으므로 문제없이 HTTPS를 통해 SOAP나 gRPC를 쉽게 실행할 수 있다는 점에 주목할 필요가 있다. 또한 HTTPS는 우리가 예상하는 상대방과 대화하고 있는지 확인하는 것 이상의 추가적인 보호 기능을 제공하며, 이에 대해서는 곧 설명할 것이다.

클라이언트 신원

이 맥락에서 클라이언트 신원을 언급할 때는 호출하는 마이크로서비스를 의미하므로 업스트림 마이크로서비스의 신원을 확인하고 인증하는 것을 말한다. 사람(사용자다!)을 인증하는 방법은 나중에 좀 더 살펴보자.

여러 방법을 통해 클라이언트의 신원을 확인할 수 있다. 우리는 클라이언트가 자신이 누구인지

---

13 'HTTPS'의 'S'는 이전 SSL(Secure Socket Layer)과 관련이 있지만, 여러 가지 이유로 TLS로 대체됐다. 혼란스럽게도 SSL이라는 용어는 TLS가 실제로 사용되는 경우에도 여전히 남아 있다. 예를 들어 OpenSSL 라이브러리는 실제로 TLS를 구현하는 데 널리 사용되며, SSL 인증서를 받으면 실제로 TLS용이 된다. 우리 스스로 일을 쉽게 만들지 않는 셈이다. 그렇지 않은가?

알려주는 일부 정보를 요청request에 넣어 전송하도록 요구할 수 있다. 예를 들면, 일종의 공유 시크릿 또는 클라이언트 측 인증서를 사용해 요청에 서명을 추가하는 것이다. 서버가 클라이언트 신원을 확인해야 할 때 우리는 이것이 가능한 한 효율적이길 원한다. 서버가 클라이언트 신원을 확인하기 위해 중앙 서비스를 호출해야 하는 것과 관련된 일부 솔루션(API 게이트웨이 공급업체가 주도하는 솔루션 포함)을 본 적이 있는데, 지연 시간 영향을 고려한다면 매우 비합리적이다.

서버 신원도 확인하지 않고 클라이언트 신원을 확인하는 상황은 상상하기 어렵다. 둘 다 확인하려면 보통 어떤 **상호 인증**mutual authentication 형태를 구현하게 된다. 상호 인증을 사용하면 양쪽 당사자가 서로 인증한다. 따라서 [그림 11-6]에서 주문 처리기는 결제 마이크로서비스를 인증하고 결제 마이크로서비스는 주문 처리기를 인증한다.

클라이언트와 서버가 모두 인증서를 사용하는 **상호 TLS**mutual TLS를 사용해 인증을 수행할 수 있다. 공용 인터넷에서 클라이언트 장치의 신원을 확인하는 것은 일반적으로 사용자의 신원을 확인하는 것보다 덜 중요하다. 따라서 상호 TLS는 거의 사용되지 않는다. 하지만 마이크로서비스 아키텍처인 경우, 특히 제로 트러스트 환경에서 운영한다면 훨씬 더 일반적으로 사용된다.

상호 TLS와 같은 체계를 구현하는 것과 관련된 문제는 지금까지 툴링tooling이었다. 요즘에 이것은 문제가 되지 않는다. 볼트와 같은 도구를 사용하면 인증서를 훨씬 쉽게 배포할 수 있으며, 상호 TLS 사용을 단순화하려는 것은 사람들이 서비스 메시를 구현하는 주된 이유 중 하나다 (5.10절 '서비스 메시와 API 게이트웨이'에서 살펴봤다).

데이터 가시성

한 마이크로서비스에서 다른 마이크로서비스로 데이터를 보낼 때 누군가 데이터를 볼 수 있을까? 피터 안드레Peter Andre 앨범의 가격과 같은 정보는 데이터가 이미 공개 도메인에 있으므로 크게 신경 쓰지 않아도 된다. 반면에 일부 데이터에는 개인 식별 정보(PII)가 포함될 수 있으므로 이를 보호해야 한다.

기존의 일반적인 HTTPS나 상호 TLS를 사용하면 중간자intermediate party는 데이터를 볼 수 없는데, TLS가 전송되는 데이터를 암호화하기 때문이다. 예를 들어 스퀴드Squid나 바니시Varnish와 같은 리버스 프록시는 HTTP 응답을 캐싱할 수 있지만 HTTPS에서는 불가하다.

데이터 조작

예를 들어 전송되는 데이터를 조작하면 전송되는 금액이 변경되는 등 나쁜 영향을 미칠 수 있는 여러 상황을 상상할 수 있다. 따라서 [그림 11-6]에서는 잠재적인 공격자가 주문 처리기에서 결제 서비스로 전송되는 요청을 변경할 수 없도록 해야 한다.

일반적으로 데이터를 안 보이게 만드는 보호 유형은 데이터를 조작할 수 없도록 보장한다(예를 들어 HTTPS가 그렇게 한다). 하지만 우리는 데이터를 공개적으로 전송하면서도 데이터가 조작될 수 없도록 하고 싶을 수도 있다. HTTP의 경우에 가능한 방법 중 하나는 **해시 기반 메시지 인증 코드**(HMAC)를 사용해 전송되는 데이터에 서명하는 것이다. HMAC을 사용하면 해시가 생성돼 데이터와 함께 전송되며, 수신자는 데이터에 대한 해시를 확인해 데이터가 변경되지 않았는지 확인할 수 있다.

11.5.2 보관 중인 데이터

보관된 데이터에는 책임이 따른다. 특히 민감한 데이터의 경우 더욱 그렇다. 가능하면 우리는 공격자가 네트워크에 침투하지 못하도록 모든 조치를 취했을 뿐 아니라, 우리의 애플리케이션이나 운영체제 속으로 침투해 기반이 되는 데이터에 접근하는 것을 방지하는 모든 조치를 취했길 바란다. 하지만 공격이 발생할 경우를 대비해야 하며 심층 방어가 핵심이다.

우리가 들은 주요 보안 침해 중 다수는 공격자가 저장된 데이터를 획득하고 공격자가 해당 데이터를 읽을 수 있는 것과 관련이 있다. 이는 데이터가 암호화되지 않은 형태로 저장됐거나 데이터를 보호하는 데 사용되는 메커니즘에 근본적인 결함이 있기 때문에 발생한다.

저장된 데이터를 보호할 수 있는 메커니즘은 다양하지만, 몇 가지 일반적인 사항을 염두에 둬야 한다.

잘 알려진 것을 사용하라

경우에 따라 데이터 암호화 작업을 기존 소프트웨어에 넘길 수 있다(예: 데이터베이스의 자체 암호화 지원). 하지만 자체 시스템에서 데이터를 암호화하고 복호화해야 하는 경우 잘 알려져 있으면서 테스트를 거친 구현을 사용해야 한다. 데이터 암호화를 망치는 가장 쉬운 방법은 자체 알고리즘을 구현하거나 다른 사람의 알고리즘을 구현하려고 시도하는 것이다. 어떤 프로그래밍 언어를 사용하든 검토를 거쳐 정기적으로 패치되며 잘 알려진 암호화 알고리즘의 구현체가 있을 것이다. 바로 그것들을 사용하라! 그리고 선택한 기술에 대한 메일링 및 권고 리스트에 가입해 발견된 취약점을 인지하고 패치를 적용하면서 최신 상태로 유지할 수 있다.

패스워드를 보호하려면 솔트를 이용한 패스워드 해싱^{salted password hashing}(*https://oreil.ly/ kXUbY*)이라는 기술이 절대적으로 사용돼야 한다. 이를 통해 패스워드가 평문으로 유지되지 않고, 공격자가 하나의 해시된 패스워드를 무작위 공격^{brute-force}하더라도 자동으로 다른 패스워드를 해독할 수 없다.[14]

잘못 구현된 암호화는 우리를 거짓으로 안심시켜 중요한 것에서 한눈 팔게 만들기 때문에 없느니만 못하다.

암호화 대상 선택

모든 것이 암호화돼야 한다고 가정하면 일이 다소 단순해질 수 있다. 무엇을 보호하고 보호하지 말아야 할지 추측할 필요가 없기 때문이다. 하지만 문제를 파악하기 위해 어떤 데이터를 로그 파일에 넣을 것인지 여전히 생각해야 하며, 모든 것을 암호화하는 연산 오버헤드는 상당히 부담이 될 수 있어 결과적으로 더 강력한 하드웨어가 필요할 수 있다. 이는 스키마 리팩터링의 일부 작업으로 데이터베이스 마이그레이션을 적용할 때 훨씬 더 어려워진다. 변경 사항에 따라 데이터를 복호화하고 마이그레이션하고 다시 암호화할 수 있다.

시스템을 보다 세분화된 서비스로 분해하면서 전체 데이터 저장소를 일괄 암호화할 수 있지만 그럴 가능성은 거의 없다. 이 암호화를 알려진 테이블 집합으로 제한하는 것이 현명한 접근 방식이다.

절약하라

디스크 공간 비용이 낮아지고 데이터베이스 기능이 향상됨에 따라 대량의 정보를 캡처하고 저장하는 것이 매우 용이해졌다. 이러한 데이터는 기업 자체에는 가치 있는 자산으로 인식되는 것뿐만 아니라 개인정보 보호를 중요시하는 사용자들에게도 가치가 있다. 개인에 관련된 데이터나 개인에 대한 정보를 도출하는 데 사용되는 데이터는 가장 신경 써야 하는 데이터여야 한다.

하지만 우리의 삶을 좀 더 편리하게 만들면 어떨까? 개인적으로 식별할 수 있는 정보를 모두

---

14 암호화는 올바른 키를 가진 사람은 누구나 패스워드를 다시 해독할 수 있음을 의미하므로 패스워드는 암호화하지 않는다.

삭제하고 가능한 한 빨리 처리하지 않는 건 어떤가? 사용자의 요청을 기록할 때 전체 IP 주소를 영원히 저장해야 할까? 아니면 마지막 몇 자리를 x로 바꿀 수 있을까? 제품 제안을 위해 누군가의 이름, 나이, 성별 및 생년월일을 저장해야 할까, 아니면 연령대와 우편번호로 충분할까?

데이터 수집을 검소하게 하면 얻을 수 있는 이점은 다양하다. 첫째, 저장하지 않으면 아무도 훔칠 수 없다. 둘째, 저장하지 않으면 아무도(예: 정부 기관) 데이터를 요구할 수 없다!

독일어 문구인 'Datensparsamkeit(데이터 최소화)'는 이 개념을 잘 나타낸다. 이 말은 독일의 개인정보 보호법에서 유래돼 사업을 운영하거나 현지 법을 준수하는 데 **절대적으로 필요한** 만큼의 정보만 저장한다는 개념을 함축하고 있다.

이는 점점 더 많은 정보를 저장하려는 움직임과 직접적으로 대치되지만, 대치가 존재한다는 사실을 깨닫는 것만으로도 좋은 시작이다!

키가 전부다

대부분의 암호화 형식은 암호화된 데이터를 생성하기 위해 적합한 알고리즘과 함께 일부 키를 사용하는 것과 관련된다. 데이터를 읽을 수 있도록 복호화하려면 승인된 당사자가 동일한 키 또는 다른 키(공개 키 암호화의 경우)에 액세스해야 한다. 키는 어디에 저장될까? 이제 누군가 자신의 전체 데이터베이스를 훔쳐갈까 봐 걱정돼 자신의 데이터를 암호화하고 사용된 키를 같은 데이터베이스에 저장한다면, 실제로 그다지 큰 성과를 거두지 못한 것이다! 따라서 키는 다른 곳에 저장해야 한다. 하지만 어디에 저장해야 할까?

한 가지 솔루션은 별도의 보안 어플라이언스^{security appliance}를 사용해 데이터를 암호화하고 복호화하는 것이다. 또 다른 방법은 서비스가 키를 필요로 할 때 액세스할 수 있는 별도의 키 볼트를 사용하는 것이다. 키의 수명주기 관리(그리고 키를 변경하기 위한 액세스)는 중요한 작업이 될 수 있으며, 이러한 시스템이 그 작업을 대신 처리할 수 있다. 여기에서 하시코프의 볼트가 매우 유용하다.

일부 데이터베이스에는 투명하게 처리하는 것을 목표로 하는 SQL Server의 TDE^{Transparent Data Encryption}와 같이 기본적으로 제공되는 암호화 지원 기능도 포함돼 있다. 선택한 데이터베이스에 이 기능이 지원되더라도 키가 처리되는 방법을 조사해 보호하려는 위협이 실제로 완화되고 있는지 조사하라.

다시 말하지만 이것은 복잡한 문제다. 따라서 자체 암호화 구현을 피하고 충분한 조사를 하라!

백업 암호화

백업은 좋은 것이며, 우리는 중요한 데이터를 백업하고 싶어 한다. 그리고 어쩌면 당연하겠지만, 운영 중인 운영 환경 시스템에서 암호화하고 싶을 정도로 데이터가 민감한 경우에는 동일한 데이터의 백업도 암호화되도록 해야 할 것이다.

11.6 인증과 권한 부여

인증authentication과 **권한 부여**authorization는 시스템과 상호작용하는 사람 및 사물에 관한 핵심 개념이다. 보안의 맥락에서 인증은 당사자가 자신이 본인인지 확인하는 과정이다. 일반적으로 인간 사용자는 사용자 이름과 패스워드를 입력해 인증 과정을 거친다. 오직 실제 사용자만 이 정보에 접근할 수 있다고 가정하므로 해당 정보를 입력하는 사람은 실제 그 사용자여야 한다. 물론 다른 더 복잡한 시스템도 존재한다. 휴대폰은 이제 지문이나 얼굴을 사용해 본인인지 확인할 수 있다. 일반적으로 인증받는 사람이나 대상에 대해 추상적으로 이야기할 때 해당 당사자를 **권한 주체**principal라고 한다.

권한 부여는 권한 주체를 허용된 행위와 매핑하는 메커니즘이다. 대개 권한 주체가 인증되면 권한 주체에 대한 정보를 제공받게 되는데, 이 정보는 해당 주체가 무엇을 할 수 있도록 허용할지 결정하는 데 도움을 준다. 예를 들어 어떤 부서 또는 사무실에서 근무하는지 알려주는데, 이러한 정보를 통해 해당 권한 주체가 할 수 있는 일과 할 수 없는 일을 결정할 수 있다.

또한 사용 편의성도 중요하다. 우리는 사용자가 시스템에 쉽게 액세스할 수 있길 원하며, 모든 사람이 서로 다른 마이크로서비스에 액세스하려고 각각 다른 사용자 이름과 패스워드를 사용해 로그인하는 것을 원하지 않는다. 따라서 마이크로서비스 환경에서 SSO^{Single Sign-On}를 구현하는 방법도 살펴봐야 한다.

11.6.1 서비스 간 인증

앞서 전송 중인 데이터를 보호하는 것 외에 인증 형식을 구현하게 해주는 상호 TLS에 대해서도 논의했다. 클라이언트가 상호 TLS를 사용해 서버와 통신할 때 서버는 클라이언트를 인증할 수 있고 클라이언트는 서버를 인증할 수 있는데, 이는 서비스 간 인증의 한 형태다. 상호 TLS 외에 다른 인증 체계도 사용할 수 있다. 일반적인 예시는 API 키를 사용하는 것이다. 이 방식은 클라이언트가 유효한 키를 사용했는지 서버가 확인할 수 있는 방식이며, 클라이언트가 요청을 해시하는 데 그 키가 사용된다.

11.6.2 사람 인증

우리는 친숙한 사용자 이름과 패스워드의 조합으로 자신을 인증하는 데 익숙해져 있다. 하지만 이와 같은 인증 방법은 사용자가 자신을 인증하기 위해 복수의 지식(**요소**factor)을 요구하는 다중 인증 접근 방식의 일부분으로 점점 더 많이 사용되고 있다. 가장 일반적으로는 둘 이상의 요소가 필요한 MFA, 즉 다단계(다요소) 인증multifactor authentication 형태를 취한다.[15] MFA는 하나 이상의 추가 요소를 제공하는 것 외에도 가장 일반적으로 사용자 이름과 패스워드의 조합을 사용한다.

최근 몇 년 동안 인증 요소 유형은 예를 들면 SMS를 통한 코드 발송과 이메일을 통한 매직 링크 발송에서부터 Authy(*https://authy.com*)와 같은 전용 모바일 앱과 유비키Yubikey(*https://www.yubico.com*)와 같은 USB 및 NFC 하드웨어 장치에 이르기까지 다양하게 늘어났다. 사용자가 지문이나 얼굴 인식과 같은 것을 지원하는 하드웨어에 더 많이 접하게 돼 생체 인식 요소는 현재 더욱 흔하게 사용된다. MFA는 범용적인 방법으로 훨씬 더 안전하다는 것을 입증했고 많은 공개 서비스에서 지원하지만, 대규모 시장의 인증 체계로 채택되지 않았다. 하지만 앞으로는 달라질 것으로 예상한다. 소프트웨어 실행에 필수적인 주요 서비스의 인증을 관리하거나 특히 민감한 정보(예: 소스 코드)에 대한 액세스를 허용하려면 MFA 사용이 필수라고 생각한다.

---

15 이전에는 2단계 인증(2FA)에 대해 이야기하곤 했다. MFA는 동일한 개념이지만 사용자가 보안 토큰, 모바일 인증 앱, 또는 생체 인식과 같은 다양한 장치에서 추가적 요소를 제공할 수 있다는 개념을 보여준다. 2FA는 MFA의 하위 집합으로 간주할 수 있다.

11.6.3 일반적인 SSO 구현

인증에 대한 일반적인 접근법은 일종의 SSO 솔루션을 사용해 사용자가 해당 세션 동안 여러 다운스트림 서비스나 애플리케이션과 상호작용하게 되더라도 세션당 한 번만 자신을 인증하게 하는 것이다. 예를 들어 구글 계정으로 로그인하면 구글 캘린더, 지메일, 구글 문서 도구가 별도의 시스템이더라도 로그인된다.

권한 주체가 웹 기반 인터페이스와 같은 자원에 액세스하려고 하면 **ID 제공자**^{identity provider}에서 인증하도록 연결된다. ID 제공자는 사용자 이름과 패스워드를 요구하거나 MFA와 같은 고급 기능을 사용하도록 요구할 수 있다. ID 제공자는 권한 주체가 인증됐다는 것을 확인하면, **서비스 제공자**^{service provider}에게 정보를 제공해 자원에 대한 액세스 권한을 부여할지 여부를 결정할 수 있게 한다.

이 ID 제공자는 외부에서 호스팅되는 시스템이거나 조직 내부의 시스템일 수 있다. 예를 들어 구글은 OpenID Connect를 지원하는 ID 제공자를 제공한다. 그러나 기업의 경우 회사의 디렉터리 서비스^{directory service}에 연결할 수 있는 자체 ID 제공자를 갖는 것이 일반적이다. 디렉터리 서비스는 LDAP^{Lightweight Directory Access Protocol} 또는 액티브 디렉터리^{Active Directory}와 같은 것이다. 이러한 시스템을 사용하면 조직에서의 역할과 같은 권한 주체에 대한 정보를 저장할 수 있다. 종종 디렉터리 서비스와 ID 제공자는 하나로 동일하지만 분리돼 연결돼 있는 경우도 있다. 예를 들어 옥타^{Okta}는 2단계 인증과 같은 작업을 처리하지만 원천 정보로 회사의 디렉터리 서비스에 연결할 수 있는 호스팅된 SAML ID 제공자다.

따라서 ID 제공자는 권한 주체가 누구인지에 대한 정보를 시스템에 제공하지만 시스템은 그 권한 주체가 수행할 수 있는 행위를 결정한다.

SAML은 SOAP 기반 표준으로, 이를 지원하는 데 사용할 수 있는 라이브러리와 도구가 있음에도 작업하기가 상당히 복잡한 것으로 알려져 있으며 이 책의 초판 이후 급속도로 인기가 떨어졌다.[16] OpenID Connect는 구글을 비롯한 여러 회사가 SSO를 처리하는 방식을 기반으로 해서 OAuth 2.0의 구체적인 구현으로 등장한 표준이다. 이 표준은 더 단순한 REST 호출을 사용하며, 부분적으로는 상대적인 단순성과 광범위한 지원을 통해 최종 사용자 SSO의 지배적인 메커니즘으로 자리 잡았으며 기업에도 많이 진출했다.

---

16 필자의 책임은 아니다.

11.6.4 SSO 게이트웨이

각 마이크로서비스 내부에서 ID 제공자에 대한 리디렉션redirection과 핸드셰이킹handshaking을 처리하도록 정할 수 있으므로 외부 당사자의 인증되지 않은 요청은 적절하게 처리된다. 분명히 이것은 마이크로서비스 전반에 걸쳐 많은 중복 기능을 의미할 수 있다. 공유 라이브러리가 도움이 될 수 있지만 공유 코드에서 발생할 수 있는 결합을 피하도록 주의해야 한다(자세한 내용은 5.8절 '마이크로서비스 세계에서 DRY와 코드 재사용의 위험'을 참고하라). 공유 라이브러리는 다른 기술 스택으로 작성된 마이크로서비스가 존재한다면 도움이 되지 않는다.

각각의 서비스가 ID 제공자와의 핸드셰이크를 관리하는 것보다 더욱 일반적인 방식은 [그림 11-7]과 같이 게이트웨이를 사용해 서비스와 외부 세계 사이에 있는 프록시proxy 역할을 하는 것이다. 이는 사용자를 리디렉션하기 위한 동작을 한데 모아 한 곳에서만 핸드셰이킹을 수행할 수 있다고 생각하기 때문이다.

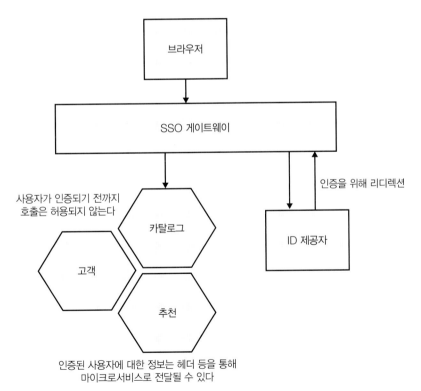

그림 11-7 SSO를 처리하기 위해 게이트웨이 사용

하지만 다운스트림 서비스가 사용자 이름이나 역할과 같은 권한 주체에 대한 정보를 받는 방법을 둘러싼 문제는 여전히 해결해야 한다. HTTP를 사용한다면 이 정보로 헤더를 채우도록 게이트웨이를 구성할 수 있다. 시볼레스^{Shibboleth}는 이 작업을 수행할 수 있는 도구 중 하나며, 아파치 웹 서버와 함께 사용해 SAML 기반 ID 제공자와 효과적으로 통합하는 것을 봤다. 곧 자세히 살펴볼 대안은 권한 주체에 대한 모든 정보를 포함할 수 있는 JSON 웹 토큰(JWT)을 생성하는 것이다. 이는 마이크로서비스에서 마이크로서비스로 더 쉽게 전달할 수 있다는 것을 포함해 많은 이점이 있다.

SSO 게이트웨이를 사용할 때 고려해야 할 또 다른 사항은 인증에 대한 책임을 게이트웨이로 넘기려고 결정할 경우 마이크로서비스가 개별적으로 어떻게 작동하는지 추론하기가 더 어려울 수 있다는 점이다. 9장에서 운영 환경과 유사한 환경을 재현하는 것과 관련해 몇 가지 문제를 살펴봤던 것을 기억하는가? 게이트웨이를 사용하기로 결정한다면 개발자가 큰 작업 없이 게이트웨이 뒤에서 서비스를 시작할 수 있는지 확인하라.

이 방식의 마지막 문제점은 보안에 대한 잘못된 인식을 심어줄 수 있다는 것이다. 다시 한 번 네트워크 경계에서부터 서브넷, 방화벽, 머신, 운영체제와 하부 하드웨어에 이르기까지 심층 방어^{defense in depth}라는 개념으로 돌아가고 싶다. 여러분은 이러한 모든 지점에서 보안 조치를 수행할 능력이 있다. 모든 달걀을 한 바구니에 담는 것처럼, 어떤 이들은 모든 단계를 처리하기 위해 게이트웨이에 의존하곤 했다. 그리고 우리 모두는 단일 장애 지점^{single point of failure}이 있을 때 어떤 일이 벌어질지 잘 알고 있다.

분명히 이 게이트웨이를 다른 용도로 사용할 수 있다. 예를 들어 이 단계에서 HTTPS를 종료하거나 침입 탐지를 실행하는 등의 작업을 하기로 할 수 있다. 하지만 주의하라. 게이트웨이 계층에 점점 더 많은 기능을 추가하는 경향이 있으며 그 자체가 거대한 결합 지점이 될 수 있기 때문이다. 기능이 많아질수록 공격 표면도 늘어난다.

11.6.5 세밀한 권한 부여

게이트웨이는 상당히 효과적으로 큰 단위의 인증 기능을 제공할 수 있다. 예를 들어 로그인하지 않은 사용자가 헬프데스크 애플리케이션에 액세스하는 것을 방지할 수 있다. 게이트웨이가 인증의 결과로 권한 주체에 대한 속성을 추출할 수 있다고 가정하면 보다 섬세한 결정을 내릴 수 있다. 예를 들어 사람들을 그룹으로 나누거나 역할을 할당하는 것이 일반적이다. 이 정보를 사용하면 그들이 어떤 일을 할 수 있는지 이해할 수 있다. 따라서 헬프데스크 애플리케이션의 경우, 예를 들어 STAFF(직원) 같은 특정 역할이 있는 권한 주체에게만 액세스를 허용할 수 있다. 하지만 특정 자원이나 엔드포인트에 대한 액세스를 허용(또는 거부)하는 것 외에 나머지는 마이크로서비스 자체에 맡겨야 한다. 즉, 어떤 작업을 허용할 것인지에 대해서는 마이크로서비스가 추가적인 결정을 내려야 한다.

다시 헬프데스크 애플리케이션으로 돌아가서 어떤 직원이라도 모든 세부 정보를 볼 수 있도록 허용해야 할까? 아마도 우리는 직장에서 다양한 역할을 맡게 될 것이다. 예를 들어 CALL_CENTER 그룹의 보안 책임자는 결제 세부 정보를 제외한, 고객에 대한 모든 정보를 볼 수 있다. 이 권한 주체는 환불을 처리할 수도 있지만 그 환불 금액은 제한이 있을 수 있다. 하지만 CALL_CENTER_TEAM_LEADER 역할을 가진 사람은 더 큰 금액을 환불할 수 있을 것이다.

이러한 결정은 해당 마이크로서비스에서 이뤄져야 한다. 필자는 사람들이 CALL_CENTER_50_DOLLAR_REFUND와 같이 지나치게 세분화된 역할을 사용해 끔찍한 방식으로 ID 제공자가 제공하는 다양한 속성을 사용하는 것을 봤다. 이때 마이크로서비스 기능 일부분에 대한 특정 정보가 디렉터리 서비스에 유입된다. 이는 서비스가 어떻게 작동하는지에 대한 정보 덩어리가 느닷없이 다른 곳, 아마도 조직의 다른 곳에서 관리하는 시스템에 존재하므로 유지 보수하기에 끔찍하고 서비스가 자신의 독립적인 수명주기를 가질 여지가 거의 없다.

마이크로서비스가 보다 세밀한 권한 부여 요청을 판단하는 데 필요한 정보를 갖고 있는지 확인하는 것은 추가로 논의할 만하다. 잠시 후 JWT를 다룰 때 다시 살펴보자.

그 대신 여러분이 속한 조직의 업무 방식을 모델링한 크게 분류된 역할을 선호하라. 이 책의 몇몇 초반 장으로 돌아가 우리가 조직의 업무 방식에 맞게 소프트웨어를 구축하고 있다는 사실을 기억하라. 따라서 이와 같은 방식으로도 여러분의 역할을 사용하라.

11.6.6 혼동된 대리인 문제

권한 주체가 SSO 게이트웨이와 같은 것을 사용해 시스템 전체에서 인증하게 만드는 과정은 충분히 단순하며, 해당 마이크로서비스에 대한 액세스를 제어하기에 충분할 것이다. 하지만 마이크로서비스가 작업을 완료하기 위해 추가 호출을 해야 한다면 어떻게 될까? 이로 인해 혼동된 대리인 문제confused deputy problem로 알려진 일종의 취약점에 노출될 수 있다. 업스트림 당사자가 중간 당사자를 속여 해서는 안 되는 일을 하도록 할 때 발생한다. 뮤직코프의 온라인 쇼핑 사이트를 보여주는 [그림 11-8]의 구체적인 예를 살펴보자. 브라우저 기반 자바스크립트 UI는 프론트엔드를 위한 백엔드 종류인 서버 측 웹 쇼핑(Web Shop) 마이크로서비스와 통신한다. 이에 대해서는 14.10절 '패턴 프론트엔드를 위한 백엔드'에서 자세히 살펴보겠지만, 지금은 특정 외부 인터페이스(이 경우 브라우저 기반 자바스크립트 UI)에 대한 호출 집계와 필터링을 수행하는 서버 측 컴포넌트로 생각하길 바란다. 브라우저와 웹 쇼핑 서비스 간의 호출은 OpenID Connect를 사용해 인증할 수 있다. 지금까지는 괜찮다.

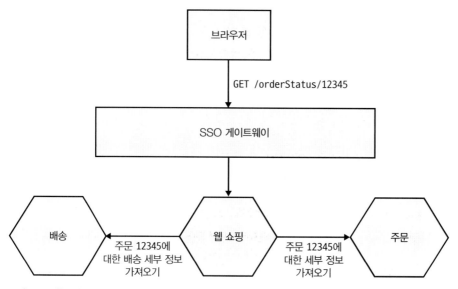

그림 11-8 혼동된 대리인이 나타나는 예

사용자가 로그인하면 링크를 클릭해 주문 세부 정보를 볼 수 있다. 정보를 표시하려면 주문 서비스에서 원래 주문을 가져와야 하지만, 주문에 대한 배송 정보도 조회해야 한다. 따라서 로그인한 고객이 /orderStatus/12345에 대한 링크를 클릭하면, 이 요청은 웹 쇼핑 서비스로 라우팅되고 웹 쇼핑은 주문 12345에 대한 세부 정보를 얻기 위해 다운스트림에 있는 주문 및 배송 서비스를 호출해야 한다.

하지만 이러한 다운스트림 서비스가 웹 쇼핑 서비스의 호출을 수락해야 할까? 우리는 암묵적 신뢰의 입장을 취할 수 있다. 즉, 호출이 경계 내부에서 왔기 때문에 괜찮다고 할 수 있다. 인증서나 API도 사용해 이 정보를 요청하는 것이 실제로 웹 쇼핑 서비스인지 확인할 수도 있다. 그렇지만 이것으로 충분할까? 예를 들어 온라인 쇼핑 시스템에 로그인한 고객은 자기 계정의 세부 정보를 볼 수 있다. 만약 고객이 자신의 로그인된 자격 증명으로 호출해 **다른 사람**의 세부 정보를 요청하도록 웹 쇼핑 UI를 속일 수 있다면 어떻게 될까?

이 예에서 고객이 다른 사람의 주문을 요청하지 못하도록 막으려면 어떻게 해야 할까? 로그인하면 유용한 정보를 얻을 수 있는지 확인하기 위해 자기 것이 아닌 다른 주문에 대한 요청을 보낼 수 있다. 그들은 다른 사람의 정보를 추출할 수 있는지 확인하고자 주문 ID를 추측하기 시작할 수 있다. 근본적으로 여기서 벌어진 일은 문제의 사용자는 **인증**했지만 충분한 **권한을 부여** 하지 않는 것이다. 여기서 우리는 사용자 A가 자신의 세부 정보를 요청한 경우에만 시스템의 일부분에서 사용자 A의 세부 정보 보기 요청이 허용되는지 판단할 수 있길 원한다. 그럼 그 로직은 어디에 있는 걸까?

11.6.7 중앙 집중식 업스트림 권한 부여

혼동된 대리인 문제를 피하기 위한 한 가지 방법은 시스템에서 요청을 수신하는 즉시 필요한 모든 권한 부여를 수행하는 것이다. [그림 11-8]의 SSO 게이트웨이 자체나 웹 쇼핑 서비스에서 모두 요청을 인증하는 것을 목표로 한다는 의미다. 즉, 호출이 주문 또는 배송 마이크로서비스로 전송될 때까지 요청은 허용된다고 가정한다는 개념이다.

이러한 형태의 업스트림 권한 부여는 사실상 우리가 특정 형태의 암묵적 신뢰(제로 트러스트와 반대로)를 허용하고 있음을 의미한다. 배송 및 주문 마이크로서비스는 수행이 허락된 요청만 전송되고 있다고 가정해야 한다. 다른 문제는 업스트림 엔티티(예: 게이트웨이 또는 이와 유사한 것)가 다운스트림 마이크로서비스가 제공하는 기능을 알고 있어야 하고 해당 기능에 대한 액세스를 제한하는 방법을 알아야 한다는 것이다.

하지만 마이크로서비스가 가능한 한 독립적으로 운영돼 변경 사항을 적용하고 새로운 기능을 최대한 쉽게 배포할 수 있게 되는 것이 이상적이다. 우리는 릴리스가 가능한 한 단순하고 독립적으로 배포 가능하길 원한다. 지금 배포 작업에 새 마이크로서비스 배포와 일부 인증 관련 구성을 업스트림 게이트웨이에 적용하는 작업이 모두 포함돼 있다면, 그다지 '독립적'으로 보이지 않을 것이다.

따라서 요청받는 기능이 포함된 바로 그 마이크로서비스에 호출 승인 여부에 대한 결정을 밀어 넣으려 한다. 이와 같이 하면, 마이크로서비스를 더욱 독립적으로 만들고 원할 경우 제로 트러스트를 구현하는 방법도 제공한다.

11.6.8 분산식 권한 부여

마이크로서비스 환경에서 중앙 집중식 권한 부여의 문제를 감안할 때 우리는 이 로직을 다운스트림 마이크로서비스로 밀어 넣길 원한다. 주문 마이크로서비스는 주문 세부 정보에 액세스하는 기능이 있는 곳이므로 해당 서비스가 호출이 유효한지 결정하는 것이 논리적으로 합당하다. 하지만 이 특정한 경우에는 주문 마이크로서비스에 요청하는 사람에 대한 정보가 필요하다. 그럼 해당 정보를 주문 마이크로서비스에 전달하려면 어떻게 해야 할까?

가장 간단한 수준에서는 요청하는 사람의 식별자를 주문 마이크로서비스로 보내도록 요구할 수 있다. 예를 들어 HTTP를 사용한다면 헤더에 사용자 이름을 추가할 수 있다. 하지만 이 경우 악의적인 당사자가 필요한 정보를 얻으려고 요청에 아무 이름이나 삽입하는 것을 막을 방법은 없을까? 이상적으로는 요청이 실제로 인증된 사용자를 대표해 이뤄지고 해당 사용자에 대한 추가 정보(예: 사용자가 속할 수 있는 그룹)를 전달할 수 있는 확실한 방법을 원한다.

과거부터 이를 처리하는 다양한 방법이 있었지만(예: 중첩된 SAML 어설션^{assertion}[17]과 같은 기술이 포함된다), 최근 이러한 특정 문제를 해결하는 가장 보편적인 방법은 JSON 웹 토큰을 사용하는 것이다.

11.6.9 JSON 웹 토큰

JWT를 사용하면 개인에 대한 여러 클레임^{claim}을 전달할 수 있는 문자열에 저장할 수 있다. 이 토큰은 서명을 통해 토큰의 구조가 조작되지 않았음을 보장할 수 있으며, 선택적으로 암호화해 누가 데이터를 읽을 수 있는지에 대한 암호학적 보장을 제공할 수도 있다. JWT는 데이터 변조

---

17 옮긴이_ SAML 어설션은 사용자 ID, 속성 및 인증 상태에 대한 정보를 전달하는 XML 기반 메시지다. IdP는 사용자를 인증한 후 SAML 어설션을 서비스 제공자(SP)에 발급하고, SP는 어설션의 정보를 사용해 권한 부여 결정을 내리고 요청된 리소스에 대한 액세스 권한을 부여한다. 중첩된 SAML 어설션은 다른 SAML 어설션 내에 포함된 SAML 어설션이다. 이 기술은 종종 그룹 구성원 또는 역할 정보와 같은 사용자에 대한 추가 정보나 권한 부여 데이터를 전달하는 데 사용된다(*https://tinyurl.com/samlassertion*).

방지를 보장하는 것이 중요한 범용의 정보 교환에 사용될 수 있지만, 인증을 돕기 위해 정보를 전송하는 데 가장 일반적으로 사용된다.

일단 서명되면 JWT는 다양한 프로토콜을 통해 쉽게 전달될 수 있으며, 토큰은 선택적으로 특정 기간 후에 만료되도록 구성할 수 있다. 또한 JWT 생성을 지원하는 여러 ID 제공자와 여러분의 코드 내에서 JWT를 사용하기 위한 수많은 라이브러리를 통해 광범위하게 지원된다.

포맷

JWT의 기본 페이로드는 JSON 구조로, 대체로 원하는 모든 것을 포함할 수 있다. [예제 11-1]은 예제 토큰을 보여준다. JWT 표준에서는 사용자와 관련이 있을 경우 사용해야 하는 구체적으로 지정된 일부 필드('공개 클레임')를 설명한다. 예를 들어 exp는 토큰의 만료 날짜를 정의한다. 공개 클레임 필드를 올바르게 사용하면 여러분이 사용하는 라이브러리에서 이를 적절히 활용할 수 있다. 예를 들어 exp 필드에 토큰이 이미 만료됐다고 명시돼 있다면 토큰을 거부할 수 있다.[18] 이러한 공개 클레임을 모두 사용하지 않더라도 여러분의 애플리케이션 전용으로 사용하면 사용하는 라이브러리에서 이상 동작이 발생할 수 있다. 따라서 이런 문제를 피하도록 클레임을 알고 있는 것이 좋다.

예제 **11-1** JWT의 JSON 페이로드의 예

```
{
    "sub": "123",
    "name": "Sam Newman",
    "exp": 1606741736,
    "groups": "admin, beta"
}
```

[예제 11-2]에서 [예제 11-1]의 인코딩된 토큰을 볼 수 있다. 이 토큰은 실제로 단일 문자열이지만, '.'로 구분되는 세 부분인 헤더, 페이로드, 서명으로 구성돼 있다.

```
eyJhbGciOiJIUzI1NiIsInR5cCI6IkpXVCJ9. ❶
eyJzdWIiOiIxMjMiLCJuYW1lIjoiU2FtIE5ld21hbiIsImV4cCI6MTYwNjc0MTczNiwiZ3J.... ❷
Z9HMH0DGs60I0P5bVVSFixeDxJjGovQEtlNUi__iE_0 ❸
```

❶ 헤더

❷ 페이로드(생략됨)

❸ 서명

편의를 위해 예제의 각 줄을 분할했지만, 실제로는 줄 바꿈이 없는 하나의 문자열이다. 헤더에는 사용 중인 서명 알고리즘에 대한 정보가 포함돼 있다. 이를 통해 토큰을 디코딩하는 프로그램이 다양한 서명 체계를 지원할 수 있다. 페이로드는 토큰이 만드는 클레임에 대한 정보를 저장하는 곳이다. 이것은 [예제 11-1]에서 JSON 구조를 인코딩한 결과일 뿐이다. 서명은 페이로드가 조작되지 않았음을 확인하는 데 사용되며, 토큰이 개인 키로 서명됐다고 가정할 때 토큰이 누구에 의해 생성됐는지 확인하는 데도 사용할 수 있다.

간단한 문자열인 이 토큰은 다른 통신 프로토콜을 통해 쉽게 전달 가능하다. 예를 들어 HTTP의 헤더(**Authorization** 헤더)나 메시지의 메타데이터 부분으로 전달할 수 있다. 물론 이 인코딩된 문자열은 암호화된 전송 프로토콜(예: TLS 기반의 HTTP)을 통해서도 전송될 수 있다. 이 경우 통신을 관찰하는 사람들에게는 토큰이 보이지 않는다.

토큰 사용

마이크로서비스 아키텍처에서 JWT 토큰을 사용하는 일반적인 방법을 살펴보자. [그림 11-9]에서 고객이 정상적으로 로그인하고 인증되면 클라이언트 장치에 저장되는 로그인 세션(아마도 OAuth2 토큰)을 나타내는 일종의 토큰을 생성한다. 해당 클라이언트 장치의 이후 요청은 게이트웨이에 도달하고, 게이트웨이는 요청 기간 동안 유효한 JWT 토큰을 생성한다. 그런 다음 다운스트림 마이크로서비스로 이 JWT 토큰이 전달된다. 다운스트림 마이크로서비스는 토큰의 유효성을 검사하고 페이로드에서 클레임을 추출해 어떤 종류의 권한 부여가 필요한지 결정할 수 있다.

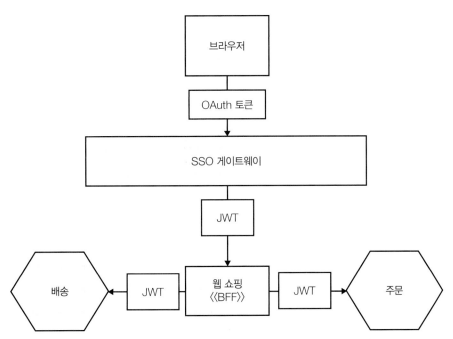

그림 11-9 특정 요청에 대해 JWT 토큰이 생성되고 다운스트림 마이크로서비스로 전달된다.

이 접근법의 변형은 사용자가 처음에 자신을 시스템에 인증할 때 JWT 토큰을 생성하고 그 후 클라이언트 장치에 저장하는 것이다. 이 토큰이 로그인 세션 기간 동안 유효해야 한다는 점은 고려해야 한다. 이미 논의했듯이 시스템에서 생성된 자격 증명의 유효 기간을 제한해 오남용 가능성을 줄이고 인코딩된 토큰을 생성하는 데 사용되는 키를 교체할 때 영향도를 낮추고 싶다. 요청별로 JWT 토큰을 생성하는 것은 [그림 11-9]에서 보듯이 이 문제에 대한 가장 일반적인 해결책으로 보인다. 게이트웨이에서 일종의 토큰 교환을 수행하면 클라이언트 장치와의 통신과 관련된 일부 인증 플로authentication flow를 변경하지 않고도 JWT 토큰을 쉽게 채택할 수 있다. 이미 작동 중인 SSO 솔루션이 있을 경우, 기본 사용자 인증 플로에서 JWT 토큰이 사용된다는 사실을 숨긴다면 이러한 변경이 미치는 영향이 줄어든다.

따라서 적절한 JWT 토큰을 생성하면, 다운스트림 마이크로서비스는 요청을 한 사용자의 신원을 확인하는 데 필요한 모든 정보와 사용자가 속해 있는 그룹 또는 역할과 같은 추가 정보를 얻게 된다. 마이크로서비스가 JWT 토큰의 서명을 확인해 토큰의 유효성도 확인할 수 있다. 이 분야의 이전 솔루션(예: 중첩된 SAML 어설션)과 비교할 때 JWT 토큰은 마이크로서비스 아키텍처에서 권한 부여를 분산하는 프로세스를 훨씬 더 간단하게 만들었다.

문제점

JWT 토큰과 관련해 염두에 둬야 할 몇 가지 문제가 있다. 첫 번째는 키 문제다. 서명된 JWT 토큰의 경우 서명을 검증하기 위해 JWT 토큰 수신자는 별도로 통신해야 하는 일부 정보(일반적으로 공개 키)가 필요하다. 키 관리의 모든 문제가 이 경우에 적용된다. 마이크로서비스는 공개 키를 어떻게 얻을까? 공개 키를 변경해야 한다면 어떻게 해야 할까? 볼트는 공개 키를 검색하고 로테이션(교체)을 처리하기 위해 마이크로서비스에서 사용하는 도구의 예로, 이미 고도로 분산된 환경에서 작동하도록 설계됐다. 물론 수신 마이크로서비스의 구성 파일에 공개 키를 하드코딩할 수 있지만 공개 키 변경을 처리하는 데 문제가 발생한다.

두 번째 문제는 처리 시간이 오래 걸리는 경우 토큰의 유효 기간을 올바르게 설정하는 것이 까다로울 수 있다. 고객이 주문한 상황을 생각해보자. 주문이 되면 고객의 후속적인 개입(지불하기, 이메일 알림 전송, 품목 포장 및 배송 등) 없이 완료하는 데 며칠은 아니더라도 몇 시간은 걸릴 수 있는 일련의 비동기 프로세스가 시작된다. 그렇다면 유효 기간이 일치하는 토큰을 생성해야 할까? 여기서 '어떤 시점에 토큰이 없는 것보다 수명이 긴 토큰을 갖는 것이 더 문제가 될까?'라는 질문이 떠오른다. 필자는 이 문제를 다룬 몇몇 팀과 이야기를 나눴다. 어떤 팀은 이러한 특정 상황에서만 작동하도록 범위가 제한되고 수명이 긴 특수한 토큰을 생성했고, 어떤 팀은 플로의 특정 지점에서 그 토큰의 사용을 바로 중단했다. 아직 이 문제에 대한 충분한 사례를 살펴보지 않아 올바른 해결책을 찾지 못했지만, 이 문제는 반드시 알아둬야 한다.

마지막으로, 어떤 상황에서는 JWT 토큰에 너무 많은 정보가 필요해 토큰 크기 자체가 문제가 될 수 있다. 이 상황은 드물지만 실제로 발생한다. 몇 년 전 필자는 음악 권리를 관리하는 시스템의 특정 측면에 대한 권한 부여를 위해 토큰 사용을 주제로 한 팀과 이야기를 나눴다. 관련 로직은 믿을 수 없을 정도로 복잡했고, 필자의 고객은 해당 트랙에 대해 다양한 시나리오를 처리하기 위해 잠재적으로 토큰에 최대 10000개의 항목이 필요할 수 있다는 사실을 알아냈다. 하지만 필자와 동료들은 적어도 해당 도메인에서 이렇게 많은 양의 정보가 필요한 특정한 사용 사례가 하나뿐이며 시스템의 대부분은 더 적은 필드를 가진 간단한 토큰으로 충분하다는 것을 발견했다. 이러한 상황에서는 보다 복잡한 권리 관리에 대한 권한 부여 프로세스를 다른 방식으로 처리하는 것이 합리적이었다. 기본적으로 초기의 '간단한' 권한 부여에 JWT 토큰을 사용하고 나서 데이터 저장소에 대한 후속 조회를 수행해 필요에 따라 추가 필드를 가져오는 것이다. 이는 시스템 대부분이 토큰으로 작동할 수 있다는 것을 의미했다.

요약

이 장에서 분명히 설명한 것처럼 안전한 시스템을 구축하는 것은 한 가지 일만으로 되지 않는다. 어떤 종류의 보안 통제를 배치해야 하는지 이해하려면, 일종의 위협 모델링 연습을 통해 시스템에 대한 전체적인 관점이 필요하다.

이러한 통제를 생각해볼 때 보안 시스템을 구축하려면 여러 가지를 혼합하는 것이 필수적이다. 심층 방어는 단순히 여러 보호 장치를 갖추는 것을 의미하기보다 안전한 시스템을 구축하기 위한 다각적인 접근 방식을 갖추는 것을 의미한다.

책의 핵심 주제로 다시 돌아가서 시스템을 더 세분화된 서비스로 분해하면 문제를 해결하기 위한 더 많은 선택지가 제공된다. 마이크로서비스를 사용하면 침해의 영향이 잠재적으로 줄어들 뿐 아니라, 데이터가 민감할 때 더 복잡하고 안전한 접근 방법의 오버헤드와 위험도가 낮을 때 더 가벼운 접근 방법 간의 절충안을 고려할 수 있다.

일반적으로 애플리케이션 보안을 보다 폭넓게 살펴보려면 라우라 벨Laura Bell 등이 공저한 『Agile Application Security』(O'Reilly, 2017)를 추천한다.

다음 장에서는 회복 탄력성이라는 주제로 전환해 시스템을 보다 안정적으로 만드는 방법을 살펴본다.

## CHAPTER 12

회복 탄력성

소프트웨어가 사용자의 삶에서 점점 더 중요한 부분을 차지함에 따라 우리가 제공하는 서비스의 품질을 지속적으로 개선해야 한다. 소프트웨어가 항공기 제어 시스템과 같은 방식으로 '**안전 필수**' 범주에 속하지는 않더라도, 소프트웨어 오류는 사람들의 삶에 상당한 영향을 미칠 수 있다. 이 책을 집필하던 시점이었던 COVID−19의 대유행 기간 동안 온라인 식료품 쇼핑과 같은 서비스는 집을 나설 수 없는 많은 사람에게 편리함 측면에서 필수불가결한 요소로 자리 잡았다.

이러한 배경에서 우리는 더욱더 **신뢰할 수 있는** 소프트웨어를 만들어야 하는 임무를 떠안게 됐다. 소프트웨어가 무엇을 할 수 있고 언제 사용할 수 있는지에 대한 사용자의 기대치가 바뀌었다. 근무 시간 동안만 소프트웨어를 지원해야 하는 시대는 저물고 있으며, 유지 관리로 인한 다운타임을 견뎌낼 만한 인내심도 줄어들고 있다.

이 책의 초반부에서 다뤘듯이 전 세계 조직에서 마이크로서비스 아키텍처를 선택하는 데는 여러 이유가 있다. 하지만 무엇보다 서비스 제공을 위한 **회복 탄력성**을 향상시킬 것이라는 기대가 마이크로서비스 아키텍처를 사용하는 주된 이유라고 많은 사람이 입을 모은다.

마이크로서비스 아키텍처가 회복 탄력성을 보장하는 방법을 자세히 알아보기 전에 한 걸음 물러나서 실제로 회복 탄력성이 무엇인지 고려해보는 것이 중요하다. 소프트웨어의 회복 탄력성을 개선하는 과정에서 마이크로서비스 아키텍처를 채택하는 것은 단지 퍼즐의 일부일 뿐이라는 사실이 밝혀졌기 때문이다.

12.1 회복 탄력성이란?

회복 탄력성resiliency이라는 용어는 다양한 맥락에서 다양한 방식으로 쓰인다. 이로 인해 용어의 의미를 혼동하며 이 분야에 대해 너무 좁게 생각하게 될 수도 있다. IT라는 범주 밖에는 소방에서 항공 교통 관제, 생물학적 시스템, 수술실에 이르기까지 다양한 시스템에 적용되는 회복 탄력성의 개념을 탐구하는 회복 탄력성 공학resilience engineering이라는 더 넓은 분야가 있다. 데이비드 우즈David D. Woods는 이 분야를 바탕으로 회복 탄력성의 다양한 측면을 분류해 실제로 회복 탄력성이 무엇을 의미하는지 더 폭넓게 생각하도록 해주었다.[1] 그가 설명한 네 가지 개념은 다음과 같다.

견고성robustness

　예상되는 변동을 흡수하는 능력

회복성rebound

　충격적인 사건 이후 회복하는 능력

원만한 확장성graceful extensibility

　예상치 못한 상황에 얼마나 잘 대처하는가?

지속적인 적응력sustained adaptability

　변화하는 환경, 이해관계자, 요구 사항에 지속적으로 적응하는 능력

이러한 개념을 차례로 알아보고, 마이크로서비스 아키텍처를 구축하는 세계로 어떻게 전환될 수 있는지(또는 전환되지 않을 수 있는지) 살펴본다.

12.1.1 견고성

견고성은 예상되는 문제를 수용하기 위해 소프트웨어와 프로세스에 메커니즘을 구축하는 개념이다. 우리는 직면할지도 모를 변동의 종류를 잘 이해하고 이러한 문제가 발생할 때 시스템이

1　데이비드 우즈, '회복 탄력성에 대한 네 가지 개념과 회복 탄력성 공학의 미래에 대한 시사점(Four Concepts for Resilience and the Implications for the Future of Resilience Engineering)', 안정성 공학 & 시스템 안전성(Reliability Engineering & System Safety) 141 (2015년 9월): 5–9, doi.org/10.1016/j.ress.2015.03.018

잘 처리할 수 있도록 조치를 취한다. 마이크로서비스 아키텍처의 맥락에서는 호스트가 고장 날 수 있고, 네트워크 연결이 시간 초과될 수 있으며, 마이크로서비스가 가용 상태가 아닐 수 있는 등 예상 가능한 많은 변동이 있다. 하지만 교체 호스트를 자동으로 가동하거나, 재시도를 수행하거나, 해당 마이크로서비스의 오류를 적절한 방식으로 처리하는 등 다양한 방법으로 변동을 처리해 아키텍처의 견고성을 개선할 수 있다.

견고성은 소프트웨어에만 해당되는 것은 아니며 사람들에게도 적용될 수 있다. 소프트웨어를 담당하는 사람이 한 명인 경우 그 사람이 아프거나 사고가 발생해 연락이 닿지 않으면 어떻게 될까? 이는 쉽게 상상할 수 있는 상황이며, 대기 중인 백업 담당자를 두는 것으로 해결된다.

견고성은 정의상 사전 지식이 필요하다. 우리는 알려진 변동을 처리하기 위한 조치를 취하고 있다. 이 지식은 예지력에 기반을 둘 수 있다. 다시 말해 우리가 구축하고 있는 컴퓨터 시스템, 지원 서비스, 직원에 대한 이해를 바탕으로 무엇이 잘못될 수 있는지를 고려한다. 하지만 견고성은 뒤늦은 깨달음을 통해서도 시작된다. 즉, 예상하지 못한 일이 발생한 후에 우리 시스템의 견고성을 개선할 수 있다. 아마도 글로벌 파일 시스템을 사용하지 못하게 될 수 있다는 사실을 전혀 고려하지 않았거나 근무 시간이 아니라서 고객 서비스 담당자가 대응하지 못할 때의 영향을 과소 평가했을 것이다.

시스템의 견고성 개선과 관련된 한 가지 문제는 애플리케이션의 견고성을 높일수록 시스템에 더 많은 복잡성이 추가돼 새로운 문제가 될 수 있다는 것이다. 마이크로서비스 워크로드에 대한 기대 상태 관리를 위해 마이크로서비스 아키텍처를 쿠버네티스로 이동한다고 가정해보자. 결과적으로 애플리케이션의 견고성 일부 측면을 개선했을지 모르지만 새로운 잠재적 문제점도 발생했다. 따라서 애플리케이션의 견고성을 향상시키려는 모든 시도는 단순한 비용/이점 분석 측면뿐만 아니라 이 결과로 갖게 될 더 복잡한 시스템에 만족할지 여부도 고려해야 한다.

견고성은 마이크로서비스가 많은 선택지를 제공하는 영역 중 하나며, 이 장에서 이어지는 대부분의 내용은 시스템의 견고성을 향상시키고자 여러분의 소프트웨어에서 할 수 있는 일에 중점을 둔다. 이는 전체 회복 탄력성의 한 측면일 뿐 아니라 고려해야 할 소프트웨어와 관련 없는 견고성도 많이 있다는 점을 기억하라.

12.1.2 회복성

중단으로부터 얼마나 잘 복구되는가는 회복 탄력성이 있는 시스템을 구축하기 위한 핵심 부분이다. 사람들이 장애 가능성을 제거하는 데 시간과 공력을 쏟지만 실제로 장애가 발생한 후에 대해서는 완전히 준비되지 않은 경우를 너무 자주 본다. 반드시 시스템의 견고성을 개선해 발생 가능하다고 생각하는 나쁜 일에서 보호하기 위해 최선을 다하라. 그러나 시스템이 더 커지고 더 복잡해지면서 잠재적인 문제를 지속적으로 완전히 제거하기가 불가능해진다는 점을 이해하라.

사전에 준비하면 장애로부터 회복하는 능력이 향상된다. 예를 들어 백업을 준비하면 데이터를 손실한 후 더 잘 복구할 수 있다(물론, 백업이 테스트됐다고 가정할 때다!). 회복 능력을 향상하는 데는 시스템이 중단된 후 실행할 수 있는 플레이북playbook이 포함된다. 장애가 발생했을 때 사람들이 자기 역할을 이해하고 있는가? 누가 그 상황을 처리할 담당자인가? 무슨 일이 일어나고 있는지 사용자에게 얼마나 빨리 알려야 할까? 사용자와 어떻게 소통할 것인가? 장애가 진행되는 동안 어떻게 이 장애를 처리할 것인지를 명확하게 생각하려고 하면 상황에 내재된 스트레스와 혼돈으로 인해 문제가 될 것이다.

이런 종류의 문제를 예상해 합의된 행동 계획을 세우면 더 잘 회복하는 데 도움이 된다.

12.1.3 원만한 확장성

회복과 견고성에서 우리는 주로 예상되는 것을 다루고 있으며, 예측 가능한 문제를 처리하는 메커니즘을 마련하고 있다. 하지만 우리가 예측하지 못한 일이 일어나면 어떻게 될까? 예상했던 세계관이 틀릴 수 있다는 사실로 인해 당황할 때를 대비하지 않는다면 결국 취약한 시스템을 갖게 된다. 시스템이 처리할 수 있을 것으로 기대되는 한계에 도달하면 다 무너져 내려 적절히 수행할 수 없다.

책임이 집중되지 않고 조직 전체에 분산돼 있는 수평 조직은 종종 예기치 못한 상황에 더 잘 대처할 수 있다. 예상치 못한 일이 발생했을 때 사람들이 해야 할 일에 제한을 받고 엄격한 규칙을 준수해야 한다면 당황할 때 대처하는 능력이 크게 약화될 것이다.

종종 시스템을 최적화하려고 노력하는 과정에서 불행하게도 부작용이 발생해 시스템의 취약성이 증가할 수 있다. 자동화 예를 들어보자. 현재 인력으로 더 많은 일을 할 수 있지만, 자동화는 대단하다. 그것은 우리가 가진 인력으로 더 많은 일을 할 수 있게 해주지만, 자동화 덕분에 더 많은 일을 할 수 있으므로 현재 인력을 줄일 수도 있다. 하지만 인력 감소는 고민거리가 되기도 한다. 자동화는 돌발 상황을 처리할 수 없다. 시스템을 우아하게 확장하고 예상치 못한 상황에 대처하는 능력은 이러한 상황이 발생했을 때 대처할 수 있는 적절한 기술, 경험, 책임감을 갖춘 사람을 배치하는 데서 비롯되기 때문이다.

12.1.4 지속적인 적응력

지속적인 적응력을 갖추려면 안주하지 않아야 한다. 데이비드 우즈는 이렇게 말했다.

"우리가 이전에 얼마나 잘해왔든, 얼마나 성공했든 미래는 다를 수 있고, 우리가 잘 적응하지 못할 수도 있습니다. 우리는 그 새로운 미래 앞에 위태롭고 연약할 수 있습니다."[2]

우리가 아직 파국적인 장애를 겪지 않았다는 사실이 일어날 수 없다는 것을 의미하지는 않는다. 우리는 미래의 회복 탄력성을 보장하는 조직으로서 우리가 하는 일을 지속적으로 적응시키기 위해 스스로 노력해야 한다. 올바르게 수행한다면, 이 장의 뒷부분에서 간략하게 살펴볼 카오스 엔지니어링과 같은 개념이 지속적인 적응력을 구축하는 데 유용한 도구가 될 수 있다.

지속적인 적응력을 위해서는 종종 시스템에 대한 보다 전체적인 관점이 필요하다. 역설적이게도 소규모의 자율적인 팀에 더 국부적이고 집중적인 책임을 강화하면 더 큰 그림을 보지 못할 수 있다는 것이다. 15장에서 살펴보겠지만 조직의 역동성과 관련해 전역 최적화와 지역 최적화 사이에는 균형 조정 작업이 필요하며, 그 균형은 고정돼 있지 않다. 15장에서는 사용자 대면 기능을 제공하는 데 필요한 마이크로서비스의 소유권을 갖고 이를 실현하기 위해 더 커진 책임을 맡는 스트림 정렬 팀의 역할을 살펴본다. 또한 스트림 정렬 팀이 작업을 수행하도록 지원하는 활성화 팀의 역할을 알아보고, 어떻게 이 팀이 조직 수준에서 지속적인 적응력을 확보하는 데 많은 기여를 할 수 있는지 살펴본다.

징계에 대한 두려움 없이 자유롭게 정보를 공유하는 환경의 구축을 중시하는 문화를 만드는 것은 장애로부터 학습을 장려하는 데 필수적이다. 이러한 돌발 상황을 면밀히 조사하고 중요한 교훈을 추출해내는 역량을 갖추려면 시간, 노력, 사람이 필요하며, 이 모든 것은 단기간에 기능을 제공하는 데 사용될 자원을 줄이게 된다. 지속적인 적응력을 수용하기로 결정한다는 것은

---

2 제이슨 블룸버그, '혁신: 회복 탄력성의 이면', Forbes, 2014, *https://oreil.ly/avSmU*

단기적인 제공과 장기적인 적응력 사이의 균형점을 찾는 것과 부분적으로 관련된다.

지속적인 적응력을 위해 노력한다는 말은 모르는 것을 발견하려고 한다는 의미다. 이를 위해서는 일회성의 업무적 활동이 아닌 지속적인 투자가 필요하다. 여기서 **지속적**sustained이라는 용어가 중요하다. 이는 지속적인 적응력을 조직 전략 및 문화의 핵심 부분으로 만들어준다.

12.1.5 그리고 마이크로서비스 아키텍처

논의한 바와 같이 마이크로서비스 아키텍처가 견고성을 달성하는 데 도움이 되는 방법은 알 수 있지만, 회복 탄력성을 원한다면 이것만으로는 충분하지 않다.

더 넓게 보면, 회복 탄력성을 제공하는 능력은 소프트웨어 그 자체가 아니라 시스템을 구축하고 운영하는 사람들의 속성이다. 이 책의 주제를 감안할 때, 이 장에서 다루는 내용은 마이크로서비스 아키텍처가 회복 탄력성 측면에서 제공하는 데 도움이 될 수 있는 것에 중점을 둔다. 이 것은 거의 전적으로 애플리케이션의 견고성을 개선하는 데 국한된다.

12.2 장애는 어디에서나 발생한다

상황은 언제든 나빠질 수 있다. 하드 디스크는 고장이 나고 소프트웨어는 오류가 발생하기 마련이다. 그리고 '분산 컴퓨팅의 오류fallacies of distributed computing'[3]를 읽어본 사람이라면 누구나 '네트워크는 신뢰할 수 없다'고 말할 것이다. 고장 원인을 제한하려고 최선을 다할 수 있지만, 일정 규모 이상이 되면 고장을 피할 수 없다. 예를 들어 하드 드라이브는 그 어느 때보다 더 안정적이지만 언젠가는 고장이 날 것이다. 하드 드라이브가 많을수록 어느 날 각 장치에서 고장이 발생할 가능성은 높아지며, 대규모에서 고장은 통계적으로 확실해진다.

극단적으로 큰 규모를 생각하지 않는 사람들도 고장 가능성을 받아들인다면 더 나아질 것이다. 예를 들어 마이크로서비스의 고장을 원만하게 처리할 수 있다면 계획된 중단이 계획되지 않은 중단보다 훨씬 대치하기 쉬우므로 서비스의 제자리in-place 업그레이드도 수행할 수 있다.

---

3   옮긴이_자세한 내용은 *https://tinyurl.com/bm2-dsf*를 참고하라.

또한 불가피한 일을 막는 데는 시간을 조금 덜 쓰고, 이를 원만하게 처리하는 데 더 많은 시간을 할애할 수 있다. 필자는 많은 조직이 장애가 발생하지 않도록 프로세스와 통제를 마련하면서도 애초에 장애에서 쉽게 복구할 수 있도록 만드는 것은 거의(또는 전혀) 고려하지 않는다는 사실에 놀랐다. 실패할 가능성이 있는 상황을 이해하는 것이 시스템의 견고성을 개선하는 핵심이다.

모든 것은 실패할 수 있고 실패할 것이라는 가정이 굳어지면, 문제의 해결 방법을 달리 생각하게 된다. 10장에서 논의한 구글 서버의 이야기를 기억하는가? 구글 시스템은 기계에 고장이 발생해도 서비스가 중단되지 않도록 구축돼 전체적으로 시스템의 견고성을 향상시킨다. 구글은 더 나아가 다른 방식으로 서버의 견고성을 개선하기 위해 노력하고 있는데, 예를 들면 데이터 센터가 정전되더라도 계속 작동할 수 있도록 각 서버에 자체 로컬 전원 공급 장치를 설치하는 방법을 설명했다.[4] 10장에서 언급했듯이 이러한 서버의 하드 드라이브는 나사못이 아닌 찍찍이 테이프로 고정돼 있어 쉽게 드라이브를 교체할 수 있었다. 드라이브가 고장 났을 때 구글은 시스템을 신속하게 가동하고 실행하도록 지원하며 시스템의 해당 구성 요소가 보다 효과적으로 복구되는 것을 돕는다.

따라서 다시 말하지만, 대규모에서 아무리 좋은 구성품이나 아무리 비싼 하드웨어를 구입하더라도 실패할 수 있고 실패할 것이라는 사실을 피할 수는 없다. 따라서 실패가 발생할 수 있다고 가정해야 한다. 여러분이 하는 일과 실패를 대비한 계획에 이 생각을 포함한다면 정보에 기초한 절충안을 만들 수 있다. 서버가 고장 날 수 있고, 고장 날 것이라는 사실을 시스템이 처리할 수 있다는 점을 알고 있다면 개별 머신에 점점 더 많은 비용을 지출함에 따라 수익은 감소할 수 있다. 대신 구글처럼 더 저렴한 머신(아마도 더 저렴한 구성품과 일부 찍찍이 테이프를 사용하는 머신)을 더 많이 보유하는 것이 훨씬 더 합리적일 수 있다.

12.3 얼마나 많아야 너무 많은 건가?

9장에서는 교차 기능 요구 사항과 관련된 주제를 다뤘다. 교차 기능 요구 사항을 이해하는 것은 데이터 내구성, 서비스 가용성, 처리량, 허용 가능한 연산의 지연 시간과 같은 측면을 모두

---

4 구글이 기존 UPS 시스템보다 이 방식이 우수하다고 생각하는 이유를 흥미롭게 요약한 글인 'Google Uncloaks Once-Secret Server'를 참고하라.

고려하는 것이다. 이 장에서 다루는 많은 기술은 요구 사항을 구현하는 방안들을 설명하지만, 오직 여러분만이 요구 사항 자체가 무엇인지를 정확히 알고 있다. 따라서 계속 읽으면서 자신의 요구 사항을 염두에 두길 바란다.

증가된 부하나 개별 노드의 고장에 대응할 수 있는 자동 확장^{autoscaling} 시스템을 갖추면 정말 멋지겠지만, 한 달에 겨우 두 번만 실행하고 하루 이틀 동안 다운되는 것이 리포팅 시스템에는 과도한 방안일 수 있다. 마찬가지로 서비스 중단을 피하기 위해 무중단 배포를 수행할 방법을 찾은 것은 온라인 전자상거래 시스템에 적합할 수 있지만, 여러분 회사의 인트라넷 지식 기반 시스템에 그 정도까지는 필요하지 않을 것이다.

얼마나 많은 실패를 허용할 수 있는지 또는 시스템이 얼마나 빨라야 하는지는 시스템의 사용자에 의해 결정된다. 이와 같은 정보는 여러분에게 가장 적합한 기술이 무엇인지를 이해하는 데 도움을 준다. 하지만 사용자가 그들의 정확한 요구 사항이 무엇인지를 항상 명확하게 설명하지는 않는다. 따라서 올바른 정보를 수집하고 다양한 수준의 서비스를 제공할 때의 상대적 비용을 사용자가 이해하는 데 도움이 되는 질문을 해야 한다.

앞에서 언급했듯이, 이러한 교차 기능 요구 사항은 서비스마다 다를 수 있어 몇 가지 일반적인 교차 기능을 정의한 다음 특정 사용 사례에 대해 재정의하는 것이 좋다. 부하와 실패를 더 잘 처리하기 위해 시스템을 확장할지 여부와 그 방법을 고려할 때는 다음 요구 사항을 이해하는 것에서 시작하라.

응답 시간/지연 시간

다양한 연산들을 수행하는 데 시간이 얼마나 걸릴까? 부하 증가가 응답 시간에 어떤 영향을 주는지 이해하기 위해 다양한 사용자 수로 측정하는 것이 유용할 수 있다. 네트워크의 특성상 항상 이상값이 있으므로, 모니터링되는 응답의 특정 백분위수에 대한 목표를 설정하면 도움이 된다. 목표 대상에는 소프트웨어가 처리할 동시 접속 및 사용자 수도 포함돼야 한다. 따라서 '초당 200개의 동시 접속을 처리할 때 웹 사이트 응답 시간의 90%가 2초 미만을 유지할 것으로 예상된다'고 말할 수 있다.

가용성

서비스가 다운될 것을 예상할 수 있는가? 연중무휴 서비스로 간주되는가? 어떤 사람들은 가용성을 측정할 때 허용 가능한 다운타임 기간을 확인하길 원하지만, 서비스를 호출하는 사람에게 그 정보가 얼마나 유용할까? 사용자는 여러분의 서비스에 의존할 수도 있고 그렇지 않을 수도 있기 때문이다. 따라서 서비스가 다운타임 기간을 측정하는 것은 보고 기록 관점에서 실제로 더 유용하다.

데이터 내구성

데이터 손실은 어느 정도까지 허용되는가? 데이터를 얼마나 오래 보관해야 하는가? 이는 상황에 따라 변경될 가능성이 높다. 예를 들어 공간을 절약하고자 사용자 세션 로그를 1년 이하로 유지하도록 결정할 수 있지만, 금융 거래 기록은 수년 동안 보관해야 할 수 있다.

이 개념들을 수용해 10장에서 다룬 서비스 수준 목표(SLO)로 명확히 표현하는 것은 이러한 요구 사항을 소프트웨어 제공 프로세스의 핵심 부분으로 자리 잡게 할 좋은 방법이다.

12.4 기능 저하

회복 탄력적 시스템을 구축하는 데 필수적인 부분은 특히 가동되거나 중단될 수 있는 여러 다른 마이크로서비스에 기능이 분산돼 있는 경우, 기능을 안전하게 저하시킬 수 있는 능력이다. 전자상거래 사이트의 일반 웹 페이지를 상상해보자. 해당 웹 사이트의 다양한 부분을 통합하려면 여러 마이크로서비스가 각자의 역할을 수행해야 한다. 한 마이크로서비스는 판매를 위해 제공되는 항목에 대한 세부 정보를 표시할 수 있고, 다른 서비스는 가격과 재고 수준을 보여줄 수 있다. 그리고 장바구니 콘텐츠를 표시하는 마이크로서비스도 있을 것이다. 그 서비스 중 하나가 다운돼 전체 웹 페이지를 사용할 수 없게 되면, 한 서비스로 사용할 수 있는 시스템보다 회복 탄력성이 떨어지는 시스템을 만든 것이다.

우리가 해야 할 일은 각 장애의 영향도를 파악하고 기능을 적절하게 저하시키는 방법을 찾는 것이다. 비즈니스 관점에서는 주문 접수 워크플로가 가능한 한 견고하길 원하므로 작동이 보장된다면 약간의 기능 저하는 기꺼이 수용할지 모른다. 재고 수준을 확인하는 것이 불가할 경우 판매를 계속 진행하고 세부 사항을 나중에 해결하기로 결정할 수 있다. 장바구니 마이크로서비스가 가용하지 못하다면 많은 문제가 생길 수 있지만, 여전히 제품 목록을 표시할 수 있을 것이다. 아마도 장바구니를 숨기거나 "곧 정상화됩니다!"라고 안내하는 아이콘으로 바꿀 수 있다.

단일 프로세스형 모놀리식 애플리케이션을 사용하면 결정할 사항이 많지 않다. 이 상황에서 시스템 상태는 어느 정도 이분법적이다. 즉, 프로세스는 정상up 또는 중단down 중 하나다. 하지만 마이크로서비스 아키텍처에서는 훨씬 더 미묘한 상황을 고려해야 한다. 어떤 상황에서 옳은 일은 기술적인 결정이 아닌 경우가 많다. 장바구니가 다운됐을 때 기술적으로 가능한 작업이 어떤 것인지 알 수 있지만, 비즈니스 맥락을 이해하지 못하면 어떤 조치를 취해야 하는지 이해할 수 없다. 예를 들어, 사이트 전체를 내리고 사람들이 여전히 카탈로그 항목을 탐색하도록 허용하거나 장바구니 컨트롤이 포함된 UI 일부를 주문 전화번호로 대체할 수 있다. 하지만 여러 마이크로서비스를 사용하는 모든 고객을 대면하는 인터페이스나 여러 다운스트림 협업자에 의존하는 마이크로서비스에 대해서는 "이들이 다운되면 어떻게 될까?"라고 자문해야 하며 무엇을 할지 알고 있어야 한다.

교차 기능 요구 사항의 측면에서 각 기능들의 중요성을 판단하면 우리가 무엇을 할 수 있는지 훨씬 더 잘 정할 수 있다. 이제 기술적인 관점에서 실패가 발생했을 때 원만하게 처리하기 위해 할 수 있는 몇 가지 일을 고려해보자.

12.5 안정성 패턴

무언가 잘못될 경우 심각한 파급 효과를 피하기 위해 사용하는 몇 가지 패턴이 있다. 이러한 패턴의 개념을 이해하는 것이 중요하며, 한 명의 나쁜 시민bad citizen이 전 세계를 무너뜨리는 일이 없도록 시스템에서 이 패턴들을 활용하는 것을 적극 고려해야 한다. 잠시 후에 고려해야 할 몇 가지 주요 안전 조치를 살펴보겠지만, 그 전에 어떤 일이 잘못될 수 있는지 간략하게 설명하기 위해 간단한 이야기를 공유하려 한다.

수년 전에 필자는 애드버트코프AdvertCorp 프로젝트의 기술 리드technical lead였다. 애드버트코프(회사명과 상세 내용은 무관한 사람들에게 피해가 가지 않도록 각색됐다!)는 매우 인기 있는 웹 사이트를 통해 온라인 분류 광고를 제공했다. 웹 사이트 자체는 상당히 많은 양을 처리했으며 비즈니스를 위한 많은 수입을 창출했다. 필자가 작업하고 있던 프로젝트는 다양한 광고 유형에 대해 유사한 기능을 제공하는 데 사용된 기존의 여러 서비스를 통합하는 임무였다. 다양한 유형의 광고에 대한 기존 기능이 필자와 동료들이 구축하고 있던 새로운 시스템으로 천천히 마이그레이션되고 있었으며, 이전 서비스에서도 여전히 제공되는 다양한 유형의 광고가 있었다. 최종 고객에게 이 전환이 투명하도록(이 전환을 인식하지 못하도록) [그림 12-1]과 같이 새 시스템에서 다양한 유형의 광고에 대한 모든 호출을 가로채 필요한 경우 이전 시스템으로 되돌렸다. 이는 실제로 3.6절 '유용한 분해 패턴'에서 간략히 논의한 **교살자 무화과 패턴**의 예다.

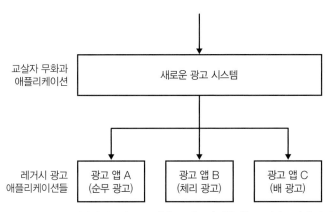

그림 12-1 이전 레거시 시스템으로 호출을 보내는 데 사용되는 교살자 무화과 패턴

검색량이 가장 많고 가장 많은 수익을 올리는 제품을 새로운 시스템으로 막 옮겼지만, 나머지 광고의 대부분은 여전히 이전의 여러 애플리케이션에서 제공되고 있었다. 검색 수와 이러한 애플리케이션으로 얻은 수익 측면에서 롱테일long tail이 많았다. 즉, 이전 애플리케이션 중 다수는 적은 양의 트래픽을 수신하고 적은 양의 수익을 창출했다. 새 시스템은 한동안 가동됐고 적지 않은 로드를 처리하면서 매우 잘 작동했다. 그 당시 정점에서 초당 약 6,000~7,000개의 요청을 처리해야 했다. 대부분은 애플리케이션 서버 앞에 있는 리버스 프록시에 의해 매우 많이 캐싱됐지만, 제품 검색(가장 중요한 사이트 측면) 대부분은 캐싱되지 않았으며 전체 서버 구간을 왕복해야 했다.

어느 날 오전, 점심시간의 정점에 도달하기 직전에 시스템이 느리게 작동하기 시작하면서 실패가 발생하기 시작했다. 필자와 동료들은 새로운 핵심 애플리케이션에 대해 일정 수준의 모니터링을 구축했는데, 각 애플리케이션 노드가 정점에서도 정상 수준을 훨씬 상회하며 CPU 사용률이 100%로 급증하고 있다는 것을 충분히 보여주고 있었다. 짧은 시간 안에 전체 사이트가 다운됐다.

우리는 문제 원인을 추적하고 사이트를 다시 복구했다. 원인은 이 익명의 사례 연구를 위해 순무turnip 관련 광고를 담당하고 있는 다운스트림 광고 시스템 중 하나로 밝혀졌다. 가장 오래되고 부진하게 유지 관리되는 서비스 중 하나인 순무 광고 서비스가 매우 느리게 응답하기 시작했다. 매우 느리게 응답하는 것은 우리가 경험할 수 있는 최악의 실패 모드 중 하나다. 시스템이 작동하지 않는다면 금방 알아챌 수 있다. 시스템이 **느려지면** 얼마 동안 기다리다가 포기하게 되는데, 이렇게 기다리는 과정에서 전체 시스템 속도가 느려지고 리소스 경합이 발생하며, 필자의 사례에서처럼 연쇄적인 장애를 초래한다. 하지만 실패의 원인이 무엇이든 시스템 전체의 장애를 유발하는 다운스트림 문제에 취약한 시스템을 만들었다. 필자와 동료들이 거의 제어할 수 없는 다운스트림 서비스 하나가 전체 시스템을 중단시킬 수 있었다.

한 팀이 순무 시스템의 문제를 분석하는 동안 나머지 팀은 애플리케이션에서 무엇이 잘못됐는지 살펴보기 시작했다. [그림 12-2]에 요약된 몇 가지 문제를 발견했으며, 다운스트림 연결을 처리하기 위해 HTTP 커넥션 풀을 사용하고 있었다. 풀에 있는 스레드에는 다운스트림 HTTP 호출을 수행할 때 대기하는 시간에 대한 타임아웃이 설정돼 있었고 양호했다. 문제는 느린 다운스트림 서비스로 인해 워커worker가 모두 타임아웃까지 대기한다는 것이다. 대기하는 동안 워커 스레드를 필요로 하는 더 많은 요청이 워커 풀로 유입됐다. 가용한 워커가 없으니 요청 자체는 매달려hang 있었다. 알고 보니 사용 중이던 커넥션 풀 라이브러리에는 워커를 기다리는 타임아웃은 있었지만, **초기값이 비활성화돼** 있었다! 그 결과 블록된 스레드가 엄청나게 쌓이게 됐다. 평소 그 애플리케이션에는 대략 한 번에 40개의 동시 커넥션이 있었다. 5분 동안 이 상황으로 인해 약 800개의 커넥션이 정점에 도달해 시스템이 다운됐다.

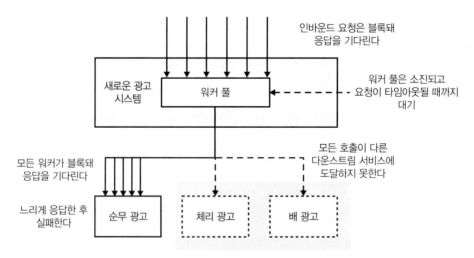

그림 12-2 장애를 야기한 문제에 대한 개요

더 심각한 문제는 우리가 이야기하고 있는 그 다운스트림 서비스(순무)는 5% 미만의 고객이 사용하는 기능으로 실제 수익은 그보다 훨씬 적었다는 점이다. 요점을 말하자면, 느리게 작동하는 시스템이 빠르게 실패하는 시스템보다 다루기 **훨씬** 어렵다는 것을 알게 됐다. 분산 시스템에서 지연 시간은 치명적이다.

풀에서 타임아웃을 올바르게 설정했더라도 모든 아웃바운드 요청에 대해 하나의 HTTP 커넥션 풀을 공유하고 있었다. 이는 하나의 느린 다운스트림 서비스가 다른 모든 것이 정상인 경우에도 자체적으로 사용 가능한 워커 수를 소진할 수 있다는 것을 의미했다. 마지막으로 잦은 타임아웃과 실패로 인해 문제의 다운스트림 서비스가 정상적이지 않다는 것이 분명했지만, 그럼에도 계속해서 트래픽을 그곳으로 전송했다. 하지만 이 상황에서는 다운스트림 서비스가 복구할 기회를 놓치기 때문에 실제로 상황은 악화됐다. 필자와 동료들은 이런 일이 재발되지 않도록 하려고 세 가지 수정 사항을 구현했다. 구체적으로 말하면 **타임아웃**을 올바르게 설정하고, 서로 다른 커넥션 풀을 구현하기 위해 **벌크헤드**를 구현하고, 애초에 비정상 시스템에 호출을 보내지 않도록 **회로 차단기**^{circuit breaker}를 구현했다.

12.5.1 타임아웃

타임아웃^{time-out}은 간과하기 쉽지만 분산 시스템에서 올바르게 이해하는 것이 중요하다. 다운스트림 서비스에 대한 호출을 포기하기 전에 얼마나 기다려야 하는가? 호출이 실패했다고 결정하는 동안 너무 오래 기다리게 되면 전체 시스템 속도가 느려진다. 또한 너무 빨리 시간이 초과되면 성공할 수 있는 호출을 실패로 간주하게 된다. 타임아웃이 없다면 다운스트림 서비스가 다운될 때 전체 시스템이 중단될 수 있다.

애드버트코프의 경우 타임아웃과 관련된 두 가지 문제가 있다. 첫째, HTTP 요청 풀에 타임아웃이 누락된다면 다운스트림 HTTP 요청을 하기 위해 워커를 요구할 때 워커가 가용해질 때까지 요청 스레드가 계속 블록된다. 둘째, 마침내 순무 광고 시스템에 요청을 할 수 있는 HTTP 워커가 생겼을 때 호출을 포기하기까지 너무 오래 걸린다는 것이다. 따라서 [그림 12-3]에서 보듯이 새로운 타임아웃을 추가하고 기존 타임아웃 설정을 변경해야 했다.

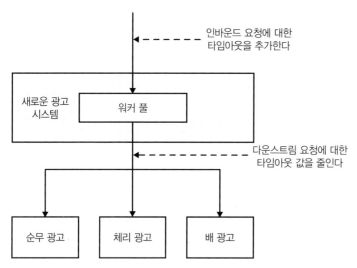

그림 12-3 애드버트코프 시스템에서의 타임아웃 변경

다운스트림 HTTP 요청에 대한 타임아웃은 30초로 설정됐으므로 포기하기 전까지 순무 시스템의 응답을 위해 30초를 기다려야 했다. 문제는 더 광범위한 맥락에서 호출 후 그렇게 오래 기다리는 것은 의미가 없다는 점이다. 순무 관련 광고는 사용자 중 한 명이 브라우저를 사용해 당사 웹 사이트를 볼 때 요청된다. 이런 일이 발생했을 당시에도 페이지가 로드될 때까지 30초를 기다리는 사람은 아무도 없다. 웹 페이지가 5초, 10초 또는 15초 후에 로드되지 않으면 어떻게 될지 생각해보라. 여러분은 이때 어떻게 하는가? 아마 페이지를 새로고침할 것이다. 순무 광고 시스템이 응답할 때까지 30초를 기다리게 돼 있지만, 그 훨씬 전에 사용자가 단지 새로고침을 했으므로 원래 요청은 무효화되고 추가적인 인바운드 요청이 발생했다. 이로 인해 광고 시스템에 대한 또 다른 요청이 들어왔고, 그렇게 진행됐다.

순무 광고 시스템의 정상적인 동작을 살펴보면, 일반적으로 1초도 안 되는 시간 내에 응답을 기대하므로 30초는 지나친 설정일 것이다. 또한 4~6초 이내에 사용자에게 페이지를 렌더링하는 목표가 있었다. 이를 바탕으로 훨씬 더 공격적으로 타임아웃을 1초로 설정했고 HTTP 워커를 사용할 수 있을 때까지 대기하는 데 1초 타임아웃을 더 뒀다. 이는 최악의 경우 순무 시스템에서 정보를 얻기 위해 약 2초를 기다려야 한다는 것을 의미했다.

단일 서비스 호출에 대해 타임아웃을 설정하는 것만으로 충분하지 않을 수 있다. 타임아웃이 발생하기 전에 포기하고 싶은 더 큰 작업의 일부분으로 이 타임아웃이 발생한다면 어떻게 될까? 예를 들어 애드버트코프의 경우 사용자가 이미 요청을 포기했을 가능성이 높다면 최신 순무 가격을 기다릴 필요가 없다. 이러한 상황에서는 전체 작업에 대한 타임아웃을 설정해두고 이를 초과하면 포기하는 것이 합리적일 수 있다. 이렇게 작동하려면 작업에 남은 현재 시간을 다운스트림으로 전달해야 한다. 예를 들어 페이지를 렌더링하는 전체 작업이 1,000ms 이내에 완료돼야 하고 다운스트림 순무 광고 서비스를 호출할 때 이미 300ms가 경과했다면, 나머지 호출을 완료하는 데 700ms 이상 기다리지 않도록 해야 한다.

12.5.2 재시도

일부 다운스트림 호출의 문제는 일시적이다. 패킷이 잘못 가거나 게이트웨이에 부하가 비정상적으로 급증해 시간 초과가 발생할 수 있으며, 종종 이런 경우는 호출을 재시도하는 것이 많은 도움이 될 것이다. 방금 이야기한 내용으로 돌아가보자. 아직 로드되지 않은 웹 페이지를 새로고침했는데 두 번째 시도에서는 정상적으로 작동한 적이 얼마나 자주 있는가? 이것이 바로 재시도다.

재시도해야 할 다운스트림 호출 실패의 종류를 고려하면 유용하다. 예를 들어 HTTP와 같은 프로토콜을 사용하는 경우 응답 코드에서 재시도가 필요한지 판단하는 데 도움이 되는 몇 가지 유용한 정보를 얻을 수 있다. 404 Not Found가 반환되면 재시도가 도움이 되지 않을 것이다. 반면에 503 Service Unavailable이나 504 Gateway Time-out이 발생한다면 일시적인 오류로 간주해 재시도하는 것이 적절하다.

재시도하기 전에 지연 시간이 필요할 수 있다. 다운스트림 마이크로서비스에 부하가 걸려 초기 타임아웃이나 에러가 발생한 경우 추가 요청을 쏟아내는 것은 좋지 않은 생각일 수 있다.

재시도하려면, 타임아웃 임계값을 고려할 때 이를 염두에 둬야 한다. 다운스트림 호출에 대한 타임아웃 임계값이 500ms로 설정돼 있지만, 각각의 재시도 사이에 1초 간격으로 최대 세 번의 재시도를 허용하는 경우 포기하기 전에 최대 3.5초 동안 기다려야 할 수 있다. 앞서 언급했듯이 전체 타임아웃 예산을 이미 초과했다면 세 번째(또는 두 번째) 재시도를 수행하지 않을 수 있으므로 작업 소요 시간에 대한 예산을 설정하는 것은 유용할 수 있다. 반면에 이것이 사용자와 대면하지 않는 작업의 일부분에서 발생했다면, 작업 완료를 위해 더 오래 기다려도 괜찮을 것이다.

12.5.3 벌크헤드

『Release It 릴리스 잇: 성공적인 출시를 위한 소프트웨어 설계와 배치』(위키북스, 2007)에서 마이클 나이가드[Michael Nygard]는 실패로부터 격리하는 방법으로 **벌크헤드**[bulkhead](격벽)라는 개념을 소개한다. 선박에서 격벽은 선체의 다른 부분을 보호하기 위해 밀봉할 수 있는 선체의 일부분이다. 따라서 배에 물이 들어올 경우 격벽 문을 닫을 수 있다. 그럼 배의 일부 공간은 잃겠지만 나머지 공간은 무사하게 된다.

소프트웨어 아키텍처 관점에서는 매우 다양한 벌크헤드가 있다. 애드버트코프의 이야기로 돌아가, 필자는 실제로 다운스트림 호출과 관련해 벌크헤드를 구현할 기회를 놓친 경험이 있다. 각 다운스트림 연결을 위해 서로 다른 커넥션 풀을 사용해야 했는데, 이렇게 하면 [그림 12-4]와 같이 하나의 커넥션 풀이 소진되더라도 다른 것은 영향을 받지 않는다.

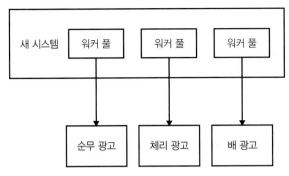

그림 12-4 다운스트림 서비스별 커넥션 풀을 사용한 벌크헤드

관심사의 분리도 벌크헤드를 구현하는 한 가지 방법이다. 기능을 별도의 마이크로서비스로 분리하면, 한 영역에서 장애가 발생해 다른 영역에 영향을 미칠 가능성이 줄어든다.

마이크로서비스 내부와 마이크로서비스 사이에서 잘못될 수 있는 시스템의 모든 측면을 살펴보라. 벌크헤드가 설치돼 있는가? 최소한 각각의 다운스트림과 연결하기 위한 별도의 커넥션 풀을 두는 것부터 시작하는 것이 좋다. 그리고 더 나아가 회로 차단기 사용을 고려할 수 있다. 잠시 후에 살펴보자.

여러 면에서 벌크헤드는 지금까지 살펴본 패턴 중 가장 중요하다. 타임아웃과 회로 차단기는 자원이 제한될 때 자원을 확보하는 데 도움이 되지만, 벌크헤드는 처음부터 자원이 제한되는 것을 방지할 수 있다. 또한 자원이 더 포화되지 않도록 특정 조건에서 요청을 거부할 수 있는 기능을 제공할 수 있는데, 이를 **로드 셰딩**load shedding이라고 한다. 때로는 요청을 거부하는 것이 중요한 시스템을 무너뜨리지 않고 여러 업스트림 서비스에 병목 현상이 발생하지 않도록 하는 가장 좋은 방법이다.

12.5.4 회로 차단기

가정에는 전력이 급등할 때 전기 장치를 보호하는 회로 차단기가 존재한다. 전력이 급등하면 회로 차단기가 끊어져 고가의 가전 기기를 보호한다. 또한 회로 차단기를 수동으로 비활성화해 집의 일부 전원을 차단하고 전기 시스템에서 안전하게 작업할 수 있다. 『Release It 릴리스 잇: 성공적인 출시를 위한 소프트웨어 설계와 배치』(위키북스, 2007)의 또 다른 패턴에서 나이가 드는 소프트웨어를 위한 보호 메커니즘으로 이러한 생각이 어떻게 놀라운 효과를 발휘하는지 보여준다.

회로 차단기는 다운스트림 문제로부터 소비자를 보호할 뿐만 아니라 잠재적으로 부정적인 영향을 미칠 더 많은 호출로부터 다운스트림 서비스를 보호하기 위해 벌크헤드(격벽)를 봉쇄하는 자동 메커니즘으로 생각할 수 있다. 연쇄적 실패의 위험을 감안하면, 모든 동기식 다운스트림 호출에 대해 회로 차단기를 의무화하는 것이 좋다. 또한 이 책의 초판이 출간된 이후 몇 년 동안 회로 차단기 구현체가 널리 보급돼 직접 작성할 필요도 없다.

애드버트코프 이야기로 돌아가서 순무 시스템이 결국 에러를 반환하기 전까지 매우 느리게 응답하던 문제를 고려해보자. 타임아웃을 올바르게 설정했더라도 에러가 발생하기까지 오랜 시간을 기다릴 것이다. 그리고 나서 다음 요청이 들어오면 다시 시도하고 기다린다. 다운스트림 서비스가 오작동하는 것만으로 충분히 안 좋은 상황이었지만, 전체 시스템도 느려지고 있었다.

회로 차단기를 사용하면 다운스트림 자원에 대한 요청이 일정 횟수 이상 실패한 후(에러나 타임아웃으로 인해)에 차단기는 끊어진다. 회로 차단기를 통과하는 모든 추가 요청은 [그림 12-5]에서 보듯이 차단기가 끊어진(열린) 상태[5]에 있는 동안 빠르게 실패한다. 일정 시간이 지나면 클라이언트는 다운스트림 서비스가 복구됐는지 확인하기 위해 몇 개의 요청을 보내고, 충분하게 정상 응답을 받으면 회로 차단기를 재설정한다.

회로 차단기를 구현하는 방법은 '실패한' 요청의 의미에 따라 다르지만, HTTP 연결을 구현한 경우 일반적으로 실패는 타임아웃이나 5XX HTTP 응답 코드의 하위 집합을 의미하는 것으로 간주했다. 이러한 방식으로 다운스트림 자원이 타임아웃되거나 에러를 반환할 때 특정 임계값에 도달하면 자동으로 트래픽 전송을 중단하고 빠르게 실패하기 시작한다. 그리고 상태가 정상화되면 자동으로 다시 시작할 수 있다.

올바르게 설정하는 것은 약간 까다로울 수 있다. 즉, 회로 차단기를 너무 일찍 끊거나 오래 걸려 끊는 것을 피하고 싶다. 마찬가지로 트래픽을 보내기 전에 다운스트림 서비스가 다시 정상인지 확인하고 싶을 것이다. 타임아웃과 마찬가지로, 필자는 합리적인 기본값을 선택해 모든 곳에서 적용한 다음 특정 경우에만 값을 수정한다.

---

5 차단기가 '열림' 상태(요청이 흐를 수 없다는 의미)라는 말은 다소 혼란스러울 수 있지만 전기 회로에서 유래했다. 차단기가 '열림' 상태면 회로가 끊어지고 전류가 흐르지 않는다. 반면에 차단기를 닫으면 회로가 연결되고 전류가 다시 흐르게 된다.

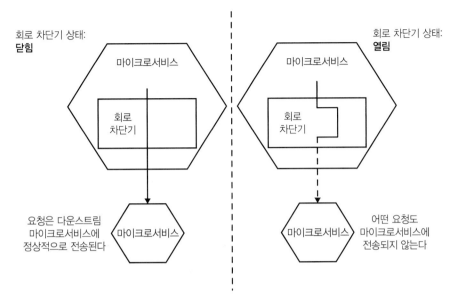

그림 12-5 회로 차단기의 개요

회로 차단기가 끊어진 동안 몇 가지 옵션이 있다. 하나는 요청을 큐에 넣고 나중에 재시도하는 것이다. 일부 사용 사례의 경우, 특히 비동기 작업의 일부로 수행될 때 적합할 수 있다. 하지만 이 호출이 동기 호출 체인의 일부로 수행되고 있다면 빨리 실패하는 것이 좋다. 이는 호출 체인에 따라 에러를 전파하거나 보다 미묘한 기능 저하로 나타날 수 있다.

애드버트코프의 경우 [그림 12-6]과 같이 레거시 시스템에 대한 다운스트림 호출을 회로 차단기로 감쌌다. 이러한 회로 차단기가 끊어졌을 때는 프로그래밍 방식으로 웹 사이트를 업데이트해 순무에 대한 광고를 표시할 수 없다는 것을 보여주었다. 우리는 웹 사이트의 나머지 부분이 작동하도록 유지했고, 완전히 자동화된 방식으로 제품의 일부분에 제한된 문제가 있음을 고객에게 명확히 전달했다.

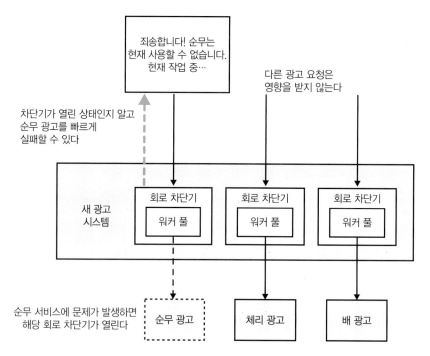

그림 12-6 애드버트코프에 회로 차단기 추가

다운스트림 레거시 시스템별로 하나씩 회로 차단기를 갖도록 범위를 지정할 수 있었다. 이는 각 다운스트림 서비스에 대해 서로 다른 요청 워커 풀을 갖도록 결정했다는 사실과 잘 맞아떨어졌다.

집에 있는 회로 차단기처럼 이러한 메커니즘을 갖추면 수동으로 사용해 작업을 더 안전하게 수행할 수 있다. 예를 들어 일상적인 유지 보수 활동으로 마이크로서비스를 중단하려는 경우 업스트림 소비자의 모든 차단기를 수동으로 열어 마이크로서비스가 끊어진 상태일 때 빨리 실패하도록 할 수 있다. 복구되면 회로 차단기를 닫고 모든 것이 정상으로 돌아간다. 자동화된 배포 프로세스의 일부로 회로 차단기를 수동으로 열고 닫는 과정을 스크립팅한다면 다음 단계에서 할 수 있는 현명한 작업일 것이다.

회로 차단기는 애플리케이션이 빠르게 실패하는 데 도움이 되며, 빠르게 실패하는 것이 느리게 실패하는 것보다 항상 더 낫다. 회로 차단기를 사용하면 비정상 다운스트림 마이크로서비스가 응답하길 기다리면서 귀중한 시간(그리고 자원)을 낭비하기 전에 실패하게 된다. 다운스트림 마이크로서비스를 사용하려다 실패할 때까지 기다리는 대신에 회로 차단기의 상태를 더 일찍 확인할 수 있으며, 작업의 일부로 사용할 마이크로서비스를 현재 사용할 수 없는 경우 작업을 시작하기도 전에 중단할 수 있다.

12.5.5 격리

한 마이크로서비스가 다른 마이크로서비스의 가용성에 더 많이 의존할수록 한 마이크로서비스의 상태가 다른 마이크로서비스의 작업 수행 능력에 더 많은 영향을 미친다. 예를 들어 미들웨어나 다른 종류의 호출 버퍼링 시스템을 사용해 다운스트림 서버를 오프라인으로 만드는 기술을 사용할 수 있다면, 업스트림 마이크로서비스는 계획되거나 계획되지 않은 다운스트림 서비스의 중단으로 인해 영향을 받을 가능성이 줄어든다.

서비스 간 격리를 강화하면 또 다른 이점도 있다. 서비스가 서로 격리되면 서비스 소유자 간의 조정 작업이 훨씬 줄어든다. 팀 간 조정이 줄어들수록 팀은 자신들의 서비스를 더 자유롭게 운영하고 발전시킬 수 있으므로 더 많은 자율성을 갖게 된다.

격리는 논리적인 것에서 물리적인 것으로 전환하는 방식에도 적용된다. 서로 완전히 격리된 것처럼 보이는 2개의 마이크로서비스를 생각해보라. 이 두 마이크로서비스는 어떤 방식으로도 서로 통신하지 않는다. 따라서 그중 하나에 문제가 생겨도 다른 것에 영향을 끼치지 못할 것이다. 하지만 두 마이크로서비스가 동일한 호스트에 실행되고 있으며, 그중 하나가 CPU를 모두 사용하기 시작해 결국 해당 호스트에 문제가 발생하면 어떻게 될까?

다른 예를 생각해보자. 두 마이크로서비스에는 각각 논리적으로 격리된 자체 데이터베이스가 있다. 하지만 두 데이터베이스 모두 동일한 데이터베이스 인프라스트럭처에 배포돼 있다. 이 데이터베이스 인프라스트럭처에 장애가 발생하면 두 마이크로서비스가 모두 영향을 받는다.

마이크로서비스를 배포하는 방법을 고려할 때, 이와 같은 문제를 방지하려면 어느 정도의 장애 격리를 보장하기 위해 노력해야 한다. 예를 들어 자체 가상 머신이나 컨테이너에서 마이크로서비스 인스턴스를 실행할 때와 같이 제한 조치된 운영체제와 컴퓨팅 자원을 갖춘 독립적인 호스트에서 마이크로서비스가 실행되도록 하는 것은 현명한 조치다. 하지만 이런 종류의 격리에는 비용이 든다.

마이크로서비스를 서로 다른 머신에서 실행하면 서로를 더 효과적으로 격리할 수 있다. 이를 위해서는 더 많은 인프라스트럭처와 인프라스트럭처를 관리하기 위한 도구가 필요하다. 이는 직접적인 비용을 초래할 뿐만 아니라 시스템의 복잡성을 증가시켜 잠재적으로 장애에 이르는 새로운 길을 노출할 수 있다. 각 마이크로서비스마다 완전한 전용 데이터베이스 인프라스트럭처를 보유할 수 있지만 관리해야 할 인프라스트럭처는 더 늘어난다. 미들웨어를 사용해 두 마이크로서비스 간을 시간적으로 분리할 수 있지만, 이 경우 브로커에 대해 고민해야 한다.

격리는 앞서 살펴본 다른 많은 기술처럼 애플리케이션의 견고성을 향상시키는 데 도움이 될 수 있지만, 공짜로 제공되는 경우는 드물다. 따라서 다른 많은 것과 마찬가지로 격리와 비용 및 복잡성의 증가 사이에 수용 가능한 절충점을 찾는 것이 중요하다.

12.5.6 이중화

무언가를 보유하는 것은 구성 요소의 견고성을 향상시키는 좋은 방법이 될 수 있다. 누군가가 퇴사하거나 휴가를 떠날 경우를 대비해 운영 환경의 데이터베이스가 작동하는 방식을 아는 사람이 두 명 이상 있는 것은 합리적으로 보인다. 이와 마찬가지로, 2개 이상의 마이크로서비스 인스턴스가 있을 때 인스턴스 중 하나에 장애가 발생해도 필요한 기능을 계속 제공할 수 있기 때문에 합리적이다.

이중화redundancy(중복성)가 얼마나 필요하고 어디에 필요한지는 각 구성 요소의 잠재적인 장애 모드, 해당 기능을 사용하지 못할 때의 영향, 이중화에 대한 추가 비용 등을 얼마나 잘 이해하고 있는지에 따라 달라진다.

예를 들어 AWS는 단일 EC2(가상 머신) 인스턴스의 가동 시간에 대한 SLA를 제공하지 않으며, 인스턴스가 중단될 수 있고 중단될 것이라는 가정하에 작업해야 한다. 따라서 2개 이상의 인스턴스를 사용하는 것이 좋다. 하지만 더 나아가 EC2 인스턴스는 가용 영역(가상 데이터 센터)에 배포되며, 단일 가용 영역의 가용성에 대한 보장도 없으므로 위험을 분산하기 위해 두 번째 인스턴스를 **다른** 가용 영역에 배치해야 한다.

무언가의 복사본을 더 많이 보유하면 이중화를 구현하는 데 도움이 되지만 애플리케이션을 확장해 증가하는 부하를 처리하는 데도 도움이 될 수 있다. 다음 장에서는 시스템 확장의 예를 살펴보고 이중화를 위한 확장과 부하를 위한 확장이 어떻게 다른지 알아보자.

12.5.7 미들웨어

5.2.4절 '메시지 브로커'에서는 요청 및 응답과 이벤트 기반의 상호작용을 구현하는 데 도움이 되는 메시지 브로커 형태의 역할을 살펴봤다. 대부분의 메시지 브로커가 지닌 유용한 특성 중 하나는 전달을 보장하는 기능이다. 사용자가 다운스트림 대상에게 메시지를 보내면 브로커는 앞서 살펴본 몇 가지 주의 사항과 함께 메시지 전달을 보장한다. 내부적으로 이와 같은 보장을 위해 메시지 브로커 소프트웨어는 브로커 사용자를 대신해 재시도와 타임아웃 같은 것을 구현해야 한다. 이때 사용자가 직접 수행해야 하는 것과 동일한 작업이 수행되지만, 이러한 종류의 작업에 능한 전문가가 작성한 소프트웨어에서 수행된다. 똑똑한 사람에게 일을 맡기는 것은 흔히 좋은 생각이다.

애드버트코프의 구체적인 예에서 보면, 미들웨어를 사용해 다운스트림 순무 시스템과의 요청 및 응답 통신을 인위적으로 처리하는 것은 실제로 큰 도움이 되지 않았을지 모른다. 또한 여전히 고객에게 응답을 받지 못할 수 있다. 한 가지 잠재적인 이점은 자체 시스템에서 자원 경합을 완화할 수 있다는 것이지만, 이로 인해 브로커에서 보류 중인 요청이 늘어나게 될 뿐이다. 게다가 최신 순무 가격을 요구하는 요청 중 상당수가 더 이상 유효하지 않은 사용자 요청과 연관될 수 있다는 점에서 더욱 나쁘다.

이에 대한 대안은 상호작용을 뒤집고 미들웨어를 사용해 순무 시스템이 마지막 순무 광고를 브로드캐스트하도록 한 다음, 이를 사용하게 하는 것이다. 하지만 다운스트림 순무 시스템에 문제가 발생하면, 최적의 순무 가격을 찾는 고객에게 여전히 도움을 줄 수 없다.

따라서 메시지 브로커와 같은 미들웨어를 사용해 일부 견고성 문제를 해소하는 것이 유용할 수 있지만 모든 상황에 적용되지는 않는다.

12.5.8 멱등성

멱등적idempotent 연산에서는 첫 번째 적용 이후 연산을 여러 번 적용하더라도 결과가 변경되지 않는다. 연산에 멱등성이 있다면 부정적인 영향 없이 호출을 여러 번 반복할 수 있다. 이는 처리됐는지 확실하지 않은 메시지를 재연하고자 할 때 매우 유용하며, 에러에서 복구하는 일반적인 방법이다.

고객 중 한 명이 주문한 결과 포인트를 추가하기 위한 간단한 호출을 예로 들어보자. [예제

12-1]에 표시된 페이로드 종류를 사용해 호출할 수 있다.

예제 12-1 계정에 포인트를 적립

```
<credit>
  <amount>100</amount>
  <forAccount>1234</account>
</credit>
```

이 호출이 여러 번 수신되면 100 포인트를 여러 번 추가한다. 따라서 이 호출은 멱등적이지 못하다. 하지만 [예제 12-2]에 표시된 것처럼 포인트 뱅크가 이 호출을 멱등적으로 만들 수 있도록 좀 더 정보를 추가한다.

예제 12-2 멱등성을 갖도록 포인트 적립금에 더 많은 정보를 추가

```
<credit>
  <amount>100</amount>
  <forAccount>1234</account>
  <reason>
    <forPurchase>4567</forPurchase>
  </reason>
</credit>
```

우리는 이 적립금이 특정 주문 **4567**과 관련이 있다는 것을 알고 있다. 특정 주문에 대해 하나의 적립금만 받을 수 있다고 가정하면 전체 포인트 수를 늘리지 않고도 이 적립금을 다시 적용할 수 있다.

이 메커니즘은 이벤트 기반 협업 방식에서도 잘 동작하며 특히 이벤트를 구독하는 동일한 유형의 서비스 인스턴스가 여러 개 있는 경우에 유용하다. 어떤 이벤트가 처리됐는지 저장하더라도 일부 형태의 비동기 메시지 전달을 사용하면 두 워커가 짧은 시간 동안 동일한 메시지를 볼 수 있다. 따라서 이벤트를 멱등성 방식으로 처리해 이러한 문제가 발생하지 않도록 한다.

어떤 사람들은 이 개념에 사로잡혀 동일한 매개변수를 가진 연이은 호출이 아무런 영향을 미치지 않는다고 가정하는데, 이로 인해 흥미로운 상황에 처하게 된다. 예를 들어 우리는 여전히 호출을 수신했다는 사실을 로그에 기록하길 원한다. 호출 응답 시간을 기록하고 모니터링을 위해 이 데이터를 수집하고 싶어 한다. 여기서 핵심은 시스템의 전체 상태가 아니라 멱등성을 고려

하는 것은 기본 비즈니스 작업이라는 사실이다.

GET과 PUT 같은 일부 HTTP 동사^{verb}는 HTTP 명세에 멱등적이라고 정의돼 있지만, 실제로 그렇게 되려면 이러한 호출을 멱등적으로 처리하는 서비스에 의존해야 한다. 해당 동사를 멱등성이 없게 만들고 나서 호출자가 그 동사를 반복적으로 안전하게 실행할 수 있다고 생각하면 문제가 발생할 수 있다. HTTP를 기본 프로토콜로 사용한다고 해서 모든 것을 공짜로 얻지는 못한다는 점을 기억하라!

12.6 위험 분산

회복 탄력성을 위해 확장하는 한 가지 방법은 모든 달걀을 한 바구니에 담지 않는 것이다. 이 방법에 대한 간단한 예로, 하나의 호스트에 여러 개의 서비스가 있어 장애가 여러 서비스에 영향을 미칠 수 있는 경우를 들 수 있다. 하지만 호스트가 무엇을 의미하는지 생각해보자. 오늘날 대부분의 상황에서 '호스트'는 사실 가상의 개념이다. 모든 서비스가 서로 다른 호스트에 있지만, 그 호스트 모두가 실제로는 동일한 물리 머신에서 실행되는 가상 호스트라면 어떻게 될까? 해당 머신이 다운되면 여러 서비스를 잃게 될 수 있다. 일부 가상화 플랫폼에서는 호스트를 여러 개의 다른 물리 머신으로 분산해 이런 일이 발생할 가능성을 줄일 수 있다.

내부 가상화 플랫폼의 경우 가상 머신의 루트 파티션을 하나의 SAN(스토리지 영역 네트워크)에 매핑하는 것이 일반적 관행이다. 이 SAN이 다운되면 연결된 모든 가상 머신이 다운될 수 있다. SAN은 크고 비싸며 고장 나지 않도록 설계됐다. 하지만 지난 10년 동안 필자는 적어도 두 번 이상 크고 값비싼 SAN에서 고장이 발생한 상황을 경험했으며, 그때마다 그 결과는 상당히 심각했다.

장애를 줄이기 위한 또 다른 일반적인 형태의 분리는 모든 서비스가 데이터 센터의 단일 랙에서 실행되지 않도록 하거나 서비스가 둘 이상의 데이터 센터에 분산되도록 하는 것이다. 하부에 서비스 제공업체를 사용하고 있다면 SLA가 제공되는지 파악하고 그에 따라 계획을 세우는 것이 중요하다. 분기당 4시간 이상 서비스가 중단되지 않아야 하는데, 호스팅 제공업체가 분기당 최대 8시간의 다운타임만 보장할 수 있다면 SLA를 변경하거나 다른 대안을 마련해야 한다.

예를 들어 AWS는 리전으로 분리돼 있으며, 리전은 별개의 클라우드라고 생각하면 된다. 각 리전은 앞서 설명한 대로 2개 이상의 가용 영역으로 구성되고, 가용 영역은 AWS의 데이터 센터에 해당한다. AWS는 단일 노드나 가용 영역의 가용성을 보장하지 않으므로 반드시 여러 가용영역에 서비스를 분산해야 한다. 컴퓨팅 서비스의 경우, 해당 월 기간 동안 한 리전 전체에서99.95%의 가동 시간만 제공하므로 단일 리전 내의 여러 가용 영역에 워크로드를 분산하는 것이 좋다. 어떤 사용자에게는 이 정도로도 충분하지 않아 여러 리전에 서비스를 운영한다.

물론 제공업체는 SLA를 보장함으로써 책임을 제한하는 경향이 있다는 점에 유의해야 한다! 만약 서비스 제공업체가 목표를 달성하지 못해 고객과 막대한 이익을 잃게 된다면, 계약서를 뒤져가면서 서비스 제공업체로부터 무엇을 환급받을 수 있는지 알아봐야 한다. 따라서 제공업체가 고객에 대한 의무를 이행하지 않을 경우 어떤 영향이 있는지 이해하고 플랜 B(또는 C)가 필요한지 파악하는 것이 좋다. 예를 들어, 한 회사의 실수에 너무 취약해지지 않도록 다른 제공업체와 재해 복구 호스팅 플랫폼을 사용하는 고객이 둘 이상이었다.

12.7 CAP 정리

우리는 모든 것을 다 갖길 원하지만 안타깝게도 그럴 수 없다는 사실을 알고 있다. 그리고 마이크로서비스 아키텍처를 사용해 구축하는 분산 시스템의 경우 수학적 증명으로도 불가능하다는 것을 알 수 있다. 특히 다양한 종류의 데이터 저장소가 가진 장점을 논하는 토론에서 CAP 정리CAP theorem에 대해 들어봤을 것이다. 이 정리의 핵심은 분산 시스템에서는 **일관성**consistency, **가용성**availability, **단절내성**partition tolerance이라는 세 가지 조건을 서로 절충할 수 있다는 점이다. 특히 이 정리는 실패 모드에서 두 가지 조건을 유지하게 된다는 것을 알려준다.

일관성은 여러 노드로 이동해도 동일한 답을 얻을 수 있는 시스템 특성이다. 가용성은 모든 요청이 응답을 받는다는 것을 의미한다. 단절내성은 부분 간 통신이 가끔 불가능하다는 사실을 처리하는 능력이다.

에릭 브루어Eric Brewer의 추측이 처음 발표된 이후 이 개념은 수학적으로 증명됐다. 이 책은 수학을 다루는 책이 아닐 뿐더러 필자가 틀릴 수도 있기 때문에 증명 자체에 대한 수학은 다루지 않는다. 대신 CAP 정리가 매우 논리적인 일련의 추론의 핵심이라는 것을 이해할 수 있는 몇 가지 예시를 살펴보자.

[그림 12-7]과 같이 재고(Inventory) 마이크로서비스가 두 데이터 센터에 별도로 배포된다고 가정해보자. 각 데이터 센터에는 서비스 인스턴스를 지원하는 데이터베이스가 있으며, 이 두 데이터베이스는 데이터 동기화를 위해 서로 통신한다. 읽기 및 쓰기는 로컬 데이터베이스 노드를 통해 수행되며, 복제는 노드 간 데이터 동기화를 위해 서로 통신한다.

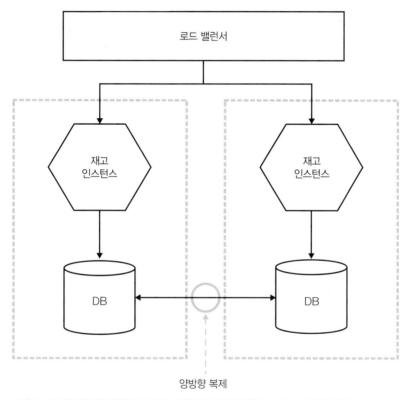

그림 12-7 다중 주 데이터베이스 복제를 사용해 두 데이터베이스 노드 간 데이터 공유

이제 무언가 실패했을 때 어떤 일이 발생하는지 생각해보자. 두 데이터 센터 간의 네트워크 링크처럼 간단한 것이 작동을 멈춘다고 상상해보자. 이때 동기화는 실패한다. DC1의 주 데이터베이스primary database에 대한 쓰기는 DC2로 전파되지 않으며, 반대의 경우도 되지 않는다. 이러한 설정을 지원하는 대부분의 데이터베이스는 실패로부터 복구할 수 있는 일종의 큐 사용 기술도 지원하지만, 실패 동안에는 어떻게 될까?

12.7.1 일관성 희생

재고 마이크로서비스를 완전히 종료하지 않는 것으로 가정해보자. 지금 DC1의 데이터를 변경하면 DC2의 데이터베이스는 이를 인식하지 못한다. 따라서 DC2의 재고 노드에 대한 모든 요청은 잠재적으로 지난 데이터를 보게 된다. 두 노드 모두 요청을 처리할 수 있고 **단절**됨에도 불구하고 시스템을 계속 실행할 수 있다는 점에서 시스템은 여전히 **가용**하지만, **일관성**을 잃게 된다는 점에서 세 가지 특징을 모두 유지하지는 못한다. '가용성availability'과 '단절내성partition tolerance'의 영문 첫 글자인 A와 P를 따서 이와 같은 시스템을 흔히 AP 시스템이라고 한다.

이 단절 동안 쓰기를 계속 허용하면, 미래의 어느 시점에 다시 동기화해야 한다는 사실을 받아들여야 한다. 단절 기간이 오래 지속될수록 재동기화는 더욱 어려워질 수 있다.

현실적으로 데이터베이스 노드 간에 네트워크 장애가 발생하지 않더라도 데이터 복제는 즉각적으로 이뤄지지는 않는다. 앞서 언급했듯이 단절내성과 가용성을 유지하기 위해 일관성을 기꺼이 양보하는 시스템은 **최종 일관성**eventual consistency이 있다고 한다. 즉, 미래의 어느 시점에 모든 노드가 업데이트된 데이터를 볼 수 있길 기대하지만, 한 번에 이뤄지지는 않으므로 사용자는 여전히 이전 데이터를 볼 가능성을 감수해야 한다.

12.7.2 가용성 희생

일관성을 유지해야 해서 다른 것을 대신 포기하고 싶다면 어떻게 해야 할까? 일관성을 유지하려면 각 데이터베이스 노드는 자신이 갖고 있는 데이터의 복사본이 다른 데이터베이스 노드와 동일하다는 것을 알아야 한다. 이제 단절된 경우 데이터베이스 노드가 서로 통신할 수 없다면 일관성을 보장하기 위해 서로 조율할 수 없다. 일관성을 보장할 수 없으므로 유일한 선택은 요청에 대한 응답을 거부하는 것이다. 다시 말해, 가용성을 희생하는 것이다. 시스템은 '일관성consistency'과 '단절내성partition tolerance', 즉 CP를 지원한다. 이 모드에서는 단절이 복구되고 데이터베이스 노드를 다시 동기화할 수 있을 때까지 서비스가 기능을 저하시키는 방법을 찾아야 한다.

여러 노드에서 일관성을 유지하는 것은 정말 어렵다. 분산 시스템에서 이보다 더 어려운 일은 거의(어쩌면 절대) 없을 것이다. 잠시 생각해보자. 로컬 데이터베이스 노드에서 레코드를 읽고 싶다고 가정해보자. 최신 상태인지 어떻게 알 수 있을까? 다른 노드에 가서 물어봐야 한다. 하지만 해당 데이터베이스 노드에 읽기가 완료되는 동안 업데이트되지 않도록 요청해야 한다.

즉, 일관성을 보장하기 위해 여러 데이터베이스 노드에 걸친 트랜잭션 읽기를 시작해야 한다. 하지만 일반적으로 사람들은 트랜잭션 읽기를 수행하고 있지 않은데, 느리기 때문이다. 잠금 lock이 필요하며, 한 번의 읽기가 전체 시스템을 블록시킬 수 있다.

이미 논의했듯이 분산 시스템은 실패를 예상해야 한다. 일관된 노드 집합에서 트랜잭션 읽기를 생각해보자. 읽기가 시작되는 동안 특정 레코드를 잠그도록 원격 노드에 요청한다. 읽기를 완료하고 원격 노드에 잠금을 해제해달라고 요청했지만, 이제는 원격 노드와 통신할 수 없다. 어떻게 해야 할까? 잠금은 단일 프로세스 시스템에서도 제대로 구현하기가 매우 어렵고, 물론 분산 시스템에서는 훨씬 더 구현하기 어렵다.

6장에서 분산 트랜잭션에 대해 이야기했던 것을 기억하는가? 분산 트랜잭션이 어려운 핵심적인 이유는 여러 노드에서 일관성을 보장하는 것, 바로 이 문제 때문이다.

다중 노드 일관성을 제대로 확보하는 것은 매우 어려우므로, 만약 필요하다면 직접 개발하지 않기를 매우 **강력히** 권하고 싶다. 대신 이러한 특성을 제공하는 데이터 저장소나 잠금 서비스를 고르길 바란다. 예를 들어, 5.9.2절 '동적 서비스 레지스트리'에서 설명한 콘술은 여러 노드 간에 구성 정보를 공유하도록 설계된 강력한 일관성이 있는 키/값 저장소를 구현한다. '친구는 다른 친구가 자신의 암호를 쓰게 하지 않는다Friends don't let friends write their own crypto'는 문구는 '친구는 다른 친구가 자신의 분산되고 일관된 데이터 저장소에 쓰지 못하게 한다Friends don't let friends write their own distributed consistent data store'로 바꿔야 한다. 자신만의 CP 데이터 저장소를 작성해야 한다고 생각한다면, 먼저 해당 주제에 대한 모든 논문을 읽고 박사 학위를 받은 다음 몇 년 동안은 틀린 방식으로 시간을 보내게 될 것이다. 그 사이에 필자는 알맞은 기성품을 선택해 사용하거나, 최종 일관성을 지원하는 AP 시스템을 구축하기 위해 **정말 열심히** 노력할 것이다.

12.7.3 단절내성 희생?

우리는 두 가지를 고를 수 있다. 그래서 최종 일관성을 가진 AP 시스템을 갖게 됐다. 일관성은 있지만 구축하고 확장하기 어려운 CP 시스템이 있다. CA 시스템은 왜 안 될까? 단절내성을 어떻게 희생할 수 있을까? 시스템에 단절내성이 없다면 시스템은 네트워크를 통해 실행할 수 없다. 즉, 로컬에서 작동하는 단일한 프로세스여야 한다. CA 시스템은 분산 시스템에 존재하지 않는다.

12.7.4 AP 아니면 CP?

AP와 CP 중 어느 것이 옳을까? 현실은 **상황에 따라 다르다**. 시스템을 구축하는 사람으로서 우리는 각각 장단점이 존재한다는 사실을 알고 있다. AP 시스템이 더 쉽게 확장되고 구축이 더 간단하다는 것을 알고 있으며, 분산 일관성을 지원하는 어려움으로 인해 CP 시스템에 더 많은 작업이 필요하다는 것을 알고 있다. 하지만 이러한 절충안이 비즈니스에 미치는 영향은 잘 이해하지 못할 수도 있다. 재고 시스템의 경우 기록이 5분 정도 지나도 괜찮을까? '그렇다'라고 말한다면 AP 시스템이 해답이 될 수 있다. 하지만 고객의 은행 잔고는 어떨까? 이것 역시 최신의 잔고가 아니어도 괜찮을까? 작업이 사용된 맥락을 알지 못하면 어떤 것이 옳은지 알 수 없다. CAP 정리를 알게 되면, 그 절충점이 존재한다는 사실을 인식하고 어떤 질문을 해야 하는지 이해하는 데 도움이 된다.

12.7.5 양자택일이 아니다

시스템 전체가 AP나 CP일 필요는 없다. 오래된 레코드에 대해 크게 걱정하지 않으므로 뮤직코프의 카탈로그는 AP가 될 수 있다. 하지만 고객에게 없는 상품을 판매했다가 나중에 사과해야 하는 상황을 원치 않으므로 재고 서비스는 CP가 돼야 한다고 결정할 수 있다.

하지만 개별 서비스들이 CP나 AP일 필요는 없다.

고객이 얼마나 많은 멤버십 포인트를 쌓았는지에 관한 기록을 저장하는 포인트 잔액 마이크로서비스를 생각해보자. 고객에게 표시하는 잔액이 오래된 것은 상관없지만 잔액을 업데이트할 때는 고객이 사용 가능한 포인트보다 더 많은 포인트를 사용하지 않도록 일관성을 유지해야 한다고 결정할 수 있다. 이 마이크로서비스는 CP인가, AP인가? 아니면 둘 다인가? 실제로 필자가 한 일은 CAP 정리에 대한 절충안을 개별 마이크로서비스 기능에 적용하는 것이었다.

또 다른 복잡성은 일관성이나 가용성 중에서 고르는 양자택일의 문제가 아니라는 점이다. 많은 시스템을 통해 훨씬 더 미묘한 절충점을 찾을 수 있다. 예를 들어 카산드라를 사용하면 개별 호출에 대해 서로 다른 절충안을 만들 수 있다. 따라서 엄격한 일관성이 필요한 경우 모든 복제본이 응답한 값이 일관된 것인지 확인하거나 특정 정족 수의 복제본 또는 단일 노드만 응답할 때까지 블록하는 읽기를 수행할 수 있다. 모든 복제본이 응답할 때까지 대기하면서 블록됐는데, 그중 하나가 가용하지 않다면 분명히 장기간 블록될 것이다. 반면에 읽기가 최대한 빨리 응답

되길 원한다면 하나의 노드에서만 응답을 기다릴 수 있지만, 이 경우 일관성이 없는 데이터를 보게 될 가능성이 있다.

여러분은 CAP 정리를 '극복'한 사람들에 대한 게시 글을 종종 볼 수 있을 것이다. 하지만 극복한 것이 아니다. 그들이 한 일은 일부 기능이 CP이고 AP인 시스템을 만든 것이다. CAP 정리의 수학적 증명은 여전히 유효하다.

12.7.6 그리고 현실에서는

지금까지 이야기한 대부분의 것은 메모리에 저장된 비트와 바이트 등 전자 세계에 관한 것이다. 우리는 일관성에 대해 거의 어린아이와 같은 방식으로 이야기하며, 우리가 만든 시스템의 범위 내에서 세상을 멈추고 모든 것을 이해하고 있다고 상상한다. 하지만 우리가 구축하는 것 대부분은 현실 세계의 반영일 뿐이며, 통제할 수 있는 것이 아니다.

재고 시스템을 다시 살펴보자. 이것은 현실 세계의 실제 아이템과 매핑된다. 우리는 뮤직코프의 창고에 얼마나 많은 앨범이 있는지를 시스템에서 계산한다. 하루가 시작될 때 브레이크[Brake]의 'Give Blood' 앨범은 100장이 있었다. 이후 하나가 판매돼 이제 99장이 남았다. 쉽지 않은가? 하지만 주문이 발송될 때 누군가 앨범을 바닥에 떨어뜨려 깨진다면 어떻게 될까? 시스템에서는 선반에 99장이 있다고 나오지만, 실제로는 98장만 있는 것이다.

재고 시스템을 AP로 만들었는데, 나중에 사용자에게 연락을 취해 품목 중 하나가 실제로는 품절됐다고 알려야 한다면 어떨까? 이게 최악의 상황일까? 구축과 확장이 훨씬 쉽고 정확한지 확인하는 일이 훨씬 쉬울 것이다.

시스템이 아무리 일관성을 유지한다고 해도 모든 상황을 다 알 수 없다는 점을 인식해야 한다. 특히 현실 세계의 기록을 보관할 때는 더욱 그렇다. 이것이 바로 다양한 상황에서 AP 시스템이 올바른 선택이 되는 주된 이유 중 하나다. CP 시스템 구축의 복잡성을 차치하더라도 CP 시스템이 모든 문제를 해결할 수는 없다.

안티프래질(반취약성)

이 책의 초판에서는 나심 탈레브(Nassim Taleb)가 대중화한 안티프래질(antifragile) 개념을 이야기했다. 이 개념은 시스템이 실패와 무질서로부터 실제로 어떻게 이득을 보는지를 설명하며, 특히 카오스 엔지니어링 같은 개념과 관련해 넷플릭스의 일부 운영 방식에 영감을 준 것으로 주목을 받았다. 하지만 회복 탄력성의 개념을 보다 폭넓게 살펴보면, 안티프래질은 회복 탄력성의 하위 개념에 불과하다는 것을 알 수 있다. 앞서 소개한 원만한 확장과 지속적인 적응력이라는 개념을 고려하면 이 점이 명확해진다.

IT 업계에서 안티프래질 개념이 잠시나마 과대 포장됐던 이유는 무엇일까? 회복 탄력성을 폭넓게 고려하지 못한 것, 즉 견고성과 회복 탄력성에 대해서만 생각하고 나머지는 무시한 것이 그 원인이자 배경이다. 이제 회복 탄력성 엔지니어링 분야가 더 넓게 인식되고 주목을 받고 있는 만큼, **안티프래질**이라는 용어를 넘어서는 동시에 그 이면에 숨어 있는 진정한 회복 탄력성의 몇 가지 아이디어를 조명해봐야 한다.

12.8 카오스 엔지니어링

이 책의 초판이 출간된 이후 더 많은 관심을 받고 있는 또 다른 기법은 **카오스 엔지니어링**chaos engineering이다. 카오스 엔지니어링은 넷플릭스의 내부 관행에서 이름을 따온 것으로, 시스템을 생각만큼 견고하게 유지하거나 시스템의 지속적인 적응성을 위한 접근 방법이라는 측면에서 복원력을 개선하는 데 유용한 접근법이다.

카오스 엔지니어링이라는 용어는 원래 넷플릭스가 내부적으로 수행하던 작업에서 영감을 받았지만, 그 의미에 대한 설명을 둘러싸고 혼동이 있어 다소 어려움을 겪고 있다. 많은 사람에게 카오스 엔지니어링은 '자기 소프트웨어에서 도구를 실행하고 결과를 확인하는 것'을 의미하는데, 카오스 엔지니어링을 가장 적극적으로 지지하는 사람들 중 상당수가 카오스 엔지니어링을 수행하기 위해 여러분의 소프트웨어에서 실행할 도구를 판매하는 경우가 많다는 사실에 비춰 보면 이는 도움이 되지 않는다.

카오스 엔지니어링이 실무자에게 어떤 의미인지 명확하게 정의하기는 어렵지만, 적어도 필자가 생각하기에 가장 좋은 정의는 다음과 같다.

> 카오스 엔지니어링은 실환경에서 격동적인 조건을 견뎌내는 시스템의 능력에 대한 신뢰를 구축하기 위해 시스템을 실험하는 분야다.
>
> 카오스 엔지니어링의 원칙

이제 여기서 **시스템**system이라는 단어는 많은 일을 하고 있다. 어떤 사람들은 이를 소프트웨어와 하드웨어 구성 요소로 좁게 볼 수 있다. 하지만 회복 탄력성 엔지니어링의 맥락에서는 시스템을 사람, 프로세스, 문화, 제품을 만드는 데 필요한 소프트웨어와 인프라까지 포함하는 전체로 보는 것이 중요하다. 즉, 카오스 엔지니어링을 단순히 '몇 대의 머신을 끄고 어떤 일이 일어나는지 보자'는 식이 아니라 보다 폭넓게 바라봐야 한다.

12.8.1 게임 데이

카오스 엔지니어링이라는 용어가 생기기 훨씬 전부터 사람들은 특정 이벤트에 대한 사람들의 준비 상태를 테스트하기 위해 게임 데이Game Day 연습을 진행했다. 사전에 계획됐지만(참가자들을 위해) 기습적으로 실시하는 것이 가장 이상적인 이 훈련은 현실적이지만 가상의 상황을 가정해 사람과 프로세스를 테스트하는 기회를 제공한다. 구글에서 근무하는 동안 다양한 시스템에서 이런 일이 꽤 흔하게 발생했는데, 조직에서 이런 종류의 연습을 정기적으로 실시하면 많은 이점을 얻게 될 것이다. 구글은 단순한 테스트를 넘어 서버 장애를 모방하고 DiRT, 즉 재해 복구 테스트Disaster Recovery Test 연습의 일부분으로 지진과 같은 대규모 재난을 시뮬레이션했다.[6]

게임 데이는 시스템의 취약점으로 의심되는 원인을 조사하는 데 사용할 수 있다. 러스 마일스Russ Miles는 자신의 저서 『카오스 공학』(에이콘, 2021)에서 자신이 진행했던 게임 데이 연습의 예를 소개하는데, 부분적으로 이 연습은 밥Bob이라는 한 직원에 대한 과도한 의존을 조사해보고자 고안됐다. 소개된 사례에서 밥은 해당 게임 데이 날에 어느 방 하나에 격리돼 모의 정전이 발생하는 동안 팀을 도울 수 없었다. 하지만 밥은 상황을 지켜보다가 팀이 '가짜' 시스템의 문제를 해결하려다 실수로 운영 환경에 로그인해 운영 환경의 데이터를 파괴하려 할 때는 개입해야만 했다. 당시 이와 같은 모의 훈련을 통해 여러 가지를 배웠을 것으로 짐작해볼 수 있다.

---

6 크리파 크리슈난(Kripa Krishnan), '예기치 못한 상황 극복(Weathering the Unexpected)', acmqueue 10, 10, 9(2012), *https://oreil.ly/BCSQ7*

12.8.2 운영 환경의 실험

넷플릭스의 운영 규모는 잘 알려져 있으며, 넷플릭스가 전적으로 AWS 인프라스트럭처에 기반을 두고 있다는 사실 또한 유명하다. 이 두 요소(넷플릭스의 운영 규모와 AWS 인프라 의존)는 실패를 잘 수용해야 한다는 것을 의미한다. 넷플릭스는 장애에 대한 계획을 세우는 것과 실제로 장애가 발생했을 때 소프트웨어가 장애를 처리할 수 있는지 아는 것은 별개의 문제라는 사실을 깨달았다. 이를 위해 넷플릭스는 실제로 시스템에서 도구를 실행해 시스템이 장애를 견딜 수 있도록 해당 장애를 **유도한다**.

카오스 몽키Chaos Monkey는 그 도구 중 가장 유명하며 하루 중 특정 시간 동안 운영 중인 모든 머신을 무작위로 꺼버린다. 이러한 장애가 운영 중에 발생할 수 있고 발생할 것이라는 사실을 알기 때문에 시스템을 만드는 개발자는 이에 대비해야 한다. 카오스 몽키는 넷플릭스 장애 봇인 유인원 군단Netflix's Simian Army의 일부일 뿐이다. 카오스 고릴라Chaos Gorilla는 전체 가용 영역(AWS의 데이터 센터에 해당)을 제거하는 데 사용되는 반면, 지연 시간 몽키Latency Monkey는 시스템 간의 느린 네트워크 연결을 시뮬레이션한다. 시스템이 실제로 견고한지를 테스트하는 궁극의 방법은 운영 환경 인프라에 유인원 군단을 풀어놓는 것이다.

12.8.3 견고성을 넘어

가장 좁은 의미에서 카오스 엔지니어링을 적용하면 애플리케이션의 견고성을 개선하는 데 유용한 활동이 될 수 있다. 회복 탄력성 엔지니어링의 맥락에서 견고성은 시스템이 예상되는 문제를 처리하는 정도를 의미한다. 넷플릭스는 운영 환경에서 특정 가상 머신의 가용성에 의존할 수 없다는 사실을 알았기 때문에 **예상되는** 문제를 시스템이 견딜 수 있도록 카오스 몽키를 구축했다.

그러나 카오스 엔지니어링 도구를 시스템의 회복 탄력성에 대해 지속적으로 의문을 제기하는 접근 방식의 하나로 활용한다면 훨씬 더 넓게 적용될 가능성이 높다. 이 분야의 도구를 사용해 '만약에what if'라는 잠재적인 질문에 답하고 이해한 것에 대한 의문을 지속적으로 제기하면, 훨씬 더 큰 영향을 미칠 수 있다. 카오스 툴킷Chaos Toolkit (`https://chaostoolkit.org`)은 시스템에서 실험을 수행하는 데 도움이 되는 오픈 소스 프로젝트로, 그 인기가 매우 높다. 릴라이어블리Reliably (`https://reliably.com`)라는 카오스 툴킷의 제작자가 설립한 이 회사는 일반적으로 카오스 엔지니어링을 지원하는 광범위한 도구를 제공하지만, 이 분야에서 가장 유명한 공급업체는 그렘린Gremlin (`https://www.gremlin.com`)일 것이다.

단지 카오스 엔지니어링 도구를 실행한다고 해서 회복 탄력성이 생기지는 않는다는 점을 기억하라.

12.9 비난

일이 잘못될 때 처리할 수 있는 방법은 많다. 물론 문제가 발생한 직후에는 업무를 정상화하는 데 집중하는 게 당연하다. 그 후에는 비난이 뒤따르는 경우가 너무도 많다. 비난할 대상이나 누군가를 찾는 것은 기본 입장이다. '근본 원인 분석root cause analysis (RCA)'의 개념은 문제의 근본 원인이 존재한다는 것을 의미하며, 그 근본 원인이 사람이길 바라는 경우는 놀라울 정도로 많다.

필자가 호주에서 근무하던 몇 년 전 무렵에 주요 통신사(이전에는 독점 사업자였던)였던 텔스트라Telstra에서 음성 및 전화 서비스에 영향을 미치는 대규모 장애가 발생했다. 이 사건은 장애의 범위와 기간으로 인해 특히 문제가 됐다. 호주에는 매우 고립된 시골 지역이 많으므로 이와 같은 장애는 특히 심각한 편이다. 장애 직후 텔스트라의 COO는 문제 원인을 명확히 파악했다는 성명을 발표했다.[7]

> "우리는 해당 노드를 중단시켰지만, 안타깝게도 해당 문제를 관리하던 담당자가 올바른 절차를 따르지 않고 고객을 여분인 다른 9개의 노드로 옮기는 대신 오작동하는 노드에 다시 연결했습니다."라고 맥켄지McKenzie 씨가 화요일 오후에 기자에게 말했다.
>
> "우리는 고객 모두에게 사과드립니다. 이것은 부끄러운 인적 오류입니다."

먼저, 이 성명은 장애가 발생한 지 몇 시간 후에 나왔다는 점에 주목하라. 그렇더라도 텔스트라는 정확히 무엇을(한 사람) 비난해야 하는지 알아내려고 엄청나게 복잡한 시스템을 이미 분석했다. 만약 한 사람의 실수가 한 통신사 전체를 무너뜨릴 수 있다는 것이 사실이라면, 이는 개

---

7 케이트 애버슨(Kate Aubusson)과 팀 빅스(Tim Biggs), '통화와 데이터가 영향받은 텔스트라의 대규모 모바일 장애가 국가 전역을 강타했다(Major Telstra Mobile Outage Hits Nationwide, with Calls and Data Affected)', 『시드니 모닝 헤럴드』, 2016년 2월 9일, `https://oreil.ly/4cBcy`

인보다는 통신사에 대해 더 많은 것을 시사한다고 생각할 수 있다. 게다가 당시 텔스트라는 직원에게 손가락질하고 기꺼이 책임을 전가하는 것에 만족한다는 신호를 분명히 보냈다.[8]

이와 같이 장애가 발생한 후 누군가를 비난하면, 단기적인 책임 전가로 시작해 결국 사람들이 일이 잘못됐을 때 앞으로 나서서 말하지 않게 되는 두려움의 문화까지 생겨나고 만다. 결과적으로는 실패로부터 배울 기회를 잃어버리고 동일한 문제가 재발되는 상황을 조성하게 된다. 사람들이 실수를 했을 때 안전하게 인정할 수 있는 조직을 만드는 것은 학습 문화를 조성하는 데 필수적이며, 이는 더 행복한 일터를 만든다는 명백한 이점을 제외하고도 더 강력한 소프트웨어를 만드는 조직을 구성하는 데 큰 도움이 된다.

다시 텔스트라의 사례로 돌아가보자. 전국적 장애가 발생한 지 불과 몇 시간 만에 실시된 심층 조사를 통해 원인 규명이 명확히 이뤄졌다면 이후에는 장애가 발생하지 않을 것으로 예상하게 되지 않을까? 하지만 안타깝게도 텔스트라는 이후에도 연이은 장애를 겪는다. 사람의 실수 때문이었을까? 아마도 텔스트라는 그렇게 생각했을 것이다. 일련의 사건 이후 COO는 사임했다.

실수를 최소화하고 직원들에게 더 나은 환경을 조성하는 조직은 어떻게 만들 수 있을까? 존 올스포우John Allspaw가 기고한 글인 '비난 없는 회고와 공정한 문화'[9]가 그에 대한 더 정보를 얻는 데 좋은 출발점이 될 것이다.

이 장에서 이미 여러 번 강조했듯이 궁극적으로 회복 탄력성을 확보하려면 호기심, 즉 시스템의 약점을 끊임없이 탐구하려는 노력이 필요하다. 이를 위해서는 배움의 문화가 필요하며, 종종 사고를 겪은 후에 큰 깨달음을 얻을 수도 있다. 따라서 최악의 상황이 발생했을 때는 이를 계기로 수집한 정보를 최대한 활용해 재발 가능성을 줄이는 환경을 조성하고자 최선을 다하는 것이 중요하다.

8　당시 텔스트라 사례에 대한 자세한 내용은 '텔스트라, 인적 오류 및 비난 문화'(*https://oreil.ly/0XgUQ*)에서 확인할 수 있다.

9　존 올스포우, 'Blameless Post-Mortems and a Just Culture', Code as Craft 블로그, 2012년 5월 22일, *https://oreil.ly/7LzmL*

요약

소프트웨어가 사용자의 삶에서 더욱 중요해짐에 따라 우리가 만드는 소프트웨어의 회복 탄력성을 향상시키려는 노력도 함께 증가하고 있다. 하지만 이 장에서 살펴봤듯이 소프트웨어와 인프라스트럭처만 생각해서는 회복 탄력성을 달성할 수 없으며 사람, 프로세스, 조직에 대해서도 생각해야 한다. 이 장에서는 데이비드 우즈가 설명한 회복 탄력성의 네 가지 핵심 개념을 살펴 봤다.

견고성

예상되는 변동을 흡수하는 능력

회복성

충격적인 사건 이후 회복하는 능력

원만한 확장성

예상치 못한 상황에 얼마나 잘 대처하는가?

지속적인 적응력

변화하는 환경, 이해관계자, 요구 사항에 지속적으로 적응하는 능력

마이크로서비스를 좀 더 좁게 살펴보면, 시스템의 견고성을 향상시키는 다양한 방법이 있다. 하지만 견고성은 저절로 높아지지 않으므로 어떤 방법으로 향상시킬지 결정해야 한다. 회로 차단기, 타임아웃, 이중화, 격리, 멱등성 등과 같은 핵심 안정성 패턴은 모두 사용할 수 있는 도구지만, 언제 어디서 사용할지를 결정해야 한다. 하지만 이러한 좁은 개념 외에도 우리가 모르는 것이 무엇인지 깨달을 수 있도록 끊임없이 경계해야 한다.

어느 정도의 회복 탄력성을 원하는지 파악해야 하는데, 이는 거의 언제나 시스템의 사용자와 비즈니스 소유자가 정의하는 것이다. 기술 전문가로서 여러분은 작업을 수행하는 방식을 담당할 수 있지만, 어떤 회복 탄력성이 필요할지 파악하려면 사용자 및 프로덕트 오너와 자주 긴밀하게 소통해야 한다.

이 장의 앞부분에서 지속적인 적응력에 대해 논의할 때 인용했던 데이비드 우즈의 말을 다시 한번 살펴보자.

> 우리가 이전에 아무리 잘해왔고 아무리 성공적이었더라도 미래는 다를 수 있으며, 우리는 적응을 제대로 못할 수 있다. 새로운 미래 앞에서 우리는 불안정하고 부서지기 쉽다.

같은 질문을 반복하는 것은 불확실한 미래를 대비하고 있는지 파악하는 데 도움이 되지 않는다. 모르는 것은 모르는 것이므로, 끊임없이 학습하고 끊임없이 질문하는 접근법을 채택하는 것이 회복 탄력성을 구축하는 핵심이다.

앞서 살펴본 안정성 패턴의 한 가지 유형인 이중화는 매우 효과적이다. 이 개념은 다음 장에서 마이크로서비스를 확장하는 다양한 방법을 다루면서 더 많은 부하를 처리하는 데 도움이 될 뿐만 아니라 시스템에 이중화를 구현해 시스템의 견고성을 개선하는 데도 효과적이다.

확장

시스템을 확장scale하는 이유는 두 가지 중 하나다. 첫째, 더 많은 부하를 처리하거나 지연 시간을 개선하는 등 시스템 성능을 향상시키기 위해서다. 둘째, 시스템의 견고성을 개선하기 위해서다. 이 장에서는 다양한 확장 유형을 설명하는 모델을 살펴본 다음 마이크로서비스 아키텍처를 사용해 각 확장 유형을 구현하는 방법을 자세히 살펴본다. 이 장을 마칠 때쯤이면 앞으로 발생할지도 모를 확장 문제를 처리하는 다양한 기술을 갖추게 될 것이다.

하지만 적용하고 싶은 확장 유형을 우선 살펴보자.

13.1 확장의 네 가지 축

시스템 확장에 사용되는 기술은 제약 조건의 종류에 따라 달라질 수 있으므로, 시스템을 확장하는 단 하나의 올바른 방법이란 없다. 성능, 견고성, 또는 두 가지 다 도움이 되는 다양한 확장 유형을 적용할 수 있으며, 이러한 확장 유형을 설명하기 위해 자주 사용되는 모델은 『The Art of Scalability』[1]에 나오는 확장 육면체scale Cube다. 이 모델은 컴퓨터 시스템의 맥락에서 기능

---

[1] 마틴 애봇(Martin L. Abbott)과 마이클 피셔(Michael T. Fisher), 『The Art of Scalability: Scalable Web Architecture, Processes, and Organizations for the Modern Enterprise(2판)』(에디슨웨슬리, 2015), *https://tinyurl.com/artofscale*

분해, 수평 복제, 데이터 파티셔닝이란 세 가지 범주로 확장을 세분화한다. 이 모델의 가치는 필요에 따라 이 세 축 중 하나, 둘 또는 모든 범주를 따라 시스템을 확장할 수 있다는 것을 이해하도록 돕는다.

하지만 특히 가상화된 인프라스트럭처의 세계에서는 이 모델에 수직 확장의 네 번째 축이 부족하다고 개인적으로 항상 느껴왔지만, 한 축을 더 추가하면 더 이상 육면체가 아니므로 유감스러운 속성이 아닐 수 없다! 그럼에도 이 모델은 마이크로서비스 아키텍처를 가장 잘 확장할 수 있는 방법을 결정하는 데 유용한 메커니즘이라고 생각한다. 이 확장 유형을 상대적인 장단점과 함께 자세히 살펴보기 전에 다음과 같이 간략하게 요약해봤다.

수직 확장vertical scaling

간단히 말해, 더 큰 머신을 사용하는 것을 의미한다.

수평 복제horizontal duplication

동일한 작업을 수행할 수 있는 여러 대의 기기를 두는 것을 의미한다.

데이터 파티셔닝data partitioning

고객 그룹과 같이 데이터의 일부 속성에 따라 작업을 나누는 것이다.

기능 분해functional decomposition

마이크로서비스 세분화와 같이 유형에 따라 업무를 분리하는 것이다.

확장 기술 중 어떤 조합이 가장 적합한지 이해하는 것은 근본적으로 직면한 확장 문제의 특성에 따라 달라진다. 이러한 개념을 뮤직코프에 어떻게 구현할 수 있는지 예시를 살펴보고, 실제 기업인 푸드코FoodCo[2]에 이 개념이 적합한지도 살펴볼 것이다. 푸드코는 전 세계 여러 국가의 고객에게 직접 음식을 배달하는 서비스를 제공한다.

13.1.1 수직 확장

일부 작업은 더 많은 일꾼을 통해 이득을 취할 수 있다. 더 빠른 CPU와 더 높은 I/O를 갖춘 더

---

2 이전과 같이 익명으로 처리한 것으로, '푸드코'가 실제 이름은 아니다!

큰 머신을 사용하면 지연 시간^{latency}과 처리량^{throughput}이 향상돼 더 적은 시간으로 더 많은 작업을 처리할 수 있는 경우가 많다. 따라서 애플리케이션이 충분히 빠르지 않거나 요청을 충분히 처리할 수 없다면 더 큰 머신을 준비하는 것은 어떨까?

푸드코가 어려움을 겪는 한 가지 문제는 주 데이터베이스에 대한 쓰기 경합이 증가하고 있다는 것이다. 일반적으로 수직 확장은 관계형 데이터베이스에 대한 쓰기를 신속하게 확장하기 위한 가장 적합한 선택이며, 실제로 푸드코는 이미 데이터베이스 인프라스트럭처를 여러 차례 업그레이드했다. 문제는 푸드코가 이미 이 업그레이드를 충분한 수준까지 수행했다는 것이다. 수직 확장은 수년 동안 효과가 있었지만, 회사의 전망을 고려할 때 더 큰 시스템을 도입하더라도 장기적으로는 문제가 해결되지 않을 것으로 보인다.

과거에는 수직 확장을 위해 하드웨어를 구매해야 할 때 문제가 많았다. 하드웨어를 구입하는 데 시간이 오래 걸리므로 쉽게 결정할 수 있는 사안이 아니었고, 더 큰 머신을 구입해도 문제가 해결되지 않는다면 과도한 비용을 불필요하게 지출했을 가능성이 높았다. 또한 예산 승인을 받고 머신이 도착할 때까지 기다리는 과정 등이 번거롭기 때문에 실제로 필요한 크기보다 더 큰 규모로 정하는 일이 흔했으므로, 결국 데이터 센터에서 엄청난 수용 공간이 사용되지 않은 채로 남겨지곤 했다.

하지만 가상화로의 전환과 공용 클라우드의 등장은 이러한 형태의 확장에 큰 도움을 주었다.

구현

구현 방법은 실행 중인 인프라스트럭처에 따라 달라진다. 자체 가상화 인프라스트럭처에서 실행하는 경우 하부의 하드웨어를 더 많이 사용하도록 VM의 크기를 조정하기만 하면 되므로 빠르고 위험 부담 없이 구현할 수 있다. 가상 머신이 하부 하드웨어가 처리할 수 있는 정도의 크기라면, 이 방법은 물론 하드웨어를 더 구입해야 할 수도 있다. 마찬가지로 자체 베어메탈^{bare metal} 서버에서 실행 중이고 현재 실행 중인 것보다 더 큰 하드웨어가 여분으로 없다면 다시 더 많은 하드웨어 구매를 검토해야 할 것이다.

일반적으로 수직 확장을 시도하기 위해 새로운 인프라스트럭처를 구매해야 하는 상황에 도달했다면, 비용(그리고 시간)이 증가하므로 당분간 이 형태의 확장은 피하고 다음에 소개할 수평 복제^{horizontal duplication}를 고려할 수 있다.

하지만 공용 클라우드의 등장으로 공용 클라우드 제공업체를 통해 시간 단위(경우에 따라서는 더 짧은 기간)로 완전 관리형 머신을 쉽게 임대할 수 있게 됐다. 또한 주요 클라우드 제공업체는 다양한 유형의 문제에 대응할 수 있도록 더욱더 다양한 머신을 제공한다. 워크로드가 메모리 집약적인가? 그렇다면 24TB의 메모리를 제공하는 AWS u-24tb1.metal 인스턴스를 사용해보라(그렇다, 올바르게 읽었다). 실제로 이렇게 많은 메모리가 필요한 워크로드는 매우 드물지만, 그러한 인스턴스 옵션도 있다. 또한 높은 I/O, CPU, GPU를 사용할 수 있게 맞춤화된 머신도 있다. 기존 솔루션이 이미 공용 클라우드에 존재하고 빠른 효과를 보길 원한다면, 이것은 시도해볼 수 있는 매우 간단한 확장 형태다.

주요 이점

가상화된 인프라스트럭처(특히 공용 클라우드 제공업체)상에서는 이러한 형태의 확장을 빠르게 구현할 수 있다. 애플리케이션 확장과 관련된 많은 작업은 시스템을 개선할 수 있는 아이디어를 얻고, 변경을 수행하고, 그 영향을 측정하는 실험으로 귀결된다. 빠르고 위험 부담 없이 시도할 수 있는 활동은 항상 초기에 시도해볼 가치가 있다. 수직 확장이 바로 여기에 적합하다.

또한 수직 확장을 통해 다른 확장 유형들을 더 쉽게 수행할 수 있다는 점도 주목할 만하다. 구체적인 예로, 데이터베이스 인프라스트럭처를 더 큰 머신으로 옮기면, 논리적 데이터베이스들(기능 분해의 일환으로 생성되는 마이크로서비스용 데이터베이스)을 더 담아 호스팅할 수 있다.

운영체제와 칩셋이 동일하게 유지된다면, 하부의 더 큰 인프라스트럭처를 활용하고자 코드나 데이터베이스를 변경할 필요가 없을 것이다. 변경된 하드웨어를 활용하기 위해 애플리케이션을 변경해야 하는 경우에도 런타임 플래그$^{\text{runtime flag}}$를 통해 런타임에 사용할 수 있는 메모리양을 늘리는 등의 제한을 둘 수 있다.

제한 사항

실행 중인 머신을 확장하면 CPU가 실제로 더 빨라지는 것이 아니라 코어만 더 많아지는 경우가 많다. 이는 지난 5~10년 동안의 변화다. 예전에는 새로운 세대의 하드웨어가 출시될 때마다 CPU 클럭 속도가 크게 개선돼 프로그램 성능도 크게 향상됐다. 하지만 클럭 속도 향상이 급격히 둔화됐고, 대신 더 많은 CPU 코어를 사용할 수 있게 됐다. 문제는 소프트웨어가 멀티코어 하드웨어를 활용하도록 작성되지 않은 경우가 많다는 것이다. 즉, 애플리케이션을 4코어 시스템에서 8코어 시스템으로 옮겨도 기존 시스템이 CPU에 종속돼 있어 개선 효과가 거의 없는 경우도 있다. 멀티코어 하드웨어를 활용하기 위해 코드를 변경하는 것은 상당한 작업이 될 수 있으며, 그에 따라 프로그래밍 이디엄^{programming idiom}을 완전히 바꿔야 할 수도 있다.

또한 더 큰 시스템을 도입한다고 해서 무조건 견고성이 개선되는 것은 아니다. 더 크고 새로운 서버는 안정성을 개선할 수 있지만, 궁극적으로 해당 머신이 다운되면 그 머신의 모든 것이 다 운된다. 앞으로 살펴볼 다른 형태의 확장과 달리 수직 확장은 시스템의 견고성을 개선하는 데 큰 영향을 미치지 않을 것이다.

마지막으로, 머신이 커질수록 비용은 더 많이 들지만, 사용 가능한 자원이 이와 비례해서 항상 증가하는 것은 아니다. 때로는 소수의 대형 머신보다 다수의 소형 머신을 보유하는 것이 훨씬 더 비용 효과가 좋다.

13.1.2 수평 복제

수평 복제를 사용하면 시스템의 일부를 복제해 더 많은 워크로드를 처리할 수 있다. 정확한 메 커니즘은 다양하지만(곧 구현 방법을 살펴본다), 수평 복제를 사용하려면 이러한 복제본들에 게 작업을 분산하는 방법이 필요하다.

수직 확장과 마찬가지로 이 유형의 확장은 전체 유형에서 단순한 편에 속하며 종종 초기에 시 도하는 것 중 하나다. 모놀리식 시스템으로 부하를 감당할 수 없다면, 여러 개의 복제본을 가동 시켜 도움이 되는지 확인해보라!

구현

아마도 머리에 떠오르는 가장 분명한 수평 복제의 형태는 로드 밸런서를 사용해 여러 기능 복 제본으로 요청을 분산시키는 것이다. 예를 들어 [그림 13-1]에서 뮤직코프 카탈로그 마이크로 서비스의 여러 인스턴스에 걸쳐 부하를 분산하는 것과 같다. 로드 밸런서의 기능은 다르지만, 모든 로드 밸런서에는 노드 간에 부하를 분산하고 노드를 사용할 수 없을 때 이를 감지해 로드 밸런서 풀에서 제거하는 메커니즘을 예상할 수 있다. 소비자의 관점에서 로드 밸런서는 완전히 투명한 구현 문제며, 이와 관련해 마이크로서비스의 논리 경계를 이루는 한 부분으로 볼 수 있 다. 과거에는 로드 밸런서를 전용 하드웨어의 관점에서 주로 생각했지만, 이런 생각은 이제 철 지난 지 오래됐다. 그 대신에 더 많은 로드 밸런싱이 클라이언트 측에서 실행되는 소프트웨어 로 수행되는 경우가 많다.

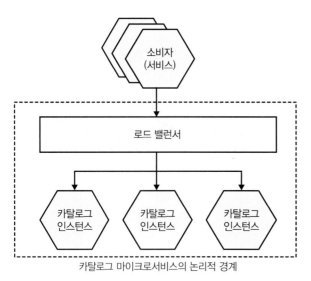

카탈로그 마이크로서비스의 논리적 경계

그림 13-1 요청을 분산하기 위한 로드 밸런서와 함께 여러 인스턴스에 배포된 카탈로그 마이크로서비스

그레고르 호페와 바비 울프의 『기업 통합 패턴』(에이콘, 2014)에서 자세히 설명한 것처럼 수평 복제의 또 다른 예로는 경쟁 소비자 패턴competing consumer pattern이 있다. [그림 13-2]는 뮤직코프에 새로운 노래가 업로드되는 것을 보여준다. 이러한 새로운 노래는 뮤직코프의 새로운 스트리밍 서비스를 통해 제공되기 위해 다른 파일로 트랜스코딩돼야transcoded 한다. 이와 같은 작업이 배치되는 공통 작업 큐가 있고 노래 트랜스코더(Song Transcoder) 마이크로서비스의 인스턴스 집합이 모두 큐에서 작업을 소비하는데, 인스턴스들끼리 작업을 두고 경쟁하고 있다. 또한 시스템의 처리량을 증가시키기 위해 노래 트랜스코더 인스턴스 수를 늘릴 수 있다.

푸드코의 경우, [그림 13-3]에서 보듯이 읽기 복제본을 사용해 기본 데이터베이스의 읽기 부하를 줄이기 위한 수평 복제의 한 형태가 사용됐다. 이렇게 하면 주 데이터베이스 노드의 읽기 부하가 줄어들어 쓰기 처리를 위한 자원을 확보할 수 있으며, 주 시스템의 많은 부하가 읽기 위주였기에 매우 효과적이었다. 이러한 읽기는 읽기 복제본으로 쉽게 리디렉션될 수 있으며 로드 밸런서를 사용해 여러 읽기 복제본으로 분산하는 것이 일반적이다.

주 데이터베이스나 읽기 복제본에 대한 라우팅은 마이크로서비스에서 내부적으로 처리된다. 이 마이크로서비스의 소비자들은 자신이 보낸 요청이 주 데이터베이스로 가는지, 아니면 읽기 복제본 데이터베이스로 가는지를 알 수 없다.

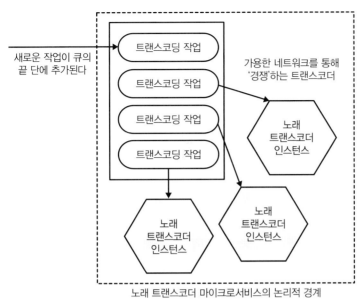

노래 트랜스코더 마이크로서비스의 논리적 경계

그림 13-2 경쟁 소비자 패턴을 사용한 스트리밍용 트랜스코딩 확장

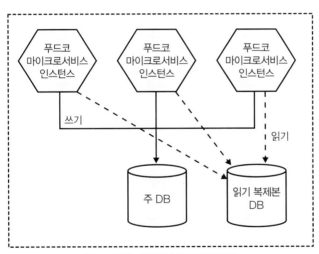

푸드코 마이크로서비스의 논리적 경계

그림 13-3 읽기 복제본을 사용해 읽기 트래픽을 확장하는 푸드코

주요 이점

수평 복제는 비교적 간단하다. 부하를 분산하는 작업은 다른 곳, 즉 메시지 브로커에서 실행되는 큐나 로드 밸런서를 통해 수행될 수 있으므로 애플리케이션을 업데이트해야 하는 경우는 거의 없다. 수직 확장을 사용할 수 없다면 일반적으로 이러한 형태의 확장을 다음 단계로 고려한다.

작업을 복제본에 쉽게 분산할 수 있다고 가정하면, 이는 부하를 분산하고 원시 컴퓨팅 자원에 대한 경합을 줄이는 세련된 방법이다.

제한 사항

앞으로 살펴볼 거의 모든 확장 방법과 마찬가지로 수평 복제는 더 많은 인프라스트럭처가 필요하므로 당연히 더 많은 비용이 발생할 수 있다. 또한 과잉 상황도 발생할 수 있는데, 예를 들어 실제로 확장 문제가 모놀리식 애플리케이션의 일부에서만 발생하더라도 애플리케이션의 전체 복제본을 여러 개 실행해야 한다.

여기서 대부분의 작업은 부하 분산 메커니즘을 구현하는 것이다. 이 메커니즘은 HTTP 부하 분산과 같은 간단한 것에서부터 메시지 브로커 사용이나 데이터베이스 읽기 복제본 구성과 같은 보다 복잡한 것에 이르기까지 다양하다. 이와 같은 부하 분산 메커니즘에 의존해 작업을 수행해야 하므로, 이 메커니즘의 작동 방식과 선택한 특정 방법의 제한 사항을 파악하는 것이 중요하다.

일부 시스템에서는 부하 분산 메커니즘에 추가 요구 사항을 적용할 수 있다. 예를 들어 동일한 사용자 세션과 연관된 모든 요청이 동일한 복제본으로 향하도록 요구할 수 있다. 이 요구 사항은 고정 세션^{sticky session}이 지원되는 로드 밸런서를 사용해 해결할 수 있지만, 이 경우 부하 분산 메커니즘이 제한될 수 있다. 이와 같은 고정 부하 분산^{sticky load balancing}이 필요한 시스템은 다른 문제가 발생하기 쉽다. 따라서 일반적으로는 이러한 요구 사항이 있는 시스템을 구축하지 않는 것이 좋다.

13.1.3 데이터 파티셔닝

단순한 형태의 확장에서 시작해 이제는 좀 더 어려운 영역으로 진입하고 있다. 데이터 파티셔닝data partitioning은 데이터의 일부 측면을 기반으로 부하를 분산시키는 것으로, 예를 들면 사용자를 기반으로 부하를 분산시킬 수 있다.

구현

데이터 파티셔닝의 작동 방식은 워크로드와 관련된 키를 가져와 그 키에 함수를 적용하고 그 결과로 얻은 파티션partition(샤드shard라고도 한다)에 부하를 분산하는 것이다. [그림 13-4]에는 2개의 파티션이 있으며 기능은 매우 간단하다. 성family name이 A에서 M까지의 문자 중 하나로 시작하면 첫 번째 데이터베이스에 요청을 보내고, N에서 Z까지의 문자 중 하나로 시작하면 두 번째 데이터베이스로 요청을 보낸다. 이는 사실 파티셔닝의 좋은 예는 아니지만(그 이유는 곧 설명한다), 개념을 설명하기 충분할 정도로 간단한 것이 필요했다.

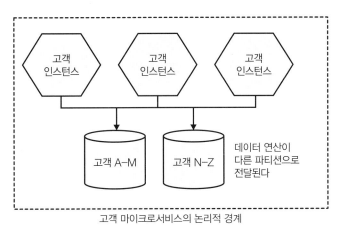

그림 13-4 고객 데이터가 2개의 다른 데이터베이스에 분할된다.

이 예에서는 데이터베이스 수준에서 파티셔닝하고 있다. 고객 마이크로서비스에 대한 요청은 모든 마이크로서비스 인스턴스에 도달할 수 있다. 그러나 데이터베이스가 필요한 연산(읽기 또는 쓰기)을 수행할 때 해당 요청은 고객의 성에 따라 정해진 데이터베이스 노드로 전달된다. 관계형 데이터베이스의 경우 두 데이터베이스 노드의 스키마는 동일하지만, 각 노드의 콘텐츠는 고객의 부분 집합만 포함한다.

데이터베이스 수준에서의 파티셔닝은 사용 중인 데이터베이스 기술이 이 개념을 기본적으로 지원한다면 이 문제를 기존 구현체에 맡길 수 있으므로 합당한 경우가 많다. 하지만 [그림

13-5]에서 보듯이 마이크로서비스 인스턴스 수준에서 파티셔닝도 가능하다. 여기서 우리는 인바운드 요청으로부터 이 요청이 어떤 파티션에 매핑돼야 하는지 파악할 수 있어야 한다. 이 예에서는 프록시를 통해 이 작업을 수행한다. 고객 기반 파티셔닝 모델의 경우, 요청 헤더에 고객 이름이 있으면 그것으로 충분하다. 이 접근 방식은 파티셔닝을 위한 전용 마이크로서비스 인스턴스가 필요한 경우 적합하며, 이때 인메모리 캐싱을 사용하면 유용하다. 또한 이 방식은 데이터베이스 수준 및 마이크로서비스 인스턴스 수준에 따라 각각의 파티션을 확장할 수 있다는 뜻이기도 하다.

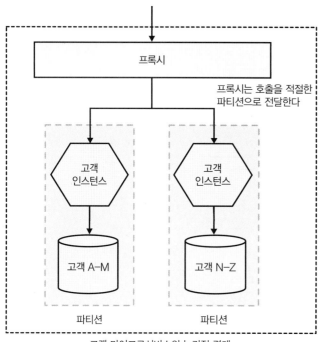

그림 13-5 요청은 적절한 마이크로서비스 인스턴스로 전달된다.

읽기 복제본의 예와 마찬가지로, 마이크로서비스의 소비자는 이 구현 방식의 세부 사항을 몰라도 확장이 될 수 있길 원할 것이다. 소비자가 [그림 13-5]에서 고객 마이크로서비스에 요청할 때는 요청이 동적으로 올바른 파티션에 라우팅되길 원한다. 데이터 파티셔닝을 구현했다는 사실은 해당 마이크로서비스 내부의 구현 세부 사항으로 취급돼야 한다. 이를 통해 자유롭게 파티셔닝 체계를 변경하거나 파티셔닝을 완전히 대체할 수 있기 때문이다.

데이터 파티셔닝의 또 다른 일반적인 예는 지리적 기준으로 구분하는 것이다. 국가별이나 지역별로 하나의 파티션을 만들 수 있다.

푸드코의 경우, 주 데이터베이스의 경합을 처리하는 한 가지 방법은 국가를 기준으로 데이터를 파티셔닝하는 것이다. 가나에 있는 고객은 한 데이터베이스를 사용하고, 저지^{Jersey}(섬)에 있는 고객은 다른 데이터베이스를 사용한다. 이 모델은 여러 가지 이유로 푸드코에 적합하지 않다. 가장 큰 문제는 푸드코가 계속해서 지리적 확장을 계획하고 있으며 동일한 시스템에서 여러 지역에 서비스를 제공해 효율성을 높이길 기대한다는 것이다. 각 국가마다 새로운 파티션을 만들어야 한다는 생각은 새로운 시장 진출 비용을 크게 증가시킨다.

대부분의 경우 파티셔닝은 의존하는 하위 시스템에서 수행된다. 예를 들어 카산드라는 파티션을 사용하고 주어진 '링^{ring}'의 노드에 걸쳐 읽기 및 쓰기를 모두 분산하며, 카프카는 파티셔닝된 토픽으로 메시지를 분산하는 기능을 지원한다.

주요 이점

데이터 파티셔닝은 트랜잭션 워크로드에 매우 유용하게 확장할 수 있다. 예를 들어 쓰기 제약이 있는 시스템의 경우 데이터 파티셔닝을 통해 큰 개선 효과를 얻을 수 있다.

또한 여러 파티션을 생성하면 유지 보수 활동의 영향도와 범위를 더 쉽게 줄일 수 있다. 파티션별로 업데이트를 롤아웃할 수 있으며, 다운타임이 필요한 작업도 단일 파티션에만 영향을 미치므로 영향도를 낮출 수 있다. 예를 들어 지리적 지역$^{geographic\ region}$을 기준으로 파티셔닝할 경우 서비스 중단을 초래할 수 있는 작업을 하루 중 가장 영향이 적은 시간대인 이른 아침에 수행할 수 있다. 지리적 파티셔닝은 데이터가 특정 관할권을 벗어나지 않도록 해야 하는 경우에도 매우 유용할 것이다. EU 시민과 관련된 데이터를 EU 내에 계속 저장해야 하는 경우가 한 예시가된다.

데이터 파티셔닝은 수평 복제와 함께 잘 동작하며, 각 파티션은 해당 작업을 처리하는 여러 노드로 구성될 수 있다.

제한 사항

데이터 파티셔닝이 시스템 견고성을 개선하는 데 한계가 있다는 점은 지적할 필요가 있다. 파티션에 장애가 발생하면 해당 부분의 요청이 실패한다. 예를 들어 부하가 4개의 파티션에 고르게 분산되고 있는데, 한 파티션에 장애가 발생하면 요청의 25%가 결국 실패하게 된다. 이는 전체 장애만큼 나쁘지는 않지만 여전히 매우 좋지 못한 상황이다. 그렇기 때문에 앞서 설명한 대로 일반적으로는 데이터 파티셔닝과 수평 복제 같은 기술을 결합해 특정 파티션의 견고성을 향상시킨다.

파티션 키를 올바르게 정하는 것은 어려울 수 있다. [그림 13-5]에서는 고객의 성을 기준으로 워크로드를 분할하는 매우 간단한 파티셔닝 체계를 사용했다. 성이 A-M으로 시작하는 고객은 파티션 1로, N-Z로 시작하는 고객은 파티션 2로 이동한다. 이 예시를 공유할 때 지적했듯이 이 체계는 좋은 파티셔닝 전략이 아니다. 데이터 파티셔닝을 사용하면 부하가 고르게 분산되길 원하지만, 설명한 방식으로는 고른 분산을 기대할 수 없다. 예를 들어 중국에서는 역사적으로 성의 수가 매우 적었으며, 오늘날에도 성의 수는 4,000개 미만으로 추정된다. 인구의 80% 이상을 차지하는 가장 흔한 100개의 성은 중국어에서 N-Z로 시작하는 성에 편중돼 있다. 이는 부하가 균등하게 분배되지 않을 가능성이 높은 확장의 예시며, 국가와 문화에 따라 매우 다양한 결과가 나타날 수 있다.

보다 합리적인 대안은 가입할 때 각 고객에게 부여된 고유 ID를 기반으로 파티션을 분할하는 것이다. 이렇게 하면 부하를 균등하게 분산할 가능성이 훨씬 더 높고 이름을 변경하는 상황에도 대처할 수 있다.

기존 체계에 새 파티션을 추가하는 것은 큰 문제 없이 수행할 수 있는 경우가 많다. 예를 들어, 카산드라 클러스터 링에 새 노드를 추가하는 경우 데이터를 수동으로 리밸런싱rebalancing할 필요가 없다. 대신 카산드라는 노드 간에 데이터를 동적으로 분산하는 기능을 기본으로 지원한다. 또한 이미 파티션에 있는 메시지는 이동하지 않지만, 생산자producer와 소비자consumer가 동적으로 알림을 받는 등 카프카는 나중에도 새 파티션을 매우 쉽게 추가할 수 있다.

앞서 설명한 성 기반 파티셔닝 체계의 경우처럼 파티셔닝 체계가 목적에 맞지 않는다는 사실을 알게 되면 상황이 더욱 까다로워진다. 이 상황에서는 고통스러운 여정이 기다리고 있을 것이다. 필자는 수년 전에 메인 데이터베이스의 파티셔닝 체계를 변경하기 위해 3일 동안 메인 운영 시스템을 중단시켜야 했던 고객과 대화를 나눈 기억이 있다.

쿼리에서도 문제가 발생할 수 있다. 개별 레코드를 조회하는 것은 쉽다. 해싱 함수를 적용해 데이터가 어느 인스턴스에 있는지 찾은 다음 올바른 샤드에서 조회하면 되기 때문이다. 하지만 여러 노드에 산재한 데이터에 걸쳐 쿼리, 즉 예를 들면 18세 이상의 모든 고객을 찾는 쿼리는 어떨까? 모든 샤드를 쿼리하려면, 각 개별 샤드를 쿼리하고 메모리에서 조인하거나 두 데이터 집합을 모두 사용 가능한 읽기 대체 저장소가 있어야 한다. 샤드 전반을 교차하는 쿼리는 캐싱된 결과를 사용하는 비동기 메커니즘에 의해 처리되는 경우가 많다. 예를 들어 몽고Mongo는 이러한 쿼리를 수행하기 위해 맵/리듀스map/reduce 작업을 사용한다.

간략한 설명에서 짐작할 수 있듯이, 쓰기를 위해 데이터베이스를 확장하는 것은 매우 까다로운 일이며, 다양한 데이터베이스의 기능이 실제로 차별화되는 시작점이다. 기존 쓰기 볼륨을 얼마나 쉽게 확장할 수 있는지와 관련해서 한계에 부딪히기 시작할 때 사람들이 데이터베이스 기술을 변경하는 경우를 자주 본다. 이런 일이 발생할 때 더 큰 머신을 구입하는 것이 가장 신속하게 문제를 해결하는 방법이지만, 다른 한편으로는 요구 사항을 더 잘 처리하는 다른 유형의 데이터베이스를 살펴보고 싶어 할 수도 있다. 사용해야 할 데이터베이스 유형이 늘어나면서 새로운 데이터베이스를 선택하는 것은 벅찬 일이 될 수 있겠지만, 그 출발점으로 프라모드 사달게이Pramod J. Sadalage와 마틴 파울러Martin Fowler가 간결하게 정리한 『NoSQL: 빅 데이터 세상으로 떠나는 간결한 안내서』(인사이트, 2013)를 적극 추천한다. 이 책에서는 (그래프 데이터베이스와 같은 고도의 관계형 저장소부터 문서 저장소, 컬럼 저장소, 키-값 저장소까지) 사용할 수 있는 다양한 스타일의 NoSQL 데이터베이스에 대한 개요를 제공한다.

기본적으로 데이터 파티셔닝은 기존 시스템의 데이터를 광범위하게 변경해야 할 가능성이 높기 때문에 더 많은 작업이 필요하다. 하지만 애플리케이션 코드에는 거의 영향이 없을 것이다.

13.1.4 기능 분해

기능을 분해하면 기능을 추출해 독립적으로 확장할 수 있다. 기존 시스템에서 기능을 추출해 새로운 마이크로서비스를 만드는 것은 기능 분해의 표준적인 예시다. [그림 13-6]은 주문 기능을 메인 시스템에서 추출해 나머지 기능과 별도로 확장할 수 있도록 한 뮤직코프의 예를 보여준다.

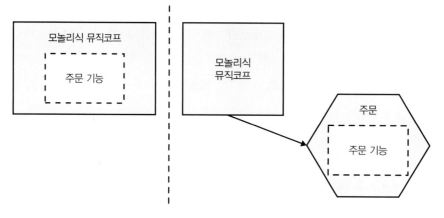

그림 13-6 주문 마이크로서비스가 기존 뮤직코프 시스템에서 추출된다.

이 확장 방식은 푸드코가 앞으로 나아갈 방향이다. 이 회사는 최대한 수직 확장을 했고, 수평 복제를 할 만큼 한 후 데이터 파티셔닝으로 줄였으며, 이제 기능적 분해를 목전에 두고 있다. 이러한 변화를 실현하고자 핵심 시스템과 핵심 데이터베이스에서 주요 데이터와 워크로드를 뽑아내고 있으며, 배달 및 메뉴와 관련된 데이터가 기본 데이터베이스에서 전용 마이크로서비스로 이동하는 등 몇 가지 빠른 성과가 확인됐다. 이는 성장하는 푸드코의 배달 팀이 새로운 마이크로서비스의 소유권을 중심으로 조직을 구축할 기회를 제공한다는 부가적인 이점이 있다.

구현

이 책에서 이미 마이크로서비스의 장점을 광범위하게 다뤘으므로 이 확장 메커니즘에 대해서는 더 이상 설명하지 않는다. 변화를 실현하는 자세한 방법은 3장을 참고하라.

주요 이점

다양한 유형의 워크로드를 분리했으므로 이제 시스템에 필요한 기본 인프라스트럭처의 크기를 적절히 조정할 수 있다. 분해된 기능 중 가끔씩 사용되는 것은 필요하지 않을 때 꺼둘 수 있고, 부하 요구 사항이 크지 않은 기능은 소규모 머신에 배포할 수 있다. 반면에 현재 제약이 있는 기능은 더 많은 하드웨어를 투입해 기능 분해를 다른 확장 축^{scaling axis} 중 하나(예: 마이크로서비스의 여러 복제본을 실행하는 것)와 결합할 수 있다.

워크로드를 실행하는 데 필요한 인프라스트럭처를 적정 규모로 줄임으로써 시스템 실행에 필요한 인프라 비용을 최적화하는 데 더 많은 유연성을 확보할 수 있다. 인프라 비용의 적절한 균형을 찾는 것은 수익성을 높이는 데 도움이 되므로 대규모 SaaS 제공업체가 마이크로서비스를 많이 사용하는 주요 이유이기도 하다.

기능 분해 그 자체로 시스템을 더 견고하게 만들지는 못하지만, 적어도 12장에서 자세히 살펴본 것처럼 부분적인 기능 장애를 견딜 수 있는 시스템을 구축할 기회를 열어준다.

마이크로서비스의 기능을 분해하는 길을 선택했다고 가정하면, 분해된 마이크로서비스를 확장하는 다양한 기술을 사용할 기회가 늘어나는 것이다. 예를 들어, 수행 중인 작업 유형에 맞는 더 효율적인 프로그래밍 언어와 런타임을 통해 기능을 이동하거나 읽기 및 쓰기 트래픽에 더 적합한 데이터베이스로 데이터를 마이그레이션할 수 있다.

이 장에서는 주로 소프트웨어 시스템의 맥락에서 확장성에 초점을 맞추고 있지만, 기능 분해는 15장에서 다시 다루게 될 주제인 조직의 확장을 더 쉽게 할 수 있도록 도움을 준다.

제한 사항

3장에서 자세히 살펴봤듯이 기능 분해는 복잡한 작업일 수 있으며 단기간에 이점을 제공하기는 어렵다. 지금까지 살펴본 모든 형태의 확장 중에서 프론트엔드 및 백엔드 애플리케이션 코드에 모두 가장 큰 영향을 미칠 수 있는 확장 방식이며, 또한 마이크로서비스로 전환하는 경우 데이터 계층에서 상당한 양의 작업이 필요할 수 있다.

결과적으로 실행 중인 마이크로서비스의 수가 늘어나게 되고, 시스템의 전반적인 복잡성이 증가해 유지 관리, 견고성 확보, 확장 등이 필요한 항목이 더 많아질 수 있다. 일반적으로 필자는 시스템을 확장할 때 기능적 분해를 고려하기 전에 다른 가능성을 모두 고려한다. 마이크로서비스로의 전환이 잠재적으로 조직이 찾고 있는 많은 것을 가져올 수 있다면 이에 대한 필자의 생각은 바뀔 수 있다. 예를 들어, 푸드코가 더 많은 국가를 지원하고 더 많은 기능을 제공하기 위해 개발 팀을 성장시키려 할 경우, 마이크로서비스로의 마이그레이션은 시스템 확장 문제뿐만 아니라 조직 확장 문제도 해결할 수 있는 기회를 제공한다.

13.2 결합 모델

원래 확장 육면체의 주요 요인 중 하나는 한 가지 유형의 확장으로 좁게 생각하는 것을 지양하고 필요시 여러 축에 따라 애플리케이션을 확장하는 것이 합리적임을 이해하도록 돕기 위한 것이었다. [그림 13-6]에 설명된 예제로 돌아가보자. 주문 기능을 추출해 이제 자체 인프라스트럭처에서 실행할 수 있도록 만들었다. 다음 단계로 [그림 13-7]에서 보듯이 주문 마이크로서비스를 여러 복제본으로 분리해 확장할 수 있다.

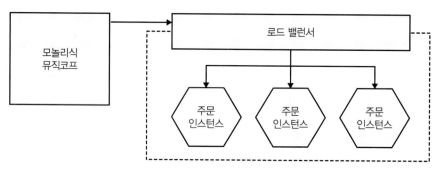

그림 13-7 추출된 마이크로서비스가 이제 확장성을 위해 복제됐다.

다음으로는 [그림 13-8]과 같이 서로 다른 지리적 위치에 따라 주문 마이크로서비스의 서로 다른 샤드를 실행하기로 결정할 수 있다. 수평 복제는 각각의 지리적 경계 안에서 적용된다.

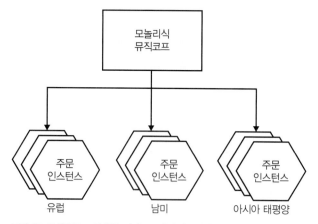

그림 13-8 뮤직코프의 주문 마이크로서비스는 이제 지역별로 분할되고 각 지역 그룹 안에서 복제돼 있다.

한 축을 따라 확장하면 다른 축을 더 쉽게 활용할 수 있다는 점에 주목해야 한다. 예를 들어 주문의 기능 분해를 통해 주문 마이크로서비스의 여러 복제본을 실행시켜 주문 처리에 대한 부하를 분산할 수 있다. 이러한 초반의 기능 분해 없이 모놀리스 전체에 그 기술을 적용하려면 한계가 있었을 것이다.

확장할 때 반드시 모든 축을 따라 확장하는 것이 목표는 아니지만, 재량껏 사용할 수 있는 이러한 다양한 메커니즘이 있다는 점을 인식해야 한다. 이런 선택권이 주어졌을 때는 각 메커니즘의 장단점을 이해해 어떤 메커니즘이 가장 적합한지 파악하는 것이 중요하다.

13.3 작게 시작하라

『The Art of Computer Programming』(위키북스, 2007)에서 도널드 크누스[Donald Knuth]는 다음과 같은 유명한 말을 남겼다.

> 진짜 문제는 프로그래머들이 엉뚱한 곳에서 엉뚱한 시간에 효율성에 대해 걱정하는 데 너무 많은 시간을 소비하는 것이며, 조기 최적화는 프로그래밍에서 악의 근원(또는 적어도 대부분)이다.

존재하지 않는 문제를 해결하기 위해 시스템을 최적화하는 것은 다른 활동에 더 잘 사용할 수 있는 시간을 낭비하고 불필요하게 더 복잡한 시스템을 만드는 지름길이 되고 만다. 따라서 모든 형태의 최적화는 실제 필요에 의해 주도돼야 한다. 12.1.1절 '견고성'에서 설명한 것처럼 시스템에 새로운 복잡성을 추가하면 새로운 취약성의 원인이 될 수 있다. 주문 마이크로서비스는 이제 자체 인프라스트럭처에서 실행돼 시스템에 대한 부하를 더 잘 처리할 수 있다. 하지만 한편으로는 시스템이 작동하기 위해 가용 여부를 확인해야 하는 또 다른 마이크로서비스가 생겼으며, 관리해야 하고 견고하게 만들어야 하는 인프라스트럭처가 더 늘어난 것이다.

병목 현상을 파악했다고 생각하더라도 여러분이 옳은지, 추가 작업은 합당한지 확인하려면 실험 과정이 필수적이다. 컴퓨터 과학자라고 자처하는 사람들 중에는 과학적 방법에 대한 기본적인 이해조차 없는 사람이 놀라울 만큼 많다.[3] 문제라고 인식했다면, 제안한 솔루션이 효과가 있

---

3 가설에 대해 이야기한 다음 이미 갖고 있는 신념을 확인하기 위해 정보를 유리하게 선별하는 사람들과 엮이지 말라.

는지 확인하기 위해 수행 가능한 작은 작업을 찾아보라. 예를 들어 부하를 처리하려고 시스템을 확장할 때 자동화된 부하 테스트 집합이 있다면 매우 유용할 것이다. 테스트를 실행해 기준선을 설정하고 병목 현상을 재현한 후 변경 사항을 적용해 차이를 관찰한다. 이는 고도로 어려운 일은 아니지만, (미미하게나마) 적어도 어렴풋이 과학적인 시도를 하는 것이다.

CQRS와 이벤트 소싱

명령과 조회의 책임 분리(Command Query Responsibility Segregation, CQRS) 패턴은 정보를 저장하고 조회하기 위한 대안 모델로 언급된다. 흔히 그러하듯이 데이터를 조작하고 조회하는 방법에 대해 하나의 모델을 사용하는 대신에 읽기 및 쓰기에 대한 책임을 별도의 모델에서 처리한다. 코드로 구현된 이러한 별도의 읽기 및 쓰기 모델은 별도의 단위로 배포할 수 있으므로 읽기 및 쓰기를 독립적으로 확장할 수 있다. 항상 그런 것은 아니지만, CQRS는 엔티티의 현재 상태를 하나의 레코드로 저장하기보다는 해당 엔티티와 관련된 이벤트의 이력을 살펴봄으로써 엔티티의 상태를 예측하는 이벤트 소싱(event sourcing)과 함께 사용되는 경우가 많다.

틀림없이 CQRS는 데이터 계층에서 읽기 복제본이 할 수 있는 일과 같이 애플리케이션 계층에서 매우 유사한 일을 하고 있지만, CQRS를 구현할 수 있는 방법이 매우 다양하므로 이 패턴은 CQRS를 단순화한 것이다.

개인적으로 CQRS 패턴이 특정 상황에서는 가치를 발하지만 잘 실행하기에는 복잡한 패턴이라고 생각하며, CQRS를 실행하는 데 큰 문제를 겪지 않았던 매우 똑똑한 사람들과 이야기해왔다. 그렇기 때문에 애플리케이션을 확장하기 위한 방법으로 CQRS를 고려하고 있다면 CQRS를 구현하기 어려운 확장 형태 중 하나로 간주하고 보다 쉬운 것부터 시도해보길 바란다. 예를 들어 단순히 읽기 제약이 있다면, 읽기 복제본은 시작하기에 훨씬 덜 위험하고 빠른 접근법이 될 수 있다. 구현 복잡성에 대해 필자가 우려하는 것은 이벤트 소싱까지 이어진다. 이벤트 소싱이 매우 적합한 상황도 있지만 수용해야 할 골칫거리도 많다. 두 가지 패턴 모두 개발자에게 상당한 사고의 전환을 요구하며, 이는 항상 일을 더 어렵게 만든다. 이 두 가지 패턴 중 하나를 사용하기로 결정했다면, 개발자의 인지 부하(cognitive load)[4] 증가가 그만한 가치가 있는지 살펴봐야 한다.

CQRS와 이벤트 소싱에 대해 마지막으로 참고할 사항은 다음과 같다. 마이크로서비스 아키텍처의 관점에서 볼 때 이러한 기술을 사용할지 여부는 마이크로서비스 내부 구현의 세부 사항에 속한다. 예를 들어 읽기와 쓰기에 대한 책임을 여러 프로세스와 모델에 분산해 마이크로서비스를 구현하기로 결정했다면, 마이크로서비스 소비자에게는 그 사실이 노출되지 않아야 한다. 인바운드 요청을 요청에 따라 적절한 모델로 리디렉션해야 하는 경우, 이 작업은 CQRS를 구현하는 마이크로서비스가 담당하게 하라. 이러한 구현 세부 사항을 소비자가 알 수 없도록 숨겨둔다면 나중에 마음을 바꾸거나 이 패턴의 사용 방식을 변경하는 유연성을 확보할 수 있다.

---

4   옮긴이_학습이나 과제 해결 과정에서의 인지적 요구량을 말한다. 즉, 사람이 과제를 완료하기 위해 기억하고 생각하는 정신적 노력의 총량이다.

13.4 캐싱

캐싱^{caching}은 흔히 사용되는 성능 최적화 방법으로, 특정 작업의 이전 결과를 저장해 후속 요청에서 값을 다시 계산하는 데 시간과 자원을 소비하지 않고 저장된 값을 사용할 수 있게 해준다.

예를 들어, 상품을 추천하기 전에 재고 수준을 확인해야 하는 추천(Recommendation) 마이크로서비스를 생각해보자. 재고가 없는 상품을 추천하는 것은 아무런 의미가 없다! 하지만 우리는 연산의 지연 시간을 개선하고자 추천 서비스에서 재고 수준의 복사본을 보관하기로 정하고 무언가를 추천해야 할 때마다 재고 수준을 확인할 필요가 없게 했다. 신뢰할 수 있는 재고 수준의 원천은 재고(Inventory) 마이크로서비스며, 이 마이크로서비스는 추천 마이크로서비스에서 클라이언트 캐시의 원천으로 간주된다. 추천 서비스가 재고 수준을 조회해야 하는 경우 먼저 로컬 캐시에서 조회할 수 있다. 필요한 항목이 발견되면 캐시 히트^{cache hit}로 간주하고, 데이터를 찾지 못하면 캐시 미스^{cache miss}이므로 다운스트림 재고 마이크로서비스에서 정보를 가져와야 한다. 원본 데이터는 당연히 변경될 수 있으므로, 추천 서비스의 캐시를 무효화할 수 있는 방법이 필요하다. 이를 통해 로컬에 캐싱된 데이터가 너무 오래돼 더 이상 사용되지 못하게 할 수 있다.

캐시는 이 예제에서와 같이 간단한 조회 결과를 저장할 수 있지만, 실제로는 복잡한 계산 결과와 같이 어떤 종류의 데이터도 저장할 수 있다. 캐시는 지연 시간을 줄이고 애플리케이션을 확장하며, 경우에 따라서는 시스템의 견고성을 개선하기 위해 시스템 성능을 개선하는 데 도움이 된다. 사용할 수 있는 무효화 메커니즘이 많고 캐싱할 수 있는 곳도 많다는 사실과 함께 마이크로서비스 아키텍처에서 캐싱과 관련해 논의할 측면이 많다는 것을 의미한다. 먼저 캐시가 어떤 종류의 문제에 도움이 되는지를 이야기해보자.

13.4.1 성능을 위해

마이크로서비스를 사용하면, 네트워크 지연으로 인한 부정적인 영향과 일부 데이터를 가져오기 위해 여러 마이크로서비스와 상호작용해야 하는 비용을 우려하는 경우가 많다. 캐시에서 데이터를 가져오면 네트워크 호출을 하지 않아도 되므로 다운스트림 마이크로서비스의 부하를 줄이는 데 큰 도움이 된다. 네트워크 홉^{hop}을 피할 수 있을 뿐 아니라 각 요청에 대한 데이터를 생성할 필요성도 줄어든다. 장르별로 가장 인기 있는 항목 목록을 요청하는 상황을 생각해보자. 이 요청에서는 데이터베이스 수준에서 비용이 많이 드는 조인 쿼리가 포함될 수 있다. 이 쿼리의 결과를 캐싱할 수 있으므로 캐싱된 데이터가 무효할 때만 결과를 다시 생성하면 된다.

13.4.2 확장성을 위해

읽기를 캐시로 전환할 수 있다면 시스템 일부분에서 발생하는 경합을 피해 더 나은 확장성을 확보할 수 있다. 이 장에서 이미 다룬 데이터베이스 읽기 복제본을 사용하는 것이 그 예다. 읽기 트래픽은 읽기 복제본에 의해 제공되므로 주 데이터베이스 노드의 부하가 줄어들어 읽기를 효과적으로 확장할 수 있다. 복제본에서 지난 데이터 읽기를 수행할 수 있다. 읽기 복제본은 결국 주 노드에서 복제본 노드로의 복제를 통해 업데이트되며, 이러한 형태의 캐시 무효화는 데이터베이스 기술에 의해 자동으로 처리된다.

더 넓게 보면, 확장성을 위한 캐싱은 원본이 경합 지점이 되는 모든 상황에서 유용하다. 클라이언트와 원본 사이에 캐시를 배치하면 원본의 부하를 줄여 확장성을 높일 수 있다.

13.4.3 견고성을 위해

로컬 캐시에 전체 데이터 집합이 들어 있다면 원본이 가용하지 않을 경우에도 작동할 수 있으므로 시스템의 견고성이 향상될 수 있다. 견고성을 위해 캐싱을 사용할 때 주의할 사항이 몇 가지 있다. 가장 중요한 것은 오래된 데이터를 자동으로 제거하지 않도록 캐시 무효화 메커니즘을 구성하고 업데이트할 수 있을 때까지 데이터를 캐시에 보관해야 한다는 것이다. 그렇지 않으면 데이터가 무효화되면서 캐시에서 제거돼 캐시 미스가 발생하고, 원본을 사용할 수 없으므로 데이터를 가져오는 데 실패하게 된다. 이는 원본이 오프라인일 경우, 꽤 오래된 데이터라도 읽어올 준비를 해야 한다는 뜻이다. 어떤 상황에서는 괜찮겠지만, 어떤 상황에서는 크게 문제가 될 수 있다.

근본적으로 원본을 사용할 수 없는 상황에서 로컬 캐시를 사용해 견고성을 확보한다는 것은 일관성보다 가용성을 우선시한다는 의미다.

필자가 가디언^{Guardian}과 그 후 다른 곳에서 사용한 기술은 기존 '라이브^{live}' 사이트를 주기적으로 크롤링해 장애가 발생할 때 제공할 용도로 정적 버전의 웹 사이트를 생성하는 것이었다. 이 크롤링된 버전은 라이브 시스템에서 제공되는 캐싱된 콘텐츠만큼 최신 상태는 아니었지만 비상 상황에서는 사이트의 특정 버전이 표시되는 것을 보장할 수 있었다.

13.4.4 캐싱 위치

앞서 여러 번 다뤘듯이 마이크로서비스는 여러 선택지를 제공하는데, 캐싱도 마찬가지다. 캐시를 저장할 수 있는 다양한 장소가 있다. 여기서 설명할 다양한 캐시 장소에는 여러 장단점이 있으며, 수행할 수 있는 최적화 유형에 따라 가장 적합한 캐시 장소를 찾을 수 있을 것이다.

캐싱 위치를 알아보기 위해 앞서 다뤘던 상황을 다시 살펴본다. 3.7절 '데이터 분해에 대한 우려'에서 뮤직코프의 매출에 대한 정보를 추출하던 상황을 다시 살펴보자. [그림 13-9]에서 판매(Sales) 마이크로서비스는 판매된 품목에 대한 기록을 유지한다. 이 마이크로서비스는 판매된 품목의 ID와 판매 타임스탬프만 추적한다. 때때로 판매 마이크로서비스에 지난 7일 동안 판매된 상위 10개의 베스트셀러 목록을 요청하고 싶을 때가 있다.

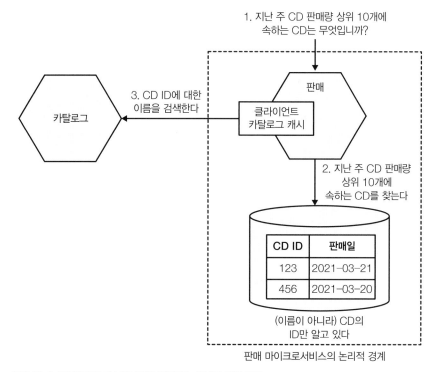

그림 13-9 뮤직코프가 베스트셀러를 제공하는 방법에 대한 개요

문제는 판매 마이크로서비스가 CD의 이름을 알지 못하고 ID만 알고 있다는 것이다. "이번 주 베스트셀러의 ID는 366549이며 35,345부를 판매했습니다!"라고 말하는 것은 유용하지 못하다. 우리는 ID가 366548인 CD의 이름도 알고 싶고, 카탈로그(Catalog) 마이크로서비스가 해당 정보를 저장한다. 즉, [그림 13-9]에서 보듯이 판매 마이크로서비스가 상위 10개 베스트셀러(톱10)에 대한 요청에 대응할 때, 톱10 ID의 이름을 요청해야 한다. 캐싱이 어떻게 도움을 주고, 우리가 어떤 캐시 유형을 사용할 수 있는지를 살펴보자.

클라이언트 측 캐싱

클라이언트 측 캐싱을 사용하면 데이터는 원본의 범위를 벗어난 곳에 캐싱된다. 이 예제에서는 [그림 13-10]과 같이 실행 중인 판매 프로세스 내부에 앨범의 ID와 이름 간의 매핑이 포함된 인메모리 해시테이블in-memory hashtable을 두는 것처럼 간단히 해결할 수 있다. 즉, 톱10을 생성하는 데 필요한 모든 조회에 대해 캐시 히트가 됐다면 카탈로그 호출은 필요 없다. 클라이언트 캐시는 마이크로서비스에서 얻은 정보 중 일부만 캐싱하기로 결정할 수 있다는 점에 유의해야 한다. 예를 들어 CD에 대한 정보를 요청하면 많은 정보를 반환받을 수 있지만, 앨범 이름에만 관심이 있다면 그것만 로컬 캐시에 저장하면 된다.

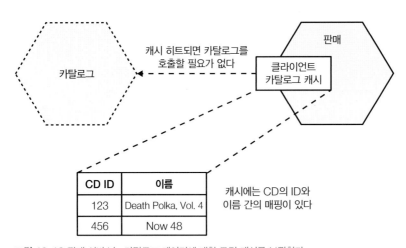

그림 13-10 판매 서비스는 카탈로그 데이터에 대한 로컬 캐시를 보관한다.

일반적으로 클라이언트 측 캐싱은 다운스트림 마이크로서비스에 대한 네트워크 호출을 피할 수 있기 때문에 매우 효과적인 측면이 있다. 따라서 클라이언트 측 캐싱은 지연 시간을 개선하기 위한 캐싱뿐만 아니라 견고성을 위한 캐싱에도 적합하다.

하지만 클라이언트 측 캐싱에는 몇 가지 단점이 있다. 첫째, 무효화 메커니즘과 관련된 선택 범위가 제한되기 더 쉽다(이는 곧 살펴볼 것이다). 둘째, 클라이언트 측 캐싱이 많이 늘어나면 클라이언트 사이에 어느 정도 불일치가 발생할 수 있다. 판매(Sales), 추천(Rcommendation), 프로모션(Promotion) 마이크로서비스가 모두 카탈로그의 데이터를 클라이언트 측에서 캐싱하는 상황을 생각해보자. 카탈로그의 데이터가 변경될 때 어떤 무효화 메커니즘을 사용하든 세 클라이언트의 데이터가 정확히 같은 시점에 갱신되는 것을 보장할 수 없다. 즉, 각 클라이언트에서 동시에 서로 다른 캐시 데이터를 볼 수 있다. 클라이언트가 많을수록 이런 문제가 발생할 가능성은 높다. 곧 살펴볼 알림notification 기반 무효화와 같은 기술을 사용하면 이 문제를 줄이는 데 도움이 되지만, 이 문제를 완전히 해소하지는 못한다.

이 문제를 완화하는 또 다른 방법은 [그림 13-11]에서 보듯이 클라이언트 측 캐시를 공유하거나 레디스Redis 또는 멤캐시드memcached와 같은 전용 캐싱 도구를 사용하는 것이다. 이렇게 하면 서로 다른 클라이언트 간에 불일치가 발생하는 문제를 피할 수 있다. 또한 관리해야 하는 데이터의 복사본 수가 줄어들기 때문에 리소스 사용 측면에서도 더 효율적이다(캐시는 메모리를 사용하는 경우가 많으며, 메모리는 인프라스트럭처의 가장 큰 제약 중 하나다). 한편으로 이제 클라이언트는 공유 캐시까지 왕복해야 한다.

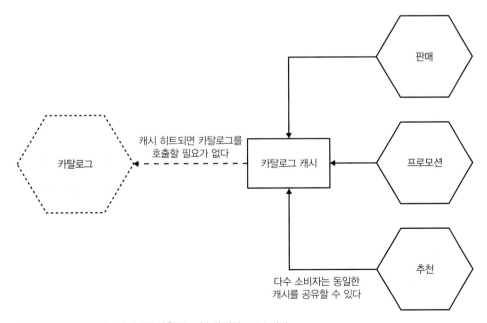

그림 13-11 공유된 하나의 캐시를 사용하는 다수의 카탈로그 소비자

여기서 고려할 또 다른 점은 이 공유 캐시의 소유자가 누구인가 하는 것이다. 누가 소유하고 어떻게 구현하는지에 따라 이와 같은 공유 캐시는 클라이언트 측 캐싱과 서버 측 캐싱 사이의 경계를 모호하게 만들 수 있다. 이에 대한 내용을 이어서 살펴보자.

서버 측 캐싱

[그림 13-12]는 서버 측 캐싱을 사용하는 판매 톱10 예시를 보여준다. 여기서는 카탈로그 마이크로서비스 스스로 소비자를 대신해 캐시를 유지 관리한다. 판매 마이크로서비스가 CD 이름을 요청할 때 이 정보는 캐시를 통해 투명하게 제공된다.[5]

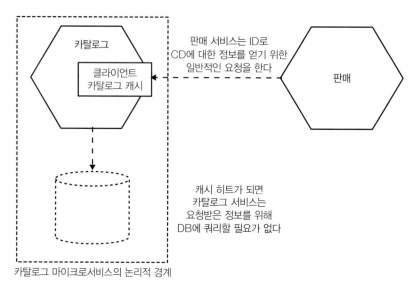

판매 서비스는 ID로
CD에 대한 정보를 얻기 위한
일반적인 요청을 한다

캐시 히트가 되면
카탈로그 서비스는
요청받은 정보를 위해
DB에 쿼리할 필요가 없다

카탈로그 마이크로서비스의 논리적 경계

그림 13-12 카탈로그 마이크로서비스는 캐싱을 내부적으로 구현해 소비자에게 보이지 않도록 한다.

여기서 카탈로그 마이크로서비스는 캐시 관리에 대한 모든 것을 책임진다. 인메모리 데이터 구조 또는 로컬의 전용 캐싱 노드 등 일반적으로 이러한 캐시가 구현되는 방식의 특징으로 인해 보다 정교한 캐시 무효화 메커니즘을 구현하기가 더 용이하다. 예를 들어 곧 살펴볼 **연속 쓰기 캐시**write-through cache는 이와 같은 상황에서 구현이 훨씬 더 간단하다. 또한 서버 측 캐싱을 사용하면, 클라이언트 측 캐싱에서 발생할 수 있는 서로 다른 소비자가 다른 캐시 값을 보는 문제도 더 쉽게 해결할 수 있다.

....

5   옮긴이_여기서 '투명하게 제공된다'는 것은 클라이언트가 캐시나 다른 방법을 통해 제공되는지 알 수 없다는 뜻이다.

소비자 입장에서 이 캐시는 내부 구현이므로 보이지 않지만, 그렇다고 해서 마이크로서비스 인스턴스의 코드에서 캐싱을 구현해야 한다는 의미는 아니다. 예를 들어 마이크로서비스의 논리적 경계 안에서 역방향 프록시를 두거나, 숨겨진 레디스 노드를 사용하거나, 읽기 쿼리를 데이터베이스의 복제본으로 전환할 수 있다.

이러한 형태의 캐싱에서 나타나는 가장 큰 문제점은 소비자가 마이크로서비스까지 왕복해야 하므로 지연 시간을 최적화할 수 있는 범위가 줄어든다는 점이다. 마이크로서비스 경계나 그 근처에서 캐싱을 수행하면 데이터베이스 쿼리와 같은 비용이 많이 드는 작업을 추가로 수행할 필요가 없지만, 쿼리 호출 자체는 수행돼야 한다. 또한 이 형태의 캐싱이 전체적인 견고성을 향상시키는 데 미치는 효과는 감소된다.

이 때문에 이 캐싱 형태가 덜 유용해 보이더라도, 내부적으로 캐싱을 구현하기로 결정하는 것만으로도 해당 마이크로서비스의 모든 소비자의 성능을 분명하게 개선할 수 있다는 점에서 큰 가치가 있다. 조직 전체에서 널리 사용되는 마이크로서비스는 내부적으로 캐싱을 구현함으로써 많은 소비자의 응답 시간을 개선하는 동시에 마이크로서비스를 더 효과적으로 확장할 수 있어 큰 이점을 가져다준다.

판매 톱10 시나리오의 경우 이와 같은 형태의 캐싱이 도움이 될지 여부를 고려해야 한다. 그 결정은 우리가 어떤 것을 우려하는지에 달려 있다. 작업의 양 끝단 지연 시간이 우려된다면 서버 측 캐싱으로 얼마나 많은 시간을 절약할 수 있을까? 클라이언트 측 캐싱이 성능 면에서 더 많은 이점이 있을 것이다.

요청 캐시

요청 캐시를 사용하면 원본 요청에 대한 응답을 캐싱해 저장한다. 따라서 예를 들어 [그림 13-13]에서는 실제 상위 10개 베스트셀러 항목을 저장한다. 이후 이 항목을 요청하면 캐싱된 결과가 반환된다. 판매 데이터를 조회할 필요도 없고 카탈로그를 왕복할 필요도 없으므로, 속도 최적화 측면에서 가장 효과적인 캐시 방법이다.

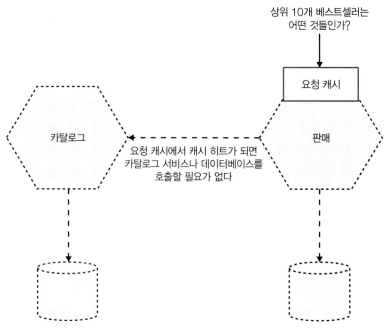

그림 13-13 상위 10개 베스트셀러의 요청 결과를 캐싱한다.

이 방법에는 분명한 이점이 있다. 우선 매우 효율적이다. 하지만 이러한 형태의 캐싱은 매우 한정적이라는 점을 알고 있어야 한다. 즉, 특정 요청의 결과만 캐싱한다. 따라서 판매 또는 카탈로그 서비스를 호출하는 다른 작업들은 캐시에 저장되지 않으므로 이 형태의 최적화로부터 얻는 혜택은 없다.

13.4.5 무효화

> 컴퓨터 과학에서 어려운 것은 캐시 무효화와 작명, 이 두 가지뿐이다.
>
> 필 칼튼Phil Karlton

무효화는 캐시에서 데이터를 제거하는 과정이다. 개념은 간단하지만 실행은 복잡하다. 무효화 구현 방법이 다양하고, 오래된 캐시 데이터를 활용할 때 고려해야 할 절충점이 많다는 것 외에 다른 이유는 없다. 하지만 근본적으로 어떤 상황에서 캐싱된 데이터를 캐시에서 제거해야 하는지를 결정하는 것이 중요하다. 어떤 경우에는 데이터의 새 버전을 사용할 수 있다는 알림을 받았기 때문에 캐시에서 제거해야 하지만, 다른 경우에는 캐싱된 복사본이 오래됐다고 가정하고 원본에서 새 사본을 가져와야 할 수도 있다.

무효화와 관련된 방안을 고려할 때는 마이크로서비스 아키텍처에서 활용할 수 있는 몇 가지 방안을 살펴보는 것이 좋다. 하지만 이 절에서 모든 방안을 완벽히 요약했다고 생각하지는 말라!

TTL

TTL은 캐시 무효화에 사용하는 가장 간단한 메커니즘 중 하나다. 캐시의 각 항목은 특정 기간 동안만 유효한 것으로 간주된다. 그 시간이 만료되면 데이터는 무효화되고 새 사본을 가져온다. 또한 간단한 TTL$^{Time\ to\ Live}$ 기간을 사용해 유효 기간을 지정할 수 있다. 즉, TTL이 5분이면 캐시는 최대 5분 동안 캐시 데이터를 제공하며, 그 이후에는 캐싱된 항목이 무효화된 것으로 간주하고 새 복사본을 가져와야 한다. 변형된 방법은 만료에 대한 타임스탬프를 사용하는 것인데, 특히 여러 수준의 캐시를 읽는 경우에는 이 방법이 더 효과적일 수 있다.

HTTP는 TTL(Cache-Control 헤더를 통해)과 응답의 Expires 헤더를 통해 만료 타임스탬프를 설정하는 기능을 모두 지원하며, 이는 매우 유용하다. 즉, 원본^{origin} 자체에서 다운스트림 클라이언트가 데이터를 얼마나 오랫동안 최신으로 간주해야 하는지 알려줄 수 있다. 재고 마이크로서비스로 돌아와서, 재고 마이크로서비스가 빠르게 판매되는 품목의 재고 수준이나 거의 품절된 품목에 대해 TTL이 필요한 상황을 상상해볼 수 있다. 판매량이 많지 않은 품목의 경우 더 긴 TTL을 제공할 수 있다. 이것은 HTTP 캐시 컨트롤(Cache-Control)의 고급 기능을 사용하는 것으로, 응답별로 캐시 컨트롤을 조정하는 것은 캐시의 효과를 조정할 때만 사용한다. 특정 리소스 유형에 대해 동일한 TTL을 사용하는 것부터 시작하면 좋다.

HTTP를 사용하지 않더라도 원본이 클라이언트에게 데이터를 캐싱하는 방법(그리고 캐시 여부)에 대한 힌트를 제공한다는 것은 매우 강력한 개념이다. 즉, 클라이언트 측에서 추측할 필요 없이 데이터를 처리하는 방법에 대해 정보에 기반해서 선택할 수 있다.

HTTP에는 이보다 더 고급화된 캐싱 기능이 있으며, 그 예로 조건부 GET을 잠시 살펴보자.

TTL 기반 무효화의 한 가지 문제점은 구현은 간단하지만 그다지 정교하지 못하다는 점이다. TTL이 5분인 데이터의 새 복사본을 요청했는데, 1초 후에 원본의 데이터가 변경되면 나머지 4분 59초 동안 오래된 데이터로 작동하게 된다. 따라서 구현의 단순함과 오래된 데이터로 작동하는 것을 얼마나 허용할 수 있는지 사이에서 균형을 유지해야 한다.

조건부 GET

간과하기 쉽지만 한 가지 언급해야 할 것은 HTTP로 조건부 GET 요청을 전송하는 기능이다. 방금 살펴본 것처럼 HTTP는 응답에 **Cache-Control** 및 **Expires** 헤더를 지정해 보다 영리한 클라이언트 측 캐싱 기능을 제공한다. 하지만 HTTP로 직접 작업한다면 엔티티 태그, 즉 ETag 라는 HTTP가 제공하는 또 다른 기능이 있다. ETag는 리소스 값이 변경됐는지 여부를 확인하는 데 사용된다. 고객 레코드를 업데이트하면 자원에 대한 URI는 동일하지만 값이 달라지므로 ETag가 변경될 것으로 기대할 수 있다. 이 기능은 **조건부 GET**conditional GET[6]이라고 하는 것을 사용할 때 강력해진다. GET 요청을 할 때는 추가 헤더를 지정해 특정 기준이 충족되는 경우에만 클라이언트에게 자원을 내려보내도록 서비스에 지시할 수 있다.

예를 들어, 고객 레코드를 가져왔는데 해당 고객 레코드의 ETag가 `o5t6fkd2sa`로 반환된다고 가정해보자. 나중에 `Cache-Control` 지시어가 해당 자원이 오래된 것으로 판단된다고 알려주었기 때문에 우리는 최신 버전을 얻고자 한다. 이후 GET 요청을 할 때 `If-None-Match: o5t6fkd2sa`와 같은 값을 전달할 수 있다. 이는 서버에게 해당 URI의 자원을 요청하는데, ETag 값과 일치하는 자원이 있다면 가져오지 않겠다는 것을 알리는 것이다. 이미 최신 버전이라면 서비스는 `304 Not Modified` 응답을 보내 클라이언트가 최신 버전을 갖고 있다고 알려준다. 사용 가능한 최신 버전이 있다면, 변경된 자원과 자원에 대한 새 ETag가 포함된 200 OK를 회신받는다.

물론 조건부 GET을 사용하더라도 여전히 클라이언트에서 서버로 요청이 이뤄진다. 네트워크 왕복 횟수를 줄이려고 캐싱하는 경우에는 큰 도움이 되지 않을 수 있다. 그럼 어떤 경우가 유용할까? 불필요하게 자원을 재생성하는 비용을 피할 경우다. TTL 기반 무효화를 사용하면 클라이언트는 자원이 변경되지 않았더라도 자원의 새 복사본을 요청하고, 이 요청을 받은 마이크로서비스는 클라이언트가 이미 갖고 있는 것과 완전히 동일한 자원을 다시 생성해야 한다. 응답을 만드는 데 많은 비용이 들고 값비싼 데이터베이스 쿼리 집합을 수행해야 한다면, 조건부 GET 요청이 효과적인 메커니즘이 될 수 있다.

....

6 옮긴이_HTTP가 제공하는 기능인 조건부 GET은 클라이언트가 특정 날짜 이후에 변경된 경우나 특정 조건에 따라 서버에서 리소스를 요청하는 것으로, 네트워크 대역폭과 서버 부하를 최적화하기 위해 필요 없는 데이터 전송을 줄여준다. 서버는 자원이 변경되지 않았을 경우 304 Not Modified 상태 코드로 응답해 클라이언트가 캐시된 버전을 사용할 수 있도록 함으로써 성능을 향상시킨다.

알림 기반

알림 기반 무효화_{notification-based invalidation}에서는 이벤트를 사용해 구독자가 로컬 캐시 항목을 무효화할지 여부를 알 수 있도록 해준다. 개인적으로 이것이 무효화를 위한 가장 우아한 메커니즘이라고 생각하지만, TTL 기반 무효화와 비교하면 상대적으로 복잡하다는 단점이 있다.

[그림 13-14]에서 추천 마이크로서비스는 클라이언트 측 캐시를 사용하고 있다. 이 캐시 내 항목은 재고 마이크로서비스가 Stock Change(재고 변경) 이벤트를 발행할 때 무효화되므로, 추천 마이크로서비스(또는 이 이벤트의 다른 구독자)는 재고 수준의 증감을 알게 된다.

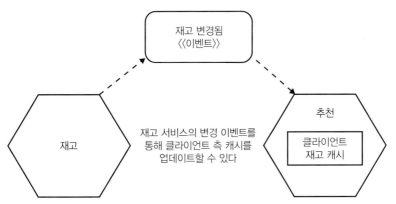

그림 13-14 재고 마이크로서비스가 Stock Change 이벤트를 발행하면 추천 마이크로서비스는 로컬 캐시를 업데이트할 수 있다.

이 메커니즘의 가장 큰 장점은 캐시가 오래된 데이터를 제공할 가능성을 줄인다는 것이다. 이 잠재적 기간은 알림을 보내고 처리하는 데 걸리는 시간으로 구성된다. 알림을 전송하는 데 사용하는 메커니즘에 따라 이 시간은 매우 빨라질 수 있다.

단점은 구현이 복잡하다는 것이다. 원본이 알림을 발행할 수 있어야 하고, 이해관계자가 이러한 알림에 대응할 수 있어야 한다. 이 모델은 많은 메시지 브로커가 제공하는 일반적인 pub/sub 형식의 상호작용과 잘 맞으므로 메시지 브로커와 같은 것을 사용하기에 적합하다. 브로커가 제공하는 추가적 보장도 도움이 될 수 있지만, 5.2.4절 '메시지 브로커' 절에서 이미 설명했듯이 메시징 미들웨어를 관리하는 데는 오버헤드가 있으므로 이 용도로만 브로커를 사용하는 것은 과한 조치일 수 있다. 그러나 다른 형태의 마이크로서비스 간 커뮤니케이션에 브로커를 이미 사용하고 있었다면, 보유한 기술을 활용하는 것이 합리적이다.

알림 기반 무효화를 실제로 사용할 때 유의할 점은 클라이언트가 알림 메커니즘이 실제로 작동하고 있는지를 알 필요가 있다는 것이다. 한동안 재고에서 Stock Change(재고 변경) 이벤트를 수신하지 못한 상황을 가정해보자. 그 기간 동안 품목을 판매하지 않았거나 품목이 재입고되지 않았다는 의미일까? 그럴 수도 있다. 또한 알림 메커니즘이 다운돼 더 이상 업데이트를 받지 못한다는 의미일 수도 있다. 이 경우 동일한 알림 메커니즘(이 경우에는 추천)을 통해 심박heartbeat 이벤트를 전송함으로써 구독자에게 알림이 계속 수신되고 있지만 실제로 변경된 사항이 없음을 알릴 수 있다. 심박 이벤트가 수신되지 않으면 클라이언트는 문제가 있다고 가정하고, 사용자에게 오래된 데이터가 표시되고 있음을 알리거나 기능을 중단하는 등 가장 적절한 조치를 취할 수 있다.

또한 알림에 포함된 내용도 고려해야 한다. 변경 사항이 무엇인지 설명하지 않으면서 '이 항목이 변경됐습니다'라고만 알림에 표시된다면, 소비자는 알림을 받을 때 원본에서 새 데이터를 가져와야 할 것이다. 반면에 알림에 데이터의 현재 상태가 포함돼 있으면 소비자는 해당 데이터를 로컬 캐시에 직접 넣을 수 있다. 알림에 더 많은 데이터가 포함되면 크기와 관련된 문제가 발생할 수 있으며, 민감한 데이터가 너무 광범위하게 노출될 위험도 존재한다. 4.8.2절 '이벤트에 포함되는 것'에서 이벤트 기반 통신을 살펴볼 때 이러한 장단점을 분석했다.

연속 쓰기

연속 쓰기write-through 캐시를 사용하면 원본의 상태와 동시에 캐시가 업데이트된다. 물론 '동시에'라는 표현 때문에 연속 쓰기 캐싱이 까다로워지는 부분이 있다. 서버 측 캐싱에서 연속 쓰기 메커니즘을 구현하면 동일한 트랜잭션 내에서 데이터베이스와 인메모리 캐시를 큰 어려움 없이 업데이트할 수 있으므로 비교적 간단하다. 캐시가 다른 곳에 있는 경우(업데이트 시간차로), 업데이트되는 항목의 측면에서 '동시에'가 무엇을 의미하는지 이해하기 더 어렵다.

이와 같은 어려움 때문에 일반적으로 서버 측의 마이크로서비스 아키텍처에서 연속 쓰기 캐시가 사용되는 것을 볼 수 있다. 이 조합을 통해 클라이언트가 오래된 데이터를 볼 수 있는 기간을 실질적으로 제거할 수 있다는 이점은 매우 분명하다. 이는 서버 측 캐시가 일반적으로 덜 유용할 수 있다는 사실과 균형을 이루며, 마이크로서비스에서 연속 쓰기 캐시가 효과적으로 사용될 수 있는 상황을 제한한다.

나중 쓰기

나중 쓰기write-behind 캐시를 사용하면 캐시 자체가 **먼저** 업데이트된 다음 원본이 업데이트되며, 개념적으로 캐시를 버퍼로 생각할 수 있다. 캐시에 쓰는 것이 원본을 업데이트하는 것보다 빠르다. 따라서 결과를 캐시에 기록해 후속적으로 발생하는 읽기를 더 빠르게 만들고, 나중에 원본이 업데이트될 것을 예상한다.

나중 쓰기 캐시를 둘러싼 주요 우려 사항은 데이터 손실 가능성이다. 캐시 자체의 내구성이 떨어지면 데이터가 원본에 기록되기 전에 손실될 수 있다. 또한 우리는 이제 흥미로운 지점에 와 있다. 여기서 원본이란 무엇일까? 원본은 데이터의 출처가 되는 마이크로서비스일 것으로 예상하지만, 캐시를 먼저 업데이트하면 캐시가 실제로 원본이 될까? 진실의 출처는 어떤 것일까? 캐싱을 사용할 때는 캐싱된 데이터(잠재적으로 오래될 수 있는)와 실제로 최신으로 간주할 수 있는 데이터를 구분하는 것이 중요하다. 마이크로서비스의 맥락에서 나중 쓰기 캐시를 사용하면 이러한 구분이 훨씬 덜 명확해진다.

나중 쓰기 캐시는 프로세스 내부의 최적화에 자주 사용되지만 마이크로서비스 아키텍처에는 거의 사용되지 않는데, 부분적으로는 더 간단한 다른 형태의 캐싱으로도 충분하기 때문이기도 하지만 주로 원본에 쓰기 전에 캐싱된 데이터의 손실을 처리하는 것이 복잡하기 때문이기도 하다.

13.4.6 캐싱의 황금 법칙

너무 많은 곳에 캐시를 만들지 않도록 주의하라! 새로운 데이터의 출처와 여러분 사이에 캐시가 많을수록 데이터가 더 오래될 수 있으며, 클라이언트가 최종적으로 보게 되는 데이터가 최신인지 판단하기가 더 어려워질 수 있다. 또한 데이터를 무효화해야 할 위치를 추론하기도 더 어려워질 것이다. 캐싱과 관련된 절충점, 즉 데이터의 신선도freshness와 부하 및 지연 시간에 대한 시스템 최적화 간의 균형을 맞추는 것은 까다로운 일이며, 데이터가 얼마나 최신인지 아닌지를 쉽게 추론할 수 없다면 이 문제는 더욱 어려워진다.

재고 마이크로서비스가 재고 수준을 캐싱하는 상황을 생각해보자. 재고 수준에 대한 인벤토리 요청은 이러한 서버 측 캐시에서 제공될 수 있으며, 그에 따라 요청 속도가 빨라진다. 이제 이 내부 캐시에 대한 TTL을 1분으로 설정했다고 가정하면 서버 측 캐시가 실제 재고 수준보다 최대 1분까지 뒤처질 수 있다. 이제 추천(Recommendation) 마이크로서비스 내부의 클라이언트 측 캐싱이 이뤄지고 있으며, 여기서도 TTL을 1분으로 사용하고 있다. 클라이언트 측 캐시의 항목이 만료되면 추천 마이크로서비스에서 재고 마이크로서비스로 최신 재고 수준을 가져오려고 요청을 한다. 하지만 우리가 모르는 사이에 요청이 서버 측 캐시에 도달하게 되고, 이 시점에서 캐시는 최대 1분 전일 수 있다. 따라서 클라이언트 측 캐시에는 처음으로부터 최대 1분이나 지난 레코드가 저장될 수 있다. 즉, 추천 마이크로서비스의 관점에서 재고 수준은 최대 1분밖에 되지 않는다고 생각하지만, 실제로 사용하는 재고 수준은 최대 2분까지 오래될 가능성이 있다.

이와 같은 문제를 방지하기 위한 여러 방법이 있다. 처음에는 타임스탬프 기반으로 만료하는 것이 TTL보다 낫겠지만, 이 문제는 캐싱이 실제로 중첩될 때 어떤 문제가 발생하는지 보여주는 예시이기도 하다. 캐싱된 입력을 기반으로 하는 작업의 결과를 캐싱하는 경우, 최종 결과가 어느 정도나 최신 상태인지 얼마나 명확하게 알 수 있을까?

앞서 소개한 크누스의 유명한 말처럼, 조기 최적화는 문제를 일으킬 수 있다. 캐싱은 복잡성을 증가시키므로 가능한 한 복잡성을 최소화하고자 하며, 캐싱 장소의 이상적인 수는 제로(0)다. 그 외의 모든 것은 최적화를 **해야** 하지만, 이로 인해 발생될 복잡성에 유의해야 한다.

> **TIP**
> 캐싱은 주로 성능 최적화를 위한 것으로 고려하라. 또한 데이터의 신선도를 더 쉽게 추론할 수 있도록 가능한 한 적은 위치에 캐시를 저장하라.

13.4.7 신선도 대 최적화

TTL 기반 무효화의 예로 돌아가보자. 앞서 TTL이 5분인 데이터의 새 복사본을 요청했는데 1초 후에 원본 데이터가 변경되면 캐시는 나머지 4분 59초 동안 오래된 데이터로 작동하게 된다고 설명했다. 이것이 용납되지 않는다면, 한 가지 해결책은 TTL을 줄여 오래된 데이터로 작동할 수 있는 기간을 줄이는 것이다. 따라서 TTL을 1분으로 줄일 수 있다. 즉, 오래된 데이터를 처리할 수 있는 시간이 5분의 1로 줄어들지만, 원본으로 5배나 더 많이 호출해야 하므로 관련 지연 시간 및 부하 영향을 고려해야 한다.

이러한 힘의 균형을 맞추는 것은 최종 사용자와 더 광범위한 시스템의 요구 사항을 이해하는 데 달려 있다. 사용자는 틀림없이 항상 가장 최신의 데이터로 작업하길 원하지만, 그렇다고 해서 시스템이 부하를 받아 다운되면 안 된다. 마찬가지로 캐시에 장애가 발생하면, 원본에 과부하가 걸려 더 심각한 문제가 발생하는 것을 방지하기 위해 기능을 꺼두는 것이 때로는 가장 안전하다. 무엇을, 어디에, 어떻게 캐싱할지 미세 조정할 때는 여러 축을 따라 균형을 맞춰야 하는 경우가 많다. 캐시가 적을수록 시스템에 대한 추론이 더 쉬워지므로, 우리가 가능한 한 단순함을 유지해야 하는 또 다른 이유가 된다.

13.4.8 캐시 중독: 주의해야 할 이야기

오래된 데이터를 잠시 동안 제공하는 것이 캐싱을 잘못 사용할 때 발생할 수 있는 최악의 상황이라고 생각하는 경우가 많다. 하지만 오래된 데이터를 영원히 제공하게 되면 어떻게 될까? 12장에서는 교살자 무화과 패턴을 사용해 기존의 여러 레거시 애플리케이션을 새로운 플랫폼으로 마이그레이션하는 작업을 지원하던 애드버트코프를 소개했다. 여기에는 여러 레거시 애플리케이션에 대한 호출을 가로채고 그 애플리케이션이 새 플랫폼으로 이동한 경우 호출을 우회하는 작업이 포함됐다. 새로운 애플리케이션은 프록시처럼 효과적으로 작동했다. 아직 마이그레이션하지 않은 구형 레거시 애플리케이션에 대한 트래픽은 새 애플리케이션을 통해 다운스트림의 레거시 애플리케이션으로 라우팅됐다. 레거시 애플리케이션에 대한 호출을 위해 몇 가지 하우스키핑housekeeping[7] 작업을 수행했는데, 예를 들어 레거시 애플리케이션의 결과에 적절한 HTTP 캐시 헤더가 적용됐는지 확인했다.

어느 날, 일상적인 릴리스 직후에 이상한 일이 발생하기 시작했다. 캐시 헤더를 삽입하는 코드의 논리 조건을 통해 페이지의 일부가 누락되는 버그가 발생해 헤더가 전혀 변경되지 않는 문제가 발생했다. 안타깝지만 이 다운스트림 애플리케이션도 이전에 HTTP 헤더인 Expires: Never를 포함하도록 변경됐다. 이전에는 이 헤더를 무시하고 있어서 아무런 영향이 없었지만, 이제는 그렇지 않았다.

이 애플리케이션은 HTTP 트래픽을 캐싱하기 위해 스퀴드Squid를 많이 사용했는데, 스퀴드 자체를 우회해 애플리케이션 서버를 공격하는 요청이 늘어나면서 문제를 빠르게 발견했다. 결국

---

7   옮긴이_시스템과 프로그램의 본질적인 기능을 수행하는 것이 아니라, 이들을 적절히 실행하고 보조하기 위한 전반적인 관리 및 운영 활동을 말한다.

캐시 헤더 코드를 수정해 릴리스하고, 스퀴드 캐시의 관련 영역도 수동으로 삭제했다. 하지만 그것만으로는 충분하지 않았다.

방금 설명한 것처럼 여러 곳에 캐시를 저장할 수 있지만, 캐시가 많으면 작업이 쉬워지기는커녕 더 어려워지는 경우도 있다. 공용 웹 애플리케이션 사용자에게 콘텐츠를 제공할 때는 여러분과 고객 사이에 여러 개의 캐시가 존재할 수 있다. CDN(콘텐츠 전송 네트워크) 등을 사용해 웹 사이트에 접할 수 있을 뿐만 아니라 일부 ISP는 캐시를 사용한다. 이 캐시를 제어할 수 있을까? 그렇다고 해도 끝내 제어할 수 없는 캐시가 하나 있는데, 바로 사용자 브라우저의 캐시다.

`Expires: Never` 헤더가 포함된 페이지는 많은 사용자의 캐시에 남아 있어 캐시가 가득 차거나 사용자가 수동으로 지우기 전까지는 절대로 무효화되지 않는다. 따라서 이러한 페이지의 URL을 변경해 다시 가져오게 하는 것 외에 다른 방법은 없었다.

캐싱은 실제로 매우 강력할 수 있지만, 소스에서 목적지까지 캐싱되는 데이터의 전체 경로를 이해해야 캐싱의 복잡성과 발생하게 될 문제를 제대로 인식할 수 있다.

13.5 자동 확장

운이 좋아서 가상 호스트의 프로비저닝과 마이크로서비스 인스턴스 배포를 완전히 자동화할 수 있다면, 마이크로서비스를 자동으로 확장할 수 있는 구성 요소를 갖춘 셈이다.

예를 들어, 이미 알고 있는 추이에 따라 확장이 트리거되도록 할 수 있다. 시스템의 최대 부하가 오전 9시에서 오후 5시 사이라는 것을 알고, 오전 8시 45분에 추가 인스턴스를 불러오고 오후 5시 15분에 인스턴스를 끄는 식이다. 자동 확장 기능이 매우 잘 지원되는 AWS와 같은 것을 사용하는 경우, 더 이상 필요하지 않은 인스턴스를 끄면 비용을 절약하는 데 도움이 될 것이다. 시간이 지남에 따라 매일, 매주 부하가 어떻게 변화하는지 파악하려면 데이터가 필요하다. 일부 비즈니스는 계절적 주기가 뚜렷하므로 적절한 판단을 할 수 있도록 과거의 데이터가 필요할 수 있다.

반면에 부하가 증가하거나 인스턴스 장애가 발생하면, 인스턴스를 추가하고 더 이상 필요하지 않은 인스턴스를 제거하는 등 반응형으로 동작할 수 있다. 증가 추세를 발견하면 얼마나 빨리 확장할 수 있는지 파악하는 것이 중요하다. 부하 증가를 몇 분 전에 알 수 있지만 확장하는 데 최소 10분이 걸린다면, 이 격차를 해소하기 위해 여분의 용량을 확보해야 한다는 사실을 알아야 한다. 여기서는 우수한 부하 테스트 제품군을 갖추는 것이 거의 필수적이며, 이를 사용해 자동 확장 규칙을 테스트할 수 있다. 확장을 트리거하는 다양한 부하를 재현할 수 있는 테스트가 없다면, 확장 규칙의 오류 여부를 운영 환경에서야 알 수 있다. 그리고 오류 여부를 찾아내지 못한 결과는 쓰다!

뉴스 사이트는 예측적 확장과 반응적 확장을 혼합해 사용할 수 있는 비즈니스 유형의 좋은 예다. 필자가 마지막으로 일했던 뉴스 사이트에서는 아침부터 점심시간까지 조회 수가 상승했다가 다시 감소하기 시작하는 매우 명확한 일일 추이가 나타났다. 이러한 패턴은 매일 반복됐고, 주말에는 일반적으로 트래픽이 더 낮았다. 이를 통해 리소스를 늘리든 줄이든 선제적으로 대응할 수 있는 상당히 명확한 추이를 파악할 수 있었다. 반면에 빅뉴스가 발생하면 트래픽이 예상치 못하게 급증해 더 많은 용량이 필요할 수 있으며, 이런 일은 단시간에 이뤄지는 경우가 많다.

실제로 자동 확장은 부하 조건에 대응하는 것보다 인스턴스 장애를 처리하는 데 훨씬 더 많이 사용된다. AWS에서는 '이 그룹에 인스턴스가 5개 이상 있어야 한다'와 같은 규칙을 지정해 하나의 인스턴스가 다운되면 자동으로 새 인스턴스가 시작되도록 할 수 있다. 이 방식을 사용하다가 누군가 자동 유지 규칙을 잊어버리고 유지 보수를 위해 인스턴스를 다운시켰다가 다시 시작되는 상황을 반복하는 것을 목격했다. 이는 마치 재미있는 두더지 게임 같았다.

반응형 확장과 예측적 확장은 둘 다 매우 유용하며, 사용한 컴퓨팅 자원에 대해서만 비용을 지불하는 플랫폼을 사용하는 경우 훨씬 더 비용 효율적으로 사용할 수 있다. 하지만 사용 가능한 데이터를 주의 깊게 관찰해야 하며, 데이터를 수집하는 동안 먼저 장애 조건에 대해 자동 확장하는 것이 좋다. 부하에 따라 자동 확장하려면 너무 빨리 축소하지 않도록 특별히 유의하라. 대부분의 상황에서 필요한 것보다 더 많은 컴퓨팅 성능을 보유하는 것이 부족한 것보다 훨씬 낫다!

13.6 다시 시작하기

초반의 아키텍처는 시스템이 다양한 부하량을 처리해야 할 때 유지하기에 적합하지 않을 수 있다. 이미 살펴본 바와 같이 시스템 아키텍처에 극도로 제한적인 영향을 미칠 수 있는 몇 가지 형태의 확장(예: 수직 확장과 수평 복제)이 있다. 그러나 특정 시점에서는 다음 단계의 성장을 지원하기 위해 시스템 아키텍처를 변경하려면 상당히 급진적인 조치를 취해야 한다.

8.2.1절 '격리 실행'에서 다룬 길트의 이야기를 떠올려보자. 단순한 모놀리식 레일즈 애플리케이션은 길트에서 2년 동안 잘 작동했다. 비즈니스는 점점 더 성공적이었고, 그에 따라 더 많은 고객과 함께 더 많은 부하를 가져왔다. 특정 티핑 포인트^{tipping point}에 이르러 이 회사는 증가하는 부하를 처리하기 위해 애플리케이션을 재설계해야 했다.

재설계는 길트의 경우처럼 기존 모놀리스를 분리하는 것을 의미할 수 있으며, 부하를 더 잘 처리할 수 있는 새로운 데이터 저장소를 선택하는 것이 될 수도 있다. 또한 재설계는 동기식 요청 및 응답에서 이벤트 기반 시스템으로 전환하거나, 새로운 배포 플랫폼을 채택하거나, 전체 기술 스택을 변경하거나, 아니면 그 사이의 모든 것을 변경하는 일을 의미할 수도 있다.

특정한 확장 임계값에 도달하면 사람들은 처음부터 대규모로 구축해야 한다는 이유로 재설계가 필요하다고 인식할 위험이 있다. 이는 재앙이 될 수 있다. 새로운 프로젝트를 시작할 때는 무엇을 구축할지 정확히 알지 못하거나 성공할 수 있을지조차 모르는 경우가 많다. 따라서 신속하게 실험하고 어떤 기능을 구축해야 하는지 파악할 수 있어야 한다. 처음부터 대규모로 구축하려고 하면 결국 발생하지 않을지도 모를 부하에 대비하기 위해 엄청난 양의 작업을 미리 수행해야 하고, 그로 인해 (실제로 누가 우리 제품을 사용할지 파악하는 것과 같은) 더 중요한 활동에 공을 들이지 못하게 된다. 에릭 리스^{Eric Ries}는 아무도 다운로드하지 않은 제품을 6개월 동안 개발했던 이야기를 들려준다. 그는 수요가 있는지 확인하고자 사람들이 웹 페이지의 링크를 클릭했을 때 404가 표시되는 페이지를 게시하고 대신 6개월 동안 해변에서 시간을 보내면서 많은 것을 배울 수 있었다고 회상했다!

확장에 대응하기 위해 시스템을 변경해야 한다는 것은 실패의 신호가 아니라 성공의 신호다.

요약

앞에서 살펴봤듯이 어떤 유형의 확장을 원하든 마이크로서비스는 문제에 접근하는 방식과 관련해 다양한 선택지를 제공한다.

확장 축은 사용 가능한 확장 유형을 고려할 때 유용한 모델이 될 수 있다.

수직 확장

간단히 말해, 더 큰 머신을 사용하는 것을 의미한다.

수평 복제

동일한 작업을 수행할 수 있는 여러 대의 기기를 두는 것을 의미한다.

데이터 파티셔닝

고객 그룹과 같이 데이터의 일부 속성에 따라 작업을 나누는 것이다.

기능 분해

마이크로서비스 세분화와 같이 유형에 따라 업무를 분리하는 것이다.

이 모든 것의 핵심은 무엇을 원하는지 이해하는 것이다. 예를 들면, 지연 시간을 개선하기 위해 확장하는 데 효과적인 기술이 대규모를 위해 확장하는 데는 효과적이지 못할 수 있다.

하지만 지금까지 설명한 많은 형태의 확장 방식이 시스템의 복잡성을 증가시킨다는 사실도 잘 전달됐길 바란다. 따라서 변경하려는 대상에 초점을 맞추고 조기 최적화의 위험을 피하는 것이 중요하다.

다음 장에서는 이면에서 어떤 일이 일어나는지 살펴보는 것에서 벗어나 시스템의 보이는 부분인 사용자 인터페이스를 설명한다.

사람

Part III

사람

## CHAPTER 14

사용자 인터페이스

지금까지 사용자 인터페이스^{user interface}(UI)의 세계는 제대로 다루지 않았다. 여러분 중 일부는 고객에게 차갑고 딱딱하며 절제된 API를 제공할 수도 있지만, 우리 중 다수는 고객을 만족시킬 수 있는 아름답고 기능적인 사용자 인터페이스를 만들고 싶어 한다. 사용자 인터페이스는 결국 모든 마이크로서비스가 고객에게 의미 있는 무언가로 통합되는 곳이다.

필자가 처음 컴퓨터를 다루기 시작했을 때 사람들은 주로 데스크톱에서 실행되는 '크고 뚱뚱한' 클라이언트에 대해 이야기했다. 당시 필자는 모티프^{Motif}와 스윙^{Swing}으로 가능한 한 사용하기 좋은 소프트웨어를 만들고자 했다. 종종 이러한 시스템은 로컬 파일을 생성하고 조작하기 위한 용도로 사용되는 경우가 많았지만, 서버 측 구성 요소가 있는 경우도 많았다. 소트웍스에서 맡았던 첫 업무는 스윙 기반의 전자 POS^{Point-Of-Sale} 시스템 구축과 관련된 것이었다. 이 시스템은 서버에 있는 수많은 작동 요소 중 하나에 불과했다.

그러다 웹의 시대가 찾아왔다. 이전과 달리 UI를 서버 측에 더 많은 로직이 있는 '얇은^{thin}' 것으로 생각하기 시작했다. 처음에는 서버 측 프로그램이 전체 페이지를 렌더링하고 이를 클라이언트 브라우저로 전송했고, 브라우저는 하는 일이 별로 없었다. 모든 상호작용은 사용자가 링크를 클릭하거나 양식^{form}을 작성할 때 트리거되는 GET과 POST를 통해 서버 측에서 처리됐다. 시간이 지나면서 자바스크립트는 브라우저 기반 UI에 동적 동작을 추가하면서 널리 사용됐고, 일부 애플리케이션은 여전히 이전 데스크톱 애플리케이션만큼 '뚱뚱한^{fat}' 모습을 보이기도 했다. 이후 모바일 애플리케이션이 부상했으며, 오늘날에는 사용자에게 그래픽 사용자 인터페이스를 제공하기 위한 다양한 환경(다양한 플랫폼과 각 플랫폼에 맞는 다양한 기술)이 있다. 이러한 기술 범위는 마이크로서비스가 지원하는 효과적인 사용자 인터페이스를 만드는 방법에 대해 다양한 대안을 제공한다. 이 장에서는 이 모두를 비롯해 더 많은 것을 살펴보자.

14.1 디지털을 향해

지난 몇 년 동안 조직들은 웹이나 모바일을 다르게 다뤄야 한다는 생각에서 벗어나 디지털에 대해 좀 더 총체적으로 생각하기 시작했다. 고객이 우리가 제공하는 서비스를 사용하게 하는 가장 좋은 방법은 무엇인가? 그리고 시스템 아키텍처에 어떤 영향을 주는가? 고객이 제품과 어떻게 상호작용할지 정확히 예측할 수 없다는 인식은 더욱 세분화된 API(마이크로서비스에 의해 제공되는 것과 같은)의 도입을 촉진했다. 마이크로서비스가 다양한 방식으로 노출하는 기능을 결합해 데스크톱 애플리케이션, 모바일 기기, 웨어러블 기기를 사용하거나, 심지어 오프라인 매장을 방문하는 고객에게도 다양한 경험을 제공할 수 있다.

따라서 사용자 인터페이스를 사용자에게 제공하고자 하는 다양한 기능을 한데 엮는 곳이라고 생각하라. 이를 염두에 두고 이 모든 가닥을 어떻게 하나로 묶을 수 있을까? 이 문제는 '누가who'와 '어떻게how'라는 두 가지 측면에서 바라볼 필요가 있다. 먼저, 사용자 인터페이스를 제공할 때 누구에게 어떤 책임이 있는지와 같은 조직적 측면을 고려해본다. 그다음에는 이와 같은 인터페이스를 구현하는 데 사용 가능한 일련의 패턴을 살펴볼 것이다.

14.2 소유권 모델

1장에서 논의한 것처럼 기존의 계층화된 아키텍처는 소프트웨어를 효과적으로 제공하는 측면에서 문제가 될 수 있다. [그림 14-1]은 사용자 인터페이스 계층에 대한 책임은 한 프론트엔드 팀에 있고 백엔드 서비스에 대한 작업은 다른 팀에서 수행되는 예를 보여준다. 이 예에서 간단한 컨트롤 하나를 추가하려면 서로 다른 세 팀이 작업을 수행해야 한다. 이러한 종류의 계층화된 조직 구조는 팀 간에 변경 사항을 지속적으로 조정하고 작업을 전달해야 하므로 전달 속도에 상당한 영향을 줄 수 있다.

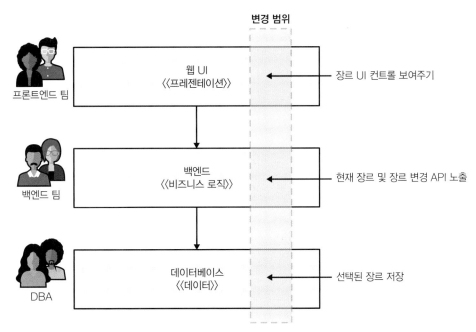

그림 14-1 3계층 모두 변경을 수행하려면 더 많은 작업이 필요하다.

독립적 배포 가능성이라는 목표를 달성하기 위해 가장 적합하다고 생각하는 모델은 [그림 14-2]에서 보듯이 서버 측 구성 요소도 관리하는 팀에서 UI를 분리하고 관리하는 것이다. 여기에서는 한 팀이 새로운 컨트롤을 추가하기 위해 수행해야 하는 모든 변경 사항을 책임지게 된다.

엔드투엔드 기능에 대해 완전한 소유권을 가진 팀은 더 빠르게 변경할 수 있다. 완전한 소유권을 갖게 되면 각 팀은 소프트웨어의 최종 사용자와 직접 접촉할 지점이 생긴다. 백엔드 팀의 경우 최종 사용자가 누구인지 잊기 쉽다.

이러한 단점에도 불구하고, (안타깝게도) 필자는 여전히 전담 프론트엔드 팀이 마이크로서비스를 사용하는 회사들 사이에서 더 일반적인 조직 패턴이라고 생각한다. 왜 그럴까?

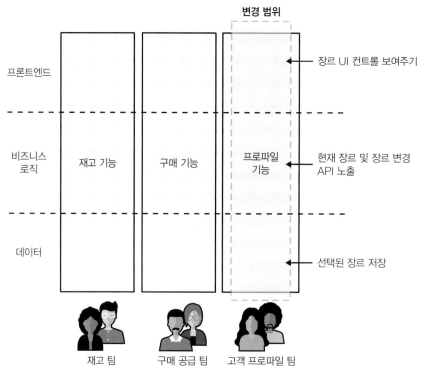

그림 14-2 UI는 분리돼 있고 UI를 지원하는 서버 측 기능을 관리하는 팀에서 UI를 소유한다.

14.2.1 전담 프론트엔드 팀 추구

전담 프론트엔드 팀에 대한 수요는 전문가 부족, 일관성 추구, 기술적 문제라는 세 가지 핵심 요소로 귀결되는 것 같다.

첫 번째, 사용자 인터페이스를 제공하려면 어느 정도의 전문 기술이 필요하다. 예를 들면 상호 작용과 그래픽 디자인 측면이 있고 또 훌륭한 웹 또는 네이티브 애플리케이션 사용 경험을 제 공하는 데 필요한 기술적인 노하우가 있다. 이러한 기술을 갖춘 전문가는 구하기도 어려울 수 있고, 매우 희귀한 상품과도 같아서 한데 묶어 전문 분야에만 집중하도록 만들고 싶은 유혹에 빠진다.

두 번째는 일관성이다. 고객과 대면하는 사용자 인터페이스를 제공하는 팀이 있다면, UI가 일 관된 룩앤필look and feel을 유지할 수 있다. 유사한 문제를 해결하기 위해 일관된 컨트롤 셋을 사용하면, 사용자 인터페이스의 룩앤필이 마치 하나로 응집된 개체로 보이고 느껴지도록 할 수 있다.

마지막으로, 일부 사용자 인터페이스 기술은 모놀리스가 아닌 방식으로 작업하기 어려울 수 있다. 특히 여기서는 단일 페이지 애플리케이션single page application(SPA)을 예로 들 수 있는데, 과거부터 적어도 분리하는 것이 쉽지 않았다. 전통적으로 웹 사용자 인터페이스는 여러 웹 페이지로 구성되며 한 페이지에서 다른 페이지로 이동하는데, SPA를 사용하면 전체 애플리케이션이 하나의 웹 페이지 안에서 제공된다. 앵귤러Angular, 리액트React, 뷰Vue와 같은 프레임워크는 이론적으로 '구식' 웹 사이트보다 더 정교한 사용자 인터페이스를 만들 수 있다. 이 장의 뒷부분에서는 사용자 인터페이스를 분해하는 방법에 대해 다양한 옵션을 제공하는 일련의 패턴을 살펴보고, SPA와 관련해서는 마이크로 프론트엔드 개념을 통해 모놀리식 사용자 인터페이스 없이도 SPA 프레임워크를 사용할 수 있는 방법을 보여줄 것이다.

14.3 스트림 정렬 팀을 향해

전담 프론트엔드 팀을 두는 것은 처리량을 최적화할 때 범하는 일반적인 실수라고 생각한다. 왜냐하면 조직에 새로운 핸드오프 지점이 생겨 업무 속도가 느려지기 때문이다. 이상적으로 팀이 엔드투엔드로 구분된 기능을 중심으로 정렬돼, 각 팀은 필요한 고객에게 새로운 기능을 제공하면서도 동시에 필요한 조정의 양을 줄일 수 있다. 필자가 선호하는 모델은 도메인의 특정 부분에서 기능을 엔드투엔드로 제공하는 전담 팀이다. 이것은 매튜 스켈톤Matthew Skelton과 마누엘 페이스Manuel Pais가 『팀 토폴로지』[1]에서 설명한 스트림 정렬 팀stream-aligned team과 정확히 일치한다. 설명은 다음과 같다.

> 스트림 정렬 팀은 가치 있는 단일 업무 스트림에 정렬된다… 팀은 고객이나 사용자 가치를 가능한 한 빠르고 안전하고 독립적으로 구현하고 전달할 수 있는 권한을 부여받는다. 또한 업무 중 일부를 수행하기 위해 다른 팀에 핸드오프를 할 필요가 없다.

---

[1] 매튜 스켈톤과 마누엘 페이스의 저서 『팀 토폴로지: 빠른 업무 플로우를 만드는 조직 설계』(에이콘, 2020)

어떤 의미에서 우리는 풀스택 팀*full stack team* (풀스택 개발자)에 대해 이야기하고 있는 것이다.[2] 사용자 대면 기능을 엔드투엔드로 모두 책임지는 팀은 최종 사용자와도 더 분명하고 직접적인 관계를 맺을 수 있다. 소프트웨어의 기능이 무엇인지 또는 사용자가 무엇을 필요로 하는지 막연하게 생각하는 '백엔드' 팀을 너무 자주 봤는데, 이는 새로운 기능을 구현할 때 온갖 종류의 오해를 불러일으킬 수 있다. 반면에 엔드투엔드 팀은 자신이 만든 소프트웨어를 사용하는 사람들과 직접적인 관계를 구축하는 것이 훨씬 더 쉽다는 사실을 알게 될 것이다. 즉, 고객들이 필요한 것을 얻고 있는지 확인하는 데 더 집중할 수 있다.

구체적인 예로, 필자는 유럽에 기반을 두고 성장하고 있는 핀테크 회사인 파이낸스코*FinanceCo*와 함께 일하면서 시간을 보냈다. 파이낸스코의 거의 모든 팀은 고객 경험에 직접적인 영향을 미치는 소프트웨어를 개발하고 고객 중심의 핵심 성과 지표(KPI)를 갖고 있어 특정 팀의 성공이 얼마나 많은 기능을 출시했는지가 아니라 소프트웨어를 사용하는 사람들의 경험을 개선하는 데 도움이 되는지에 따라 결정된다. 변경 사항이 고객에게 어떤 영향을 주는지는 매우 명확해진다. 이는 대부분의 팀이 제공하는 소프트웨어와 관련해 고객을 직접 대면할 책임이 있기 때문에 가능하다. 여러분이 최종 사용자로부터 멀어질수록 여러분의 기여가 성공적인지 이해하기가 더 어려워지고, 결국 여러분의 소프트웨어를 사용하는 사람들의 관심과는 거리가 먼 목표에 집중하게 될 수 있다.

전담 프론트엔드 팀이 필요한 이유(전문가, 일관성, 기술적 문제)를 다시 살펴보고, 관련 문제를 해결할 수 있는 방법을 알아보자.

14.3.1 전문가 공유

좋은 개발자는 찾기 어렵고, 특정 전문 분야의 개발자가 필요하다면 그들을 찾는 것은 더욱 복잡해진다. 예를 들어 사용자 인터페이스 영역에서 웹 인터페이스뿐 아니라 네이티브 모바일도 제공하는 경우, 최신 웹 개발은 물론 iOS 및 안드로이드*Android* 개발 경험이 풍부한 사람이 필요할 것이다. 이는 전담 인터랙션 디자이너, 그래픽 디자이너, 접근성 전문가 등이 필요할 수 있다는 사실과는 별개다. 이러한 '좁은' 분야에 대해 적절한 깊이의 기술을 가진 사람들은 부족하고, 항상 시간보다 더 많은 일을 해야 할 수도 있다.

....

2 채러티 메이저스는 "칩(집적회로)을 만들지 않는 한, 당신은 풀스택 개발자가 아니에요."라고 말한다.

앞에서 살펴본 것과 같이, 조직 구조에 대한 전통적인 접근 방식은 같은 기술을 가진 모든 사람을 동일한 팀에 배치해 그들이 하는 일을 엄격히 통제할 수 있게 하는 것이었다. 하지만 앞서 설명한 것처럼 이 방식은 고립된^{siloed} 조직을 초래한다.

전문 기술을 가진 사람들을 자체 전담 팀에 배치하면 다른 개발자는 이렇게 수요가 많은 기술을 습득할 기회도 잃게 된다. 예를 들어 모든 개발자가 iOS 개발 전문가가 되기 위해 배울 필요는 없지만, 일부 개발자가 해당 분야의 기술을 충분히 익혀 쉬운 작업을 도와주고 전문가는 정말 어려운 작업을 처리할 수 있게 된다면 여전히 유용한 방법이 될 것이다. 또한 기술 공유는 실천 공동체를 구축하면 도움이 될 수 있다. 예를 들면 팀 전체를 대상으로 UI 실천 공동체를 만들어 사람들이 아이디어와 과제를 동료들과 공유하는 것을 생각해볼 수 있다.

필자는 모든 데이터베이스 변경을 중앙의 데이터베이스 관리자(DBA) 집단에서 수행해야 했던 때를 기억한다. 그 결과 당시 개발자는 데이터베이스가 어떻게 작동하는지 거의 알지 못했고, 데이터베이스를 제대로 사용하지 못하는 소프트웨어를 만드는 경우가 더 많았다. 게다가 숙련된 DBA가 수행해야 하는 작업의 대부분은 사소한 변경 사항들이었다. 더 많은 데이터베이스 작업이 소프트웨어를 제공하는 팀으로 넘어가면서 개발자는 일반적으로 데이터베이스에 대한 이해도가 높아졌고 사소한 작업을 직접 수행할 수 있게 됐으며, DBA는 더 복잡한 데이터베이스에 집중할 수 있게 됐다. 운영과 테스터의 영역에서도 유사한 변화가 일어나고 있으며, 더 많은 업무가 팀으로 이관되고 있다.

이와 반대로 전문가를 전담 팀에서 뺀다고 하더라도 전문가의 업무 수행 능력을 저하시키는 것은 아니며, 오히려 전문가가 정말 주의가 필요한 어려운 문제에 집중할 수 있는 대역폭이 늘어날 가능성이 높다.

비결은 전문가를 더 효과적으로 배치하는 방법을 찾는 것이다. 이상적으로 전문가는 팀에 소속될 것이다. 하지만 때때로 해당 팀에서 그들의 풀타임 근무가 필요할 만큼 업무가 충분하지 않을 수 있다. 이 경우에는 여러 팀에 전문가의 시간을 잘 나누는 것이 좋다. 또 다른 모델은 이러한 기술을 갖춘 전담 팀을 두는 것이다. 이 팀의 명확한 임무는 다른 팀을 **활성화하는** 것이다. 『팀 토폴로지』(에이콘, 2020)에서 스켈톤과 페이즈는 이런 팀을 **활성화 팀**^{enabling team}으로 설명한다. 그들의 임무는 새로운 제품 기능을 제공하는 데 주력하는 다른 팀을 나서서 돕는 것이다. 이러한 팀은 내부 컨설팅 팀에 더 가깝다고 생각할 수 있다. 그들은 스트림 정렬 팀과 함께 정해진 시간을 보낼 수 있으며, 특정 영역에서 자립할 수 있게 돕거나 특별히 어려운 작업을 출시하는 것을 돕도록 전용 시간을 할애할 수 있다.

따라서 전문가가 특정 팀에 풀타임으로 소속돼 있든 동일한 작업을 수행할 수 있도록 지원하든 조직의 사일로를 없애는 동시에 동료의 기량을 향상시키는 데 도움을 줄 수 있다.

14.3.2 일관성 보장

전담 프론트엔드 팀이 필요한 이유로 자주 인용되는 두 번째 문제는 일관성이다. 한 팀이 사용자 인터페이스를 담당하게 함으로써 UI의 일관적인 룩앤필을 보장할 수 있다. 이는 동일한 색상과 글꼴을 사용하는 쉬운 것에서부터 동일한 방식으로 동일한 인터페이스 문제를 해결하는 것(사용자가 시스템과 상호작용하는 데 도움이 되는 일관된 디자인과 인터랙션 언어를 사용하는 것)으로 확장될 수 있다. 일관성은 제품 자체의 완성도를 높이는 데 도움이 될 뿐 아니라 사용자에게 제공된 새로운 기능을 더 쉽게 사용하도록 해준다.

하지만 팀 간 일관성을 유지하는 여러 방법이 있다. 활성화 팀 모델을 사용하는 경우 전문가는 여러 팀과 시간을 보내면서 각 팀에서 수행되는 작업의 일관성을 유지하는 데 도움을 줄 수 있다. 또한 동적인 CSS 스타일 가이드나 공유 UI 컴포넌트와 같은 공유 리소스를 만드는 것도 도움이 된다.

일관성을 위해 사용되는 활성화 팀의 구체적인 예로 소개할 **파이낸셜 타임즈**의 오리가미Origami 팀은 디자인 팀과 협업해 웹 컴포넌트를 만든다. 이 팀은 스트림 정렬 팀 전체에 일관된 룩앤필을 보장하도록 브랜드 아이덴티티brand identity를 심는다. 이러한 종류의 활성화 팀은 두 가지 형태의 지원을 제공한다. 첫 번째는 이미 구축한 컴포넌트를 제공하는 것과 관련된 전문 지식을 공유하는 것이고, 두 번째는 UI에서 일관된 사용자 경험을 제공하게 하는 것이다.

하지만 일관성 추구가 모든 경우에 옳다고 간주돼서는 안 된다는 점에 유의할 필요가 있다. 일부 조직은 팀의 자율성을 더 많이 허용하는 것이 바람직하다고 생각해 사용자 인터페이스의 일관성을 의도적으로 요구하지 않는 것처럼 보이는 결정을 한다. 아마존은 그런 조직 중 하나다. 아마존 주요 쇼핑 사이트의 이전 버전은 상당히 다른 스타일의 컨트롤을 사용하는 위젯widget으로 인해 일관성이 매우 낮았다.

이러한 일관성 차이는 아마존 웹 서비스(AWS)의 웹 제어판(콘솔)을 보면 훨씬 더 많이 드러난다. AWS의 제품마다 상호작용 모델이 크게 다르기 때문에 사용자 인터페이스가 상당히 당혹스럽게 느껴진다. 하지만 이는 팀 간의 내부 조정을 줄이기 위한 아마존의 의지를 논리적으로 확장한 것으로 보인다.

AWS 제품 팀의 증가된 자율성은 종종 단절된 사용자 경험의 측면뿐 아니라 다른 방식으로도 나타난다. 예를 들어, 컨테이너 워크로드를 실행하는 등 동일한 작업을 수행하는 데는 여러 가지 방법이 있으며, AWS 내부의 서로 다른 제품 팀이 유사하지만 호환되지 않는 솔루션으로 서로 겹치는 경우가 많다. 최종 결과를 비판할 수 있지만, AWS는 고도의 자율적인 제품 중심 팀을 운영함으로써 시장을 선도하는 회사가 됐다는 것을 보여주었다. 적어도 AWS에 한해서는 제공 속도가 사용자 경험의 일관성보다 우선한다.

14.3.3 기술적 문제 극복

녹색 스크린 터미널 기반의 사용자 인터페이스부터 리치 데스크톱 애플리케이션^{rich desktop} ^{application}과 웹, 이제는 네이티브 모바일 애플리케이션에 이르기까지 사용자 인터페이스 개발 면에서는 몇몇 흥미로운 발전이 이뤄져왔다. 일부 클라이언트 애플리케이션은 21세기 초반까지 사용자 인터페이스 개발의 주류였던 리치 데스크톱 애플리케이션의 복잡성에 필적할 정도로 복잡하고 정교하게 구축됐다.

어느 정도까지는 변화가 많을수록 동일하게 유지되는 것이 많다. 여전히 20년 전과 동일한 UI 컨트롤(버튼, 체크박스, 양식^{form}, 콤보박스 등)로 작업하는 경우가 많다. 이 분야에 몇 가지 컴포넌트가 더 추가됐지만 생각보다 훨씬 적다. 그나마 바뀐 것은 이러한 그래픽 사용자 인터페이스를 처음 생성하는 데 사용하는 기술이다.

이 분야의 일부 최신 기술, 특히 단일 페이지 애플리케이션(SPA)은 사용자 인터페이스를 분해할 때 문제가 된다. 또한 동일한 사용자 인터페이스가 제공될 것으로 기대된 다양한 기기에서는 해결해야 하는 다른 문제가 발생한다.

기본적으로 사용자는 가능한 한 원활하게^{seamless} 소프트웨어를 사용하길 원한다. 단일 창구를 통해 소프트웨어와 상호작용하므로 데스크톱의 브라우저를 통하거나 네이티브 및 모바일 앱을 통하더라도 결과는 동일하다. 사용자는 모듈식이든 모놀리식이든 상관하지 않는다. 따라서 단일 페이지 애플리케이션, 모바일 장치 등으로 인해 발생하는 문제를 해결하면서 사용자 인터페이스 기능을 분리하고 다시 통합하는 방법을 모색해야 한다. 이 문제는 이 장의 다른 부분에서 다룰 것이다.

14.4 [패턴] 모놀리식 프론트엔드

모놀리식 프론트엔드monolithic frontend 방식은 필요한 데이터를 얻거나 필요한 작업을 수행하기 위해 백엔드 마이크로서비스를 호출하고 모든 UI 상태와 동작이 UI 자체에 정의되는 아키텍처를 말한다. [그림 14-3]은 이 패턴의 예를 보여준다. 화면에서 앨범과 해당 트랙 목록에 대한 정보를 표시하기 위해 UI는 앨범 마이크로서비스에서 이 데이터를 가져오려고 요청한다. 또한 프로모션 마이크로서비스에 정보를 요청해 가장 최신의 특가품 정보를 표시한다. 이 예에서 마이크로서비스는 UI가 표시된 정보를 업데이트하는 데 사용하는 JSON을 반환한다.

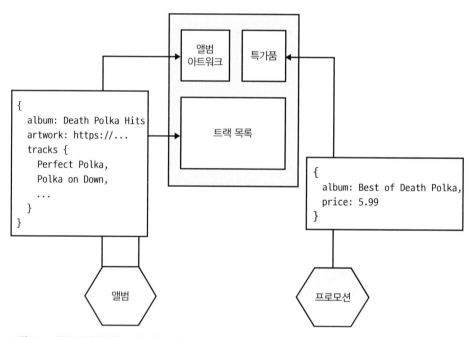

그림 14-3 앨범 상세 화면은 UI를 만들기 위해 하위 서비스에서 정보를 가져온다.

이 모델은 대개 전담 프론트엔드 팀과 함께 모놀리식 단일 페이지 애플리케이션을 구축하는 사람들이 가장 일반적으로 사용하는 모델이다. 마이크로서비스의 요구 사항은 매우 간단하다. UI에서 쉽게 해석할 수 있는 형식으로 정보를 공유하기만 하면 된다. 웹 기반 UI의 경우 이는 마이크로서비스가 텍스트 형식으로 데이터를 제공해야 할 가능성이 높다는 것을 암시하며, JSON은 그중 가장 선택 가능성이 높다. 그런 다음 UI는 인터페이스를 구성하는 다양한 컴포넌트를 생성하고 백엔드와 상태 동기화 등을 처리해야 한다. 서비스 간 통신에 바이너리 프로토콜을 사용하는 것은 웹 기반 클라이언트에서 더 어려울 수 있지만, 네이티브 모바일 기기나 '두꺼운thick' 데스크톱 애플리케이션에서는 좋은 선택이 되기도 한다.

14.4.1 적용 시점

모놀리식 프론트엔드 방식에는 몇 가지 단점이 있다. 첫째, 모놀리식 개체의 본질적 특징으로 인해 전담 프론트엔드 팀이 필요하거나, 전담 팀에 의해 만들어질 수 있다. 여러 팀에서 이 모놀리식 프론트엔드에 대한 책임을 공유하는 것은 여러 곳에서 경합이 발생하므로 문제가 될 수 있다. 둘째, 다양한 종류의 기기에 맞게 응답을 조정할 수 있는 능력이 거의 없다. 웹 기술을 사용하는 경우 다양한 장치의 제약 조건에 따라 화면 레이아웃을 변경할 수 있지만, 지원하는 마이크로서비스에 대한 호출까지 변경할 필요는 없다. 필자의 모바일 클라이언트는 10개의 주문 필드만 표시할 수 있지만, 마이크로서비스가 100개의 주문 필드를 모두 다시 가져온다면 불필요한 정보를 조회하게 된다. 이 방식에 대한 한 가지 해결책은 사용자 인터페이스가 요청할 때 다시 가져올 필드를 지정하는 것이지만, 마이크로서비스가 이와 같은 상호작용 형식을 지원한다고 가정해야 한다. 14.11절 '그래프QL'에서는 프론트엔드를 위한 백엔드 패턴과 그래프QL을 모두 사용해 어떻게 이 문제를 해결하는지 살펴본다.

정말로 이러한 패턴은 하나의 배포 가능한 단위에서 UI의 모든 구현과 동작을 처리하고 싶을 때 가장 적합하다. 프론트엔드와 이를 지원하는 모든 마이크로서비스를 한 팀이 다 개발한다면 괜찮을 것 같다. 개인적으로는 소프트웨어 작업을 하는 팀이 둘 이상인 경우 조직 사일로와 연관된 계층형 아키텍처로 만들려는 충동에 맞서야 한다고 생각한다. 하지만 계층형 아키텍처와 일치하는 조직 구조를 피할 수 없다면 결국 이 패턴을 사용하게 될 것이다.

14.5 패턴 마이크로 프론트엔드

마이크로 프론트엔드micro frontend 방식은 프론트엔드의 여러 부분을 독립적으로 작업하고 배포할 수 있는 조직 패턴이다. 캠 잭슨Cam Jackson이 이 주제와 관련해 추천한 글에서 인용하자면,[3] 마이크로 프론트엔드를 '독립적으로 제공 가능한 프론트엔드 애플리케이션들이 더 큰 전체를 구성하는 아키텍처 스타일'로 정의할 수 있다.

마이크로 프론트엔드는 백엔드 마이크로서비스와 지원하는 UI를 모두 소유하려는 스트림 정렬 팀에게 필수 패턴이 된다. 마이크로서비스가 백엔드 기능에 대해 독립적인 배포성을 제공한다면 마이크로 프론트엔드는 프론트엔드에 대한 독립적인 배포성을 제공한다.

마이크로 프론트엔드 개념은 단일 페이지 애플리케이션으로 대표되는 모놀리식 형태의 과도한 자바스크립트 중심 웹 UI로 인해 발생되는 문제 덕분에 인기를 얻었다. 마이크로 프론트엔드를 사용하면 여러 팀에서 프론트엔드의 여러 부분을 작업하고 변경할 수 있다. [그림 14-2]로 돌아가서 재고 팀, 구매 공급 팀, 고객 프로파일 팀은 모두 다른 팀과 독립적으로 작업 흐름과 관련된 프론트엔드 기능을 변경할 수 있다.

14.5.1 구현

웹 기반 프론트엔드의 경우 마이크로 프론트엔드 패턴의 구현을 도와주는 두 가지 주요 분해 기술을 고려할 수 있다. 위젯 기반 분해 기술에서는 프론트엔드의 여러 부분을 단일 화면으로 함께 연결하는 작업이 필요하다. 반면에 페이지 기반 프론트엔드 분해에서는 프론트엔드가 독립적인 웹 페이지로 분리된다. 두 방식 모두 더 탐구해볼 만하므로 곧 다룰 것이다.

14.5.2 적용 시점

마이크로 프론트엔드 패턴은 계층화된 아키텍처에서 벗어나기 위해 엔드투엔드 스트림 정렬 팀을 도입하려는 경우 필수적이다. 또한 계층화된 아키텍처를 유지하고 싶지만 프론트엔드 기능이 이제 너무 커져서 여러 전담 프론트엔드 팀이 필요한 상황에서는 유용할 수 있다.

---

3 캠 잭슨, '마이크로 프론트엔드', martinfowler.com, 2019년 6월 19일, *https://oreil.ly/U3K40*

이 방식에는 해결 가능할지 확신할 수 없는 한 가지 중요한 문제가 있다. 가끔 마이크로서비스가 제공하는 기능이 위젯이나 페이지에 딱 맞아떨어지지 않는다는 것이다. 물론 웹 사이트 한 페이지의 박스 안에 추천 사항을 표시할 수 있지만, 다른 곳에 동적 추천을 넣고 싶다면 어떻게 해야 할까? 예를 들어 검색할 때, 타이핑 중 자동으로 최신 추천을 받고 싶은 경우다. 상호작용 형태가 복잡할수록 이 모델은 적합할 가능성은 낮아지고 API 호출로 돌아갈 가능성은 높아진다.

자립형 시스템

자립형 시스템(self-contained system, SCS)은 마이크로서비스의 초기에 UI 문제에 대한 관심 부족으로 인해 생겨난 아키텍처 스타일이다. SCS는 함께 모여 하나의 SCS를 구성하는 여러 작동 부품(잠재적으로 마이크로서비스)으로 구성돼 있다.

정의된 것처럼 자립형 시스템은 특정 기준을 준수해야 하는데, 이 기준은 마이크로서비스로 달성하려는 동일 항목과 일부 겹친다. SCS에 대한 명확하고 자세한 정보는 SCS 웹 사이트(*https://scs-architecture.org*)에서 찾을 수 있으며 주요 사항은 다음과 같다.

- 모든 SCS는 공유 UI가 없는 자율적인 웹 애플리케이션이다.
- 각 SCS는 한 팀이 소유한다.
- 가능한 한 비동기 통신을 사용해야 한다.
- SCS 간에 비즈니스 코드를 공유할 수 없다.

SCS 방식은 마이크로서비스만큼 널리 퍼지지 않았고 필자가 자주 접하는 개념도 아니지만 그 원칙에 동의하는 부분이 많다. 필자는 특히 자립형 시스템을 한 팀이 소유해야 한다는 주장을 좋아한다. SCS가 광범위하게 사용되지 못한 이유가 이 방식의 일부 측면이 지나치게 편협하고 엄격해 보이기 때문은 아닌지 궁금하다. 예를 들어 모든 SCS가 '자율적인 웹 애플리케이션'이라는 주장은 많은 유형의 사용자 인터페이스가 SCS로 간주될 수 없음을 의미한다. 그렇다면 gRPC를 사용해 만든 iOS 애플리케이션은 SCS에 포함될 수 있다는 뜻일까?

그렇다면 SCS 접근 방식은 마이크로서비스와 상충될까? 그렇지 않다. 필자는 개별적으로 고려해볼 때 SCS의 정의와 부합하는 많은 마이크로서비스에서 작업했다. SCS 접근 방식에는 필자가 동의하는 몇 가지 흥미로운 아이디어가 있으며, 그중 많은 부분을 이 책에서 이미 다뤘다. 단지 이 방식이 지나치게 엄격해서 SCS에 관심이 있는 사람이 이 방식을 도입하면 소프트웨어 제공의 많은 측면을 변경해야 할 수도 있으므로 매우 어렵다고 생각할 수 있다.

SCS 개념과 같은 선언문이 원칙과 결과보다는 활동에 너무 중점을 두는 방향으로 우리를 인도한다는 점은 염려되는 부분이다. SCS의 모든 특징을 따를 수 있지만 여전히 요점을 놓칠 수 있다. 곰곰이 생각해보면, 필자는 SCS 방식이 조직적인 개념을 활성화하기 위한 기술적 접근 방식이라고 생각한다. 그러므로 필자는 조정 일을 줄인 스트림 정렬 팀의 중요성에 초점을 두고, 기술과 아키텍처는 이로부터 자연스럽게 흘러나오게 하고 싶다.

14.6 [패턴] 페이지 기반 분해

페이지 기반 분해 방식에서 UI는 여러 웹 페이지로 분해되고, 서로 다른 마이크로서비스에서 서로 다른 페이지들을 제공할 수 있다. [그림 14-4]는 뮤직코프에 대한 이 패턴의 예를 보여준다. /album/에 있는 페이지에 대한 요청은 해당 페이지를 제공하는 앨범(Albums) 마이크로서비스로 직접 라우팅되며 /artists/에도 유사한 작업이 수행된다. 이 페이지들을 연결하는 데는 공통된 탐색^{navigation} 방식이 사용된다. 이러한 마이크로서비스는 이 페이지들을 구성하기 위한 정보를 차례로 가져온다. 예를 들어 재고(Inventory) 마이크로서비스에서 재고 수준을 가져와 UI에 재고 항목을 표시할 수 있다.

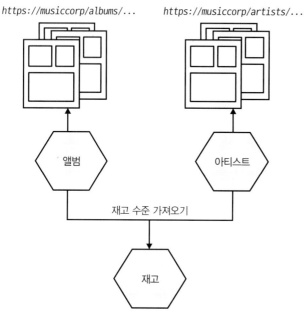

그림 14-4 사용자 인터페이스는 여러 마이크로서비스에서 제공되는 다양한 페이지 그룹과 여러 페이지로 구성된다.

이 모델을 사용하면, 앨범 마이크로서비스를 소유한 팀은 전체 UI를 전부 렌더링할 수 있으므로 팀의 변경 사항이 사용자에게 미치는 영향을 해당 팀이 쉽게 알 수 있다.

웹

단일 페이지 앱 이전에는 웹이 있었다. 웹과의 상호작용은 URL을 방문하고 새 페이지가 브라우저에 로드되도록 링크를 클릭하는 것에 기반했다. 브라우저는 관심 페이지를 표시하는 북마크와 이전에 액세스한 페이지를 재방문하기 위한 전후 이동 컨트롤을 통해 페이지 주위를 탐색할 수 있도록 만들어졌다. 여러분은 눈을 굴리며 "물론 나는 웹이 어떻게 동작하는지 알고 있어요!"라고 생각할 것이다. 하지만 이 방식은 인기가 점점 시들해지는 사용자 인터페이스 스타일이다. 현재의 웹 기반 사용자 인터페이스가 구현된 것을 보게 되면 그 단순함이 그리워진다. 우리는 웹 기반 UI가 단일 페이지 앱을 의미한다고 무심코 가정함으로써 많은 것을 잃었다.

다양한 유형의 클라이언트를 다루는 측면에서 페이지를 요청하는 장치의 특성에 따라 페이지에 표시될 내용이 조정되는 것을 막을 방법은 없다. 점진적인 향상(또는 원만한 저하)의 개념은 이제 잘 이해할 것이다.

기술 구현 관점에서 볼 때 페이지 기반 분해의 단순성은 이런 면에서 진가를 발휘한다. 브라우저에서 실행되는 멋진 자바스크립트도, 문제점 많은 iFrame도 사용할 필요가 없다. 단순히 사용자는 링크를 클릭하고 새로운 페이지를 요청한다.

14.6.1 적용 대상

모놀리식 프론트엔드나 마이크로 프론트엔드 방식에 모두 유용한 페이지 기반 분해는 사용자 인터페이스가 웹 사이트인 경우 필자에게는 사용자 인터페이스 분해 방법에 대한 기본 선택지다. 분해 단위인 웹 페이지는 웹 전체의 핵심 개념이므로 웹 기반의 대규모 사용자 인터페이스를 분해하는 간단하고 분명한 기술이 된다.

문제는 단일 페이지 애플리케이션 기술의 사용이 급격히 늘어나면서 이러한 사용자 인터페이스가 점점 드물어지고 있으며 필자가 생각하기에 웹 사이트 구현에 더 적합한 사용자 경험이 결국 단일 페이지 애플리케이션에 억지로 끼워 맞춰지는 경우가 증가하고 있다는 점이다.[4, 5] 물론 페이지 기반 분해는 우리가 다뤘던 다른 패턴과 결합할 수 있다. 예를 들면 위젯이 포함된 페이지를 만들 수 있는데, 이에 대한 내용은 다음 절에서 살펴보자.

....

4   당신들을 보고 있어요, 시드니 모닝 헤럴드(Sydney Morning Herald)!

5   옮긴이_이 책의 저자인 샘 뉴먼이 이렇게 말한 이유는 그가 호주에 살 때 NRL(국제 럭비 리그) 소식을 얻기 위해 '시드니 모닝 헤럴드'를 자주 읽었는데 그들의 뉴스 기반 웹 사이트를 단일 페이지 애플리케이션으로 구축하고 나서 일부 사용자 경험이 최악이었기 때문이다. *https://www.infoq.com/podcasts/sam-newman-ddd-microservices/* 를 참고하라.

14.7 [패턴] 위젯 기반 분해

위젯 기반 분해 방식을 사용하면 그래픽 인터페이스의 화면에 독립적으로 변경할 수 있는 위젯이 포함된다. [그림 14-5]는 장바구니와 추천에 관한 UI 기능을 제공하는 2개의 위젯이 있는 뮤직코프의 프론트엔드 예를 보여준다.

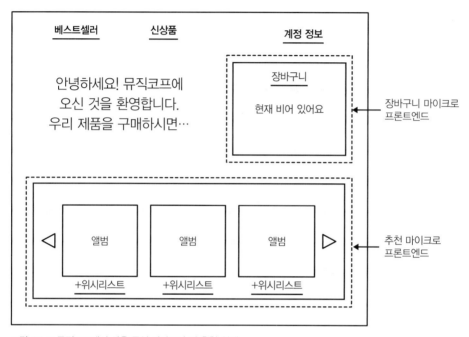

그림 14-5 뮤직코프에서 사용 중인 장바구니 및 추천 위젯

뮤직코프의 추천 위젯은 순환하면서 필터링할 수 있는 추천 캐러셀carousel[6]을 다시 가져온다. [그림 14-6]에서 보듯이, 사용자가 추천 위젯과 상호작용할 때(예를 들어, 다음 추천 집합으로 이동하거나 위시리스트에 새 항목을 추가하는 등의 경우다), 추천을 뒤에서 지원하는 마이크로서비스에 대한 호출이 이뤄질 수 있다. 이 경우는 추천(Recommendations) 및 위시리스트(Wishlist) 마이크로서비스다. 이 형태는 지원하는 마이크로서비스와 컴포넌트를 모두 소유하는 팀과 잘 맞는다.

---

6 옮긴이_캐러셀은 슬라이드쇼와 같은 방식으로 콘텐츠를 표시하는 UX 컴포넌트다.

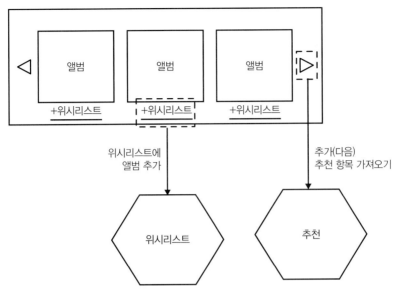

그림 14-6 추천 마이크로 프론트엔드와 이를 지원하는 서비스 간의 인터랙션

일반적으로 인터페이스의 핵심적인 탐색과 포함돼야 하는 위젯 같은 것들을 정의할 수 있는 '컨테이너^{container}' 애플리케이션이 필요하다. 엔드투엔드 스트림을 지향하는 팀의 관점에서 생각한다면, 추천 위젯을 제공하는 한 팀이 이를 지원하는 추천 마이크로서비스도 담당하는 것으로 볼 수 있다.

이 패턴은 현실 세계에서 많이 찾아볼 수 있다. 예를 들어 스포티파이 사용자 인터페이스는 이 패턴을 많이 사용한다. 한 위젯은 재생 목록을 보유하고, 다른 위젯은 아티스트에 대한 정보를 보유하며, 또 다른 위젯은 아티스트 및 팔로우하는 다른 스포티파이 사용자에 대한 정보를 보유한다. 위젯은 상황에 따라 다양한 방식으로 결합된다.

이러한 부품을 조립하려면 일종의 어셈블리 레이어가 여전히 필요하지만, 서버 측 또는 클라이언트 측 템플릿을 사용하는 것만큼 간단할 수 있다.

14.7.1 구현

위젯을 UI에 연결하는 방법은 UI가 생성되는 방식에 따라 크게 달라진다. 위젯이 더 복잡한 동작을 하는 경우 문제가 발생할 수 있지만, 간단한 웹 사이트의 경우, 클라이언트 측이나 서버 측 템플릿을 사용해 위젯을 HTML 프래그먼트fragment로 포함하는 것은 매우 간단하다. 예를 들어 추천 위젯에 많은 자바스크립트 기능이 포함돼 있는 경우 웹 페이지의 나머지 부분에 로드된 동작과 충돌하지 않도록 하려면 어떻게 해야 할까? 이상적으로는 전체 위젯을 UI의 다른 측면을 손상시키지 않는 방식으로 패키징할 수 있다.

다른 기능을 손상시키지 않고 자체 포함된 기능을 UI에 제공하는 방법에 관한 이슈는 단일 페이지 앱에서 특히 문제가 돼 왔는데, 부분적으로는 모듈화의 개념이 SPA 프레임워크가 생성된 방식에서는 주요 관심사가 아닌 면도 있기 때문이다. 이 문제는 더 깊이 탐구해볼 만하다.

의존성

iFrame은 과거에 많이 사용된 기술이지만, 다른 위젯을 하나의 페이지로 연결하는 데 사용하지 않는 편이다. iFrame은 크기 조정과 프론트엔드의 서로 다른 부분 간 통신을 어렵게 만든다는 등 여러 가지 문제가 있다. 대신 위젯은 일반적으로 서버 측 템플릿을 사용해 UI에 연결되거나 클라이언트 측의 브라우저에 동적으로 삽입된다. 두 가지 경우 모두 위젯이 다른 프론트엔드의 다른 부분과 동일한 브라우저 페이지에서 실행되므로 서로 다른 위젯이 서로 충돌하지 않도록 주의해야 한다는 점이 문제다.

예를 들면 추천 위젯은 리액트React v16을 사용할 수 있지만, 장바구니 위젯은 여전히 리액트 v15를 사용 중일 수 있다. 이는 물론 다양한 기술을 시도하는 데 도움이 될 수 있고(위젯에 따라 다른 SPA 프레임워크를 사용 가능), 사용 중인 프레임워크를 업데이트할 때도 도움이 된다. 필자는 주로 최신 프레임워크 버전에서 사용되는 관례의 차이로 인해 앵귤러나 리액트 버전 간을 이동하는 데 어려움을 겪는 여러 팀과 이야기를 나눴었다. 전체 모놀리식 UI를 업그레이드하는 것은 어려울 수 있지만, 점진적으로 수행할 수 있다면 작업을 분할할 수 있고 업그레이드로 인해 새로운 문제가 발생할 위험도 완화할 수 있다.

단점은 의존성 간에 많은 중복이 발생해 페이지 로드 크기가 상당히 늘어날 수 있다는 것이다. 예를 들면 여러 다른 버전의 리액트 프레임워크와 관련된 의존성들이 포함될 수 있다. 많은 웹 사이트가 현재 일부 운영체제의 크기보다 몇 배 더 큰 페이지 로드 크기를 갖고 있다는 것은 놀라운 일이 아니다. 집필 시점에 비과학적인 간단한 연구로서 CNN 웹 사이트 페이지 로드를 확인했는데, 알파인 리눅스Alpine Linux의 5MB보다 훨씬 큰 7.9MB였다. 7.9MB는 실제로 필자가 본 페이지 로드 크기 중 작은 편에 속한다.

페이지 내 위젯 간 통신

위젯을 독립적으로 빌드하고 배포할 수 있지만, 우리는 여전히 위젯이 서로 상호작용하길 원한다. 뮤직코프의 예에서는 사용자가 베스트셀러 차트에서 앨범 중 하나를 선택하면 [그림 14-7]과 같이 UI의 다른 부분이 선택 항목에 따라 업데이트되길 기대한다.

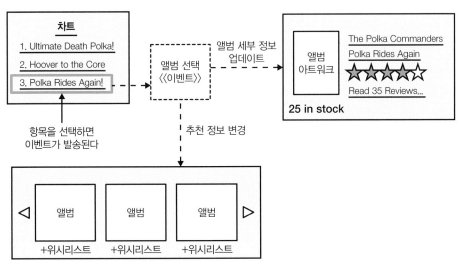

그림 14-7 차트 위젯은 다른 UI 부분에서 수신하는 이벤트를 내보낼 수 있다.

이를 달성하려면 차트 위젯이 사용자 정의 이벤트를 내보내도록 해야 한다. 브라우저는 이미 동작을 트리거하는 데 사용할 수 있는 여러 가지 표준 이벤트를 지원한다. 이러한 이벤트를 통해 버튼을 클릭하거나 마우스를 스크롤하는 등의 상황에 반응할 수 있으며, 자바스크립트 프론트엔드를 구축한 적이 있다면 이미 이와 같은 이벤트 처리를 많이 사용했을 것이다. 사용자 정의 이벤트를 만드는 단계를 간단히 설명해본다.

이 경우에서 차트 내 항목이 선택되면, 해당 위젯은 사용자가 정의한 '앨범 선택(Album Selected)' 이벤트를 발생시킨다. 추천 및 앨범 세부 정보 위젯은 모두 이 이벤트를 구독하고 적절히 반응하며, 선택에 따라 추천 정보가 업데이트되고 앨범 세부 정보가 로드된다. 물론 이 상호작용은 4.8절 ' 패턴 이벤트 기반 통신'에서 논의한 마이크로서비스 간의 이벤트 기반 상호작용을 모방한 것이므로 이미 익숙할 것이다. 실제로 유일한 차이점은 이러한 이벤트 상호작용이 브라우저 내에서 발생한다는 것뿐이다.

웹 컴포넌트

언뜻 보기에 웹 컴포넌트 표준(Web Component Standard)은 위젯을 구현하는 명확한 방법일 것이다. 웹 컴포넌트 표준은 HTML, CSS, 자바스크립트 측면을 샌드박스(sandbox)할 수 있는 UI 컴포넌트의 생성 방법을 설명한다. 불행히도 웹 컴포넌트 표준은 정립되는 데 오랜 시간이 걸리고, 브라우저가 제대로 지원하는 데는 더 오랜 시간이 걸린 것 같다. 표준과 관련된 초기 작업의 대부분은 정체된 것으로 보이며, 이는 분명 표준 채택에 영향을 주었다. 예를 들어 마이크로서비스에서 제공되는 웹 컴포넌트를 사용하는 조직은 아직 만나보지 못했다.

웹 컴포넌트 표준이 현재 상당히 잘 지원되고 있다는 점을 감안하면, 미래에는 샌드박스된 위젯이나 더 큰 마이크로 프론트엔드를 구현하는 공통된 방법이 등장하는 것을 볼 수 있을지도 모른다. 하지만 필자는 이런 일이 일어나길 몇 년 동안 기다리고 나서는 더 이상 기대하지 않는다.

14.7.2 적용 시점

이 패턴을 사용하면 여러 스트림 정렬 팀이 동일한 UI에 쉽게 작업할 수 있다. 그리고 서로 다른 팀이 제공한 위젯이 모두 한꺼번에 UI에 공존할 수 있으므로 페이지 기반 분해보다 더 많은 유연성을 제공한다. 또한 팀이 스트림 정렬 팀에서 사용할 수 있는 재사용 가능한 위젯을 제공할 기회를 제공한다. 이전에 공유한 파이낸셜 타임즈의 오리가미 팀의 역할이 한 예다.

위젯 분해 패턴은 웹 기반의 리치 사용자 인터페이스를 구축할 때 매우 유용하다. 또한 SPA 프레임워크를 활용하고 프론트엔드에 대한 책임을 분리하려는 어떤 상황에서도 위젯을 사용할 것을 강력히 제안한다. 이 개념에 관련된 기법과 지원 기술은 지난 몇 년 동안 현저히 향상돼 SPA 기반 웹 인터페이스를 구축할 때 UI를 마이크로 프론트엔드로 나누는 것이 기본 접근 방법이 될 정도가 됐다.

SPA의 맥락에서 위젯 분해에 대한 필자의 주요 관심사는 개별적인 컴포넌트 번들링을 설정하는 데 필요한 작업과 페이로드 크기에 관련된 문제와 연관이 있다. 전자의 문제는 일회성 비용일 가능성이 높고 기존 툴체인에 가장 적합한 패키징 스타일을 찾는 작업과 관련된다. 후자의 경우가 더 문제다. 한 위젯의 종속성을 약간만 변경해도 애플리케이션에 완전히 새로운 종속성이 포함돼 페이지 크기가 크게 늘어날 수 있다. 페이지 무게가 문제가 되는 사용자 인터페이스를 구축하는 경우, 페이지 무게가 허용 가능한 특정 임계값을 초과하면 경고하도록 몇 가지 자동화된 검사를 배치하는 것이 좋다.

반면에 위젯이 원래 더 단순하고 대부분 정적 컴포넌트인 경우, 클라이언트 측 또는 서버 측 템플릿과 같이 간단한 것을 사용해 위젯을 포함하는 기능은 비교적 매우 간단하다.

14.8 제약

다음 패턴에 대해 논의하기 전에 제약 조건을 이야기하고 싶다. 점점 더 많은 사용자가 다양한 기기에서 소프트웨어와 상호작용한다. 기기마다 소프트웨어가 수용해야 하는 서로 다른 제약 조건이 있다. 예를 들어 데스크톱 애플리케이션에서는 방문자가 사용하는 브라우저나 화면 해상도와 같은 제약 조건을 고려한다. 시각 장애가 있는 사람은 화면 판독기를 통해 소프트웨어를 사용할 수 있으며, 거동이 불편한 사람은 키보드 스타일 입력을 통해 화면을 탐색할 가능성이 더 높다.

따라서 핵심 서비스(핵심적으로 제공하는 것)가 동일하더라도 각 인터페이스 타입과 사용자의 다양한 요구 사항에 대해 존재하는 다양한 제약 조건에 맞춰 이를 조정할 방법이 필요하다. 이는 순전히 재정적 관점에서 추진할 수 있다. 고객이 더 행복하면 더 많은 돈을 벌 수 있다. 하지만 인간적이고 윤리적인 측면도 고려해야 한다. 특정 요구 사항이 있는 고객을 무시하면 해당 고객이 우리 서비스를 사용할 기회를 거부하는 셈이 된다. 어떤 상황에서는 디자인 결정으로 인해 사람들이 UI를 탐색하지 못하게 만들면 법적 조치와 벌금 부과로 이어졌다. 예를 들어 영국은 다른 많은 국가와 마찬가지로 장애인을 위한 웹 사이트 접근성을 보장하는 법률을 제정하고 있다.[7]

모바일 기기는 완전히 새로운 제약 조건을 가져왔으며, 모바일 애플리케이션이 서버와 통신하는 방식이 영향을 미칠 수 있다. 모바일 네트워크의 한계가 영향을 주는 단순한 대역폭의 문제만이 아니다. 다양한 종류의 상호작용은 배터리를 소모시켜 고객의 불만을 초래할 수 있다.

기기에 따라 상호작용의 특성도 바뀐다. 태블릿에서는 쉽게 우클릭을 할 수 없다. 휴대폰에서는 대부분 한 손을 사용하도록 인터페이스를 설계하고 대부분의 작업은 엄지손가락으로 제어할 수 있다. 대역폭이 가장 중요한 다른 곳에서는 사람들이 SMS를 통해 서비스와 상호작용할

---

7   필자가 변호사가 아니라는 사실은 굳이 말할 필요도 없지만, 영국에서 이를 다루고 있는 법안을 보고 싶다면 '평등법(Equality Act) 2010'(주로 섹션 20)을 참고하라. W3C도 접근성 지침과 관련해 잘 정리된 개요를 제공하고 있다(https://www.w3.org/TR/WCAG).

수 있게 한다. 예를 들어 남반구에서는 SMS를 인터페이스로 상당히 많이 사용한다.

사용자 인터페이스의 접근성accessibility에 대해 광범위하게 논의하는 것은 이 책의 범위를 벗어나지만, 최소한 모바일 기기와 같은 다양한 종류의 클라이언트로 인해 발생하는 특정 문제를 살펴볼 수 있다. 클라이언트 기기의 다양한 요구를 처리하는 일반적인 솔루션은 클라이언트 측에서 일종의 필터링과 호출 집계를 수행하는 것이다. 불필요한 데이터는 제거할 수 있고 기기로 전송될 수 없으며, 여러 호출을 한 호출로 통합할 수 있다.

다음으로 이 분야에 유용할 두 가지 패턴, 즉 중앙 집계 게이트웨이와 프론트엔드를 위한 백엔드 패턴을 살펴보자. 그리고 다양한 인터페이스 타입에 대한 응답을 조정하는 데 그래프QL이 어떻게 사용되는지도 살펴본다.

14.9 패턴 중앙 집계 게이트웨이

중앙 집계 게이트웨이는 외부 사용자 인터페이스와 다운스트림 마이크로서비스 사이에 위치하며 모든 사용자 인터페이스에 대한 호출의 필터링과 집계를 수행한다. 집계하지 않는다면 사용자 인터페이스는 필요한 정보를 가져오기 위해 여러 번 호출해야 할 수 있고 검색했지만 필요하지 않은 데이터를 버리는 경우가 많다.

[그림 14-8]은 그 상황을 보여준다. 고객의 최근 주문에 대한 정보를 화면에 표시하고 싶다고 하자. 화면에는 고객에 대한 몇 가지 일반 정보가 표시돼야 하며 날짜순으로 주문 번호와 요약 정보가 나열돼 각 주문의 날짜와 상태, 가격이 표시돼야 한다.

몇 개의 필드만 필요하더라도 고객(Customer) 마이크로서비스에 직접 호출해 고객에 대한 모든 정보를 가져온다. 그런 다음에 주문(Order) 마이크로서비스에서 주문 세부 정보를 가져온다. 이러한 특정 경우의 요구 사항에 더 잘 맞는 데이터를 반환하도록 고객 또는 주문 마이크로서비스를 변경해 상황을 다소 개선할 수 있지만, 여전히 두 번의 호출이 필요하다.

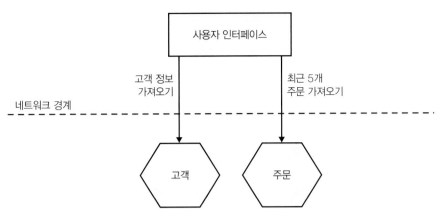

그림 14-8 한 화면에 대한 정보를 가져오기 위해 여러 호출 하기

집계 게이트웨이를 사용하면, 그 대신 사용자 인터페이스에서 게이트웨이로 단일 호출을 발생시킬 수 있다. 그러고 나서 집계 게이트웨이는 필요한 모든 호출을 수행하고, 결과를 하나의 응답으로 통합하며, 사용자 인터페이스에 필요하지 않은 모든 데이터를 버린다(그림 14-9).

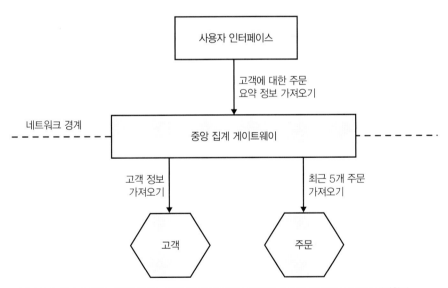

그림 14-9 서버 측 중앙 게이트웨이는 하위 마이크로서비스에 대한 호출의 필터링과 집계를 처리한다.

이러한 게이트웨이는 배치batch 호출에도 도움이 될 수 있다. 예를 들어 별도의 호출을 통해 10 개의 주문 ID를 조회할 필요 없이 하나의 배치 요청을 집계 게이트웨이에 보내고 나머지는 처리할 수 있다.

기본적으로, 일종의 집계 게이트웨이를 사용하면 외부 클라이언트가 수행해야 하는 호출 수를 줄이고 다시 보내야 하는 데이터양도 줄일 수 있다. 이는 대역폭 사용을 줄이고 애플리케이션의 대기 시간을 개선하는 측면에서 상당한 이점을 가져온다.

14.9.1 소유권

중앙 게이트웨이를 사용하는 사용자 인터페이스가 늘어나고 사용자 인터페이스에 대한 호출 집계 및 필터링 로직이 필요한 마이크로서비스가 늘어남에 따라 게이트웨이는 분쟁의 소지가 될 가능성이 있다. 게이트웨이 소유자는 누구인가? 사용자 인터페이스를 만드는 사람들이 소유하는가, 아니면 마이크로서비스를 소유한 사람들이 소유하는가? 중앙 집계 게이트웨이가 너무 많은 작업을 해서 결국 전담 팀이 소유하게 되는 경우가 많다. 안녕하세요, 다시 만난 사일로화된siloed 계층형 아키텍처 여러분!

기본적으로 호출 집계와 필터링은 주로 외부 사용자 인터페이스의 요구 사항에 따라 결정된다. 따라서 게이트웨이는 UI를 만드는 팀이 소유하는 것이 당연하다. 불행히도 전담 프론트엔드 팀이 있는 조직의 경우 해당 팀은 중요한 백엔드 컴포넌트를 구축할 기술을 보유하지 못할 수 있다.

중앙 게이트웨이의 소유자가 누가 되든지 간에, 중앙 게이트웨이는 배포하는 데 병목 지점이 될 가능성이 있다. 여러 팀이 게이트웨이를 변경해야 하는 경우 해당 팀 간의 조정이 필요하므로 개발 속도가 느려진다. 한 팀이 소유하고 있다면 해당 팀이 배포하는 데 병목점이 될 수 있다. 프론트엔드를 위한 백엔드(BFF) 패턴이 이 문제를 곧 해결하는 데 어떻게 도움이 되는지 알아보자.

14.9.2 다양한 종류의 사용자 인터페이스

소유권과 관련된 문제를 관리할 수 있다면, 다른 기기와 다른 요구 사항의 문제를 고려하기 전까지 중앙 집계 게이트웨이가 여전히 좋은 대안일 것이다. 앞서 논의한 것처럼 모바일 기기의 행동 유도성[affordance8]은 천차만별이다. 모바일 기기는 화면 공간이 작기 때문에 더 적은 데이터를 표시할 수 있으며, 서버 측 자원에 대해 많은 연결을 하면 배터리가 소모되고 데이터 플랜이 제한이 됐다. 또한 모바일 기기에서 제공하려는 상호작용의 특성은 크게 다를 수 있다. 일반적인 오프라인 소매업체를 생각해보라. 데스크톱 앱에서 판매 품목을 보고 온라인으로 주문하거나 매장에서 예약할 수 있다. 하지만 모바일 기기에서는 매장에 있는 동안 바코드를 스캔해 가격을 비교하거나 해당 콘텍스트 기반의 특가품을 제공할 수 있다. 점점 더 많은 모바일 애플리케이션을 구축하면서 사람들이 모바일 애플리케이션을 매우 다양한 방식으로 사용하고, 이에 따라 노출해야 하는 기능도 달라질 수 있다는 사실을 깨달았다.

따라서 실제로 모바일 기기는 다양하고 더 적은 호출을 원하며 데스크톱 기기와는 다른(아마도 적은) 데이터를 표시하길 원할 것이다. 이는 다양한 종류의 사용자 인터페이스를 지원하기 위해 API 백엔드에 추가 기능을 넣어야 함을 의미한다. [그림 14-10]에서 뮤직코프의 웹 인터페이스와 모바일 인터페이스는 모두 고객 요약 화면에 대해 동일한 게이트웨이를 사용하지만, 각 클라이언트가 원하는 정보는 서로 다르다. 웹 인터페이스는 고객에 대한 추가 정보를 원하고 각 주문의 항목에 대한 간략한 요약도 제공한다. 이로 인해 백엔드 게이트웨이에서 두 가지 다른 집계 및 필터링 호출을 구현하게 된다.

다양한 네이티브 애플리케이션, 고객 대면 웹 사이트, 내부 관리 인터페이스 등을 고려한다면, 게이트웨이는 지나치게 비대해질 수 있다. 물론 이 다양한 UI는 여러 다른 팀에서 소유할 수 있지만 게이트웨이는 단일 유닛이므로, 여러 팀이 동일한 배포 유닛에서 작업해야 하는 오래된 문제가 여전히 존재한다는 문제도 있다. 배포할 같은 산출물에 너무 많은 변경 사항을 적용하려고 하기 때문에 하나의 집계 백엔드는 병목 지점이 될 수 있다.

---

8   옮긴이_어떤 행동을 유도한다는 뜻에서 행동 유도성이라고 한다. 사물과 생명체(주로 사람) 사이의 특정한 관계에 따라 제시되는 것이 가능한 사용(use), 동작(action), 기능(function)의 연계 가능성을 의미한다(*https://tinyurl.com/484bjysy* 참고).

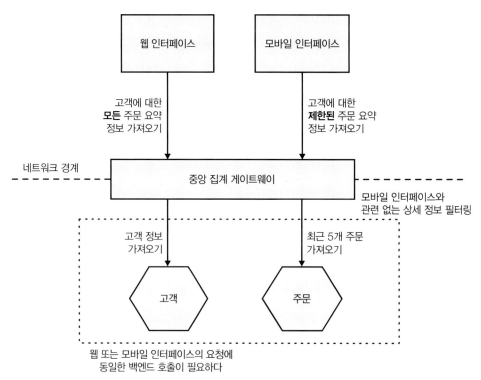

그림 14-10 다양한 기기에 대한 다양한 집계 호출을 지원하기

14.9.3 여러 문제

API 호출 처리와 관련해 서버 측에서 해결해야 할 많은 문제가 있다. 호출 집계와 필터링 외에도 API 키 관리나 사용자 인증, 호출 라우팅과 보다 일반적인 문제를 생각할 수 있다. 종종 이러한 일반적인 문제는 API 게이트웨이 제품으로 처리할 수 있다(일부는 눈물이 날 정도로 비싸다!). 요구되는 세밀함의 정도에 따라 그 문제 중 일부를 처리하기 위해 제품을 구입(또는 서비스 라이선스)하는 것이 매우 합리적일 수 있다. API 키 발급, 추적, 속도 제한rate limit 등을 직접 관리할 것인가? 가능한 한 이 분야의 제품을 사용해 일반적인 문제를 해결하길 바란다. 하지만 이러한 제품을 사용해 호출 집계와 필터링을 수행할 수 있다고 주장하더라도 주의해야 한다.

다른 사람이 만든 제품을 자신에게 맞게 사용할 때는 그들의 세계에서 작업해야 할 경우가 많다. 선호하는 프로그래밍 언어와 개발 방식을 사용할 수 없으므로 가용한 툴체인이 제한되며,

자바 코드를 작성하는 대신 이상한 제품별 DSL(아마도 JSON 사용)에서 라우팅 규칙을 구성한다. 실망스러운 사용자 경험이 될 수 있으며 여러분의 시스템 일부 기능을 제삼자 제품에 적용하게 될 것이다. 이는 나중에 이 기능을 다른 곳으로 이동하는 능력을 저해할 수 있다. 호출 집계 패턴이 실제로 그 자체로 마이크로서비스를 정당화할 수 있는 일부 도메인 기능과 관련이 있다는 것은 일반적이다. 실제로 호출 집계 패턴이 마이크로서비스(BFF에 대해 이야기할 때 더 자세히 알아본다)가 필요한 일부 도메인 기능과 연관이 있다고 깨닫는 것은 일반적이다. 이 동작이 공급업체별 구성으로 설정된다면, 이 기능을 옮길 때는 다시 만들어야 할 가능성이 높으므로 더욱 문제가 될 수 있다.

집계 게이트웨이가 이 기능을 소유하고 관리하는 전담 팀이 필요할 정도로 복잡해지면 상황은 더욱 악화될 수 있다. 최악의 경우, 수평적인 팀 소유권을 도입하면 몇 가지 새로운 기능을 출시하기 위해 프론트엔드 팀, 집계 게이트웨이 팀, 마이크로서비스 소유 팀이 각각 이 변경을 수행해야 하는 상황이 발생할 수 있다. 따라서 갑자기 모든 것이 훨씬 더 느리게 진행된다.

따라서 전용 API 게이트웨이를 사용하려면 계속 사용하라. 하지만 필터링 및 집계 로직은 다른 곳에 두는 것을 반드시 고려하길 바란다.

14.9.4 적용 시점

한 팀이 사용자 인터페이스와 백엔드 마이크로서비스를 개발하는 단일 팀 소유의 솔루션인 경우 하나의 중앙 집계 게이트웨이가 있어도 괜찮을 것이다. 그렇지만 이 팀은 엄청 많은 일을 하고 있는 것처럼 보인다. 이와 같은 상황에서는 사용자 인터페이스 전반에 걸쳐 상당히 높은 유사성을 보이는 경향이 있으므로 초반에는 이러한 집계 지점이 필요하지 않은 경우가 많다.

단일 중앙 집계 게이트웨이를 채택하기로 결정했다면 그 안에 어떤 기능을 넣을지 신중하게 결정해야 한다. 예를 들면, 필자는 이전에 설명한 이유로 인해 이 기능을 보다 일반적인 API 게이트웨이 제품에 밀어 넣는 것을 매우 조심스럽게 생각한다.

백엔드에서 일종의 호출 필터링 및 집계를 수행하는 개념은 사용자 인터페이스에 대한 사용자 경험을 최적화한다는 점에서 매우 중요할 수 있다. 문제는 여러 팀으로 구성된 제공 조직에서 중앙 게이트웨이를 사용하면 많은 팀 간에 조율이 필요할 수 있다는 것이다.

따라서 백엔드에서 집계와 필터링을 수행하고 싶지만 중앙 게이트웨이 소유권 모델과 관련된 문제를 제거하려면 어떻게 해야 할까? 여기가 바로 **프론트엔드를 위한 백엔드** 패턴이 필요한 곳이다.

14.10 패턴 프론트엔드를 위한 백엔드

프론트엔드를 위한 백엔드backend for frontend(BFF)는 무엇보다 본래 하나의 목표, 즉 특정 사용자 인터페이스용으로 개발됐다는 점에서 중앙 집계 게이트웨이와 다르다. 이 패턴은 사용자 인터페이스의 다양한 문제를 처리하는 데 매우 성공적인 것으로 입증됐고, 사운드클라우드SoundCloud[9]와 REA를 비롯한 여러 조직에서 효과가 입증됐다. [그림 14-11]에서 보듯이 뮤직코프의 웹 및 모바일 쇼핑 인터페이스에는 이제 자체 집계 백엔드가 있다.

BFF는 자체의 고유한 특성으로 인해 중앙 집계 게이트웨이와 관련된 일부 우려 사항을 회피한다. 모든 사람에게 모든 것을 제공하려는 것은 아니므로, BFF는 여러 팀이 모두 소유권을 공유하려고 하면서 개발의 병목점이 되는 것을 피할 수 있다. 또한 사용자 인터페이스와의 결합이 허용되므로 결합에 대한 걱정을 덜 수 있다. BFF는 특정 사용자 인터페이스를 위한 것이며, 동일한 팀이 소유하고 있다고 가정하면 내부의 결합을 훨씬 더 쉽게 관리할 수 있다. 필자는 사용자 인터페이스에 BFF를 사용하는 것을 마치 UI가 실제로 두 부분으로 분리돼 있는 것처럼 설명하는 경우가 많다. 한 부분은 클라이언트 기기(웹 인터페이스 또는 네이티브 모바일 애플리케이션)에 있고, 다른 부분인 BFF는 서버 측에 내장돼 있다.

BFF는 특정 사용자 경험과 밀접하게 결합돼 있으며 일반적으로 사용자 인터페이스와 동일한 팀에서 주로 관리하므로, UI가 요구하는 대로 API를 더 쉽게 정의하고 적용할 수 있을 뿐 아니라 클라이언트 및 서버 구성 요소의 릴리스 과정을 단순화할 수 있다.

---

9 사운드클라우드의 BFF 패턴 사용 방법을 잘 정리한 루카츠 플로트니키(Lukasz Plotnicki)의 글 'BFF @ SoundCloud'(*https://oreil.ly/DdnzN*)를 참고하자.

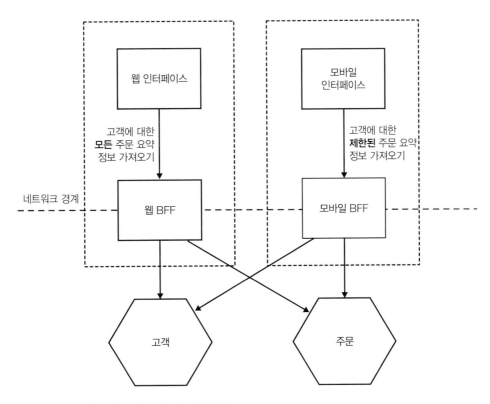

그림 14-11 각 사용자 인터페이스에 자체 BFF가 있다.

14.10.1 얼마나 많은 BFF가 필요한가?

다양한 플랫폼에서 동일한(또는 유사한) 사용자 경험을 제공할 때는 두 가지 다른 접근 방법을 봤다. 필자가 선호하는 모델(그리고 가장 자주 보는 모델)은 각기 다른 유형의 클라이언트에 대해 하나의 BFF를 엄격하게 유지하는 것이다. 이는 [그림 14-12]에 설명된 것처럼 REA에서 사용된 모델이다. 안드로이드 및 iOS 애플리케이션은 유사한 기능을 제공하지만 각각 고유의 BFF를 갖고 있다.

한 가지 변경이라면, 동일 유형의 사용자 인터페이스를 사용하더라도 두 가지 이상의 클라이언트 유형에 동일한 BFF를 사용할 수 있는 기회를 찾는 것이다. 사운드클라우드의 청취자 애플리케이션을 통해 사람들은 안드로이드 또는 iOS 기기에서 콘텐츠를 들을 수 있다. 사운드클라우드는 [그림 14-13]과 같이 안드로이드와 iOS에 대해 하나의 BFF를 사용한다.

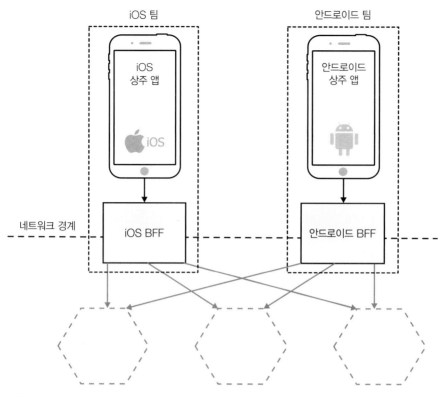

그림 14-12 REA의 iOS와 안드로이드 애플리케이션은 다른 BFF를 갖고 있다.

필자가 이 두 번째 모델에서 가장 우려하는 점은 단일 BFF를 사용하는 클라이언트 타입이 많을수록 BFF가 여러 문제를 처리하도록 비대해지기 쉽다는 것이다. 하지만 여기서 이해해야 할 중요한 점은 클라이언트가 BFF를 공유하는 경우에도 동일한 클래스의 사용자 인터페이스를 위한 것이므로 사운드클라우드의 iOS 및 안드로이드용 네이티브 청취자 애플리케이션은 동일한 BFF를 사용하지만 다른 네이티브 애플리케이션은 다른 BFF를 사용한다는 것이다. 같은 팀이 안드로이드 및 iOS 애플리케이션을 모두 소유하고 BFF도 소유하고 있다면, 이 모델을 사용하는 것이 더 편하다. 이러한 애플리케이션을 다른 팀에서 유지 관리한다면 필자는 더 엄격한 모델을 권장하는 편이다. 따라서 조직 구조를 가장 적합한 모델을 결정하는 주요 동인 중 하나로 볼 수 있다(콘웨이의 법칙이 다시 승리한다).

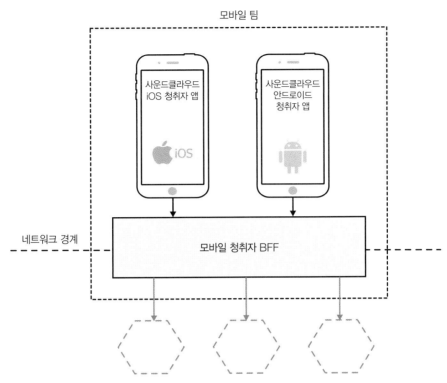

그림 14-13 iOS 및 안드로이드 애플리케이션에 단일 BFF를 공유하는 사운드클라우드

REA의 스튜어트 글래도우^{Stewart Gleadow}는 '하나의 사용 경험, 하나의 BFF'라는 지침을 제안했다. 따라서 iOS와 안드로이드의 사용자 경험이 매우 유사하다면 단일 BFF 선택을 주장하는 것이 더 쉽다.[10] 하지만 이들이 크게 갈라진다면, BFF를 분리하는 것이 더 합당하다. REA의 경우 두 사용자 경험 사이에 겹치는 경험이 있었지만, 여러 팀이 이 경험들을 소유하고 다른 방식으로 유사한 기능을 출시했다. 때로는 동일한 기능이 다른 모바일 기기에 다르게 배포될 수 있다. 안드로이드 애플리케이션의 네이티브 사용자 경험이 iOS 네이티브 사용자 경험으로 느껴지게 하려면 재작업이 필요할 수 있다.

이 책에서 이미 많이 다룬 REA 사례에서 얻을 수 있는 또 다른 교훈은 소프트웨어가 팀 경계를 중심으로 정렬될 때 가장 효과적이며 BFF도 예외는 아니라는 것이다. REA가 별개의 두 팀에 대해 2개의 다른 BFF를 가진 것처럼, 하나의 모바일 팀을 보유한 사운드클라우드가 하나의

---

10 스튜어트는 이 추천에 대해 필 칼카도(Phil Calcado)와 무스타파 세즈긴(Mustafa Sezgin)에게 차례로 공을 돌렸다.

BFF를 두는 것은 언뜻 보기에 합리적으로 보인다. 필자와 이야기한 사운드클라우드 엔지니어가 안드로이드 및 iOS 청취자 애플리케이션에 대해 하나의 BFF를 갖는 것이 재고할 점이라고 제안한 사실은 주목할 만하다. 그들에게는 하나의 모바일 팀이 있었지만, 실제로는 안드로이드 전문가와 iOS 전문가가 섞여 있고 대부분 둘 중 하나의 애플리케이션에서 작업했다. 이는 실제로는 두 팀이라는 것을 의미한다.

종종 적은 수의 BFF를 유지하려는 것은 너무 많은 중복을 피하려고 서버 측 기능을 재사용하는 데 목적이 있다. 하지만 이를 처리하는 다른 방법이 있으며 다음 절에서 살펴본다.

14.10.2 재사용과 BFF

사용자 인터페이스당 하나의 BFF를 갖는 것에 대한 우려 중 하나는 결과적으로 BFF 사이에 많은 중복이 발생할 수 있다는 점이다. 예를 들어 동일한 집계 타입에 하위 서비스와 인터페이스하기 위해 동일하거나 유사한 코드가 사용될 수 있다. 공통 기능을 추출하려는 경우 그 기능을 찾는 것이 종종 어려운 점 중 하나다. 이러한 중복은 BFF 자체에서 발생할 수 있지만, 결국 다른 클라이언트에도 발생할 수 있다. 이 클라이언트들은 매우 다른 기술 스택을 사용하므로 중복이 발생하고 있다는 사실을 알아채기 힘들지도 모른다. 서버 측 컴포넌트에 대한 공통 기술 스택을 사용하는 경향이 있는 조직에서는 중복된 여러 BFF를 발견하고 제거하기가 더 쉬울 것이다.

어떤 사람들은 BFF를 다시 합치길 희망해 결국 단일한 범용의 집계 게이트웨이를 만들게 된다. 개인적으로는 특히 중복에 대한 대안들이 있으므로 단일 집계 게이트웨이로 되돌아가는 것에 대해 득보다 실이 클 것이라고 우려한다.

이전에 말했듯이 필자는 마이크로서비스 전반에 걸쳐 중복된 코드에 대해 상당히 관대한 편이다. 즉, 하나의 마이크로서비스 경계 안에서는 일반적으로 적절한 추상화로 중복을 리팩터링하기 위해 뭐든지 하겠지만 마이크로서비스 간 중복에 대해서는 같은 방식을 취하지 않는다. 공유 코드의 추출이 서비스 사이의 강한 결합으로 이어질 가능성을 더 우려하는 경우가 많기 때문이다(5.8절 '마이크로서비스 세계에서 DRY와 코드 재사용의 위험'에서 다룬 주제). 즉, 이것이 필요한 경우가 분명히 존재한다.

BFF 사이에 재사용이 가능하도록 공통 코드를 추출할 시간이 되면, 두 가지 분명한 옵션이 있다. 첫 번째는 비용이 저렴하지만 더 많은 문제가 발생할 수 있는 공유 라이브러리를 추출하는 것이다. 이것이 문제가 될 수 있는 이유는 특히 하위 서비스를 호출하기 위한 클라이언트 라이브러리를 생성하는 데 사용될 때 공유 라이브러리가 결합의 주요 원인이 되기 때문이다. 그럼에도 이것이 옳다고 느끼는 여러 상황이 있는데, 특히 추상화되는 코드가 단순히 서비스 내부의 관심사일 때는 더욱 그렇다.

두 번째 방법은 공유 기능을 추출해 새로운 마이크로서비스로 만드는 것이며, 추출되는 기능이 비즈니스 도메인 기능을 나타내는 경우 잘 작동할 수 있다. 이 방식의 변형은 집계 책임을 마이크로서비스의 하위 서비스로 밀어내는 것일 수 있다. [표 14-1]과 같이 고객의 위시리스트에 있는 품목 목록과 해당 품목의 재고 여부 및 현재 가격 관련 정보를 표시하려는 상황을 생각해보자.

표 14-1 뮤직코프 고객의 위시리스트 표시

The Brakes, Give Blood	In Stock	$5.99
Blue Juice, Retrospectable	Out of Stock	$7.50
Hot Chip, Why Make Sense?	Going Fast! (2 left)	$9.99

고객(Customer) 마이크로서비스는 위시리스트에 대한 정보와 각 품목의 ID를 저장한다. 카탈로그(Catalog) 마이크로서비스는 각 품목의 이름과 가격을 저장하고, 재고 수준은 인벤토리(Inventory) 마이크로서비스에 저장된다. iOS와 안드로이드 애플리케이션 모두에 이 컨트롤을 동일하게 표시하려면, [그림 14-14]와 같이 각 BFF는 이를 지원하는 마이크로서비스에 대해 동일한 세 번의 호출을 수행해야 한다.

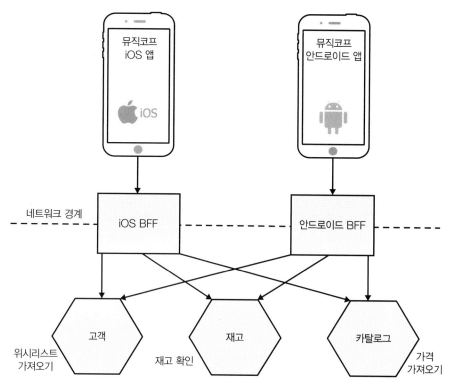

그림 14-14 두 BFF 모두 위시리스트를 표시하기 위해 동일한 작업을 수행하고 있다.

여기서 기능 중복을 줄이는 방법은 이 공통된 동작을 새로운 마이크로서비스로 추출하는 것이다. [그림 14-15]는 안드로이드 및 iOS 애플리케이션이 모두 사용할 수 있는 새로운 전용 위시리스트(Wishlist) 마이크로서비스를 보여준다.

두 곳에서 동일한 코드를 사용한다고 해서 자동으로 서비스를 추출하려는 것은 아니지만, 새로운 서비스를 만드는 데 드는 거래 비용이 충분히 낮다면 당연히 고려해볼 만하다. 예를 들어 이러한 특정 상황에서는 웹 인터페이스에서 위시리스트를 표시한다면 전용 마이크로서비스가 훨씬 더 마음에 들기 시작할 것이다. '무언가를 세 번째 구현하려고 할 때 추상화한다'는 오래된 격언은 서비스 수준에서도 여전히 좋은 경험 법칙이라고 느껴진다.

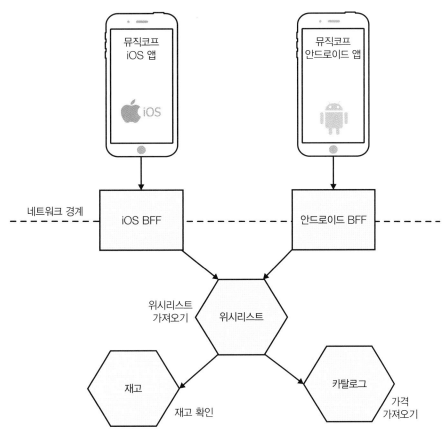

그림 14-15 공통 기능이 위시리스트 마이크로서비스로 추출돼 BFF에서 재사용 가능하다.

14.10.3 데스크톱과 그 이상을 위한 BFF

BFF는 단지 모바일 개발의 제약을 해결하는 데 사용되는 것으로 생각할 수 있다. 데스크톱 웹 사용자 경험은 일반적으로 더 나은 연결성을 갖춘 더 강력한 기기에서 제공되며, 여러 다운스트림 호출을 수행하는 데 드는 비용을 관리할 수 있다. 따라서 웹 애플리케이션은 BFF 없이도 다운스트림 서비스에 직접 여러 번 호출할 수 있다.

하지만 웹에서도 BFF를 사용하는 것이 유용한 상황을 실제로 여러 번 본 적이 있다. 서버 측에서 웹 UI의 더 많은 부분을 생성할 때(예: 서버 측 템플릿 사용) BFF는 최적의 장소가 된다. 또한 이 방식은 BFF 앞에 리버스 프록시를 배치해 집계된 호출 결과를 캐싱할 수 있으므로 캐싱을 어느 정도는 단순화할 수 있다.

한 조직에서 다른 외부 당사자를 호출하려고 BFF를 사용하는 것을 본 적이 있다. 매우 친숙한 뮤직코프 사례로 돌아가보자. [그림 14-16]에서 보듯이, 제삼자가 로열티 지불 정보를 추출하거나 다양한 셋톱 박스 장치로 스트리밍할 수 있도록 BFF를 노출할 수 있다. 외부 당사자가 '사용자 인터페이스'를 제공하지 않으므로 이것들은 더 이상 BFF라 할 수 없지만, 동일한 패턴이 다른 맥락에서 사용되는 예시이므로 공유할 가치가 있다.

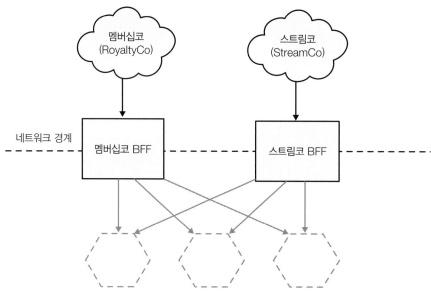

그림 14-16 외부 API를 관리하기 위한 BFF 사용

이 방식은 제삼자가 API 호출을 사용하거나 변경할 수 있는 능력(또는 필요성)이 없는 경우에 특히 효과적일 수 있다. 중앙 집중형 API 백엔드를 사용하면, 변경할 수 없는 외부 당사자의 작은 부분을 만족시키기 위해 API의 이전 버전을 유지해야 할 수도 있다. BFF를 사용하면 이 문제가 상당히 줄어들고 호환성을 깨뜨리는 변경도 제한된다. 다른 당사자와의 호환성을 깨뜨리는 방식으로 페이스북용 API를 변경할 수 있지만, 서로 다른 BFF를 사용하므로 이 변경의 영향을 받지 않는다.

14.10.4 적용 시점

웹 UI만 제공되는 애플리케이션이라면, 서버 측에서 상당한 양의 집계가 필요한 경우에만 BFF를 사용하는 것이 합리적이라고 생각한다. 그렇지 않은 경우 이미 다룬 UI 조합^{UI composition} 기법 중 일부는 추가 서버 측 구성 요소 없이도 잘 작동할 수 있다고 생각한다.

하지만 모바일 UI나 제삼자에게 특정 기능을 제공해야 하는 순간에는 처음부터 각 클라이언트에 BFF를 사용하는 방안을 적극 고려할 것이다. 추가 서비스를 배포하는 비용이 많이 드는지 재고해볼 수 있지만, BFF를 통한 관심사 분리는 대부분의 경우에 상당히 매력적인 제안이 된다. 간략히 기술한 것처럼, UI와 다운스트림 서비스를 구축하는 사람이 상당히 분리돼 있다면 BFF를 사용하는 것이 훨씬 더 낫다.

이제 BFF를 구현하는 방법을 묻는 질문으로 넘어가 그래프QL과 이 기술의 역할을 살펴보자.

14.11 그래프QL

그래프QL^{GraphQL}은 클라이언트가 데이터에 액세스하거나 데이터를 변경하기 위해 쿼리^{query}를 실행할 수 있는 쿼리 언어다. SQL과 마찬가지로 그래프QL을 사용하면 쿼리를 동적으로 변경 가능하므로 클라이언트가 원하는 정보를 정확히 정의할 수 있다. 예를 들어, HTTP 기반의 표준 REST 호출을 사용해 주문 리소스에 대한 GET 요청을 하면 해당 주문에 대한 모든 필드를 다시 얻을 수 있다. 그러나 특정 상황에서 주문의 총액만 원하면 어떻게 될까? 물론 다른 필드를 무시하거나 필요한 정보만 포함하는 주문 요약(Order Summary)과 같은 대체 리소스를 제공할 수 있을 것이다. 그래프QL을 사용하면 [예제 14-1]에서 보듯이 필요한 필드만 요청할 수 있다.

예제 14-1 주문 정보를 가져오는 데 사용되는 그래프QL 쿼리의 예

```
{
    order(id: 123) {
        date
        total
        status
        delivery {
            company
```

```
                driver
                duedate
            }
        }
    }
```

이 쿼리에서 주문 123을 요청했고, 총가격과 주문 상태도 요청했다. 더 나아가 주문의 배송 관련 정보를 요청했기 때문에 패키지를 배송할 배송 기사의 이름, 소속 회사, 패키지 예상 도착 시점 등에 대한 정보를 얻을 수 있다. 일반 REST API를 사용하면 주문 리소스에 배달 정보가 포함되지 않는 경우 이 정보를 가져오기 위해 추가 호출을 해야 할 수 있다. 따라서 그래프QL 은 원하는 필드를 정확히 요청하는 데 도움이 될 뿐 아니라 왕복$^{round\ trip}$ 횟수도 줄일 수 있다. 이와 같은 쿼리를 사용하려면 액세스하는 다양한 데이터 타입을 정의해야 한다. 타입을 명시적 으로 정의하는 것은 그래프QL의 핵심 부분이다.

그래프QL을 구현하려면 쿼리를 처리할 **리졸버**^{resolver}가 필요하다. 그래프QL 리졸버는 서버 측 에 위치해 그래프QL 쿼리를 호출에 매핑함으로써 실제 정보를 가져온다. 따라서 마이크로서 비스 아키텍처의 경우 ID가 123인 주문에 대한 요청을 마이크로서비스에 대한 동등한 호출로 매핑할 수 있는 리졸버가 필요하다.

이와 같은 방법으로 그래프QL을 사용해 집계 게이트웨이나 BFF를 구현할 수 있다. 그래프QL 은 클라이언트에서 쿼리를 변경하는 것만으로 원하는 집계와 필터링을 쉽게 변경할 수 있는 이 점이 있다. 그래프QL 타입이 만들고자 하는 쿼리를 지원하는 한 그래프QL의 서버 측에서는 변경할 필요가 없다. 예제 쿼리에서 배송 기사 이름을 더 이상 보고 싶지 않을 경우, 쿼리 자체 에서 생략하면 더 이상 전송되지 않는다. 반면 이 주문에 대해 부여된 포인트 수를 확인하려는 경우, 이 정보를 주문 타입에서 사용할 수 있다고 가정한 후 이를 쿼리에 추가하면 해당 정보가 반환된다. 이는 BFF 자체에도 적용하기 위해 집계 로직을 변경해야 하는 BFF 구현에 비해 상 당한 장점이 있다.

클라이언트 기기가 서버 측 변경 없이 수행되는 쿼리를 동적으로 변경하도록 해주는 그래프QL 의 유연성 덕분에 범용 집계 게이트웨이에서 논의한 것처럼 그래프QL이 공유 및 경쟁 자원이 될 가능성은 크지 않다. 그렇더라도 새로운 타입을 노출하거나 기존 타입에 필드를 추가해야 하는 경우 서버 측 변경은 여전히 필요하다. 따라서 여전히 여러 그래프QL 서버 백엔드를 팀 경계에 따라 정렬하길 원할 수 있으므로 그래프QL은 BFF를 구현하는 방법이 될 수 있다.

5장에서 자세히 설명한 것처럼 그래프QL을 둘러싼 몇 가지 우려가 있지만, 그래프QL이 다양한 종류의 사용자 인터페이스 요구 사항에 맞게 동적 쿼리를 할 수 있는 깔끔한 솔루션임은 분명하다.

14.12 하이브리드 방식

앞서 언급한 옵션 중 상당수는 한 가지 방식만 사용할 필요는 없다. 필자는 웹 사이트를 만들기 위해 위젯 기반 분해 접근 방식을 채택하지만, 모바일 애플리케이션과 관련해서는 프론트엔드를 위한 백엔드(BFF) 방식을 사용하는 조직을 볼 수 있었다. 핵심은 사용자에게 제공하는 기본 기능의 일관성을 유지해야 한다는 것이다. 음악 주문이나 고객 세부 정보 변경과 관련된 로직이 해당 작업을 처리하는 서비스 내부에 존재하고 시스템 전체에 번지지 않도록 해야 한다. 중간 계층에 너무 많은 동작을 넣는 함정을 피하는 것은 매우 까다로운 균형을 잡는 일이다.

요약

이미 살펴봤듯이, 기능 분해는 서버 측에서 멈출 필요가 없으며 전담 프론트엔드 팀이 반드시 필요한 것도 아니다. 지금까지 필자는 지원하는 마이크로서비스를 활용하면서 집중된 엔드투엔드 제공이 가능한 사용자 인터페이스를 구축하는 다양한 방법을 공유했다.

다음 장에서는 기술적 측면에서 인적 측면으로 넘어가 마이크로서비스와 조직 구조의 상호작용을 더 자세히 탐구한다.

## CHAPTER 15

조직 구조

지금까지 책의 많은 부분에서 세분화된 아키텍처로 이동하는 데 따른 기술적 문제에 초점을 맞췄지만, 그와 더불어 마이크로서비스 아키텍처와 팀 구성 방법 간의 상호작용도 살펴봤다. 14.3절 '스트림 정렬 팀을 향해'에서는 사용자와 대면한 기능을 제공하는 데 책임이 있는 스트림 정렬 팀의 개념을 소개하고 마이크로서비스가 현실에서 그 팀 구조를 만드는 데 어떻게 도움이 되는지 살펴봤다.

이제 해당 아이디어를 구체화하고 다른 조직적 고려 사항을 살펴봐야 한다. 앞으로 보게 되겠지만, 마이크로서비스를 최대한 활용하려면 위험을 감수하고 회사의 조직도를 무시해야 할 수 있다.

15.1 느슨하게 결합된 조직

이 책 전반에서는 느슨하게 결합된 아키텍처에 관한 사례를 만들고, 더 자율적이고 느슨하게 결합된 스트림 정렬 팀과 정렬돼야 최상의 결과를 제공할 가능성이 높다고 주장했다. 조직 구조의 변화 없이 이뤄지는 마이크로서비스 아키텍처로의 전환은 마이크로서비스의 유용성을 둔화시킬 것이다. 결국 투자 대비 수익을 얻지 못한 채 아키텍처 변경에 대한 (상당한) 비용을 지불할 수 있다. 필자는 일반적으로 팀 간의 조정을 줄여 제공 속도를 높이고, 이를 통해 팀 스스로 더 많은 의사결정을 내릴 수 있도록 해야 한다고 말했다. 이러한 것들은 이 장에서 더 자세히 살펴볼 개념들이며 몇몇 필요한 조직 및 행동의 변화를 구체화한다. 하지만 그 전에 느슨하게 결합된 조직이 어떤 모습인지 파악할 수 있도록 필자의 비전을 공유하는 것이 중요하다.

니콜 폴스그렌, 제즈 험블, 진 킴은 『디지털 트랜스포메이션 엔진: 고성과 기술 조직 구축 및 진화』(에이콘, 2020)에서 최적의 성과를 달성하는 데 어떤 행동이 가장 중요한지 더 잘 이해하기 위해 자율적이고 느슨하게 결합된 팀을 살펴봤다. 그들에 따르면, 팀이 다음 사항을 수행할 수 있는지 여부가 핵심이다.

- 팀은 팀 외부 누군가의 허가 없이 시스템 설계에 대규모 변경을 가할 수 있다.
- 팀은 시스템을 변경하는 과정에서 다른 팀에 의존하지 않거나 다른 팀을 위해 중요한 작업을 수행하지 않고도 시스템 설계에 대규모 변경을 가할 수 있다.
- 팀은 팀 외부의 사람들과 소통하거나 조정하지 않고도 작업을 완료할 수 있다.
- 팀은 의존하는 다른 서비스에 관계없이 필요에 따라 제품과 서비스를 배포하고 릴리스할 수 있다.
- 팀은 통합된 테스트 환경 없이도 대부분의 테스트를 필요에 따라 수행할 수 있다.
- 팀은 다운타임이 거의 없이 정상 업무 시간 동안 배포를 수행할 수 있다.

1장에서 처음 접한 스트림 정렬 팀은 느슨하게 결합된 조직에 대한 이러한 비전과 일치한다. 스트림 정렬 팀 구조로 바꾸려는 경우, 이와 같은 특성은 올바른 방향으로 바뀌는지 확인할 수 있는 아주 좋은 체크리스트가 된다.

특성 중 일부는 본질적으로 더 기술적으로 보인다. 예를 들어 정상 업무 시간 동안에 배포가 가능한 이유는 다운타임이 없는 배포를 지원하는 아키텍처 덕분이다. 그러나 이 모든 것은 실제로 행동 변화가 필요하다. 팀이 시스템에 대한 완전한 주인의식을 갖게 하려면, 아키텍처에 대한 의사결정 방식(16장에서 살펴본다)을 포함해 중앙 집중식 통제에서 벗어나야 한다. 근본적으로, 느슨하게 결합된 조직 구조를 달성하려면 권한과 책임이 분산돼야 한다.

이 장의 대부분에서는 팀 규모, 소유권 모델 유형, 플랫폼의 역할 등을 살펴보고 이 모든 일을 수행할 방법을 설명한다. 조직을 올바른 방향으로 이끌기 위해 고려해야 할 변경 사항은 많지만, 그 전에 조직과 아키텍처 간의 상호작용을 좀 더 살펴보자.

15.2 콘웨이의 법칙

이 산업은 젊고 끊임없이 스스로를 재창조하는 것 같다. 그러나 몇 가지 주요 '법칙'은 시간의 시험을 견뎌냈다. 예를 들어 무어의 법칙Moore's law에 따르면 반도체 집적회로에 쓰이는 트랜지스터의 밀도는 2년마다 2배로 증가하며(비록 이 추세는 느려지고 있지만), 이는 믿을 수 없을 만큼 정확한 것으로 입증됐다. 거의 보편적으로 진리일 뿐 아니라 일상 업무에 훨씬 더 유용한 것으로 밝혀진 또 다른 법칙은 콘웨이의 법칙Conway's law이다.

1968년 4월 『데이터메이션Datamation』 잡지에 실린 멜빈 콘웨이Melvin Conway의 논문 'How Do Comittees Invent?'에서 고찰한 것은 다음과 같다.

> 시스템(여기서는 단순한 정보 시스템보다 넓게 정의된)을 설계하는 조직은 필연적으로 그 조직의 소통 구조와 닮은 설계를 한다.

이 문장은 콘웨이의 법칙으로, 다양한 형태로 자주 인용된다. 에릭 레이먼드Eric S. Raymond는 『The New Hacker's Dictionary』(MIT Press, 1996)에서 '컴파일러에서 작업하는 4개의 그룹이 있다면 4단계의 컴파일러를 얻게 된다'라며 이 현상을 요약했다.

콘웨이의 법칙은 느슨하게 결합된 조직이 느슨하게 결합된 아키텍처(또는 그 반대)를 낳는다는 사실을 보여주며, 소프트웨어를 만드는 조직을 고려하지 않고 느슨하게 결합된 마이크로서비스 아키텍처의 이점을 얻길 바란다면 문제가 될 것이라고 강조한다.

15.2.1 증거

멜빈 콘웨이가 이 주제를 다룬 논문을 『하버드 비즈니스 리뷰Harvard Business Review』에 기고했을 때 해당 잡지사는 콘웨이가 자신의 주장을 입증하지 못했다며 게재를 거절했다. 필자는 그의 이론이 너무도 다양한 상황에서 입증되는 것을 목격했기 때문에 사실로 받아들였다. 하지만 필자의 의견을 그대로 수용할 필요는 없다. 콘웨이가 처음 제출한 이후 이 분야에서는 많은 작업이 이뤄졌고, 조직 구조와 조직 구조가 만드는 시스템의 상호 관계를 탐구하기 위해 많은 연구가 수행됐다.

느슨하거나 강하게 결합된 조직

'제품과 조직 아키텍처 간의 이중성 탐구Exploring the Duality Between Product and Organizational Architectures'[1]에서 저자들은 '느슨하게 결합된 조직'이나 '강하게 결합된 조직'으로 대략적으로 분류된 다양하고 많은 소프트웨어 시스템을 연구했다. 강하게 결합된 조직은 일반적으로 확실하게 정렬된 비전과 목표를 설정한 상용 제품 회사로 간주되는 반면, 느슨하게 결합된 조직은 분산된 오픈 소스 커뮤니티로 잘 대표된다.

두 조직에서 만든 유사한 제품 쌍을 비교한 연구에서 저자들은 느슨하게 결합된 조직이 실제로는 더 모듈화되고 덜 결합된 시스템을 만든 반면에 더 강하게 결합된 조직의 소프트웨어는 덜 모듈화됐다는 사실을 발견했다.

윈도 비스타

마이크로소프트는 조직 구조 자체가 특정 소프트웨어 제품인 윈도 비스타Window Vista의 품질에 어느 정도 영향을 미치는지 알아보고자 실증적 연구[2]를 수행했다. 특히 연구원들은 시스템의 구성 요소가 얼마나 오류가 발생하기 쉬운지를 확인하려고 여러 요소를 조사했다.[3] 코드 복잡성과 같이 일반적으로 사용되는 소프트웨어 품질 지표를 포함해 여러 지표를 살펴본 후 조직 구조(예: 코드를 작성하는 엔지니어의 수)가 가장 관련성이 높은 요소라는 사실을 알아냈다.

그리고 여기에는 조직 구조가 해당 조직이 구축하는 시스템의 특성에 영향을 미치는 것을 보여주는 또 다른 예가 있다.

넷플릭스와 아마존

조직과 아키텍처가 정렬돼야 한다는 생각과 관련된 대표적인 사례는 아마도 아마존과 넷플릭스일 것이다. 아마존은 초기에 시스템의 전체 수명주기를 소유한 팀의 장점을 이해하기 시작했다. 아마존은 팀이 담당하는 시스템의 전체 수명주기를 관리하면서 시스템을 소유하고 운영하길 원했다. 그리고 아마존은 작은 팀이 큰 팀보다 더 빠르게 업무를 수행한다는 사실을 알고 있

---

1 앨런 맥코맥(Alan MacCormack), 칼리스 볼드윈(Carliss Baldwin), 존 러스낙(John Rusnak)의 'Exploring the Duality Between Product and Organizational Architectures: A Test of the Mirroring Hypothesis', Resarch Policy 41, no. 8(2012년 10월)

2 나치아빤 나가빤(Nachippan Nagappan), 브렌든 머피(Brendan Murphy), 빅터 바실리(Victor Basili)의 '소프트웨어 품질에 대한 조직 구조의 영향: 실증적 사례 연구(The Influence of Organizational Structure on Software Quality: An Empirical Case Study)' ICSE '08: 소프트웨어 엔지니어링에 관한 제30회 국제 회의(뉴욕: ACM, 2008)

3 그리고 윈도 비스타가 오류투성이였다는 사실은 우리 모두가 알고 있다!

었다. 이로 인해 모든 팀원이 먹기에 피자 두 판이 부족할 정도로 팀이 크면 안 된다는 악명 높은 '**피자 두 판 팀**two-pizza team' 개념이 탄생했다. 물론 이것이 어느 경우에나 완전히 유용한 지표는 아니다. 점심이나 저녁 중(아니면 아침) 어느 때에 피자를 먹고 있는지, 피자가 얼마나 큰지 알 수 없다. 하지만 최적의 팀 규모는 8~10명이며 이 팀은 고객에 대응해야 한다는 것이 일반적인 생각이다. 서비스 전체 수명주기를 소유하는 팀을 추구하는 것은 아마존이 아마존 웹 서비스(AWS)를 개발한 일등 공신이다. 그들은 자립할 수 있는 팀이 되도록 도구를 만들어야 했다.

넷플릭스는 아마존의 사례를 교훈 삼아 처음부터 작고 독립적인 팀을 중심으로 조직했으며 자신들의 서비스를 상호 독립적으로 만들 수 있었다. 이를 통해 시스템의 아키텍처가 변화의 속도에 맞게 최적화됐다. 실제로 넷플릭스는 원하는 시스템 아키텍처에 맞는 조직 구조를 설계했다. 또한 이것은 넷플릭스에서 팀의 자리 배치 계획으로 이어져 서로 소통하는 서비스를 가진 팀들은 서로 가까이 앉도록 배치했다고 한다. 서로의 서비스를 사용하는 팀이 더 자주 의사소통하고자 하는 의도에서 출발한 아이디어다.

15.3 팀 규모

어느 정도의 팀 규모가 적당한지 개발자에게 물어보면 다양한 답변을 얻을 수 있지만, 대체로 작을수록 좋다는 데 의견이 모일 것이다. 각자가 생각하는 '이상적인' 팀의 인원 수를 물어보면 대체로 5~10명 사이로 답변할 것이다.

대부분의 연구가 결함이 있어 광범위한 소프트웨어 개발의 세계에서 결론을 도출해내기란 너무 어려웠다. 필자가 발견한 최고의 연구 사례인 '소프트웨어 개발에서 팀 규모 및 생산성에 대한 경험적 연구Empirical Findings on Team Size and Productivity in Software Development'[4]에서도 대규모 데이터를 기반으로 했으나 전체 소프트웨어 개발 환경을 대표한다고 보장할 수는 없었다. 해당 연구는 '문헌에서 예상하듯이 (평균 팀 규모가) 아홉 명 이상인 프로젝트에서 생산성이 가장 낮다'는 결과를 내놨다. 적어도 이 연구는 필자의 실제 경험을 상당 부분 뒷받침해주는 것 같다.

----

4   다니엘 로드리게즈(Daniel Rodriguez), '소프트웨어 개발에서 팀 규모 및 생산성에 대한 경험적 연구', 시스템 및 소프트웨어 저널 85. no. 3 (2012), *doi.org/10.1016/j.jss.2011.09.009*

대부분 사람은 소규모 팀에서 일하는 것을 좋아하며 이유를 알기란 어렵지 않다. 소수의 인원이 모두 동일한 결과에 집중하므로 의견을 조율하고, 업무를 조정하기가 더 쉽다. 필자는 지리적으로 분산돼 있거나 팀 구성원이 서로 다른 시간대에 살고 있다면 최적의 팀 크기를 더욱 제한하는 문제가 발생할 것이라는 (입증되지 않은) 가설은 갖고 있지만, 이러한 생각은 필자보다 다른 사람이 더 잘 탐구할 수 있을 것 같다.

따라서 소규모 팀은 좋고 대규모 팀은 나쁘다. 이는 꽤 단순해 보인다. 여러분이 한 팀에서 필요한 모든 작업을 수행할 수 있게 된다면, 그럼 좋다! 여러분의 세계는 이제 단순하므로 이 장의 나머지 부분을 대부분 건너뛸 수 있다. 하지만 주어진 시간에 비해 해야 할 일이 더 많다면 어떨까? 빤한 대응은 사람을 추가하는 것이다. 그러나 이미 알다시피 사람을 추가하는 것이 더 많은 일을 수행하는 데 언제나 도움이 되는 것은 아니다.

15.4 콘웨이의 법칙 이해

사례 증거와 경험적 증거는 조직 구조가 구축하려는 시스템의 특성(품질)에 지대한 영향을 미친다는 것을 시사한다. 또한 우리는 더 작은 팀을 원한다는 사실도 알고 있다. 그럼 이렇게 잘 알고 있다면 우리에게 어떤 도움이 될까? 기본적으로, 변경을 더 쉽게 수용하도록 느슨하게 결합된 아키텍처를 바란다면 느슨하게 결합된 조직도 바란다. 달리 말해, 더 느슨하게 결합된 조직을 원하는 경우가 많은 이유는 조직의 여러 부분에서 더 빠르고 효율적으로 결정하고 행동할 수 있길 바라며 느슨하게 결합된 시스템 아키텍처가 이러한 조직과 함께 큰 도움이 되기 때문이다.

『디지털 트랜스포메이션 엔진: 고성과 기술 조직 구축 및 진화』(에이콘, 2020)에서는 아키텍처를 느슨하게 결합한 조직과 대규모 전달 팀을 더 효과적으로 활용하는 능력 사이에 상당한 상관관계가 있다는 사실을 강조한다.

> 만약 느슨하게 결합되고 잘 캡슐화된 아키텍처와 그에 맞는 조직 구조를 만든다면, 두 가지 중요
> 한 일이 일어난다. 첫째, 속도와 안정성을 모두 높이는 동시에 번아웃burnout과 배포의 어려움을 감
> 소시키면서 더 나은 전달 성과를 만들 수 있다 둘째, 엔지니어링 조직의 규모를 크게 키우면서 생
> 산성을 선형적으로 증가시키거나 선형적인 것보다 더 크게 증가시킬 수 있다(우리가 하고 있는 것
> 처럼).

조직적으로, 특히 대규모로 운영되는 조직에서 발생하는 변화는 중앙 집중식 명령과 통제 모델
에서 벗어나는 것이다. 중앙 집중식 의사결정으로 인해 조직이 대응할 수 있는 속도가 크게 느
려졌다. 이는 조직이 성장함에 따라 더욱 복잡해지는데, 조직이 커질수록 중앙 집중화는 의사
결정의 효율성과 행동 속도를 더욱 저해한다.

조직을 확장하면서도 여전히 기민하게 움직이려면, 중앙 집중식 의사결정을 세분화하고 의사
결정을 더 많은 자율성을 갖고 운영할 수 있는 조직의 부서로 이양해 책임을 보다 효과적으로
분산해야 한다는 사실을 점점 더 많은 조직이 인식하고 있다.

그렇다면 비결은 작고 자율적인 팀으로부터 대규모 조직을 만드는 것이다.

15.5 소규모 팀, 대규모 조직

> 지연된 소프트웨어 프로젝트에 인력을 추가하면 더 지연된다.
>
> 프레드 브룩스Fred Brooks (브룩스의 법칙)

『맨먼스 미신』(인사이트, 2015)의 저자 프레드 브룩스는 이 유명한 수필집에서 '맨먼스man-
month'를 추정 기법으로 사용하는 것이 문제가 되는 이유를 설명하려 한다. 맨먼스로 인해 더 빨
리 문제를 해결하고자 더 많은 사람을 투입한다는 사고의 함정에 빠질 수 있기 때문이다. 이론
적으로는 이렇다. 한 개발자로 6개월이 걸리는 작업이라면, 두 번째 개발자를 투입할 경우 3개
월이 걸린다. 다섯 명의 개발자를 추가할 때는 총 여섯 명의 개발자가 되므로 한 달 만에 작업
을 완료할 수 있다! 물론 소프트웨어는 실제로 그렇게 작동하지 않는다.

더 많은 사람(또는 팀)을 문제에 투입해 더 빨리 진행하려면 작업을 병렬로 수행할 수 있는 작업으로 분할할 수 있어야 한다. 한 개발자가 다른 개발자가 기다리고 있는 어떤 작업을 수행하고 있다면, 그 작업은 병렬이 아닌 순차적으로 수행돼야 한다. 작업을 병렬로 수행할 수 있는 경우에도 종종 서로 다른 작업 흐름을 수행하는 사람들 간에 조정이 필요하므로 부담이 가중된다. 복잡하게 얽힌 작업일수록 더 많은 사람을 추가하는 데 따른 효과가 줄어든다.

업무를 독립적으로 수행하는 하위 작업으로 나눌 수 없다면 사람들을 문제에 투입할 수도 없다. 새로운 사람을 추가하거나 새로운 팀을 구성하는 데 비용이 더 들기 때문에 사람을 투입하면 더 느려질 가능성이 높다. 사람들이 생산성을 최대한 발휘하려면 시간이 필요하며, 해야 할 일이 너무 많은 개발자가 다른 사람들의 업무 속도를 높이는 데 시간을 할애해야 하는 바로 그 개발자인 경우가 많다.

소프트웨어 제공 과정에서 효율적으로 대규모 작업을 하는 데 가장 비용이 많이 드는 것은 조정coordination 활동의 필요성이다. 서로 다른 작업을 수행하는 팀 간의 조정이 많을수록 진행 속도는 더 느려진다. 아마존은 이를 인식하고 '피자 두 판 팀' 간의 조정 필요성을 줄이는 방식으로 조직을 구성했다. 실제로 바로 이러한 이유로 팀 간의 조정을 제한하고, 가능하다면 꼭 필요한 영역(마이크로서비스 간 경계를 공유한 팀 사이)에서만 조정하도록 의식적인 노력을 해왔다. 아마존의 임원이었던 존 로스만John Rossman의 책『아마존처럼 생각하라』(와이즈맵, 2019)에서는 다음과 같이 설명한다.

> 피자 두 판 팀은 자율적이며, 다른 팀들과의 상호작용은 제한적이다. 다른 팀과 상호작용할 때는 세부 사항까지 상세히 문서화되고 인터페이스가 명확히 정의된다. 피자 두 판 팀은 자신들이 사용하는 시스템의 모든 면을 소유하는 동시에 책임을 진다. 이 팀의 주요 목표 중 하나는 조직에서 의사소통하는 데 드는 간접 비용을 낮추는 것이다. 이 비용 항목에는 회의 수, 조율 지점, 계획 수립, 테스트, 릴리스가 포함된다. 보다 독립적일수록 팀이 더 신속하게 움직일 수 있다.

팀이 더 큰 조직에 맞추는 방법을 찾는 것이 중요하다.『팀 토폴로지』(에이콘, 2020)에서는 **팀 API**의 개념을 정의했는데, 이 개념은 팀이 마이크로서비스 인터페이스뿐 아니라 작업 관행 면에서도 조직의 다른 팀과 상호작용하는 방법을 폭넓게 정의한다.

팀 API는 다른 팀이 편리하게 활용할 수 있도록 다음 사항들을 고려해야 한다. 다른 팀들은 팀 API를 쉽게 찾고 간단하게 사용할 수 있을까? 아니면 사용하기 어렵고 혼란스러울까? 새로운 팀이 코드와 업무 관행에 얼마나 쉽게 적응할 수 있을까? 다른 팀의 pull 요청이나 제안에 어떻게 대응하는가? 다른 팀이 우리 팀의 백로그backlog나 제품 로드맵을 쉽게 이해할 수 있는가?

15.6 자율성에 관해

> 어떤 산업에 종사하든, 모든 것은 사람들에게 달려 있다. 그리고 그들이 제대로 잘하고 있는지 확인하고, 진정한 잠재력을 발휘할 수 있도록 자신감과 동기 부여, 자유와 열정을 제공하는 것이다.
>
> 존 팀슨John Timpson

작은 팀이 많더라도 이 팀들이 여전히 다른 팀에 의존해 일을 처리하는 사일로가 돼 있다면 도움이 되지 못한다. 우리는 작은 팀들이 각자 맡은 업무를 수행할 수 있는 자율성을 보장해야 한다. 즉, 팀에게 더 많은 의사결정 권한을 부여하고, 다른 팀과 업무를 지속적으로 조정하지 않고도 가능한 한 많은 작업을 수행할 수 있는 도구를 제공해야 한다는 것을 의미한다.

많은 조직에서 자율적인 팀 신설에 대한 이점이 나타났는데, 지나친 관료주의 없이 조직 그룹을 작게 유지하고 긴밀한 유대를 형성하고 효과적으로 협업하게 함으로써 다른 조직보다 더 효과적으로 성장하고 확장할 수 있었다. 고어W. L. Gore & Associates[5]는 모두가 서로 알고 지내도록 150명이 넘지 않는 사업 조직 단위를 구성함으로써 큰 성공을 거뒀다. 이러한 소규모 사업 조직이 동작하려면 자율적인 단위로 작동할 수 있는 권한과 책임이 부여돼야 한다.

이와 같은 조직 다수는 사회 집단을 형성하는 인간의 능력을 연구한 인류학자인 로빈 던바Robin Dunbar의 연구에서 파생된 것으로 보인다. 연구에 따르면, 인간의 인지 능력은 다양한 형태의 사회적 관계를 얼마나 효과적으로 유지할 수 있는지에 따라 한계가 있다. 로빈 던바는 한 집단이 분리되기 전까지 성장할 수 있는 인원을 150명으로 추정했으며, 초과할 경우 그 자체의 무게로 인해 붕괴될 것이라고 말했다.

---

5 방수 소재인 고어 텍스(Gore-Tex) 개발로 유명하다.

큰 성공을 거둔 영국의 소매업체인 팀슨Timpson은 직원에게 권한을 부여하고 중앙 기능의 필요성을 줄이며, 고객 불만에 따른 환불 금액 등을 지역 상점이 스스로 결정하도록 허용함으로써 엄청난 규모를 이뤄냈다. 회장인 존 팀슨John Timpson은 현재 내부 규칙을 폐기하고 다음 두 가지 규칙으로만 대체한 것으로 유명하다.

- 직원답게 보여라.

- 돈은 계산대에 넣어라.

자율성은 더 작은 규모에서도 효과가 있고, 필자가 협업하는 현대적인 회사 대부분은 조직 내에서 더 많은 자율적인 팀을 만들고자 종종 아마존의 피자 두 판 팀 모델이나 **길드**guild와 **챕터**chapter 개념을 대중화한 '스포티파이 모델Spotify model' 같은 다른 조직의 모델을 모방하려고 한다.[6] 물론 여기서 한 가지 주의할 점은 다른 조직이 하는 일에서 배우는 것은 좋지만, 다른 조직이 왜 그런 일을 하는지에 대한 이해 없이 다른 사람이 하는 일을 모방하고 동일한 결과를 기대하면 원하는 결과를 얻지 못할 수도 있다는 것이다.

팀의 자율성이 올바르게 수행된다면, 사람들이 권한을 부여받고, 한 단계 더 성장하고, 업무를 더 빨리 완수할 수 있다. 팀이 마이크로서비스를 소유하고 완전히 통제할 수 있다면 더 큰 조직 안에서 더 많은 자율성을 가질 수 있다.

자율성 개념은 마이크로서비스 아키텍처에서 소유권에 대한 인식을 바꾸기 시작했다. 그럼 소유권을 좀 더 자세히 살펴보자.

15.7 강력한 소유권 대 공동 소유권

7.3.3절 ' 패턴 모노레포'의 '소유권 정의' 절에서는 다양한 유형의 소유권에 대해 논의하고 코드 변경의 맥락에서 이러한 소유권 형식의 의미를 살펴봤다. 코드 소유권의 두 가지 기본 형태를 간단히 요약하면 다음과 같다.

강력한 소유권

마이크로서비스는 팀이 소유하고, 팀은 해당 마이크로서비스에 대한 변경 사항을 결정한다. 외부

---

6 이 모델은 스포티파이도 더 이상 사용하지 않는 것으로 잘 알려져 있다.

팀이 변경을 원하면 소유권을 가진 팀에게 대신 변경을 요청하거나 pull 요청을 보내야 할 수 있다. 그런 다음 어떤 상황에서도 pull 요청 모델의 허용 여부를 결정하는 것은 전적으로 소유권을 가진 팀에 달려 있다. 팀은 둘 이상의 마이크로서비스를 소유할 수 있다.

공동 소유권

모든 팀은 마이크로서비스를 변경할 수 있다. 팀이 서로 방해하지 않도록 세심한 조정이 필요하다.

이러한 소유권 모델의 의미와 팀 자율성 향상 방법(또는 저해 방법)을 더 자세히 살펴보자.

15.7.1 강력한 소유권

강력한 소유권strong ownership에서는 마이크로서비스를 소유한 팀이 결정을 내린다. 가장 기본적인 수준에서는 변경할 코드를 완전히 통제하고 나아가 코딩 표준, 프로그래밍 관용구, 소프트웨어 배포 시기, 마이크로서비스 구축에 사용되는 기술, 배포 플랫폼 등을 결정할 수 있다. 소유권이 강한 팀은 소프트웨어 변경에 대해 더 많은 책임을 짐으로써 수반되는 모든 이점과 함께 더 높은 수준의 자율성을 갖게 된다.

강력한 소유권은 궁극적으로 해당 팀의 자율성을 최적화하는 것이다. 『아마존처럼 생각하라』 (와이즈맵, 2019)에서 이야기하는 아마존의 업무 방식은 다음과 같다.

> 널리 알려진 아마존의 '피자 두 판 팀'에 대해 대부분의 사람들이 핵심을 놓치고 있다. 그것은 팀의 크기에 관한 말이 아니다. 오히려 팀의 자율성, 책임, 기업가 정신에 관한 것이다. 피자 두 판 팀은 조직 내 소규모 팀이 독립적이고 민첩하게 운영할 수 있는 환경을 조성하는 것과 관련이 있다.

강력한 소유권 모델은 국부적 편차를 더 많이 허용할 수 있다. 예를 들어 한 팀이 마이크로서비스를 자바의 함수형 스타일로 작성하기로 결정하더라도 해당 결정은 그 팀에만 영향을 주기 때문에 안심할 수 있다. 물론 이러한 변형은 어느 정도 제한돼야 하는데, 일부 결정은 일관성을 유지해야 하기 때문이다. 예를 들어 다른 모든 사람이 자신의 마이크로서비스 엔드포인트에 대해 HTTP 기반 REST API를 사용함에도 gRPC를 사용하기로 결정했다면, 그 마이크로서비스를 사용하려는 다른 사람들에게 일부 문제가 될 수 있다. 반면에 gRPC 엔드포인트가 팀 내부에서만 사용된 경우라면 문제가 되지 않을 것이다. 그래도 다른 팀에 영향을 미치는 지역적 결정을 내릴 때는 여전히 조정이 필요할 수 있다. 더 큰 조직을 참여시키는 시기와 방법에 대해서는 곧 지역 최적화와 전역 최적화 사이의 균형잡기를 살펴볼 것이다.

기본적으로, 팀이 더 강력한 소유권 모델을 채택할수록 조정은 덜 필요하므로 팀의 생산성은 더 향상될 수 있다.

강력한 소유권은 어디까지인가?

지금까지 주로 코드 변경이나 기술 선정과 같은 측면을 이야기했다. 하지만 소유권 개념은 훨씬 더 심오하다. 일부 조직에서는 필자가 전체 수명주기 소유권full life-cycle ownership으로 설명하는 모델을 채택한다. 전체 수명주기 소유권에서는 단일 팀이 설계를 제시하고, 변경을 수행하고, 마이크로서비스를 배포하고, 운영 환경에서 관리하며 더 이상 필요하지 않을 때는 최종적으로 마이크로서비스를 폐기한다.

전체 수명주기 소유권 모델은 외부와 조정할 필요성이 감소함에 따라 팀의 자율성을 높인다. 배포를 위해 운영 팀에 티켓을 올리지 않아도 되고, 외부 당사자가 변경 사항을 승인하지 않아도 되며, 팀이 변경 사항과 배포 시기를 결정할 수 있다.

작업 수행 방식과 관련해 이미 많은 기존 절차가 존재하므로 많은 사람에게 그러한 모델은 다소 공상적일 수 있다. 또한 팀이 완전한 소유권을 갖기에는 기량이 부족하거나, 새로운 도구(예: 셀프 서비스 배포 메커니즘)가 필요할 수 있다. 전체 수명주기 소유권을 얻는 것을 목표로 정했더라도 하룻밤 사이에는 불가능하다는 점도 주목해야 한다. 특히 대규모 조직에서는 이러한 변화를 수용하는 데 몇 년이 걸릴 수 있으니 너무 놀라지는 말자. 전체 수명주기 소유권의 많은 면은 근무 외 시간에 소프트웨어를 지원해야 하는 것과 같이 일부 사람들에 대한 기대치 측면에서 문화적 변화와 상당한 조정을 필요로 한다. 하지만 마이크로서비스와 관련된 더 많은 책임을 팀으로 가져올수록 자율성은 더욱 높아진다.

필자는 이 모델이 마이크로서비스를 사용하는 데 어떤 식으로든 필수라고 제안하고 싶지는 않지만, 여러 팀으로 구성된 조직에 대한 강력한 소유권이 마이크로서비스를 활용하는 가장 합리적인 모델이라는 확고한 믿음을 갖고 있다. 코드 변경에 대한 강력한 소유권은 시작하기에 좋은 모델이며, 시간이 지나면서 전체 수명주기 소유권 모델로 옮겨갈 수 있다.

15.7.2 공동 소유권

공동 소유권collective ownership 모델을 사용하면 여러 팀 중 어느 팀이든 마이크로서비스를 변경할 수 있다. 공동 소유권의 주요 이점 중 하나는 필요한 곳에 인력을 배치할 수 있다는 것이다. 소프트웨어 제공 면에서 인력이 병목 현상을 유발하는 경우 유용할 수 있다. 예를 들어 월간 자동 청구를 위해 결제 마이크로서비스를 일부 변경해야 한다고 하자. 이 경우에는 이 변경 사항을 구현하도록 추가 인력을 투입하기만 하면 될 것이다. 물론 사람들을 문제에 할당한다고 해서 언제나 일이 더 빨리 진행되는 것은 아니지만, 공동 소유권을 사용하면 이 점에서 확실히 더 많은 유연성을 확보할 수 있다.

팀과 사람이 마이크로서비스 간에 더 자주 이동한다면 더욱 일관된 작업 수행 방식을 선택해야 한다. 개발자가 매주 다른 마이크로서비스에서 작업할 것으로 예상한다면 광범위한 기술 선택이나 다양한 유형의 배포 모델을 감당할 수 없다. 마이크로서비스에서 공동 소유권 모델로 어느 정도 효과를 얻으려면, 결국 한 마이크로서비스에서 작업하는 것이 다른 마이크로서비스에서 하는 것과 크게 다르지 않아야 한다.

본질적으로 이것은 마이크로서비스의 주요 이점 중 하나를 훼손할 수 있다. 이 책의 앞부분에서 이미 언급했듯이 제임스 루이스는 "마이크로서비스는 선택권을 제공한다."라고 말했다. 공동 소유권 모델을 더 사용하려면, 팀이 수행하는 작업과 마이크로서비스가 구현되는 방식 전반에 걸쳐 일관성을 한층 높이기 위해 선택권을 **줄여야** 할 가능성이 크다.

공동 소유권은 개인과 개인이 속한 팀 간의 고도화된 조정을 필요로 한다. 이러한 고도화된 조정은 조직 레벨에서 결합이 증가되는 결과를 초래한다. 이 장의 시작 부분에 언급된 맥코맥MacCormack 등의 논문에서는 다음과 같은 관찰 내용을 보여준다.

> 강력하게 결합된 조직에서는 명시적인 관리직의 선택이 아니더라도 설계가 자연히 더 강하게 결합된다.

더 많은 조정은 더 많은 조직적 결합으로 이어질 수 있으며, 나아가 더 결합된 시스템 설계를 초래한다. 마이크로서비스는 독립적인 배포 가능성의 개념을 완전히 수용할 수 있을 때 가장 잘 작동하며, 강하게 결합된 아키텍처는 원하는 것과 반대가 된다.

소수의 개발자가 있고 아마도 하나의 팀만 있는 경우 공동 소유권 모델은 아무 문제가 없을 것이다. 하지만 개발자의 수가 증가함에 따라 공동 소유권 작업을 수행하는 데 필요한 세세한 조정은 결국 마이크로서비스 아키텍처를 도입한 이점을 저해하는 주요 요인이 될 것이다.

15.7.3 팀 수준 대 조직 수준

강력한 소유권과 공동 소유권의 개념은 다양한 조직 수준으로 적용될 수 있다. 팀 내에서는 사람들이 같은 생각을 갖고 서로 효율적으로 협업하길 바라며 결과적으로 고도의 공동 소유권을 보장하길 원한다. 예를 들어 이는 팀 구성원 모두가 코드베이스를 직접 변경할 수 있다는 점에서 잘 드러난다. 고객과 접하는 소프트웨어의 전달을 처음부터 끝까지 전담하는 '다양한 기술을 갖춘 팀poly-skilled team'은 공동 소유권을 갖는 데 매우 능숙해야 한다. 조직 레벨에서 팀이 고도의 자율성을 갖길 원한다면 강력한 소유권 모델을 갖는 것도 중요하다.

15.7.4 균형 모델

궁극적으로 공동 소유권을 지향할수록 일관된 작업 수행 방식을 유지하는 것이 더 중요하다. [그림 15-1]에서 보듯이 조직이 더 강력한 소유권을 갖게 될수록 더 많은 지역적 최적화가 가능하다. 이 균형은 손볼 필요가 없지만, 다양한 시간과 요인에 따라 균형을 바꾸고 싶을 것이다. 예를 들면, 프로그래밍 언어를 선택하는 완전한 자유를 제공하면서도 여전히 동일한 클라우드 플랫폼에 배포하도록 팀에게 요구할 수 있다.

그림 15-1 전역적 일관성과 지역적 최적화 사이의 균형

하지만 기본적으로 공동 소유권 모델을 사용하면 거의 항상 이 범위의 왼쪽 끝 방향, 즉 더 높은 수준의 전역적 일관성을 요구받을 것이다. 경험에 따르면, 마이크로서비스를 최대한 활용하는 조직은 균형점을 더 오른쪽으로 옮길 수 있는 방법을 끊임없이 찾는다. 다시 말해, 최고의

조직은 고정된 것이 아니라 끊임없이 평가되고 있다.

현실은 조직 전체에서 어떤 일이 일어나고 있는지 인식하지 못하면 전혀 균형을 잡을 수 없다는 것이다. 팀 자체에 많은 책임을 부여하더라도 제공 조직delivery organization에서 이러한 균형 조정 작업을 수행하는 기능을 갖추는 것이 좋다.

15.8 활성화 팀

14.3.1절 '전문가 공유'에서는 사용자 인터페이스의 맥락에서 활성화 팀을 살펴봤지만, 그보다 더 광범위하게 적용 가능하다. 『팀 토폴로지』(에이콘, 2020)에서 설명하는 것처럼 활성화 팀은 스트림 정렬 팀을 지원하기 위해 일하는 팀이다. 마이크로서비스를 소유하고 서비스의 끝에서 끝까지 다루는 스트림 정렬 팀은 사용자 대면 기능을 제공하는 데 주력하는 곳이라면 어디서나 다른 사람의 도움이 필요하다. 사용자 인터페이스에 대해 논의할 때는 효과적이고 일관된 사용자 경험을 만드는 차원에서 다른 팀을 지원하도록 돕는 활성화 팀을 두는 아이디어를 이야기했다. [그림 15-2]에서 보듯이, 횡단 면에서 여러 스트림 정렬 팀을 지원하기 위해 일하는 활성화 팀을 상상해볼 수 있다.

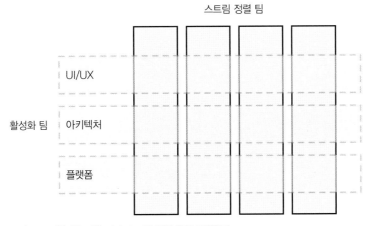

그림 15-2 활성화 팀은 여러 스트림 정렬 팀을 지원한다.

그러나 활성화 팀은 다양한 형태와 규모로 구성될 수 있다.

[그림 15-3]을 살펴보자. 각 팀은 다른 프로그래밍 언어를 사용하기로 결정했다. 개별적으로 볼 때, 각 팀은 가장 만족스러운 프로그래밍 언어를 선택했으므로 각 팀의 결정은 합당해 보인다. 하지만 조직 전체는 어떨까? 조직 내에서 다양한 프로그래밍 언어를 지원하고 싶은가? 이 문제가 팀 간 업무 전환을 얼마나 복잡하게 만들고 채용에는 어떤 영향을 미칠까?

실제로 이렇게 많은 지역적 최적화를 원치 않는다고 결정할 수 있다. 하지만 이와 같은 다양한 선택이 이뤄지고 있다는 사실을 인식해야 하고, 어느 정도 통제하길 원한다면 이러한 변화에 대해 논의할 능력이 있어야 한다. 일반적으로 이러한 논의가 제대로 이뤄질 수 있도록 사람들을 연결하는 데 도움을 주는 소규모 지원 그룹이 팀 전체에 걸쳐 작동하는 것을 볼 수 있다.

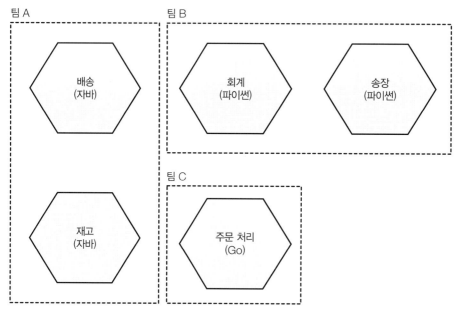

그림 15-3 각 팀이 다른 프로그래밍 언어를 채택했다.

필자는 이러한 교차 지원 그룹이 아키텍트가 적어도 일부 시간 동안 기반을 둬야 할 곳이라고 생각한다. 구식 아키텍트는 사람들에게 무엇을 해야 하는지 알려주지만, 새롭고 현대적이며 분산된 조직에서 아키텍트는 상황을 조사하고 동향을 파악하고 사람들을 연결해 다른 팀이 작업을 완료하도록 돕는 공명판 역할을 한다. 그들은 실제로 통제 조직이 아니며 또 다른 활성화 기능 단위(종종 새로운 용어로도 불리는데, 아키텍트 역할을 하는 사람들을 **수석 엔지니어**principal engineer 같은 용어로 지칭하는 경우도 있었다)다. 아키텍트의 역할은 16장에서 좀 더 살펴본다.

활성화 팀은 팀 외부에서 더 잘 고칠 수 있는 문제를 식별하는 데 도움이 된다. 각 팀에서 테스트 데이터가 포함된 데이터베이스를 가동하기 힘든 시나리오를 한번 생각해보자. 각 팀은 서로 다른 방식으로 이 문제를 임시로 해결했지만, 어떤 팀도 나서서 제대로 고칠 만큼 중요하지는 않았다. 하지만 여러 팀의 상황을 확인한 후 문제를 적절히 해결해 많은 팀에게 혜택이 될 것이란 사실을 알게 되면, 해결할 필요가 있다는 점이 갑자기 분명해진다.

15.8.1 실천 공동체

실천 공동체community of practice (CoP)는 동료 간의 공유와 학습을 촉진하는 교차 그룹이다. 잘 수행되면, 실천 공동체는 사람들이 지속적으로 배우고 성장할 수 있는 조직을 만드는 멋진 방법이다. 에밀리 웨버Emily Webber는 자신의 훌륭한 저서인 『Building Successful Communities of Practice』(Blurb, 2016)에서 다음과 같이 기록했다.

> 실천 공동체는 사회적 학습, 체험 학습, 균형 잡힌 교육 과정을 위한 올바른 환경을 만들어 구성원의 학습을 가속화한다… 이는 사람들이 기존 모델을 사용하는 것보다 더 나은 방법을 학습하는 문화를 고취한다.

이제 필자는 어떤 경우 동일한 집단이 CoP이자 활성화 팀이 될 수 있다고 생각하지만, 경험상 이런 경우는 드물다. 하지만 겹치는 부분이 있다는 것은 확실하다. 지원 팀과 실천 공동체 모두 조직 내 여러 팀에서 일어나는 일에 대한 통찰력을 제공한다. 이 통찰력은 전역적 최적화와 지역적 최적화 사이의 균형 조정이 필요한지 여부를 파악하거나 중앙 조직의 추가 지원 여부를 인식하는 데 도움이 될 수 있지만, 여기서 팀 그룹의 책임과 역량에 따라 구분된다.

활성화 팀의 구성원은 종종 팀의 일원으로 풀타임 근무를 하거나 그러한 목적으로 상당한 시간을 할애한다. 따라서 실제로 다른 팀과 협력하고 그들을 돕기 위해 더 많은 시간과 노력을 투자할 수 있다. 실천 공동체는 학습을 활성화하는 데 더 중점을 둔다. 집단 내 개개인은 일주일에 많아야 몇 시간 정도 포럼에 참여하고 그 구성원은 유동적인 경우가 많다.

CoP와 활성화 팀은 매우 효과적으로 협업할 수 있다. 종종 CoP는 활성화 팀이 필요한 것을 더 잘 이해하는 데 필요한 중요한 통찰을 제공할 수 있다. 클러스터를 관리하는 플랫폼 팀과 회사의 개발 클러스터 작업이 얼마나 힘들었는지에 대한 경험을 공유하는 쿠버네티스 CoP를 생각해보라. 플랫폼 팀은 더 자세히 살펴볼 만한 주제다.

15.8.2 플랫폼

느슨하게 결합된 스트림 정렬 팀에 대해서는 해당 팀이 격리된 환경에서 자체 테스트를 수행한다. 주간에 완료할 수 있는 방식으로 배포를 관리하며, 필요할 때 시스템 아키텍처를 변경하길 기대한다. 이 모두가 점점 더 많은 책임과 일을 이 팀들에게 전가하는 것으로 보인다. 일반적인 개념으로 활성화 팀은 이 경우 도움이 되지만, 궁극적으로 스트림 정렬 팀에게는 작업을 수행할 수 있는 셀프 서비스 도구셋이 필요하다. 이것이 바로 플랫폼이다.

사실 플랫폼이 없다면 조직을 바꾸기가 어려울 수 있다. RVU의 CTO 폴 잉글스[Paul Ingles]는 '쿠버네티스로의 전환[Convergence to Kubernetes]'[7]이라는 글에서 가격 비교 웹 사이트 Uswitch가 저수준의 AWS 서비스를 직접 사용하는 방식에서 쿠버네티스와 같은 고도로 추상화된 플랫폼으로 전환한 경험담을 공유한다. 요점은 이 플랫폼을 통해 RVU의 스트림 정렬 팀이 새로운 기능을 제공하는 데 집중하고 인프라 관리에 더 적은 시간을 할애할 수 있다는 것이다. 폴은 다음과 같이 말했다.

> 우리는 쿠버네티스를 사용하기 위해 조직을 변경하지 않았다. 실제로는 조직을 변화시키고 싶어서 쿠버네티스를 사용했다.

마이크로서비스에 대한 요구 상태 관리, 로그 집계, 마이크로서비스 간 인가 및 인증과 같은 공통 기능을 구현하는 플랫폼을 통해 생산성을 크게 향상시킬 수 있고 팀의 업무량을 크게 늘리지 않고도 팀이 더 많은 책임을 지게 할 수 있다. 실제로 플랫폼은 팀이 제품 기능을 제공하는 데 집중하도록 더 많은 능력을 제공할 수 있어야 한다.

---

7 폴 잉글스, '쿠버네티스로의 전환(Convergence to Kubernetes)'(Medium, 2018. 6. 18), *https://oreil.ly/Ho7kY*

플랫폼 팀

플랫폼을 실행하고 관리할 누군가가 필요하다. 이러한 기술 스택은 특정 전문 지식을 증명할 정도로 복잡할 수 있다. 하지만 플랫폼 팀이 자신의 존재 이유를 너무 쉽게 간과할 수 있다는 점이 우려된다.

다른 팀과 마찬가지로 플랫폼 팀도 사용자가 있다. 바로 다른 개발자들이다. 당신이 플랫폼 팀 구성원이라면, 당신의 일은 사용자의 삶을 더 편하게 만드는 것이다(물론 이것은 활성화 팀의 일이기도 하다). 즉, 당신이 생성한 플랫폼은 이를 사용하는 팀의 요구와 맞아떨어져야 한다. 또한 당신은 플랫폼을 사용하는 팀과 협업해 그들을 도울 뿐 아니라 피드백과 요구 사항을 수용해야 한다는 것을 의미한다.

과거에는 목표를 더 잘 표현하기 위해 이러한 팀을 '제공 서비스^{delivery service}'나 '제공 지원^{delivery support}'과 같이 명명하는 것을 선호했다. 실제로 플랫폼 팀의 일은 플랫폼을 구축하는 것이 아니라 기능을 쉽게 개발하고 출시하도록 만드는 것이다. 플랫폼 구축은 플랫폼 팀 구성원이 이를 달성하는 한 가지 방법일 뿐이다. 필자는 '플랫폼 팀'이라고 부르면, 개발자의 삶을 더 편리하게 만드는 다른 방법에 대해 더 폭넓게 생각하지 않으면서 모든 문제를 플랫폼으로 해결할 수 있고 해결해야 하는 것으로 간주할까봐 걱정된다.

다른 훌륭한 활성화 팀과 마찬가지로 플랫폼 팀도 내부 컨설팅과 거의 비슷하게 운영돼야 한다. 플랫폼 팀에 속해 있다면, 사람들이 직면하고 있는 문제가 무엇인지 알아내고 해당 문제를 해결하도록 돕기 위해 그들과 협력해야 한다. 그러나 결국 플랫폼을 구축하게 되므로, 그 안에서도 많은 양의 제품 개발 작업이 필요하다. 실제로 플랫폼을 구축하는 방식으로 제품 개발 접근 방식을 취하는 것은 좋은 생각이며, 새로운 프로덕트 오너를 양성하는 데 도움이 되는 기회일 수 있다.

포장된 길

'포장된 길^{the paved road}'은 소프트웨어 개발에서 대중화된 개념이다. 이 개념의 요점은 작업을 수행하는 방법을 명확하게 소통한 다음 그 작업을 쉽게 수행할 수 있는 메커니즘을 제공하는 것이다. 예를 들어 모든 마이크로서비스가 상호 TLS를 통해 통신하도록 보장해야 할 수 있다. 그렇다면 실행 중인 마이크로서비스에 대해 상호 TLS를 자동으로 전달하는 공통 프레임워크나 배포 플랫폼을 제공해 이를 지원할 수 있다. 플랫폼은 이 포장된 길 위에서 배달하는 아주 좋은 방법이 된다.

포장된 길의 핵심 개념은 포장된 길의 사용을 강제하지 않는다는 것이며, 단지 목적지에 도달하는 더 쉬운 방법을 제공할 뿐이다. 따라서 팀이 공통 프레임워크를 사용하지 않고 상호 TLS를 통해 마이크로서비스 간 통신을 보장한다면 다른 방법을 찾아야 하지만, 이 행동은 여전히 허용된다. 여기서 비유하자면, 모든 사람이 목적지에 도착하길 바라지만 사람들은 각자의 경로를 자유롭게 찾을 수 있으며, 포장된 도로가 필요한 곳에 가장 쉽게 도달할 수 있는 방법이라는 희망이 있다.

포장된 길의 개념은 일반 사례를 쉽게 만드는 동시에 정당한 경우 예외를 위한 여지를 남겨두는 것을 목표로 한다.

플랫폼을 포장된 길로 생각한다면, 플랫폼을 의무화하지 않고 플랫폼 팀이 플랫폼을 사용하기 쉽게 만들도록 인센티브를 부여할 수 있다. 플랫폼 팀의 효과 측정에 대해 폴 잉글스는 다시 한 번 다음과 같이 말했다.[8]

> 우리는 플랫폼을 채택하려는 팀의 수, 플랫폼 자동 확장 서비스를 사용하는 애플리케이션 수, 플랫폼 동적 자격 증명 서비스로 전환된 애플리케이션 비율 등을 중심으로 OKR$^{Object and Key Result}$(목표와 핵심 결과)을 정했다. 그중 몇몇은 더 오랜 기간 동안 추적했고, 어떤 것들은 분기 동안 진행 상황을 가이드하는 데 도움이 됐다가 다른 것으로 전환했다.
>
> 우리는 플랫폼 사용을 의무화한 적이 없었으므로 온보딩한 팀 수에 대한 핵심 결과$^{key result}$를 설정하면 채택을 유도하기 위한 문제를 해결하는 데 집중해야 했다. 또한 우리는 자연스러운 진행 척도도 물색하는데, 플랫폼의 트래픽 비율과 플랫폼 서비스에 의한 수익 비율 모두가 좋은 예다.

사람들의 일하는 방식에 자의적이고 변덕스러워 보이는 '장벽'을 치면 사람들은 작업을 완수하기 위해 장벽을 우회할 방법을 찾을 것이다. 따라서 하기 싫은 일을 불가능하게 만들려는 것보다는 특정 방식으로 일을 수행하는 이유를 설명하고 그 방식으로 쉽게 할 수 있도록 하는 것이 일반적으로 훨씬 더 효과적이라는 사실을 알게 됐다.

보다 자율적인 스트림 정렬 팀으로 전환한다고 해서 명확한 기술 비전을 갖거나 모든 팀이 수

---

8 'Uswitch에서 비교 서비스의 제공을 가속화하기 위한 조직 변화(Organizational Evolution for Accelerating Delivery of Comparison Services at Uswitch)'(팀 토폴로지, 2020. 6. 24). *https://oreil.ly/zoyvv*

행해야 하는 특정 작업에 대해 명확해야 할 필요성이 사라지지는 않는다. 구체적인 제한 사항 (예: 클라우드 제공업체에 구애받지 않아야 함)이나 모든 팀이 준수해야 하는 특정 요구 사항 (예: 모든 개인 식별 정보(PII)는 특정 암호화 알고리즘을 사용해 저장해야 함)이 있다면, 여전히 명확히 전달돼야 하고 그 사유도 분명해야 한다. 그런 다음 플랫폼은 이러한 작업을 쉽게 수행하는 역할을 할 수 있다. 플랫폼을 사용하면 포장된 길 위에 있는 것이며, 많은 노력을 들이지 않고도 올바른 일을 많이 할 수 있게 된다.

반면, 일부 조직은 플랫폼을 통해 통치^{govern}하려고 한다. 그 조직은 어떤 일을 해야 하고 왜 해야 하는지 명확하게 설명하는 대신 "이 플랫폼을 사용해야 합니다."라고만 이야기한다. 여기서 문제는 플랫폼이 사용하기 쉽지 않거나 특정 사례에 적합하지 않다면 사람들은 플랫폼 자체를 우회하는 방법을 찾을 수 있다는 것이다. 팀이 플랫폼 외부에서 작업할 때는 조직에 어떤 제한 사항이 중요한지가 명확하지 않고 자신도 모르게 '잘못된' 일을 하고 있다는 것을 알게 된다.

15.9 공유 마이크로서비스

이미 논의한 것처럼, 필자는 마이크로서비스에 대한 강력한 소유권 모델을 열렬히 지지한다. 일반적으로 하나의 마이크로서비스는 한 팀에서 소유한다. 그럼에도 필자는 여전히 마이크로서비스를 여러 팀에서 소유하는 경우가 많다는 사실을 알게 됐다. 왜 그럴까? 그리고 우리는 무엇을 할 수 있고 무엇을 해야 할까? 특히 사람들의 근본적인 우려를 해결할 수 있는 매력적인 대안 모델을 찾을 수 있으므로 마이크로서비스를 여러 팀이 공유하게 만드는 요인을 이해하는 것은 중요하다.

15.9.1 너무 어려운 분할

둘 이상의 팀이 하나의 마이크로서비스를 소유하는 이유 중 하나는 마이크로서비스를 각 팀이 소유할 수 있는 조각으로 분리하는 비용이 너무 높거나 조직에서 아마도 그 가치를 제대로 파악하지 못하기 때문일 수 있다. 이는 대규모 모놀리식 시스템에서 흔히 발생하는 현상이다. 이것이 여러분이 직면한 주요한 난제라면 3장의 몇 가지 조언이 도움이 되면 좋겠다. 아키텍처 자체에 더 밀접하게 맞추기 위해 팀을 합치는 것도 고려해볼 수 있다.

14.3절 '스트림 정렬 팀을 향해'에서 소개된 핀테크 회사인 파이낸스코는 대체로 고도의 팀 자율성을 가진 강력한 소유권 모델을 운영한다. 하지만 천천히 분리되는 기존의 모놀리식 시스템이 여전히 존재한다. 그 모놀리식 애플리케이션은 사실상 여러 팀이 공유하는 것이나 다름없으며 공유된 코드베이스에서 작업 비용이 뚜렷하게 증가했다.

15.9.2 횡단 변경 사항

지금까지 이 책에서 조직 구조와 아키텍처의 상호작용에 관해 논의한 대부분은 팀 간의 조정 필요성을 줄이는 데 목적이 있었다. 이러한 조정 대부분은 가능한 한 횡단 변경 사항을 줄이려는 것이다. 하지만 일부 횡단 변경은 불가피하다는 것을 인지해야 한다.

파이낸스코는 이와 같은 문제에 직면했다. 처음 시작했을 때 한 계정은 한 명의 사용자와 연결됐다. 회사가 커지고 더 많은 비즈니스 사용자를 수용함에 따라 (이전에는 소비자에 더 중점을 둔) 이 계정 방식은 한계에 도달했다. 파이낸스코는 회사의 한 계정으로 여러 사용자를 수용할 수 있는 모델로 전환하길 원했다. 그 시점까지 시스템 전반에 걸쳐 '한 계정 = 한 사용자'라는 가정이 있었으므로 그와 같은 모델 전환은 근간을 흔드는 변경이었다.

이를 바꾸기 위해 단일 팀이 꾸려졌다. 문제는 작업의 상당 부분이 다른 팀에서 이미 소유하고 있는 마이크로서비스를 변경해야 한다는 것이었다. 이 팀의 작업은 부분적으로 변경을 수행하고 pull 요청을 제출하거나 다른 팀에게 변경 요청을 하는 것이었다. 새로운 기능을 지원하려면 상당수의 마이크로서비스를 수정해야 했으므로 이러한 변경 사항을 조율하는 것은 매우 힘들었다.

횡단 변경 사항을 제거하기 위해 팀과 아키텍처를 재구성함으로써 더 심각한 영향을 미칠지도 모를 다른 횡단 변경 사항에 실제로 노출될 수 있다. 파이낸스코의 경우, 다중 사용자 기능의 비용을 줄이기 위해 필요한 조직 개편이 다른 더 일반적인 변경을 하는 데 드는 비용을 증가시켰을 수도 있다. 파이낸스코는 이 특별한 변경이 매우 고통스러웠지만, 그 고통을 수용 가능한 예외적인 변경 유형이라고 이해했다.

15.9.3 전달 병목 현상

사람들이 팀 간에 마이크로서비스를 공유하는 공동 소유권을 채택하는 주요 이유는 전달 병목 현상을 피하기 위해서다. 한 서비스에서 변경해야 하는 백로그가 크다면 어떻게 해야 할까? 뮤직코프의 경우로 돌아와, 고객이 제품 전체에서 트랙의 장르를 볼 수 있는 기능을 롤아웃하고 휴대폰용 가상 음악 벨소리와 같은 새로운 재고를 추가한다고 상상해보자. 웹 사이트 팀은 장르 정보를 표시하도록 변경해야 하며, 모바일 팀은 사용자가 벨소리를 탐색하고 미리 보고 구매할 수 있도록 작업해야 한다. 카탈로그(`Catalog`) 마이크로서비스에 두 가지 변경을 해야 하지만, 불행하게도 팀의 절반은 장애 분석에 잡혀 있었고 나머지 절반은 골목 밖에 세워져 있는 푸드 트럭에 다녀오고 나서 식중독에 걸리고 말았다.

웹 사이트 팀과 모바일 팀이 서로 카탈로그 마이크로서비스를 공유할 필요가 없는 몇 가지 옵션을 고려할 수 있다. 첫째는 그냥 기다리는 것이다. 즉, 웹 사이트 애플리케이션 팀과 모바일 애플리케이션 팀은 서로 다른 작업을 한다. 기능의 중요도나 지연 시간 크기에 따라 괜찮을 수 있거나 큰 문제가 될 수 있다.

대신 카탈로그 팀에 사람을 추가해 작업을 더 빠르게 진행할 수 있다. 시스템 전체에서 사용 중인 기술 스택과 프로그래밍 관용구가 더 표준화될수록 다른 사람들이 더 쉽게 서비스를 변경할 수 있다. 물론 그 반대의 경우, 앞서 논의한 바와 같이 표준화가 해당 작업에 적합한 솔루션을 채택하는 팀의 능력을 감소시키는 경향이 있고 다양한 종류의 비효율성을 초래할 수 있다는 단점도 있다.

공유 카탈로그 마이크로서비스의 필요성을 피하기 위한 또 다른 선택지는 카탈로그를 일반 음악 카탈로그와 벨소리 카탈로그로 분리하는 것이다. 벨소리 지원에 대한 변경 사항이 아주 작고 크게 발전할 가능성도 매우 낮다면, 이는 시기상조일 수 있다. 반면에 10주 동안 쌓인 벨소리 관련 기능이 많다면, 모바일 팀이 소유권을 갖고 서비스를 분리하는 것이 합리적일 수 있다.

하지만 고려할 수 있는 다른 모델도 몇 가지 있다. 다른 팀이 라이브러리를 통해 코드에 기여하거나, 공통 프레임워크에서 확장할 수 있도록 공유 마이크로서비스를 더욱 '플러그인'하는 측면에서 무엇을 할 수 있는지 잠시 살펴볼 것이다. 하지만 먼저 오픈 소스 개발 세계의 아이디어를 회사로 가져올 수 있는지 그 가능성을 따져봐야 한다.

15.10 내부 오픈 소스

많은 조직에서는 공유 코드베이스 문제를 관리하는 데 도움이 될 뿐 아니라 팀 외부 사람들이 사용 중인 마이크로서비스에 더 쉽게 변경 사항을 반영하도록 해주는 일종의 내부 오픈 소스를 구현하기로 결정했다.

일반적인 오픈 소스에서 소수의 사람들은 핵심 커미터로 간주되며, 동시에 코드 관리인들이다. 오픈 소스 프로젝트를 변경하려면 커미터 중 한 명에게 변경을 요청하거나 직접 변경하고 pull 요청을 보내야 한다. 핵심 커미터는 여전히 코드베이스를 담당하며 코드의 소유자이기도 하다.

조직 내부에서도 이러한 패턴이 잘 작동할 수 있다. 아마도 서비스에서 처음부터 작업했던 사람들은 더 이상 팀에 남아 있지 않고, 조직 전체에 흩어져 있을 것이다. 아직 그들에게 커밋 권한이 있는 경우 해당하는 사람들을 찾아 도움을 요청할 수 있다. 아니면 적절한 도구를 사용해 pull 요청을 보낼 수 있다.

15.10.1 핵심 커미터의 역할

우리는 여전히 합리적인 서비스를 원한다. 고품질의 코드를 유지하고 마이크로서비스가 서로 협업하는 면에서 일관성을 유지하길 원한다. 또한 현재 변경 사항이 향후 계획된 변경을 필요 이상으로 힘들게 하지 않도록 만들고 싶다. 이는 또한 우리가 내부적으로 일반적인 오픈 소스에 사용된 것과 같은 패턴을 도입해야 한다는 것을 의미한다. 즉, 신뢰된 커미터(핵심 팀)와 비신뢰 커미터(팀 외부에서 변경 사항을 서브밋submit하는 사람들)로 구분해야 한다.

핵심 소유권을 가진 팀은 변경 사항을 검토하고 승인하는 방법이 필요하다. 변경 사항이 관용적으로 일관성이 있는지, 즉 나머지 다른 코드베이스의 일반적인 코딩 지침을 따르는지 확인해야 한다. 따라서 검토자들은 모든 변경 사항의 품질이 유지되도록 커미터와 협업하는 데 시간을 보내야 한다.

좋은 게이트키퍼gatekeeper는 제출자와 명확하게 의사소통하고 좋은 행동을 장려하는 데 많은 노력을 기울인다. 나쁜 게이트키퍼는 이를 핑계로 다른 사람에게 권력을 행사하거나 임의의 기술 결정에 대해 마치 '종교 전쟁'과도 같은 갈등을 부추긴다. 두 가지 행동을 모두 목격한 후 한 가지 분명한 것은 어느 쪽이든 시간이 걸린다는 사실이다. 신뢰할 수 없는 커미터가 코드베이스에 변경 사항의 서브밋을 허용하도록 고려할 때 게이트키퍼가 되는 오버헤드를 감수할 것인지를 결정해야 한다. 즉, 코어 팀이 패치를 검토하는 데 시간을 할애하면 더 나은 일을 할 수 있을까?

15.10.2 성숙도

서비스가 덜 안정적이거나 덜 성숙될수록 핵심 팀 외부의 사람들이 패치를 서브밋하도록 허용하는 것은 더 어려워진다. 서비스의 핵심 골격이 자리를 잡기 전에 팀은 '좋은 것'이 어떤 것인지 모르기 때문에 좋은 서브밋이 어떤 것인지 알아내려고 애쓸 것이다. 이 단계에서 서비스 자체는 많은 변화가 일어나고 있다.

대부분의 오픈 소스 프로젝트는 첫 번째 버전의 핵심 부분이 완료될 때까지 신뢰할 수 없는 커미터들의 서브밋을 받지 않는 경우가 많다. 그리고 자신의 조직에 대해 유사한 모델을 따르는 것이 좋다. 서비스가 꽤 성숙돼 변경이 거의 없다면(예: 장바구니 서비스) 이제 다른 기여를 위해 새로운 일을 시작할 때다.

15.10.3 도구

내부 오픈 소스 모델을 가장 잘 지원하려면 몇 가지 도구가 필요하다. pull 요청(또는 이와 유사한 것)을 서브밋할 수 있는 기능이 포함된 분산 버전 제어 도구를 사용하는 것이 중요하다. 또한 조직의 규모에 따라 패치 요청을 논의하고 발전시키는 도구가 필요할 수도 있다. 이것은 완전한 기능을 갖춘 코드 검토 시스템을 의미할 수도 있고 그렇지 않을 수도 있지만, 패치에 인라인으로 주석을 달 수 있는 기능은 매우 유용하다. 마지막으로, 커미터가 소프트웨어를 빌드하거나 배포하고 다른 사람들이 사용할 수 있도록 매우 쉽게 만들어야 한다. 일반적으로 여기에는 잘 정의된 빌드 및 배포 파이프라인과 중앙 집중식 산출물 저장소가 포함된다. 기술 스택이 더 표준화될수록 다른 팀 사람들이 마이크로서비스를 수정하고 패치를 제공하기가 더 쉬워진다.

15.11 플러그 가능한 모듈식 마이크로서비스

필자는 파이낸스코에서 많은 팀에게 병목 현상이 되고 있는 특정 마이크로서비스와 관련된 흥미로운 문제를 목격했다. 각 국가에 대해 파이낸스코에는 해당 국가의 특정 기능을 전담하는 팀이 있었다. 각 국가마다 다른 요구 사항과 과제가 있었기에 이 팀은 필요했다. 하지만 국가별로 다른 기능을 업데이트해야 하는 중앙 서비스에는 문제가 됐다. 중앙의 마이크로서비스를 소유한 팀은 전달되는 pull 요청을 주체할 수 없었다. 팀은 이러한 pull 요청을 신속하게 처리하는 일을 훌륭히 수행하고 있었고 실제로 그 책임의 핵심 부분에 초점을 맞췄지만, 구조적으로 지속 가능한 상황은 아니었다.

이는 pull 요청을 받는 팀에게는 다양한 잠재적인 문제의 신호가 될 수 있는 예다. 다른 팀의 pull 요청이 진지하게 받아들여지고 있는가? 아니면 이러한 pull 요청이 잠재적으로 마이크로서비스의 소유권을 변경해야 한다는 신호인가?

> **CAUTION**
>
> 만약 팀이 pull 요청을 많이 받는다면 여러 팀에게 공유되는 마이크로서비스가 실제로 있다는 신호일 수 있다.

소유권 변경

때때로 마이크로서비스의 소유자를 변경하는 것은 올바른 일이다. 뮤직코프의 예를 고려해보자. 고객 참여^{Customer Engagement} 팀은 추천(Recommendation) 마이크로서비스와 관련된 많은 pull 요청을 마케팅 및 프로모션 팀에 보내야 한다. 고객 정보를 관리하는 방식에 많은 변화가 일어나고 있고 이와 같은 추천을 다양한 방식으로 노출해야 하기 때문이다.

이런 상황에서는 고객 참여 팀이 추천 마이크로서비스의 소유권을 갖는 것이 합리적일 수 있다. 하지만 파이낸스코의 경우 이러한 선택을 할 수 없다. 문제는 pull 요청을 보낸 출처가 다양한 팀이라는 점이다. 그렇다면 어떤 다른 것을 시도할 수 있을까?

여러 가지 변형 실행

우리가 탐색한 한 가지 옵션은 공유 마이크로서비스에 대해 각 국가의 팀별 변형^{variation}을 운영하는 것이다. 따라서 미국 팀은 자기 버전을 운영하고, 싱가폴 팀도 자체 변형을 갖는 식이다.

물론 이 방법의 문제는 코드 중복이다. 공유 마이크로서비스는 일련의 표준 동작과 공통 규칙을 구현했지만 이 기능 중 일부도 국가별로 변경되길 원했다. 우리는 공통 기능을 중복하고 싶지 않았다. 이에 대한 방안은 현재 공유 마이크로서비스를 관리하는 팀이 실제로 공통 기능만 가진 기존 마이크로서비스로 구성된 프레임워크를 대신 제공하는 것이다. [그림 15-4]와 같이 각 국가별 팀은 골격이 되는 마이크로서비스의 자체 인스턴스에 사용자가 정의한 기능을 플러그인해 시작할 수 있다.

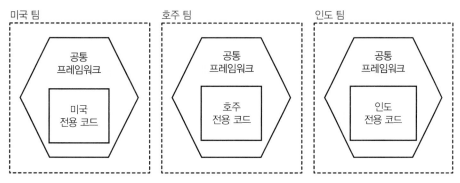

그림 15-4 공통 프레임워크를 사용하면 동일한 마이크로서비스에 대한 여러 변형을 다른 팀에서 운영할 수 있다.

여기서 주목해야 할 중요한 점은 이 예에서 마이크로서비스의 국가별 변형 전반에 걸쳐 공통 기능을 공유할 수 있지만, 이 공통 기능은 대규모의 락스텝 릴리스 없이는 모든 마이크로서비스 변형에 동시에 업데이트될 수 없다는 것이다. 프레임워크를 관리하는 핵심 팀이 새 버전을 사용할 수 있게 만들 수 있지만, 공통 코드의 최신 버전을 가져와 재배포하는 것은 각 팀의 몫이다. 이 특정 상황에서 파이낸스코는 이러한 제한에 문제가 없었다.

이렇게 특정한 상황은 매우 드물고 필자도 이전에 단지 한두 번만 겪었을 뿐이다. 초반에 필자는 이 중앙의 공유 마이크로서비스가 가진 책임을 분리하거나 소유권을 재할당하는 방법을 찾는 데 중점을 뒀다. 필자는 내부 프레임워크를 만드는 것은 매우 까다로운 작업이 될 수 있다는 점을 우려했다. 프레임워크가 지나치게 비대해지거나 프레임워크를 사용하는 팀의 개발을 제약하기가 너무 쉽다. 이와 같은 문제는 첫날에 나타나지 않는 종류의 문제다. 내부 프레임워크를 만들 때는 모든 것이 좋은 의도에서 시작한다. 파이낸스코의 상황에서 필자는 이것이 올바른 방법이라고 생각했지만, 다른 모든 방법을 다 사용해보지 않는 한 그 방법을 너무 쉽게 채택하지 않도록 주의하는 것이 좋다.

라이브러리를 통한 외부 기여

이 방식의 변형은 [그림 15-5]와 같이 각 국가별 팀이 내부에 국가별 기능이 포함된 라이브러리를 제공한 다음 이 라이브러리들을 하나의 공유 마이크로서비스에 함께 패키징하는 것이다.

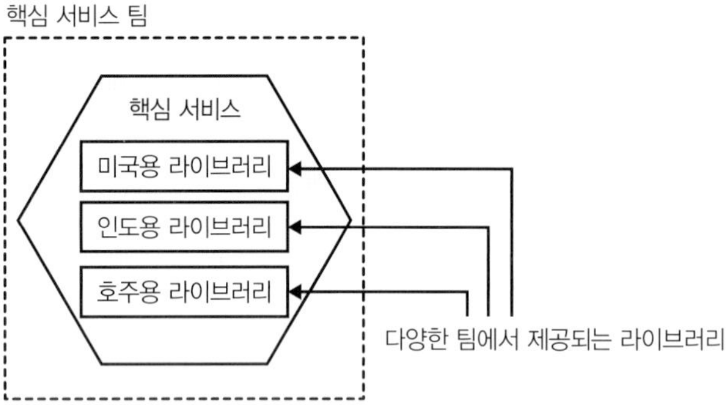

그림 15-5 팀은 팀별 커스텀 라이브러리를 중앙 마이크로서비스에 제공한다.

이 아이디어에서는 미국 팀이 미국에만 해당되는 로직을 구현해야 한다면 중앙의 마이크로서비스 빌드의 일부로 포함되는 라이브러리를 변경한다는 것이다.

이 방식은 마이크로서비스를 추가로 실행할 필요성을 줄인다. 즉, 국가당 하나의 서비스를 실행할 필요가 없고 각 국가별 기능을 처리하는 하나의 중앙 마이크로서비스를 실행할 수 있다. 여기서 문제는 국가 팀들이 국가별 기능을 언제 출시할지 결정할 권한이 없다는 점이다. 그들은 변경을 수행하고 이 새로운 변경이 배포되도록 요청할 수 있지만, 중앙 팀이 이 배포의 일정을 잡아야 할 것이다.

게다가 이러한 국가별 라이브러리 중 하나의 버그로 인해 중앙 팀이 해결해야 하는 운영 환경의 문제가 발생할 수 있다. 결과적으로 이로 인한 운영 환경의 문제를 해결하는 것이 더 복잡해질 수 있다.

그럼에도 불구하고 이 방식은 특히 동일한 마이크로서비스의 여러 변형을 실행하는 것이 적합하지 않을 때, 중앙의 마이크로서비스가 공동 소유권을 갖는 것에서 벗어나는 데 도움이 된다면 고려할 가치가 있다.

15.11.1 변경 사항 검토

내부 오픈 소스 방식을 채택할 때는 변경 사항을 승인하기 전에 변경 사항을 검토해야 한다는 검토review 개념이 핵심 원칙이다. 직접 커밋 권한이 있는 코드베이스에서는 팀 내에서 작업할 때도 변경 사항을 검토하는 것이 여전히 가치가 있다.

필자는 변경 사항을 검토받는 것을 매우 좋아한다. 타인의 검토를 통해 필자의 코드는 항상 많은 도움을 받았으며, 지금까지 가장 선호하는 검토 형태는 페어 프로그래밍pair programmin을 할 때 수행하는 즉각적 검토 방식이었다. 다른 개발자와 함께 코드를 작성하고 변경 사항에 대해 서로 논의하면서 체크인하기 전에 코드를 검토하는 방식이다.

필자의 말에 무조건 의존할 필요는 없다. 앞서 여러 번 언급했던 『디지털 트랜스포메이션 엔진: 고성과 기술 조직 구축 및 진화』(에이콘, 2020)에는 다음과 같은 말이 있다.

> 고위험 변경만 승인받는 것은 소프트웨어 전달 성과와 상관관계가 없다는 점을 발견했다. 승인 프로세스가 없거나 동료가 검토하는 방식을 사용한 팀은 더 높은 소프트웨어 전달 성과를 달성했다. 마지막으로, 외부 기관의 승인을 필요로 하는 팀은 낮은 성과를 나타냈다.

여기서 동료 검토peer review와 외부 변경 검토 사이에 차이가 있다는 사실을 알 수 있다. 동료 변경 검토는 여러분과 같은 팀에 있고 같은 코드베이스에서 일하는 사람이 수행하는 경우가 많다. 그들은 분명히 어떻게 변경을 잘할 수 있는지 평가하고 신속히 수행할 가능성이 높다(자세한 내용은 곧 설명한다). 하지만 외부 검토는 항상 더 어렵다. 팀 외부에 있는 개인의 경우 타당하거나 그렇지 않은 분야에 대해 평가하거나, 별도의 팀에 소속돼 잠시 동안 변경 사항을 적용하지 못할 수도 있다. 『디지털 트랜스포메이션 엔진: 고성과 기술 조직 구축 및 진화(에이콘 출판사, 2020)』의 저자는 다음과 같이 말했다.

> 시스템 내부에 정통하지 않은 외부 인원이 잠재적으로 수백 명의 엔지니어가 만든 수만 줄의 코드 변경을 검토하고 복잡한 시스템에 미치는 영향을 정확하게 판단할 가능성은 얼마나 될까?

따라서 일반적으로는 동료 변경 검토를 사용하고 외부 코드 검토의 필요성을 줄이려 한다.

동기식 및 비동기식 코드 검토

페어 프로그래밍을 사용하면 코드가 작성될 때 코드 검토가 인라인으로 수행된다. 사실 그 이상이다. 페어(짝)로 작업할 때는 드라이버driver(키보드 앞에 앉은 사람)와 내비게이터 navigator(두 번째 눈 역할을 하는 사람)로 역할을 나눈다. 검토 작업과 변경 작업이 동시에 진행 되므로 두 참여자 모두 자신이 수행하고 있는 변경 사항에 대해 지속적으로 대화한다. 검토는 페어링 관계에서 암묵적이고 지속적인 측면이 있다. 즉, 문제가 발견되면 즉시 수정된다.

페어링하지 않는 경우 코드를 작성한 직후 검토를 진행하는 것이 이상적이다. 그런 다음 검토 자체가 가능한 한 동기화되길 원한다. 검토자와 직접 논의하고, 앞으로 나아갈 방향을 합의하 고, 변경하고, 계속 진행할 수 있길 원한다.

코드 변경에 대한 피드백을 더 빨리 받을수록 더 빨리 피드백을 살펴보고, 평가하고, 확인을 요 청하며, 필요한 경우 문제를 더 깊이 논의할 수 있어 궁극적으로 어떤 필요한 변경도 수행할 수 있다. 이와 반대로 코드 변경 서브밋과 실제 검토 사이에 시간이 오래 걸린다면 일이 더 길어지 고 더 어려워진다.

코드 검토를 위해 변경 사항을 서브밋하고 나서 며칠 동안 피드백을 받지 못한다면 다른 작업 으로 전환됐을 가능성이 높다. 따라서 피드백을 처리하려면 콘텍스트를 전환해 이전에 수행한 작업에 다시 참여해야 한다. 필요한 경우 검토자 변경 요청에 대해 동의할 수 있으며, 이 경우 승인을 받기 위해 다시 변경하고 서브밋할 수 있다. 최악의 경우에는 제기된 부분을 추가로 논 의해야 한다. 제출자와 검토자 사이의 이와 같은 비동기 코드 검토 방식으로 인해 변경 프로세 스가 며칠 더 늘어날 수 있다.

> **TIP**
>
> **즉시 코드를 검토하라!**
> 페어 프로그래밍 없이 코드 검토를 원한다면 변경 사항이 서브밋된 후 가능한 한 빨리 검토하고, 이상적으로 는 검토자와 대면하면서 동기식으로 피드백하라.

앙상블 프로그래밍

앙상블 프로그래밍ensemble programming (일명 몹 프로그래밍mob programming[9])은 때때로 인라인 코드 검토를 수행하는 한 가지 방식으로 거론된다. 앙상블 프로그래밍은 변경 사항과 관련해 많은 사람(어쩌면 팀 전체)이 작업할 때 사용된다. 즉, 이 방법은 기본적으로 한 문제에 대해 집단적으로 작업하고 많은 개별 참여자에게서 입력을 받을 때 사용된다.

필자가 만난 앙상블 프로그래밍을 사용하는 팀 중 대부분은 까다로운 특정 문제나 중요한 변경 사항이 있을 때만 가끔씩 앙상블 프로그래밍을 사용하고, 많은 개발은 앙상블 연습을 하지 않을 때도 이뤄진다. 따라서 앙상블 프로그래밍 연습을 통해 앙상블 내에서 이뤄지는 변경 사항에 대해 충분한 검토를 수행할 수 있으며, 이때도 매우 동기적인 방식으로 이뤄질 것이다. 하지만 여전히 이 무리mob 검토 외부에서 이뤄지는 변경 사항에 대한 검토 방법을 확보해야 한다.

어떤 팀들은 위험도가 높은 변경 사항에 대해서만 검토가 필요하며 앙상블의 일부만 검토해도 충분하다고 주장한다. 『디지털 트랜스포메이션 엔진: 고성과 기술 조직 구축 및 진화』(에이콘, 2020)의 저자는 고위험 변경 사항만 검토하는 것은 소프트웨어 제공 성능과 어떤 상관관계도 **없다**고 설명한 반면, 모든 변경 사항을 동료 검토할 때는 양의 상관관계가 있다는 사실을 발견했다는 점에 주목할 필요가 있다. 따라서 앙상블 프로그래밍을 하고 싶다면 어서 하라. 하지만 앙상블 외부에서 만든 변경 사항도 검토하는 것을 고려할 수 있다.

개인적으로 필자는 앙상블 프로그래밍의 몇 가지 측면에 대해 깊이 우려하고 있다. 팀은 다양한 신경 다양성을 가진 사람들로 이뤄져 있고, 앙상블 내 힘의 불균형은 집단적인 문제 해결이란 목표를 더 약화시킬 것이란 점을 발견하게 될 것이다. 모든 사람이 무리에 속해 일하는 것을 편안해 하지는 않으며 앙상블은 확실히 그런 환경이다. 어떤 사람들은 그러한 환경에서 잘 나갈 것이고, 다른 이들은 아예 도움이 안 된다고 느낄 것이다. 필자가 몇몇 앙상블 프로그래밍 지지자와 함께 이 문제를 제기했을 때 다양한 응답을 받았다. 그중 대부분은 결국 올바른 앙상블 환경을 조성하면 모두가 '껍질을 깨고 기여할 것'이라는 믿음으로 귀결됐다. 필자는 그 대화가 끝난 후 눈을 너무 많이 굴려 거의 실명할 뻔했다고만 말하고 싶다(그들의 믿음이 신뢰가 가지 않아서). 좀 더 객관적으로 말해, 페어 프로그래밍에 대해서도 이와 같은 우려가 제기될 수 있다!

---

9 몹 프로그래밍이라는 용어가 더 널리 알려졌지만, 필자는 이 용어가 전달하는 이미지를 좋아하지 않으며 그 대신 '앙상블'이라는 용어를 선호한다. 이 용어를 사용하면, 모로토브(Molotov) 칵테일을 던지거나 창문을 깨는 사람들의 무리가 아니라 함께 일하는 사람들의 집합이라는 사실이 더 분명해지기 때문이다.

많은 앙상블 프로그래밍 지지자가 이처럼 인식하지 못하거나 무감각하지 않다는 데는 의심의 여지가 없다. 하지만 포괄적인 작업 공간을 만드는 것은 팀 구성원 모두가 안전하고 편안함을 느끼면서 충분히 참여 가능한 환경의 조성 방법을 이해하는 것이 중요하다는 점을 반드시 기억해야 한다. 그리고 해당되는 모든 사람이 실제로 기여한다는 이유만으로 우쭐대지 말라. 앙상블 프로그래밍에 대한 구체적인 팁을 원한다면 마렛 피하자비Marret Pyhäjärvi가 직접 출간한 『Ensemble Programming Guidebook』(2015-2020)[10]을 읽어보길 바란다.

15.12 고아 서비스

그렇다면 더 이상 적극적으로 유지 보수되지 않는 서비스는 어떨까? 세분화된 아키텍처로 이동함에 따라 마이크로서비스 자체는 작아진다. 이전에 논의한 것처럼, 더 작은 마이크로서비스의 장점 중 하나는 더 간단하다는 것이다. 기능이 적은 단순한 마이크로서비스는 당분간 변경할 필요가 없을지 모른다. 장바구니에 추가하고 삭제하는 등의 간단한 기능을 가진 장바구니(Shopping Basket) 마이크로서비스를 생각해보자. 이 마이크로서비스가 활발히 개발 중이더라도 처음 작성된 후 몇 달 동안 변경할 필요가 없을 수도 있다. 여기서는 어떤 일이 있었을까? 이 마이크로서비스는 누구의 소유일까?

팀 구조가 제한된 콘텍스트와 맞춰져 있다면, 자주 변경되지 않는 서비스에도 여전히 실질적인 소유자가 있다. 소비자 웹 판매 콘텍스트에 따라 맞춰진 팀이 있다고 생각해보자. 이 팀은 웹 기반 사용자 인터페이스와 장바구니 및 추천 마이크로서비스를 처리할 수 있다. 카트 서비스가 몇 개월 동안 변경되지 않았더라도 필요한 경우 변경하는 것은 원래 팀의 일이다. 물론 마이크로서비스의 장점 중 하나는 팀이 새로운 기능을 추가하기 위해 마이크로서비스를 변경해야 하지만 원하는 기능을 찾지 못할 경우 재작성하는 데 시간이 너무 오래 걸리지 않아야 한다는 것이다.

말하자면, 진정한 폴리글랏polyglot 방식을 채택하고 여러 기술 스택을 사용하는 경우 팀이 기술 스택을 더 이상 알지 못하면 고아 서비스orphaned service를 변경하는 데 어려움이 가중될 것이다.

---

10 *https://ensembleprogram ming.xyz*를 참고하라.

15.13 사례 연구: realestate.com.au

이 책의 초판에서는 REA^{realestate.com.au}의 마이크로서비스 사용 사례를 설명하는 데 시간을 할애했다. 필자가 배운 많은 것이 실제 동작하는 마이크로서비스의 실사례를 공유하는 데 큰 도움이 됐으며, REA의 조직 구조와 아키텍처 간 상호작용이 특히 매력적이라는 사실도 알았다. 이 REA 조직 구조의 개요는 2014년에 논의한 내용에 기반한다.

오늘날 REA의 모습은 이전과 상당히 다르다고 확신한다. 이 조직 구조의 개요는 특정 시점의 스냅샷을 나타내며, 조직을 구성하는 최선의 방법으로서 제안하는 것은 아니다. 단지 그 구조가 당시 REA에 가장 잘 맞았던 것뿐이다. 다른 조직에서 배우는 것은 바람직하지만, 다른 조직이 그렇게 한 이유를 이해하지 않고 모방하는 것은 어리석은 일이다.

오늘날과 마찬가지로 REA 부동산의 핵심 사업은 다양한 영역을 포함했다. 2014년에 REA는 독립적인 여러 사업 분야(LOB)로 분할됐다. 예를 들면 호주의 주거용 부동산, 상업용 부동산, 해외 사업 중 하나를 처리하는 분야가 있다. 이러한 사업 분야에는 관련 IT 제공 팀(또는 스쿼드^{squad})들이 있었으며, 일부 분야에는 한 스쿼드만 있었지만 가장 큰 분야에는 4개의 스쿼드가 있었다. 따라서 주거용 부동산의 경우 사람들이 부동산을 검색할 수 있도록 웹 사이트를 만들고 서비스 목록을 보여주는 데 여러 팀이 참여했다. 사람들은 이따금씩 팀을 이동했지만, 팀 구성원들이 해당 도메인 부분을 깊이 이해하도록 장기간 해당 사업 분야에 머무르는 경향이 있다. 이는 결과적으로 다양한 사업 관계자와 그들을 위해 제품 기능을 제공하는 팀 간의 의사소통에 도움이 됐다.

LOB 내부의 각 스쿼드는 서비스의 구축, 테스트 및 출시, 지원과 심지어 폐기까지 포함해 자신들이 만든 서비스의 전체 수명주기를 담당해야 했다. 핵심 제공 서비스^{core delivery service} 팀은 LOB의 스쿼드에 조언, 지침, 도구를 제공해 이 스쿼드들이 더 효과적으로 제공하는 데 도움을 주었다. 최신 용어를 사용한다면, 핵심 제공 서비스 팀은 활성화 팀의 역할을 했다. 강력한 자동화 문화가 핵심이었으며, REA는 더 자율적인 팀이 되는 중요한 요소로 AWS를 많이 사용했다. [그림 15-6]은 이 모두가 어떻게 작동하는지를 보여준다.

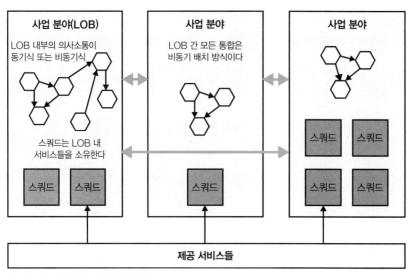

그림 15-6 REA의 조직 및 팀 구조와 아키텍처의 연계 개요

해당 사업의 운영 방식에 맞춰 연계된 것은 제공 조직만이 아니다. 이 모델은 아키텍처로도 확장됐다. 이 모델의 한 가지 예는 통합 방법이다. LOB 내부에서 모든 서비스는 관리인의 역할을 하는 스쿼드의 결정에 따라 적절하다고 판단되는 방식으로 서로 자유롭게 의사소통한다. 하지만 LOB 간 의사소통은 가장 작은 아키텍처 팀의 몇 안 되는 철칙 중 하나인 비동기 배치 방식으로 강제했다. 이러한 큰 단위의 소통 방식은 다른 사업 부분 간 소통 방식과도 일치했다. 배치 방식을 고수함으로써 각 LOB는 작동 방식과 자체 관리 방식에서 자유도를 높였다. 다른 LOB와 사업 이해관계자와의 배치 통합만 잘된다면 아무도 관여하지 않아 언제든 서비스를 다운시킬 수 있었다.

이와 같은 구조는 팀 사이뿐만 아니라 다른 사업 부분 사이에도 상당한 자율성을 주었고, 변경 사항을 제공하는 역량은 회사가 현지 시장에서 큰 성공을 거두는 데 도움이 됐다. 또한 이러한 보다 자율적인 구조는 2010년에 몇 개에 불과했던 서비스를 2014년에는 수백 개로 늘리는 데 도움이 됐으며, 변경 사항을 더 빠르게 전달할 수 있는 능력을 발전시켰다.

시스템 아키텍처뿐 아니라 조직 구조도 변경할 수 있을 정도로 적응력이 뛰어난 조직은 팀의 자율성 향상과 새로운 기능의 출시 시간 단축이라는 측면에서 엄청난 이점을 얻을 수 있다. REA는 시스템 아키텍처가 허공에 존재하지 않는다는 것을 깨달은 많은 조직 중 하나일 뿐이다.

15.14 지리적 분포

같은 곳에서 일하는 팀은 특히 동일한 시간과 장소에 있는 경우가 많기 때문에 동기식 의사소통이 매우 간단하다. 팀이 분산돼 있다면 동기식 의사소통은 더 어려워지지만, 팀 구성원이 같은 시간대(또는 유사한 시간대)에 있다면 가능하다. 이와 달리 다양한 시간대에 있는 사람들과 의사소통한다면 조정 비용이 크게 증가한다. 필자가 아키텍트로 일했을 때는 호주에 있으면서 인도, 영국, 브라질, 미국에 있는 지원 팀을 돕곤 했다. 당시 여러 팀의 리더들이 참여하는 회의를 주선하기가 매우 어려웠는데, 이로 인해 드물게(거의 한 달에 한 번) 회의를 진행했다. 또한 참석자의 절반 이상이 핵심 근무 시간 외에 작업하는 경우가 많아 회의 세션 동안에는 가장 중요한 문제만 논의해야 했다.

그다지 긴급하지 않은 이슈에 대해서는 주로 이메일을 통해 비동기적으로 의사소통했다. 하지만 호주에 있는 필자로 인해 이러한 형태의 의사소통은 상당히 지연됐다. 필자는 월요일 아침에 일어나 꽤 조용하게 한 주를 시작했는데, 대부분의 사람들이 아직 자고 있을 시간이었기 때문이다. 또한 필자가 토요일 아침을 맞이했을 때는 영국, 브라질, 미국이 금요일 오후였으므로 수신 메일을 처리하며 토요일 오전을 보낼 때가 많았다.

지리적으로 떨어진 두 위치에서 소유권을 공유하는 하나의 마이크로서비스에 대해 작업했던 고객 프로젝트가 있었다. 결국 각 사이트는 자신이 처리하는 작업을 전문화하기 시작했다. 이를 통해 코드베이스 일부에 대한 소유권을 가질 수 있었고 그 안에서 변경 비용은 줄어들 수 있었다. 그런 다음, 팀들은 두 부분의 상호 연관 방식에 대해 더 큰 단위의 의사소통을 했다. 조직 구조 안에서 가능하게 된 의사소통 경로는 실제로 코드베이스 절반 사이의 경계를 형성하는 큰 단위의 API와 일치했다.

그렇다면 이는 우리 자신의 서비스 설계를 발전시키는 것을 고려할 때 어떤 의미가 있을까? 필자는 개발에 관련된 사람들 간의 지리적 경계가 팀 경계와 소프트웨어 경계를 모두 정의할 때 중요한 고려 사항이 돼야 한다고 제안할 것이다. 구성원이 함께 있는 단일 팀을 구성하는 것은 훨씬 쉽다. 하지만 같은 곳에 위치할 수 없어 분산된 팀을 구성할 경우, 팀 구성원을 동일하거나 매우 유사한 시간대에 있게 하면 비동기식 의사소통의 필요성이 줄어들어 팀 내 의사소통에 도움이 된다.

아마도 여러분의 조직은 다른 나라에 지사를 열어 프로젝트에 더 많은 사람이 참여하길 원할지도 모른다. 이때 시스템의 어느 부분을 이동할 수 있는지 생각해야 한다. 아마도 다음에 분리할 기능이 무엇인지에 대한 결정 요인이 될 것이다.

적어도 앞서 언급한 '제품과 조직 아키텍처 간의 이중성 탐구' 보고서의 작성자가 연구한 바에 따르면, 시스템을 구축하는 조직이 더 느슨하게 결합돼 있는 경우(예: 지리적으로 분산 구성된 팀) 구축 중인 시스템은 더 모듈화되고 덜 결합되는 경향이 있다. 많은 서비스를 소유하는 단일 팀이 더 강력한 통합을 만드는 경향은 더 분산된 조직에서는 나타나기 어렵다.

15.15 콘웨이의 역법칙

지금까지는 조직이 시스템 설계에 미치는 영향을 이야기했다. 하지만 반대의 경우는 어떨까? 즉, 시스템 설계가 조직을 바꿀 수 있을까? 콘웨이의 법칙이 반대로 작용한다는 생각을 뒷받침하는 동일한 수준의 증거를 찾을 수는 없지만, 일화를 통해 본 적이 있다.

아마도 가장 좋은 사례는 오래전에 함께 일했던 한 고객사일 것이다. 웹이 초기 단계에 불과하고 인터넷이 AOL 플로피 디스크에 담겨 집으로 배달되는 것으로 여겨지던 시절, 이 회사는 작고 소박한 웹 사이트를 보유한 대형 인쇄업체였다. 필요에 의해 웹 사이트를 두긴 했지만, 큰 틀에서 보면 해당 웹 사이트는 고객이 사업을 운영하는 데 그다지 중요하지 않았다. 시스템이 만들어질 때는 시스템의 작동 방식에 대한 기술적 결정이 임의로 이뤄졌다.

이 시스템의 콘텐츠는 다양한 경로를 통해 공급됐지만, 대부분은 대중이 볼 수 있도록 광고를 게재하는 제삼자에게 제공했다. 이 시스템은 유료로 접근하는 제삼자가 콘텐츠를 생성할 수 있도록 하는 입력 시스템과 해당 데이터를 가져와 다양한 방식으로 보강하는 중앙 시스템, 일반 대중이 탐색할 수 있는 최종 웹 사이트를 생성하는 출력 시스템으로 구성됐다.

당시의 초기 설계 결정이 옳았는지는 역사가들이 논하겠지만, 몇 년 동안은 회사가 꽤 많이 바뀌었고 필자와 동료들은 시스템 설계가 회사의 현재 상태와 맞는지 궁금해하기 시작했다. 물리적인 인쇄 사업의 규모와 수익은 크게 줄어들었고, 그에 따라 조직의 사업 운영은 이제 온라인 활동에 의해 좌우됐다.

당시 필자와 동료들이 본 것은 이 세 부분으로 구성된 시스템과 밀접하게 연결된 조직이었다. 사업의 IT 측면에서 3개의 채널 또는 부서가 해당 사업의 입력, 핵심, 출력 부분과 각각 일치했다. 이러한 채널 내부에는 별도의 제공 팀들이 존재했다. 당시에는 이와 같은 조직 구조가 시스템 설계보다 선행된 것이 아니라 실제로 아키텍처를 중심으로 형성됐다는 사실을 깨닫지 못했다. 인쇄 사업 부분이 줄어들고 디지털 사업 부분이 성장함에 따라 시스템 설계가 의도치 않게 조직이 성장하는 방향을 제시했다.

결국 필자와 동료들은 시스템 설계의 단점이 무엇이든 간에 변화를 만들기 위해 조직 구조를 변경해야 한다는 것을 깨달았다. 지금은 회사가 많이 바뀌었지만, 이 변화는 수년에 걸쳐 이뤄졌다.

15.16 사람

> 처음에 어떻게 보이든 항상 사람의 문제다.
>
> 게리 웨인버그Gerry Weinberg, '컨설팅의 두 번째 법칙The Second Law of Consulting'

마이크로서비스 환경에서는 개발자가 자신만의 작은 세계에서 코드 작성에 대해 생각하기가 더 어렵다는 점을 이해해야 한다. 그들은 네트워크 경계를 넘어선 호출과 같은 것들의 의미와 실패의 시사점을 더 잘 알고 있어야 한다. 또한 우리는 데이터 저장소에서 언어에 이르기까지 새로운 기술을 더 쉽게 시험해볼 수 있는 마이크로서비스의 기능에 대해서도 이야기했다. 하지만 대부분의 개발자가 하나의 언어만 사용해야 하고 운영 문제에 대해 완전히 무지한 모놀리식 시스템이 존재하는 세상에서 나와야 할 때, 마이크로서비스 세계에 바로 진입한다면 그들은 아연실색할 것이다!

마찬가지로 자율성을 높이려고 개발 팀에 권한을 주는 것은 걱정스럽다. 일 떠넘기기를 즐기던 사람들은 다른 사람에게 책임을 묻는 데 익숙하지만, 자기 일을 전적으로 책임지는 것을 불편하게 느낄 것이다. 심지어 개발자가 지원하는 시스템에 대해 호출기를 휴대하도록 하는 데 계약상의 장벽이 있을 수도 있다! 이러한 변화는 점진적인 방식으로 이뤄질 수 있으며, 처음에는 변화에 대해 가장 의욕적이고 능력 있는 사람들의 책임을 바꾸는 데서 시작하는 것이 합리적이다.

이 책은 주로 기술을 다루고, 사람은 부수적으로 고려할 대상이 아니다. 그들은 현재 여러분이 가진 것을 만들었고 앞으로 일어날 것을 만들 사람들이다. 현재 직원이 비전에 대해 어떻게 느끼고 어떤 능력을 지녔는지를 고려하지 않은 채로 업무 수행 방식에 대한 비전을 제시하는 것은 나쁜 결과를 초래할 수 있다.

각 조직은 이 주제에 대해 고유한 역학 관계가 있다. 변화에 대한 직원의 요구를 이해하라. 너무 빨리 밀어붙이지 말라! 개발자에게 새로운 관행에 적응할 시간을 주기 위해 짧은 기간 동안 일선 지원이나 배포를 전담하는 별도의 팀을 활용할 수 있다. 하지만 이 모든 일을 해내려면 조직에 다른 부류의 사람들이 필요하다는 사실을 받아들여야 하거나 고용 방식을 바꿔야 할 수도 있다. 사실 이미 원하는 방식으로 일한 경험이 있는 새로운 사람들을 외부에서 영입함으로써 무엇이 가능한지 보여주는 것이 더 쉬울지 모른다. 올바른 신규 채용을 하면 다른 사람에게 가능한 것을 보여주는 데 도움이 된다.

어떤 접근 방식을 취하더라도 마이크로서비스 세계에서 직원의 책임을 분명히 하고, 그러한 책임이 왜 중요한지 명확히 설명해야 한다는 점을 이해하길 바란다. 이를 통해 기술 격차가 무엇인지 확인하고 이를 해소하는 방법을 생각해볼 수 있다. 많은 사람에게 이는 꽤 두려운 여정이 될 것이다. 하지만 함께 동참하는 사람이 없다면 어떤 변화를 시도하더라도 시작부터 실패할 수 있다는 점을 기억하라.

요약

콘웨이의 법칙은 조직과 부합되지 않는 시스템 설계를 시도하는 데 따른 위험성을 강조한다. 이 법칙은 최소한 마이크로서비스의 경우 마이크로서비스에 대한 강력한 소유권이 일반화된 모델로 우리를 나아가게 한다. 마이크로서비스를 공유하거나 대규모 공동 소유권을 시행하려는 시도는 종종 마이크로서비스의 이점을 훼손하는 결과를 초래한다.

조직과 아키텍처가 서로 일치하지 않는다면 이 장 전반에 걸쳐 설명한 것처럼 긴장 지점tension point이 생겨난다. 이 둘 사이의 연결성을 인식함으로써 구축하려는 시스템이 구축하려는 조직에 적합한지 확인할 수 있다.

이 주제를 더 자세히 살펴보고 싶다면, 앞서 언급한 『팀 토폴로지』(에이콘, 2020) 외에 이번 장을 구성하는 데 필요한 많은 통찰을 전해준 제임스 루이스의 강연 'Scale, Microservices and Flow'[11]도 적극 추천한다. 이 장에서 다룬 아이디어를 더 깊이 살펴보고 싶다면 꼭 시청해보길 바란다.

다음 장에서는 이미 다뤘던 주제인 아키텍트의 역할을 좀 더 자세히 살펴볼 것이다.

---

11 제임스 루이스는 'YOW! Conferences 2019'에서 'Scale, Microservices and Flow'란 제목으로 강연했다. 해당 내용은 유튜브에서 확인할 수 있다(*https://oreil.ly/ON81J*).

## CHAPTER 16

진화하는 아키텍트

지금까지 살펴본 것처럼 마이크로서비스는 우리에게 많은 선택지를 제공하며, 그에 따라 결정해야 할 사항도 많다. 예를 들면 얼마나 많은 기술을 사용해야 하는지, 팀마다 다른 프로그래밍 관용구를 사용하도록 허용해야 하는지, 마이크로서비스를 분할하거나 병합해야 하는지 등이다. 결정을 어떻게 내려야 할까? 변화의 속도가 빨라지고 이러한 아키텍처가 허용하는 환경이 더욱 유동적이므로 아키텍트architect의 역할도 변화해야 한다. 이 장에서 필자는 상당히 주관적인 시각으로 아키텍트의 역할을 살펴보고 상아탑에 대한 마지막 공격을 시작할 것이다.

16.1 이름에 내포된 것은?

> 계속 그 단어를 쓰네요. 하지만 당신이 생각하는 그런 의미는 아닌 것 같아요.
>
> 『프린세스 브라이드The Princess Bride』(1987) 검술가 이니고 몬토야Inigo Montoya

아키텍트에게는 중요한 업무가 있다. 아키텍트는 고객이 필요로 하는 소프트웨어를 제공하는 데 도움이 되는 기술적 비전을 시스템에 통합하는 일을 담당한다. 어떤 곳에서는 단지 한 팀과 협력해야 할 수도 있는데, 이 경우 아키텍트의 역할과 기술 책임자의 역할이 동일한 경우가 많다. 다른 곳에서는 전체 작업 프로그램의 비전을 정의하고 전 세계의 여러 팀이나 조직 전체와 협력해야 할 수도 있다. 어떤 수준의 아키텍트로 일하든 아키텍트의 역할은 명확히 규정하기 어렵다. 엔터프라이즈 조직에서 개발자가 경력을 쌓아가는 당연한 과정인 경우가 많지만, 우리 분야에서 다른 어떤 역할보다 비판을 많이 받는 역할이기도 하다. 아키텍트는 다른 어떤 역할보다도 구축된 시스템의 품질, 동료의 근무 환경, 조직의 변화 대응 능력에 직접적인 영향을 미칠 수 있지만, 그 역할에 대한 이해도가 매우 낮은 것 같다. 그 이유는 무엇일까?

소프트웨어 산업은 역사가 그다지 길지 않으며, 우리가 컴퓨터라고 인식하는 것에서 실행되는 프로그램을 만든 지 불과 75년 정도밖에 되지 않았다는 사실은 가끔 잊어버리는 것 같다. 우리 직업은 사회 전체가 이해하는 깔끔한 틀에 들어맞지 않는다. 전기 기사, 배관공, 의사, 엔지니어와는 다르다. 파티에서 만난 누군가에게 자신이 하는 일을 이야기했다가 대화가 중단된 적이 몇 번이나 있었는가? 이 책 전반에 걸쳐 여러 번 언급했듯이 전 세계가 소프트웨어 개발을 이해하는 데 어려움을 겪고 있으며, 우리 자신도 소프트웨어 개발을 잘 이해하지 못하는 경우가 많다.

그래서 우리는 스스로를 소프트웨어 '엔지니어' 또는 '아키텍트'라고 부른다. 하지만 사회가 이러한 직업을 이해하는 방식으로 생각해보면, 우리는 건축가(아키텍트)나 엔지니어가 아니다. 건축가와 엔지니어에게는 아무나 상상할 수 없는 엄격함과 규율이 있으며, 사회 전반에 그 중요성도 잘 알려져 있다. 필자의 친구가 건축사 자격증을 취득하기 전날 필자에게 했던 이야기가 문득 떠오른다. "내일 술집에서 네게 건축 방법과 관련해 어떤 조언을 했다가 혹시라도 문제가 생기면 난 책임을 져야 해. 법적으로는 이제 공인 건축가이므로 소송을 당할 수도 있고, 일이 잘못되면 책임을 져야 하거든." 이 이야기는 해당 직업이 사회에서 중요하게 여겨진다면, 사람들이 충족해야 하는 자격증이 필요하다는 의미다. 예를 들어 영국에서는 건축가가 되려면 최소 7년간 공부해야 한다. 하지만 건축가라는 직업은 수천 년 전부터 내려오는 지식 체계에 기반을 둔다. 그럼 소프트웨어 아키텍트는 어떤가? 그렇지는 않다. 이 점이야말로 필자가 많은 형태의 IT 자격증이 쓸모없다고 생각하는 이유다. 무엇이 '좋은지' 판단하는 것과 관련해 우리가 아는 것이 거의 없기 때문이다.

마가렛 해밀턴Margaret Hamilton이 1960년대에 만든 **소프트웨어 엔지니어링**software engineering이라는 용어를 폄하하려고 이런 말을 하는 것은 아니다.[1] 이 용어는 당시에도 현실에 대한 포부만큼이나 열망적이었다. 소프트웨어 엔지니어링은 소프트웨어 프로젝트가 종종 실패하지만 중요한 임무

---

1   여러 가지 이유가 있겠지만, 그중에서도 필자가 소프트웨어 공학 학위를 갖고 있다는 것이 가장 큰 이유다.

와 안전에 중요한 분야에 점점 더 많이 사용되고 있다는 사실을 인식하면서 제작되는 소프트웨어의 품질을 개선해야 한다는 요구로 등장하게 됐다. 그 이후로 상황을 개선하고자 많은 노력을 기울여왔지만, 업계에 종사한 지 20년이 지난 필자 입장에서는 여전히 좋은(또는 적어도 더 나은) 일을 하기 위해 배워야 할 것이 많다고 생각한다.

우리 중 일부는 인정받고 싶어서 이미 인정받고 있는 다른 직업의 이름을 빌리기도 한다. 그러나 해당 직업의 사고방식을 이해하지 못하거나 소프트웨어 개발이 어떻게 다른지(예를 들면 토목 공학과 어떻게 다른지) 고려하지 않고 해당 직업의 **업무 관행**working practice을 차용하면 문제가 될 수 있다. 그렇다고 우리가 더 엄격한 업무 방식을 지향하면 안 된다는 주장으로 받아들여서는 안 된다. 그저 단순히 다른 곳에서 아이디어를 빌려와 우리에게 맞을 것이라고 가정해서는 안 된다는 뜻이다. 우리 산업은 역사가 길지 않아 업계가 동의할 수 있는 절대적인 기준이 훨씬 적다는 것이 문제다.

아마도 **아키텍트**라는 용어 또는 적어도 아키텍트가 하는 일에 대한 일반인들의 이해가 가장 낮은 듯했다. '다른 사람들이 해석할 수 있도록 세부적인 계획을 세우고 그 계획이 실행될 것을 기대하는 사람'이라고 아키텍트를 생각하는 식이었다. 일부 아티스트이자 일부 엔지니어 역할 사이의 균형은 물리 법칙에 대해 구조 공학자가 간혹 반대하는 것을 제외하고 다른 모든 관점이 종속되는 하나의 비전을 위해 감독한다. 아키텍트에 대한 이러한 관점은 아키텍트가 근본적으로 알 수 없는 미래를 고려하지 않은 채 완벽한 시스템을 구축하기 위해 다이어그램과 문서 페이지를 연이어 작성하는 끔찍한 관행으로 이어지며, 자신의 계획을 실행하는 것이 얼마나 어려운지 모를 뿐 아니라 실제로 작동할지 여부를 이해조차 하지 못하는 경우가 많다.

하지만 건축 환경 아키텍트는 소프트웨어 아키텍트와는 다른 영역에서 활동하고 있다. 제약 조건이 다르고 최종 결과물도 다르다. 변경에 따른 비용은 소프트웨어 개발 분야보다 건축 분야에서 훨씬 더 높다. 부어버린 콘크리트를 되돌릴 수 없지만 코드는 변경할 수 있으며, 가상화 덕분에 코드를 실행하는 인프라도 이전보다 훨씬 더 유연해졌다. 구축물은 한번 짓고 나면 상당히 고정적이므로 변경하거나 확장하거나 철거할 수는 있지만 관련 비용이 매우 높다. 하지만 소프트웨어는 필요에 따라 지속적으로 변경할 수 있다.

따라서 소프트웨어 아키텍처가 건축 환경 아키텍처와 다르다면, 실제로 소프트웨어 아키텍처란 대체 무엇인지를 좀 더 명확하게 정의할 필요가 있다.

16.2 소프트웨어 아키텍트란?

소프트웨어 아키텍처에 대한 가장 유명한 정의 중 하나는 랄프 존슨^{Ralph Johnson}이 보낸 이메일에서 나왔다. "아키텍처는 중요한 것에 관한 것이다. 그것이 무엇이든 간에."[2] 그렇다면 중요한 일은 모두 아키텍트에 의해 수행된다는 뜻일까? 다른 일은 전부 중요하지 않다는 의미일까? 자주 인용되는 이 말의 문제점은 랄프가 공유한 정의를 포괄적으로 이해하지 못한 채 단독으로 사용되는 경우가 많다는 것이다. 첫째, 그가 소프트웨어 개발자의 관점에서 이야기하고 있다는 사실만큼은 분명하다. 그는 계속해서 이렇게 말한다.

> 따라서 더 나은 정의는 이렇다. '대부분의 성공적인 소프트웨어 프로젝트에서 해당 프로젝트에 참여하는 전문 개발자들은 시스템 설계에 대한 공유된 이해를 갖고 있다. 이 공유된 이해를 '아키텍처'라고 한다. 이와 같은 이해에는 시스템이 구성 요소로 분해되는 방식과 구성 요소가 인터페이스를 통해 상호작용하는 방식이 포함된다. 이러한 구성 요소는 일반적으로 더 작은 구성 요소로 구성되지만, 아키텍처에는 모든 개발자가 이해하는 구성 요소와 인터페이스만 포함된다.'
>
> 이 정의가 더 나은 이유는 아키텍처가 사회적 구성물이라는 점이 확실하기 때문이다(소프트웨어도 그렇지만 아키텍처는 더더욱 확실하다). 아키텍처는 소프트웨어에만 의존하는 것이 아니라 집단의 합의에 따라 소프트웨어의 어떤 부분을 중요하다고 간주하는지에 따라 달라지기 때문이다.

여기서 랄프는 **구성 요소**^{component}라는 용어를 가장 일반적인 의미로 사용하고 있다. 이 책의 맥락에서 생각해보면, 구성 요소는 마이크로서비스 또는 마이크로서비스 내부의 모듈이다.

소프트웨어 아키텍처는 시스템의 형태다. 아키텍처는 의도적이든 우발적이든 생겨난다. 우리는 일련의 임시적 결정을 내리며 결과를 얻게 되는데, 아키텍처 측면에서 생각하지 않더라도 결국 아키텍처를 갖게 된다. 아키텍처는 때때로 우리가 다른 계획을 세우느라 바쁠 때 일어나는 일이 될 수 있다.

전담 아키텍트는 전체 시스템을 보고 파악하며 시스템에 작용하는 힘을 이해해야 하는 사람이다. 이들은 목적에 부합하고 명확하게 이해되는 아키텍처에 대한 비전, 즉 시스템과 사용자의 요구는 물론 시스템 자체에서 작업하는 사람들의 요구도 충족하는 아키텍처 비전이 있는지

2　이 글은 익스트림 프로그래밍 메일링 리스트에서 이메일을 교환하며 나온 내용의 일부로, 마틴 파울러가 '누가 아키텍트가 필요한가?(Who Needs an Architect?)'라는 글에서 공유했다.

확인해야 한다. 논리적이지만 물리적이지 않거나 형태는 있지만 개발자 경험이 없는 등 한 측면만 바라보면 아키텍트의 실효성은 제한된다. 아키텍처를 시스템을 이해하는 것이라는 사실을 받아들인다면, 관심을 두는 범위를 제한하는 것은 추론하고 변경하는 능력을 제한하는 것과 같다.

아키텍처는 그 안에서 살아가는 사람들에게는 보이지 않을 수 있다. 실제로 존재하지 않을 정도로 아주 미미할 수도 있다. 올바른 결과를 얻을 수 있도록 안내하고 도와주는 무언가가 될 수도 있다. 숨 막히고 위압적일 수도 있다. 또한 악의 없이 자신도 모르게 기쁨을 주기도 하고, 악의 없이 정신을 짓밟기도 한다. 따라서 아키텍처가 '중요한 것'에 관한 것이든 아니든 간에 아키텍처는 분명 **중요하다**.

소프트웨어 아키텍처를 정의하는 데 자주 사용되는 또 다른 명언은 마틴이 랄프의 견해를 공유하는 동일한 글에서 나오며 다음과 같다. '따라서 아키텍처를 **사람들이 바꾸기 어렵다고 인식하는 것**으로 정의하게 될지 모른다.' 아키텍처는 바꾸기 어려운 것이라는 마틴의 생각은 어느 정도 일리가 있다. 건축 환경에서의 아키텍처 개념으로 돌아가게 한다. 바꾸기 어려운 것일수록 우리가 올바른 방향으로 나아가고 있는지 확인하기 위해 미리 생각해야 한다. 하지만 복잡한 아이디어에 대한 단순한 정의를 실무적인 정의로 삼아 실행하는 데는 문제가 있다. 소프트웨어 아키텍처에 대해 전적으로 이와 같이 생각한다면 많은 것을 놓칠 수 있다. 그렇다, 많은 소프트웨어 아키텍처는 변경하기 어려운 요소에 대해 생각하는 것이지만, 설계에서 변경할 수 있는 공간을 만드는 것이기도 하다.

16.3 변화를 가능하게

소프트웨어 시스템이 아닌 건축물의 세계로 돌아와보자. 건축가 미스 반 데어 로에^{Mies van der Rohe}는 다른 어떤 건축가보다 현대의 마천루를 개척하는 데 많은 업적을 남겼으며, 그의 유명한 시그램 빌딩^{Segram Building}은 이후 많은 건축물의 '청사진'이 됐다. 시그램 빌딩은 이전의 많은 건물과 다른 점이 많다. 건물의 외벽은 강철로 된 외부 프레임을 감싸는 비구조적 구조로 돼 있고, 엘리베이터, 3개의 계단, 에어컨, 수도 및 폐기물, 전기 시스템 등과 같은 주요 건물 서비스는 중앙 콘크리트 코어를 통해 제공된다. 오늘날 건축 중인 현대식 고층 건물을 보면 이 중앙 콘크리트 코어가 가장 먼저 지어지며, 그 위에는 흔히 거대한 크레인이 서 있다. 시그램 빌딩의 각

층에는 내부 구조 벽이 없으므로 공간이 유연하게 사용된다. 따라서 천장과 바닥 자체의 덕트를 통해 전기 배선과 에어컨을 각 층의 다른 부분으로 라우팅하는 등 원하는 대로 공간을 재구성할 수 있다.

무엇보다 시그램 빌딩은 건축되는 동안 건물의 설계가 진화하는 과정을 통해 개발됐다는 점이 흥미롭다. 이런 아이디어를 어디서 본 적이 있을까?

이 설계의 아이디어는 미스 반 데어 로에가 '보편적 공간universal space'이라고 불렀던, 다양한 요구에 따라 재구성할 수 있는 하나로 이어진 커다란 공간을 제공하는 것이었다. 건물의 용도가 변화하므로 최대한 유연하게 사용할 수 있는 공간을 제공하자는 아이디어였다. 이러한 방식으로 미스 반 데어 로에는 나중에 변경하기가 (불가능하지는 않지만) 쉽지 않은 핵심 서비스를 위한 공간을 찾으면서 건물의 근본적인 미학에 집중해야 했을 뿐만 아니라, 건물을 원래 구상했던 것과는 다른 방식으로 사용할 수 있도록 해야 했다. 그럼 마이크로서비스 아키텍처의 공간에서 변화를 허용하는 방법을 곧 살펴보자.

16.4 아키텍처에 대한 진화하는 비전

소프트웨어 아키텍트로서 요구 사항은 건축물을 설계하고 건축하는 사람들의 요구 사항보다 더 빠르게 변화하며 우리가 사용하는 도구와 기술도 마찬가지다. 우리가 만드는 것은 시점이 고정돼 있지 않으며, 일단 출시되고 나서 사용 방식이 변화함에 따라 소프트웨어는 계속 진화할 것이다. 우리가 만드는 대부분의 것에 대해, 소프트웨어가 사용자의 손에 들어가면 결코 변하지 않는 산출물이라고 기대하기보다는 반응하고 적응해야 한다는 사실을 받아들여야 한다. 따라서 소프트웨어 아키텍트는 완벽한 최종 결과물을 만드는 것에서 벗어나 올바른 시스템이 등장하고 우리가 더 많은 것을 배우면서 계속 성장할 수 있는 **프레임워크**framework를 만드는 데 집중해야 한다.

이 장의 대부분을 다른 전문직과 비교하는 데 할애하지 않았지만, IT 아키텍트의 역할과 관련해 필자가 좋아하는 비유가 있다. 역할의 이러한 측면을 잘 요약해낸 비유라고 생각한다. 소트웍스의 에릭 도에넨버그Erik Doernenburg는 아키텍트의 역할을 건축 환경의 건축가(아키텍트)보다는 도시 설계자로 봐야 한다는 생각을 필자와 처음으로 공유했다. 도시 설계자의 역할은 〈심시티^{SimCity}〉나 〈시티즈: 스카이라인$^{Cities: Skylines}$〉과 같은 게임을 플레이해본 경험이 있다면 익숙할 것이다. 도시 설계자의 역할은 다양한 출처의 정보를 살펴보고 현재 시민의 요구에 가장 적합하도록 도시 배치를 최적화하는 동시에 미래의 용도에 대해 고려하는 것이다. 하지만 이들이 도시가 진화하는 방식에 영향을 미치는 방식은 흥미롭다. 그들은 "이 특정 건물을 거기에 지어라."라고 말하는 것이 아니라 특정 제약 조건 내에서 지역적 의사결정을 내릴 수 있는 구역을 정의한다. 예를 들어 〈심시티〉에서처럼 도시의 일부를 공업 지역으로 지정하고 다른 일부를 주거 지역으로 지정할 수 있다. 따라서 어떤 건물을 지을지는 다른 사람들이 결정할 수 있지만, 공장을 짓고 싶다면 산업 구역에 있어야 한다는 제한이 있다. 도시 설계자는 한 구역에서 일어나는 일에 대해 너무 많이 걱정하기보다는 사람과 공공시설이 한 구역에서 다른 구역으로 어떻게 이동하는지 파악하는 데 훨씬 더 많은 시간을 할애할 것이다.

많은 사람이 도시를 살아 있는 유기체에 비유한다. 도시는 시간이 지남에 따라 변화한다. 거주자가 다양한 방식으로 도시를 사용하거나 외부의 힘에 의해 도시가 형성됨에 따라 변화하고 진화한다. 도시 설계자는 이러한 변화를 예측하기 위해 최선을 다하지만, 일어나는 일의 모든 측면을 직접 통제하려는 시도는 무의미하다는 것을 인정한다. 따라서 도시 설계자로서 아키텍트는 큰 틀에서 방향을 설정하고 제한된 경우에만 구현 세부 사항에 대해 매우 구체적으로 관여해야 한다. 그들은 시스템이 현재 목적에 적합하면서도 미래를 위한 플랫폼이 될 수 있도록 해야 한다.

소프트웨어와의 비교는 분명해야 한다. 사용자가 소프트웨어를 사용함에 따라 우리는 반응하고 변화해야 한다. 앞으로 일어날 모든 일을 예측할 수는 없으므로 모든 상황에 대비하기보다 모든 것을 과도하게 규정하려는 충동을 피하면서 변화를 허용하는 계획을 세워야 한다. 우리의 도시, 즉 시스템은 그것을 사용하는 모든 사람에게 행복하고 좋은 곳이 돼야 한다.

16.5 시스템 경계 정의

잠시 도시 설계자로서 아키텍트의 비유를 계속 이어가보자. 그럼 우리의 영역은 어떤 것일까? 마이크로서비스 경계 또는 큰 단위의 마이크로서비스 그룹이라고 할 수 있다. 아키텍트로서 구역 **내부에서** 일어나는 일보다는 구역 **간에** 일어나는 일에 대해 더 많이 고민해야 한다. 즉, 마이크로서비스가 서로 통신하는 방식에 대해 생각하고 시스템의 전반적인 상태를 제대로 모니터링할 수 있는지 확인하는 데 시간을 할애해야 한다. 구체적인 경계를 정의함으로써 아키텍처의 근본적인 측면을 손상시키지 않고 더 자유롭게 변경할 수 있는 영역을 시스템을 구축하는 동료들에게 강조한다. 이것이 아키텍처 분야에서 우리만의 **보편적 공간**을 정의하는 방법이다.

아주 간단한 예로, [그림 16-1]은 프로모션(Promotions) 및 판매(Sales) 마이크로서비스의 정보에 액세스하는 추천(Recommendations) 마이크로서비스를 보여준다. 이미 자세히 설명했듯이 전체 시스템을 망가뜨릴 염려 없이 이 세 마이크로서비스에 숨겨진 기능을 자유롭게 변경할 수 있다. 즉, 추천 마이크로서비스는 이러한 다운스트림 마이크로서비스와 상호작용하는 방식에 대한 기대치를 계속 유지하기만 하면 판매나 프로모션에서 원하는 것은 무엇이든 변경할 수 있다.

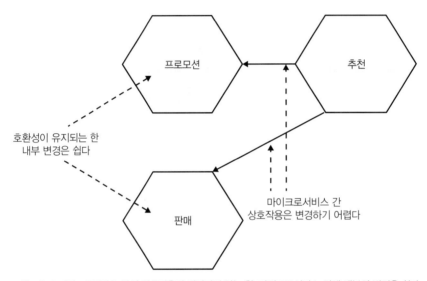

그림 16-1 마이크로서비스 간의 상호작용이 변경되지 않는 한, 마이크로서비스 경계 내부의 변경은 쉽다.

더 큰 범위 수준에서도 변경을 위한 공간을 만들 수 있다. [그림 16-2]에서는 [그림 16-1]의 마이크로서비스가 실제로 특정 팀의 책임에 매핑되는 마케팅 영역에 존재하는 것을 보여준다. 마케팅 기능이 더 큰 시스템과 상호작용하는 방식과 관련해 기대되는 동작을 정의했으며, 마케팅 영역 내부에서 더 큰 시스템과의 호환성이 유지되는 한 원하는 대로 변경할 수 있다. 변경하기 어려운 것이 무엇인지 이해하려는 생각으로 돌아가보면, 조직 구조가 이 범주(변경하기 어려운)에 속하는 경우가 많아 기존 팀 구조가 이러한 영역을 정의하는 데 도움이 될 수 있다. 한 팀이 소유한 마이크로서비스 전반에서 해당 팀 내 변경 사항을 조정하는 것이 다른 팀에게 노출되는 상호작용을 변경하는 것보다 쉬울 것이다.

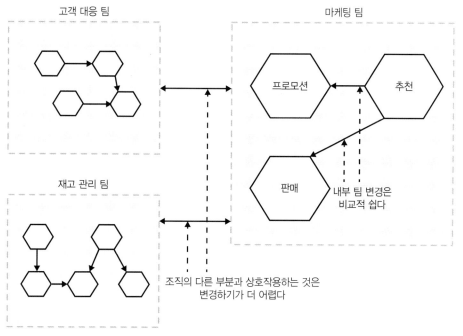

그림 16-2 영역 간 변경보다 영역 내 변경이 더 쉽다.

이는 15.5절 '소규모 팀, 대규모 조직'에서 설명한 팀 API의 개념과도 잘 연결된다. 아키텍트는 팀의 마이크로서비스와 업무 관행이 더 큰 조직에 적합하도록 팀 API를 쉽게 만들 수 있도록 도와줄 수 있다.

시스템 전체를 손상시키지 않고 이러한 변경을 수행할 수 있는 공간을 정의함으로써 개발자의 삶을 더 수월하게 만들고 변경하기 어려운 시스템 부분에 주의를 집중할 수 있다. 2장에서 살펴본 정보 은닉의 개념을 기억하는가? 거기서 살펴본 것처럼, 마이크로서비스 경계 안에 정보를 숨기면 소비자를 위한 안정적인 인터페이스를 훨씬 쉽게 만들 수 있다. 또한 마이크로서비스를 변경할 때 외부 소비자와의 호환성을 깨뜨리지 않았는지 확인하기가 더 쉽다. 여기에서는 마이크로서비스 수준이 아닌 팀 수준에서 정보 은닉을 제공하는 아키텍처를 정의할 수 있다. 이렇게 하면 또 다른 수준의 정보 은닉을 제공하고, 팀이 시스템을 더 넓게 손상시키지 않고도 로컬 변경을 수행할 수 있는 더 큰 안전 공간을 만들 수 있다.

각 마이크로서비스나 더 큰 영역 내부에서 해당 영역을 소유한 팀이 다른 기술 스택이나 데이터 저장소를 선택하는 것도 가능하다. 물론 여기에는 다른 우려 사항이 발생할 수 있다. 지원해야 할 기술 스택이 10개라면 인력을 고용하거나 팀 간에 이동하기가 더 어려워진다는 사실 때문에 각 팀이 업무에 적합한 도구를 선택하게 하려는 경향이 줄어들게 된다. 마찬가지로, 각 팀에서 완전히 다른 데이터 저장소를 선택하면 대규모 실행 경험이 충분하지 못할 수 있다. 예를 들어, 넷플릭스는 데이터 저장소 기술로 대부분 카산드라를 사용하는 것을 표준화했다. 모든 경우에 항상 최적은 아니지만, 넷플릭스는 특정 작업에 더 적합한 다른 여러 플랫폼을 대규모로 지원하고 운영하는 것보다 카산드라를 중심으로 도구를 만들고 전문성을 축적하면서 얻게 되는 가치가 더 중요하다고 생각한다. 넷플릭스는 규모가 가장 중요한 요소일 가능성이 높은 극단적인 예지만, 여러분은 대략적인 내용을 이해할 것이다.

그러나 마이크로서비스 사이에서는 상황이 복잡해질 수 있다. 한 마이크로서비스가 HTTP를 통해 REST를 노출하기로 결정하고 다른 마이크로서비스는 gRPC를, 또 다른 마이크로서비스는 자바 RMI를 사용하는 경우, 소비하는 마이크로서비스가 여러 스타일의 상호 교환을 이해하고 지원해야 하므로 통합하는 일이 악몽이 될 수 있다. 그래서 필자는 '상자 사이에서 일어나는 일에 대해 걱정하고, 상자 안에서 일어나는 일에 대해서는 자유로워야 한다'는 지침을 고수하려고 노력한다.

따라서 성공적인 아키텍처는 무엇보다도 사용자의 요구에 맞게 변경할 수 있도록 하는 것이다. 하지만 사람들은 시스템이 사용자만 수용하는 것이 아니라 실제로 소프트웨어를 구축하는 사람들도 수용한다는 사실을 자주 잊어버리곤 한다. 성공적인 아키텍처는 업무를 수행하기 좋은 환경을 조성하는 데도 도움을 준다.

16.6 사회적 구조물

> 적과의 접촉 이후 살아남는 계획은 없다.[3]
>
> 헬무트 폰 몰트케Helmuth von Moltke

---

3 옮긴이_19세기 프로이센의 장군이자 군사 전략가였던 헬무트 폰 몰트케가 한 말로, '아무리 훌륭한 전투 계획이라도 첫 총성이 울리는 순간 쓸모가 없어진다'는 의역으로 널리 알려져 있다.

여러분은 비전과 제약 조건, 달성해야 할 목표에 대해 생각해왔다. 또한 여러분은 무엇이 변화하기 어렵고 변화를 가능하게 해야 하는 영역이 무엇인지를 이해하고 있다고 생각한다. 그럼 이제 어떻게 할까? 아키텍처는 발생한다고 생각하는 것이 아니라 발생하는 것이며, 이것이 비전과 현실의 차이다. 건축 환경의 건축가(아키텍트)는 건물을 구성하는 사람들과 협력해 비전이 무엇인지 이해하도록 도울 뿐만 아니라 비전과 현실의 괴리감이 클 때는 계획을 변경해야 한다. 가능하다고 생각하는 것이 근본적으로 가능하지 않을 수도 있다. 아키텍트가 시스템을 만드는 사람들과 어느 정도 함께하지 않는다면 작업을 수행하는 사람들에게 비전을 전달하는 것을 도울 수 없으며, 아키텍트도 비전이 더 이상 목적에 부합하지 않는 부분이 어디인지를 이해하지 못할 것이다. 건설사 직원은 현장에서 예상하지 못한 상황에 직면하거나 공급 부족으로 인해 재설계를 고려해야 할 수 있다.

아키텍처는 계획되는 것이 아니라 일어나는 것이다. 아키텍트로서 비전을 실행에 옮기는 과정에서 자신을 배제한다면 여러분은 아키텍트가 아니라 몽상가일 뿐이다. 앞으로 등장할 아키텍처는 여러분이 원하는 것과 관련이 있을 수도 있고 없을 수도 있다. 그것은 당신이 있든 없든 일어날 것이다. 아키텍처를 구현하려면 많은 사람의 작업과 크고 작은 수많은 결정이 필요하다.

그래디 부치Grady Booch는 다음과 같이 말했다.[4]

> 초기에 소프트웨어 집약적 시스템의 아키텍처는 비전의 성명서와 같다. 결국 모든 시스템의 아키텍처는 그 과정에서 이뤄진 수십억 개의 크고 작은, 의도적이거나 우발적인 설계 결정의 산물이다.

즉, 아키텍처를 궁극적으로 책임지는 전담자가 있더라도 이 비전을 실행에 옮기는 데는 많은 사람이 참여해야 한다. 성공적인 아키텍처를 구현하려면 팀의 노력이 필요하다. '아키텍처는 사회적 구조물social construct'이라는 랄프 존슨의 말을 다시 인용해보자. 이 주제에 대한 좋은 예시로는 아키텍처 길드architecture guild를 통해 의사결정을 분산시킨 경험을 공유한 컴캐스트Comcast가 있다.[5] 규모를 고려할 때 컴캐스트는 집단적 의사결정이 핵심인 업계 운영 단체steering group의 경험을 활용하기로 결정했다.

....

4 그래디 부치(@Grady_Booch), 트위터, 2020년 9월 4일 5:12 a.m., *https://oreil.ly/ZgPRZ*

5 존 무어, '절친 800명과 함께하는 아키텍처: 컴캐스트 아키텍처 길드의 진화(Architecture with 800 of My Closest Friends: The Evolution of Comcast's Architecture Guild)', InfoQ, 2019년 5월 14일, *https://oreil.ly/aIvbi*

> 컴캐스트는 이 문제가 개방형 표준 단체의 운영 방식(여러 자율적인 그룹이 기술 방식에 동의하는
> 방식)과 매우 유사하다는 사실을 깨달았다. 우리는 많은 중요한 인터넷 프로토콜을 정의하는 매우
> 성공적인 표준 기구인 IETF^Internet Engineering Task Force(인터넷 엔지니어링 태스크포스)를 명시적으로
> 모델링한 내부 아키텍처 길드^Architecture Guild를 설계했다.
>
> 존 무어John Moore, 컴캐스트 케이블Comcast Cable 최고 소프트웨어 아키텍트

컴캐스트의 접근 방식은 어떤 조직에서는 부담스러울 수 있을 만큼 격식적이지만, 회사의 규모
와 분포를 고려하면 잘 작동하는 것 같다.

16.7 거주 가능성

건축 환경에서 유래돼 소프트웨어 개발 분야에서 공감을 불러일으키는 또 다른 개념은 **거주 가
능성**habitability이다. 필자는 프랑크 부쉬만Frank Buschmann에게서 이 용어를 처음 배웠는데, 그의 설
명에 따르면 아키텍트는 일하기 좋은 환경을 만들고 유지해야 할 책임을 갖는다. 아키텍처가
변경이 어려운 것들을 어떻게 맞춰가는지 설명하는 시스템의 골격이라면 제약이 필요할 때도
있다. 하지만 이 부분을 잘못 이해하면, 시스템에서 작업하는 것이 고통스럽고 오류가 발생하
기 쉽다.

『Patterns of Software: Tales from the Software Community』(옥스포드 대학 출판,
1998)의 저자 리처드 가브리엘Richard Gabriel은 다음과 같이 설명한다.

> 거주 가능성이란 나중에 코드를 사용하는 프로그래머가 코드의 구조와 의도를 이해한 후 편안하
> 고 자신 있게 변경하도록 해주는 소스 코드의 특성을 말한다.

하지만 현대의 소프트웨어 개발 생태계는 코드뿐만 아니라 우리가 사용하는 기술과 채택하는
작업 관행까지도 확장된다. 필자는 사용할 기술을 두고 개발자들이 악담하는 것을 너무 자주
봐왔다. 게다가 그 기술은 사용하지도 않을 사람들이 선택한 경우가 많았다. 아키텍처를 발전
시키고 사용하는 도구와 기술을 선택하는 과정을 협업하는 프로세스로 만들수록 시스템을 구

축하는 사람들이 행복하고 생산적으로 일할 수 있는 환경을 조성하는 것이 더 쉬워진다.

우리가 만드는 시스템을 개발자들이 사용할 수 있도록 하려면 설계자와 기타 의사결정권자가 자신의 결정이 어떤 영향을 미치는지 이해해야 한다. 최소한 팀과 함께 시간을 보내고, 이상적으로는 실제로 팀과 함께 코딩하는 데 시간을 보내는 것이 좋다. 페어 프로그래밍을 실천하는 사람들에게는 아키텍트가 페어 멤버 중 한 명으로 짧은 기간 동안 팀에 합류하는 것은 간단한 일이다. 앙상블 프로그래밍ensemble programming[6] 연습에 참여하는 것도 상당한 이점을 얻을 수 있지만, 이러한 그룹 활동에 참여하는 아키텍트는 자신의 존재가 이 앙상블(단체)의 역할과 활동을 어떻게 변화시킬 수 있는지 알고 있어야 한다.

이상적으로는 '일반적인normal' 작업이 어떤 것인지 실제로 이해하기 위해 아키텍트와 함께하는 활동에서 보통의 작업을 수행해야 한다. 아키텍트가 실제로 시스템을 구축하는 팀과 함께 시간을 보내는 것이 얼마나 중요한지는 아무리 강조해도 지나치지 않다! 이는 통화를 하거나 코드를 살펴보는 것보다 훨씬 더 효과적이다. 이 작업을 얼마나 자주 수행해야 하는지는 아키텍트가 협업하는 팀의 규모에 따라 크게 달라진다. 하지만 핵심은 일상적인 활동이어야 한다는 것이다. 예를 들어 아키텍트인 여러분이 4개의 팀과 함께 작업하는 경우, 4주마다 반나절씩 각 팀과 함께 시간을 보내면서 각 팀의 제공 작업에 대해 함께 작업함으로써 이렇게 협업하는 팀과 인지도를 높이고 커뮤니케이션을 향상시킬 수 있길 바란다.

16.8 원칙적 접근법

> 규칙은 어리석은 자의 순종과 지혜로운 자의 인도를 위한 것이다.
>
> 더글러스 베이더Douglas Bader

시스템 설계에서 의사결정을 내리는 것은 결국 절충점trade-off에 관한 것이며, 마이크로서비스 아키텍처는 우리에게 많은 절충안을 제공한다! 데이터 저장소를 선택할 때, 경험은 적지만 확

---

6 옮긴이_구성원 모두가 공유 컴퓨터를 사용해 함께 작업하는 소프트웨어 개발 방식으로, 모든 사람의 실시간 기여를 통해 각자가 수행하는 공유 작업에 최선을 다하는 데 중점을 둔다. 몹 프로그래밍이라고도 하며 *https://ensembleprogramming.xyz*/에서 자세히 소개한다.

장이 더 잘되는 플랫폼을 선택해야 할까? 시스템에 서로 다른 두 가지 기술 스택이 있어도 괜찮을까? 세 가지면 어떨까? 어떤 의사결정은 우리가 이용 가능한 정보로 그 자리에서 완전하게 결정을 내릴 수 있으며, 이는 가장 쉽게 내릴 수 있는 결정이다. 하지만 불완전한 정보로 결정을 내려야 할 때는 어떻게 해야 할까?

이때 틀 만들기^{framing7}는 도움이 될 수 있으며, 달성하려는 목표에 따라 의사결정을 인도하는 일련의 원칙과 관행을 정의하는 것이 의사결정의 틀을 잡는 가장 좋은 방법이다. 그럼 이러한 틀의 각 측면을 차례로 살펴보자.

16.8.1 전략적 목표

아키텍트의 역할은 이미 충분히 어렵기 때문에 다행히도 전략적 목표까지 정의할 필요는 없다! 전략적 목표는 회사가 나아가고자 하는 방향과 고객을 가장 잘 만족시킬 수 있는 방법을 제시해야 한다. 이와 같은 목표는 최고 수준의 목표이므로 기술이 전혀 포함되지 않을 수도 있다. 따라서 회사 수준이나 부서 수준에서 목표를 정의할 수 있다. 예를 들어 '동남아시아로 확장해 새로운 시장을 개척한다' 또는 '고객이 셀프 서비스를 통해 최대한 많은 것을 성취하도록 한다'와 같은 목표가 있을 수 있다. 여기서는 이러한 목표가 조직이 나아갈 방향을 정의하므로 기술이 이에 부합하는지 확인해야 한다는 점이 중요하다.

회사의 기술 비전을 정의하는 사람이라면 조직의 비기술적인 부분(또는 흔히 '비즈니스'라고 부르는 부분)에 더 많은 시간을 할애해야 할 수도 있다. 비즈니스의 추진 비전은 무엇일까? 그리고 어떻게 변화할까?

16.8.2 원칙

원칙은 현재 하고 있는 일을 더 큰 목표에 맞추기 위해 만든 규칙으로, 때때로 변경될 수 있다. 예를 들어 조직의 전략적 목표 중 하나가 새로운 기능의 출시 기간을 단축하는 것이라면, 제공 팀들은 다른 팀과 독립적으로 소프트웨어의 수명주기 동안 모든 권한을 갖고 준비가 되면 언제든 출시하도록 원칙을 정의할 수 있다. 조직이 다른 국가에서 공격적으로 서비스를 확장하려는

---

7   옮긴이_어떤 사건을 인식하거나 반응하기 위해 일화적 지식이나 기억을 바탕으로 그 사건을 해석하기 위한 의미를 형성하는 행동이다. *https://tinyurl.com/bm2-framing*을 참고하자.

것이 또 다른 목표라면, 데이터 주권을 존중하기 위해 전체 시스템을 해당 국가 지역에 배포할 수 있도록 이식성이 있어야 한다는 원칙을 구현하기로 정할 수 있다.

너무 많은 원칙을 수립하는 것은 바람직하지 않다. 원칙은 10개 미만이 적당하며, 사람들이 기억하기 쉽거나 작은 포스터에 넣을 수 있을 정도로 적은 것이 좋다. 원칙이 많을수록 원칙이 서로 겹치거나 모순될 가능성이 커진다.

히로쿠의 12가지 원칙은 히로쿠 플랫폼에서 잘 작동하는 애플리케이션을 만드는 데 도움이 되는 목표를 중심으로 구성된 일련의 설계 원칙이다. 이러한 원칙은 다른 상황에서도 효과가 있을 것이다. 이 원칙 중 일부는 실제로 애플리케이션이 히로쿠에서 작동하기 위해 표시해야 하는 동작에 기반한 제약 조건이다. 제약 조건은 실제로 변경하기가 매우 어렵거나 사실상 불가능한 것이지만, 원칙은 우리가 선택하기로 결정한 것이다. 따라서 원칙과 제약을 명시적으로 구분하면 정말 변경할 수 없는 것을 강조하는 데 도움이 된다. 개인적으로는 원칙과 제약을 한 목록으로 정리하면 가끔씩 제약에 도전하고 정말 꿈쩍도 안 하는 것인지 확인하는 데 도움이 될 수 있다고 생각한다!

16.8.3 관행

관행은 원칙이 제대로 이행되고 있는지 확인하는 방법으로, 업무 수행을 위한 세부적이고 실용적인 지침이다. 관행은 기술에 따라 다르며 모든 개발자가 이해할 수 있을 정도로 자세한 수준이어야 한다. 코딩 지침, 모든 로그 데이터를 중앙에서 캡처해야 한다는 사실, HTTP/REST가 표준 통합 방식이라는 사실 등이 관행에 포함될 수 있다. 기술적 특성으로 인해 관행은 일반적으로 원칙보다 더 자주 바뀐다.

원칙과 마찬가지로, 때때로 관행은 조직 내의 제약을 반영하기도 한다. 예를 들어, 애저를 클라우드 플랫폼으로 선택했다면 이를 관행에 반영해야 한다.

관행은 원칙을 뒷받침해야 한다. 즉, 제공 팀이 시스템의 전체 수명주기를 통제한다는 원칙이 있다면 모든 마이크로서비스를 격리된 AWS 계정에 배포해 자원을 스스로 관리하고 다른 팀으로부터 격리한다는 관행이 포함될 수 있다.

16.8.4 원칙과 관행의 결합

한 사람의 원칙이 다른 사람의 관행이 될 수 있다. 예를 들어 HTTP/REST 사용을 관행이 아닌 원칙이라고 정할 수 있으며, 이렇게 해도 좋을 것이다. 핵심은 시스템의 발전 방법을 이끄는 가장 중요한 아이디어를 포함해야 하고 사람들이 그 아이디어를 구현하는 방법을 알 수 있도록 충분히 상세하게 설명할 필요가 있다는 것이다. 소규모 그룹이나 단일 팀의 경우 원칙과 관행을 결합해도 괜찮을 것이다. 하지만 기술 및 업무 관행이 가는 곳마다 다른 대규모 조직일 경우 공통의 원칙에 모두 부합하는 한 각기 다른 관행이 필요할 수 있다. 예를 들어 .NET 팀과 자바 팀이 동일한 원칙을 갖고 있더라도 서로 다른 관행을 보유할 수 있다.

16.8.5 실제 사례

필자의 오랜 동료인 에반 보처^{Evan Bottcher}는 한 고객과 작업하는 과정에서 [그림 16-3]과 같은 다이어그램을 고안했다. 이 그림은 목표, 원칙, 관행의 상호작용을 매우 명확한 형식으로 보여준다. 몇 년 동안 맨 오른쪽의 관행은 상당히 정기적으로 바뀌는 반면, 원칙은 상당히 고정적으로 유지됐다. 이러한 다이어그램은 한 장의 종이에 멋지게 인쇄해 공유할 수 있으며, 각 개념은 일반 개발자도 기억할 수 있을 정도로 간단하다. 물론 각 항목 뒤에는 더 자세한 내용이 있지만, 요약된 형식으로 표현할 수 있다면 매우 유용하다.

이와 같은 항목을 지원하는 문서를 갖는 것이 타당하며, 관행을 구현하는 방법을 보여주는 동작하는 코드가 있으면 더욱 좋다. 15.8.2절 '플랫폼'에서는 공통 도구들을 만들면 개발자가 올바른 일을 얼마나 쉽게 할 수 있는지 살펴봤다. 이상적으로는 플랫폼이 이러한 관행을 최대한 쉽게 따르도록 만들고, 관행이 변화하면 플랫폼도 그에 따라 변화해야 한다.

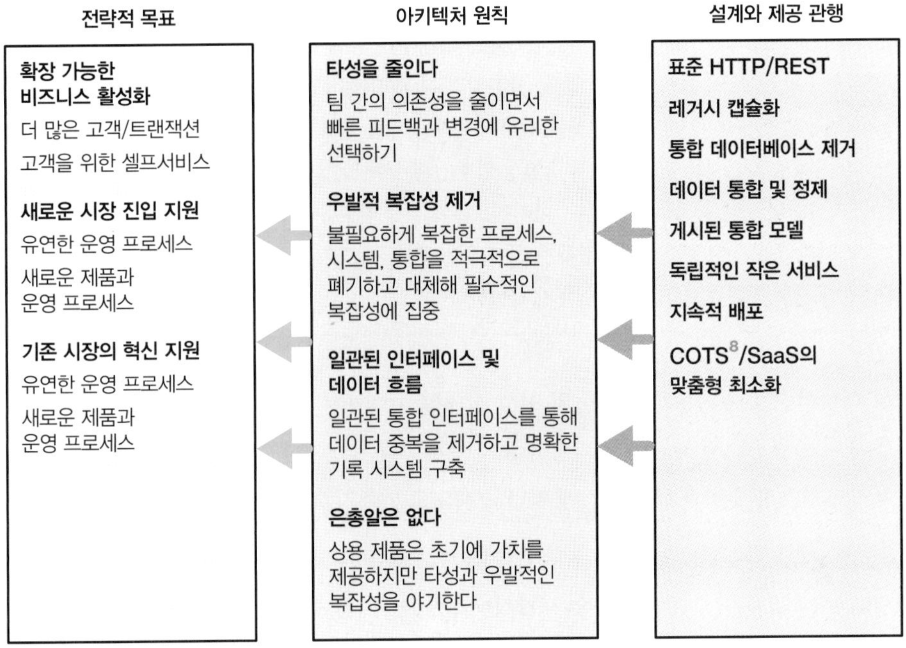

전략적 목표	아키텍처 원칙	설계와 제공 관행
확장 가능한 비즈니스 활성화 더 많은 고객/트랜잭션 고객을 위한 셀프서비스 **새로운 시장 진입 지원** 유연한 운영 프로세스 새로운 제품과 운영 프로세스 **기존 시장의 혁신 지원** 유연한 운영 프로세스 새로운 제품과 운영 프로세스	**타성을 줄인다** 팀 간의 의존성을 줄이면서 빠른 피드백과 변경에 유리한 선택하기 **우발적 복잡성 제거** 불필요하게 복잡한 프로세스, 시스템, 통합을 적극적으로 폐기하고 대체해 필수적인 복잡성에 집중 **일관된 인터페이스 및 데이터 흐름** 일관된 통합 인터페이스를 통해 데이터 중복을 제거하고 명확한 기록 시스템 구축 **은총알은 없다** 상용 제품은 초기에 가치를 제공하지만 타성과 우발적인 복잡성을 야기한다	**표준 HTTP/REST** **레거시 캡슐화** **통합 데이터베이스 제거** **데이터 통합 및 정제** **게시된 통합 모델** **독립적인 작은 서비스** **지속적 배포** **COTS[8]/SaaS의 맞춤형 최소화**

그림 16-3 원칙과 관행에 대한 실제 사례

16.9 진화하는 아키텍처의 가이드

아키텍처가 고정된 것이 아니라 끊임없이 변화하고 진화하는 것이라면, 어떻게 해야 우리가 관리할 수 없는 고통과 괴로움, 비난의 덩어리로 변이를 일으키지 않고 아키텍처를 원하는 방식으로 성장시키고 변화시킬 수 있을까? 『Building Evolutionary Architectures』(오라일리, 2017)[9, 10]에서는 아키텍처가 조치를 취해야 하는지 여부를 결정하기 위한 아키텍처의 상대적 '적합성fitness'에 대한 정보를 수집하는 데 도움이 되는 적합성 함수를 설명한다. 책에서 발췌한 내용은 다음과 같다.

---

8 옮긴이_ COTS는 Commercial Off–The–Shelf의 약자로 '상용 제품'을 의미한다.

9 닐 포드(Neal Ford), 레베카 파손스(Rebacca Parsons), 패트릭 쿠아(Patrick Kua), 『Building Evolutionary Architectures』(오라일리, 2017)

10 옮긴이_ 이 책의 2판이 출간됐다(https://a.co/d/5im0lPU).

진화 컴퓨팅에는 소프트웨어의 각 세대에서 작은 변화를 통해 솔루션이 점진적으로 등장할 수 있도록 하는 여러 메커니즘이 포함돼 있다. 솔루션의 각 세대에서 엔지니어는 궁극적인 목표에 더 가까워졌는지 아니면 더 멀어졌는지를 확인하며 현재 상태를 평가한다. 예를 들어, 유전자 알고리즘을 사용해 날개 설계를 최적화할 때 적합성 함수는 우수한 날개 설계에 바람직한 바람 저항, 무게, 공기 흐름과 기타 특성을 평가한다. 아키텍트는 적합성 함수를 정의해 어떤 것이 더 나은지 설명하고 언제 목표가 달성되는지 측정하는 데 도움을 준다. 소프트웨어에서 적합성 함수는 개발자가 중요한 건축적 특성을 유지하고 있는지 확인한다.

적합성 함수의 개념은 중요한 속성들의 현재 상태를 이해하는 데 사용되며, 해당 속성이 허용 범위를 벗어나 변경되는 경우 변경 사항을 조사해야 한다는 것이다. 일반적으로 적합성 함수는 아키텍처가 정해진 원칙과 제약 조건에 따라 구축되고 있는지 확인하는 데 사용된다.

『Building Evolutionary Architectures』의 예시를 빌려와서 특정 서비스의 응답을 100ms 이내에 수신해야 한다는 요구 사항을 생각해보자. 성능 테스트 환경이나 실제 실행 시스템에서 이 서비스의 성능 데이터를 수집하는 적합성 함수를 구현해 시스템의 실제 동작이 요구 사항을 충족하는지 확인할 수 있다. 이 주제를 더 자세히 살펴보려면, 해당 개념을 깊이 다룬 『Building Evolutionary Architectures』를 적극 추천한다.

아키텍처를 위한 피트니스 기능은 다양한 형태로 나타날 수 있다. 하지만 기본적인 개념은 실제 데이터를 수집해 아키텍처가 해당 기준에 따라 '적합성' 달성 여부를 파악하는 것이다. 이는 시스템 성능, 코드 결합, 주기 시간 또는 기타 여러 측면과 관련될 수 있다. 이러한 적합성 함수는 아키텍트가 개입해야 할 부분을 이해하는 데 도움이 되는 또 다른 정보 출처의 역할을 한다. 하지만 적합성 함수는 시스템을 구축하는 사람들과의 긴밀한 협업과 합쳐질 때 가장 효과적이라는 점에 유의하길 바란다. 적합성 함수는 아키텍처가 올바른 방향으로 나아가고 있는지 이해하는 데 도움이 되는 유용한 방법이지만, 실제로 현장의 사람들과 대화하는 것을 대체하지는 못한다. 실제로 올바른 피트니스 기능을 정의하려면 긴밀한 협업이 필요하다.

16.10 스트림 정렬 조직의 아키텍처

15장에서는 최신 소프트웨어 제공 조직이 스트림 정렬 모델stream-aligned model(자율적이고 독립적인 팀이 제품 중심의 우선순위를 기반으로 엔드투엔드 기능 제공에 집중하는 모델)로 어떻게 변화하고 있는지 살펴봤다. 또한 스트림 정렬 팀을 교차 지원하는 활성화 팀enabling team에 대해서도 이야기했다. 이 세계에서 아키텍트는 어디에 속할까? 스트림 정렬 팀의 범위는 전담 아키텍트가 필요할 정도로 복잡할 때도 있다(이때도 전통적인 기술 리드와 아키텍트 역할 사이의 경계가 모호해지는 경우가 많다). 하지만 대부분의 경우 아키텍트는 여러 팀에서 업무를 수행해야 한다.

아키텍트의 많은 책임을 활성화 책임으로 볼 수 있다. 아키텍트는 기술 비전을 명확하게 전달하고, 새로운 과제를 파악하고, 그에 따라 기술 비전을 적절히 조정하는 데 도움을 주기 때문이다. 아키텍트는 사람들을 연결하고, 더 큰 그림을 주시하며, 팀이 하고 있는 일이 더 큰 전체에 어떻게 부합되는지 이해하도록 도와준다. 이는 [그림 16-4]에서 보듯이 아키텍트가 활성화 팀의 일원이라는 개념에 잘 부합한다. 이러한 지원 팀은 풀타임으로 팀에 전념하는 사람과 때때로 도움을 주는 사람 등 다양한 사람들로 구성될 수 있다.

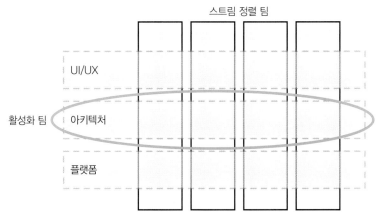

그림 16-4 활성화 팀으로서의 아키텍처 기능

개인적으로 가장 선호하는 모델은 이 팀에 소수의 전담 아키텍트(대체로 한두 명 정도일 것이다)를 두되, 시간이 지남에 따라 각 제공 팀의 기술 전문가(최소한 각 팀의 기술 리더)로 팀을 보강하는 것이다. 아키텍트는 해당 그룹이 제대로 작동하는지 확인할 책임이 있다. 이렇게 하면 작업이 분산되고 더 높은 수준에서 수용될 수 있다. 또한 팀에서 그룹으로 정보가 자유롭게 흐르도록 만들어 결과적으로 훨씬 더 합리적이고 정보에 입각한 의사결정을 내릴 수 있다.

때로는 해당 그룹이 아키텍트가 동의하지 않는 결정을 내릴 수도 있다. 이 경우 아키텍트는 어떻게 해야 할까? 전에도 이런 상황에 처해본 적이 있으므로 가장 어려운 상황 중 하나라고 말할 수 있다. 필자는 종종 해당 그룹의 결정에 따라야 한다는 접근 방식을 취하며, 사람들을 설득하기 위해 최선을 다했지만 결국 충분히 설득하지 못했던 적도 있다고 생각한다. 집단은 종종 개인보다 훨씬 현명하며, 필자가 틀렸다는 것도 한 번 이상 입증됐다! 그리고 그룹에게 결정을 내릴 수 있는 시간을 주었는데 결국 그들이 무시당한다면 얼마나 힘 빠지는 일인지 상상해보라. 하지만 가끔은 필자가 그룹을 무시한 적도 있다. 하지만 왜, 언제 그랬을까? 어떻게 그 경계를 구분할까?

아이에게 자전거 타는 법을 가르친다고 생각해보라. 가르치기 위해 직접 타볼 수는 없다. 아이가 흔들리는 모습을 지켜보면서 넘어질 것 같을 때마다 개입하면 아이는 결코 배우지 못할 것이며, 어떤 경우는 생각보다 훨씬 덜 넘어질 것이다! 하지만 차도나 부근에 있는 오리 연못으로 들어가려고 하는 것을 본다면 개입해야 한다. 물론 그런 상황에서도 필자가 틀렸다는 것이 자주 증명되곤 했다. 필자가 잘못됐다고 생각한 일을 팀이 계속 하도록 내버려뒀더니 오히려 효과가 있었다! 마찬가지로, 아키텍트는 비유적으로 말해 팀이 '오리 연못'에 빠져들고 있는 시점을 확실히 파악해야 한다. 또한 자신이 옳다는 것을 알면서도 팀을 무시하면 자신의 입지가 약화되고 팀이 발언권이 없다고 느낄 수 있다는 점도 인식해야 한다. 때로는 동의하지 않는 결정을 따르는 것이 옳을 때도 있다. 이와 같이 해야 할 때와 하지 말아야 할 때를 아는 것은 어렵지만 때로는 매우 중요하다.

곧 설명하겠지만, 흥미로운 점은 아키텍트가 거버넌스 활동에도 참여해야 할 때다. 이 경우 여러 분야를 넘나드는 아키텍처 팀의 역할에 대해 약간의 혼란이 발생할 수 있다. 한 팀이 기술 전략이 나아가는 방향에서 벗어나면 어떻게 될까? 그래도 괜찮을까? 합리적인 예외일 수도 있지만, 더 근본적인 문제를 야기할 수도 있다. 편의성이라는 명목으로 내린 단기적인 결정이 더 큰 변화를 시도하는 데 방해가 될 수 있다. 아키텍처 그룹이 중앙 집중식 데이터 사용으로 인한 연결 및 운영상의 문제로 인해 조직을 중앙의 공유 데이터를 사용하는 것에서 벗어나도록 지원하려고 하는데, 한 팀이 신속하게 제공해야 한다는 압박감으로 인해 새로운 데이터를 공유 데이터베이스에 넣기로 결정했다고 상상해보자. 그러면 어떻게 될까?

경험에 비춰보면, 이 모든 것은 원활하고 명확한 의사소통과 책임에 대한 이해 부족으로 귀결된다. 필자가 추진 중인 영역 교차 활동에 프로덕트 오너가 활동을 저해하는 결정을 내리는 모습을 본다면 그들과 대화를 나눌 것이다. 그리고 아마도 단기적인 결정이 옳다는 답변을 들을 것이다(이는 결국 의식적으로 받아들인 일종의 기술적 부채가 될 수도 있다). 다른 경우에는 프로덕트 오너가 전체 전략에 도움이 되도록 계획을 변경할 수 있을지도 모른다. 최악의 경우에는 이 문제를 에스컬레이션해야 할 수도 있다.

앞서 몇 장에 걸쳐 언급한 온라인 부동산 회사인 REA에서는 프로덕트 오너가 때때로 기술 부채가 쌓이는 방식으로 작업의 우선순위를 결정해 후속 문제를 야기하는 경우가 있었다. 문제는 프로덕트 오너가 주로 기능을 제공하고 고객을 만족시킬 수 있는 능력과 관련해 책임을 져야 하는 반면, 기술 부채와 관련된 문제는 기술 리더에게 책임을 돌리는 경우가 많았다는 것이다. 결국 프로덕트 오너가 소프트웨어의 기술적인 측면에 대해서도 책임을 지는 방식으로 바뀌었다. 이는 프로덕트 오너가 시스템의 보다 기술적인 측면(예: 보안 또는 성능)을 이해하는 데더 적극적인 역할을 수행하고 수행해야 할 작업의 우선순위를 정하는 것과 관련해 기술 전문가와 더 협력해야 한다는 사실을 의미했다. 기술 전문성이 없는 프로덕트 오너가 기술 활동에 대한 우선순위를 정할 때 더 많은 책임을 지게 하는 것은 사소한 일은 아니지만, 필자의 경험에 비춰볼 때 그만한 가치가 있다.

16.11 팀 구축

시스템의 기술 비전을 위한 주요 담당자가 되고 이 비전을 실행하는 과정에서 핵심적인 역할을 하는 것은 단순히 올바른 기술 결정을 내리는 데 그치지 않는다. 함께 일하는 사람들이 그 작업을 수행해야 한다. 따라서 기술 리더는 사람들이 성장하도록 지원하고, 비전을 만드는 데 동참하도록 도움을 주며, 비전을 형성하고 구현하는 데도 적극적으로 참여할 수 있도록 역할을 해야 한다.

주변 사람들이 경력상으로 성장하도록 돕는 일은 다양한 형태로 이뤄질 수 있으며, 대부분은 이 책에서 다루는 내용이 아니다. 하지만 마이크로서비스 아키텍처가 특히 적합한 한 가지 측면이 있다. 대규모의 모놀리식 시스템에서는 사람들이 직접 나서서 무언가를 '소유'할 수 있는 기회가 적었다. 반면에 마이크로서비스에서는 독립적인 수명주기를 갖는 여러 개의 자율적인 코드베이스가 있다. 사람들이 더 많은 책임을 맡기 전에 개별 마이크로서비스에 대한 소유권을 갖게 함으로써 한 단계 더 성장하도록 돕는 것은 그들 자신의 경력 목표를 달성하는 데 도움이 되는 동시에 책임자의 부담을 덜어주는 좋은 방법이 될 수 있다!

필자는 훌륭한 소프트웨어는 훌륭한 사람들로부터 나온다고 굳게 믿는다. 문제 상황에서 기술적인 측면에만 신경을 쓴다면 그림의 절반 이상을 놓치고 있는 것이다.

16.12 필수 기준

관행을 검토하고 절충점을 고려할 때 가장 중요한 균형 중 하나는 시스템에서 얼마나 많은 가변성variability[11]을 허용할 것인지와 관련된다. 마이크로서비스마다 일정해야 하는 것이 무엇인지 파악하는 핵심적인 방법 중 하나는 잘 작동하는 좋은 마이크로서비스의 모습을 정의하는 것이다. 시스템에서 '선량한 시민good citizen' 마이크로서비스는 어떤 것인가? 시스템을 관리할 수 있고 하나의 잘못된 마이크로서비스로 인해 전체 시스템이 다운되지 않도록 하려면 어떤 기능을 갖춰야 할까? 사람과 마찬가지로, 한 맥락에서 '선량한 시민' 마이크로서비스가 다른 맥락의 다른 곳에서는 그 모습이 반영되지 않는다. 그럼에도 잘 작동하는 마이크로서비스에는 관찰해야 할 상당히 중요한 공통적인 특징이 몇 가지 있다. 여기서는 너무 많은 차이를 허용하면 꽤 끔찍한 시간을 초래할 수 있는 몇 가지 핵심 영역을 소개한다. 페이스북의 벤 크리스텐슨Ben Christensen이 말했듯이, 더 큰 그림을 생각하면 '자율적인 수명주기를 가진 많은 작은 부분으로 구성돼 있지만 모두 함께 협업하는 응집력 있는 시스템이어야 한다.' 따라서 더 큰 그림을 놓치지 않으면서 개별 마이크로서비스의 자율성을 최적화할 수 있는 균형점을 찾아야 한다. 각 마이크로서비스가 가져야 하는 속성을 명확하게 정의하는 것이 그 균형을 맞추는 한 가지 방법이다. 그 속성 중 몇 가지를 살펴보자.

16.12.1 모니터링

시스템 상태에 대한 일관된 서비스 교차 뷰cross-service view를 만들 수 있어야 한다. 이는 마이크로

---

11 옮긴이_일정한 조건에서 변할 수 있는 성질을 의미하며, 반대말은 '불변성'이다.

서비스별 뷰가 아니라 시스템 전체에 대한 뷰여야 한다. 10장에서 논의했듯이 개별 마이크로서비스의 상태를 아는 것은 유용하지만, 더 광범위한 문제를 진단하거나 더 큰 추세를 이해하려고 할 때 특히 유용하다. 이를 최대한 쉽게 작업하려면, 모든 마이크로서비스가 상태 관련 메트릭과 일반 모니터링 관련 메트릭을 동일한 방식으로 발송하는 것이 좋다.

각 마이크로서비스가 이 데이터를 중앙 위치로 푸시하는 푸시 메커니즘을 채택할 수도 있다. 어떤 방식을 선택하든 표준화된 방식을 유지하라. 상자 안의 기술을 불투명하게 만들고, 이를 지원하기 위해 모니터링 시스템을 변경할 필요가 없게 하라. 로깅^{logging}도 같은 범주에 속하며, 한 곳에서 관리해야 한다.

16.12.2 인터페이스

소수의 정의된 인터페이스 기술을 선택하면 새로운 소비자를 통합하는 데 도움이 된다. 하나의 표준이 있으면 좋고 2개도 나쁘지 않다. 하지만 20개의 서로 다른 통합 스타일이 있다면 좋지 못하다. 이는 단순히 기술과 프로토콜을 선택하는 문제가 아니다. 예를 들어 HTTP/REST를 선택한다면 동사^{verb}를 사용할 것인가, 명사^{noun}를 사용할 것인가? 자원의 페이지 매김^{pagination}은 어떻게 처리할 것인가? 엔드포인트의 버전 관리는 어떻게 처리할 것인가?

16.12.3 아키텍처 안전

오동작하는 마이크로서비스 하나 때문에 모두를 위한 '파티'를 망칠 수는 없다. 따라서 마이크로서비스가 다운스트림 호출의 장애로부터 스스로를 보호할 수 있도록 해야 한다. 다운스트림 호출의 잠재적 장애를 제대로 처리하지 못하는 마이크로서비스가 많을수록 시스템은 더 취약해진다. 예를 들어, 서비스 간 통신과 관련해 회로 차단기 사용을 의무화(12.5절 '안정성 패턴'에서 살펴본 주제)하는 것처럼 특정 관행을 강제할 수 있다.

응답 코드와 관련해서도 규칙을 준수하는 것이 중요하다. 회로 차단기는 HTTP 코드에 의존하는데, 한 마이크로서비스가 오류로 인해 2XX 코드를 다시 보내거나 4XX 코드와 5XX 코드를 혼동하는 경우 이러한 안전 조치가 무너질 수 있다. HTTP를 사용하지 않는 경우에도 비슷한 우려를 낳게 된다. 정상이고 올바르게 처리된 요청, 요청이 잘못돼 마이크로서비스가 아무것도 할 수 없는 요청, 정상일 수 있지만 서버가 다운돼 알 수 없는 요청의 차이점을 알아야 한다. 이를 파악하는 것이야말로 빠르게 실패하고 문제를 추적하게 해주는 핵심 요소다. 마이크로서비스가 이러한 규칙을 느슨하게 적용하면 결국 더 취약한 시스템을 만들게 된다.

16.13 거버넌스와 포장된 길

아키텍트가 처리해야 할 일 중 하나는 거버넌스다. **거버넌스**governance란 무엇을 의미할까? COBIT^{Control Objectives for Information Technologies}(정보 기술에 대한 통제 목표) 프레임워크에서는 다음과 같은 꽤 좋은 정의를 제시한다.[12]

> 거버넌스는 이해관계자의 요구, 조건, 옵션을 평가하고, 우선순위 지정 및 의사결정을 통해 방향을 설정하고, 합의된 방향과 목표에 대한 성과, 규정 준수, 진행 상황을 모니터링해 기업 목표를 달성할 수 있도록 보장한다.

간단히 말해, 거버넌스는 일을 어떻게 수행해야 하는지 합의하고, 사람들이 어떻게 수행해야 하는지 알 수 있게 하며, 일이 그렇게 수행되도록 하는 것으로 간주할 수 있다. 어떤 환경에서는 거버넌스가 비공식적으로 일반적인 소프트웨어 개발 활동의 일부로 이뤄지기도 한다. 다른 환경, 특히 대규모 조직에서는 거버넌스가 보다 구체적인 기능을 수행해야 할 수 있다.

거버넌스는 IT 포럼에서 여러 가지에 적용될 수 있다. 필자는 아키텍트의 역할이라고 생각하는 기술 거버넌스 측면에 초점을 맞추고자 한다. 아키텍트의 역할 중 하나가 기술적 비전을 확보하는 것이라면, 거버넌스는 우리가 구축하는 것이 이 비전과 일치하는지 확인하고 필요한 경우 비전을 발전시키는 것이다.

기본적으로 거버넌스는 그룹 활동이어야 한다. 제대로 작동하는 거버넌스 그룹은 함께 협력해 작업을 공유하고 비전을 구체화할 수 있다. 소규모 팀으로 구성된 비공식적인 대화일 수도 있고, 더 광범위하게 공식적인 그룹 멤버로 구성된 보다 구조화된 정기 회의일 수도 있다. 여기서 앞서 설명한 원칙을 논의하고 필요에 따라 변경해야 한다고 생각한다. 공식적인 그룹이 필요한

---

12 『COBIT 5: IT 거버넌스 및 관리를 위한 비즈니스 프레임워크(COBIT 5: A Business Framework for the Governance and Management of Enterprise IT)』(Rolling Meadows, IL: ISACA, 2012), *https://a.co/d/fN2BWvd*

경우, 이 그룹은 주로 관리 대상 업무를 실행하는 사람들로 구성돼야 한다. 이 그룹은 기술적 위험을 추적하고 관리하는 역할도 담당해야 한다.

함께 모여서 어떻게 일을 처리할지 합의하는 것은 좋은 생각이다. 하지만 사람들이 이러한 가이드라인을 따르고 있는지 확인하는 데 시간을 소비하는 것은 개발자에게 각 마이크로서비스에서 기대하는 모든 표준 사항을 구현해야 하는 부담을 주는 것과 마찬가지로 재미가 떨어진다. 올바른 일을 쉽게 할 수 있도록 하는 것은 중요하며, 15장에서 논의했듯이 포장된 길은 여기서 매우 유용한 개념이다. 아키텍트는 비전을 명확하게 표현하고, 목표에 쉽게 도달할 수 있도록 하는 역할을 한다. 따라서 어떤 포장된 길을 구축하든 그 도로의 요구 사항을 구체화하는 데 참여해야 한다. 많은 경우 플랫폼이 가장 큰 예가 될 것이며, 아키텍트는 결국 플랫폼 팀의 중요한 이해관계자가 된다.

플랫폼의 역할은 이미 자세히 살펴봤으므로 사람들이 가능한 한 쉽게 올바른 일을 할 수 있도록 해주는 몇 가지 다른 기술을 살펴볼 것이다.

16.13.1 예시

서면 문서는 훌륭하고 유용하다. 필자도 이 책을 집필한 만큼 그 가치를 분명히 알고 있다. 하지만 개발자는 실행하고 탐색할 수 있는 코드도 좋아한다. 권장하고 싶은 표준이나 모범 사례가 있다면 참고할 만한 예시를 제공할 수 있어 유용하다. 사람들이 시스템의 더 좋은 부분을 모방함으로써 크게 잘못될 일은 없을 것이다.

이러한 모범 사례는 단순히 '완벽한 예시'로만 구현된 고립된 마이크로서비스가 아니라 시스템에서 제대로 작동하는 실제 마이크로서비스여야 한다. 예시가 실제로 사용되고 있는지 확인함으로써 모든 원칙이 실제로 의미가 있는지 확인할 수 있다.

16.13.2 맞춤형 마이크로서비스 템플릿

모든 개발자가 아주 조금만 작업해도 대부분의 가이드라인을 쉽게 따를 수 있다면 정말 좋지 않을까? 개발자가 각 마이크로서비스에 필요한 핵심 속성을 구현하기 위해 대부분의 코드를 바로 사용할 수 있다면 어떨까?

마이크로서비스 템플릿의 빌딩 블록을 제공하고자 다양한 프로그래밍 언어에 대한 많은 프레임워크가 존재하며, 아마도 스프링 부트Spring Boot는 JVM을 위한 프레임워크의 가장 성공적인 예일 것이다. 스프링 부트의 핵심 프레임워크는 상당히 가볍지만, 라이브러리 세트를 조합해 상태 확인, HTTP 제공 또는 메트릭 노출과 같은 기능을 제공할 수 있다. 따라서 명령줄에서 바로 실행할 수 있는 간단한 'Hello World' 마이크로서비스가 제공된다.

그런 다음 많은 사람은 프레임워크를 도입해 이 설정을 그들의 회사용으로 표준화한다. 예를 들어 새로운 마이크로서비스를 시작할 때 조직에서 기존에 사용하던 핵심 라이브러리가 포함된 스프링 부트 템플릿을 가져오도록 스크립트를 작성할 수 있으며, 회로 차단기를 처리하기 위해 라이브러리에 가져오거나 인바운드 호출에 대한 JWT 인증을 처리하도록 구성될 수 있다. 일반적으로 이러한 자동화된 템플릿을 사용하면 대응되는 빌드 파이프라인도 만들게 된다.

주의 사항

맞춤형 마이크로서비스 템플릿의 선택과 구성은 주로 플랫폼 팀의 몫이다. 예를 들어, 지원되는 언어별로 템플릿을 제공해 그 결과로 생성된 마이크로서비스가 플랫폼과 잘 작동하게 할 수 있다. 하지만 이 과정에서 난관에 맞닥뜨리곤 한다.

경험에 비춰보면, 팀에 강제적인 프레임워크를 강요함으로써 팀의 사기와 생산성이 저하되는 경우가 적지 않았다. 코드 재사용을 개선하기 위해 점점 더 많은 작업이 중앙 집중식 프레임워크에 몰려 이 프레임워크는 감당하기 어려운 괴물이 돼버린다. 맞춤형 마이크로서비스 템플릿을 사용하기로 결정했다면, 그 템플릿이 하는 일이 무엇인지 매우 신중하게 생각하라. 이상적으로는 순전히 선택 사항으로 사용하는 것이 좋지만, 더 강력하게 채택하려면 개발자의 사용 편의성이 가장 중요한 기준이 된다는 점을 이해해야 한다. 템플릿을 사용하는 개발자가 조직 내부의 오픈 소스 모델의 일부로 프레임워크에 대한 변경 사항을 추천하고 기여할 수 있도록 허용하면 큰 도움이 될 수 있다.

5.8절 '마이크로서비스 세계에서 DRY와 코드 재사용의 위험'에서 논의했듯이 공유 코드의 위험성을 인식해야 한다. 재사용 가능한 코드를 만들고자 하는 열정으로 인해 마이크로서비스 사이에 결합 원인을 만들 수 있다. 필자가 만난 한 조직은 이 문제를 너무 걱정해서 실제로 마이크로서비스 템플릿 코드를 각 마이크로서비스에 수동으로 복사하고 있었다. 즉, 핵심 마이크로서비스 템플릿을 업그레이드하려면 시스템 전체에 적용하는 데 오랜 시간이 걸리지만, 이 조직

은 이러한 지연을 결합의 위험보다는 덜 우려하고 있었다. 필자가 만난 다른 팀들은 마이크로서비스 템플릿을 단순히 공유 바이너리 의존성으로 취급했지만, DRY(반복하지 않기don't repeat yourself)에 매달려 지나치게 결합된 시스템이 되지 않도록 매우 부단히 노력해야 한다!

16.13.3 대규모로 포장된 길

많은 마이크로서비스를 보유한 조직에서는 흔히 사내 내부의 마이크로서비스 템플릿 및 프레임워크를 사용하며, 넷플릭스와 몬조가 그런 조직의 대표적인 예다. 각 조직은 기술 스택을 어느 정도 표준화하기로 결정하고(넷플릭스의 경우 JVM, 몬조의 경우 Go 언어) 공통 도구 세트를 사용해 예상대로 동작하는 표준적인 새 마이크로서비스를 빠르게 생성할 수 있다. 기술 스택이 다양해지면, 요구에 맞는 표준 마이크로서비스 템플릿을 갖추기가 더욱 어려워진다.

서로 다른 다수의 기술 스택을 수용하려면 각각에 맞는 마이크로서비스 템플릿이 필요하다. 하지만 이를 위해서는 팀에서 언어 선택을 섬세하게 제한하는 방식이 필요할 것이다. 사내 마이크로서비스 템플릿이 JVM만 지원하므로 사람들이 더 많은 작업을 직접 수행해야 한다면, 그들은 대안의 기술 스택을 선택하길 꺼릴 것이다. 예를 들어, 넷플릭스는 시스템 일부분의 중단으로 인해 모든 것이 중단되지 않도록 하려고 내결함성fault tolerance과 같은 측면에 특히 신경을 쓰고 있다. 또한 이러한 문제를 해결하고자 마이크로서비스가 원활하게 작동하는 데 필요한 도구를 팀에 제공하도록 JVM용 클라이언트 라이브러리에 상당한 공을 들였다. 새로운 기술 스택을 도입한다는 것은 이 모든 노력을 반복해야 한다는 의미일 수 있다. 넷플릭스가 가장 우려하는 것은 중복된 노력보다는 이 작업이 너무 쉽게 잘못될 수 있다는 사실이다. 새로운 내결함성 구현이 잘못될 경우 시스템에 더 많은 영향을 미치게 된다면, 마이크로서비스는 더 큰 위험을 감수해야 한다. 넷플릭스는 적절한 라이브러리를 사용하는 JVM과 로컬에서 통신하는 '사이드카 서비스sidecar service'를 사용해 이 문제를 완화한다.

서비스 메시는 공통 동작을 떠넘길 수 있는 또 다른 잠재적 방법을 제공했다. 따라서 일반적으로 마이크로서비스의 내부 책임으로 간주되던 일부 기능을 이제 마이크로서비스 메시로 밀어낼 수 있다. 이렇게 하면 서로 다른 프로그래밍 언어로 작성된 마이크로서비스 간 행동의 일관성을 보장하고 마이크로서비스 템플릿의 책임 부담도 줄일 수 있다.

16.14 기술 부채

종종 기술 비전을 완벽하게 실현할 수 없는 상황이 찾아온다. 그럼 긴급한 기능을 구현하려고 몇 가지를 희생하는 쪽을 흔히 선택하게 되는데, 이는 단지 우리가 감수해야 할 또 하나의 절충점일 뿐이다. 우리의 기술 비전은 그만한 이유가 있으며, 해당 이유에서 벗어나면 단기적으로는 이득이 될 수 있지만 장기적으로는 대가를 치르게 된다. 이러한 절충점을 이해하는 데 도움이 되는 개념이 바로 기술 부채technical debt다. 기술 부채가 발생하면 현실 세계의 부채와 마찬가지로 지속적인 비용이 발생하며, 결국 해당 비용을 지불해야 한다.

때때로 기술 부채는 지름길을 택함으로써 발생하는 것이 아니다. 시스템에 대한 우리의 비전이 바뀌었지만 모든 시스템이 일치하지 않는다면 어떻게 될까? 이와 같은 상황에서도 새로운 기술 부채의 원천이 생겨났다.

아키텍트의 역할은 더 큰 그림을 보고 이 균형을 이해하는 것이다. 부채의 수준과 개입해야 할 부분에 대해 어느 정도 견해를 갖는 것이 중요하며, 조직에 따라서는 부드러운 지침을 제공하되 부채를 추적하고 상환하는 방법을 팀 스스로 결정하게 할 수도 있다. 다른 조직에서는 정기적으로 검토하는 부채 로그를 보관하는 것을 포함해 보다 체계적으로 관리해야 할 수도 있다.

16.15 예외 처리

따라서 원칙과 관행은 시스템을 구축하는 방법을 안내한다. 하지만 시스템이 원칙에서 벗어나면 어떻게 될까? 때때로 우리는 규칙에 예외가 되는 결정을 내릴 때가 있다. 이러한 경우에는 나중에 참고할 수 있도록 그러한 결정을 로그 어딘가에 캡처하는 것이 좋다. 예외가 충분히 늘어나면, 결국에는 새로운 상황을 반영해 해당 원칙이나 관행을 변경하는 것이 합리적이다. 예를 들어, 데이터 저장소로 항상 MySQL을 사용한다는 관행이 존재할 수 있다. 그러나 확장성이 뛰어난 저장소를 위해 카산드라를 사용해야 하는 강력한 이유를 알게 되면, '볼륨이 크게 증가할 것으로 예상되는 경우를 제외하고 대부분의 저장소에 대한 요구 사항에는 MySQL을 사용하되, 다른 경우는 카산드라를 사용한다'라고 관행을 변경할 수 있다.

하지만 모든 조직이 다르다는 점을 다시 한 번 더 강조할 필요가 있다. 필자는 개발 팀에 대한 높은 신뢰 및 자율성과 가벼운 원칙(그리고 명백한 예외 처리의 필요성을 제거하지 않더라도 크게 줄인)을 가진 몇몇 회사와 함께 일해왔다. 개발자의 자유가 적고 체계가 잡힌 조직에서는 예외를 추적하는 것이 사람들이 직면한 문제를 규칙에 적절히 반영하는 데 필수적일지도 모른다. 그럼에도 불구하고 필자는 당면한 문제를 해결하도록 최대한의 자유를 부여하며 팀의 자율성을 최적화하는 방법으로 마이크로서비스를 선호한다. 개발자의 업무 수행 방식에 많은 제한을 두는 조직에서 일하고 있다면 마이크로서비스가 적합하지 못할 수 있다.

요약

이 장에서 다룬 진화하는 아키텍트의 핵심 책임을 정리하면 다음과 같다.

비전

고객과 조직의 요구 사항을 충족하는 데 도움이 되는 시스템에 대해 명확하게 소통되는 기술 비전이 있어야 한다.

공감

자신의 결정이 고객과 동료에게 미치는 영향을 이해한다.

협업

비전을 정의하고 정제하고 실행하기 위해 가능한 한 많은 동료들과 협업한다.

적응성

고객이나 조직의 필요에 따라 기술 비전을 변경할 수 있도록 한다.

자율성

표준화와 팀의 자율성을 활성화하는 것 사이에서 적절한 균형을 찾는다.

거버넌스

구현 중인 시스템이 기술 비전에 부합하는지 확인하고 사람들이 올바른 일을 쉽게 수행할 수 있는지 확인한다.

진화하는 아키텍트는 이러한 핵심 책임을 입증하는 것이 끊임없이 균형을 잡는 행위라는 점을 이해하는 사람이다. 힘은 항상 우리를 어느 한 방향으로 밀어붙이고 있으며, 어디를 밀어내야 할지 또는 흐름을 따라 어디로 가야 할지 이해하는 것은 종종 경험을 통해서만 가능한 일이다. 하지만 우리를 변화로 이끄는 이러한 모든 힘에 대한 최악의 반응은 우리의 사고가 더욱 경직되거나 고정되는 것이다.

이 장의 많은 조언은 모든 시스템 아키텍트에게 적용될 수 있지만, 마이크로서비스에서는 더 많은 결정을 내려야 한다. 따라서 모든 절충점의 균형을 잘 맞추는 것이 중요하다. 이와 관련된 내용을 더 자세히 살펴보고 싶다면 앞에서 언급한 『Building Evolutionary Architectures』 (오라일리, 2017) 외에 그레고르 호페의 『소프트웨어 아키텍트 엘리베이터』(에이콘, 2022) 도 추천한다. 이 책은 아키텍트가 높은 수준의 전략적 사고와 현장 제공 간의 격차를 해소하는 방법을 이해하는 데 유용하다.

이제 이 책의 막바지에 이르렀고, 지금까지 많은 내용을 다뤘다. 이어지는 '종합 정리: 조언부터 향후 전망까지'에서는 앞서 배운 내용을 전체적으로 요약해본다.

종합 정리: 조언부터 향후 전망까지

이 책은 많은 내용을 다루고 있으며, 그 과정에서 많은 조언을 공유했다. 광범위한 내용을 다뤘으므로 마이크로서비스 아키텍처에 관한 몇 가지 핵심적인 조언을 마지막으로 요약해보는 것이 바람직하다고 생각했다. 이 책을 다 읽은 독자에게는 다시 한 번 해당 조언을 되새기는 기회가 될 것이다. 혹시라도 조급한 마음에 여기로 곧장 넘어왔다면, 이 조언 뒤에는 많은 세부 사항이 있다는 점을 인식해야 한다. 이러한 개념을 맹목적으로 채택하기보다는 몇 가지 개념에 대한 세부 사항부터 충실히 읽어볼 것을 권한다.

따라서 이 마지막 장은 가능한 한 짧게 작성하려고 했다. 그럼 시작해보자.

마이크로서비스란?

1장에서 소개한 것처럼, 마이크로서비스는 독립적인 배포 가능성에 중점을 둔 서비스 지향 아키텍처의 한 유형이다. **독립적인 배포 가능성**은 마이크로서비스를 변경하고, 해당 마이크로서비스를 배포하고, 다른 마이크로서비스를 변경하지 않고도 최종 사용자에게 해당 기능을 릴리스할 수 있다는 것을 의미한다. 마이크로서비스 아키텍처를 최대한 활용하려면 이 개념을 수용해야 한다. 일반적으로 각 마이크로서비스는 하나의 프로세스로 배포되며, 다른 마이크로서비스와의 통신은 특정 형태의 네트워크 프로토콜을 통해 이뤄진다. 더 많은 확장성을 제공하거나 이중화를 통해 견고성을 향상시키려고 마이크로서비스의 인스턴스를 여러 개 배포하는 것이 일반적이다.

독립적인 배포 기능을 제공하려면, 하나의 마이크로서비스를 변경할 때 다른 마이크로서비스와의 상호작용이 중단되지 않도록 해야 한다. 이를 위해서는 다른 마이크로서비스와의 인터페이스가 안정적이어야 하며, 하위 호환성이 유지되는 방식으로 변경돼야 한다. 2장에서 자세히 설명한 **정보 은닉**은 가능한 한 많은 정보(코드, 데이터)를 인터페이스 뒤에 숨기는 방식을 설명한다. 소비자를 만족시키려면 서비스 인터페이스에 최소한의 정보만 노출해야 하며, 노출이 적을수록 변경 사항의 하위 호환성을 확인하기가 더 쉬워진다. 또한 정보 은닉을 사용하면 마이크로서비스 경계 안에서 소비자에게 영향을 미치지 않는 방식으로 기술을 바꿀 수 있다.

독립적인 배포 기능을 구현하는 주요 방법 중 하나는 **데이터베이스를 숨기는 것**이다. 마이크로서비스가 데이터베이스에 상태를 저장해야 하는 경우, 이 데이터베이스는 외부로부터 완전히 숨겨져 있어야 한다. 내부 데이터베이스가 외부 소비자에게 직접 노출되면 안 되는데, 이는 둘 사이에 너무 많은 결합을 유발해 독립적인 배포 가능성을 약화시키기 때문이다. 일반적으로 여러 마이크로서비스가 모두 동일한 데이터베이스에 액세스하는 상황은 피해야 한다.

마이크로서비스는 **도메인 주도 설계**(DDD)와 매우 잘 맞는다. DDD는 마이크로서비스 경계를 찾는 데 도움이 되는 특성을 제공하며, 그 결과 아키텍처가 비즈니스 도메인을 중심으로 정렬된다. 이는 조직이 보다 비즈니스 중심적인 IT 팀을 구성하는 상황에서 매우 유용하다. 비즈니스 도메인의 한 부분에 집중하는 팀은 이제 비즈니스의 해당 부분과 일치하는 마이크로서비스에 대한 소유권을 가질 수 있다.

마이크로서비스로의 전환

마이크로서비스는 그 사용 이유를 진지하게 고려해야 할 만큼 많은 복잡성을 가져온다. 필자는 여전히 단순한 단일 프로세스형 모놀리스가 새로운 시스템에 대한 완전히 합리적인 출발점이라고 확신한다. 하지만 시간이 지남에 따라 여러 가지를 배우게 되고, 현재의 시스템 아키텍처가 더 이상 목적에 적합하지 않다는 사실을 알게 된다. 이 시점에서는 변화를 모색하는 것이 적절하다.

마이크로서비스 아키텍처를 통해 얻고자 하는 것이 **무엇인지** 이해하는 것이 중요하다. 그 목표는 무엇인가? 마이크로서비스로의 전환이 어떤 긍정적인 결과를 가져올 것으로 기대하는가? 목표하는 결과는 모놀리스를 **어떻게** 분리할지에 대해 직접적인 영향을 미친다. 큰 규모를 더 잘 처리하고자 시스템 아키텍처를 변경하려는 경우, 주된 변경 원인이 조직의 자율성을 개선하기 위한 것과는 다른 변화를 시도하게 될 것이다. 이에 대해서는 3장에서 더 자세히 다루고, 필자가 집필한 『마이크로서비스 도입, 이렇게 한다』(책만, 2021)에서 더 자세히 설명한다.

마이크로서비스의 많은 문제점은 운영 단계에 돌입한 후에야 드러난다. 따라서 필자는 '빅뱅big bang' 방식으로 재작성하기보다 기존 모놀리스를 점진적이고 진화적인 방식으로 분해하길 강력히 권장한다. 만들고자 하는 마이크로서비스를 식별하고, 모놀리스에서 적절한 기능을 뽑아낸 다음, 새 마이크로서비스를 운영 환경에 배포하고, 이를 적극적으로 사용하라. 이 방식을 바탕으로 목표를 향해 나아가는 데 도움이 되는지 확인할 수 있을 뿐만 아니라 다음 마이크로서비스를 더 쉽게 뽑아내는 많은 기법을 배울 수도 있다. 아니면 마이크로서비스가 앞으로 진행할 방향이 아닐 수도 있다는 사실을 알게 될 것이다!

통신 방식

4장에서는 마이크로서비스 간 통신 형태를 요약했으며, [그림 A-1]에서 다시 나타냈다. 이는 보편적인 모델이 아니라 가장 널리 사용되는 다양한 유형의 통신 방식에 대한 개요를 제공하기 위한 것이다.

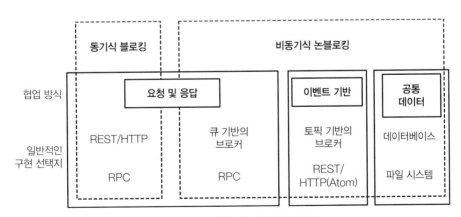

그림 A-1 구현 기술의 예와 함께 나타낸 마이크로서비스 간 다양한 통신 방식

요청 및 응답 통신의 경우, 마이크로서비스는 다운스트림 마이크로서비스에 요청을 보내고 응답을 기대한다. 동기식 요청 및 응답을 사용하면 요청을 보낸 그 마이크로서비스 인스턴스로 응답이 돌아올 것으로 기대할 수 있다. 비동기식 요청 및 응답을 사용하면 응답이 업스트림 마이크로서비스의 다른 인스턴스로 돌아올 수 있다.

이벤트 기반 통신을 사용할 경우, 마이크로서비스가 이벤트를 발생시키면 해당 이벤트에 관심이 있는 다른 마이크로서비스가 이벤트에 반응할 수 있다. 이벤트는 사실에 대한 진술(즉, 일어난 일에 대해 공유되는 정보)일 뿐이다. 이벤트 기반 통신을 사용하면 마이크로서비스가 다른 마이크로서비스에 무엇을 해야 하는지 지시하지 않고 단지 이벤트를 공유한다. 해당 정보로 무엇을 할지는 다운스트림 마이크로서비스가 판단한다. 이벤트 기반 통신은 사실상 비동기식이다.

하나의 마이크로서비스는 둘 이상의 프로토콜을 통해 통신할 수 있다. 예를 들어, [그림 A-2]는 요청 및 응답 상호작용을 위한 REST 인터페이스를 제공하는 배송 마이크로서비스를 보여준다. 이 마이크로서비스는 변경이 발생할 때 이벤트를 발송한다.

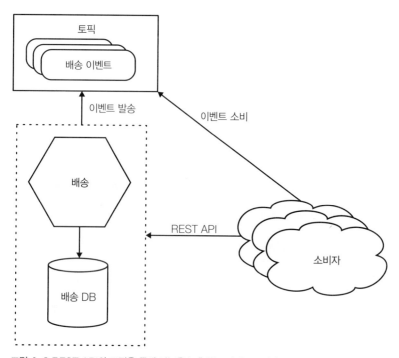

그림 A-2 REST API와 토픽을 통해 기능을 노출하는 마이크로서비스

이벤트 기반의 협업 방식을 사용하면 보다 느슨하게 결합된 아키텍처를 더 쉽게 구축할 수 있지만, 시스템이 어떻게 작동하는지 이해하기 위해 더 많은 작업이 필요해진다. 게다가 이러한 통신 유형에는 메시지 브로커와 같은 전문 기술을 사용해야 하는 경우가 많으므로 더욱 복잡해질 수 있다. 완전 관리형 메시지 브로커를 사용할 수 있다면 이 유형의 시스템 비용을 낮추는 데 도움이 될 것이다.

요청 및 응답과 이벤트 기반 상호작용 모델 모두 각자의 역할이 있으며, 어떤 모델을 사용하느냐는 개인의 선호도에 따라 달라질 것이다. 문제에 따라 한 모델이 다른 모델보다 더 적합하며, 마이크로서비스 아키텍처에서 여러 가지 방식을 혼합하는 것은 흔한 일이다.

워크플로

여러 마이크로서비스가 협업해 중요한 작업을 수행하려는 경우, 6장에서 살펴본 주제인 **사가**를 사용해 프로세스를 명확하게 모델링해야 한다.

일반적으로 분산 트랜잭션은 사가를 대신 사용할 수 있는 상황에서는 피해야 한다. 분산 트랜잭션은 시스템에 상당한 복잡성을 가중시키고, 실패 상태에 문제가 있으며, 작동하더라도 여러분의 기대를 만족시키지 못하는 경우가 많다. 사가는 거의 모든 경우에 여러 마이크로서비스에 걸쳐 있는 비즈니스 프로세스를 구현하는 데 더 적합하다.

고려해야 할 두 가지 방식의 사가에는 **오케스트레이션형 사가**orchestrated saga와 **코레오그래피형 사가**choreographed saga가 있다. 오케스트레이션형 사가는 중앙 집중식 오케스트레이터를 사용해 다른 마이크로서비스와 조율하고 작업이 수행되도록 한다. 일반적으로 이 방식은 간단하고 직관적이지만 주의하지 않으면 중앙의 오케스트레이터가 너무 많은 일을 하게 될 수 있으며, 여러 팀이 동일한 비즈니스 프로세스에서 작업하는 경우 분쟁의 소지가 있다. 코레오그래피형 사가에서는 중앙의 조정자가 없지만 그 대신 비즈니스 프로세스에 대한 책임이 여러 협업 마이크로서비스로 분산된다. 이 아키텍처는 구현하기가 더 복잡할 수 있고 올바르게 수행되는지 확인하기 위해 더 많은 작업이 필요하지만, 반대로 결합하는 경향이 훨씬 적고 여러 팀과 협업하기에 좋다.

필자는 개인적으로 코레오그래피형 사가를 선호하지만, 코레오그래피형 사가를 많이 사용하면서 구현하는 과정에서 실수도 많이 했다. 이에 대한 필자의 일반적 조언은 대개 오케스트레이

선형 사가는 한 팀이 전체 프로세스를 책임질 때는 잘 작동하지만 여러 팀이 함께할 때는 문제가 커진다는 것이다. 오케스트레이션형 사가는 여러 팀이 하나의 프로세스에 대해 협업해야 하는 상황에서 복잡성이 증가하더라도 사용될 수 있다.

빌드

각 마이크로서비스에는 고유한 빌드, 고유한 CI 파이프라인이 있어야 한다. 필자는 마이크로서비스를 변경할 때 해당 마이크로서비스를 자체적으로 빌드할 수 있어야 한다. 모든 마이크로서비스를 함께 빌드해야 하는 상황은 독립적인 배포를 훨씬 더 어렵게 만들기 때문에 피해야 한다.

7장에서 설명한 이유로 필자는 모노레포를 좋아하지 않는다. 모노레포를 정말 사용하고 싶다면 명확한 소유권 경계와 빌드의 잠재적 복잡성 때문에 발생하는 문제를 잘 이해해야 한다. 하지만 모노레포를 사용하든 멀티레포 방식을 사용하든 각 마이크로서비스에는 다른 빌드와 독립적으로 트리거할 수 있는 고유한 CI 빌드 프로세스가 있다는 점을 확실히 기억하라.

배포

마이크로서비스는 일반적으로 프로세스로 배포된다. 이 프로세스는 물리적 머신, 가상 머신, 컨테이너 또는 FaaS 플랫폼에 배포할 수 있다. 이상적으로는 마이크로서비스가 배포된 환경에서 가능한 한 서로 격리돼 있어야 한다. 하나의 마이크로서비스가 많은 자원을 사용하면서 다른 마이크로서비스에 영향을 미치는 상황을 원치 않는데, 일반적으로는 각 마이크로서비스가 격리된 자체 운영체제와 일련의 컴퓨팅 리소스들을 사용한다는 의미다. 컨테이너는 각 마이크로서비스 인스턴스에 격리된 리소스들을 제공하는 데 특히 효과적이므로 마이크로서비스 배포로 적합한 선택이다.

여러 머신에서 컨테이너 워크로드를 실행하려는 경우 쿠버네티스가 매우 유용하지만, 그 자체로 복잡성을 수반하므로 소수의 마이크로서비스에는 권장되지 않는다. 이러한 복잡성을 일부나마 피하려면 가급적 관리형^{managed} 쿠버네티스 클러스터를 사용하길 바란다.

FaaS는 코드를 배포하는 데 있어 흥미롭게 급부상하는 패턴이다. 원하는 사본의 수를 지정할 필요 없이, 코드를 FaaS 플랫폼에 제공하고 "이런 일이 발생하면 이 코드를 실행하세요."라고 말하면 된다. 개발자 입장에서는 정말 **좋은** 방법이며, 앞으로는 이와 같은 추상화가 대량의 서버 측 개발에 적용될 가능성이 높다. 비록 현재 구현에 문제가 없는 것은 아니지만, 마이크로서비스 관점에서 전체 마이크로서비스를 '함수' 단위로 FaaS 플랫폼에 배포하는 것은 시작하기에 아주 좋은 방법이다.

마지막으로 배포와 릴리스의 개념을 명확히 구분하라. 운영 환경에 배포했다고 해서 사용자에게 릴리스해야 하는 것은 아니다. 이러한 개념을 분리하면, 카나리아 릴리스나 병렬 실행을 사용하는 등 다양한 방식으로 소프트웨어를 롤아웃할 기회가 열린다. 이 모든 것을 비롯한 더 자세한 내용은 8장에서 자세히 다룬다.

테스팅

사용자가 알기 전에 소프트웨어 품질에 대한 빠른 피드백을 제공하고자 자동화된 기능 테스트 집합을 사용하는 것은 매우 합리적이며, 이는 반드시 수행해야 하는 작업이다. 마이크로서비스는 9장에서 살펴본 것처럼 작성할 수 있는 여러 유형의 테스트 측면에서 많은 선택지를 제공한다.

하지만 다른 종류의 아키텍처와 비교할 때, 엔드투엔드 테스트는 마이크로서비스 아키텍처에서 특히 더 문제가 될 수 있다. 마이크로서비스 아키텍처는 보다 단순한 비분산형 아키텍처보다 작성 및 유지 관리 비용이 더 많이 들 수 있으며, 그 테스트들이 반드시 코드의 문제라고 볼 수 없는 훨씬 더 많은 실패를 초래할 수 있기 때문이다. 여러 팀에 걸쳐 있는 엔드투엔드 테스트는 특히 더 어렵다.

시간이 지남에 따라 엔드투엔드 테스트에 대한 의존도를 줄이고 이와 같은 형태의 테스트에 투입되는 노력의 일부를 소비자 중심 계약, 스키마 호환성 검사, 운영 환경에서의 테스트로 대체하는 것을 고려하라. 이러한 활동은 보다 분산된 시스템에서 신속하게 문제를 잡아내 엔드투엔드 테스트보다 훨씬 더 효과적인 결과를 제공할 수 있다.

모니터링과 관찰가능성

10장에서는 모니터링이 어떻게 시스템에 대해 수행하는 활동인지 설명했지만, 결과보다는 활동에 초점을 맞추는 것이 문제가 된다는 점을 이 책 전반에 걸쳐 설명했다. 따라서 시스템의 관찰가능성에 보다 중점을 둬야 한다. 관찰가능성은 외부 출력을 검사해 시스템이 무엇을 하고 있는지 이해할 수 있는 정도를 말한다. 관찰가능성이 좋은 시스템을 만들려면, 이와 같은 개념을 소프트웨어에 적용하고 올바른 유형의 외부 출력을 사용할 수 있도록 보장해야 한다.

분산 시스템은 이상한 방식으로 실패할 수 있으며, 마이크로서비스도 다르지 않다. 시스템 장애의 모든 원인을 예측할 수는 없으므로 문제를 진단하고 해결하기 위해 어떤 정보가 필요한지 미리 알기가 어려울 수 있다. 이러한 외부 출력을 예상할 수 없는 방식으로 정보를 추출하도록 돕는 도구를 사용하는 것이 점점 더 중요해지고 있으며, 그 아이디어를 고려해 개발된 라이트스텝과 허니코움 같은 도구를 살펴보는 것이 좋다.

마지막으로, 시스템의 규모가 커지면 어딘가에 항상 오류가 발생할 가능성이 점점 더 커진다. 하지만 대규모 시스템에서 한 대의 머신에 문제가 발생했다고 해서 모든 사람이 나서야 하는 것은 아니며, 새벽 3시에 모든 사람이 잠에서 깨어날 필요도 없다. 병렬 실행과 합성 트랜잭션 같은 '운영 환경에서 테스팅' 기술을 사용하면 최종 사용자에게 실제로 영향을 미치는 문제를 발견하는 데 훨씬 더 효과적일 것이다.

보안

마이크로서비스는 애플리케이션을 심층적으로 방어할 수 있는 더 많은 기회를 제공하며, 이는 결국 더 안전한 시스템으로 이끈다. 반면에 마이크로서비스는 공격 표면 영역이 더 넓기 때문에 공격에 더 많이 노출될 수 있다! 이러한 균형이야말로 바로 11장에서 설명한 보안에 대한 전체적인 이해가 중요한 이유다.

네트워크를 통해 더 많은 정보가 흐르기 때문에 전송 중인 데이터를 보호하는 것이 더욱 중요해졌다. 또한 움직이는 부품의 수가 증가한다는 것은 자동화가 마이크로서비스 보안의 중대한 부분이라는 사실을 의미한다. 오류가 쉽게 발생하는 수동 프로세스를 사용해 패치, 인증서, 시크릿을 관리하면 공격에 취약해진다. 따라서 쉽게 자동화할 수 있는 도구를 사용하라.

JWT를 사용하면 추가 왕복이 필요 없는 방식으로 인증 로직을 분산할 수 있다. 이렇게 하면 혼동된 대리인 문제^{confused deputy problem}와 같은 문제로부터 사용자를 보호하는 동시에 마이크로서비스가 보다 독립적인 방식으로 실행되도록 보장할 수 있다.

마지막으로, 점점 더 많은 사람이 **제로 트러스트**^{zero trust} 사고방식을 채택하고 있다. 제로 트러스트를 사용하면 시스템이 이미 침해된 것처럼 운영하며, 이에 준해서 마이크로서비스를 구축해야 한다. 편집증적으로 보일 수도 있지만, 이 원칙을 수용하면 실제로 시스템 보안을 바라보는 관점을 단순화할 수 있다는 의견이 점점 더 힘을 얻고 있다.

회복 탄력성

12장에서는 회복 탄력성을 전체적으로 살펴보고 회복 탄력성에 대해 생각할 때 고려해야 할 네 가지 핵심 개념을 공유했다.

견고성

예상되는 변동을 흡수하는 능력

회복성

충격적인 사건 후 회복 능력

원만한 확장성

예상치 못한 상황에 얼마나 잘 대처하는가?

지속적인 적응력

변화하는 환경, 이해관계자, 요구 사항에 지속적으로 적응하는 능력

전체적으로 볼 때 마이크로서비스 아키텍처는 이러한 요소 중 일부(즉, 견고성과 회복성)에 도움이 될 수 있지만, 이 항목에서 보듯이 그 자체만으로는 회복 탄력성을 갖추지 못한다. 회복 탄력성의 대부분은 팀과 조직의 행동 및 문화에 관한 것이다.

기본적으로 애플리케이션을 더 견고하게 만들려면 명시적으로 해야 할 일이 있다. 마이크로서

비스는 시스템의 회복 탄력성을 개선할 수 있는 여러 선택지를 제공하지만, 우리는 그중에서 선택을 해야 한다. 예를 들어 다른 마이크로서비스에 대한 호출이 실패할 수도 있고, 머신이 죽을 수도 있으며, 정상 네트워크 패킷에 나쁜 일이 발생할 수도 있다는 점을 이해해야 한다. 벌크헤드, 회로 차단기, 적절하게 설정된 타임아웃과 같은 안정성 패턴이 큰 도움이 될 수 있다.

확장

마이크로서비스는 애플리케이션을 확장하는 여러 가지 방법을 제공한다. 13장에서는 확장의 네 가지 축을 살펴본다.

수직 확장

간단히 말해, 더 큰 머신을 사용하는 것을 의미한다.

수평 복제

동일한 작업을 수행할 수 있는 여러 대의 기기를 두는 것을 의미한다.

데이터 파티셔닝

고객 그룹과 같이 데이터의 일부 속성에 따라 작업을 나누는 것이다.

기능 분해

마이크로서비스 세분화와 같이 유형에 따라 업무를 분리하는 것이다.

확장할 때는 쉬운 것부터 하라. 수직 확장과 수평 복제는 여기에 제시된 다른 두 축에 비해 빠르고 쉽다. 효과가 있다면 된 거다! 그렇지 않다면 다른 메커니즘을 살펴볼 수 있다. 예를 들어 고객을 기준으로 트래픽을 분할한 다음 각 분할을 수평으로 확장하는 등 다양한 유형의 확장 방식을 혼합하는 것이 일반적이다.

사용자 인터페이스

마이크로서비스를 분리하지만 모놀리식 사용자 인터페이스는 그대로 두는 등 시스템 분해 시 사용자 인터페이스는 뒷전으로 밀리는 경우가 너무 많다. 이는 결국 프론트엔드 팀과 백엔드 팀을 분리해야 하는 문제로 이어진다. 대신 우리는 한 팀이 사용자 기능과 관련된 모든 기능을 소유하는 스트림 정렬 팀을 선호한다. 이와 같은 변화를 빠르게 적용하고 사일로화된 프론트엔드 및 백엔드 팀을 없애려면 사용자 인터페이스를 분리해야 한다.

14장에서는 리액트^{React}와 같은 단일 페이지 앱 프레임워크를 사용해 분해된 사용자 인터페이스를 제공하도록 **마이크로 프론트엔드**$^{micro\ frontend}$를 사용하는 방법을 공유한다. 사용자 인터페이스는 종종 호출해야 하는 호출 수나 모바일 기기에 맞게 호출 집계 및 필터링을 수행해야 하는 문제에 직면한다. **프론트엔드를 위한 백엔드(BFF) 패턴**은 이러한 상황에서 서버 측 집계 및 필터링을 제공하는 데 도움이 될 수 있지만, 그래프QL을 사용할 수 있다면 BFF 사용을 피할 수 있다.

조직

15장에서는 수평적으로 정렬되고 사일로화된 팀에서 엔드투엔드 기능 조각을 중심으로 조직되는 팀 구조로의 전환을 살펴봤다. 『팀 토폴로지』(에이콘, 2020)의 저자가 설명한 대로 이러한 스트림 정렬 팀은 [그림 A-3]에서 보듯이 활성화 팀에 의해 지원된다. 활성화 팀은 종종 보안이나 사용성에 중점을 두는 등 특정 교차 분야에 초점을 맞추고 해당 측면에서 스트림 정렬 팀을 지원한다.

스트림 정렬 팀을 최대한 자율적으로 만들려면 다른 팀에게 지속적으로 작업을 요청할 필요가 없도록 셀프 서비스 도구가 필요하며, 이 부분에서 플랫폼은 상당히 유용하다. 하지만 플랫폼을 일종의 포장된 길, 즉 **반드시 사용해야**만 하는 것이 아니라 올바른 일을 쉽게 하도록 도와주는 것으로 보는 것이 중요하다. 플랫폼을 선택 사항으로 만들면 플랫폼을 사용하기 쉽게 만드는 것이 플랫폼을 소유한 팀의 중점 사항이 되고, 이와 더불어 필요한 경우에는 팀이 다른 선택을 할 수 있다.

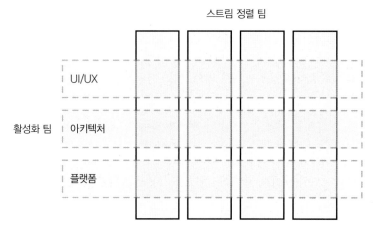

스트림 정렬 팀

UI/UX

활성화 팀 　아키텍처

플랫폼

그림 A-3 활성화 팀은 여러 스트림 정렬 팀을 지원한다.

아키텍처

시스템 아키텍처를 고정적이고 변하지 않는 것으로 보지 않는 것이 중요하다. 즉, 시스템 아키텍처는 상황에 따라 지속적으로 변화할 수 있는 것으로 생각해야 한다. 마이크로서비스 아키텍처를 최대한 활용하려면 팀에 더 많은 자율성을 부여하는 조직으로 전환해 기술 비전에 대한 책임을 보다 협업적인 프로세스로 전환해야 한다. 상아탑에 앉아 있는 아키텍트는 마이크로서비스 아키텍처를 가로막는 장애물이 되거나 아니면 무시당하는 존재가 될 것이다.

시스템 아키텍처를 감시하고 이끄는 역할은 전적으로 팀에 분산될 수 있으며, 어느 정도 규모에서는 이것이 잘 작동할 수 있다. 하지만 조직이 성장함에 따라 시스템 전반을 살펴볼 전담 인력을 확보하는 것이 필수적이다. 수석 엔지니어, 테크니컬 프로덕트 오너technical product owner, 아키텍트 중에서 무엇으로 부르든 수행해야 하는 역할은 동일하므로, 호칭은 크게 중요하지 않다. 16장에서 살펴본 것처럼 마이크로서비스 조직의 아키텍트는 팀을 지원하고, 사람들을 연결하고, 새로운 패턴을 발견하고, 팀과 함께 충분한 시간을 보내면서 큰 그림이 실제로 어떻게 구현되는지 확인해야 한다.

참고 도서

이 책 전반에 걸쳐 많은 논문, 발표, 책을 참고했으며, 이를 통해 필자는 많은 것을 배웠다. 초판 이후 필자의 생각에 가장 큰 영향을 미쳤던 두 권의 책을 '필독서'로 언급할 필요가 있다고 생각한다. 첫 번째는 니콜 폴스그렌, 제즈 험블, 진 킴이 집필한『디지털 트랜스포메이션 엔진』(에이콘, 2020)이다. 두 번째는 매튜 스켈톤과 마누엘 페이스의 저서『팀 토폴로지: 빠른 업무 플로우를 만드는 조직 설계』(에이콘, 2020)다. 이 두 권은 이번 개정판에 광범위하게 참고했으며, 지난 10년 동안 쓰여진 소프트웨어 개발에 관한 책들 중 가장 유용하므로 마이크로서비스에 관심이 있든 없든 반드시 읽어야 한다.

이 책과 함께 필자가 쓴『마이크로서비스 도입, 이렇게 한다』(책만, 2021)는 기존 시스템 아키텍처를 분해하는 방법을 더 자세히 다룬다.

향후 전망

앞으로도 마이크로서비스를 더 쉽게 구축하고 실행하는 기술은 계속 발전할 것으로 생각하며, 특히 2세대(그리고 3세대) FaaS 제품이 어떤 모습일지 기대가 된다. FaaS가 유행하든 유행하지 않든, 쿠버네티스는 점점 더 개발자 친화적인 추상화 계층 뒤에 가려지더라도 더욱더 확산될 것이다. 쿠버네티스는 승리했지만, 대부분의 애플리케이션 개발자가 걱정할 필요가 없는 방식으로 승리한 것 같다. 필자는 Wasm(웹어셈블리)이 배포에 대한 우리의 생각을 어떻게 변화시킬지 매우 흥미롭게 지켜보고 있으며, 유니커널[1]도 새롭게 도래할지 모른다는 생각을 여전히 갖고 있다.

이 책의 초판이 나온 이후 마이크로서비스는 정말 놀랍게도 주류가 돼버렸고, 필자 역시 우려를 금치 못했다. 많은 사람이 마이크로서비스를 도입하는 이유는 마이크로서비스가 자신에게 적합하기 때문이라기보다는 다른 사람들이 모두 마이크로서비스를 도입하고 있기 때문인 것 같다. 따라서 마이크로서비스 구현에 실패한 무서운 사례를 더 많이 듣게 될 것이며, 이를 통해 무엇을 배울 수 있을지 기꺼이 살펴볼 것이다. 또한 마이크로서비스의 재난에 대한 사례 연구

---

1 옮긴이_유니커널은 라이브러리 운영체제로 구성된 단일 주소 공간을 가진 이미지다. 자세한 내용은 *https://tinyurl.com/unikernel-kr*을 참고하자.

가 임계점에 도달하면 마이크로서비스에 대한 업계의 반발이 더욱 거세질 것으로 예상된다. 특정 상황에서 어떤 접근 방식이 가장 합당한지 알아내기 위해 비판적 사고를 적용하는 것은 그다지 매력적이거나 시장성이 좋은 것도 아니다. 기술 판매가 아이디어 판매보다 수익성이 더 좋은 세상에서 그 사실은 바뀌지 않을 것이다.

비관적으로 말하려는 것은 아니다! 소프트웨어 산업은 여전히 매우 젊고, 세상에서 계속 제자리를 찾아가고 있다. 필자는 소프트웨어 개발에 투입되는 에너지와 독창성에 계속 흥미를 느끼고 있으며, 향후 10년 동안 어떤 일이 일어날지 기대된다.

마지막 한마디

마이크로서비스 아키텍처는 더 많은 선택 기회와 더 많은 의사결정을 제공한다. 마이크로서비스 아키텍처 세상에서 의사결정은 단순한 모놀리식 시스템에서보다 훨씬 더 일반적인 활동이며, 이러한 의사결정을 모두 올바르게 내리지는 못할 것이다. 그럼 몇 가지 실수를 할 수 있다는 사실을 알고 있다면 어떤 방법이 있을까? 각 의사결정 범위를 작게 만드는 방법을 찾는 것이 좋다. 이렇게 하면 하나를 잘못하더라도 시스템의 일부에만 영향을 미치게 된다. 새로운 것을 배우면서 시간이 지남에 따라 시스템이 구부러지고 유연해지며 진화하는 아키텍처의 개념을 수용하는 법을 배워보라. 빅뱅식 재작성이 아니라 시간이 지남에 따라 시스템을 유연하게 유지하기 위해 일련의 변경이 시스템에 이뤄진다고 생각하라.

지금까지 마이크로서비스가 자신에게 적합한지 결정하는 데 도움이 되는 충분한 정보와 경험을 얻었길 바란다. 마이크로서비스가 적합하다면, 목적지가 아닌 여정이라고 생각하길 바란다. 점진적으로 진행하라. 시스템을 하나씩 분해해가면서 배우고 이 과정을 숙달하라. 여러 면에서 시스템을 지속적으로 변화시키고 발전시키는 훈련은 이 책을 통해 여러분과 공유한 다른 어떤 것보다 훨씬 더 중요한 가르침이다. 변화는 피할 수 없다. 변화를 수용하라.

핵심 용어집

가상 머신virtual machine**(VM)**

사실상 전용의 물리 머신인 것처럼 보이게 하는 머신 에뮬레이션이다.

강력한 소유권strong ownership

시스템의 일부를 특정 팀이 소유하고 시스템의 특정 부분에 대한 변경은 해당 팀만 수행할 수 있는 소유권 방식이다.

개인 식별 정보personally identifiable information**(PII)**

단독으로 사용하거나 다른 정보와 함께 사용할 경우 개인을 식별하도록 해주는 데이터다.

거버넌스governance

일을 어떻게 수행해야 하는지 합의하고, 일이 그 방식대로 완료되도록 한다.

견고성robustness

문제가 발생해도 시스템이 계속 작동할 수 있는 능력이다.

결합coupling

시스템의 한 부분을 변경하려면 다른 부분을 어느 정도 변경해야 하는지 나타내는 개념이다. 일반적으로 낮은 결합이 바람직하다.

경계 콘텍스트bounded context

더 광범위한 시스템에 기능을 제공하지만 복잡성을 숨기는 비즈니스 도메인 내의 명시적인 경계다. 종종 조직 경계에 매핑되며, DDD에서 유래한 개념이다.

공동 소유권collective ownership

모든 개발자가 시스템의 모든 부분을 변경할 수 있도록 허용하는 소유권 방식이다.

교차 기능 요구 사항cross-functional requirement(CFR)

작업에 필요한 지연 시간, 저장 중 데이터의 보안 등과 같은 시스템의 일반적인 속성이다. 비기능적 요구 사항nonfunctional requirement이라고도 하지만, 필자는 교차 기능cross-functional이라는 표현을 선호한다.

권한 부여authorization

권한이 부여된 권한 주체가 특정 기능에 액세스할 수 있는지 여부를 결정하는 과정이다.

권한 주체principal

인증 및 액세스 권한을 얻기 위해 요청하는 대상이다. 권한 주체는 일반적으로 사람이지만 프로그램일 수도 있다.

그래프QL GraphQL

클라이언트가 여러 다운스트림 마이크로서비스를 호출하는 사용자 지정 쿼리를 실행할 수 있는 프로토콜이다. BFF나 API 게이트웨이를 사용하지 않고도 외부 클라이언트에 대한 호출 집계 및 필터링을 지원하는 데 유용하다.

기능 브랜치feature branching

작업 중인 각 기능에 대해 새 브랜치를 만들고 기능이 완료되면 해당 브랜치를 다시 메인라인mainline에 병합하는 작업이다. 필자는 이 작업을 권장하지 않는다.

단일 페이지 애플리케이션single page application(SPA)

다른 웹 페이지로 이동할 필요 없이 단일 브라우저 창에서 UI가 제공되는 그래픽 사용자 인터페이스의 한 유형이다.

대응형 통제responsive control

공격 중이나 공격 이후에 대응하는 데 도움이 되는 보안 통제다.

데이터 파티셔닝data partitioning

데이터의 일부 측면을 기반으로 부하를 분산해 시스템을 확장하는 방법이다. 예를 들어 고객이나 제품 유형에 따라 부하를 분할한다.

도메인 결합domain coupling

하나의 마이크로서비스가 다른 마이크로서비스가 노출한 도메인 프로토콜과 '결합'되는 결합의 한 형태다.

도메인 주도 설계domain–driven design(DDD)

근본적인 문제 및 비즈니스 도메인이 소프트웨어에서 명시적으로 모델링되는 개념이다.

도커Docker

컨테이너를 빌드하고 관리하는 데 도움을 주는 도구 집합이다.

독립적 배포 가능성independent deployability

다른 것을 변경하거나 배포하지 않고도 마이크로서비스를 변경하고 운영 환경에 배포할 수 있는 능력이다.

라이브러리library

여러 프로그램에서 재사용할 수 있도록 패키징된 코드 집합이다.

락스텝 배포lockstep deployment

필요한 변경 사항이 발생해 두 가지 이상을 동시에 배포해야 하는 것으로, 독립적인 배포 가능성과 반대되는 개념이다. 일반적으로는 피하는 것이 좋다.

마이크로서비스microservice

하나 이상의 통신 프로토콜을 통해 다른 마이크로서비스와 통신하는 독립적으로 배포 가능한 서비스다.

맞춤형 상용 소프트웨어^{customizable off the shelf software}(COTS)

최종 사용자에 의해 많은 부분이 재정의될 수 있고 자체 인프라에서 실행되는 제삼자 소프트웨어다. 대표적인 예로는 콘텐츠 관리 시스템(CMS)과 고객 관계 관리(CRM) 플랫폼이 있다.

멀티레포^{multirepo}

각 마이크로서비스가 자체적인 소스 코드 리포지터리를 갖는 방식이다.

메시지 브로커^{message broker}

프로세스 간의 비동기 통신을 관리하는 전용 소프트웨어로, 일반적으로 전달 보장('보장된 ^{guaranteed}'이라는 단어의 일부 정의에 따라)과 같은 기능을 제공한다.

메시지^{message}

브로커와 같은 비동기 통신 메커니즘을 통해 하나 이상의 다운스트림 마이크로서비스로 전송되는 것이다. 요청 및 응답 또는 이벤트와 같은 다양한 페이로드를 포함할 수 있다.

멱등성^{idempotency}

여러 번 호출해도 결과가 같은 함수의 속성을 뜻한다. 마이크로서비스에 대한 작업을 안전하게 재시도할 수 있도록 만드는 데 유용하다.

모노레포^{monorepo}

모든 마이크로서비스의 모든 소스 코드가 포함된 단일 리포지터리다.

벌크헤드^{bulkhead}

장애가 발생하더라도 나머지 시스템이 계속 작동하도록 장애를 격리할 수 있는 시스템의 한 부분이다.

보편 언어^{ubiquitous language}

의사소통을 돕기 위해 코드와 도메인 설명에 사용되는 공통 언어를 정의하고 채택하는 것으로, DDD에서 유래한 개념이다.

사가^{saga}

자원을 장시간 잠글 필요가 없이 장시간 수행되는 작업을 모델링하는 방법이다. 비즈니스 프로세스를 구현할 때 분산 트랜잭션보다 선호된다.

서버리스serverless

사용자가 더 이상 신경 쓰지 않아도 될 정도로 사용자 관점에서 하부의 컴퓨터를 추상화하는 클라우드 제품을 포괄하는 용어다. 해당 제품의 예로는 AWS 람다, AWS S3, 애저 코스모스Azure Cosmos 등이 있다.

서비스 메시service mesh

동기식 지점 간 호출(예: 상호 TLS, 서비스 디스커버리, 회로 차단기)을 위해 교차 기능을 우선적으로 제공하는 분산형 미들웨어의 한 유형이다.

서비스 수준 계약service-level agreement**(SLA)**

최종 사용자와 서비스 제공자(예: 고객 및 벤더) 간의 계약으로, 허용 가능한 최소한의 서비스 제공 수준과 계약 미준수 시 적용되는 위약 수준을 정의한다.

서비스 수준 목표service-level objective**(SLO)**

주어진 SLI의 허용 범위에 대한 합의다.

서비스 수준 지표service-level indicator**(SLI)**

응답 시간과 같은 시스템의 작동 방식을 측정하는 지표다.

서비스 지향 아키텍처service-oriented architecture**(SOA)**

시스템을 여러 시스템에서 실행 가능한 서비스로 분리하는 아키텍처의 한 유형이다. 마이크로서비스는 독립적인 배포 가능성을 우선시하는 SOA의 한 유형이다.

수직 확장vertical scaling

더 강력한 머신을 확보해 시스템의 규모를 향상하는 것이다.

수평 복제horizontal duplication

사물의 여러 복사본을 보유해 시스템을 확장한다.

스트림 정렬 팀stream-aligned team

가치 있는 작업 스트림의 처음부터 끝까지 전달하는 데 중점을 둔 팀이다. 일반적으로 이 팀은 데이터와 백엔드 및 프론트엔드 코드를 넘나들며 고객에 직접 집중하고 오래 유지된다.

아마존 웹 서비스Amazon Web Services(AWS)

아마존에서 제공하는 공용 클라우드 서비스다.

애그리거트aggregate

단일 엔티티로 관리되는 객체의 모음으로, 일반적으로 실제 개념을 표현하며 DDD에서 유래한 개념이다.

애저Azure

마이크로소프트에서 제공하는 공용 클라우드 서비스다.

예방형 통제preventative control

공격이 발생하지 않도록 차단하는 것을 목표로 하는 보안 통제다.

오류 예산error budget

서비스 수준 목표(SLO)를 벗어날 수 있는 허용 수준을 나타내며, 대개 서비스에 대해 허용 가능한 다운타임으로 정의된다.

오케스트레이션orchestration

오케스트레이터orchestrator라는 중앙 장치가 다른 마이크로서비스의 운영을 관리해 비즈니스 절차를 수행하는 사가 방식이다.

요청request

다운스트림 마이크로서비스에 어떤 작업을 수행하도록 요청하기 위해 한 마이크로서비스에서 다른 마이크로서비스로 전송되는 것이다.

원만한 확장성graceful extensibility

예상치 못한 상황에 얼마나 잘 대처하는지를 나타낸다.

위젯widget

그래픽 사용자 인터페이스의 한 구성 요소다.

위협 모델링threat modeling

팀에 영향을 미칠 수 있는 위협을 파악하고 해결해야 할 위협의 우선순위를 정하는 프로세스다.

응답response

요청의 결과로 다시 전송되는 것이다.

응집력cohesion

함께 변경되는 코드가 함께 유지되는 정도를 말한다.

이벤트event

시스템에서 발생하는 것으로, 시스템의 다른 부분들도 관심을 가질 수 있는 일(예: '주문 처리' 또는 '사용자 로그인')을 말한다.

인증authentication

권한 주체가 자신이 주장하는 사람(본인)임을 증명하는 과정이다. 이는 사용자가 사용자 이름과 비밀번호를 제공하는 것만큼 간단할 수 있다.

정보 은닉information hiding

모든 정보는 기본적으로 경계 안에 숨겨져 있고 외부 소비자를 만족시키기 위해 최소한의 정보만 노출하는 방법이다.

지속적 제공continuous delivery**(CD)**

실운영으로 가는 경로를 명시적으로 모델링하고, 모든 체크인을 릴리스 후보로 취급하며, 실운영 환경에 배포할 릴리스 후보의 적합성을 쉽게 평가할 수 있는 배포 방식이다.

지속적 통합continuous integration**(CI)**

변경 사항을 그 외 전체 코드베이스와 정기적으로(매일) 통합하고, 통합이 제대로 작동하는지 검증하는 일련의 테스트와 함께 수행한다.

지속적 배포continuous deployment

모든 자동화된 단계를 통과하는 모든 빌드가 실운영 환경에 자동으로 배포되는 접근 방식이다.

지속적인 적응력sustained adaptability

변화하는 환경, 이해관계자, 요구 사항에 지속적으로 적응할 수 있는 능력이다.

컨테이너container

머신에서 격리된 방식으로 실행할 수 있는 코드 및 의존성 패키지다. 개념적으로는 가상 머신과 유사하지만 훨씬 더 가볍다.

코드형 인프라스트럭처infrastructure as code

코드 형식으로 인프라스트럭처를 모델링해 인프라 관리를 자동화하고 코드 버전을 제어할 수 있다.

코레오그래피choreography

언제 어떤 일이 발생해야 하는지에 대한 책임을 하나의 개체에서 관리하지 않고 여러 마이크로서비스에 분산하는 사가 방식이다.

콘웨이의 법칙 Conway's law

조직의 커뮤니케이션 구조는 결국 이 조직이 구축하는 컴퓨터 시스템의 설계를 주도한다는 것을 관찰해낸 법칙이다.

쿠버네티스Kubernetes

여러 기본 머신에서 컨테이너 워크로드를 관리하는 오픈 소스 플랫폼이다.

탐지형 통제detective control

공격이 진행 중이거나 성공했는지 여부를 식별하는 데 도움을 주는 보안 통제다.

트렁크 기반 개발trunk-based development

아직 완료되지 않은 변경 사항을 포함해 모든 변경 사항을 소스 제어 시스템의 메인 트렁크에 직접 적용하는 개발 방식이다.

프론트엔드를 위한 백엔드backend for frontend(BFF)

특정 사용자 인터페이스에 대한 집계와 필터링을 제공하는 서버 측 구성 요소다. 범용 API 게이트웨이의 대안이다.

활성화 팀 enabling team

스트림 정렬 팀이 업무를 수행할 수 있도록 지원하는 팀이다. 일반적으로 활성화 팀은 사용성, 아키텍처, 보안 등 특정 분야에 중점을 둔다.

회로 차단기 circuit breaker

다운스트림 서비스에 문제가 발생할 경우 빠르게 장애를 처리할 수 있도록 다운스트림 서비스에 대한 연결 주위에 배치되는 메커니즘이다.

API 게이트웨이 API gateway

일반적으로 시스템의 경계에 위치하며 외부 소스(예: 사용자 인터페이스)의 호출을 마이크로서비스 등으로 라우팅하는 구성 요소다.

FaaS Function as a Service

HTTP 호출이나 메시지 수신에 의한 반응으로 코드를 실행하는 것과 같이 특정 유형의 트리거에 따라 임의의 코드를 호출하는 서버리스 플랫폼의 한 유형이다.

JSON 웹 토큰 JSON Web Token

선택적으로 암호화하는 JSON 데이터 구조를 만들기 위한 표준이다. 일반적으로 인증된 권한 주체에 대한 정보를 전송하는 데 사용된다.

INDEX

INDEX

INDEX

INDEX

INDEX

INDEX

INDEX

INDEX

INDEX